# ARMENIEN

3000 Jahre Kultur zwischen Ost und West

Jasmine Dum-Tragut

TRESCHER VERLAG

8., aktualisierte und erweiterte Auflage 2017

Trescher Verlag
Reinhardtstr. 9
10117 Berlin
www.trescher-verlag.de

ISBN 978-3-89794-385-8

Herausgegeben von Bernd Schwenkros und
Detlev von Oppeln

Reihenentwurf und Gesamtgestaltung:
Bernd Chill

Lektorat: Sabine Fach
Stadtpläne und Karten: Johann Maria Just,
Martin Kapp, Bernd Chill
Übersetzung der armenischen und russischen
Zitate: Jasmine Dum-Tragut

Das Werk einschließlich seiner Teile ist urheberrechtlich geschützt. Jede Verwertung ist ohne Zustimmung des Verlages unzulässig. Dies gilt insbesondere für den Aushang, Vervielfältigungen, Übersetzungen, Nachahmungen, Mikroverfilmung und die Einspeicherung und Verarbeitung in elektronischen Systemen.

Gedruckt auf chlorfrei gebleichtem Papier
Printed in Germany

*Titel: Kloster Thatev (→ S. 403)*
*vordere Klappe: Steinkreuz in*
*Hovhanavankh (→ S. 196)*
*hintere Klappe: Garni, Sonnen-*
*tempel (→ S. 246)*

Alle Angaben in diesem Reiseführer wurden sorgfältig recherchiert und überprüft. Dennoch können Entwicklungen vor Ort dazu führen, dass einzelne Informationen nicht mehr aktuell sind. Gerne nehmen wir dazu Ihre Hinweise und Anregungen entgegen. Bitte schreiben Sie an **post@trescher-verlag.de**.

**DAS LAND DER STEINE**

**JEREVAN**

**RUND UM DIE ARARATEBENE**

**DER NORDEN**

**DER SÜDEN**

**WANDERUNGEN IN ARMENIEN**

**REISETIPPS VON A BIS Z**

**ANHANG**

# Inhalt

| | |
|---|---:|
| Vorwort | 11 |
| Das Wichtigste in Kürze | 12 |
| Herausragende Sehenswürdigkeiten | 14 |

## DAS LAND DER STEINE 16

Zahlen und Fakten 18

### Geographie 19
Gebirge 19
Gewässer 21
Vegetation 23
Tierwelt 24
Bodenschätze 25
Die Provinzen 26
Ararat – der mythische Berg 28

### Die Menschen 32
Die Familie 33
Gastfreundschaft 36
Demographische Probleme 36

### Die armenische Küche 38
Die Mahlzeiten 40
Getränke 43

### Geschichte 46
Die frühe Besiedlung 46
Das urartäische Erbe 49
Die armenischen Reiche 53
Das osmanische Reich 56
Armenien in der Neuzeit 56

### Der armenische Staat 62
Der Weg zur Demokratie 62
Wahlen und Parteien 63
Die nationalen Symbole 64
Der Karabach-Konflikt 64

### Armenien heute 68
Wandel und Stillstand 69
Tourismus 70
Alltagsprobleme 71
Wirtschaft 75
Bildungswesen 76

**Inhalt** 5

| | |
|---|---|
| **Das armenische Christentum** | 79 |
| Die Kirchenfeste | 81 |
| Die Messe | 82 |
| Matagh, das Tieropfer | 83 |
| | |
| **Armenische Kunst** | 85 |
| 1500 Jahre geschriebene Kultur | 85 |
| Armenische Musik | 89 |
| Die armenische Malerei | 91 |
| Architektur und Skulpturkunst | 93 |
| Kreuzsteine | 97 |
| Kirchenkunst-Glossar | 99 |
| | |
| **Die armenische Sprache** | 101 |
| Eigenheiten | 101 |
| Geschichte | 102 |
| Sprachstufen und Dialekte | 103 |
| Die armenische Sprache heute | 104 |
| | |
| **JEREVAN** | 106 |
| | |
| **Blick über Jerevan** | 108 |
| Geschichte | 108 |
| Das Stadtbild Jerevans | 109 |
| | |
| **Das Zentrum** | 113 |
| Rund um den Republiksplatz | 113 |
| Rund um die Oper | 115 |
| Vom Republiksplatz zur Grigor-Lusavoritsch'-Straße | 117 |
| Am Hrazdan | 120 |
| Im grünen Hufeisen Jerevans | 123 |
| Marschal-Baghramjan-Boulevard | 126 |
| | |
| **Außerhalb des Zentrums** | 128 |
| Der Siegespark | 128 |
| Tsitsernakaberd | 128 |
| Erebuni – die Grundmauern Jerevans | 132 |
| Karmir Blur | 134 |
| Schengavith | 135 |
| Die Kirchen von Jerevan | 136 |
| Die Museen Jerevans | 140 |
| Die Außenbezirke Jerevans | 154 |
| | |
| **Jerevan-Informationen** | 158 |

# Inhalt

| | |
|---|---:|
| **RUND UM DIE ARARATEBENE** | 168 |
| | |
| **Die Provinz Armavir** | 170 |
| Zvarthnots' | 170 |
| Vagharschapat/Edschmiatsin | 172 |
| Aragats | 182 |
| Metsamor | 184 |
| Armavir und Umgebung | 185 |
| | |
| **Die Provinz Aragatsotn** | 189 |
| Aschtarak | 190 |
| | |
| **Am Khasach entlang** | 193 |
| Mughni | 194 |
| Karbi | 194 |
| Wehrkloster Surb Sargis | 195 |
| Hovhanavankh | 196 |
| Saghmosavankh | 200 |
| Artaschavan | 203 |
| Astvatsenkal-Vankh | 204 |
| Der Aparaner Stausee | 205 |
| Jeghipatrusch | 207 |
| Aparan | 208 |
| Die fremden kurdischen Dörfer | 211 |
| | |
| **Von Aschtarak nach Gjumri** | 213 |
| Oschakan | 213 |
| Aghts'kh | 214 |
| Bjurakan | 215 |
| Amberd | 217 |
| Tegher | 218 |
| Kosch | 220 |
| Schamiram | 222 |
| Arutsch | 223 |
| Irind | 225 |
| Thalin | 226 |
| Daschtadem | 228 |
| Mastara | 229 |
| | |
| **Die Provinz Kotajkh** | 231 |
| Ptghni und Arzni | 231 |
| Argel (Lusakert) | 233 |
| Bdschni | 233 |
| Hrazdan | 236 |
| Makharavankh | 236 |

# Inhalt 7

| | |
|---|---|
| Tsaghkadzor | 238 |
| Kloster Ketsch'aris | 239 |
| Jeghvard | 243 |
| Buzhakan | 244 |
| Kaputan | 245 |
| | |
| **Garni** | **246** |
| Geschichte | 247 |
| Besichtigung | 248 |
| Havuts'thar | 251 |
| | |
| **Geghard** | **252** |
| Geschichte des Klosters | 252 |
| Besichtigung | 254 |
| | |
| **DER NORDEN** | **260** |
| | |
| **Die Provinz Schirak** | **262** |
| Pemzaschen | 263 |
| Arthik | 264 |
| Haritschavankh | 266 |
| Dschraphi | 268 |
| Anipemza | 269 |
| Gjumri | 271 |
| Marmaschen | 278 |
| | |
| **Die Provinz Lori** | **281** |
| Vanadzor | 282 |
| Stepanavan und Umgebung | 286 |
| | |
| **Die Klösterstraße** | **292** |
| Kloster Hnevankh | 293 |
| Kloster Khobajr | 294 |
| Odzun | 298 |
| Kloster Sanahin | 301 |
| Haghpat | 307 |
| Achthala | 313 |
| Spitak | 316 |
| | |
| **Die Provinz Tavusch** | **318** |
| Dilidschan | 319 |
| Haghartsin | 321 |
| Gosch | 326 |
| Idschevan | 330 |
| Makharavankh | 331 |
| Atscharkut und Kirants'-Klöster | 334 |

| | |
|---|---|
| Kloster Varagavankh | 338 |
| Der Norden von Tavusch | 340 |
| | |
| **Die Provinz Gegharkhunikh** | 341 |
| Sevankloster | 341 |
| Semjonovka | 344 |
| Ltschaschen | 348 |
| Hajravankh | 349 |
| Noratus | 350 |
| Gavar | 352 |
| K'anaker | 352 |
| Dzoragjugh | 353 |
| Nerkhin Getaschen | 354 |
| Makhenis | 354 |
| | |
| # DER SÜDEN | 356 |
| | |
| **Die Provinz Ararat** | 358 |
| Dvin | 359 |
| Artaschat | 361 |
| Chor Virap | 363 |
| Der Chosrov-Nationalpark | 365 |
| | |
| **Die Provinz Vajots' Dzor** | 367 |
| Areni | 368 |
| Noravankh | 370 |
| Vernaschen (Gladzor) | 374 |
| Schatin | 377 |
| Jeghegis | 377 |
| Gndevankh | 380 |
| Dschermuk | 381 |
| Karawanserei Selim | 384 |
| | |
| **Die Provinz Sjunikh** | 388 |
| Angeghakoth | 388 |
| Schakhi und Sisian | 390 |
| Thanahat | 392 |
| Die Steine von Zorakhar | 392 |
| Aghitu | 394 |
| Vorotnavankh | 396 |
| Goris | 399 |
| Chndzoresk | 400 |
| Choth, Schinuhajr und Halidzor | 402 |
| Tathev | 403 |
| Jerits'avankh | 409 |

# Inhalt

| | |
|---|---|
| Kapan | 410 |
| Vahanavankh | 411 |

## WANDERUNGEN IN ARMENIEN 416

### Abenteuer zu Fuß 418

| | |
|---|---|
| In den Walnusshainen von Garni | 418 |
| Von Garni nach Havuts' Thar | 420 |
| Durch die Schlucht des Khasach | 422 |
| Von Artaschavan nach Saghmosavankh | 422 |
| Zu den Wandmalereien von Khobajr | 413 |
| Dschuchtakvankh | 424 |
| Von Vernachen zum Kloster Spitakavor Astvatsatsin | 425 |
| In den Schluchten des Arpha | 427 |
| Zu den Höhlen von Chndzoresk | 429 |
| Nach Alt-Schinuhajr | 430 |

## REISETIPPS VON A BIS Z 433

| | |
|---|---|
| Sprachführer | 446 |
| Literatur | 456 |
| Armenien im Internet | 457 |
| Die Autorin/Bildnachweis | 422 |
| Register | 460 |
| Kartenregister | 466 |

## EXTRA

| | |
|---|---|
| Mein Armenien | 31 |
| Rezepte | 45 |
| Die Diaspora-Armenier | 60 |
| Grigor der Erleuchter | 84 |
| Die Jerevaner Kognakfabrik | 122 |
| Davith von Sasun | 125 |
| Der alte Kranich | 130 |
| Musaler | 181 |
| Hovhannes Thumanjan | 297 |
| Armenisches Gebet | 317 |
| Sevan – die blaue Perle | 347 |
| Lavasch, das Brot der Erde | 386 |
| Die Seidenstraße | 414 |

*Kloster Haghpat in der Provinz Lori im Norden Armeniens*

# Vorwort

Armenien – ein unbekanntes Land jenseits der schneebedeckten kaukasischen Riesen, zerklüftet, steinig und uralt. Ein Hochgebirgsland, das seinen Bewohnern nur wenig Platz lässt, seinen fruchtbaren, doch trockenen vulkanischen Boden zu bebauen. Ein Land, das genau an der geographischen, politischen und wohl auch kulturellen Grenze zwischen Europa und Asien, zwischen Christentum und Islam liegt. Die faszinierende Kultur des armenischen Volkes präsentiert sich schon seit Jahrtausenden als eine zwar orientalisch beeinflusste, aber tief christliche. Armenien war der erste christliche Staat der Welt, und die Fußstapfen der frommen Mönche führen vom Ararattal bis in undurchdringliche Wälder und über steile Felswände in versteckte Orte, die in ihrem Dornröschenschlaf nur darauf warten, entdeckt und bestaunt zu werden. Winzige steinerne Kirchen, spektakulär über Schluchten drohende Klosterburgen, steinerne Kreuze in den grünen Ebenen sind die Zeugen einer christlichen Tradition, die ihresgleichen sucht.

Doch bei der Reise durch Armenien sieht man auch seine andere Seite, die weniger bekannt, weniger abendländisch anmutet. Viehherden, auf mühsam bewässerten Feldern hart arbeitende Bauern, Kühe und Schweine auf Dorf- und Stadtstraßen, dunkel gekleidete, bärtige Männer und alte Frauen in langen schwarzen Kitteln und bisweilen sogar mit vor das Gesicht gezogenen Tüchern. Sonnenverbrannte Erde und rotleuchtende Früchte in den Obsthainen. Laute Musik auf staubigen Straßen und der bunte Trubel von Marktszenen. Armenien ist auch Orient. Ein Teil der Seidenstraße verlief quer durch Armenien und an ihren Rändern wurden große Karawansereien errichtet. Im Gegensatz dazu das beinah zu modern erscheinende, unruhige Jerevan mit seinen Cafés, teuren Boutiquen und seinem für Besucher oft nicht verständlichen und übertriebenen Hang zu Äußerlichkeiten.

Für so manchen ist das Land auch Inbegriff einer tragischen Geschichte, eines gepeinigten, doch widerstandsfähigen Volkes, das seine Geschichte in unbeschreiblich schönen illuminierten Handschriften aufgeschrieben hat, deren Leuchtkraft heute noch jegliches moderne Kunstwerk erblassen lässt.

Die Armenier sind ein überaus gastfreundliches, herzliches Volk. Das, was sie vielleicht nicht in ihren Taschen haben – denn die Armut ist noch immer groß –, haben sie übervoll in ihren Herzen. Es lohnt sich, Armenien zu entdecken. Es ist ein unbekanntes Land, das sicherlich für den Reisenden einige Schwierigkeiten bieten mag, die Straßen sind oft schlecht, das Wetter ist heiß, die Gebirge sind hoch und einige Hotels, na ja. Andererseits überrascht den Reisenden das viel zu rasch wachsende, moderne Jerevaner Zentrum und eine Vielzahl von westlichen Geschäften. Doch wie gut – die orientalische Gelassenheit hat sich noch nicht ganz dem westlichen Tatendrang untergeordnet. Das wahre Armenien entdeckt man jedoch nur abseits der quirligen Hauptstadt…

Armenien ist ein Land, in dem man neben einer wunderbar kontrastreichen Natur auch die Gelegenheit hat, den frühen christlichen Geist zu schnuppern, und in dem man der Zeit eine andere Bedeutung als in Mitteleuropa beimisst: Zeit ist da, um sie anderen Menschen zu schenken. Und dann kann es sein, dass Armenien einen nicht mehr loslässt, und jede Erinnerung an die Reise einem ein kleines Lächeln auf die Lippen zaubert.

# Das Wichtigste in Kürze

### Einreise
Die Einreise ist nur über die Flughäfen in Jerevan und Gjumri und auf dem Landweg über Georgien oder den Iran möglich. Seit 2013 sind Bürger der Europäischen Union für bis zu 180 Tage pro Jahr von der Visumpflicht befreit, man sollte allerdings darauf achten, dass der Reisepass gerechnet ab Einreisedatum noch sechs Monate gültig ist.
Für Langzeitaufenthalte muss man sich vor der Reise ein Visum bei der jeweiligen armenischen Botschaft des Heimatlandes besorgen.

### Geld
Anfang 2017 bekam man für 1 Euro 490 Dram, der Kurs schwankt ständig um etwa 10 Prozent. In zahlreichen Wechselstuben kann man Euro und Dollar eintauschen, in den Filialen der großen Supermärkte teilweise sogar rund um die Uhr. Geldautomaten findet man in Jerevan, Gjumri und Vanadzor und anderen größeren Orten ausreichend, bei Reisen aufs Land sollte man genügend Bargeld mitnehmen. In großen Hotels sowie in einigen internationalen Geschäften und Restaurants in Jerevan kann meist auch mit Kreditkarte bezahlt werden.

### Telefonieren
Viele Mobilfunkanbieter haben Roaming-Abkommen mit Armenien. Preiswerte Auslandsgespräche können in Postämtern und Internetcafés getätigt werden. Die Vorwahlen sind für Deutschland +49, für Österreich +43, für die Schweiz +41. Die Vorwahl von Europa nach Armenien ist +374.

### Sprache
Amtssprache ist Armenisch, das über ein eigenes Alphabet verfügt. Russisch ist allerdings nach wie vor verbreitet, so dass Russischkenntnisse hilfreich sind. In den touristischen Zentren und mit jüngeren Leuten kann man sich in der Regel auf Englisch verständigen.

### Klima und Kleidung
Das Klima ist trocken und kontinental, große Höhenunterschiede führen zu starken Temperaturunterschieden. Die besten Reisezeiten sind das Frühjahr und der Herbst. Man sollte außer leichter Kleidung für heiße Tage auch ein paar warme Sachen, bequeme Schuhe und einen Regenschutz dabeihaben.

### Gesundheit
Es gibt keine vorgeschriebenen Impfungen. Impfschutz gegen Polio, Tetanus, Diphtherie und Hepatitis A sollte bestehen. Der Abschluss einer Reisekrankenversicherung, die auch einen Rücktransport einschließt, ist empfehlenswert.

### Sicherheit
Bei Beachtung der überall gültigen Verhaltensregeln ist Armenien ein sicheres Reiseland. Auf Märkten und Busbahnhöfen sollte man sich vor Taschendieben hüten.

### Unterwegs im Land
In Jerevan gibt es Taxis, Busse, Oberleitungsbusse, Sammeltaxis und die U-Bahn. Wenn man von Jerevan aus auf eigene Faust durchs Land reisen möchte, sind die zahlreichen Sammeltaxis ebenfalls eine gute Möglichkeit. Sie fahren vom Zentralen Busbahnhof und mehreren kleineren Busbahnhöfen.

Ausführliche Hinweise in den **Jerevan-Informationen** (→ S. 158) und den **Reisetipps von A bis Z** (→ S. 433).

# Entfernungstabelle

| | Alaverdi | Artaschat | Aschtarak | Edschmistsin | Gavar | Gjumri | Goris | Hrazdan | Idschevan | Jeghegnadzor | Jerevan | Kapan | Sevan | Spitak | Vanadzor |
|---|---|---|---|---|---|---|---|---|---|---|---|---|---|---|---|
| Vanadzor | 50 | 141 | 94 | 115 | 112 | 64 | 317 | 88 | 75 | 206 | 118 | 383 | 79 | 20 | |
| Spitak | 70 | 121 | 74 | 95 | 132 | 43 | 328 | 109 | 95 | 215 | 92 | 393 | 99 | | 20 |
| Sevan | 129 | 95 | 76 | 86 | 31 | 173 | 238 | 16 | 70 | 127 | 63 | 305 | | 99 | 79 |
| Kapan | 463 | 272 | 319 | 304 | 272 | 416 | 65 | 114 | 381 | 188 | 300 | | 305 | 393 | 383 |
| Jerevan | 165 | 30 | 22 | 20 | 92 | 120 | 237 | 47 | 130 | 123 | | 300 | 63 | 92 | 118 |
| Jeghegnadzor | 285 | 94 | 141 | 126 | 94 | 238 | 113 | 136 | 203 | | 123 | 188 | 127 | 215 | 206 |
| Idschevan | 90 | 165 | 146 | 167 | 109 | 138 | 318 | 86 | | 203 | 130 | 381 | 70 | 95 | 75 |
| Hrazdan | 138 | 79 | 60 | 70 | 42 | 157 | 254 | | 86 | 136 | 47 | 114 | 16 | 109 | 88 |
| Goris | 398 | 207 | 284 | 240 | 207 | 352 | | 254 | 318 | 113 | 237 | 65 | 238 | 328 | 317 |
| Gjumri | 114 | 144 | 97 | 118 | 199 | | 352 | 157 | 138 | 238 | 120 | 461 | 173 | 43 | 64 |
| Gavar | 159 | 121 | 102 | 112 | | 199 | 207 | 42 | 109 | 94 | 92 | 272 | 31 | 132 | 112 |
| Edschmiatsin | 165 | 32 | 21 | | 112 | 118 | 240 | 70 | 167 | 126 | 20 | 304 | 86 | 95 | 115 |
| Aschtarak | 144 | 47 | | 21 | 102 | 97 | 284 | 60 | 146 | 141 | 22 | 319 | 76 | 74 | 94 |
| Artaschat | 191 | | 47 | 32 | 121 | 144 | 207 | 79 | 165 | 94 | 30 | 272 | 95 | 121 | 141 |
| Alaverdi | | 191 | 144 | 165 | 159 | 114 | 398 | 138 | 90 | 285 | 165 | 463 | 129 | 70 | 50 |

# Herausragende Sehenswürdigkeiten

**Matenadaran in Jerevan** ▼
Armenische Handschriften aus verschiedenen Epochen und Regionen zu sehen, heißt, in die Geschichte Armeniens einzutauchen und etwas über das Erbe einer großen christlichen Kultur zu erfahren. (→ S. 117, 145)

**Historisches Museum in Jerevan**
Die Frühgeschichte Armeniens ist nirgends besser und umfassender dargestellt. Ein Ort zum Staunen und Lernen! (→ S. 113, 140)

**Edschmiatsin (Armavir)** ▶
Das kirchliche Zentrum der Armenier ist nicht nur wegen seiner alten Kirchen, sondern auch wegen der Museen und wunderschönen Kreuzsteine von Bedeutung. Auch ist die Ruhe und Stimmung der Anlage eine eigene, vielleicht sogar spirituelle Erfahrung. (→ S. 172)

**Garni und Geghard (Kotajkh)**
Das einzige erhaltene Relikt aus den römischen Zeiten Armeniens, der Sonnentempel von Garni, erfreut das Auge des historisch und naturinteressierten Besuchers. Das unweit liegende Höhlenkloster Geghard ist als Juwel armenischer Baukunst nicht umsonst ein UNESCO-Weltkulturerbe.(→ S. 246, 252)

**Noravankh (Vajots' Dzor)** ▲
Ein durch seine Architektur, die ungewöhnlich kreativen Reliefs und seine Abgeschiedenheit besonders reizvolles Kloster, aus dem Hochmittelalter. Es verschmilzt fast mit der felsigen Natur. Ein Genuss für Auge und Seele. (→ S. 403)

**Tathev (Sjunikh)**
Diese Klosteranlage am Rande der spektakulären Vorotan-Schlucht bannt einen durch die atemberaubende Landschaft, über der sie thront. Nirgendwo sonst in Armenien lässt sich mittelalterliches Klosterleben so gut nachfühlen. (→ S. 403)

## Herausragende Sehenswürdigkeiten

### Sanahin und Haghpat (Lori) ▼
Diese beiden wunderbaren Klosteranlagen aus dem 10. Jahrhundert sind ebenfalls UNESCO-Weltkulturerbe und bezaubern zudem durch ihre Lage in dörflicher Umgebung. (→ S. 301, 307)

### Sevansee (Gegharkhunikh) ▼
Das grün-blau schimmernde Wasser des von Bergen umringten Sevansees beruhigt und bezaubert. An den Ufern des Sees gibt es zahlreiche historische Stätten. (→ S. 341)

### Selim (Vajots' Dzor)
Armenien bietet kaum nichtchristliche, profane Bauwerke. Eines der am besten erhaltenen ist die Karawanserei von Selim. Ein Juwel, das auf über 2000 Metern Seehöhe in der wunderbaren Stille des armenischen Berglandes gelegen ist. (→ S. 384)

### Haghartsin (Tavusch) ▼
Das Kloster inmitten des Waldes ist ein Ort der Entspannung, weitab von der Araratebene. Eine harmonische, unbedingt sehenswerte Anlage, auch wenn die Restaurierung und der Neubau anderer Anlagen das Gesamtbild etwas entzaubert haben. (→ S. 321)

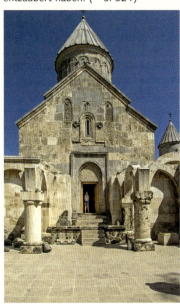

### Ein Extra-Tipp: Khobajr (Lori)
Eine halb zerfallene, abgelegene Klosteranlage aus der armenisch-georgischen Epoche. Hier gibt es so schöne und für Armenien so seltene Wandmalerei, dass man den Fußmarsch gerne in Kauf nimmt. (→ S. 294)

Das armenische Volk kam in unsere Welt aus so uralten Zeiten, als die gegenwärtigen Völker noch nicht existierten, und die Völker der Antike – Römer und Helenen – den Schauplatz der Geschichte kaum noch betreten hatten.

*Valerij Brjusov, 1916*

*Kloster Noravankh in der Provinz Vajots' Dzor*

# DAS LAND DER STEINE

# Armenien: Zahlen und Fakten

*Die armenische Flagge*

**Bezeichnung**: Republik Armenien (Hajastani Hanrapetuthjun, Hajastan).
**Fläche**: 29 800 qkm (etwa so groß wie Belgien).
**Hauptstadt**: Jerevan, 1,07 Mio (2016) = 36% der Bevölkerung.
**Gliederung**: 11 Provinzen (Sjunikh, Vajots' Dzor, Ararat, Jerevan, Gegharkhunikh, Kotajkh, Armavir, Aragatsotn, Schirak, Lori, Tavusch).
**Größere Städte**: Gjumri (geschätzt 2015: 118 000), Vanadzor (2015: ca. 75 000).
**Amtssprache**: Armenisch.
**Einwohner**: ca. 3 Mio. (geschätzt 2016).
**Bevölkerungsdichte**: 101 pro qkm.
**Bevölkerung**: 98 % Armenier, ca. 1,2 % Jessiden sowie andere Minderheiten wie Russen, Assyrer, Ukrainer, Griechen.
**Religion**: armenisch-apostolisches Christentum (92,6 %), geringe Prozentsätze an anderen christlichen, v. a. orthodoxen Konfessionen.
**Lebenserwartung**: Männer 71,7 Jahre; Frauen 78,2 Jahre (2016).
**Staats- und Regierungsform**: Präsidialrepublik, Parlamentswahlen alle 4 Jahre, Direktwahl des Staatsoberhauptes alle 5 Jahre.

**Staatsoberhaupt**: Serzh Sargsjan, seit 18.02.2013 (bis 2018)
**Bruttoinlandsprodukt**: jährlich 10,56 Milliarden (2015), ca. 3793 USD pro Einw. (2015).
**Erwerbstätigkeit**: Landwirtschaft: 20,6 %, Industrie: 37,3 %, Dienstleistungen: 42,1 % (geschätzt 2013).
**Durchschnittseinkommen**: ca. 390 USD (2016) im Monat.
**Arbeitslosenquote**: offiziell 19,1 % (geschätzt 2016), hohe Langzeitarbeitslosigkeit, hohe Jugendarbeitslosigkeit.
**Armutsrate**: etwa ein Drittel der Bevölkerung lebt in Armut.
**Währung**: Dram (AMD).
**Wechselkurs**: 1 Euro = 490 Dram (Anfang 2017).
**Zeit**: Armenien Time (MEZ + 3 Stunden, während Sommerzeit MEZ + 2 Stunden).
**Vorwahl, Internetkennung**: +374, am.
**Nationalfeiertag**: 21. September (Unabhängigkeitserklärung 1991).

*Quellen: Armenisches Statistisches Zentralamt, Weltbank, UN, Auswärtiges Amt*

# Geographie

Armenien liegt am Kreuzungspunkt zwischen Europa und Asien. Stoßen die Grenzen dieses Gebirgslandes geographisch betrachtet vorwiegend an Asien, so steht der Armenier bildlich betrachtet mit einem Bein in Europa und mit dem anderen in Asien. Das historische Armenien erstreckte sich von den Südhängen des Kaukasus im Norden beinahe bis ans Kaspische Meer im Osten, von den Ufern des iranischen Urmia-Sees im Süden bis hin zur kilikischen Ebene zwischen Syrien und Ostanatolien, begrenzt vom mächtigen Taurusgebirge im Westen.

Das heutige Staatsgebiet Armeniens mit knapp 30 000 Quadratkilometern Fläche ist hingegen nur das Kernland des armenischen Hochlandes, ein Hochgebirgsland, das sich mit seiner felsigen Unzugänglichkeit und steinigen Kargheit beinahe gegen alle Seiten abschließt. Nur im Westen schlängelt sich der mächtige Fluss Arax durch das Land und schafft eine offene, fruchtbare Ebene hin zum türkischen Nachbarn. Das Land grenzt im Norden an Georgien, im Westen an die Türkei und die aserbaidschanische Enklave Nachitschevan, im Osten an Aserbaidschan, und hat die kürzeste Grenze mit nur 35 Kilometern Länge zum Iran im Süden.

## Gebirge

Das Gebirge bedeckt mit seinen schroffen, vulkanischen Gesteinen beinahe die Hälfte des Territoriums Armeniens, auch die Ebenen und Täler liegen meist sehr hoch, liegt doch die durchschnittliche Höhe des Landes bei 1800 Metern über dem Meeresspiegel. Und obgleich das breite, fruchtbare Tal am Fuße des Ararat der Ausgangspunkt für die Besiedlung des armenischen Hochlandes gewesen ist, sind es doch die Berge und deren steiniger Boden, die die Landschaften, die Menschen und deren Traditionen geprägt haben.

*Gesteinsformationen*

*Kirchlein bei Vanadzor*

Die armenischen Bergketten ziehen sich vom Norden des Landes, an der Grenze zu Georgien, bis hinab in den an den Iran grenzenden Süden. Der mächtigste aller Gebirgsstöcke Armeniens, der Aragats, liegt nordwestlich der Stadt Jerevan und ist mit seinen 4095 Metern der höchste Berg Armeniens. Er wird als Zwillingsberg zum Ararat gesehen, denn schon in alter Zeit rankten sich Mythen um den nicht enden wollenden Kampf zwischen den feuerspeienden Drachen dieser beiden mächtigen Vulkane. Im Norden des Landes, gleichsam als natürliche Grenze zu Georgien, ziehen sich von Osten nach Westen die Virahajots'-, die Zavachki- und die Ghukasjan-Kette. Die höchste Erhebung des Nordens ist der 3196 Meter hohe Berg Atsch'khasar, westlich der Stadt Stephanavan. Die Phambak-Berge mit dem 3101 Meter hohen Thezh bilden den Übergang von den nördlichen Provinzen Armeniens nach Osten zum Sevansee und nach Süden in Richtung der Hauptstadt Jerevan. Der Sevansee selbst ist von Gebirgsketten eingeschlossen, im Norden durch die bis zu 2900 Meter hohe Miaphor-Kette, im Osten in Richtung Aserbaidschan von der Areguni- und Sevan-Kette, im Süden durch die Vardenis-Kette mit dem 3522 Meter hohen Vardenis und im Westen durch die Geghamberge und ihre höchste Erhebung, dem 3597 Meter hohen Azhdahak.

Im Süden des Landes, beginnend mit den Vardenisbergen, wird das Land noch unzugänglicher, enger und höher. Hier ist das Reich der Dreitausender, vom wilden Zangezur bis hin zur Barguschat- und Meghrikette im äußersten Süden. Zangezur ist die längste Bergkette von Armenien. Die höchste Erhebung des Südens, 3904 Meter, ist der an der Grenze zu Nachitschevan thronende Gipfel des Kaputdschugh. Zwischen diesen oft unwirtlich erscheinenden und häufig schneebedeckten Bergen liegen fruchtbare Hochplateaus, wie das des Ararat, das Schirakbecken im nordwestlichsten Landesteil oder die Hochebenen von Jersnai und Alaschkert.

# Gewässer

»Und – wir eilen zu dem Gebirgssattel ins Dorf Khachsi, wo es feucht und
matschig ist, augenscheinlich. Es war naß und wird naß, wiederum hat uns
der dunkelgrüne Gigant aus dem Nebel aus seinem weißen Galopp seiner
Schneeformen eingeholt: der kleine Fluss, für uns nicht zu sehen,
kochte irgendwo mit seinem marmornen Löffel; er drehte ihn um:
keine Ränder, keine Wolken; aber es eilt eine grauschwarze Feuchtigkeit daher,
ein Vorhang von der Erde bis zum Himmel. Und auf ihr treten unklare
schwarze und schwarz-blaue Flecken auf. Und zwei Reihen von Linien zeichnen
ein Relief. Dort hat die Schlucht die feuchtnebeligen Kiefern durchbrochen.
Brr! Aber schön!«*

*Andrej Belij, Armenien!*

In den Gebirgen entspringen viele Flüsse und Bäche, die das Land wie ein Netz feiner, dünner Fäden durchziehen. Der mächtigste aller Flüsse ist der Arax, dessen Einzugsgebiet beinahe drei Viertel des Territoriums einnimmt. Er entspringt in Ostanatolien und bildet 158 Kilometer lang die natürliche Grenze zur Türkei, Nachitschevan und zum Iran, und mündet in den Fluss Kura, mit dem er in Aserbaidschan ins Kaspische Meer mündet. Aus ihm schöpfen auch die vulkanischen Böden des Ararattales ihre Kräfte. Andere bedeutende Flüsse Armeniens sind der Debed, der Hrazdan und der Vorotan. Der Debed, an dessen Lauf auch die tiefste Stelle Armeniens mit 450 Metern über dem Meer gemessen wird, fließt durch das zentrale Nordarmenien und mündet in den Chrami in Georgien. Der Hrazdan, der Fluss, an dem sich schon prähistorische Siedler niedergelassen hatten und der durch Jerevan fließt, entspringt in den Gebirgsketten nördlich von Jerevan, bewässert das Ararattal und vermengt sich mit dem Wasser des Arax. Der Vorotan entspringt in der sogenannten Karabach-Kette, dem Gebirge südlich des Sevansees, das die Grenze zu Aserbaidschan bildet. Er speist auf aserbaidschanischem Territorium ebenfalls den Arax. Viele andere kleine Flüsse münden in das wichtigste Wasserreservoir Armeniens, den Sevansee.

## Der Sevansee

Der auf etwa 1900 Metern über dem Meer gelegene Sevansee (→ S. 341) zählt zu den höchsten Seen der Welt, seine Wasseroberfläche beträgt knapp 1000 Quadratkilometer. Die anderen stehenden Gewässer Armeniens sind im Vergleich zu ihm Pfützen, so der Hochgebirgssee Akna in den Gegham-Bergen, der Kaputan im Zangezur oder der von dichten Wäldern malerisch umgebene Parz in der Nähe von Dilidschan.

Die Mächtigkeit des Sevansees ist jedoch bedroht, denn ihm wird weit mehr Wasser entnommen, als aus dem Gebirge nachfließt. Die rigorose Ableitung von Wasser zur Bewässerung und zur Energiegewinnung senkte den Wasserspiegel des Sees um mittlerweile fast 20 Meter. Seine Oberfläche hat sich damit um zwölf Prozent verringert und hat zudem aus der berühmten Sevaninsel

*Bedrohte Idylle: der Sevansee*

mit den beiden Klosterkirchen eine Halbinsel gemacht. Bedrohungen anderer Art sind die Abholzung der Wälder rund um den See, die Überfischung und die viel zu rege, oft rücksichtslose Bautätigkeit von Privaten und übereifrigen Investoren in touristische Anlagen. Das biologische Gleichgewicht des Sees, damit aber auch des gesamten Klimas der Region ist gefährdet. Man befürchtet sogar eine Vermarschung des Landes, sollte die Energienutzung des Sees nicht vermindert werden. Man konnte jedoch erreichen, dass durch eingeschränkte Nutzung des Sevan der Wasserspiegel in den letzten drei Jahren wieder um vier Zentimeter gestiegen ist. Spuren des ehemaligen Wasserspiegels lassen sich rings um den See an den Gesteinsschichten sehen.

## Vegetation

Die Wasserarmut des Landes und ein strenges Klima tragen zum erdigen, nur von wenigen saftig grünen Flecken durchzogenen Bild Armeniens bei. Das Klima ist kontinental trocken, die Sommer sind sehr heiß, oft mehr als 40 Grad Celsius, die Winter können hingegen sehr kalt sein. Besonders im Norden des Landes werden häufig Temperaturen tief unter Null gemessen. Die Niederschlagsmenge hängt von der jeweiligen Region ab, aber es fallen je nach Region nur 300 bis 550 Millimeter Wasser jährlich auf den vulkanischen Boden (Deutschland: 500 bis 900 Millimeter, Östereich durchschnittlich 1100 Millimeter). Einzig im Frühling erscheint das ganze Land in ein sanftes Grün getaucht, kurz nach der letzten Schneeschmelze von den Berggipfeln und kurz vor der erbarmungslos einsetzenden Hitze des Frühsommers. Natürlich macht sich der Klimawandel auch in Armenien bemerkbar, es gibt vor allem in den Wintermonaten durchschnittlich mehr Niederschlag.

Unter diesen schwierigen klimatischen und topographischen Bedingungen erstaunt es nicht, dass nur 17 Prozent des Landes als Ackerland dienen, nur ein Viertel der Fläche als Weideland. Dennoch gedeihen schon seit vielen Jahrhunderten, wenn nicht Jahrtausenden im armenischen Hochland Obstsorten wie Granatäpfel, Aprikosen, Pfirsiche, Weintrauben und Feigen. Die Aprikose ist eine angestammte Frucht Armeniens, sie kam unter der lateinischen Bezeichnung ›prunus armeniaca‹ – armenische Pflaume – in unsere Breiten. Sattorangefarben, oft faustgroß und honigsüß: das sind die Aprikosen Armeniens. Der Legende nach geht der Weinbau bereits auf Noah zurück, der an den Hängen des Ararat die ersten Weinstöcke gepflanzt haben soll. Aus historischen Belegen weiß man, dass die Urartäer bereits vor 2800 Jahren Weingärten angelegt haben. Die Früchte Armeniens sind besonders groß und süß, die Sonne gibt ihnen viel Kraft zum Reifen. Auch die Maulbeeren, die es in weiß oder schwarz gibt, sind sehr beliebt. In Armenien wird jedoch wenig Getreide angebaut.

Die natürliche Vegetation Armeniens liegt zwischen der mediterranen und der alpinen Pflanzenwelt. In den Gebirgen findet man viele aus den Alpen bekannte Pflanzen, das trockene, heiße Klima begünstigt das Wachstum von Distelarten. Das Land ist arm an Bäumen – Kiefern, Eichen, Akazien, Weiden sowie wilde Nuss- und Obstbäume zählen zu den Baumarten, die man noch am ehesten antrifft.

# Tierwelt

Die Tierwelt Armeniens war in historischer Zeit sehr vielfältig, in prähistorischer Zeit sind sogar riesige Elefanten, die sogenannten Altelefanten, ›elephas armenicus‹, Bisonherden und Wildpferde durch das armenische Bergland gestapft, Bären und Wölfe haben neben Raubkatzen die noch dichten Wälder bevölkert. Heute ist die Fauna Armeniens aufgrund der schwierigen Witterungsverhältnisse dezimiert, in den Waldgebieten findet man Rot- und Schwarzwild, Füchse, es soll sogar wieder Wölfe geben. Es gibt eine Vielzahl von alpinen Bewohnern wie Steinböcke, Mufflons oder Raubvögel.

Besonders reich ist aber die Insektenwelt Armeniens. Hier gibt es viele Arten von Heuschrecken und Käfern, die in unseren Breiten gänzlich unbekannt sind. So kann man auf seinen Streifzügen durch die armenischen Berge durchaus von astartigen Stabheuschrecken, riesenhaften Ameisen, aber besonders auch von Schlangen, Skorpionen und großen Echsen überrascht oder erschreckt werden. Besonders in der Umgebung von Garni und Geghard und im sogenannten Chosrov-Naturschutzpark, einem Gebiet zwischen Geghard im Norden, den Geghambergen im Osten und der Araratebene im Westen, gibt es eine Vielzahl von Reptilien. Besonders an den ersten heißen Frühsommertagen sonnen sich die Schlangen gerne entlang der Wanderpfade, weshalb feste Schuhe angeraten sind. Es gibt auch viele verschiedene Vogelarten in den spärlichen Wäldern und rund um den Sevansee. In den vergangenen Jahren hat man auch wieder mit Fischzucht begonnen, besonders die Forelle Armeniens, der sogenannte Fürst, armenisch ›Ischchan‹, wird wieder in der Umgebung des Sevansees gezüchtet.

*Rast im Schatten der Kirche*

*Armenischer Reichtum*

## Bodenschätze

Die Verbundenheit der Armenier mit dem Stein ihres Landes ist tief verwurzelt. Tatsächlich bestimmen diese Steine die Landschaft Armeniens, die Kunst in Form von Architektur und Skulptur, aber auch die Wirtschaft und den Handel. So ist Armenien nicht nur reich an verschiedenen vulkanischen Gesteinen wie Tuff in den schönsten Farben sowie Basalt und dem schwarzglänzenden Vulkanglas Obsidian und Marmor, sondern verfügt auch über seltene metallische Bodenschätze wie Molybdän, Bauxit, Kupfererze, Blei, Zink und Aluminium. Man hat sogar etwas Gold und Silber gefunden. Besonders berühmt sind aber die seltenen, buntglänzenden Steinchen des Hochlandes wie Smaragd, Rubin, Beryll oder Türkis. Die seltenen Bodenschätze und Gesteine sind neben Kognak und Mineralwasser die wesentlichen Exportprodukte Armeniens. Das Land besitzt jedoch keine ausreichenden fossilen Ressourcen, die vermuteten Erdöl- und Erdgasvorkommen im Araratttal und im Nordwesten des Land sind zu gering, um sie tatsächlich lohnend fördern zu lassen. Auch die Kohlefelder in der Nähe von Idschevan und Dschadschur haben keine große Förderrate, nur etwa 50 000 Tonnen im Jahr.

# Die Provinzen

Armenien ist seit langer Zeit in verschiedene Provinzen, sogenannte ›Marz‹ eingeteilt. Die Namen dieser Provinzen stammen von den alten Bezeichnungen der armenischen Fürstentümer und Kleinkönigreiche aus vergangenen Jahrhunderten. Die letzte Einteilung des Landes in insgesamt elf administrative Provinzen wurde erst in den letzten Jahren durchgeführt. Jerevan ist die bevölkerungsreichste Provinz, die bevölkerungsärmste ist Vajots' Dzor. Hingegen ist Jerevan die flächenmäßig kleinste, die größte ist Sjunikh. Den 59 Städten Armeniens stehen 872 Dörfer gegenüber. Die größte Anzahl von Städten befindet sich in den Provinzen Jerevan und Lori, die meisten Dörfer in Schirak und Aragatsotn.

**Schirak**: Die Provinz Schirak ist die nordwestlichste aller Provinzen. Sie liegt eingebettet zwischen dem Grenzverlauf zur Türkei, entlang dem Fluss Achurjan, und der westlichen Grenze zu Georgien. Sie ist eine der größten Provinzen Armeniens, ihre Hauptstadt Gjumri ist die zweitgrößte Stadt Armeniens. Die Bezeichnung Schirak soll auf den Namen Schara, wörtlich Vielfraß, einen der Nachkommen des armenischen Stammvaters Hajk, zurückgehen.

**Lori**: die Provinz, die an Schirak im Westen, an Georgien im Norden, das Aragatsmassiv im Süden und die Provinz Tavusch im Osten angrenzt, wird in Armenien oft Gegend der Wunder genannt. Ihren Namen hat sie vom Hochplateau Lori erhalten. Der historische Name dieses Gebietes ist Gugharkh.

**Tavusch**: Der östlichste Marz im Norden, an Georgien und Aserbaidschan grenzend, ist Tavusch mit seiner Hauptstadt Idschevan. Die Provinz trägt den Namen eines ihrer Flüsse, des Tavusch, der in die Kura mündet.

**Gegharkhunikh**: Südlich von Tavusch bestimmt der Sevansee die Landschaft des Marz Gegharkhunikh, der an seiner Ostseite gänzlich an Aserbaidschan grenzt. Die Hauptstadt dieser landschaftlich reizvollen Provinz ist Gavar am Westufer des Sevan. Die Bezeichnung bezieht sich nach einer Legende auf den Sohn des Königs von Amasia, den Heerführer Gegham.

*Bdschni in der Provinz Kotajkh*

## Die Provinzen

**Kotajkh**: Jene Provinz, die wie Jerevan an keinen anderen Staat grenzt, ist das im Zentrum des armenischen Hochlandes, zwischen Sevansee und Aragatsmassiv gelegene Kotajkh mit der Hauptstadt Hrazdan. Der Name geht auf die Zeit des Patriarchen Kot zurück.

**Aragatsotn**: Der an Kotajkh angrenzende Marz im Westen ist Aragatsotn, die Provinz am Fuße des Aragats, die das Gebiet zwischen Aragats, den Phambak- und Tsaghkunjats'-Bergen einnimmt. Die Hauptstadt ist Aschtarak.

**Armavir**: Südlich von Aragatsotn erstreckt sich die breite Ebene des Ararat in der Provinz Armavir mit der gleichnamigen Hauptstadt. Armavir grenzt im Westen und Süden an die Türkei, wobei einmal der Achurjan, dann der Fluss Arax die Grenze zieht.

**Ararat**: Die zweite Provinz, die durch den Fluss Arax begrenzt wird, ist Ararat mit seiner Hauptstadt Artaschat. Dieser Marz ist nach dem mythischen Berg Ararat benannt, in keinem anderen kommt man diesem heute in der Türkei gelegenem Berg wirklich so nahe.

**Vajots' Dzor**: Überquert man die Vardeniskette, so gelangt man in das Tal von Vajkh, nach Vajots' Dzor. Das ist die bevölkerungsärmste Provinz des Landes, was sicherlich auch auf die unzugängliche Gebirgigkeit zurückzuführen ist. Einzig um die Hauptstadt Jeghegnadzor scharen sich einige bedeutende Siedlungen aus der Geschichte Armeniens.

**Sjunikh**: Die südlichste Provinz Armeniens, umschlossen von Aserbaidschan im Westen und Osten und vom Iran im Süden, ist eine besonders bedeutende historische Provinz. Sie war jenes armenische Königreich von Sjunikh, das sich am längsten als unabhängiges Reich gegen alle Fremdherrscher behaupten konnte. Die Hauptstadt von Sjunikh ist der Ort Kapan.

Die Provinzen Armeniens

# Ararat – der mythische Berg

Woran liegt es, dass dieser 5156 Meter hohe, immer mit Schnee bedeckte Vulkankegel ein derart bedeutendes Symbol für Armenien und sein Volk geworden ist? Der Anblick des Erhabenen ist an klaren Herbstmorgen von Jerevan aus überwältigend. Sein weißer Gipfel leuchtet weit, und sein breiter, massiver Stein beherrscht die Umgebung so weit das Auge reicht. Doch je näher man ihm kommt, um so entfernter wirkt er, bis ein meterhoher Stacheldrahtzaun ihn tatsächlich von Armenien trennt.

Zum einen muss man eine Erklärung für die Verehrung des Ararat in der christlichen Überlieferung suchen. Der armenischen Tradition nach ist dieser Berg eng mit der Arche verbunden. Noah selbst hat an seinen Hängen die ersten Weingärten im armenischen Hochland gepflanzt, vom Ararat aus hat sich die Menschheit erneut ausgebreitet. Schon die frühen armenischen Geschichtsschreiber nehmen die Legende um die Arche und Noah als historisches Faktum und als Ausgangspunkt der armenischen Geschichte in ihre Chroniken auf. Und wenn man an einem klaren, sonnigen Morgen von Jerevan aus den Ararat genau betrachtet, kann man sogar die Arche sehen. Und sollte einem das nicht gelingen, dann ist es einfacher, einen Blick auf das armenische Wappen zu werfen, auf dem auch die Arche am Berg Ararat zu sehen ist. Und wenn man es noch genauer wissen möchte und eine große Portion Glück hat, so bekommt man sogar eine Planke der Arche im Museum von Edschmiatsin zu sehen…

## Glaube und Wissenschaft

Zweifel, auch von kompetenter wissenschaftlicher Seite, werden in Armenien gerne überhört. Noah soll demnach mit seiner Arche nicht auf dem Berg Ararat, sondern in den Bergen des Landes Urartu gelandet sein. Ein Umstand, der

*Der Ararat im Sonnenaufgang*

*Prähistorische Kultstätte Armeniens: die Steine von Zorakhar*

ganz einfach durch sprachliche Missverständnisse erklärt werden kann. Der ursprüngliche hebräische Bibeltext wurde später bearbeitet, wobei offenbar der in ganz Vorderasien gängige Landesname Urartu in der hebräischen Schrift, die ja nur Konsonantenschreibung kennt, zu ‚rrt geworden ist. In der Bearbeitung wurde dann wie bei Eigennamen üblich a eingesetzt, wodurch dieses Wort zu Ararat wurde.

In der lateinischen Bibelversion lautet die betreffende Stelle der Genesis (8,4) »... auf den Bergen Urartus«, in der deutschen, aber auch in der armenischen Einheitsübersetzung »auf dem Berge Ararat«. Diese wissenschaftliche These kann aber auch durch andere Zitate aus dem Alten Testament, wie beispielsweise 2. Könige 19,37 oder Jesaja 37,38 belegt werden, wo eindeutig vom Reich Ararat oder Urartu berichtet wird. Und der Prophet Jeremia (51,27) beschwor einige mächtige Völker Vorderasiens zum Aufstand gegen das sündige Babylon: »... ruft wider sie die Königreiche Ararat, Minni und Aschkenas ...«. So mag der Ararat, dieser historischen Tradition folgend, für ein ganzes Gebiet, eine Landschaft, ein Reich stehen und somit auch zum Sinnbild jener Menschen werden, die in seinem Tal lebten.

## Frühgeschichtliche Traditionen

Die Verehrung des Ararat geht sicher auch auf eine nichtchristliche, eine frühgeschichtliche Tradition zurück. Für die vielen Menschen der Frühzeit, die sich im Ararattal angesiedelt hatten, war der riesenhafte Berg göttlicher Natur. Berge bestimmen nicht nur das Wetter, sondern auf ihnen wohnten auch viele Mächte, die den Gang der Natur und das Leben der Menschen bestimmten. So findet man in den Berichten armenischer Historiker Hinweise auf vorchristliche Gottheiten, die auf dem Gipfel dieses Berges wohnten. Doch so manches lebt auch im Volksglauben und in den Märchen und Mythen der Armenier weiter. Sie erzählen von dem mächtigen Kampf der Vischaps, der Drachen, des Ararat und des Aragats,

*Blick vom Kloster Chor Virap auf den Gipfel des Ararat*

von den bösen Berggeistern, den Dev, die in Höhlen hausten und Schätze bewachten. In der ›Geschichte der Armenier‹ von Movses von Chorene findet man viele Hinweise auf alte Mythen und Göttersagen. Der heilige Berg Ararat wird plötzlich zu einem Schauplatz göttlicher Auseinandersetzungen und zur Wohnstätte tiergestaltiger Wesen. Eine Sage berichtet vom jungen König Artavazd, der die große Trauer des Volkes um den Tod seines Vaters Artasches nicht verkraften konnte. Erzürnt verfluchte ihn der Geist des toten Königs und drohte ihm, dass er auf dem Masis gefangen gehalten werde und nie mehr das Licht des Tages erblicken werde: Movses von Chorene schreibt in seiner Geschichte der Armenier (2. Buch, Kap. 41): »Es berichten auch die Alten davon, dass er eingekerkert in einer Höhle schmachtet, an eiserne Ketten gebunden. Und er bemüht sich, mittels zweier Hunde, die ständig an seinen Ketten beißen, sich zu befreien und das Ende der Welt herbeizuführen. Aber vom Klang der Schmiedehämmer verstärken sich, so sagen sie, die Fesseln. Weshalb auch noch in unserer Zeit, viele Schmiede, entsprechend der Legende, am Sonntag drei- oder viermal auf den Amboss schlagen. Denn sie sagen, sie sollen die Ketten des Artavazd wieder verstärken.«

Der Ararat als heidnischer Götterberg und feuerspeiender Drache, als christlicher Berg der Arche und Ursprung der Menschheit. Als Berg, an dessen Fuß sich seit dem 3. Jahrtausend vor Christus Menschen angesiedelt hatten. Und der Legende nach auch der armenische Stammvater Hajk. Wo die Bekehrung des heidnischen Volkes zum Christentum stattgefunden hat. Ein Berg, der für ein ganzes Volk steht, obgleich er diesem Volk nicht mehr gehört. Und auch das ist ein wesentlicher Teil, der die Symbolkraft des Ararat erklärt. Der Weg, der sich auf dem Wappen Armeniens auf den Berg Ararat zur Arche windet, ist ein Weg, der zur Hoffnung und zum Glauben führt. Der Ararat ist ein unabtrennbarer Teil der armenischen Tradition, egal ob er nun innerhalb oder außerhalb der Staatsgrenze liegt.

# Mein Armenien

*Den Sonnengeschmack in der Sprache meines Armeniens liebe ich
die klagende, schluchzende Saite unserer alten Saz liebe ich
den Duft blutroter Blumen und Rosen
und den sanften Reigen der Mädchen von Nairi liebe ich.*

*Ich liebe das Blau unseres Himmels, das klare Wasser, den glänzenden See,
die Sommersonne und die drachenstimmigen Winterstürme
die schwarzen Mauern der im Dunkeln verborgenen ungastlichen Häuser
und uralter Städte tausendjährigen Stein liebe ich.*

*Wo ich auch bin – ich vergesse nicht den klagenden Ton unserer Gesänge,
vergesse nicht unsere zu Gebeten gewordenen Bücher in Eisenschrift
und wie sehr auch mein Herz von unseren blutigen Wunden brennt –
mein verwaistes, kummervolles und geschätztes Armenien liebe ich ewiglich.*

*Für mein sehnsüchtiges Herz gibt es auf Erde keine andere Erzählung
gibt es einem den Narekats'i, dem Khutsch'ak gleichen Verstand
nicht auf dieser Welt.
Durchstreif die Welt – es gibt keinen weißen Gipfel dem des Ararat gleich.
Den Gipfel meines Ararat liebe ich – wie den Weg zu unerreichbarem Ruhm.*

Jeghische Tsch'arents' 1920

*Schafe im Ararattal*

# Die Menschen

Die Geburtsstunde des armenischen Volkes, das sich selbst ›haj‹ nennt, ist bis heute im Ungewissen. Sicher ist nur, dass es sich hier um ein altes Kulturvolk handelt, das schon seit drei Jahrtausenden das armenische Hochland und die Ebene des Ararat besiedelt hat. Vertraut man beispielsweise auf den griechischen Historiker Herodot, so sind die Armenier die Nachfahren der Phryger und Thraker, die aus westlichen Ländern ausgewandert waren und sich dann mit den ansässigen Kulturen vermischt haben. Eine andere Theorie, die auf hethitischen Keilinschriften basiert, besagt, dass die Armenier aus dem Westen gekommen waren und sich in der Mitte des zweiten Jahrtausends vor Christus im Gebiet des Flusses Galis in Kleinasien angesiedelt hatten, das zu dieser Zeit zum Hethitherreich gehörte. Man geht davon aus, dass der Stammesverband der Hajassa tatsächlich mit dem erst bedeutend später und nur im Armenischen auftauchenden Ethnonym ›haj‹ in Verbindung zu bringen ist. Schließlich ist es auch durchaus möglich, dass die Armenier ein Volk gewesen sind, das schon immer im armenischen Hochland gesiedelt hat. Nachweislich und namentlich genannt werden die Armenier erst eindeutig in den altpersischen Inschriften von Behistun des Königs Dareius I. aus dem 6. vorchristlichen Jahrhundert. Auch der hochstehenden Kultur der Urartäer wird oft nachgesagt, dass sie ihre Nachfahren in den Armeniern gefunden hat.

Die Armenier erklären ihre Selbstbezeichnung mythologisch nach den Berichten des Historikers Movses von Chorene, demzufolge sich das Volk nach seinem Stammvater Hajk benennt. Er weiß vom ungestümen, wild gelockten Mann zu berichten, der sich als einziger gegen das tyrannische Riesengeschlecht zu erheben wagte, das damals die Araratebene regierte. Mit ungeheurem Mut trat er dem Riesen Bel gegenüber, tötete ihn mit nur einem seiner blitzschnellen Pfeile und befreite so sein Volk von der Tyrannei. Im Ararattal ließ der siegreiche Hajk dann

*Armenier bei den Feiern zum Unabhängigkeitstag in Jerevan*

eine Siedlung errichten, die er Hajk nannte und das ganze Gebiet darum wurde in Hajots´dzor, Tal des Hajk, umbenannt. Den riesigen Leichnam von Bel schleppte der tapfere Recke auf den Ararat und ließ ihn dort weit sichtbar als Drohung für alle nachkommenden Gewaltherrscher bestatten. Der Völkername ›Armenier‹, der von beinah allen anderen Sprachen verwendet wird, geht in dieser Form auf den griechischen Historiker Hekiatos von Milet zurück.

Die Armenier gehören jedoch eindeutig der indogermanischen Familie an und haben im Laufe ihrer Geschichte viele Elemente der angrenzenden Kulturen Kleinasiens, Kaukasiens und sogar Westasiens übernommen.

## Die Familie

Die armenische Familie ist traditionell eigentlich eine Großfamilie, in der nicht selten drei oder mehr Generationen zusammenleben. Die Familienordnung erscheint nach außen sehr patriarchalisch: Der armenische Mann genießt generell noch alle Vorzüge nichtemanzipierter, ihm ganz dienender weiblicher Familienmitglieder. Die Küche ist das wahre Reich der armenischen Frau und ihrer Töchter. In der Erziehung ist der Mann sicherlich von Bedeutung, aber seine Aufgaben in der Betreuung und Versorgung von Babies und Kleinkindern sind sehr gering. Obgleich sich durch eine zunehmende Verwestlichung des Lebens in den Großstädten und durch eine Änderung der Lebenswerte die Stellung der Frau in Armenien etwas verändert hat und besonders die jungen Armenierinnen versuchen, sich von den traditionellen Fesseln durch besonders auffallende, moderne und aufreizende Kleidung und vorgetäuscht freizügiges Verhalten zu lösen, ist die Frau in ihrer Rolle als Ehefrau und Mutter weiterhin gefestigt. Die neuen Entwicklungen sind nur in den Städten zu bemerken, vor allem in der Hauptstadt.

Nicht alles, was aus dem Westen kommt, wird gutgeheißen, besonders nicht die Freizügigkeit und die wechselnde Stellung der Frau. Vieles erleichtert gewiss das zuvor beschwerliche Leben von Frauen, besonders was ihre eigene Hygiene und die der Babies betrifft. Die Einfuhr von sündteuren Wegwerfwindeln nach Jerevan hat beispielsweise eine ganze Generation von Schwiegermüttern und Urgroßmüttern in Erstaunen versetzt und an den Grundfesten ihrer mütterlichen Weisheit gerüttelt. Auf dem Land verwenden armenische Mütter noch immer einfache Stofflappen als Windeln.

Das Bild der Frau in Armenien ist für uns Europäer oft schwer zu verstehen. Zum einen überraschen die jungen Frauen in den Straßen Jerevans durch ihr für mitteleuropäischen Geschmack zu gestyltes Auftreten und körperbetonte, oft aufreizende Kleidung. Zum anderen gibt es in ihrem tatsächlichen Alter schwer zu schätzende Frauen, die sich scheinbar nicht viel um ihr Äußeres kümmern. Der Generationsunterschied, die soziale Öffnung und der Einfluss des Westens ist besonders beim weiblichen Geschlecht zu spüren. Dennoch: Abseits des dicken Make-ups und der klappernden Bleistiftabsätze ist auch ein Großteil der jungen Armenierinnen den Traditionen verhaftet.

Die Bedeutung der Familie im armenischen Leben zeigt sich schon im komplizierten Wortschatz, hier wird nicht nur zwischen Onkel und Tante unterschieden, sondern es gibt eigene Wörter für die Schwester der Mutter oder des Vaters

Bauernpaar

bzw. den Bruder, aber auch für deren angeheiratete Partner. Dementsprechend gibt es auch unterschiedliche Bezeichnungen für die betreffenden Schwiegereltern und verschwägerten Geschwister. Zur Familie gehören jedoch auch, so sie nicht ohnehin Blutsverwandte sind, die Taufpaten. Und auch gute Freunde werden gerne in die Familie aufgenommen.

## Kinder

Von großer Bedeutung in einer Familie sind die Kinder, denn Armenier sind äußerst kinderlieb. Auf dem Land herrschen noch kinderreiche Familien vor, in den Städten jedoch werden in einer Familie nur noch ein bis zwei Kinder geboren. In Armenien hat neben der Auswanderung auch ein Sinken der Geburtenrate zum fortschreitenden Bevölkerungsschwund geführt. Schwierige Lebensverhältnisse tragen zu den niedrigen Geburtenziffern des Landes bei.

Es gibt eine Reihe netter Familienbräuche um Kinder, die nicht nur mit den auch bei uns üblichen Bräuchen um religiöse Feiertage und Feste einhergehen. Besonders schön ist das Brauchtum rund um die Taufe, wo das Kind von seinen Paten gebadet werden muss, und die Feier um das Erscheinen des ersten Zahnes. Kinder haben viele Rechte und werden durchaus als den Erwachsenen gleichwertig betrachtet. Allerdings unterscheiden sich die Erziehungsmethoden deutlich von jenen in Westeuropa. Während nämlich die Mädchen weiterhin zu traditioneller ›Bravheit‹ erzogen werden und der Mutter bei allen Hausarbeiten und beim Kochen bereitwillig helfen, haben die kleinen Buben alles Recht der Welt, sich ungezogen und wild zu benehmen. Sie ahmen die männlichen Rollenspiele nach und sind vielfach in ihrem Benehmen nichts anderes als Miniaturausgaben armenischer Männer. Auch findet man, ähnlich wie bei den Erwachsenen, die typischen Männer- und Frauengruppen. Diese enge Beziehung zu Vertretern des eigenen Geschlechts drückt sich auch in selbstverständlichen Verhaltensweisen aus: Mädchen halten einander an den Händen, genauso wie Burschen, und Männer küssen sich zur Begrüßung meist sogar auf den Mund.

## Eltern und Großeltern

Die Alten werden in Armenien traditionell hoch gehalten. Es ist auch nicht beleidigend, unbekannte ältere Personen auf der Straße, vor allem auf dem Land, mit Oma oder Opa anzusprechen. Die Alten sind meist die Seele des Hauses, ein armenisches Sprichwort sagt sogar: ›Ein alter Mensch ist die Säule des Hauses‹. Besonders wichtig in einer traditionellen Großfamilie ist die älteste Frau, sozusagen die Mutter aller. Oft gelten ihre Worte mehr als die des eigentlichen Hausherrn, oft kehrt sich in ihrer Person genau jene starke Position der Frau heraus, die man eigentlich einer matriarchalischen Gesellschaft gerne zuspricht.

Junge Menschen leben traditionell bis zu ihrer Verheiratung bei ihren Eltern. Es ist unüblich, wenn nicht gar verpönt, dass man vorher auszieht oder mit dem Partner zusammenlebt. Die Zeit, in der Mädchen schon in der Kindheit einem Mann versprochen worden sind oder am Tag der Heirat gar ihren zukünftigen Mann erst kennenlernen, ist zwar noch nicht ganz vorbei, aber es kommt sehr selten vor. Jungverheiratete ziehen oft noch zu den Eltern des Mannes. Dass dieses traditionelle Zusammenführen von zwei Generationen nicht immer gut für die junge Frau ist, liegt auf der Hand. Auch das verdeutlicht ein armenisches Sprichwort: ›Meine Schwiegermutter ist gestorben, mein Platz ist breiter geworden‹.

## Gastfreundschaft

Die armenische Gastfreundschaft ist berühmt, es gehört zum guten Ton, einen Gast so gut wie möglich zu bewirten. Man erzählt sich gerne lustige Kurzgeschichten, Anekdoten und Witze, wie zum Beispiel folgende Geschichte: Spät nachts klopfte es an der Tür von Maki. ›Wer ist da?‹, fragte Maki. ›Ich bin es, Sarsach.‹ ›Welcher Sarsach?‹ ›Der Enkel Sahaks, der Sohn Samsons, der Bruder Sisiaks, der Schwiegersohn Savads, der Gevatter von Sanasar und der Freund von Sagatel.‹ ›Oh weh, Brüderchen. Wie soll ich so spät nachts noch so viele Gäste bewirten.‹, sagte Maki einfältig und ließ die Tür verschlossen. Aus dieser Tradition kommen auch die Witze rund um Radio Jerevan.

Armenier essen, ja schlemmen sehr gerne. Große Feierlichkeiten und Festtage sind immer von Gelagen begleitet, natürlich wird auch getrunken. Und gesungen und getanzt. Diese schöne Tradition stammt sicher noch aus der vergangenen Zeit, wo die fahrenden Sänger mit ihren Geschichten und Liedern durch das armenische Hochland gezogen sind – das ist nicht einmal zwei Jahrhunderte her. Viele Lieder sind nie aufgeschrieben, sondern von Mund zu Mund weitergereicht worden. Besonders die Alten kennen noch viele Lieder und tanzen auch gerne dazu.

Dem armenischen Volk wird nachgesagt, dass es ein besonders geschäftstüchtiges und wandlungsfähiges ist. Denkt man dabei an jene Armenier, die sich in anderen Ländern erfolgreich angesiedelt haben und an die traditionellen Berufszweige Goldschmied, Teppichhändler, Steinmetz oder auch Wissenschaftler, so ist das sicher richtig. Die Armenier haben in der Vergangenheit gezeigt, dass sie mit Widerstandskraft und starkem Willen selbst die schlimmsten Schicksalsschläge erdulden konnten. In den Wirren vieler Kriege und unter dem zerstörerischen Druck so mancher Fremdherrscher ist es ihnen gelungen, ihre nationalen Eigenarten und Traditionen zu bewahren. Dazu gehört nicht nur ein starkes Nationalbewusstsein, sondern ein gesundes Maß an Sturheit. Man ist beinahe versucht zu sagen, so steinern und störrisch die armenische Landschaft ist, so steinern und störrisch sind auch die Köpfe ihrer Bewohner.

## Demographische Probleme

Heute sollen laut statistischen Angaben der armenischen Regierung 3 Millionen Armenier das Land bevölkern. An den Daten der Volkszählung von 2011 wird stark gezweifelt. Seit 1991 sind vermutlich schon über eine Million Armenier in alle Länder der Welt, besonders aber in die Vereinigten Staaten ausgewandert. Daneben gab es aufgrund des Konfliktes um Berg Karabach viele Fahnenflüchtige und viele Tote. Einerseits haben alle etwa 170 000 Angehörigen der aserbaidschanischen Minderheit Armenien fluchtartig verlassen, nicht hinzugerechnet andere Minderheiten, andererseits hat der Flüchtlingsstrom aus Berg Karabach

## Gastfreundschaft 37

*Dorfjungs*

und Aserbaidschan rund 419 000 Vertriebene nach Armenien gebracht. In den letzten Jahren gab es Zuwanderung von Armeniern aus dem Iran und doch auch einige Auslandsarmenier, die zurück in das Land ihrer Väter gezogen sind. In den letzten drei Jahren ist die Zahl der auswandernden Armenier, der Wirtschaftsflüchtlinge, wiederum stark gestiegen. In vielen Regionen erscheint das Land leer. Und leer stehende Gebäude an den Stadträndern von Jerevan prägen das Stadtbild. Alles in allem ist eine Zahl von knapp zwei Millionen Armeniern realistischer, viele zweifeln sogar daran, dass es überhaupt noch zwei Millionen Menschen im Land gibt. In Jerevan beleben seit dem Syrienkrieg auch Armenier, die von Syrien nach Armenien geflüchtet sind, das Stadtbild mit ihren Restaurants und Geschäften. Es gibt keine fixen Zahlen, aber von den etwa 15000, die auf der Flucht Station in ihrem armenischen Mutterland gemacht haben, sind vermutlich die Hälfte in Armenien geblieben.

Heute lebt mehr als die Hälfte des armenischen Volkes, teilweise seit Generationen, nicht in der Republik Armenien. Die Emigrationswelle hat beinahe eine demographische Katastrophe ausgelöst, denn beinahe drei Viertel aller Emigranten waren männlichen Geschlechtes. Viele Armenier, die das Land verlassen haben, sind hochgebildet und gehörten der Eliteschicht des Landes an. Vielfach wird gesagt, das Land sei ausgeblutet, wer noch da ist und nicht gehen möchte, ist entweder zu arm oder aber zu heimatverbunden. Auch viele Angehörige von Minderheiten haben das Land verlassen, heute bilden Russen, jessidische Kurden, Zigeuner, Ukrainer und Juden zusammen nicht einmal mehr fünf Prozent der gesamten Bevölkerung. Über zwei Drittel aller Armenier leben in Städten, allein in der Hauptstadt Jerevan lebt mehr als ein Drittel der ganzen Bevölkerung. Es gibt kaum mehr richtige Großstädte, alle Städte, außer Jerevan, haben unter der Abwanderung zu leiden. Gyumri, die zweitgrößte Stadt Armeniens zählt noch über 100 000 Einwohner, andere Städte mit über 50 000 Einwohnern sind Vanadzor, Hrazdan und Abovjan.

Durch den politischen Umschwung und das verheerende Erdbeben gegen Ende der 1980er Jahre sowie durch die große Wirtschaftskrise der frühen 1990er Jahre sank nicht nur die durchschnittliche Lebenserwartung um etwa eineinhalb Jahre, sondern auch die Geburtenrate ging stark zurück. Die Lebenserwartung ist dank verbesserter medizinischer Versorgung zwar wieder gestiegen, die Geburtenrate allerdings sinkt ständig weiter. Heute halten sich die älteste und die jüngste Generation beinahe die Waage: etwa 16 Prozent der Bevölkerung sind über 65, und etwa 18 Prozent Kinder unter 15 Jahren (Statistik 2016).

# Die armenische Küche

*»Komm her, einen Granatapfel geb' ich dir.*
*Schneid ihn auf und zähl seine Kerne dann!*
*Für jeden Kern gib mir einen Kuss,*
*mehr von dir ich nicht verlangen kann!*

*Ach, du törichter Junge, ich hab' gedacht,*
*du wärst ein klüg'rer Mann.*
*Für jeden Kern willst du einen Kuss?*
*Wo gäb's denn sowas, frag ich dich – und wann?«*

Nahapet Khutsch'akh, 88. Hajren

›Hats' utél‹, wörtlich ›Brot essen‹, gehört zu den armenischen Traditionen und stellt, ähnlich wie das eigentliche Zubereiten der Speisen, einen Eckstein armenischer Kultur dar. Armenische Frauen stehen oft stundenlang in der Küche, um die vielen Köstlichkeiten zuzubereiten, die dann im Kreise der Familie und Freunde im Laufe eines langen Abends genossen werden. Die armenische Küche wird traditionell hochgehalten, die Mädchen lernen die Küchengeheimnisse von ihren Müttern und Großmüttern und begreifen schnell, was ein ›akn‹, ein Augenmaß, wirklich bedeuten mag. Gemeinsames Kochen ist für Frauen beinahe ein ähnlich soziales Ritual wie das Zusammensitzen der Männer bei Wein oder Kognak.

Die Traditionen der armenischen Küche sind, vertraut man auf die historischen Funde aus den zahlreichen metallzeitlichen bis urartäischen Ausgrabungsstätten im Araratal, mehrere Jahrtausende alt. So zeugen schon Knochenfunde oder die Überreste der riesigen Getreidekammern der urartäischen Festung Tei-

*Frauen beim Brotbacken im Tonofen*

*Chorovats': armenisches Schaschlik*

scheba-Uru (Karmir Blur) von Speisen, die auf der Grundlage von Rind, Schaf, Geflügel und verschiedenen wilden Weizenformen gekocht wurden. Auch das Brauen von Bier war schon zu urartäischer Zeit bekannt, man kann sogar die Rezepte der Bierbrauer auf den urartäischen Keilschrifttafeln nachlesen. Schon der griechische Historiker Xenophon wusste um 400 vor Christus von den schmackhaften Gerichten des Ararattales zu berichten. Und aus dem 4. Jahrhundert vor Christus ist nachweislich bekannt, dass eine kleine, süße Steinfrucht unter dem Namen ›prunus armeniaca‹, armenische Pflaume, von Armenien in das Griechenland Alexander des Großen gebracht worden war, die Aprikose. Aber auch der Granatapfel, verschiedene Wein-, Birnen und Getreidesorten wuchsen ursprünglich im armenischen Hochland. Besonders Käse, hier vor allem Schafskäse, ist schon seit vielen Jahrhunderten in Armenien ein wichtiges Nahrungsmittel. Von den Gemüsesorten werden Auberginen, Bohnen, Linsen, Gurken und Tomaten schon lange Zeit geschätzt.

Doch auch in der armenischen Küche sind die Einflüsse der Fremdherrscher deutlich zu spüren, und das nicht nur in den vielen turksprachigen Namen der Speisen. Viele Speisen erinnern an die türkische, arabische und persische Küche. Es ist gar nicht verwunderlich, bedenkt man, dass sich auch die landschaftlichen Gegebenheiten und damit Voraussetzungen für die Landwirtschaft bei diesen Völkern ähneln.

Auch Kaffee wird in Armenien auf die typische orientalische Weise zubereitet, jedoch ist der westliche, lösliche Kaffee zum Leidwesen aller Kaffeegenießer auch in Armenien inzwischen weit verbreitet. Man sollte daher in einem Kaffee oder Restaurant sicher gehen, dass man bei seiner Bestellung auch wirklich einen ›hajkakán surtsch‹, einen armenischen Kaffee, oder einen ›sew surtsch‹ (schwarzen Kaffee) bekommt. Armenischer Kaffee ist meist sehr süß. Er wird jedoch weniger süß zubereitet, wenn dazu eine Süßspeise, Eiscreme oder Schokolade gegessen wird.

Die Armenier essen sehr gerne und viel. Wenn man einmal an einem typisch armenischen Festessen teilgenommen hat, weiß man, was es heißt, einige Stunden lang mit vollem Bauch an einem Tisch zu sitzen und vergeblich die Hausfrau darauf hinzuweisen, dass sie nicht mehr den Teller auffüllen soll. Man sollte am besten alles versuchen, was auf den Tisch kommt. Eine armenische Hausfrau sieht es nicht gerne, wenn man ihre Speisen nicht anrührt. »Ker!‹ – ›Iss!« ist neben den unvermeidlichen Trinksprüchen die am häufigsten zu hörende Wendung am Tisch.

Trinksprüche sind ein absolutes Muss bei einem Essen mit Gästen. Wie im gesamten kaukasischen Raum übernimmt meist der Hausherr oder der älteste und angesehenste Mann den Tischvorsitz und ist somit für die Ordnung am Tisch zuständig. Dieser ›Tamada‹ bringt immer wieder Trinksprüche auf die Gäste, auf die Familienmitglieder und auf die Freundschaft aus. Grundsätzlich gilt es als unhöflich, ein Glas mit Kognak, Wein oder Wodka zu trinken, bevor nicht der Tamada einen Toast ausgesprochen und zum allgemeinen Trinken aufgefordert hat. Aber dann wird häufig das Glas ganz geleert, und man ist ganz froh darüber, dass man sich wieder am Essen laben kann.

In der Hauptstadt Jerevan wird die traditionelle armenische Küche zusehends von westlicher Küche verdrängt, Pizzaläden, chinesische Restaurants, sogar Hamburgerläden ziehen vor allem die jugendlichen Armenier an. Daneben gibt es aber eine Rückbesinnung auf die Küche der Nachbarn, vor allem der Georgier, aber auch auf die eigene Nationalspeise Chorovats', das sind große Fleischstücke, die auf einen Spiess gesteckt und gegrillt werden. In Jerevan reihen sich in einer Straße viele Chorovats'-Buden aneinander und es lohnt sich, hier dieses Gericht zu versuchen. Auch immer öfter wird die ›armenische Pizza‹, Lahmadscho angeboten. Armenisches Fast Food ist sicherlich schmackhafter als das der internationalen Ketten. Auch in einigen Restaurants in Jerevan hält man sich noch an die traditionelle armenische Küche. Hier werden natürlich nicht so viele verschiedene Speisen serviert, wie wenn man bei einer armenischen Familie als Gast zu Tische sitzt, aber man erhält durchaus einen guten Eindruck von der kräuterreichen Küche des armenischen Hochlandes.

## Die Mahlzeiten

In einer armenischen Familie beginnt der Tag meist mit einem Frühstück mit Brot, Butter, Marmeladen, Käse und Würsten, manchmal auch Reis. Dazu wird Tee oder Kaffee getrunken. Mittags werden meist nur kleine Happen gegessen. Erst am Abend wird gekocht und meist warm gegessen. Wie in vielen Ländern des Südens oder des Orients ist Brot das Hauptnahrungsmittel. Das traditionelle armenische Brot heißt Lavasch und ist ein sehr dünnes, etwa 50 Zentimeter breites und einen Meter langes Fladenbrot. Dieses Brot wird auf dem Land nach wie vor in eigenen irdenen Backöfen, den ›Tonir‹, gebacken. Es hält besonders lange, wird getrocknet und bei Bedarf etwas angefeuchtet. Die anderen Brotsorten ähneln den verschiedenen Weißbroten in Europa, es gibt aber auch dunkles Brot, hier vor allem das Hrazdanbrot, ein Kastenbrot mit besonders knuspriger Kruste.

*Süßes auf dem Markt in Jerevan*

## Vorspeisen

Ein typisches, armenisches Abendessen besteht aus mehreren Gängen. Als erster Gang werden viele verschiedene Gemüsesorten gereicht, Kräuter, Käse, Wurst und Eingelegtes. Besonders typisch für den armenischen Vorspeisentisch sind verschiedene Kräuter (kanatsch'ner), die roh gegessen werden, wie Petersilie, Basilikum, Minze, Dill, Lauch und dergleichen, aber auch rohes, aufgeschnittenes Gemüse wie Tomaten, Gurken oder Karotten. In Essig eingelegte Kräuter und Gemüsesorten, genannt ›Ththu‹, sind besonders beliebt. Zu diesen Kräutern und Gemüsen wird oft saure Sahne oder Matsún, Joghurt, gereicht. Frischer Schafskäse und fein geschnittenes Basturmá, ein besonders würziges getrocknetes Rindfleisch, oder Stücke der dünnen, stark gewürzten Rindfleischwurst Sudschuk gehören ebenfalls dazu. Doch Achtung, es folgen noch mehrere Gänge! An Festtagen oder bei Besuch von Gästen werden auch oft köstliche Pasten aus zerriebenen Linsen oder Bohnen zubereitet. Salate sind auch beliebt. Die Palette warmer Vorspeisen, die den Übergang zum Hauptgang einleiten, ist sehr groß und reicht von unterschiedlichen Sorten gefüllten Gemüses, genannt Tolmá, hier besonders gefüllte Weinblätter, bis zu gedünstetem Spinat mit Knoblauch, Plav (gekochter Reis, oft mit Hülsenfrüchten) und verschiedenen Suppen, hier besonders die Joghurtsuppe Spas.

*Honigverkauf an der Straße*

## Hauptgerichte

Der Hauptgang besteht meist aus einem Fleischgericht. Besonders beliebt ist Lammfleisch, allerdings wird aus finanziellen Gründen wohl häufiger Schweinefleisch gereicht. Es gibt viele verschiedene Variationen von Lammspießen, Khjabáb, von Fleischeintöpfen, besonders aber von Chorováts´, Gegrilltem. Chorováts´ ist die beliebteste Speise in Armenien und wird meist bei Festen im großen Kreis der Familie und Freunde von den Männern zubereitet. Hier werden auf großen Spießen marinierte Stücke von Lamm- oder Schweinefleisch über Feuer gegrillt. Dieses Gegrillte isst man zusammen mit Kräutern und Zwiebeln, und natürlich mit Lavasch. Chorováts´ sollte übrigens mit den Fingern gegessen werden, in den Restaurants ist man leider von dieser traditionellen Sitte abgegangen.

Auch Geflügel, hier vor allem Hühnchen, gibt es häufig. Besonders schmackhaft, aber ein wahrer Zubereitungsmarathon für die Köchinnen ist ›Harisá‹, ein Eintopf aus gekochtem Hühnerfleisch und eingeweichten Weizengraupen. Harisá ist übrigens auch jenes Gericht, das alljährlich im September von vielen Köchen beim Fest von Musaler, armenisch für Musa Dagh, gekocht und an die Menge verteilt wird, zum Gedenken an die vierzig Tage des Musa Dagh.

Ein besonders traditionelles Gericht ist ›Chasch‹, ein Eintopf aus Kuh- oder Schaffüßen. Diese Füße werden im Wasser gekocht, bis sich das Fleisch von den Knochen löst. In diese dicke, gallertartige Masse wird viel Knoblauch gegeben und getrocknetes Lavasch gebröckelt. Es ist ein sehr kräftiges Essen, das man nur in sehr kalten Monaten und unbedingt am Morgen oder am Vormittag genießen sollte. Und ein kräftiger Schluck Kognak oder Wodka hilft, diese deftige Speise gut zu verdauen. Ein anderes beliebtes Gericht ist eine Art von Lammfleischpizza, genannt Lachmadschó oder Lahmatschún.

In den letzten Jahren hat wohl aus Mangel an Fleisch der Konsum von Fischen wieder zugenommen. Überall in Jerevan erhält man schon frischen Fisch, besonders aber zur Osterzeit. Der wohl typischste Fisch Armeniens ist eine Forellenart namens Ischchán, Fürst, der früher vor allem im Sevansee gezüchtet wurde, heute aber in Gebirgsseen und Fischteichen gehalten wird. Es gibt auch verschiedene andere Forellenarten, Karpfen und die sogenannte Sevanrenke. Zu Fisch, Geflügel und Fleisch dienen gebratene Kartoffeln, Reis oder auch Nudeln als Beilage.

### Nachspeisen

Als Nachspeise werden häufig frisches Obst und verschiedene Mehlspeisen gereicht. Das Obst, besonders Äpfel, Granatäpfel und Birnen, wird vom Hausherrn für die Gäste aufgeschnitten. Auch Nüsse und besonders verschiedene Sorten von ›tsch´ir‹, Trockenobst, vor allem Rosinen, Marillen, Pfirsiche und Feigen werden gegessen. Die armenischen Frauen rühmen sich für ihre Backkünste. Die auch in unseren Breiten bekannten honigsüßen, hauchzarten Nuss-Blätterteigschnitten namens Baklava werden eher bei festlichen Anlässen gebacken. Vielfach sind es Torten verschiedenster Art, besonders aber ›Gatha‹, ein blätterteigartiges Gebäck mit verschiedenen Füllungen oder Cremeschnitten mit dem illustren Namen ›Napoleon‹. ›Süße Sudschuk‹ nennt sich eine Delikatesse, bei der Walnüsse aufgefädelt werden und dann nach und nach in einen dicken Sirup aus gemahlenen Feigen, Rosinen und Granatäpfeln getaucht und getrocknet werden. Hinter ›Alani‹ verbergen sich getrocknete Pfirsiche mit einer Füllung aus Nüssen oder Rosinen. ›Muraba‹ sind jene dünnflüssigen Marmeladen, die man gerne zum Schwarztee löffelt. Besonders gut schmecken jene aus Quitten und aus Aprikosen. Die ›popóki muraba‹ besteht aus in honigartigem Sirup eingelegten grünen Walnüssen.

## Getränke

Zum Essen trinkt man verschiedene Fruchtsäfte, Wasser und alkoholische Getränke. Armenische Hausfrauen bereiten häufig sirupartigen Saft aus Kirschen, Hagebutten oder Erdbeeren zu, der dann mit Wasser verdünnt sehr gut schmeckt. Armenisches Mineralwasser wird sehr geschätzt, besonders die wenig kohlensäurehaltigen Sorten Dschermuk und Bdschni. Häufig wird auch Than, ein Getränk aus Joghurt und Wasser, manchmal etwas gesalzen, getrunken.

An alkoholischen Getränken findet man Wodka, armenische Weine und Kognak, aber auch armenisches Bier am Tisch. Armenischer Kognak ist weit über die Grenzen Armeniens berühmt. Der trockene, fruchtbare Lavaboden, die vielen Sonnentage und die warmen Winde begünstigen ein schnelles

*Armenischer Kaffee*

*Weinbau imArarattal*

Heranreifen der Weintrauben. Am Ende des 19. Jahrhunderts begann man, Kognak zu brennen. Es gibt hier viele verschiedene Sorten, von drei bis zu fünf Sternen, die gängigsten Sorten sind ›Ani‹ und ›Ararat‹. Zu den ausgesuchten, einige Jahre alten Sorten zählen unter anderem ›Aghtamar‹ (etwa 10 Jahre alt, 42 Prozent Alkohol), ›Tonakan‹ (der ›Festtagskognak‹, 15 Jahre alt, ebenfalls 42 Prozent Alkohol), sowie der besonders ausgereifte ›Nairi‹ (etwa 20 Jahre alt, 41 Prozent Alkohol).

Der Weinbau erfreut sich seit einigen Jahren wieder größerer Beliebtheit, so dass es heute wieder über 50 verschiedene Weinsorten gibt. Die traditionellen Weinbaugebiete befinden sich im südlichen Ararattal. Zu den bekanntesten Weinen zählen vor allem die Rotweine aus Areni namens ›Areni‹ oder ›Noraschen‹, aber besonders die süßen Dessertweine ›Ajgeschat‹, ›Aschtarak‹. Es gibt auch Weißweine in Armenien, bekannter sind aber auf jeden Fall die Rotweine. Wie auch die Tradition des Weinanbaus und des Weinkelterns auf eine lange Geschichte zurückblickt, hat das Brauen von Bier, armenisch ›Garedschúr‹, wörtlich Gerstenwasser, ein glanzvolle Vergangenheit. Heute gibt es eine Reihe von Brauereien in der Umgebung von Jerevan, besonders beliebt ist die Biersorte ›Kothajk‹, benannt nach der armenischen Provinz nördlich von Jerevan.

Den Abschluss des Essens bildet traditionell der Kaffee oder auch Tee. Die Kaffeebohnen sollten dabei eigentlich frisch gemahlen werden, meist vom Hausherrn. Und nach dem Kaffee kann man sich noch aus dem Kaffeesatz lesen lassen, ein überaus beliebter Brauch, vor allem bei den älteren weiblichen Mitgliedern einer armenischen Familie.

# Rezepte

Es gibt natürlich viele verschiedene Rezepte und Arten, traditionelle Speisen wie die Joghurtsuppe Spas oder Tolma, gefüllte Weinblätter, zuzubereiten. Die nachfolgende Art geht auf ein mündlich übermitteltes Rezept einer armenischen Hausfrau aus Jerevan zurück und lädt mit seiner Einfachheit zum Ausprobieren ein.

## Tolma (gefüllte Weinblätter)

**Zutaten**: etwa 50 kleinere Weinblätter, frisch oder in Salzlake eingelegt, etwa 500 Gramm Hackfleisch vom Lamm oder gemischtes Hackfleisch, zwei kleine Zwiebeln, eine halbe Tasse Langkornreis, zwei Löffel gehackte Petersilie, ein bis zwei Löffel gehackte Minze, zwei bis drei Löffel Zitronensaft, fünf bis sechs Löffel Olivenöl, eine Schale Wasser, Salz und Pfeffer.
**Zubereitung:** Das Fleisch, den Reis, die gehackten Zwiebeln, Petersilie, Minze, etwas Zitronensaft, Öl und Gewürze in eine Schüssel geben und zu einer festen Masse verarbeiten. Die Weinblätter einzeln auf eine Fläche legen, in die Mitte, je nach Größe, etwa einen Löffel der Fleischmasse geben, die Weinblätter einrollen, wobei die Seiten eingeschlagen werden müssen. Eine Kasserolle vorbereiten, am Boden einige Weinblätter und Olivenöl, die fertig gerollten Weinblätter eng hineingeben, am besten mehrere Schichten übereinander. Am Schluss noch einige Weinblätter darüber, noch etwas Öl, das Wasser, einen Schuss Zitrone und bei Bedarf noch etwas Minze darüber geben und etwa 50 Minuten bei mittlerer Hitze auf dem Herd dünsten lassen. Können noch warm oder auch kalt gegessen werden. Besonders gut passt hier eine Sauce aus frischem Joghurt mit gehacktem Knoblauch und etwas Salz dazu.

## Spas (Joghurtsuppe)

**Zutaten**: eine halbe Tasse Reis oder Weizengraupen, vier Tassen Fleisch- oder Gemüsebrühe oder Wasser, zwei Löffel Butter, eine kleine Zwiebel, zwei Löffel frisch gehackte Minze, zwei Tassen Naturjoghurt, ein geschlagenes Ei, Salz.
**Zubereitung**: Die Weizengraupen sollten über Nacht eingeweicht werden. Die Butter wird geschmolzen, darin dann die fein gehackte Zwiebel goldbraun anbraten, vom Herd nehmen, die Minze hineingeben und mit Brühe oder Wasser aufgießen. Das Joghurt gut verrühren, ein Ei hineinschlagen und etwas von der Suppe in das Joghurt rühren, dann langsam in die Suppe gießen, würzen. Ständig auf kleiner Hitze umrühren. Die Suppe nicht kochen lassen. Dann den gekochten Reis oder die Weizengraupen dazugeben.

*Eine gedeckte Tafel*

# Geschichte

Das armenische Volk kann auf eine historisch belegte Geschichte von drei Jahrtausenden zurückblicken. Die prähistorische Besiedlung des armenischen Hochlandes und das Reich von Urartu haben eine ganze Region, ganze Völker, nicht nur die Armenier, geprägt und nachhaltig beeinflusst. Dieser Teil der Vergangenheit des armenischen Hochlandes wird meist vernachlässigt und vor allem Touristen kaum näher gebracht. Grund genug, diese beiden historischen Abschnitte eigens und gesondert zu betrachten.

## Die frühe Besiedlung des armenischen Hochlandes

Viel zu häufig wird man in Armenien nur mit der christlichen Tradition des Landes konfrontiert. Gewiss sind die Errungenschaften der christlichen Kultur ein wesentliches Merkmal Armeniens, doch ist das armenische Hochland, besonders aber das Tal am Fuße des Ararat, Zeuge frühgeschichtlicher Besiedlungen, die auch auf eigene, oft noch unbekannte Weise wesentlich zur Entwicklung des armenischen Volkes und seiner Traditionen beigetragen haben. Kein armenischer Mythos ohne alte Naturgottheiten, Sonnentempel und geheimnisvolle Felskritzeleien. Keine Entwicklung von typisch armenischem Kunsthandwerk ohne die schwarzpolierten Keramiken aus dem 3. Jahrtausend vor Christus oder die grazilen Bronzeanhänger aus dem 13. Jahrhundert vor Christus. Keine christliche Kirche, die nicht gerade zum Widerstand gegen das mehrheitlich heidnische Volk errichtet worden ist. Oder sogar sehr häufig auf einer der heidnischen Kultstätten. Vor 800 000 Jahren, als sich die ersten Menschen im Hochland von Armenien ansiedelten, war das Land sehr fruchtbar, und glich mit seinen dunklen Lavaböden und der üppigen Pflanzen- und Tierwelt eher der mediterranen Zone. Die Menschen der Altsteinzeit wussten schon die Mineralien Armeniens zu nutzen, besonders aber das schwarze Gold Armeniens, den Obsidian.

### Prähistorische Zeugnisse

Im Ararattal befinden sich einige bedeutende Fundstätten, die eine Verbindung zwischen jenen in Europa und dem Vorderen Orient darstellen. Viele Funde gibt es im Südwesten des Aragats, zu den bedeutendsten zählen hier Knochenfunde verschiedener Säugetiere und des sogenannten Altelefanten. Andere wichtige Siedlungsgebiete lagen am Fluss Hrazdan, besonders in Jerevan. So wurden im Jahre 1975 in der Nähe der Hovhannes-Kirche Schädelfragmente entdeckt, die später auf die mittlere Altsteinzeit datiert werden konnten. Der ›Homo hrasdaniensis‹, der Ur-Jerevaner war gefunden! Andere Schädelfunde ermöglichten es, eine beinahe lückenlose Geschichte des steinzeitlichen Menschen in Armenien nachzuzeichnen. Viele Felsbilder aus der späten Phase der Mittelsteinzeit zeugen vom Alltagsleben der Menschen im armenischen Hochland. Tausende dieser Bilder sind in den Hängen des Aragats, in den Gegham- und Vardenisbergen und vor allem im Zangezur zu finden. Die überwiegende Zahl dieser beeindruckenden Zeichnungen, die meist Jagdszenen darstellen, stammt aus dem 5. Jahrtausend vor Christus.

## Erste eigenständige Kulturen

Mit dem Übergang von der Steinzeit zur Bronzezeit kam es in Armenien zur Entwicklung einer eigenständigen Kultur. Metall wurde geschmolzen und verarbeitet, viele Metallverarbeitungszentren im heutigen nördlichen Grenzgebiet zu Georgien, wie beispielsweise Lori, Alaverdi oder auch die südlich gelegene Siedlung Kapan im Sjunikh wurden zum Ausgangspunkt für rege Handelsbeziehungen im südkaukasischen Raum. Besonders beeindruckend sind die Funde der Ausgrabung von Schengavith, einem Bezirk Jerevans. Die archäologischen Arbeiten wurden hier von 1936 an ausgeführt und brachten einen Siedlungshügel am linken Hrazdanufer von zirka sechs Hektar Fläche aus dem 4. Jahrtausend vor Christus zutage. Die Funde vermitteln ein wirkungsvolles Bild der lokalen Kultur des Raumes zwischen Arax und Kura, insbesondere des Ararattales. Diese Kultur wird auch als Kura-Arax-Kultur bezeichnet. Eine weitere bedeutende archäologische Stätte dieser Epoche befindet sich etwa 30 Kilometer südwestlich von Jerevan in der Nähe von Vagharschapat – Mochra Blur, der Aschenhügel. Hier am Ufer des Flusses Khasach hatten im 3. Jahrtausend vor Christus Menschen drei große Staumauern errichtet, um so die angrenzenden Felder besser bewässern zu können. Hier wurde auch eine 5000 Jahre alte Kultstätte gefunden, acht Meter lang und sechs Meter breit.

## Bronzezeit

An der Wende vom 4. zum 3. Jahrtausend vor Christus setzte im armenischen Hochland die Bronzezeit ein. Bei Grabungen in Metsamor und in Garni wurde eine Reihe von bronzenen Werkzeugen, Waffen, aber auch Schmuck gefunden. Doch mit der allmählichen Ausbreitung der Metallverarbeitung und des Handels kam es auch zu Veränderungen im soziokulturellen Leben. Aus dem Ende des 3. Jahrtausends sind die ersten Steinstelen bekannt. Bis zu fünf Meter hohe, aufrecht stehende Steinblöcke, sehr häufig in Fischgestalt, werden besonders bei

*Steinstelen aus der Bronzezeit, sogenannte Vischaps*

*Ausgrabungen in Metsamor*

Quellen oder Seen aufgestellt. Diese Steinstelen werden in Armenien ›Vischap‹, Drachen, genannt und symbolisieren häufig einen Wasserkult. In der armenischen Mythologie halten sich diese Schlangenwesen besonders häufig in der Nähe von Quellen auf, um diese zu bewachen. Viele dieser Vischaps wurden in den Geghambergen bei Geghard und Garni und an den Hängen des Aragats gefunden. Einige Vischaps stehen als mahnende Zeugen einer großen Vergangenheit vor dem Museum von Metsamor, als ob sie vor den unberechenbaren Drachenkräften des unweit gelegenen Kernkraftwerkes von Metsamor warnen möchten. Ein besonders schönes Exemplar liegt auch in einer der Seitenarkaden des Matenadaran in Jerevan. Es lohnt sich, einen Blick darauf zu werfen. Dort liegt der Drache, ein fischförmiger Vischap, ganz gezähmt zwischen seinen christlichen Erben, den Chatsch´kharen.

Seit 2007 sind die Höhlen rund um Areni (Areni Cave 1, direkt rechts an der Einfahrt nach Noravankh) für ihre ungewöhnlichen Fundstücke aus dem späten Chalkolithikum und der frühen Bronzezeit (bis zu 4000 v. Chr.) bekannt. Die Funde reichen von ungewöhnlich gut erhaltenen Skeletten und Schädeln über den ›ältesten Lederschuh‹ der Welt (5500 Jahre alt), Spuren von ältesten Weinkelter-Methoden, mumifizierte Tiere und Ritualgefäße bis hin zum versteinerten Gehirn. Dies alles ist derzeit noch nicht zugänglich, es wird aber daran gearbeitet, diese Höhlen auch für Besucher begehbar zu machen. Wie auch im ägyptischen Tal der Könige ist besonders die Gefahr der Veränderung des Höhlenklimas durch den Atem der Besucher sowie durch mitgebrachte Bakterien und Viren die größte Herausforderung an die Archäologen.

Aus der ersten Hälfte des 3. Jahrtausends stammt ein Gräberfeld etwa 16 Kilometer nördlich von Jerevan, das Elar genannt wird. Hier wurde die frühbronzezeitliche Siedlung durch hohe zyklopische Mauern geschützt und damit wurden auch die prächtigen Grabbeigaben vor Räubern bewahrt. Die wohl aufschlussreichste Ausgrabungsstätte aus der späten Bronzezeit liegt am nordwestlichen Ufer des Sevan, im Ort Ltschaschen. Hier wurden neben einer großen, sich über 15 Hügel erstreckenden bronzezeitlichen Siedlung auch ein Gräberfeld und zwei zyklopische Festungen entdeckt. Vieles aus der frühgeschichtlichen Zeit hat der Sevansee erst in den letzten Jahren preisgegeben, eine der wenigen positiven Seiten der verheerenden Absenkung des Wasserspiegels.

## Eisenzeit

Gegen Ende des 12. Jahrhunderts vor Christus gewann das Eisen an Bedeutung. In Metsamor, einer Stadt von 30 Hektar Fläche, waren zur damaligen Zeit die Aristokratie und die Priesterschaft angesiedelt. Hier wurden auch insgesamt 24 Schmelzöfen und ein großer Tempelkomplex gefunden. Besonders interessant und geheimnisvoll sind die Felsritzungen an einem Fels unweit der eigentlichen Stadtanlage. Sie sollen die Beobachtung der Himmelskörper widerspiegeln, besonders aber des Sirius. Ähnliche frühgeschichtliche Sternenobservatorien wurden auch in der näheren Umgebung des Sevansees und in den Geghambergen gefunden. Sogar dem großen Steinkreis unweit von Sisian, dem armenischen Stonehenge namens ›Kharahundsch‹, was wörtlich Steinkreis bedeutet, wird eine astronomische Funktion nachgesagt.

Viele der genannten Funde kann man im historischen Museum in Jerevan oder im Museum von Metsamor sehen und so einen Eindruck dieser hochentwickelten Kulturen gewinnen. Dennoch bleiben die meisten Grabungsstätten und frühgeschichtlich interessanten Stätten Armeniens dem Reisenden unzugänglich oder verborgen. Begibt man sich auf eigene Faust auf die Suche nach einer Grabungsstätte, so endet das meist in einem anstrengenden, ergebnislosen Hindernislauf durch armenische Dörfer. Von zehn Dorfbewohnern erhält man meist zehn verschiedene Auskünfte – oder keine. Man kann aber auch von einem eindrucksvollen Fundort inmitten unberührter Natur und in den Feldern der Bauern überrascht werden. Es gibt solche verlassenen, doch interessanten frühgeschichtlichen Stätten überall in Armenien, wie Mochra Blur, Ltschaschen oder Schamiram.

Vieles bleibt auch ungeklärt, vieles ist Spekulation, und vieles ist bis auf weiteres unter der vulkanischen Erde des armenischen Hochlandes begraben. Und die karge Natur erobert sich so manchen der berühmten Fundorte langsam zurück. Oder sie werden von der rauen Wirklichkeit eingeholt, die kein Geld hat für die fachgerechte Ausgrabung uralter Relikte, für die publikumswirksame Bewahrung der Originalausgrabungen und die Tätigkeiten nationaler und internationaler Forscher.

## Das urartäische Erbe Armeniens

Urartu – das ist der assyrische Name eines Reiches im armenischen Hochland zwischen Schwarzem und Kaspischem Meer, zwischen den drei Seen Van, Sevan und Urmia, das um die Mitte des 9. Jahrhunderts vor Christus entstanden ist und in der ersten Hälfte des 7. Jahrhunderts vor Christus dem Untergang geweiht war. Die Urartäer nannten ihr Reich Biainili, wovon sich auch der heutige Ortsname Van ableitet. Unter der Herrschaft des König Menua von 810 bis etwa 785 vor Christus setzte die Blütezeit des urartäischen Reiches ein, es hatte sich langsam zum mächtigsten Staat Vorderasiens entwickelt, mit florierender Landwirtschaft, einem ausgeklügelten System von Bewässerungskanälen und mächtigen Festun-

*Urartäische Mauern in Uyts*

gen an strategisch wichtigen Punkten des Reiches. Menua selbst unternahm viele Feldzüge in das Araxtal, wobei er schon dessen südlichen Teil kolonisieren konnte und zwischen Arax und Ararat eine Festung namens Menuahinili, das heutige türkische Igdir, gründete.

Blütezeit unter Argischti I.

Sein Nachfolger Argischti I. konnte Urartu bis in den Norden, bis zum Sevansee ausbreiten, wo er auch eine befestigte Stadt in der Nähe des Dorfes Ltschaschen gründen ließ. Argischti I. besiedelte diese neu gewonnenen Gebiete, ließ neue Städte und Festungen bauen und sorgte für eine gutes Bewässerung der Araratebene nördlich des Arax. So ließ er auf dem Hügel Arin-Berd eine Festung mit einer großen Palastanlage und Tempeln als Verwaltungszentrum der Provinz errichten. Eine Keilschrifttafel, die bei Ausgrabungen am Hügel Arin-Berd in den 1950er Jahren entdeckt wurde, erzählt, dass der urartäische König im Jahre 782 vor Christus eine mächtige Festung errichtet hat und diese Erebuni genannt hat. Der Grundstein für die heutige armenische Hauptstadt war damit gelegt worden, Jerevan ist somit eine der ältesten Städte der Welt.

776 vor Christus gründete der König auf einem vulkanischen Zwillingshügel, den heutigen Armavir Blur und Davthi Blur eine Festung und eine Stadt mit dem Namen Argischtihinili und ordnete an, das umliegende Land durch mehrere Kanäle zu bewässern. Mit der Gründung dieser Stadt konnte er nicht nur das damalige Metallbearbeitungszentrum Metsamor kontrollieren, sondern auch den Zugang ins Araxtal. Eine Reihe kleiner Siedlungen entstand im westlichen Ararattal, in der heutigen armenischen Region Armavir.

Niedergang unter Rusa I. und Rusa II.

Unter dem König Rusa I. (735 bis 714 v. Chr.) wurde Urartu unter dem Druck der assyrischen Feinde aus dem Süden immer mehr aus dem iranischen Hochland verdrängt. Rusa I. sah sich gezwungen, andere Siedlungen im nördlicheren

Gebiet des urartäischen Reiches rund um den Sevansee zu gründen. So geht auf ihn die Festungsstadt Teischeba-Uru bei Tsovinar am Südufer des Sees sowie eine Stadt Haldi-Uru, also dem Hauptgott Haldi geweiht, bei Gavar zurück. Hier wurden auch urartäische Felsinschriften gefunden, die vom Feldzug des König Rusa I. gegen feindliche Herrscher erzählen.

Gegen Ende des 7. Jahrhunderts bedrohten immer mehr kriegerische Nomadenstämme wie die Kimmerer oder die Skythen das urartäische Reich. Wiederum sahen die im Süden bedrängten Urartäer nur den Ausweg einer neuerlichen Kolonialisierung des nordöstlichen Reiches. Sie waren inzwischen auch schon weit nach Osten bis ins heutige Aserbaidschan vorgedrungen, davon zeugt auch eine Stele, die am Pass von Sisian gefunden wurde. Unweit des Verwaltungszentrums Erebuni wurde die königliche Festung Teischeba-Uru auf dem Hügel Karmir Blur, dem roten Hügel, im Stadtgebiet des heutigen Jerevan, von König Rusa II. erbaut. Bei den Ausgrabungen, die 1939 begonnen hatten, fand man eine große Stadt mit einem riesigen Palast mit 150 Räumen, großen Vorratslagern und eine Vielzahl urartäischer Keramik, Waffen und Schmuck. Mit dem Beginn des 6. Jahrhunderts vor Christus konnte sich das geschwächte urartäische Reich nicht mehr gegen die aus dem Osten einfallenden Skythen wehren, die sich vermutlich mit den Medern verbündet hatten. Der wahre Verlauf des Untergangs Urartus ist nicht belegt, es zeugen aber einige Funde von Kämpfen gegen die Skythen.

So überraschend schnell wie sich der Untergang dieses vorderasiatischen Reiches vollzogen hatte, so schnell scheinen sich die Spuren der Urartäer zu verwischen und aufzulösen. So kennt Xenophon 200 Jahre nach dem Untergang Urartus das Volk dieses Reiches nicht mehr, oder sind es die Alorodier, die auch Herodot später noch als Bergbewohner nennt?

Das urartäische Reich im 8. Jhd. vor Christus

## Urartäer und Armenier

Das ursprüngliche Reichsgebiet, so auch das armenische Hochland, fiel unter die Herrschaft der persischen Achämeniden. In der berühmten Trilingue von Behistun wurde das Volk und das Reichsgebiet von König Dareius in der babylonischen Version noch Urartu genannt, in der altpersischen und elamischen jedoch mit dem modernen Namen Armina, Armenien. Die Armenier als direkte Nachfolger der Urartäer? Oder waren die Urartäer schon Armenier? Eine Diskussion, die immer wieder in Armenien aufgegriffen, aber von westlichen Forschern heftigst abgestritten wird. Die These, dass das Urartäische eng mit dem Armenischen verwandt sei und deshalb eine Vielzahl armenischer Begriffe im Urartäischen zu finden sind, ist vermutlich weit hergeholt. Eher verhält es sich so, dass das Armenische aus der vermutlich den kaukasischen Sprachen sehr nahestehenden urartäischen Sprache nur einige wenige Begriffe entlehnt hat.

Die Armenier tragen wahrlich das Erbe des urartäischen Reiches weiter. Nicht nur in den vielen Sagen und Mythen um ihren biblischen Berg Ararat, die offenbar aus urartäischem Götterglauben entlehnt worden sind, sondern auch in vielen Bereichen der Kunst. Die Kanäle, die die Urartäer schon im 8. und 7. Jahrhundert vor Christus in die ausgedorrten Böden des Ararattales gezogen hatten, werden bis heute genutzt. Die Obst- und Weinsorten, die sie gepflanzt haben, wachsen noch heute. Die urartäische Tradition des Bierbrauens wurde von den Armeniern fortgesetzt.

In der Kunst wurde der wahrscheinlich schon vor den Urartäern gebräuchliche Lebensbaum in seiner symbolhaften Bedeutung weiter tradiert. Auch der Gedanke des Lebensbaumes als Ausdruck der Unsterblichkeit blieb im armenischen Brauchtum sogar bis heute erhalten. So kann man an vielen Wallfahrtsorten Bäume oder Sträucher sehen, an die bunte Stofffetzen und Tücher gebunden werden. Vielleicht haben die Armenier auch die Geschicktheit in der Bearbeitung von Stein und Metall von den Urartäern ererbt. Jedenfalls haben einige Elemente der urartäischen Kunst Eingang in die frühharmenische Architektur und vor allem in dekorative Formen wie Rosetten, konzentrische Kreise und Palmetten gefunden. Der Löwe wie auch der Stier spielen sowohl in der urartäischen als auch in der armenischen Reliefkunst eine große Rolle, sie sind nicht nur direkt an den Kirchenwänden, sondern zuweilen auch bei Kreuzsteinen und sogar in Miniaturen zu finden. Der steinerne Löwe, der einen bei der Einfahrt nach Jerevan von Norden aus begrüßt, soll vermutlich an den urartäischen Ursprung

*Die Farben Armeniens*

Armenien zur Zeit Tigrans des Großen, ca. 80 v. Chr.

der armenischen Hauptstadt erinnern. Ansonsten ist das alte Reich am Ararat in Vergessenheit geraten und bleibt wie die Geschichte seines Volks immer etwas geheimnisvoll.

## Die armenischen Reiche

Der Beginn der eigentlichen Geschichte Armeniens ist somit mit dem Zerfall des urartäischen Reiches im 7. Jahrhundert vor Christus anzusetzen. Immer wieder wurde Armenien von aus dem Osten und Süden drängenden, fremden Volksstämmen besetzt, immer wieder gelang es dem kleinen indogermanischen Volk, seine Selbständigkeit und seine Kultur zu bewahren. Fremdherrschaft, Zerstörung, Verfolgung und Diskriminierung armenischer Sprache und Kultur ziehen sich wie ein roter Faden beinah durch die gesamte Spanne dieser drei Jahrtausende.

### Die Achämeniden und ihre Nachfolger

Armenien hatte zur Zeit der Achämeniden, die fast drei Jahrhunderte währte, einige autonome Rechte in seinen beiden Verwaltungsbezirken Van und Erebuni. Über einen Aufstand der Armenier berichtet die erste schriftliche Quelle, in der der Name ›Armenier‹ genannt wird, die dreisprachige Felsinschrift des Königs Dareius I. 520 vor Christus. Die Achämeniden setzten armenische Statthalter ein, die meisten davon hatten den Namen Orontes oder Jervand. Aus ihnen ging später das erste armenisch-persische Herrschergeschlecht, die Orontiden, hervor, die nach den siegreichen Feldzügen Alexander des Großen gegen die Achämeniden im Jahre 330 vor Christus die Herrschaft über Armenien übernahmen und es knapp 150 Jahre regierten. 189 vor Christus setzte der König Artasches die Dynastie der Artaxiden in Armenien ein. Er konnte innerhalb kurzer Zeit das armenische Reich wieder vereinen und erbaute eine neue Hauptstadt, Artaschat. Gerade das erste

*Blick von Alt-Dvin, einer Königsstadt aus dem 4. Jahrhundert, nach Neu-Dvin*

vorchristliche Jahrhundert wird als Goldenes Zeitalter betrachtet, da Armenien unter dem Artaxiden-König Tigran dem Großen nicht nur die größte territoriale Ausdehnung und damit den Zenit der Macht erreicht hatte, sondern auch Städtebau und Kunst in höchster Blüte standen.

## Bedrohung durch Römer und Parther

Gegen Mitte des ersten Jahrhunderts mussten die Armenier dem Vorstoßen römischer Truppen standhalten, zur selben Zeit begannen die Parther von Osten her in das Land einzudringen. In dieser Zeit der starken Bedrängnis wurde in Armenien ein neues Königsgeschlecht eingesetzt, die Arsakiden. Die Arsakiden waren das mächtigste aller armenischen Herrschergeschlechter und konnten das Land beinahe fünf Jahrhunderte lang unter ihrer Regierung halten. In ihre Regierungszeit fallen die bedeutendsten Ereignisse der armenischen Geschichte, die christliche Missionierung, die Annahme des Christentums als Staatsreligion, die Reichstrennung in Ost und West und die Schaffung der Schrift.

Armenien wurde ein Zankapfel zwischen Persien im Osten und Rom im Westen. Ständige Angriffe von beiden Seiten zerstörten die Königsstädte und ließen Armenien zerbrechen. Gegen Ende des 3. Jahrhunderts versuchten die Römer, den von ihnen eingesetzten König Trdat III. von den Persern als Herrscher anerkennen zu lassen. Es war auch dieser Trdat, der vom heiligen Grigor, dem Erleuchter, zum Christentum bekehrt worden ist und im Jahre 301 verfügt hat, das Christentum im armenischen Reich fortan zur Staatsreligion zu ernennen. Auch unter christlichem Banner konnten sich die Armenier kaum gegen die Mächte von beiden Seiten wehren, die erste offizielle Teilung Armeniens zwischen Persien und Rom wurde gegen Ende des 4. Jahrhunderts vollzogen. Die andauernden Auseinandersetzungen mit den Persern, die nun auch den Beigeschmack eines Glaubenskrieges erhalten hatten, gipfelten in der berühmten Schlacht von Avarair im Jahre 451, die von den Armeniern gewonnen wurde.

## Bagratiden, Rubeniden und Mamluken

Gegen Mitte des 7. Jahrhunderts stürmten arabische Massen über Armenien und besetzten brandschatzend und zerstörend das ohnehin zersplitterte Land bis ins 9. Jahrhundert. Der arabische Mond war bereits im Abnehmen, als Aschot Bagratuni als neuer Herrscher von Byzanz über Ostarmenien eingesetzt wurde. Die Bagratiden führten das Königreich und die Hauptstadt Ani zu einer wahren Blüte. Dem Beispiel dieses Königreiches folgten andere Provinzen, so dass mit dem Beginn des 10. Jahrhunderts verschiedene Kleinkönigreiche wie Vaspurakan in Westarmenien oder Taron, Sjunik und Arts'ach in Ostarmenien gegründet werden konnten. Einige Jahrzehnte später zogen die Seldschuken mit einer Welle der Verwüstung über das Land hinweg, zerstörten die Stadt der 1001 Kirchen, Ani, und vertrieben die Armenier aus ihren Städten. Das war auch die Geburtsstunde der armenischen Diaspora, denn damals begannen die ersten armenischen Kolonien im Westen und Osten zu wachsen.

In einer Ebene an der nordöstlichen Mittelmeerküste, rund um die heutige türkische Stadt Adana, gründete das westarmenische Herrschergeschlecht der Rubeniden im Jahre 1080 das kleinarmenische Fürstentum Kilikien. Kilikien war die folgenden drei Jahrhunderte das Zentrum der armenischen Welt, der Sprache und der Kultur. Während vielerorts im unwegsamen armenischen Osten das Volk von den Mongolen heimgesucht wurde, blühte die armenische Kultur besonders in Form der Buchmalerei und des Kunsthandwerks auf. Doch auch das kilikische Königreich musste der Invasion eines weiteren Fremdvolkes weichen, als 1375 die Mamluken der Blüte ein Ende setzten. In Europa waren mittlerweile die Kreuzzüge zu Ende gegangen, und viele Armenier, die am Kampf um den christlichen Glauben teilgenommen hatten, ließen sich in europäischen Städten wie Venedig, Marseille oder Paris nieder.

## Das osmanische Reich

Mit dem einsetzenden 15. Jahrhundert kamen immer öfter Turkstämme an die Macht. Während der Herrschaft der Turkmenen florierten jedoch die Kolonien im Westen, so wurde das Patriarchat von Konstantinopel 1461 gegründet. In einer der neuen Kolonien des Westens, in Venedig, erschien im Jahre 1512 das erste armenische Druckwerk, ein Kalendarium. Mittlerweile war der Westen Armeniens von den Osmanen besetzt worden. Zu Beginn des 16. Jahrhunderts entbrannten die Auseinandersetzungen zwischen Osmanen und Persern auf dem Kriegsschauplatz Armenien, wobei sich die Perser geschlagen geben mussten und dem osmanischen Reich halb Armenien zugesprochen wurde. In Persisch-Armenien zog der persische Schah Abbas I. eine blutige Spur und ließ 300 000 Armenier deportieren. Die ständig umkämpfte Teilung wurde schließlich im Vertrag von Diyarbakir 1639 nochmals bestätigt. Damit war nun Westarmenien endgültig von Ostarmenien abgetrennt. Während im westlichen Siedlungsgebiet der Armenier, also in Kilikien, Syrien und Ostanatolien die Osmanen herrschten, kämpfte der Osten gegen die islamischen Perser und musste sich erneut fügen. Der massive Widerstand der Armenier gegen die islamischen Herrscher gipfelte in den Aufständen in Karabach und Sjunikh unter David Bek in der ersten Hälfte des 18. Jahrhunderts.

## Armenien in der Neuzeit

Durch die Eroberung Ostarmeniens durch die Georgier Mitte des 18. Jahrhunderts rückte dieses Gebiet in den Blickpunkt des immer stärker werdenden zaristischen Russlands. Mit dieser Macht kam auch ein leichter Hoffnungsschimmer, immerhin war der neue Machthaber auch christlich.

### Der Berliner Vertrag von 1878

Im Oktober 1827 eroberte Russland Persisch-Ostarmenien und verursachte somit neuerliche Auseinandersetzungen an der Ostfront. Im Vertrag von Turkmentschai wurde die Grenze zwischen Russland und dem Iran am Arax und am Ararat entlang gezogen. Die folgenden russisch-osmanischen Auseinandersetzungen wurden wieder auf armenischer Erde ausgetragen. Im Berliner Vertrag von 1878 wurde Armenien offiziell und unter europäischem Wohlwollen zwischen dem Osmanischen Reich und Russland aufgeteilt. Im ausgehenden 19. Jahrhundert wurde bereits von zahlreichen Massenverhaftungen, Hinrichtungen und Pogromen im Osmanischen

## Armenien in der Neuzeit 57

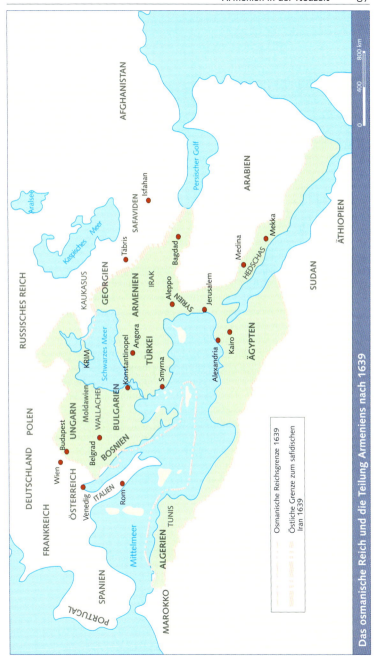

Das osmanische Reich und die Teilung Armeniens nach 1639

Osmanische Reichsgrenze 1639
Östliche Grenze zum safidischen Iran 1639

Das Land der Steine

Reich berichtet. Bis zu 300 000 Armenier sollen hier den Tod gefunden haben, 100 000 sind nach Osten gewandert. Alle Versprechungen, die den Armeniern im Berlin gegeben worden waren, wurden von der vorherrschenden Macht Kleinasiens, den Osmanen, gebrochen.

## Deportation und Völkermord

Nach dem Sturz des despotischen osmanischen Herrschers durch die sogenannten Jungtürken hofften die Armenier vergeblich auf eine Verbesserung ihrer Lage. Die Jungtürken mit ihren Bestrebungen, ein großes Turkreich vom Mittelmeer bis weit über das Kaspische Meer hinweg bis nach Usbekistan und Turkmenistan zu errichten, sahen in den christlichen Armeniern eine Bedrohung ihrer Pläne. Die Armenier repräsentierten vielfach, besonders in den Städten, die gebildete und reiche Schicht der Bevölkerung. Im Verlaufe des Ersten Weltkrieges wurden die Armenier aus dem Militärdienst entlassen. Die Übergriffe der Jungtürken zielten auf die unbewaffnete Elite der armenischen Bevölkerung. In der Nacht vom 24. auf den 25. April 1915 wurden 600 armenische Intellektuelle in Istanbul verhaftet, abgeurteilt, hingerichtet oder deportiert. Bis Ende März wurde der Großteil der armenischen Bevölkerung in die syrische Wüste deportiert. Nicht einmal die Einsprüche europäischer und amerikanischer Politiker konnten die Türkei von diesem ersten Völkermord des 20. Jahrhunderts abhalten. Deutschland war durch die Person des evangelischen Pastors Johannes Lepsius, der Augenzeuge der Deportationen und Massaker gewesen und sogar persönlich bei der türkischen Regierung für die Armenier eingestanden war, schon im Juli 1915 zur Überzeugung gelangt, dass es sich hier um die gezielte Ausrottung eines Volkes, einen Genozid, handelte. Eineinhalb Millionen Armenier wurden getötet, einige konnten ins Ausland fliehen oder sich in das armenische Hochland zurückziehen. Der armenische Schriftsteller David Kherdian schreibt in seinem Buch ›Im Schatten des Halbmondes‹: »Der Türke hat sich schlimm, der Armenier kindisch benommen. Oder auch umgekehrt, wenn Sie wollen. Ob so oder so – sie bleiben zwei Dummköpfe, die nicht imstande sind, sich zu vertragen und in einem Haus zusammen zu spielen. Darum hat das eine Kind, das glaubt, das Haus sei seines, das andere vertrieben, dem das Haus gewiss nicht gehört. Aber das armenische Kind hat kein Haus, in das es zurückkehren könnte, und auch keinen Nachbarn, der ihm Unterschlupf gewährt, und deshalb wurde es verbannt und in die Wüste geschickt.«

## Kurze Unabhängigkeit

Das geschwächte, verzweifelte armenische Volk konnte sich nur in Ostarmenien behaupten, indem es sich durch einen raschen Zusammenschluss zu einer transkaukasischen Union im November 1919 den Schutz und die Hilfe der beiden Nachbarstaaten Georgien und Aserbaidschan sicherte. Die Türken machten auch davor nicht halt und drangen im Jahr 1918 sogar bis nach Jerevan vor, konnten aber bei der Schlacht von Sardarapat erfolgreich zurückgedrängt werden. Kurz danach wurde die erste unabhängige armenische Republik ausgerufen. Nachdem die Türkei 1920 im Vertrag von Sèvres Armenien als souveränen Staat anerkannt hatte, griff sie einige Wochen später Armenien wieder an und weigerte sich, die ehemaligen westarmenischen Gebiete zurückzugeben. Im Dezember desselben Jahres wurde die Republik Armenien von den sowjetischen Bolschewiken eingenommen und im Jahre 1922 endgültig der Sowjetunion einverleibt.

## Austritt aus der Sowjetunion und erneute Unabhängigkeit

Nach beinahe 70 Jahren kommunistischer Herrschaft entschloss sich die Bevölkerung Armeniens, aus dem zerbröckelnden Staatenbündnis der Sowjetunion auszuscheiden. Seit dem 21. September 1991 ist Armenien eine freie, unabhängige Republik. Doch der ewige Kampf um die ehemaligen westarmenischen Gebiete und die Klärung der historischen Vorkommnisse bestimmt auch heute noch die politische Welt Armeniens. Die Einstufung der Ereignisse der Jahre 1915 bis 1922 als Völkermord an den Armeniern wurde bereits vom ständigen Tribunal der Völker im Jahre 1984 bestätigt, vom europäischen Parlament 1987 und auch von den Vereinten Nationen. Die Frage des Genozides ist bis heute ein aktuelles Thema in Armeniens Innen- und Außenpolitik.

*Gedenkstein für die Helden von Sardarapat*

## Die Diaspora-Armenier

*»Ein Pfirsichbäumchen war ich,
schwach und klein,
ich wuchs auf kahlem,
gefrorenem Gestein.
Dann kamen sie,
rissen mich aus
und trugen mich fort,
und pflanzten mich in ein Gärtlein
an einem fremden Ort.
Scherbeth gaben sie mir
als Nahrung dort,
und Wasser von gar süßer Sort!
Kommt, bringt mich weg
aus der Fremde hier,
und geschmolzenen Schnee
als Nahrung gebt mir.«*

Nahapet Khutsch'akh, Hajren 93

Die Armenier sind ein verstreutes Volk. In alle Winkel der Welt haben die Verfolgungen, die Unterdrückung der Eroberer, aber auch florierende Handelsbeziehungen sie getrieben. Es gibt keinen Kontinent, ja schon fast keinen größeren Staat, in dem sich keine Armenier angesiedelt haben. Als Beginn der armenischen Diaspora wird häufig die Fluchtwelle vor den mordenden und brandschatzenden Seldschuken im Jahre 1064 genannt. Viele Armenier flohen nach Westen und Norden, die ersten Kolonien entstanden so auf der Krim, in Moldavien, Transsylvanien und Polen. Im 13. Jahrhundert wanderten Armenier auch weiter nach Rumänien und Litauen aus. Auch die Kreuzzüge, denen sich die armenischen Fürsten angeschlossen hatten, brachten viele Armenier nach Mitteleuropa und in den Nahen Osten.

Einige kehrten nie mehr in ihr Mutterland zurück, blieben im französischen Marseille oder Paris oder gründeten später in wirtschaftlich günstig gelegenen Städten in Italien wie Genua, Pisa und Venedig bedeutende Handelsniederlassungen. Während im 14. Jahrhundert Armenien immer stärker unter Druck geriet, begannen die armenischen Kolonien zu florieren. Es entstanden sogar neue Zentren wie in Venedig, Lemberg oder natürlich auch in Konstantinopel. Auch in den nördlichen Ländern Europas wie in den Niederlanden wurden Handelsniederlassungen aufgebaut.

Zu Beginn des 17. Jahrhunderts fanden im Laufe der Zwangsdeportation von über 300 000 Armeniern aus dem Mutterland viele Flüchtlinge in Persien eine neue Heimat. Das berühmte Neu-Dschulfa, heute Isfahan, war entstanden. Wichtige kulturelle Ereignisse wurden auf die Kolonien verlagert, in nahezu ungestörter Unabhängigkeit konnten die Diaspora-Armenier in Venedig ihr erstes Buch, in Madras ihre erste Zeitung drucken und viele angesehene Schulen und sogar Kirchen bauen.

## Die Diaspora-Armenier

Heute lebt weit mehr als die Hälfte des armenischen Volkes nicht mehr im armenischen Hochland. Während der Sowjetzeit und vor allem während der letzten Jahre hat es eine wahre Massenemigration aus Armenien nach Europa sowie Nord- und Südamerika gegeben. In den USA allein sollen schon weit über eine Million Armenier leben, besonders in Kalifornien (Los Angeles, Fresno), in Frankreich ist auch die halbe Million schon lange überschritten. Große Gemeinden sind auch noch in den Ländern des Nahen Ostens, im Libanon, Syrien oder Ägypten, im Iran, in Russland und ehemaligen Sowjetrepubliken und in Südamerika zu finden. Infolge der politischen Veränderungen und Kriege im Nahen Osten ziehen jedoch die eingesessenen Diasporagemeinden nach Westen, einige versuchen sogar ihr Glück in Armenien. Viele syrische Armenier haben versucht, nach Armenien zu flüchten. Auch die Zahl der Wanderarbeiter in Russland oder Georgien hat zugenommen. Moskau ist inzwischen die größte armenische Diaspora-Gemeinde mit vermutlich schon mehr als einer Million Mitgliedern. Auch die mitteleuropäischen Gemeinden sind durch die armenischen Arbeitsmigranten aus der Türkei, die armenischen Flüchtlinge aus dem Iran und eine Welle von Emigranten aus der Republik Armenien stets im Wachsen begriffen. Die wahren Zahlen können nur geschätzt werden. In Deutschland liegen die Schätzungen zwischen 50 000 und 60 000, in Österreich bei etwa 7000, in der Schweiz etwa 5000.

Diaspora heißt auch, mit vielen Problemen im fremden Land zu kämpfen. Auslandsarmenier auf der ganzen Welt versuchen, Mittel und Wege zu finden, ihre kulturellen und ethnischen Eigenheiten, ihre Sprache und ihren christlichen Glauben auch für die nachfolgenden Generationen zu bewahren und zu schützen. Sie werden dauerhafte Lösungen finden müssen, denn ihr entferntes, ausgeblutetes Vaterland mit seinen schroffen Gebirgen bietet nicht genug Platz, um das ganze armenische Volk wieder aufzunehmen.

*Jugendliche in Jerevan*

# Der armenische Staat

Armenien hat sich am 21. September 1991 in einem Referendum mit überwältigender Mehrheit zum Austritt aus der Sowjetunion entschlossen und ist seither eine souveräne Republik. Die ersten Präsidentschaftswahlen fanden nicht einmal einen Monat später statt. Die ersten Parlamentswahlen wurden am 5. Juli 1995 abgehalten, bei denen das Volk über die Verteilung der nunmehr 190 Mandate entscheiden durfte. Mit dieser Wahl fand auch ein Referendum über eine neue Verfassung statt, die seit 1995 gilt. 2015 fand ein Referendum statt, das die Macht des Präsidenten einschränken sollte. Von 1995 bis zu diesem Referendum oblag dem Präsidenten allein die exekutivische Macht und das Recht, den Premierminister zu ernennen. Seit 2015 ist Armenien keine präsidiale, sondern eine parlamentarische Republik, laut Verfassungsreform. In der Realität hat der amtierende Präsident noch mehr Macht, sodass man durchaus von einer semi-präsidialen Republik sprechen könnte. Als Staatsoberhaupt ist er natürlich auch noch der oberste Militärkommandant und ist somit verantwortlich für die Unabhängigkeit und territoriale Integrität Armeniens. Der Premierminister (seit September 2016 Karen Karapetjan,) sitzt zwar dem Ministerkabinett vor, ist aber dem Präsidenten gegenüber weisungsgebunden. Es gibt derzeit 18 Ministerien. Alle Beschlüsse der Regierung werden vom Premierminister unterzeichnet und müssen vom Präsidenten beglaubigt werden. Seit 2008, mit Wiederwahl 2013, amtiert Serzh Sargsjan, ein Republikaner, als Staatspräsident (bis 2018)

Die judikatorische Macht Armeniens sind die Gerichte, die über straf-, zivilrechtliche und wirtschaftsrechtliche Fragen entscheiden. Das Verfassungsgericht, das aus neun, nicht abberufbaren Mitgliedern besteht, die vom Präsidenten und dem Parlament ernannt werden, überwacht die Gesetze, Erlässe und Verordnungen des Präsidenten auf ihre Verfassungskonformität. Die Gerichtsstrafen sind im Vergleich zu Deutschland oder Österreich relativ drastisch. Das Gesetz zur Abschaffung der Todesstrafe wurde 2003 unterzeichnet. Im Militärgesetz gibt es sie noch, seit 1997 hat es aber in Armenien keine Hinrichtung mehr gegeben.

*Der Republikplatz in Jerevan im Winter*

# Der Weg zur Demokratie

Am 27. Oktober 1999 überfielen fünf bewaffnete Männer eine Parlamentssitzung und erschossen den Premierminister, den Parlamentssprecher, einen Minister und weitere Parlamentarier und brachten die nach turbulenten Wahlen eingekehrte politische Ruhe wieder ins Wanken und Armenien wieder in den Blickpunkt internationaler Politik. Demokratie und Wahlen waren nach einer 70 Jahre andauernden kommunistischen Herrschaft für alle Armenier ungewohnt. Die Wahlbeteiligung war bei den ersten Wahlen eher gering, nur knapp die Hälfte der Wahlberechtigten gab ihre Stimme ab. Viele Armenier sind aufgrund der prekären wirtschaftlichen Lage mit den Politikern unzufrieden, viele finden sich in dem großen Gewirr der Parteienlandschaft nicht zurecht und für viele war es früher einfacher, da gab es eben nur eine Partei zu wählen. Aber mit der Unterstützung der internationalen Politik und durch die Mitgliedschaft in den wichtigen internationalen Verbänden, wie den Vereinten Nationen oder der Organisation für Sicherheit und Zusammenarbeit in Europa (OSZE), und durch zunehmende Demokratiefähigkeit des Volkes sollte Armenien seinen Weg finden. Auch die vielen Proteste und die Unzufriedenheit des Volkes nach den letzten Präsidentschaftswahlen 2013 zeigen, dass die Korruption in Regierungskreisen der größte Stolperstein für die junge Demokratie ist.

## Wahlen und Parteien

Die Präsidentschaftswahlen finden alle fünf, die Parlamentswahlen alle vier Jahre statt. Die Parlamentswahlen im April 2017 finden das erste Mal unter der geänderten Verfassung hin zu einer parlamentarischen Republik statt.

Die letzten Präsidentschaftswahlen fanden am 18. Februar 2013 statt. Schon im Wahlkampf ging es in Armenien unruhig zu. Der erste Präsident der Republik Armenien, Ter-Petrosjan, und einer der reichsten Männer Armeniens, Gagik Tsarukjan, lieferten sich bis Ende Dezember 2012 eine unerbittliche Schlacht. Im Zuge des Wahlkampfes kam es sogar zu einer Schießerei im Januar 2013, bei der einer der weiteren Kandidaten, Parujar Hayrikjan, angeschossen wurde. Der vom Volk hoch favorisierte amerikanische Armenier Raffi Hovannisian blieb aber in der Wahl doch hinter dem amtierenden Präsidenten Serzh Sargsjan zurück, der mit 59 Prozent aller Stimmen neuerlich Präsident Armeniens wurde. Die Proteste um kolportierten Wahlbetrug, Massendemonstrationen und der im März 2013 folgende Hungerstreik von Raffi Hovhannisian bewegten die armenischen Gemüter noch monatelang nach der Wahl.

Die Parteienlandschaft in Armenien ist vielfältig. Es gibt eine Reihe von traditionellen Parteien aus der Zeit der ersten Republik, wie die liberal-demokratische Ramgavar oder die radikal-nationalistischen Daschnaktsuthjun, neben kurz nach der Unabhängigkeit formierten wie der Demokratischen Partei, der armenischen nationalen Bewegung, den Republikanern, den Kommunisten und den für die letzten Wahlen neu gegründeten Parteien. Die letzten Parlamentswahlen fanden im Mai 2012 statt. Als Sieger ging die präsidentennahe Republikspartei mit ca. 45 Prozent der Stimmen hervor. Sie bildet mit den zweit- und drittstärksten Parteien, ›Blühendes Armenien‹ und der durch den ehemaligen Präsidenten Levon Ter-Petrosjan gestützten Partei ›Armenischer Nationalkongress‹, eine Regierungskoalition. Durch das Referendum 2015 wurde die Zahl der Parlamentarier von zuvor 131 auf 101 reduziert.

## Die nationalen Symbole

Die heutige armenische Fahne geht auf einen Beschluss des Obersten Sowjets der Sowjetrepublik Armenien vom 14. August 1990 zurück. Die Nationalfahne ist quergestreift und besteht aus Balken mit den Farben rot-blau-orange von oben nach unten. Diese Farben wiederholen einerseits jene der ersten armenischen Republik von 1918 bis 1920, andererseits stehen sie für die traditionellen Farben der Buchmalerei und des Landes. Rot steht für das Blut, das für die Unabhängigkeit des Landes vergossen worden ist, aber vermutlich gleichsam auch für das Blut Christi. Blau symbolisiert den reinen Himmel und Orange, genauer gesagt, aprikosenfarben, nicht nur die Nationalfrucht Armeniens, die Aprikose, sondern auch den Wohlstand des armenischen Volkes.

Das heute gebräuchliche Wappen gibt es seit 1992. Auch hier wurde das Originalwappen der ersten Republik verwendet, das vom armenischen Architekten Tamanjan und dem Maler Kodschojan entworfen worden ist. Ein Adler zur Linken und ein Löwe zur Rechten halten einen Schild. Der Adler symbolisiert zusammen mit dem Löwen die Geisteskraft, Stärke und Macht des Volkes. Der Schild stellt die vier Wappen der armenischen Königsdynastien dar: Artaxiden, Arsakiden, Bagratunier und die kilikischen Rubeniden. Sie umrahmen das Bild des biblischen Berges Ararat, auf dem auch die Umrisse der Arche Noah zu sehen sind. Das Schwert hinter dem Schild gilt als Zeichen des Widerstandes der Armenier gegen Fremdherrschaft, Eine Feder und eine Garbe sollen Kreativität und Frieden symbolisieren. Dieses Wappen vereint alle historischen Werte Armeniens in sich, ausgehend von den biblischen Traditionen bis hin zu den letzten souveränen Königreichen.

Die Nationalhymne Armeniens ›Mein Vaterland‹ wurde in leichter Abänderung von einem ehemaligen Kampflied vom Anfang des 20. Jahrhunderts übernommen. Die Zeilen stammen von einem der ersten Nationaldichter der ostarmenischen Sprache, von Michael Nalbandjan (1829–1866). Die marschähnliche Melodie allein mag schon den Inhalt der vier Strophen erahnen lassen.

## Der Karabach-Konflikt

Karabach ist ebenso gebirgig und zerklüftet wie Armenien und hat ebenso eine große Ebene, und überall zeugen armenische Kirchen von derselben jahrhundertealten christlichen Tradition. Doch Karabach ist auch sehr wasser- und fruchtreich. Es ist der Garten, der dem Land Armenien scheinbar fehlt.

Karabach, dieser Name steht eigentlich für eine ganze Region zwischen dem rechten Ufer der Kura und dem Ostrand des armenischen Hochlandes, der Karabachkette. Es gliedert sich in eine sanft ansteigende Ebene im Süden und einen gebirgigen Teil im Norden und umfasst eine Gesamtfläche von etwa 12 000 Qua-

*Gedenken an die Gefallenen von Karabach in Jerevan*

dratkilometern. Das dichte, saftige Dunkelgrün hat auch zur turksprachigen Benennung als Karabach und kara baxce ›Schwarzer Garten‹ geführt, was eigentlich wieder auf das persische Bach-i siah zurückgeführt werden kann. Der historische armenische Name dieser Region lautet Arts'ach – nach der alten urartäischen Provinzbezeichnung Urdeche.

Nach dem Zusammenbruch der armenischen Kleinkönigreiche im 11. Jahrhundert konnte sich nur am äußersten Rand des Hochlandes, in Arts'ach, ein autonomes armenisches Gebiet sogar bis in die Neuzeit halten. Trotzdem wurde das fruchtbare Areal auch von muslimischen Völkern besiedelt. Zu Beginn des 20. Jahrhunderts betrug das Verhältnis zwischen christlichen Armeniern und muslimischen Aserbaidschanern etwa drei zu eins.

## Ursachen des Konfliktes

Der Konflikt um diese armenische Insel mitten in Aserbaidschan – die doch in so greifbarer Nähe liegt, wenn man bedenkt, dass die engste Stelle zwischen Berg Karabach und Armenien nur acht Kilometer beträgt – entbrannte 1988, nachdem es in Sumgait zu einem aserischen Übergriff auf Armenier kam. Die ständige Unterdrückung der mehrheitlich armenischen Bevölkerung Berg Karabachs durch Aserbaidschan nährte noch den Wunsch nach Unabhängigkeit und Anschluss an Armenien.

Doch dieser Konflikt reicht genau betrachtet viel weiter zurück. Arts'ach war lange Zeit die letzte unabhängige armenische Bastion geblieben, kein Wunder, dass viele Freiheits- und Autonomiebestrebungen des armenischen Volkes noch im 18. Jahrhundert von Arts'ach ausgegangen sind. Damit weckte das unbequeme kleine Fürstentum auch das Interesse Russlands. Im Zuge der Expansion des Zarenreiches nach Süden geriet Arts'ach zu Beginn des 19. Jahrhunderts unter russische Herrschaft. Nach dem Zerfall des Zarenreiches konnten sich jedoch die Nachbarn Armeniens stärker behaupten, war Armenien doch durch den Völkermord empfindlich geschwächt worden. So verblieb Arts'ach innerhalb der Grenzen von Aserbaidschan. Das war auch noch so, als Aserbaidschan 1920 sowjetisch wurde. Armenien wurden im selben Jahr seines Anschlusses an die Sowjetunion die drei armenischen Siedlungsgebiete Arts'ach, Zangezur und Nachitschevan in Aussicht gestellt, die sich alle in aserbaidschanischem Besitz befanden. Sogar ein Beschluss des Obersten Sowjets und eine in der Prawda veröffentlichte Erklärung garantierte diese Gebietsabtretung. Doch schon ein paar Monate danach wurde einzig Zangezur an Armenien abgetreten. Nachitschevan und Karabach blieben aserbaidschanisch.

Lange Zeit war es ruhig um Karabach, erst als es Mitte der 1960er Jahre zu vereinzelten Armenierpogromen und Petitionen in Karabach kam, wurde die Bevölkerung in Armenien wieder aufmerksam. Die großen antiarmenischen Ausschreitungen begannen im Ort Agdam im Osten Karabachs, der Höhepunkt war jedoch das Massaker von Sumgait vom Februar 1988. Wahre Massendemonstrationen und Streiks quer durch alle Bevölkerungsgruppen wurden angesichts der Brutalität gegenüber den Karabachern in ganz Armenien abgehalten. Über Armenien wurde das Kriegsrecht verhängt. Das ganze Volk war aufgewiegelt, es kam zu bewaffneten Auseinandersetzungen, die sich nicht nur auf das eigentliche Gebiet Karabach, sondern auch auf die Grenzen zwischen Armenien und Aserbaidschan, auf die Armeniersiedlungen in Aserbaidschan und die aserischen Siedler in Armenien ausdehnten. Ein Teil des ursprünglichen Gebietes konnte von Armeniern besetzt werden, auch der Latsch'iner Korridor.

## Die Republik Berg Karabach

Am 2. September 1991 wurde die unabhängige Republik Berg Karabach gegründet, die Unabhängigkeit wurde am 6. Januar 1992 erklärt. Diese Republik Berg Karabach ist kein offiziell anerkannter Staat (nicht einmal durch die Republik Armenien) und völkerrechtlich ein Teil der Republik Aserbaidschan.

Karabach ist ein wichtiges landwirtschaftliches Gebiet für Aserbaidschan, außerdem könnte eine der geplanten Ölpipelines vom Kaspischen Meer über dieses Gebiet laufen. Russland hat im März 1996 ein Militärabkommen unterzeichnet und kann als Schutzmacht bezeichnet werden. Armenien versucht, die OSZE und die Vereinten Nationen für das Problem von Berg Karabach zu interessieren und die Autonomie dieses armenischen Kleinstaates auch international anerkennen zu lassen, bislang ohne Erfolg. In Karabach selbst haben sich die Fronten beruhigt. Die aserbaidschanische Minderheit hat Karabach verlassen, auch einige der armenischen Flüchtlinge kehren allmählich in den ›schwarzen Garten‹ zurück. Armenien hat sogar ein Rückführungsprogramm, das den Siedlern in Karabach einen kleinen Bauernhof mit Grundausstattung in Aussicht stellt. Das Gebiet ist mit knapp 5000 Quadratkilometern sehr klein, rund 150 000 Menschen, davon 95 Prozent Armenier, leben heute im umstrittenen Bergland, das in sechs Provinzen geteilt worden ist. Die Hauptstadt ist Stephanakert geblieben, andere bedeutende Städte sind Schuschi oder das im Norden des Landes gelegene Schahumjan.

Einige Jahre lang herrschte Waffenstillstand rund um Karabach. Die Friedensgespräche zwischen Aserbaidschan und Armenien wurden unter den wachsamen Augen des Minsker OSZE-Triumvirats weitergeführt. Friedenstruppen wachen

*Sie sehen hoffnungsvoll in die Zukunft*

über Berg Karabach, an dessen Grenzen es aber immer wieder zu bedauerlichen Zwischenfällen kommt. Verschiedene Resolutionen des Europarates (2005), der UN-Vollversammlung 2008 oder die ständige Arbeitstätigkeit der OSZE versuchen den Konflikt zu beruhigen.

Anfang April 2016 kam es im Rahmen des sogenannten ›Vier-Tage-Krieges‹ zu den schlimmsten Auseinandersetzungen seit dem Waffenstillstand von 1994. Im Grenzkonflikt mit Aserbaidschan verloren laut armenischen Angaben an die 100 Soldaten und Zivilisten ihr Leben, mehrere Hundert wurden verletzt, es kam zur Zerstörungen von zivilen und militärischen Anlagen. Der Blitzkrieg, die rasche Mobilmachung in Armenien vor allem unter der männlichen Jugend sowie der neu auflebende Nationalismus zeigten ein beängstigendes Bild des schwelenden Konflikts zwischen den Nachbarländern.

## Armenien heute

Armenien hat sich in den vergangenen Jahren sichtlich verändert. Diese Veränderungen sind in den vielen neuen Bauten, dem Einzug des hektischen westlichen Geschäftstreibens in Jerevan spürbar, in den endlich ausgebauten und verbesserten Straßen für die armenischen Hauptdurchzugsrouten. Aber auch in den eigentlich fast noch im Verborgenen sprießenden Bemühungen Privater zum Aufbau des Tourismus in den ländlichen Gebieten. Und auch im Verhalten der neuen armenischen Generation. Bereits im Jahr 2001 scheint im Zuge der Feierlichkeiten anlässlich der 1700 Jahre armenischen Christentums das Interesse für die eigene christliche Kultur, die in den Jahren des sowjetischen Kommunismus schwer beeinträchtigt worden war, wieder geweckt worden zu sein – eine Wiederbelebung, die in den vielen Veranstaltungen im Jahre 2005 rund um die Schaffung des armenischen Alphabets vor 1600 Jahren ihre Fortsetzung gefunden hat. So haben viele Menschen aus der ganzen Welt in den letzten Jahrzehnten Armenien besucht, weil sie durch die bedeutenden Jubiläen auf das unbekannte Land jenseits des Ararat aufmerksam geworden sind. Man darf auch nicht vergessen, dass

*Auf dem Land scheint die Zeit stehengeblieben zu sein*

*Blick auf Jerevan von der Kaskade*

der Bekanntheitsgrad des Landes im Westen besonders auch durch ein anderes, trauriges Jubiläum im Jahr 2015 zugenommen hat: das internationale Gedenken an den Völkermord an den Armeniern durch die Jungtürken im Jahr 1915, sowie dessen offizielle Anerkennung als Genozid durch einige europäische Staaten.

Das Jahr 2015 war für Armenien deshalb von großer Bedeutung. Jerevan wurde sozusagen auf Hochglanz poliert, um internationale Gäste zu empfangen, viel wurde in die Feierlichkeiten investiert. Besonders am 24. April, dem offiziellen Gedenktag zum Genozid, verfolgten Millionen von Menschen weltweit die Übertragung der Heiligsprechung der Märtyrer des Genozids (1,5 Mio Menschen!) in Edschmiatsin und die offiziellen Feierlichkeiten.

## Wandel und Stillstand

Jerevan hat sich sichtbar gewandelt – mit großzügigen Spenden von Auslandsarmeniern wurden so der Republiksplatz und einige Straßenzüge neu gestaltet und zahlreiche moderne Gebäude und Geschäfte errichtet. Doch nicht ohne einen hohen Preis dafür zu bezahlen: ganze alte Stadtviertel sind im Zuge der Stadterneuerung geschleift worden – nicht jedem Jerevaner gefallen die in den abgashaltigen, staubigen Stadthimmel reichenden Hochhäuser.

Wenn man als Reisender nach Armenien kommt und als erste Station seiner Reise Jerevan besucht, in der mittlerweile schon beinahe zwei Drittel der Gesamtbevölkerung Armeniens leben, ist man von der Modernität und dem Reichtum der Stadt überrascht. Unerwartet heftig ist die Orientierung am Westen: Die Mode der jungen Frauen, klingelnde Mobiltelefone, Computerzubehör und Elektrogeräte in den Schaufenstern, Supermärkte mit internationalem Warensortiment und teure europäische Autos lassen einen unweigerlich darauf schließen, dass es den Armeniern eigentlich ganz gut geht in ihrem Land und dass das Land einen wahren Aufschwung erlebt. Doch das unruhige Jerevan, die vielen, gut gekleideten Jugendlichen in den unzähligen Cafés der Stadt täuschen über die Tatsache hinweg, dass Armenien noch immer mit den Folgen der Wirtschaftskrise der 1990er Jahre zu kämpfen hat: mit der Abwanderung tausender Armenier nach Europa und Übersee zum einen und den vielen, meist in dramatischen Verhältnissen lebenden Flüchtlingen aus Aserbaidschan zum anderen. Immer noch lebt mehr als die Hälfte der Bevölkerung nach internationalen Angaben unter der Armutsgrenze. In Armenien ist die Schere zwischen um das tägliche Brot kämpfenden Menschen und den Neureichen äußerst weit, ein Mittelstand konnte sich bislang kaum entwickeln.

Verlässt man das laute, staubige und in der warmen Jahreszeit stickige Zentrum Armeniens, so wird man unweigerlich von der Vergangenheit eingeholt. Denn auf dem Land, in den verschiedenen Provinzen Armeniens, ist scheinbar die Zeit stehengeblieben, noch immer ist man durch den Anblick unansehnlicher Industrieleichen verstört oder von der Armseligkeit so mancher Dörfer tief betroffen. Der Unterschied zwischen Stadt und Land ist noch größer geworden, und noch viel wahrer wird das Wort, dass man Armenien nicht in den Städten, sondern nur auf dem Land kennenlernen kann – dort, wo die widerspenstige Natur sich noch immer nicht wirklich zähmen lässt, und die Menschen gelernt haben, mit ihr zu leben und an ihren Traditionen festhalten.

## Tourismus

Armenien hat seinen Tourismus wesentlich ausgebaut und setzt auch auf seine alten Baudenkmäler und unberührte Natur. Doch leider ist Armenien noch immer weit davon entfernt, ein Touristenmagnet zu werden – und das trotz vieler Bemühungen. Viele dieser Investitionen, wie das Errichten von Seilbahnen

*Wandertouristen schätzen die schöne, menschenleere Landschaft*

oder immer mehr hochpreisigen Hotels in Jerevan, sind jedoch verfehlt. Der Tourismus scheint sich in einigen Regionen sehr ungelenkt, mitunter vielleicht sogar krampfhaft – und vor allem auf Kosten einer noch unberührten Landschaft – zu entwickeln.

Dennoch hat die Zahl von Reisenden zugenommen, vor allem der Individualtouristen, die das abenteuerliche Bergland auf eigene Faust erkunden möchten. Auch viele Studienreiseveranstalter haben Armenien mittlerweile im Programm. Ein beträchtlicher Teil der Besucher sind jedoch nach wie vor Auslandsarmenier, die das Land ihrer Väter sehen und kennenlernen möchten.

Armenien ist lebhafter geworden, bunter, selbstbewusster und offener. Die Stadt Jerevan hat an Attraktivität gewonnen, die Landschaft hat in vielen Regionen nichts von ihrer atemberaubenden Schönheit und Unveränderlichkeit eingebüßt, und viele der alten, berühmten Klöster und Kirchen wurden in den vergangenen Jahren restauriert. Manche Kunsthistoriker und Kritiker meinen: zu viele. Leider muss man tatsächlich bemerken, dass die Restaurierungen nicht immer gelungen sind und manche restaurierte Kirche durch neu hinzugefügte Gebäude für die Versorgung von Besuchern mit Speis und Trank oder mit Souvenirs viel von ihrem ursprünglichen Charme und Reiz eingebüßt haben.

Die Menschen sind freundlich geblieben, auf dem Lande wird nach wie vor jedem Gast die Tür geöffnet und ein reichlicher Tisch gedeckt, und es ist sogar einfach geworden, Kontakt zu den Armeniern zu finden, denn viele haben bereits gelernt, sich mit Touristen auf Englisch oder sogar Deutsch zu verständigen.

Noch immer strahlen die verlassenen steinernen Kirchen mystische Erhabenheit aus und noch immer ist jeder Reisende vom Anblick des mächtigen Ararat überwältigt. Und der wirtschaftliche und gesellschaftliche Fortschritt hat bei allen möglichen negativen Aspekten das Land seinen Besuchern leichter verständlich gemacht und den schon leicht geöffneten Türspalt etwas weiter aufgestoßen.

## Alltagsprobleme

»Sei wach, ohne deine Zeit zu fürchten oder das Böse«, hatte Osip Mandelstam einst in seinem Buch ›Reise nach Armenien‹ über die nahezu unerschütterliche armenische Mentalität gesagt. Und er mag Recht haben. Das Leben im heutigen Armenien ist alles andere als einfach. Zwar sind die schlimmsten Jahre vorbei, doch der Schock über das Erdbeben bei Spitak von 1988, über den Krieg um Berg Karabach Ende der 1980er und zu Beginn der 1990er Jahre und über die Wirtschaftsblockaden und Isolierung des Landes bis Mitte der 1990er Jahre sitzen immer noch tief. Erst ein Drittel der zerstörten Gebäude in der Erdbebenregion konnte bis heute wieder aufgebaut werden, die dortige Industrie kam völlig zum Erliegen. Der Süden des Landes, vor allem die Provinz Sjunikh, ist schwer von den Kriegsfolgen betroffen. Mangelnde Energieversorgung, fehlende Arbeitsplätze und schlechte Versorgung lassen den ohnehin unter schwierigen Bedingungen lebenden Menschen wenig Hoffnung. Es ist vor allem die Jugend, die von der Wirtschaftskrise der letzten Jahre betroffen ist. Die Angst vor der Zukunft oder das Bewusstsein, in Armenien keine Zukunft zu haben, sind die stärksten Motive für eine neuerlich erstarkte Auswanderungswelle der letzten beiden Jahre.

## Folgen der Wirtschaftskrise

In Folge des Konfliktes um Berg Karabach hat Aserbaidschan im Herbst 1989 eine Blockade über seinen Nachbarn verhängt, die seit 1991 vollständig genannt werden kann. Alle Energielieferungen wurden unterbunden, sogar die Versorgung mit anderen Gütern ist unterbrochen, da ein Großteil aller bedeutenden Straßenverbindungen nach Armenien und alle verlegten Gas- und Ölpipelines über Aserbaidschan führen. Nachdem sich im April 1993 die Türkei dieser Blockade angeschlossen hatte und somit auch die westliche Grenze Armeniens völlig schloss, konnten kaum mehr Lieferungen nach Armenien gelangen. Ein Großteil der importierten Waren gelangt heute über die offiziellen Grenzübergänge in Georgien und im Iran nach Armenien. Obgleich die übrigen Grenzen noch immer blockiert sind, ist es findigen Geschäftsleuten auf beiden Seiten gelungen, einen kleinen, wenn auch inoffiziellen Grenzhandel zu betreiben.

Die Jahre 1993 und 1994 waren sicher die beschwerlichsten Jahre für Armenien. Es mangelte an allem. Die Bäume wurden einfach abgeholzt, um an Brennstoff für die kalten Winter zu gelangen. Es gab keinen Strom. Die Straßen der Hauptstadt waren im Winter spätestens gegen 17 Uhr menschenleer. Schulen und Universitätsinstitute mussten mangels Strom und Heizmaterial geschlossen werden. Sogar Museen mussten schließen. Mit der Wiederinbetriebnahme des Kernkraftwerkes Metsamor, das wegen des Erdbebens 1988 abgestellt worden war, kam wieder neues Leben nach Armenien. Dieses Kernkraftwerk sowjetischer Bauart ist zwar eines der letzten seiner Art, hat aber durch ständige Kontrollen und Erneuerungen nach Ansicht der Internationalen Atomenergiebehörde (IAEO) einen relativ hohen Sicherheitsstandard erreicht. Seine Betriebsdauer wurde 2016 bis 2026 verlängert, wobei Russland Unterstützung bei der technischen Ertüchtigung zugesichert hat. Die IAEO bezeichnet die Risiken durch den Weiterbetrieb als ›akzeptabel‹.

Mit der Unterstützung von Auslandsarmeniern und dem intensiven Handel mit dem Iran verbesserte sich der Lebensstandard in den folgenden Jahren zusehends. Jerevan begann in neuen, grellen Neonfarben zu erstrahlen, neue Ge-

*Viele Menschen sind auf Kleinhandel angewiesen*

*Industrieruinen sind leider kein seltener Anblick*

schäfte wurden eröffnet, Restaurants belebten das Stadtbild, und in einigen Fabriken konnte die Arbeit wieder aufgenommen werden. Es ist nahezu unglaublich, wie sich inzwischen in Jerevan Supermärkte, Apotheken und Boutiqen aneinanderreihen. Es fließt aber nur wenig Geld in die Bildung, die Forschung und ins Gesundheitssystem. Die Preise für Alltagswaren sind höher gestiegen als die Einkommen. Die Geschäfte sind zahlreicher und voller geworden, es mangelt eigentlich – zumindest in den Städten – an nichts, doch nicht alle Armenier können sich das leisten.

Obgleich die Löhne und Gehälter in den letzten Jahren gestiegen sind – aber leider unverhältnismäßig stark auch die allgemeinen Lebenshaltungskosten –, kämpft der Armenier mit einem Durchschnittslohn von etwa 365 Euro monatlich (Stand 2016, Stat. Zentralamt). Die höchsten Gehälter beziehen immer noch Angestellte im Finanz- und Versicherungswesen gefolgt von Minenarbeitern und Arbeitern und Angestellten in der Informatik- und Kommunikationsbranche. Noch immer verdienen Arbeiter besser als Lehrer oder sogar Wissenschaftler. Lehrer müssen mit einem Durchschnittsgehalt von etwa 160 bis 200 Euro monatlich, Ärzte mit etwa 300 bis 350 Euro monatlich ihr Auskommen finden. Angestellte privater Unternehmen, besonders aber internationaler Konzerne haben es etwas besser – mit einem Gehalt von bis zu 500 Euro. 2013 lagen die Durchschnittsgehälter in den oberen Einkommensklassen Armeniens bei 320 Euro im Monat. Das Minimum für den Warenkorb mit allen benötigten Waren und Dienstleistungen pro Person und Monat liegt mittlerweile schon bei knapp über 100 Euro, der monatliche Warenkorb nur für Lebensmittel immerhin auch schon bei etwa 65 Euro. Das von verschiedenen Organisationen errechnete monatliche Pro-Kopf-Einkommen von etwa 600 Euro lässt sich vor allem auf die Unterstützung durch die Verwandtschaft in der Diaspora zurückführen. Trotz einer Reduzierung der Preise für Wasser, Strom oder Gas in den letzten beiden Jahren, sind die Preise in Relation zum Einkommen viel zu hoch, besonders Trinkwasser. Auch die Teuerungen im Immobiliensektor machen das Leben vor allem in Jerevan so teuer wie nie zuvor..

## Arbeitslosigkeit und Rente

Hinzu kommt, dass die Arbeitslosenrate relativ hoch ist, auch hier sollte man sich nicht auf die offiziellen Daten berufen, denn diese berücksichtigen nur die registrierten Arbeitslosen. Die Studiengebühren an Universitäten sind in astronomische Höhen gestiegen, die Gehälter der Universitätslektoren und Wissenschafter sind hingegen lächerlich niedrig und in der alten Tradition der Sowjetzeit verblieben, wo Akademiker nicht selten weit weniger verdient haben als ein durchschnittlicher Arbeiter.

Die Renten sind ebenfalls sehr niedrig, es gibt neben der freiwilligen Versicherung und der daraus resultierten Rente (die sich aber derzeit noch wenige leisten können) die staatliche Volksrente – die Mindestrente liegt derzeit bei etwa 67 Euro im Jahr (!), die Durchschnittsrente für Arbeitsrentner (ab 65 Jahren) liegt bei ca. 80 EUR im Monat, kann aber je nach Arbeitszeit und Beruf bis zu 350 Euro betragen. Im Januar 2014 trat eine Pensionsreform in Kraft, nach der jeder nach 1974 geborene armenische Staatsbürger zehn Prozent seines Bruttolohnes zum Pensionsfonds beitragen muss.

Zwar erhalten die bedürftigsten Familien und Rentner staatliche Unterstützung oder Stromlieferungen gratis, aber das ist nicht mehr als der berühmte Tropfen auf den heißen Stein. Viele Armenier verdienen sich ihren Lebensunterhalt noch immer mit Straßenhandel. Vermutlich ist das einträglicher als eine geregelte Arbeit und mehr als die Hälfte des Einkommens einer armenischen Familie besteht nicht aus dem Arbeitslohn! Viele Armenier leben weit unter der Armutsgrenze, laut offiziellen Angaben gut ein Drittel der Bevölkerung. Die Armut herrscht vor allem auf dem Lande, aber auch – weniger auffällig – in den Städten, vor allem in Jerevan.

## Gesundheitsversorgung

Durch die schlechte Versorgung, den Mangel an ausgewogener Ernährung, Heizmaterial und Energie und durch teilweise katastrophale hygienische Zustände wurde das armenische Volk über Jahre hinweg psychisch und physisch geschädigt. Besonders betroffen sind hier wieder die schwächsten Bevölkerungsgruppen, Kinder, Alte und Behinderte. In den schlimmen Zeiten war die Säuglingssterblichkeit aufgrund des extremen Untergewichts der Neugeborenen besonders hoch. Viele Kinder starben in ihren ersten Lebensjahren an Unterernährung, Darminfektionen und Atemwegserkrankungen. Die Zunahme von Darminfektionen sowie infektiösen Krankheiten und sogar Cholera hat auch die Erwachsenen betroffen.

All diese Krankheiten sind durch die schlechte Qualität des Wassers bedingt. Vielfach ist es gar nicht das Wasser selbst, das ja meist sogar von Hochgebirgsquellen stammt, sondern die veralteten, verrosteten Wasserleitungen. Bis heute ist die Wasserzufuhr in einigen Teilen Armeniens auf einige Stunden am Tag beschränkt, in einigen Regionen kann es aber auch heute zu tagelangem Wassermangel kommen. Und Warmwasser ist auch im heutigen Armenien noch kein Standard in den Wohnungen und Häusern. Die Versorgung in den Krankenhäusern ist noch immer sehr schwierig, nach wie vor müssen die Verwandten für die Verköstigung des Kranken selbst Sorge tragen.

*Benzinverkauf im Dorf*

## Wirtschaft

Die Wirtschaft Armeniens ist stark an die topographischen Gegebenheiten einerseits und die politische Entwicklung andererseits gebunden. Zu Sowjetzeiten war Armenien noch für seine Großchemie, den Maschinenbau, Aluminiumproduktion und die Textil- und Lederindustrie bekannt. Nach der Wiederinbetriebnahme des Kernkraftwerkes Metsamor und mit der Hilfe diverser internationaler Organisationen und Investoren konnte Armenien seine Produktion ab Mitte der 1990er Jahre wieder aufnehmen und als einziger der GUS-Staaten im Jahre 1994 sogar ein bescheidenes Wachstum des Bruttoinlandsproduktes aufweisen. Mit fortschreitender Privatisierung der Industriebetriebe im Oktober 1998 kam es zu einem weiteren Aufschwung. Leider wurden hier aber traditionelle armenische Betriebe wie die Kognakfabrik, die Schuhfabrik Araks und die Elektronikproduzenten Mars an ausländische Firmen veräußert. Im Handel wurde seit 1998 nicht nur der Export gesteigert, sondern weitere Investitionen aus vielen Staaten flossen nach Armenien. Die bedeutendsten Handelspartner sind Russland, Iran, USA und Frankreich. Der Dienstleistungssektor hat vor allem im Bereich der Gastronomie zugelegt. Viele neue Beherbergungsbetriebe sind in und rund um die Hauptstadt entstanden, die bekanntesten Hotels der Stadt sind aber auch an ausländische Hotelketten verkauft worden. Auch das Bankwesen hat deutlich zugelegt, wie man leicht an der internationalen Bankenlandschaft in Jerevan erkennen kann.

Die Landwirtschaft gehört vermutlich zu jenen Wirtschaftszweigen, die im vergangenen Jahrzehnt am erfolgreichsten waren. Inzwischen sind alle bäuerlichen Betriebe in privatem Besitz, sie sind jedoch verhältnismäßig klein, oft umfassen sie nicht einmal zwei Hektar Land. Dies mag genug sein, um die Selbst-

*Landwirtschaftliches Gerät*

versorgung einigermaßen zu gewährleisten, aber für den erfolgreichen Vertrieb landwirtschaftlicher Produkte ist das zu wenig. Die Hauptprobleme der Landwirtschaft sind die Bewässerung und die Engpässe in der Versorgung mit qualitativ hochwertigem Saatgut und landwirtschaftlichen Maschinen. Ackerland ist in Armenien sehr begrenzt verfügbar, umso erstaunlicher, dass knapp die Hälfte des Einkommens aus der Landwirtschaft kommt.

Aushängeschilder der armenischen Wirtschaft sind weiterhin der armenische Kognak, Steine, Molybdän und Bauxit, chemische Produkte und wieder zunehmend Erzeugnisse der Textilindustrie. Die Wirtschaft befindet sich trotz aller Probleme im Vergleich zu den 1990er Jahren deutlich im Aufschwung, was vor allem den regen Bautätigkeiten und den Investoren aus dem Ausland zu verdanken ist. Dennoch liegt das Bruttonationaleinkommen mit knapp 4020 US-Dollar jährlich (2014) laut offiziellen Angaben nur wenig über dem in den ärmsten Ländern der Welt (Rang 113).

Dennoch haben insgesamt die letzten Jahre eine Verbesserung des armenischen Lebens gebracht, es bleibt zu hoffen, dass diese Tendenz anhält und auch die Armut damit sinkt. In manche Familien ist sogar Wohlstand eingekehrt, die Statussymbole der modernen armenischen Gesellschaft sind Autos, technische Geräte und ein ›schickes Outfit‹. Jedoch ist auch die Korruption ein Teil des armenischen Alltags geworden.

## Bildungswesen

Auch das Bildungswesen hat unter den schwierigen wirtschaftlichen Bedingungen der 1990er Jahre gelitten. Nicht nur, dass aufgrund des Energiemangels in den Wintermonaten Schulen und Universitäten immer wieder geschlossen werden mussten, dass ein Großteil der hochqualifizierten Wissenschaftler mit der großen Emigrationswelle ausgewandert ist und es daher an guten Lehrkräften mangelt, sondern auch, dass durch eine Anhebung der Studiengebühren und durch niedrige Stipendien der Zugang zu höherer Bildung erschwert worden ist. Das armenische Universitätssystem hat sich dem von Bologna angepasst, es hat dasselbe System von Bachelor, Master und Doktorat. Das Unwesen privater Universitäten, die unglaublich hohe Studiengebühren fordern, jedoch wenig gute Ausbildung dafür bieten, blüht in Armenien. Mittlerweile gibt es allein in Jerevan an die 40 registrierte Hochschulen. Somit mag ein Universitätsabschluss nur annähernd ein ähnliches Niveau wie beispielsweise in Westeuropa oder den USA haben.

Eine Problematik ist weiterhin das Fehlen von geeigneten Lehrmaterialen für Schulen und Universitäten. Man muss in Erinnerung behalten, dass bis zur Unabhängigkeit das höhere Bildungswesen auf der russischen und nicht der armenischen Sprache aufgebaut gewesen war. Die Umstellung des gesamten Bildungswesens auf das Armenische war sehr abrupt und vielleicht mehr enthusiastisch als wohlüberlegt. Dennoch konnten wiederum in den letzten Jahren einige Verbesserungen erreicht werden.

In Armenien gibt es seit 2006 eine allgemeine Schulpflicht von neun Jahren, beginnend mit einer Elementarschule und gefolgt von Gymnasien und vielen Fachschulen. Die Art des Unterrichtes unterscheidet sich durch ihre vielfach veralteten und autoritären Methoden von den Gepflogenheiten in westlichen Ländern. Behinderte Kinder werden von normalen Schulen ausgeschlossen.

Die Hochschulbildung und die Wissenschaft mag am meisten unter der Emigrationswelle und den fehlenden Geldmitteln gelitten haben. Heute bemüht man sich wieder um internationale Kontakte und die Einrichtung von speziellen Forschungsprogrammen. Eine positive Entwicklung ist sicherlich die Gründung einer theologischen Fakultät Mitte der 1990er Jahre, in der erstmals auch Religionslehrer ausgebildet werden. Die Zahl der ausländischen Studenten ist in den 1990er Jahren rapide zurückgegangen, auch heute ist die Zahl relativ niedrig. Es handelt sich vor allem um Studenten aus dem Nahen und Mittleren Osten, vermehrt um Iraner.

Die älteste Hochschule ist die Staatliche Universität Jerevan, die 1919 gegründet wurde und heute 19 Fakultäten hat. Die staatliche technische Universität entstand in den 1930er Jahren und hat auch Niederlassungen in Gjumri, Vanadzor, Goris und Kapan. Die einstige Fakultät für Bauwesen ist zu einer eigenen Hochschule für Architektur und Bauwesen geworden. Daneben gibt es auch spezielle Hochschulen für Pädagogik, für Sport sowie für Landwirtschaft.

*Kleine Schulbuben*

## Armenien heute

Besonders bedeutend ist das staatliche Komitas-Konservatorium der Stadt Jerevan, das für die Qualität der musikalischen Ausbildung weit über die Landesgrenzen hinaus berühmt ist. Seit 1991 gibt es auch eine Amerikanische Universität, die sich besonders auf Wirtschaftsstudien spezialisiert hat. Hier ist die Unterrichtssprache Englisch, die Lektoren sind Amerikaner. Es gibt auch eine Reihe neu entstandener privater Hochschulen und Universitäten, die aufgrund spezialisierter Ausbildung und geringer Hörerzahlen sehr beliebt sind.

Eine zentrale Rolle für die Forschung und die Wissenschaft in Armenien spielt in erster Linie die Akademie der Wissenschaften. Armenische Forscher waren etwa in den Bereichen der Kybernetik, der Strahlen- und Astrophysik und der Mikrobiologie besonders erfolgreich und bekannt. Nach wie vor ist die Sternwarte in Bjurakan ein Zentrum der astrophysikalischen Forschung. Das Matenadaran, das staatliche Institut für Handschriften, ist wohl das berühmteste Forschungsinstitut Armeniens (→ S. 145). Mithilfe der zahlreichen handschriftlichen Quellen, nicht nur in armenischer Sprache, werden Erkenntnisse für verschiedenste Wissenschaftsdisziplinen gewonnen.

*In der Aula der Jerevaner Universität*

# Das armenische Christentum

*Meine Sünden sind so unendlich, so wie der Sand am Meer.*
*Du allein kannst mir vergeben, verzeih mir, oh Herr*
*Öffne mir das Tor der Barmherzigkeit, mein Gott,*
*ich flehe dich klagend an. Du allein kannst mir vergeben,*
*verzeih mir, oh Herr. Kleide mich in deine Milde.*
*Du bist voller Gnad, und Lieb'.*
*Du allein kannst mir vergeben, verzeih mir, oh Herr.*

*Mesrop Maschtots', 5. Jahrhundert*

Die armenisch-apostolische Kirche gilt als die älteste Staatskirche der Welt. Im Jahre 301 nahm das damalige Königreich unter König Trdat III. das Christentum offiziell an. Die armenischen Christen berufen sich auf die frühe christliche Missionierung der Apostel Thaddäus und Bartholomäus schon während des 1. Jahrhunderts, zu einer Zeit, als das armenische Reich von der armenisch-persischen Dynastie der Arsakiden regiert wurde und das Land noch überwiegend dem persischen Götterhimmel huldigte. Aus diesem Grund nennt sich die armenische Kirche auch apostolisch. Die wahre Christianisierung und Gründung der Nationalkirche wird jedoch dem heiligen Grigor, genannt Lusavoritsch', der Erleuchter, zugeschrieben (→ S. 84). Mit der Ausbreitung des Christentums in viele Landesteile war es auch notwendig geworden, für das armenische Christentum eine eigene Schrift zu schaffen. Die Schaffung der Schrift im Jahre 405 durch den Mönch Mesrop Maschtots' und die sofort einsetzende Übersetzungstätigkeit syrischer, griechischer und koptischer Werke, der Evangelien, der Bibel und anderer religiöser Schriften ist für die Kirche von herausragender Bedeutung.

Die armenische Kirche lehnte das Konzil von Chalzedon, das 451 stattgefunden hatte, ab. Dieses Konzil drückte die Einheit von Gottheit und Menschheit in Jesus Christus mit ›zwei Naturen in einer Person und Hypostase‹ aus. Diese Terminologie wurde von den Armeniern in mehreren Synoden im 6. Jahrhundert zurückgewiesen. Gemeinsam mit den Kopten, Syrern, Äthiopiern und Indern syrischer Tradition bekennt die armenische Kirche die ›eine Natur des fleischgewordenen Gottes‹, um die unauflösliche hypostatische Union von menschlicher und göttlicher Natur Jesu zu betonen. Damit wird sie heute den Miaphysiten und der orientalischen Kirchenfamilie zugerechnet. [Hypostase: aus dem Griechischen ›Hypóstasis‹ (›Grundlage‹) bezeichnet die drei göttlichen Personen der Dreifaltigkeit – Vater, Sohn und Geist. Die hypostatische Union ist demnach die Einigung der menschlichen und göttlichen Natur in der Person Christi. Miaphysitismus: aus dem Griechischen ›mia phýsis‹ (›eine (einheitliche) Natur‹), bezieht sich auf die Lehre der einen Natur Christi, in dem das Göttliche und das Menschliche eine Natur bilden – ›ohne Vermischung, ohne Trennung, ohne Durcheinander und ohne Wechsel‹. Diaphysitismus (auch Dyophysitismus), aus dem Griechischen ›dýo phýsis‹ (›zwei Naturen‹) hingegen vertritt die Lehre der zwei Naturen Christi, göttlich und menschlich, und ihrer Vereinigung zu Person Christi.]

## Das armenische Christentum

*Die Kathedrale in Edschmiatsin ist der Sitz des armenischen Katholikos*

Mit der Einführung einer eigenen armenischen Zeitrechnung im Jahre 552 betonte die Kirche auch ihre Selbständigkeit und nationale Unabhängigkeit. Das Zentrum der armenischen Kirche ist seit 1441 Edschmiatsin, wo auch das Kirchenoberhaupt, der Katholikos aller Armenier, amtiert. Der letzte Katholikos wurde im Herbst 1999 gewählt und heißt Karekin II. Nersisjan. Die armenische Kirche ist jedoch in verschiedene administrative Bereiche geteilt, so gibt es ein kilikisches Katholikosat in Antelias bei Beirut, dem die Diözesen des Nahen und Mittleren Ostens, aber auch Nordamerikas unterstehen. Neben armenisch-apostolischen Armeniern gibt es auch eine kleinere Zahl katholischer und protestantischer Armenier. Die katholischen Armenier stehen besonders mit dem Orden der Mechitharisten, der zu Beginn des 18. Jahrhunderts nach benediktinischen Ordensregeln gegründet worden ist, in Verbindung.

Der armenische Klerus umfasst mehrere hierarchische Ränge vom Diakon, Priester, Vardapet, Bischof bis hin zum Katholikos. Das Zölibat gilt nur für jene Geistliche, die bei ihrer Weihe auch ein Zölibatsgelübde abgelegt haben, das auch die Grundbedingung für ein höheres Kirchenamt ist. Nicht zölibatäre Priester sind vor allem als Gemeindegeistliche tätig. Der Klerus wird im Priesterseminar in Edschmiatsin, aber auch auf der Klosterinsel Sevan ausgebildet. Ein weiteres Seminar wurde in Haritsch installiert. Im Gegensatz zur katholischen Kirche hat in der armenischen Kirche der weltliche Kirchenrat eine bedeutendere Funktion in der Wahl der Bischöfe und des Katholikos. So gilt der Katholikos nicht als unfehlbar und kann wieder abgesetzt werden.

Die armenische Kirche war zur Zeit Sowjetarmeniens zu einem stillen Leben verurteilt. Seit der Unabhängigkeit werden die Kirchen wieder belebter, aber 70 Jahre Kommunismus und fehlender Religionsunterricht haben viele Wissenslücken in der armenischen Bevölkerung hinterlassen. Viele Armenier kennen die biblischen Geschichten nicht und können dem Ritus eines armenischen Gottesdienstes nicht folgen. Die armenische Kirche ist heute auch sehr stark mit dem Problem von Sekten konfrontiert. Ein Volk, das 70 Jahre keine Religion gehabt hat, kann sein Heil manchmal in den eigentümlichsten Lehren finden.

## Die Kirchenfeste

Das armenische Kirchenjahr folgt einer dem griechischen und syrischen Vorbild folgenden Gliederung. Die kirchlichen Festtage kann man in jene unterteilen, die Jesus, der Muttergottes Maria, dem Kreuz, der Kirche oder den Heiligen gelten. Zu den kirchlichen Festtagen um Jesus zählen die Erscheinung des Herrn am 6. Januar, der Zyklus der Auferstehung, der 64 Tage dauert, und der 3 Tage dauernde Zyklus der Verwandlung. Zur Auferstehung zählen Palmsamstag und -sonntag, die Karwoche, Ostern, Himmelfahrt und Pfingsten. Die wichtigsten Festtage der Gottesmutter sind Mariä Verkündigung, Mariä Himmelfahrt, Mariä Geburt und Mariä Empfängnis. Die bedeutendsten Kreuztage sind die Kreuzerscheinung und -erhöhung. Als besondere Kirchentage gelten der Tag der neuen Kirche und der Tag aller Kirchen. Die Geburt des Täufers Johannes und der Tag der Übersetzer werden als Heiligentage begangen. Das Weihnachtsfest ist in Armenien stark von der russischen Tradition beeinflusst worden. So erwarten die Kinder den Weihnachtsmann in Gestalt von ›Väterchen Frost‹ am Abend des 31. Dezembers oder am Morgen des Neujahrstages. Die Geschenke liegen unter dem Neujahrsbaum. Das kirchliche Weihnachtsfest wird erst am 6. Januar begangen, wo die Erscheinung des Herrn gefeiert wird. Zu Ostern werden wie bei uns Eier gefärbt. Das ›Eierpecken‹ ist besonders beliebt: Man nimmt die gefärbten Eier und versucht, das Ei des anderen mit seinem eigenen Ei aufzuschlagen oder zu beschädigen. Wem dies gelingt, der darf als Belohnung auch das Ei des anderen essen. Ein traditionelles Ostermahl ist gedünsteter Fisch.

*Der Segen des Katholikos*

## Die Messe

Ursprünglich war auch die Zahl der Sakramente auf die Taufe, die Eucharistie, die Buße und die Salbung, das heißt die Firmung, beschränkt. Erst durch den Einfluss der westlichen Kirchen wurden später auch die Priesterweihe, die Ehe, genannt Krönung, und die Krankenölung in die Reihe der Sakramente aufgenommen. Kinder werden heute meist zugleich getauft und gefirmt, in den vergangenen Jahren wurden auch sehr viele Jugendliche und Erwachsene erst getauft. Eine Eigenart der armenischen Kirche ist auch ihre Messfeier. Hier lässt sich deutlich der Einfluss syrischer und griechischer Liturgien spüren. Die gesamte armenische Liturgie wird in altarmenischer Sprache abgehalten und ist auf Gesang aufgebaut. Die versammelte Kirchengemeinde nimmt eigentlich nicht aktiv an der Messe teil, hier ist die liturgische Feier und Zeremonie auf den Diakon und den Priester beschränkt. Besonderheiten liegen in einer etwas anderen Reihenfolge des Opfergottesdienstes wie auch der Kommunion selbst. In Armenien wird ungesäuertes Brot und unvermischter Wein verwendet. Eine tatsächliche Kommunion des Kirchenvolkes findet selten statt, wenn doch, dann nähert sich das Kirchenvolk dem auf dem erhöhten Altarraum, dem Bema, knieenden Priester und erhält das heilige Brot ausnahmslos in den Mund.

Es gibt viele Bräuche und Riten um die armenische Kirche. So sollte man beispielsweise eine Kirche niemals aus der gleichen Richtung betreten und verlassen und niemals beim Verlassen der Kirche dem Altar den Rücken zuwenden. Armenische Frauen bedecken ihr Haar meist mit feinen, weißen Schals oder Tüchern. Besonders beliebt ist es, kleine gelbe Kerzen anzuzünden und im stillen Gebet zu verharren. Armenischen Geistlichen gegenüber sollte man sich besonders demütig verhalten. Viel armenische Kirchenwände und die in der Umgebung der Kirche aufgestellten Kreuzsteine werden von den Gläubi-

*Tympanon an der Kirche in Noravankh*

gen geküsst oder zumindest berührt. Dennoch ist man immer wieder von der scheinbaren Respektlosigkeit, dem Geflüster und Getratsch, dem steten Kommen und Gehen in den Kirchen überrascht. Kaum ein Gläubiger bleibt tatsächlich die ganze Messe über in der Kirche, denn das können manchmal bis zu zwei Stunden sein!

## Matagh, das Tieropfer

Die Besonderheiten des armenischen Christentums liegen in einer einzigartigen Kombination frühchristlichen und heidnischen Brauchtums. Das Tieropfer, genannt Matagh, ist eine alte Tradition, die vor allem in Armenien und weit weniger in der Diaspora aufrecht erhalten wird und auf Grigor den Erleuchter zurückgehen soll. An wichtigen christlichen Feiertagen, vor allem zu Ostern, aber auch an wichtigen Familienfesten, wie Taufen oder Hochzeiten oder aber als Dank oder Bitte an den allmächtigen Gott werden Schafe, aber auch Kleintiere wie Hühner oder Tauben, vor der Kirche geopfert. Die Bezeichnung Matagh bedeutet eigentlich Opferlamm. Das Tier sollte zunächst dreimal um die Kirche getragen werden, um danach vom Priester gesegnet zu werden, der dem Tier Salz in das Maul gibt. Der Segen wird eigentlich dem Salz erteilt. Dann wird ein kleiner Teil des Ohres abgeschnitten und mit dem Blut werden Kreuze auf die Stirne jener gezeichnet, die den göttlichen Segen besonders nötig haben oder Gott besonders danken wollen. Das Tier wird dann an einem speziellen Platz unweit der Kirche oder des Klosters sofort geschlachtet, verarbeitet, gegrillt und im Kreise der Großfamilie und der Freunde verspeist. Das Fleisch des Matagh darf nämlich nicht wie anderes Fleisch zu Hause aufbewahrt werden, sondern muss am Tag der Opferung verzehrt werden. An einem Matagh teilnehmen zu dürfen, ist eine besondere Ehre. Ein solches Fest kann sich über einen ganzen Tag hinziehen.

In der Umgebung vieler Kirchen findet man sogar sogenannte Opfersteine, auf denen man dann die Tiere zerteilt. Die Tiere sollten aber nicht in die Kirche gebracht werden. Das Matagh ist in den letzten Jahren auch immer öfter, vor allem im städtischen Bereich, verloren gegangen, vielfach sieht die Jugend es auch als barbarischen Brauch. Auf dem Land jedoch kann man es durchaus noch sehen. Die Bewahrung dieser alten, frühchristlichen Tradition, aber auch die Erhaltung armenischer Kultur ist eine der wesentlichen Aufgaben der armenischen Kirche. Die Kirche ist bis heute eine unerschöpfliche Quelle für den Zusammenhalt des armenischen Mutterlandes und der vielen Kirchengemeinden in der Diaspora.

*Vorbereitung des Tieropfers*

## Grigor der Erleuchter

Grigor stammte aus einer alten parthischen Adelsfamilie, die sogar für den Tod des armenischen Königs Chosrov verantwortlich zeichnete. Er kam als frommer Christ an den Hof des Sohnes des ermordeten Chosrov, Trdat III., der noch ganz dem heidnischen Glauben zugewandt war. Als der König dem christlichen Glauben Grigors auf die Spur kam, wollte er Grigor unter Folterqualen zur Abkehr zwingen. Der fromme Christ jedoch widersagte dem König, so dass ihn dieser für lange Zeit in einen tiefen Kerker sperren ließ. Während Grigor in seinem Kerker schmachtete, beging der tyrannische König grausame Morde an christlichen Jungfrauen, die auf der Flucht vor den Häschern Diokletians bis nach Armenien gekommen waren. Darunter waren auch die schöne Hriphsime und ihre Ziehmutter Gajane. Wegen seiner frevelhaften Untaten und seiner Bosheit erkrankte der König an einer seltsamen, schmerzvollen Krankheit, die ihn wie ein Wildschwein aussehen ließ. Die Schwester des Königs, Chosroviducht, sah in dem seit 13 Jahren im Kerkerloch siechenden Grigor die einzige Rettung für ihren sündigen Bruder. So ließ er den erstaunlich unversehrten Grigor befreien, der ihn dann mit Gottes Kraft von seiner Krankheit heilen konnte. 66 Tage lange hatte Grigor ununterbrochen den christlichen Glauben gepredigt, so ließ sich der König zum Christentum bekehren. Mehr als das, er verordnete fortan, dass die christliche Religion auch die Religion des ganzen Reiches und Volkes der Armenier sein sollte.

*Grigor der Erleuchter (Grigor Lusavoritsch')*

# Armenische Kunst

Kunst zeigt wie kein anderer Bereich des menschlichen Lebens die ethischen Werte, die Aufarbeitung historischer Ereignisse sowie die besonderen Eigenschaften und Merkmale eines Volkes, seine innersten Gedanken und seine Kreativität. Sie kann als Spiegelbild der Landschaft, in dem ein Volk lebt, aber auch der allgemeinen Lebensbedingungen und Seele des Volkes betrachtet werden. Die Armenier haben in ihrer langen, bewegten Geschichte ihre Sprache in einer reichhaltigen Literatur niedergeschrieben und mit dem monodischen Klang ihrer Bergwelt vertont. Sie haben die Farben ihres Landes in Miniaturen und Gemälden wiedergegeben und das weiche Tuffgestein zu beeindruckenden Bauten und Skulpturen geformt. Die Armenier haben in der Kunst sicherlich auf zwei Gebieten bemerkenswerte Leistungen geschaffen, die sie weit über ihre Grenzen berühmt gemacht haben: in der Kirchenbaukunst und in der Buchmalerei. Literatur und Musik sind in Mitteleuropa wenig bekannt, das mag auch bis auf einige wenige Ausnahmen für die bildenden Künste gelten.

## 1500 Jahre geschriebene Kultur

Die armenische Literatur reflektiert die Geschichte des Volkes. Vom Beginn der Schriftschaffung zu Beginn des 5. Jahrhunderts bis ins 13. Jahrhundert waren theologische oder wissenschaftliche Schriften das Hauptziel des literarischen Schaffens. Erst mit dem Aufkommen der mittelarmenischen Sprache als Literatursprache rückte auch der Mensch mit seinen Gefühlen und Gedanken in den Mittelpunkt, und die Lyrik und Liebesdichtung entstanden. Durch die frühe Trennung Armeniens in Ost und West kam es auch zu einer Entwicklung zweier Literaturen, so dass man zwischen der Literatur Armeniens und jener der Diaspora unterscheidet. Armenische Werke sind kaum in westliche Sprachen übersetzt, das mag an der Unbekanntheit der Autoren in Mitteleuropa liegen, aber vermutlich mehr an dem Umstand, dass die Übersetzung der oft mit Worten und Wortschöpfungen überladenen Werke sehr schwierig, wenn nicht gar unmöglich ist. Vielleicht sind auch die starke Erdverbundenheit des Armeniers und die Wehmut über die historischen Ereignisse nicht so einfach zu verstehen.

### Die Anfänge der armenischen Literatur

Der Anfang armenischer Literatur ist durch eine reiche Übersetzungstätigkeit griechischer und syrischer theologischer und wissenschaftlicher Werke gekennzeichnet. Seit der Mitte des 5. Jahrhunderts beschäftigten sich armenische Historiker mit der Aufarbeitung der Geschichte ihres Landes. Die Gattung der Chronik geht auf diese Zeit zurück, diese Literaturform wurde sehr lange gepflegt. Zu den bekanntesten historischen Werken zählen die Geschichte Armeniens von Faustus von Byzanz aus dem 5. Jahrhundert, die Erzählung über den Krieg gegen die Perser und die Schlacht von Avarair von Jeghische Vardapet aus dem 6. Jahrhundert sowie die berühmteste und umstrittenste Chronik, die Geschichte Armeniens von Movses von Chorene. Letztere beginnt mit der Genesis und

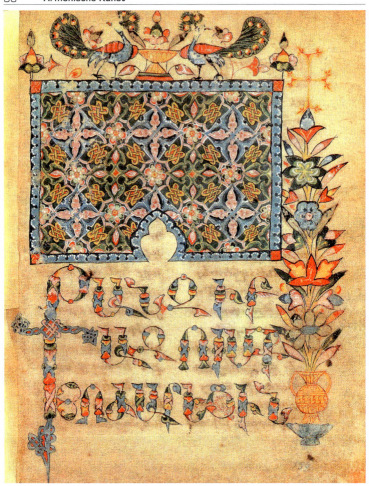

*Armenische Zierschrift*

arbeitet viele armenische, vorchristliche Mythen und Legenden auf und enthält auch sogenannte heidnische Gesänge. Umstritten deshalb, weil man in Fachkreisen über die historische Datierung des Schreibers uneinig ist, er wird ins fünfte, aber auch ins achte Jahrhundert gereiht. Diese Chroniken darf man nicht als bloße Aufzählung historischer Daten und objektive Beschreibung der Ereignisse im damaligen Armenien betrachten, sie sind vielmehr von den religiösen und philosophischen Werten der Autoren geprägt und haben neben dem historischen Inhalt vor allem eine große Bedeutung für die Weisheit und Tradition des armenischen Volkes. So ist das Werk von Jeghische Vardapet wegen seiner schönen Sprache und des tiefen Geistesgehaltes ein wahres Juwel armenischer Dichtung. Auch die frühen religiösen Schriften sind bedeutend, hier ist besonders das Werk des Jeznik von Koghb zu nennen, der im 5. Jahrhundert die Irrlehren der persischen, griechischen und der Naturreligionen zu widerlegen wusste. Und die Gattung der literarischen Biographie wird schon im 5. Jahrhundert durch die Geschichte über das Leben und Wirken des heiligen Mesrop, des Erfinders der armenischen Schrift, niedergeschrieben von seinem Schüler Koriun, erfunden. Die naturwissenschaftliche Literatur setzte mit dem kosmographisch-geographischen Werk des Ananias von Schirak im 7. Jahrhundert ein.

### Frühe Meister

Mit dem 10. Jahrhundert, als bereits einige fremde Völker Armenien immer wieder geteilt, zerstört und unterdrückt hatten, ging der Stern des größten und bekanntesten Mystikers Armeniens auf. Grigor von Narek schuf in seinem ›Buch der Klagen‹ ein tief frommes, tief menschliches Werk. In flehenden Gebeten zu Gott beklagt er die Natur des Menschen und dessen ruhelosen Kampf mit dem Leben. Wie kein anderer vor oder nach ihm hat er mit seinem Werk die armenische Literatur geprägt, zum ersten Mal waren die menschlichen Gefühle in den Vordergrund gerückt. Seinen dichterischen Spuren folgten Grigor Magistros, der die Bibel in Reime fasste und dessen Enkel, der ›Begnadete‹, Nerses Schnorhali, der dem Volk nicht nur eine Reihe von Rätseln, sondern auch gereimte religiöse Literatur und Hymnen hinterließ. Mit der Verwendung der Sprache des Volkes kam auch langsam die Volksliteratur auf. Dazu zählten zunächst Fabeln, die als erster Mechithar Gosch niederschrieb. Auf diesen Universalgelehrten geht auch das erste armenische Rechtsbuch zurück.

### Mittelalterliche Literatur

Das armenische Mittelalter setzt mit reichhaltiger Lyrik ein, mit Motiven aus der Natur, der Liebe und des menschlichen Leids. Als erster Liebesdichter wird Frik im 13. Jahrhundert genannt. Ihm folgen zahlreiche Lyriker, die in ihren gefühlvollen Gedichten es immer wieder verstehen, die christliche Symbolik mit den orientalischen Motiven kunstvoll zu verbinden. Der bedeutendste aller Lyriker ist vermutlich Nahapet Khutsch'akh, der im 16. Jahrhundert mit seinen 101 Hairenen eine Liebesdichtung der besonderen Art geschaffen hatte. Nicht nur, dass er eine besondere Versform genommen hatte, die als armenisches Sonett bezeichnet wird, er war auch für die damalige Zeit in seiner Wortwahl und seinen Gedanken ungemein gewagt und sinnlich. Neben der Flut an lyrischer Literatur gewann auch das medizinische und naturwissenschaftliche Schrifttum immer mehr an Bedeutung.

*Stilleben*

## 18. bis 20. Jahrhundert

Die Tradition der fahrenden Sänger, der sogenannten Aschugen, setzte im armenischen Hochland im 18. Jahrhundert ein. Diese Sänger erzählten in ihren vertonten Gedichten über das Schicksal und die Leiden des Volkes und natürlich über die Liebe. Der bekannteste aller Sänger war Sajath Nova, der zunächst am Hofe des georgischen Königs gedient hatte und später dem Klosterleben den Vorzug gab. Auf ihn gehen die Lieder der Überlieferung der drei bedeutendsten südkaukasischen Völker zurück, der Armenier, der Georgier und der Aserbaidschaner.

Während in den armenischen Kolonien im Westen die armenische Dichtung neue Wege ging und die westarmenischen Dichter die Ereignisse des Völkermordes in tragisch-verzweifelte Worte kleideten, begann im armenischen Mutterland die ostarmenische Literatur in nationalistischen Werken zu erblühen. Zu den bekanntesten westarmenischen Dichtern vom Anfang des 20. Jahrhunderst, die auch den Genozid miterlebt hatten oder sogar selbst ermordet worden waren, gehören Daniel Varuzhan mit seinen melancholisch, oft erschütternd schwermütigen Gedichten, Missak Medzarents mit geheimnisvoller Lyrik oder Siamanto. Die berühmtesten ostarmenischen Dichter dieser Zeit sind Raffael Patkanjan und Avetikh Isahakjan, der die wortgewandte Tradition der Aschugen in seiner Lyrik fortgesetzt hat.

Der bekannteste Romanschriftsteller Armeniens ist Raffi, aus seiner Feder stammt der große Roman ›Samvel‹. Hovhannes Thumanjan ist mit seiner Märchensammlung, der umfangreichen Lyrik und Epik der beliebteste ostarmenische Dichter. Seine Geschichte über den kleinen unglücklichen Gikhor, der von seinen Eltern vom Land in die große Stadt Tiflis geschickt wird, um dort zu arbeiten und der Familie so zu helfen, ist in ihrer einfachen Sprache und tragischen

*Sängerinnen*

Geschichte ebenso berührend, wie sein Gedicht über die unglückliche Liebe von Anusch. Als Ausdruck armenischen Humors und Bauernschlauheit ist seine Geschichte von ›khadsch Nazar‹, vom allzu ängstlichen und dümmlichen ›mutigen Nazar‹, heute bereits Volksgut.

### Moderne Literatur

Der Einzug des Kommunismus veränderte die Thematik der ostarmenischen Dichtung, die nun vor allem den bäuerlichen Alltag in den Kolchosen oder nationalistische Motive zum Inhalt hat. Dazu gehören etwa die Dichtung des armenischen Nationallyrikers Jeghische Tsch῾arents῾, der das wohl berühmteste Gedicht über Armenien verfasst hat. Aber auch Aksel Bakunts῾ mit bäuerlicher Literatur oder Paruir Sevak mit besonders nationalistisch angehauchter Lyrik. Zu den bedeutendsten zeitgenössischen Literaten zählen der kritische Gevorg Emin, der mit seiner Dorfprosa berühmt gewordene Hrant Matevosjan und die politisch engagierte Silva Kaputikjan. Lyrik wird auch heute noch besonders hoch gehalten, so dass in den letzten Jahren besonders eine große Zahl junger Dichter in Armenien publiziert haben.

## Armenische Musik

*Doch in der Dörfer armen Hütten, am Herde bei des Feuers Schein*
*da sangen die Gusanen Lieder, aus Hörnern trinkend roten Wein.*
*Gesänge künftgen Siegen weihend, den Helden und dem Heimatland*
*der Feinde Unheil prophezeiend und ihnen kündend Schmach und Schand.*

*Avetikh Isahakjan, 20. Jahrhundert*

Armenische Musik ist sehr variantenreich. Sie reicht von den strengen liturgischen Gesängen, die ja auch den Anfang für die Entwicklung der Kunstmusik gesetzt haben, über die rhythmisch bestimmten Volkstänze und die einstimmigen Volkslieder bis hin zu den kunstvoll gesetzten, reich instrumentierten Liedern der fahrenden Sänger und der klassischen armenischen Musik. Ja sogar bis hin zu den orientalischen Klängen armenischer Jazzmusik. Die liturgische Musik ist auf den Vokalen der Sprache aufgebaut und ist eigentlich aus der einfachen Rezitation von Psalmen, Hymnen und Gebeten entstanden. Sie wurde im Laufe der Zeit kunstvoller und hat sich sogar eigener Notenzeichen, die Chazen genannt werden, bedient. Diese Chazen waren Betonungs- oder Längenzeichen für die Vokale und sind bis heute noch nicht ganz entschlüsselt. Einige dieser Notenzeichen werden heute noch als Satzzeichen verwendet.

## Volksmusik und fahrende Sänger

Die Volksmusik ist besonders reichhaltig, sie umfasst Arbeitslieder, Festtagslieder und alle Gesänge, die den Menschen im Leben begleiten. Die ursprüngliche armenische Volksmusik ist monodisch, das bedeutet einstimmig. Erst später kamen die Mehrstimmigkeit und verschiedene Rhythmen hinzu. Hier werden, wie auch in der Musik der fahrenden Sänger, immer typische Instrumente Armeniens

*Denkmal für den Komponisten Arno Babadschanjan in Jerevan*

verwendet. Dazu zählen besonders die Duduk, die Kamantscha, die Saz und die Kanon. Die Duduk ist ein hölzernes Rohrblattinstrument und wird gewöhnlich von einem zweiten Blasinstrument, der Dam, begleitet. Ihr Klang ist sehr nasal und melancholisch. Die Kamantscha ist eine dreisaitige Spießgeige, mit durchdringendem weinerlichen Ton. Die Saz ist eine viersaitige Laute mit langen Hals, und die Kanon ist eine Zitherart. Diese Instrumente werden oft von Schlaginstrumenten oder von kleinen Flöten begleitet.

Die Musik der Aschugen, der fahrenden Sänger, ist sehr kunstvoll und sehr kompliziert aufgebaut. Zu den beliebtesten Liedern zählen hier sicher die Gesänge von Sajath Nova. Gegen Ende des 19. Jahrhunderts versuchte ein gelehrter Mönch namens Komitas die Chazen der armenischen Kirchenmusik in die europäische Notation zu übertragen, um damit auch diese Musik zu erhalten. Daneben wurde er für die Sammlung armenischen Liedguts berühmt, das er noch dazu für mehrstimmige Chöre neu arrangiert hatte. Seine Lieder sind auch heute noch wahre Volkslieder, viele davon wie ›Krunk‹, der Kranich, gelten sogar als inoffizielle Hymnen der Armenier. Er ist die wohl bedeutendste Persönlichkeit der armenischen Musik. Sein Leben verlief tragisch, er zerbrach an der Grausamkeit des Völkermordes und starb, geistig umnachtet, in einem Krankenhaus in Paris. An seinen Liedern und vor allem an den Klängen der armenischen fahrenden Sänger haben sich die klassischen Komponisten Armeniens orientiert.

## Klassische Musik

Die klassische Musik in Form von Kammermusik, Symphonie oder Oper setzt eigentlich relativ spät ein. Die erste armenische Oper, Arschak II., wurde gegen Mitte des 19. Jahrhunderts in Konstantinopel uraufgeführt. Zu den bekanntesten armenischen Opern zählen Anusch und Almast. Anusch ist die von Tigranjan vertonte Geschichte von Hovhannes Thumanjan über die unglückliche Liebe des Mädchens Anusch zu Saro. Die Musik besticht wie in Almast, einer Oper von Spendarjan, durch eine gekonnte Kombination europäischer Opernklassik mit der armenischen Melodik der Volkslieder und dem typischen Klang armenischer Instrumente. Der berühmteste armenische Komponist ist aber Aram Chatsch'atrjan, der in Tiflis geboren und aufgewachsen ist. Ihm gelang es, die typischen Klänge der armenischen Musik auf klassische Instrumente wie Klavier, Violine oder Cello oder auf ein ganzes Orchester zu übertragen. Neben den zahlreichen Klavierstücken und Konzerten schuf er mit der Musik für die Ballette Gajane und Spartakus unsterbliche musikalische Werke. Sein bekanntestes Stück stammt wohl aus dem Ballett Gajane, der Säbeltanz.

## Zeitgenössische Musik

Im heutigen Armenien gibt es viele Komponisten, die klassische Musikstücke, aber auch Filmmusik schaffen. Jazz wurde schon lange Zeit in Armenien gepflegt, es gibt viele Gruppen, die auch international bekannt geworden sind. Heute gibt es in Jerevan einige Jazzklubs, wo man sich von der erstaunlichen Qualität der armenischen Jazzszene überraschen lassen kann. Die kommerzielle Musik Armeniens ist ebenso erfolgreich wie die Popmusik, die aus dem Westen kommt. Die Armenier lieben Musik und halten an ihrer eigenen Musik unerschütterlich fest. Armenische Popmusik ist letztlich durch den Eurovisions-Song-Contest in unsere Wohnzimmer gelangt, jedoch sind es eher Diaspora-Armenier, die in Europa die Musikszene mitgestalten, wie z.B. die Armenian Navy Band (Jazz), System of a Down (Rock) und der unvergleichliche Charles Aznavour.

## Die armenische Malerei

Die Wurzeln der armenischen Malerei liegen in der äußerst kunstvollen Miniaturmalerei. Diese Malerei ist wiederum auf den Umstand zurückzuführen, dass Bücher in der Vergangenheit eine unermessliche Kostbarkeit darstellten und man so begonnen hatte, vor allem religiöse Bücher, wie Evangeliare, mit Bildern als besonderem Ausdruck der Buchverehrung zu schmücken. Historisch lässt sich die Malerei bis ins fünfte Jahrhundert verfolgen, die Blütezeit der armenischen Buchmalerei war aber im armenischen Mittelalter, hier besonders im Kleinkönigreich von Kilikien im 13. Jahrhundert. Es gibt eine Reihe verschiedene Schulen, die sich durch bestimmte Eigenarten in der Farbgebung, den Dekorformen, der Gestaltung der Figuren oder der Sujets voneinander unterscheiden und meist mit besonders berühmten Meistern verbunden sind. Von Anfang an wurde mit natürlichen Farben gemalt, die aus Tieren, Pflanzen oder Mineralien gewonnen wurden und mit Knoblauchsaft vermischt auf Pergament oder Papier gemalt worden sind. Eine Besonderheit ist das Rot der Malerei: Es wurde aus einer Schildlausart, dem ›karmir vord‹, dem roten Wurm, der in den Laubbäumen in der Araratebene rund um Metsamor lebte, gewonnen. In der Tradition der Buchmalerei unterscheidet man zwischen jenen Miniaturen, die im armenischen Mutterland, in den Schulen von Hocharmenien im Nordwesten, von Ani, Vaspurakan am Vansee, Sjunikh oder Nachitschevan geschaffen worden sind und jenen von Ki-

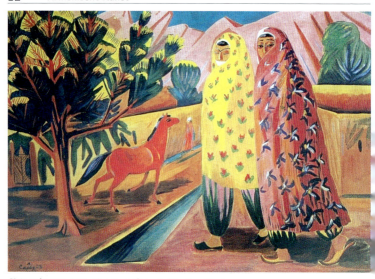

*Keiner konnte Armenien so malen wie Martiros Sarjan*

likien. Die bekanntesten Miniaturmaler sind Grigor von Tathev aus Sjunikh und Thoros Roslin aus Kilikien. Beide zeichnen sich durch besonders fein gestaltete und reiche Miniaturen aus. Als dekorativste und schönste aller Handschriften wird ein Lektionar aus dem Jahr 1286, illuminiert von Thoros Roslin, bezeichnet. Fast alle 400 Blätter dieser Handschrift sind lebhaft und realistisch bemalt. Doch jede einzelne Miniatur in den zahlreichen illuminierten Handschriften Armeniens besticht durch ihre Schönheit. Es scheint keine Grenzen zu geben für den Einfallsreichtum und die Kunstfertigkeit der Maler. Neben der Üppigkeit der Ornamente und der strahlenden Farbgebung bestechen die Miniaturen auch oft durch ihre beeindruckend realistische Darstellung von Personen oder einfach dadurch, dass sie eben Miniaturen, oft winzige Malereien am Seitenrand sind.

## Landschafts- und Porträtmalerei

Die Buchmalerei hat den Ruhm armenischer Maler begründet, doch ist wenig über die kühnen, farbenprächtigen Pinselstriche, die armenische Landschafts- oder Porträtmalerei bekannt. Es gibt kaum armenische Gemälde in den vielen Museen Europas, ausgenommen den überaus beliebten armenischstämmigen russischen Meeresmaler Ivan Aivasovsky. Wer kennt schon die bestechenden Porträts armenischer Adeliger von Hovnatanjan oder die symbolistischen Bilder von Surenjants'? Wem sind die naturalistischen Landschaftsbilder Armeniens eines Baschindschagjan bekannt? Die Malerei setzt mit dem Porträtmaler Hovnatanjan im 19. Jahrhundert ein, dessen porträtierte Figuren eine seltsame Teilnahmslosigkeit haben. Ihm folgte eine Schar von Malern, die sich an den verschiedenen Schulen der europäischen Malerei orientiert haben, auch wenn sie armenische Motive gemalt haben.

Einen wirklich eigenen Weg hat erst der überragende Maler Armeniens Martiros Sarjan beschritten, als er nach abgeschlossener Ausbildung in Moskau zu Beginn des 20. Jahrhunderts völlig neue Maßstäbe setzte. Die Farbe ist sein wesentliches Stilmittel, die er mit dicken, pulsierenden Pinselstrichen auf die Leinwand aufgetragen hat. Mit zunehmendem Alter beschränkte er sich mehr und mehr auf die bloßen Umrisse seiner beliebten Motive, die armenische Landschaft und ihre Menschen. An diesen wunderbaren Farborgien scheint sich auch die nachfolgende Generation der Maler zu orientieren wie auch Avetisjan oder viele der jungen, modernen Maler Armeniens. Gleichzeitig hat Hakob Hakobjan mit seinen allzu kargen Bildern eine neue armenische Schule des Realismus geschaffen, die bemüht ist, die harte Banalität des Alltags möglichst realistisch auf die Leinwand zu bannen.

Malerei ist in Armenien sehr beliebt. Es gibt viele Galerien und Museen, in denen auch zeitgenössische Malerei gezeigt wird. Auf dem jeden Sonntag gegenüber der Oper, im Schutze des Sarjan-Denkmals, stattfindenden Kunstmarkt kann man die Werke armenischer Maler bewundern und auch kaufen. Viele sind nicht nennenswert, aber es sind immer wieder besonders interessante darunter zu finden.

*Verzweiflung über neuerlichen Krieg: Gemälde von Hakobjan*

## Architektur und Skulpturkunst

In der Baukunst verwendeten die Armenier von jeher die kostbaren Materialien, die das Hochland geboten hat: die leicht bearbeitbaren vulkanischen Gesteine wie Tuff in allen erdenklichen Farbschattierungen, Basalt und Sandstein. Aus diesem Stein haben sie nicht nur ihre Kirchen erbaut, sondern auch ihre Reliefs und Skulpturen geschaffen. Die armenischen Kirchen als bildlos und karg zu bezeichnen, mag falsch sein, vielmehr liegt der Reichtum in der architektonischen Form und in der meisterhaften Gestaltung und Bearbeitung des Steins. Es gibt eine Reihe von Merkmalen, die man beinahe an allen Sakralbauten finden kann. Eine besonders gut durchdachte Mauertechnik, das Gussmauerwerk, schützte die Bauwerke vor Erdbeben: zwischen zwei Schalen wurde ein Gemisch aus Mörtel und Kies eingelassen. Dadurch lag das Gewicht des Bauwerks, vor allem der Kuppel, nicht auf den Schalen. Diese Schalenbauweise kann man gerade bei jenen kleinen Kirchen sehen, die als verlassene Ruinen im armenischen Hochland stehen. Die armenischen Kirchen ähneln einander nicht nur in ihren eher geringen Ausmaßen, sondern auch in den Grundrissen. Der am weitesten verbreitete Grundriss einer armenischen Kirche ist die Kreuzform, über der dann die Kuppel errichtet wurde, so dass die typisch armenische Kirche eine sogenannte Kreuzkuppelkirche ist. Vielfach lässt sich der Grundriss einer Kirche nicht von außen erkennen. Die Kirchen sind stets geostet, das Bema, der erhöhte Altarraum, liegt demnach immer im östlichsten Teil der Kirche.

### Frühe Basiliken

Die Entwicklung der armenischen Architektur kann sich in mehrere Perioden gliedern lassen. Sie setzt mit der frühchristlichen Baukunst ab dem 4. Jahrhundert ein. Dieses goldene Zeitalter dauerte bis zum 7. Jahrhundert an und wird auch häufig als vorarabische Bauepoche bezeichnet. Für diese erste Etappe der Kirchenarchitektur ist der Bau von Basiliken, Grabkirchen und Saalkirchen kennzeichnend. Basiliken sind grundsätzlich über einem rechteckigen Grundriss mit drei parallel angeordneten Schiffen und einem Sanktuarium errichtet worden. Das Mittelschiff ist bei den armenischen Basiliken höher als die beiden Seitenschiffe. Das gängige Dach war ein Satteldach. Der Bau von großen Basiliken war vor allem in vorarabischer Zeit beliebt, aus dieser Zeit sind jedoch nur fünf Basiliken in ganz Armenien erhalten, dazu zählt auch die beeindruckende Basilika im Anipemza, Jereruk. Die Memorialbauten gehen sicherlich auf die Tradition der antiken Grabarchitektur zurück, wobei in Armenien der Bau wiederum streng nach Osten gerichtet sein musste und noch eine Apsis hinzugefügt wurde. Diese Martyrien liegen meist abseits des Dorfes, die bekanntesten sind die Grabkammern der heiligen Hriphsime unter der Kreuzkuppelkirche in Edschmiatsin sowie die Grabkammer des heiligen Mesrop in Oschakan. Zentralbauten, bei denen die gewaltige Kuppel über einem Quadrat erbaut wurde, sind in Armenien relativ selten und sind vermutlich antiker Herkunft.

Allmählich entwickelte sich damals die frühe Form der Kreuzkuppelkirchen. Die vier Kreuzarme geben dem gesamten Bauwerk die Gestalt eines freien Kreuzes. Der östliche Arm wird dabei zu einer Apsis gerundet, in der sich das Bema

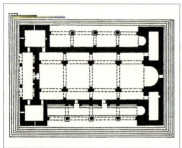 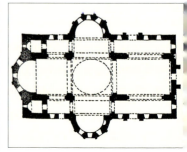

*Dreischiffige Basilika*       *Trikonchos*

befindet. Wenn die restlichen drei Kreuzarme ebenfalls halbrund sind, wird dieser Bau als Tetrakonchos bezeichnet. Sind nur die Arme wie die Apsis geformt, spricht man von Trikonchos.

## Blütezeit des Kirchenbaus

Mit der zunehmenden Verbreitung des Christentums und dem Widerstand gegen die arabische Besetzung wurde die zweite Periode des armenischen Kirchenbaus eingeleitet, die sogenannte erste Renaissance, die nacharabische Periode, die vom 9. bis ins 12. Jahrhundert andauerte. Mit dem Beginn des 7. Jahrhunderts setzt eine wahre Blütezeit armenischer Kirchenbaukunst ein, die auch eine Verfeinerung der Architektur mit sich brachte. Die Kuppel wurde nicht mehr über dem gesamten Quadrat errichtet. Dies erreichte man, indem man die Spannweite der Konchenbögen reduzierte. Der neu entstandene Zwischenraum wurde unterschiedlich ausgeführt. Vielfach blieb man beim quadratischen Grundriss und schuf so eine Gattung von quadratischen Zentralbauten mit vier Konchen. Eine weitere Möglichkeit bestand darin, den Zwischenraum zylinderförmig zu ummanteln, wodurch ein sogenannter Tetrakonchos mit Ecknischen entstand. Vielfach wurde auch die Fläche der Kirche durch Außengalerien erweitert, wodurch das Gewicht der Kuppel besser verteilt wurde. Diese Kirchenform wird als Tetrakonchos mit Außengalerie bezeichnet.

Einige der Kreuzkuppelkirchen wurden zusätzlich ummantelt. Im Inneren dieser großen Kirchen sind hohe und massive Kuppelstützen an den Seitenwänden angebracht, die ein breites Kirchenschiff ermöglichten, das von zwei kurzen Seiten mit Nischen flankiert wurde. Die Verkürzung des östlichen Arms und der Apsis garantierte eine richtige Zentrierung der Kuppel. Häufig wurden auch noch an den Eingängen Portalvorhallen gesetzt. Diese Form der Kirchen wird Kuppelhalle genannt.

Eine andere Entwicklung repräsentiert der sogenannte Rundbau mit eingeschriebener Tetrakonchos: die Kuppel über dem Mittelquadrat wird von vier Bögen getragen, die wiederum auf Pfeilern ruhen. Die Konchen werden nicht von einem massiven Mauerwerk gebildet, sondern von Säulenarkaden, wodurch eine runde Ummantelung mit Außengalerien unerlässlich war. Viele Kirchen erhielten neben den kleinen Fensterspalten nun auch den typischen Jerdik, eine

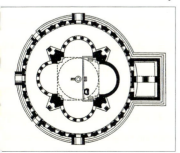

*Tetrakonchos mit Ummantelung*

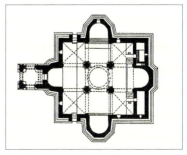

*Tetrakonchos mit vier Pfeilern*

Dachluke, die als zusätzliche Lichtquelle verwendet wurde. Dieser Jerdik wurde später noch durch Tamboure erhöht, die meist achteckig waren und von einer Kuppelhaube bedeckt waren.

## Baueepochen

Mit der mehrfachen Aufgliederung und Aufteilung Armeniens in Provinzen und Kleinkönigreiche verlor die armenische Kirchenbaukunst die bis dahin andauernde Homogenität, viele verschiedene architektonische Schulen entstanden in den verschiedenen kulturellen Zentren des armenischen Siedlungsgebietes. Grundsätzlich wurde in allen Regionen Armeniens die Bauform der Basilika aufgegeben und die Kreuzkuppelkirche verbreiteter. In der Zeit der feudalen Kleinkönigreiche in Armenien, daher auch die feudalistische Bauepoche genannt, entwickelte sich die Architektur besonders im Norden Armeniens, wo viele Klöster und Akademien gebaut wurden. Viele Klöster rufen durch ihre gewaltigen Ausmaße Erstaunen hervor. Ein besonderes architektonisches Merkmal stammt aus dieser Epoche: Kirchen erhalten einen Vorbau an der Westseite, der Zhamatun oder Gavith genannt wird. Dieser Kirchenraum mag ursprünglich als Versammlungs- und Gebetsraum der Mönche gedient haben, aber auch als Bestattungsraum. Denn nach einer Klosterregel war es nicht erlaubt, jemanden in unmittelbarer Nähe des Altars zu begraben. Die Gestaltung und die Größe dieser Gavithe ist erstaunlich und oft beeindrucken sie mehr als die Kirche selbst. Gavithe sind meist Zentralbauten mit quadratischem Grundriss und mit einer Kuppel ohne Tambour. Hier werden oft freistehende Stützen verwendet oder auch Rippenbögen. Eine Besonderheit sind die langgezogenen Longitudinalbauten, die in Form einer Galerie oder wie im Kloster von Sanahin auch aus mehreren Schiffen gestaltet sein können.

## Glockentürme

Eine weitere Erneuerung stellen die bis ins 13. Jahrhundert ungebräuchlichen Glockentürme dar. Die Glocken wurden ab dem 9. Jahrhundert aus dem byzantinischen Reich eingeführt, nach Armenien kamen sie aber über Georgien. Zuvor hatte man die Gläubigen mit sogenannten Kotsch'ak, Klopfbrettern, gleich wie einst Noah seine Tiere zur Arche zur Messe gerufen. Die Glockentürme wurden häufig an die Süd- oder Westfassade angebaut. Es wurden auch befestigte Kirchen und Klöster erbaut, um vor den eindringenden Fremdvölkern zu schützen. In der letzten Bauperiode der Architektur, die besonders das 17. und 18. Jahrhundert umfasst, werden im Kirchenbau Einflüsse aus der byzantinischen, westeuropäischen, besonders aber auch der osmanischen Kultur spürbar.

## Kirchenschmuck

Der Schmuck armenischer Kirchen ist von Beginn an die Steinskulptur. Die Wandmalerei war in Armenien nie besonders verbreitet, was möglicherweise auf ein Verbot des ersten Konzils von Sis zurückzuführen ist, Jesus und die Heiligen bildlich darzustellen. Als dieses Verbot im Jahre 1204 endlich aufgehoben wurde, wurden auch einige Kirchen mit Fresken versehen, wie zum Beispiel Haghpat oder Ohanavankh. Am Beginn der Reliefkunst stehen einfache Motive

*Steinerne Granatäpfel*

im plastischen Dekor wie Zahnschnitt, Perlen, Hufeisen oder Rosetten, die meist über den Portalen und Fensteröffnungen zu finden sind. Die Kapitelle und Gesimse sind anfänglich noch sehr schlicht. Eine Besonderheit ist das sogenannte armenische Kompositkapitell. Hier sind die Baluster in der Mitte eingezogen, die Voluten sind verbunden. Der rundliche Kapitellrumpf ist von einem Korbgeflecht geschmückt.

Die wahre Entwicklung der Reliefkunst setzt zur Zeit des Feudalismus ein, hier haben vor allem in der Ornamentik seldschukische und mongolische Einflüsse Niederschlag gefunden. Im 13. und 14. Jahrhundert genoss die Skulptur großen Stellenwert, beinahe alle Kirchen und Klöster dieser Zeit sind einfallsreich verziert. Hier sind es vor allem die Westfassaden, die oft geradezu überbordend gestaltet worden sind. Die Reliefs, Akanthus, Palmetten, Weinranken, Granatäpfel, Tiermotive wie Pfau, Adler, aber auch religiöse Figuren, zieren die Portale, hier besonders die Tympana, Fenster und Gesimse. Einige Klöster haben auch Sonnenuhren oder sogenannte Stifterreliefs, die die Bauherren und auch oft die Baumeister der Kirche oder des Klosters meist an der Ostseite der Kirche abbilden. An manchen Kirchenfassaden gibt es ungewöhnliche Reliefs, die sehr stark islamisch beeinflusst sind. Als Beispiel sei hier das Portalrelief am Kloster Saghmosavankh erwähnt. Andere wiederum erstaunen durch eine Vielzahl von gestochen schönen Inschriften, von vielen kleinen Kreuzen und Lebensbäumen.

## Ein Kreuz im Stein – Chatsch'khare

Ein Kulturgut, das besonders typisch für Armenien ist, ist der Chatsch'khar, der Kreuzstein. Überall in Armenien begegnen einem die eindrucksvollen Kreuze, die in die weichen, bunten Steinblöcke des armenischen Hochlandes geschlagen wurden. Kleine Kreuze, oft kindlich einfach, halb zerfallene, abgebrochene Kreuze und einige meterhohe Felsblöcke mit unglaublich feiner Steinmetzarbeit. Kreuzsteine dienen als Denkmal, als Sinnbild der christlichen Hoffnung, als Mahner für die andersgläubigen Eindringlinge aus aller Herren Länder, als Beschützer von Weiden und Quellen und vermutlich erst in zweiter Linie als Grabsteine. Chatsch'khare sind Armeniern heilig. Sie werden oft ehrfurchtsvoll geküsst, von betenden Händen berührt und wie zu Stein gewordene Gebete still verehrt. Es mag in ganz Armenien Tausende dieser Chatsch'khare geben, ihre Gestaltung ist so unterschiedlich wie die Hand jener vergangenen Meister, die sie geschaffen haben.

Die Kreuzsteine können bis ins 5. Jahrhundert zurückverfolgt werden. Ursprünglich haben sie sich aus hölzernen Stelen entwickelt. Ihre Funktion lässt an die heidnischen Vischaps denken, tatsächlich sind die frühen Kreuzsteine oft an jenen Stätten aufgestellt worden, die in der Vergangenheit als heidnische Kultplätze bekannt waren. Sie sollten Zeugnis vom Christentum ablegen und die Bevölkerung mahnen, vom Heidentum abzulassen. Die Blütezeit der Kreuzsteine war zweifellos das 12. Jahrhundert, als es mit dem Aufblühen der Klosterkultur auch zu einem ungeheuren Schaffensdrang armenischer Steinmetze kam.

Die Vielzahl der Chatsch'khare aus dem 12. und 13. Jahrhundert kann je nach ihrer künstlerischen Gestaltung in verschiedene Gruppen unterteilt werden. Die bedeutendsten seien hier genannt. Die erste Gruppe umfasst jene relativ schlicht gehaltenen Steine, in denen der untere Teil des Kreuzes von Blattverzierungen geschmückt wird. Die Arbeit wurde auf zwei Ebenen durchgeführt, die untere Ebene dient als Hintergrund des Kreuzes.

Gegen Ende des 12. Jahrhunderts kam eine neue dekorative Variante hinzu, wodurch komplexere Ornamente entstanden. Besonders der freie Raum zwischen den Kreuzarmen wurde mit Ornamenten geschmückt, wodurch aber das Kreuz selbst noch mehr in den Vordergrund gerückt wurde. Eine weitere Gruppe von Chatsch'kharen lässt sich einfach dadurch bestimmen, dass nicht nur ein Kreuz, sondern mehrere aus dem Stein gemeißelt worden sind. Die zwei kleineren Kreuze nehmen hier den unteren Raum rechts und links vom unteren Kreuzarm des zentralen Kreuzes ein. Oft sind sie zu einem verschnörkelten Lebensbaum verschmolzen.

Mit fortschreitender Kunstfertigkeit und nach Aufhebung des Verbotes der figürlichen Darstellung der Heiligen begannen auch Porträts und biblische Szenen die Kreuzsteine zu schmücken. Diese Kreuzsteine wurden beinahe ausnahmslos im 13. Jahrhundert geschaffen und werden nach ihrer bildlichen Darstellung unterschieden. Besonders verbreitet sind die Darstellungen der Deesis, das bedeutet Christus im Zentrum, Maria zu dessen Linken und Johannes, der Täufer zu seiner Rechten. Andere beliebte Szenen sind die Figur des reitenden Georg, von Drachenkämpfern, zuweilen auch von Symbolen aus heidnischer Zeit, wie Stier, Löwe, Pfau oder Adler. Jeder Chatsch'khar in Armenien ist eine Besonderheit. In ihm lebt die Kunst toter Meister weiter, der Widerstand gegen die Fremdmächte, der starke christliche Glaube und die Verbundenheit des Armeniers mit dem Stein seines Landes. Angesichts der Vielzahl der Chatsch'khare ist man versucht, diesen oder jenen zu übersehen, doch keiner gleicht dem anderen, jeder erzählt seine eigene Geschichte, wo immer er auch aufgestellt worden ist, und um manche ranken sich noch Legenden und Sagen.

# Kirchenkunst-Glossar

**Abakus** griech./lat. ›Tischplatte‹. Meist quadratische Deckplatte antiker Kapitele.
**Akanthus** Blatt einer Distel, in stilisierter Form vor allem als plastischer Dekor.
**Ambo** erhöhtes Lesepult in Kirchen.
**Apsis** griech. ›Rundung, Bogen‹. Meist halbrunder, mit Kuppel überwölbter, nischenförmiger Raumteil. Altarnische.
**Astragal** griech. ›Sprungbein‹. Halbrundes Ornamentglied unterhalb des Kapitells.
**Baluster** kleine Säule als Geländerstütze.
**Bema** griech. ›Stufe‹. Erhöhter Altarraum.
**Chatsch'khar** arm. ›Kreuz‹ und ›Stein‹. Armenischer Kreuzstein.
**Chor** der Raum zwischen Apsis und Querschiff; erhöhter Kirchenraum mit Altar.
**Chorhaupt** Abschluss des Chors als halbkreisförmige Apsis.
**Deesis** griech. ›Bitte‹. Darstellung des thronenden Jesus zwischen Maria und dem Täufer.
**Diakonikon** Raum neben der Apsis zum Aufenthalt der Diakone. Auch als Kammer für Kleider, Gaben oder Bücher.
**Fries** schmale Streifen zur Gliederung und Dekorierung von Bauwerken.
**Gavith** arm. ›Vorraum eines Gebäudes‹. Westliche Vorhalle vor armenischen Kirchen mit liturgischer Funktion.
**Jerdik** arm. ›kleines Dachfenster‹. Dachluke zur Beleuchtung.
**Kalotte** niedrige, flache Kuppel.
**Kämpfer** Element zwischen Wandstütze und Entlastungsbogen aus Stein. Jenes Element, auf dem ein Bogen oder ein Gewölbe ansetzt.
**Kapitell** lat. ›Köpfchen‹. Oberer Abschluss einer Säule in ornamentaler, pflanzlicher oder figürlicher Ausbildung.
**Kathoghike** Hauptkirche in armenischen Klösteranlagen.
**Koncha** griech. ›Muschel‹. Halbrunde Nische mit Kuppel, entspricht Apsis.
**Kreuzkuppelkirche** ein über kreuzförmigen Grundriss errichteter, überkuppelter Bau.
**Kreuzgratgewölbe** Gewölbe, das durch Durchdringen zweier gleich großer Tonnengewölbe entsteht.
**Krypta** griech. ›verbergen‹. Unterirdischer Raum für die Aufbewahrung von Reliquien oder zur Bestattung von Märtyrern und Heiligen.
**Kuppelhalle** ummantelte Kreuzkuppelkirchen mit Stützpfeilern an den den Seitenwänden.
**Laterne** meist über der Scheitelöffnung der Kuppel gesetztes, von Fenstern durchbrochenes Türmchen.
**Lukarne** Dachluke, geschoßhohes Dachfenster.
**Martyrium** Grabbau oder Kirche eines Märtyrers.
**Narthex** griech. ›Gerte‹. Westliche, schmale Binnenvorhalle, besonders bei Basiliken.
**Ostung** Längsachse der Kirche in West-Ostrichtung mit Hauptaltar im Osten.
**Palmette** palmblattartiges Ornament.
**Pastophoria** die beiden Räume neben der Apsis.
**Pendentif** Konstruktion in Form eines Dreiecks, die den Übergang von einem mehreckigen Grundriss in die Rundung einer Kuppel ermöglicht.
**Portikus** lat. ›Halle‹. Portalvorbau an der Haupteingangsseite eines Gebäudes.
**Presbyterium** für Priester bestimmter Raum hinter und vor dem Hauptaltar.
**Refektorium** Speisesaal im Kloster.
**Sanktuarium** Aufbewahrungsort für Reliquienschrein. Stätte des Heiligsten.
**Satteldach** besteht aus zwei schrägen Flächen und Giebeln. Die häufigste Dachform.

*Detail an der Dreifaltigkeitskirche in Noravankh*

**Surb Astvatsatsin** arm. ›heilige Mutter Gottes‹. Muttergotteskirche.
**Surb Amenaphrkitsch'** arm. ›heiliger Allerlöser‹. Erlöserkirche.
**Surb Nschan** arm. ›heiliges Zeichen‹. Zeichenkirche.
**Tambour** zylinderförmiger Zwischenteil zwischen Unterbau und Kuppel.
**Tetrakonchos** Kirche, bei der der östliche Kreuzarm zur Apsis gerundet, restliche Arme ebenfalls Konchen sind.
**Tonnengewölbe** Gewölbe mit halbkreisförmigen Querschnitt.
**Trikonchos** eine Kirche, deren Querschiffarme wie der Chor in Apsiden enden.
**Trompe** Bogen mit nischenartiger Wölbung zwischen zwei rechtwinklig aneinander stoßenden Mauern.
**Tympanon** geschmücktes Giebelfeld, auch als Bogenfeld über Fenstern und Portalen.
**Volute** spiralförmige Einrollung am Kapitell.
**Wandpfeilerkirche** einschiffige Kirche mit nach innen gezogenen Pfeilern, die den Raum gliedern.
**Zentralbau** Bauwerk, dessen Hauptachsen gleich lang sind.
**Zyklopenmauer** Mauerwerk aus großen, unregelmäßigen Steinblöcken.

# Die armenische Sprache

Wenn man die armenische Sprache zum ersten Mal hört, dann ist es so, als ob man etwas schon einmal Gehörtes darin erkennt, eine musikalische Regelmäßigkeit, eine fließende, doch dumpf klingende Ruhe. Der russische Dichter Osip Mandelstam schrieb in seinem Buch ›Die Reise nach Armenien‹: »Schales, abgekochtes Wasser in einem blechernen Teekessel. Plötzlich hat man da hinein eine winzige Prise fremden, schwarzen Tee geworfen. So erging es mir mit der armenischen Sprache.« Auf den ersten Blick hat das Armenische nicht viel mit jener Sprachfamilie zu tun, in die es eingereiht wird: die indogermanische Sprachfamilie. So stellt es ähnlich dem Griechischen und Albanischen einen eigenen Zweig der östlichen indogermanischen Sprachfamilie dar, wobei sich aber die verwandtschaftlichen Beziehungen zum Griechischen und besonders zum Persischen nicht leugnen lassen.

Das Armenische hat sich seit seinen ersten schriftlichen Quellen, die aus dem 5. Jahrhundert überliefert sind, bis heute wesentlich gewandelt und ist im Laufe der durch ständigen Herrscherwechsel geprägten Geschichte nicht nur zu jenem Sammelsurium aus rauhen bergkaukasischen, verspielt-orientalischen und frühchristlichen Sprachelementen geworden, sondern stellt eben durch diese Kombination indogermanischer, kaukasischer und orientalischer Elemente das beinah unvergleichliche Aufeinandertreffen und Verschmelzen des Orients und des Okzidents in einer Kultur dar. Die Sprache ist wie kein anderes Kulturgut sonst das Sinnbild und Symbol des armenischen Volkes. Nicht ohne Grund schreibt der Dichter Gevorg Emin, dass die Buchstaben des armenischen Alphabets 1600 Jahre die nationale Identität seines Volkes verteidigt haben, wie ein kleines Heer von 36 wackeren Soldaten.

## Eigenheiten

Das Armenische zeichnet sich besonders durch seinen reichen Konsonantenbestand aus, bei dem ahnlich wie in den Kaukasussprachen genau zwischen den Lauten unterschieden wird. In der Formenlehre hat sich die Sprache doch zusehends von ihrem indogermanischen, flektierenden Erbe entfernt und hat Elemente aufgenommen, die sowohl für die angrenzenden Kaukasus- als auch Turksprachen typisch sind und in der Fachsprache agglutinierend heißen. So werden Endungen, die jeweils eine sehr eindeutige Funktion und Bedeutung haben, einfach an die Wörter angefügt und nacheinander angeordnet, wobei sich diese Endungen aber nicht wie in den indogermanischen Sprachen dem Grundwort anpassen oder das Wort selbst ändern. Das Armenische kennt auch bei den Substantiven keine Unterscheidung im Geschlecht. Das Verbalsystem und die Anwendung der verschiedenen Verbalformen ist jedoch komplex und nicht mit dem Deutschen vergleichbar. Auch der Satzbau ist etwas schwieriger.

Besonders auffällig ist der unerschöpflich erscheinende Wortschatz des Armenischen, in dem sich alte, indogermanische Wörter mit iranischem Lehngut und vielen überkommenen Wörtern aus den Sprachen der Fremdherrscher vermengt haben. Armenisch ist außerdem sehr stark dialektal gegliedert,

*Ein rätselhaftes Alphabet*

heute zählt man weltweit an die 50 Dialektgruppen mit zirka 120 Dialekten, wobei alleine in Armenien selbst, bedingt durch die topographische Gestaltung des Landes, schon sehr viele unterschiedliche Dialekte gesprochen werden.

## Geschichte

Die Anfänge der armenischen Sprache liegen, wie bei vielen anderen Sprachen auch, in der christlichen Geschichte und sind eng mit der zunehmenden Verbreitung des Christentums im armenischen Hochland seit dem Beginn des 4. Jahrhunderts verbunden. Der damalige Herrscher Vramschapuh erkannte die Notwendigkeit, seinen Untertanen eine eigene Schrift und damit eine normierte Sprache zu geben. So beauftragte der Katholikos Sahak I. gegen Ende des 4. Jahrhunderts den jungen Mönch Mesrop Maschtots' mit der Schaffung einer eigenständigen armenischen Schrift. Dieser hatte sich im Laufe seiner Ausbildung ein umfangreiches Wissen des Syrischen, Griechischen und Iranischen angeeignet und bemühte sich, die Vorzüge aus diesen Schriftsystemen für eine neue armenische Schrift zu verwenden. So erschien ihm die Schreibung der Vokale wie im Griechischen vorteilhaft, aber auch die rechtsläufige Schreibrichtung. Da er besonders mit dem Dialekt des Ararattales und seines Wohnsitzes Vagharschapat vertraut war, schien es ihm richtig, diesen als Vorlage für das altarmenische Alphabet heranzuziehen. Es gibt viele, oft konträre Ansichten, wie es tatsächlich zur Schaffung dieses Alphabetes kam. Einige der insgesamt 36 Schriftzeichen lassen Parallelen zur der damals verwendeten griechischen Unzialschrift, aber auch zum Syrischen vermuten.

Mesrop Maschtots' hat eine sogenannte phonetische Schrift für seine Sprache geschaffen, das bedeutet, dass jedem Buchstaben ein Laut entspricht. Die Sprache, die seit der Schriftschaffung, die auf das Jahr 405 nach Christus datiert wird und als Altarmenisch oder Grabar (Schriftsprache) bezeichnet wird, unterschied

37 Laute, darunter sieben Vokale und 30 Konsonanten sowie eine Reihe von Diphthongen. Das armenische Alphabet ist offensichtlich nach dem Vorbild des Griechischen gereiht, so dass es nach seinen ersten drei Buchstaben A (ajb), B (ben), G (gim) benannt worden ist. Die erste und älteste armenische Schrift wurde nur in Großbuchstaben geschrieben und besaß weder Ligaturen noch Verbindungslinien. Diese klare, gestochene Schrift wird als Jerkathagir, Eisenschrift, bezeichnet, nach dem häufig verwendeten eisernen Schreibgerät und wurde in einigen Abänderungen bis ins 12. Jahrhundert verwendet. Mit dem Aufschwung armenischer Literatur und dem Einrichten von Klosterakademien mit Skriptorien kam auch allmählich eine leichter und schneller zu schreibende Schrift mit Kleinbuchstaben auf. Diese rundere, fließende Schrift wird als Bolorgir, runde, volle Schrift bezeichnet, die bis ins 17. Jahrhundert Anwendung gefunden hat. Noch vor der Entwicklung der modernen Kursivschrift wurde im Venedig des Jahres 1512 das erste Buch in armenischer Schrift gedruckt. Die moderne Handschrift ist eine kursive, schnelläufige Schrift namens Notragir, was so viel bedeutet wie kursive Schrift. Neben diesen drei Schriftarten haben sich im Laufe der Zeit in den verschiedenen Schriftschulen besonders schöne Zierschriften entwickelt. In den vielen armenischen Handschriften begegnet man immer wieder, besonders als Kapitelüberschriften, Initialen oder auf Titelblättern wundersam verschlungenen Vogel-, Fisch- und Blumenbuchstaben.

## Sprachstufen und Dialekte

Armenisch wird historisch betrachtet in drei große Sprachstufen eingeteilt: in das bereits erwähnte Altarmenische, das Mittelarmenische und das Neuarmenische. Das Altarmenische hat sich seine einzigartige Bedeutung für das christliche Armenien bewahrt, es ist nach wie vor die Sprache des armenischen Gottesdienstes. Die ersten dialektalen und volkssprachlichen Einflüsse lassen sich schon auf das späte 5. Jahrhundert datieren, tatsächlich sind sie aber erst in der neuen, volksnahen Va-

*Ein urartäische Keilschrift*

# Die armenische Sprache

*Aus einer Handschrift am Matenadaran*

riante des Mittelarmenischen ab dem 10. Jahrhundert eindeutig nachzuvollziehen. In den nächsten Jahrhunderten wurde das armenische Grammatiksystem verändert, die schon zuvor gespaltenen Dialekte werden durch Fremdherrscher noch stärker voneinander getrennt, die ersten Auswanderer nahmen ihre Sprache mit in die neuen armenischen Kolonien und vermischten nach und nach ihre armenischen Dialekte mit den Fremdelementen und schufen damit neue armenische Dialektformen.

Mit dem Ende der Blütezeit des Mittelarmenischen im Kilikischen Reich gegen Ende des 14. Jahrhunderts findet die dialektale Trennung in Ost und West ihre Fortsetzung in der Herausbildung zweier voneinander getrennter Sprachformen, Literaturen und Orthographien: des West- und Ostarmenischen. Die Anfänge des Neuarmenischen liegen vermutlich im 15. oder 16. Jahrhundert. Während im westlichen Armenien des 18. Jahrhunderts der Gründer des katholisch-armenischen Mechitharistenordens, Mechithar von Sebaste, daran ging, das Altarmenische neu zu beleben und gleichzeitig die armenische Sprache Konstantinopels im Jahre 1727 mit seiner ›Neuwestarmenischen Grammatik‹ schriftlich festzulegen und damit zu normieren, fanden ähnliche Bemühungen im mittlerweile zwischen zaristischem Russland, dem osmanischem und iranischen Reich zerrissenen ostarmenischen Hochland erst gegen Mitte des 19. Jahrhunderts statt. Das Neuostarmenische wurde auf der Grundlage des Dialektes von Jerevan und Aschtarak geschaffen.

## Die armenische Sprache heute

Bis heute sind die Armenier in aller Welt nicht nur durch Berge, Seen, Ozeane und politische Grenzen voneinander getrennt, ihre Trennung spiegelt sich auch in ihrer Sprache wider. Während das Westarmenische die Sprache der armenischen Diaspora im Westen, also in den traditionellen Diaspora-Ländern wie der Türkei, den Ländern des Nahen Ostens, in Europa und Amerika ist, ist das Ostarmenische vor allem die Sprache der Republik Armenien sowie der Armenier im Iran, in Georgien, Aserbaidschan und Russland. Die Kontroversen um diese Teilung des Armenischen in zwei Literaturen und die damit einhergehenden Bemühungen einer möglichen Wiedervereinigung beschäftigen Armenier weltweit. Das Ostarmenische der Republik Armenien mit seinem stark vom Russischen beeinflussten Wortschatz steht beispielsweise in krassem Gegensatz zum türkisch beeinflussten Westarmenisch Istanbuls oder dem arabisch-französisch durchsetzten Armenisch der libanesischen Armenier. So kann es zu Verständigungsschwierigkeiten innerhalb eines Volkes kommen, das sich noch dazu mit dem schleichenden Sprachverlust in den großen armenischen Kolonien im Westen konfrontiert sieht. Manche verzweifeln an den eigentlich doch leicht überwindbaren sprachlichen Differenzen. Viele dieser Probleme werden jedoch überbewertet, besonders in der armenischen Diaspora, die noch nicht wirklich gelernt hat, mit den neu angekommenen Armeniern aus dem armenischen Hochland sprachlich umzugehen. Auch wenn auf den ersten Blick der Unterschied zwischen Ost- und Westarmenisch so groß sein soll, dass man einander nicht versteht – welcher Norddeutsche ist nicht schon in Süddeutschland, in Österreich oder der Schweiz auf sprachliche Barrieren gestoßen und hat dann doch gelernt zu verstehen? Diese dialektale Verschiedenheit ist als eine der vielen anderen Eigenarten jener armenischen Sprache zu verstehen, in deren Klang der armenische Nationaldichter Jeghische Tsch'arents' den Sonnengeschmack gereifter Aprikosen zu fühlten glaubte und die für die mächtigste, und doch unblutigste Waffe im Kampf gegen unzählige Fremdherrscher und um den Fortbestand der Kultur gehalten wird.

*Altarmenisches Alphabet*

»Jerevan ist heut' mein Erebuni,/
du bist unser neues Dvin, unser neues Ani./
Bist Traumbild uns'res kleinen Landes hier,
uns're alte Lieb', uns're steinerne Zier./
Jerevan ist heut mein Erebuni/
Jahre vergeh'n, gealtert bist du nie./
Mit deinem Vater Masis, deiner Mutter Arax,
wächst du mit den Jahren, Jerevan.«

*Paruir Sevak, 20. Jahrhundert*

# JEREVAN

*Blick über Jerevan, im Hintergrund der Ararat*

# Blick über Jerevan

Jerevan liegt an den Ufern des Flusses Hrazdan auf etwa 950 bis 1200 Metern Seehöhe. Aus der kleinen, orientalisch anmutenden Stadt mit engen, gepflasterten Gassen und offenen Rinnsalen, die Jerevan noch im 19. Jahrhundert war, entwickelte sich im Laufe des 20. Jahrhunderts eine Millionenstadt mit riesigen, betongrauen trostlosen Satellitensiedlungen, im Bezirk Nor Norkh etwa oder auch in dem im Westen gelegenen Bangladesch, dessen Name nicht von ungefähr kommt.

Während die große Wirtschaftskrise mit ihrem Strommangel gegen Mitte der 1990er Jahre Jerevan nächtens in eine unheimliche, dunkle Stadt mit herumlaufenden wilden Hunden verwandelte, brachte der anschließende kleine Wirtschaftsaufschwung und die Öffnung gegen Westen bunte Leuchtreklamen, eine ganze Reihe kleiner Gaststätten, schillernder Spielhöllen, aber auch durchaus moderne Geschäfte hervor. Das Stadtbild wurde dadurch zwar bunter und aufregender, aber genauer betrachtet, verschwand das alte, orientalische Jerevan durch diese Entwicklung komplett.

## Geschichte

Die Gründung dieser Stadt geht auf den urartäischen König Argischti I. zurück, der im Jahre 782 eine Festung namens Erebuni auf dem südöstlich gelegenen Hügel Arin-Berd errichten ließ. Erebuni ist somit auch der historische Name der Stadt Jerevan, der vermutlich mit der urartäischen Göttin Airubani in Verbindung zu bringen ist, auch wenn armenische Zungen behaupten, dass der Name Jerevans auf den Ausruf Noahs zurückgehen soll, als er die Siedlung gesehen haben soll, denn volksetymologisch wird das Wort Jerevan mit dem Wort für sichtbar sein, gesehen werden in Verbindung gebracht. Erebuni verlor jedoch mit der Machtübernahme der Meder und nachfolgender iranischer Herrscher an Bedeutung und gab seine Machtposition als Königsstadt an Artaschat und Dvin weiter.

Jerevan wurde oft von eindringenden Horden zerstört, es fiel unter den Mongolen in der Mitte des 11. Jahrhunderts und hielt auch dem Ansturm der Turkvölker in der Mitte des 16. Jahrhunderts nicht stand. Als es zu Beginn des 17. Jahrhunderts von den persischen Truppen eingenommen wurde, ging es mit der offiziellen Teilung Armeniens im Jahre 1639 durch den Friedensvertrag von Diyarbakir endgültig in persische Herrschaft über. Beinahe zwei Jahrhunderte später im Verlauf des russisch-persischen Krieges wurde Jerevan von den Truppen des Zaren besetzt und zum Zentrum des ostarmenischen Gebietes erhoben. Jerevan war zum damaligen Zeitpunkt

*Im Historischen Museum*

eine Kleinstadt mit etwa 12 000 Einwohnern, sieben christlichen Kirchen und acht Moscheen.
Mit der Anbindung an das russische Reich setzte eine rege Bautätigkeit ein, Straßenbau und die Errichtung einer Eisenbahnlinie sorgten für eine günstige Verkehrsanbindung an Georgien. Mit der Mitte des 19. Jahrhunderts entwickelte sich auch langsam ein städtebauliches Konzept, um die offenen Kanäle zu beseitigen und den vielen Neusiedlern Unterkünfte zu schaffen. Einige Gebäude aus dieser Zeit sind noch heute beispielsweise in der Abovjanstraße zu sehen. Viele der markanten, historischen Baudenkmäler der Stadt Jerevan sind heute zwischen Hochhäusern, in Hinterhöfen oder neben modernen Geschäften und Restaurants verborgen. Um auf den Spuren des alten Jerevans zu wandeln, sollte man sich auf einen Spaziergang in die Stadtviertel entlang des Hrazdan (→ S. 120) oder in die Abovjanstraße (→ S. 114) begeben. V,iele der baulichen Wahrzeichen der Stadt stammen erst aus dem 20. Jahrhundert.

## Das Stadtbild Jerevans

Das Jerevaner Stadtbild entwickelt sich derart chaotisch und unkontrolliert, dass eigentlich von einem solchen nicht mehr zu sprechen ist. Das alte Jerevan mit seinen typischen niedrigen Häusern mit wunderschönen Torbögen, großen Fenstern und den zerbrechlich anmutenden hölzernen Balkonen verschwindet. Der an allen Baustellen der Stadt angebrachte Slogan ›Ein ordentlicheres Jerevan‹ erscheint einem angesichts der Zerstörung alter Baustruktur fast als zynisch: Weg mit dem alten Plunder, Weg frei für modernen, internationalen Einheitsbrei.
Henry F. B. Lynch beschrieb Jerevan in seinem 1901 erschienenen Buch ›Armenia – Travel and Studies. I.‹ folgendermaßen:

»Orientalische Städte – und Jerevan ist noch immer essentiell orientalisch – werden sozusagen auf zwei Ebenen erbaut. Da gibt es zunächst die Ebene der Straße und dann die Ebene der Flachdächer, beide auf ziemlich gleicher Höhe. Wenn das Sommerklima die Räume des Hauses in unerträgliche Brutkästen verwandelt, nachdem die Sonne die Wände aufgeheizt hat, dann teilt sich das Leben der Bewohner zwischen dem Leben auf der Straße und dem auf den Dächern auf. Etwa eine Stunde vor Sonnenuntergang steigt die Bevölkerung aus den niedrigen Häusern, sogar aus den Kellern auf die offenen, mit Lehm beschichteten und mit niedrigen Balustraden befestigten Dächer, um eine frische Abendbrise zu genießen. Und dort werden auch das erste und das letzte Mahl des Tages aufgetragen, und unter dem glitzernden Sternenhimmel werden Decken über die Schlafenden gebreitet. Ein seltsamer Anblick ist es, wenn das schwache Morgenlicht anbricht und wenn sich langsam Umrisse abzeichnen. Die engen Gassen, die die Häuser voneinander trennen, sind kaum zu erkennen. Das eine Dach scheint ganz mit dem des Nachbarn zu verschmelzen, und diese beiden zusammen formen eine einzige, höhere Ebene über einer Landschaft taubenetzter Erde und eines glänzenden Stromes.«
Die orientalischen Flachdachhütten sind schon längst aus der Stadt verschwunden. Auch die schönen herrschaftlichen Häuser verfallen wie das von Thadevosjan in der Spandarjanstraße. Richtig sehenswerte alte Häuser aus dem 19. Jahrhundert stehen nur noch vereinzelt in der Abovjanstraße.
Ein Gefühl für das alte Jerevan bekommt man nur beim Spaziergang durch einige der Seitengassen des Zentrums, auch wenn diese auf den ersten Blick alles andere als einladend aussehen, mit den klei-

# Blick über Jerevan

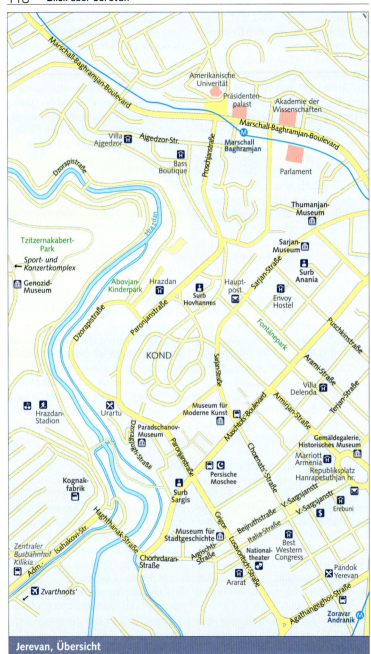

Jerevan, Übersicht

## Das Stadtbild Jerevans 111

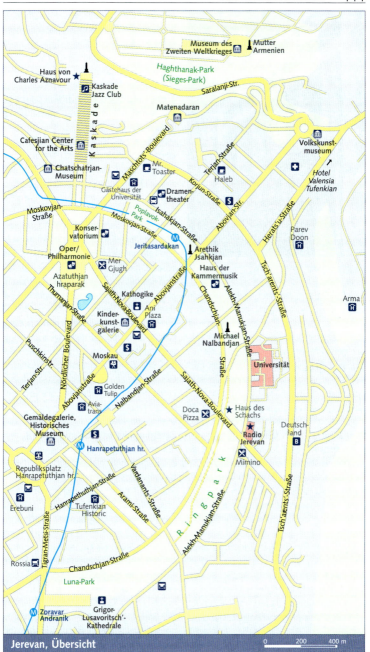

Jerevan, Übersicht

*Neubau in der Innenstadt*

nen Müllhalden, den streunenden Hunden und Katzen und den verfallenen Häusern. Eine dieser kleinen Straßen zweigt direkt vom Beginn der Abovjanstraße gleich hinter dem Regierungsgebäude nach links ab, die **Faustus-Bjuzandats'i-Straße**. Diese Straße verbindet die Abovjanstraße mit dem Mesrop-Maschtots'-Boulevard. Bald sieht man die typischen Balkone, einige schon recht gefährlich wirkend, und an den Eingängen fallen immer wieder halbverrostete Schilder auf, auf denen geschrieben steht: Denkmalgeschützt. Davon ist aber kaum etwas zu bemerken, denn diese Häuser sind schon längst renovierungsbedürftig. Wenn nur für die Bewahrung der alten Stadtgebäude genauso viel Energie aufgebracht werden könnte wie für die Restaurierung auch der kleinsten, unbedeutendsten Dorfkirche irgendwo in den unzugänglichen Bergen! Die **Puschkinstraße**, wo noch einige dieser Häuschen erhalten sind, verbindet ebenfalls den Mesrop-Maschtots'-Boulevard und die Abovjanstraße. Vereinzelt sieht man die alten armenischen Häuser aber auch noch in der Nähe der **Thumanjanstraße** unweit der Oper. Die schönsten Häuser gehörten reichen, angesehenen Familien wie beispielsweise die Häuser der Brüder Ter Avetisov in der Abovjanstraße oder der Gebrüder Ter Avetisjants, in der Hanarapetuthjanstraße, oder jene der Familien Thadevosov, Vardanjan in der Spandarjanstraße.

Vor allem die **Abovjanstraße** ist in den letzten Jahren ein Opfer der Erneuerungswut geworden. Die wenigen verbliebenen alten Häuser muten zwischen hypermodernen Gebäuden und staubverbreitenden Baugruben wie die letzten überlebenden Bäume nach einem Waldbrand an. Die Abovjanstraße ist heute die Einkaufsmeile von Jerevan, man findet dort all jene Geschäfte, die die Meilen in Europa zieren – und das mit ungefähr denselben Preisen! Man ist geteilter Meinung über die **Hjusisajinstraße**, die man zu Lasten der alten buckligen Häuser zwischen Abovjanstraße und Opernplatz aufgezogen hat: eine breite Allee von ultramodernen Beton- und Glashäusern mit den teuersten Geschäften, die man sich vorstellen kann. Und doch eine Flaniermeile, die für jedes Alter etwas bietet.

Jerevan ist eine relativ grüne Stadt, das Zentrum wird gegen Osten von einem hufeisenförmigen Park umgeben, die Außenbezirke haben ebenfalls einige Grünflächen. Doch sieht auch das auf dem Stadtplan beeindruckender aus, als es tatsächlich ist. Viele Bäume sind während der Wirtschaftskrise einfach gefällt worden und haben der trockenen Erde Platz gemacht. Die Parks im Zentrum sind recht schmal, wirklich kleine Haine sind nur im Norden, im Haghthanak-Park, auf dem Hügel Tsitsernakaberd und vereinzelt auch im Osten der Stadt zu finden. Besonders der Süden der Stadt ist nur mit Wohnbauten, verlassenen Industrieanlagen und baufälligen Sowjetgebäuden bebaut.

# Das Zentrum

Das Zentrum Jerevans und die wichtigsten Gebäude sind am besten zu Fuß zu besichtigen. Zwar wundern sich die Armenier immer wieder über die Lust der Europäer und Amerikaner am Gehen, da sie, wenn möglich, kaum zu Fuß gehen und mit dem Auto so nahe wie möglich an das gewünschte Ziel heranfahren. Doch gerade zu Fuß lernt man die Jerevaner am besten kennen. Die bedeutendsten Sehenswürdigkeiten der Stadt befinden sich unmittelbar im Zentrum, an der Hauptstraße, und sind auch leicht mit öffentlichen Transportmitteln zu erreichen.

## Rund um den Republiksplatz

Das Zentrum der Stadt und Ausgangspunkt jeglicher Stadtbesichtigung ist der Hauptplatz der Stadt, der **Hanrapetuthjan hraparak**, der sogenannte Republiksplatz, der eine Fläche von über 14000 Quadratmetern einnimmt. Im Jahre 1926 wurde mit der Arbeit an der Anlage unter der Leitung des armenischen Architekten Alexander Tamanjan (1878–1936) begonnen. Als man mit dem Bau des Platzes und seiner rotbraunen Tuffgebäude begonnen hatte, beobachtete noch ein aufmerksamer Lenin auf dem nach ihm benannten Platz die rege Bautätigkeit. Schon wenige Jahre danach entstanden die wesentlichen Gebäude des Platzes, die Regierungshäuser. Im Nordwesten wird er von den Tuffmauern des **Hotels Armenia** begrenzt, das nach wie vor zu den besten Hoteladressen des Landes zählt und sich im Besitz der Marriott-Gruppe befindet. Der Süden des Platzes wird von einem großen **Postamt** eingenommen. Die östlichen und westlichen Gebäude des Platzes beherbergen verschiedene **Regierungsgebäude**.

### ■ Historisches Museum

Die Nordostseite des Platzes nimmt das höchste Gebäude ein, in dem sich das Historische Museum und die staatliche Gemäldegalerie befinden (→ 142). Vor diesem Museum wird der Platz durch einen großen Springbrunnen belebt, den sogenannten **singenden Fontänen**. Besonders in den lauen Nächten des armenischen Frühsommers und Sommers kann man hier in den Cafés rundherum die beleuchteten und musikalisch unter-

*Der Republiksplatz mit dem Historischen Museum und der Gemäldegalerie*

malten Fontänen bewundern. Der Platz ist immer sehr belebt, besonders in den drückend heißen Tagen, wo sich die Jerevaner Kinder gerne im kühlen Nass des Springbrunnens abkühlen. In der näheren Umgebung sind zahlreiche Restaurants, Geschäfte, Banken und Wechselstuben zu finden, egal in welche Richtung man auch den Platz verlässt.

### ■ Abovjanstraße

Nördlich des Republiksplatzes beginnt die Abovjanstraße mit ein paar verbliebenen schönen alten Bürgerhäusern und vielen modernen Glasfassaden, die mit dem Charme der alten Häuser nicht einmal annähernd mithalten können. An der rechten Ecke der Kreuzung der Puschkin- mit der Abovjanstraße ist eines der schönsten Häuser Jerevans zu sehen, das **Chanzandjan-Haus,** und beinahe gegenüber das ebenso sehenswerte **Melikjan-Haus**.

Eine imposante historische Fassade aus schwarzem Tuff, die etwas modernisiert wurde, besitzt das **Haus in der Abovjanstraße 3**, in dem die Armenia Society for cultural coopertion with foreign countries ihren Sitz hat. Vor diesem Haus befindet sich auch ein nettes Café.

Auf der rechten Seite öffnet sich ein **Platz mit einem Springbrunnen** mit Figuren der zwölf Sternzeichen. Benannt ist er nach Charles Aznavour, einem der international wohl bekanntesten Armenier. Flankiert wird vom Nobelhotel Golden

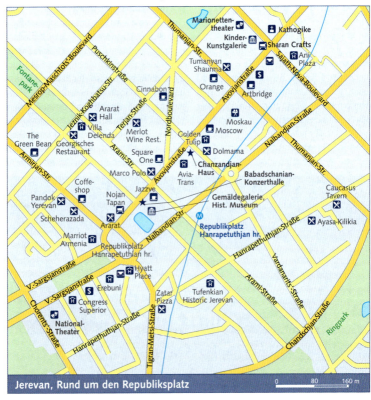

Jerevan, Rund um den Republiksplatz

*Das Jerevaner Opernhaus*

Tulip Yerevan und dem **Kino Moskva** im klassizistischen Sowjetstil. Gegenüber steht das Gebäude des russischen Dramentheaters.

Etwas weiter nördlich, an der Kreuzung der Sajath-Nova-Straße mit der Abovjanstraße, fallen an der linken Straßenseite kindliche Kunstwerke in einer Galerie auf. Das ist die **Staatliche Kinderkunstgalerie** (→ S. 151).

Gegenüber, auf der anderen Straßenseite, stand einst eines der berühmtesten wissenschaftlichen Institute Armeniens, das Atsch'arjan-Institut. Dieses Institut wurde geschleift, was den Blick auf die kleine **Kathoghike-Kirche** aus dem 13. Jahrhundert freigibt, die restauriert und mit einem großen Kirchenanbau versehen wurde (→ S. 136). Hier wird derzeit die neue Stadtresidenz des Katholikos errichtet. Leider wird es wohl nicht bei dem freiem Blick auf das wunderbare Kirchlein bleiben.

Nach einer kleinen Rast im Schatten der Kirche geht es nach links in Richtung des Opernhauses auf dem **Sajath-Nova-Boulevard** weiter. Die Abovjanstraße zieht sich noch lange hin, bis zum nordöstlichen Ende des Stadtkerns.

## Rund um die Oper

Der Sajath-Nova-Boulevard führt zu einem der pulsierenden Plätze der Stadt, dem Azatuthjan hraparak, dem **Freiheitsplatz**, gleich neben der Oper. Das Viertel um die Oper ist zu jeder Tages- und Nachtzeit eines der belebtesten, ein wichtiger Verkehrsknotenpunkt, beliebter Treffpunkt für Spaziergänge und Verabredungen. Dem munteren Treiben sehen zwei große Statuen zu. Ruhig sitzt der Volksdichter **Hovhannes Thumanjan** auf der linken Seite des Vorplatzes der Oper, schmunzelt er nicht über das Treiben? Auf der rechten Seite beobachtet der armenische Komponist **Alexander Spendiarov** die Menschen vor der nach ihm benannten Oper.

Die **Oper** selbst ist eines der auffälligsten und schönsten Gebäude der Stadt. Das schlichte Grau der Fassade mit den hohen Fensterbögen und der aufgesetzten Säulenreihe ist von weiten zu sehen und kommt eigentlich am besten in den frühen Morgenstunden zu Geltung, wenn der Platz seltsam ruhig und verlassen ist. Dann sieht man das Gebäude in seiner ganzen Pracht. Alexander Tamanjan, der Jerevaner Stadtarchitekt, hat in den

1950er Jahren ein originelles Bauwerk geschaffen, das zwei große Zuschauersäle und zwei Theater beherbergt. Auf der Seite der Thumanjanstraße liegt die Oper mit 1260 Sitzplätzen und auf der anderen Seite, auf dem Sajath-Nova-Boulevard, das **Aram-Chatsch'atrjan-Konzerthaus** der Philharmonie, das bis zu 1400 Personen Sitzplätze bietet.

Gegenüber der Oper Richtung Süden beginnt das hochmoderne Jerewan, die sogenannte **Hjusisajin-Straße**, der nördliche Boulevard. Das war das erste Viertel im Zentrum Jerewans, das geschleift und völlig neu aufgebaut wurde. Die etwas gesichtslose moderne Architektur beherbergt einige nette Geschäfte und Cafés sowie die erste Tiefgarage in Armenien.

■ **Kunstmarkt**

Links vom Opernhaus, auf der anderen Seite des Maschtots'-Boulevards, liegt ein Park, dessen Mitte von einem großen, schneeweißen Denkmal eingenommen wird. Es zeigt einen Mann mit kantigem Gesicht, energischem Kinn und einer ungebändigten Haarmähne, der in seiner linken Hand eine Palette hält und wie gebannt auf eine nicht vorhandene Staffelei starrt: Das **Denkmal für Martiros Sarjan**, den Meister der wilden, dicken und grellfarbenen Pinselstriche. Er ist sicher der berühmteste armenische Maler. An Sonntagen versammeln sich vormittags hier viele jüngere und ältere Maler, um ihre Werke anzubieten. Eine gute Gelegenheit, die zeitgenössische Kunst Armeniens kennenzulernen.

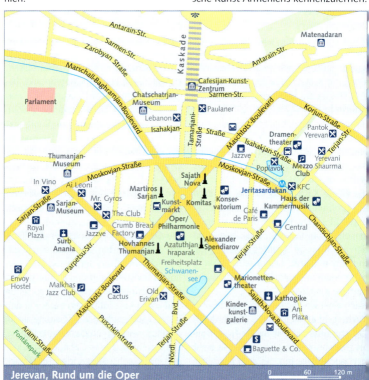

Jerevan, Rund um die Oper

# Rund um die Oper

*Komitas-Statue vor dem Konservatorium*

Zwischen dem üblichen Kitsch und den unzähligen Araratbildern gibt es auch immer wieder wirkliche Kunstwerke zu günstigen Preisen zu erstehen.

### ■ Konservatorium
Schräg gegenüber der Philharmonie, vor der ganz gemütlich die **Statue von Aram Chatsch'atrjan** sitzt, scheint zwischen vielen Bäumen und Café-Schirmen die Fassade eines großen Gebäudes durch: das staatliche Komitas-Konservatorium, die Hochschule für Musik. **Komitas**, der musikalische Mönch, der den Völkermord nicht verkraften konnte und im Exil in geistiger Umnachtung gestorben ist, sitzt ganz versunken in seiner Welt auf einem Baumstamm. Als ob er eines der Lieder summte, die er gesammelt hat. Nicht weit davon blickt ein schön geschnittener Männerkopf aus einem seltsamen steinernen Denkmal hervor, **Sajath Nova**, der beliebte fahrende Sänger und Dichter. Wehmütig sind seine Augen gesenkt, auf seiner Stirn zeigen sich feine leidenschaftliche Falten. Er blickt auf drei Frauengestalten, die in Basreliefs dargestellt sind und seine drei geliebten Sprachen und Länder symbolisieren: eine Armenierin, eine Georgierin und eine Aserbaidschanerin. An ihm vorbei ist man schon im oberen Teil des Maschtots'-Boulevards angelangt.

### ■ Matenadaran
Ein großes, eckiges Basaltgebäude mit einem spektakulären Treppenaufgang und tiefen Nischen bildet den Abschluss de des Maschtot's-Boulevards, der Jerevaner Hauptstraße. Vor ihm blickt beinah wehmütig ein weiser älterer Mann in die Ferne auf den leuchtenden Schneegipfel des Ararat und beobachtet mit gerunzelter Stirn das laute Treiben auf dem nach ihm benannten Boulevard. **Mesrop Maschtots'** rechte Hand weist auf eine steinerne Tafel mit armenischen Buchstaben hin und seine linke den Weg hinauf in die berühmte Aufbewahrungsstätte armenischer Handschriften, in das Matenadaran (→ S. 145).
Rechts neben den ehrwürdigen Mauern des alten Matenadaran wurde im Jhare 2011 das neue **Institut für armenische Handschriften** eröffnet, das den vielen wissenschaftlichen Arbeitern des Instituts bessere und modernere Räumlichkeiten bietet, aber vor allem geeignete Räumlichkeiten zur Aufbewahrung und zur Restaurierung der zahllosen wertvollen Handschriften.

### ■ Entlang des Maschtot's-Boulevards
Der Rückweg ins Stadtzentrum führt über fast zwei Kilometer den lebhaften, baumbestandenenBoulevard mit seinen vielen Geschäften hinab. An der Kreuzung mit der Sarjanstraße geht man an einem ungewöhnlichem Betongebäude mit schmalen Fenster und eigenartig gerundeten Mauern vorbei. Es ist das

Hauptgebäude des sehenswerten **Museums für moderne Kunst** (→ S. 151). Einige Ausstellungsräume befinden sich extern im Erdgeschoss des Wohnblocks in der Sarjanstraße gleich schräg gegenüber.

## Vom Republiksplatz zur Grigor-Lusavoritsch'-Straße

Zwischen dem Hotel Marriot, dem Gebäude der Hauptpost und dem Ministerium für Transport und Kommunikation öffnet sich der Republiksplatz zum breiten Sargsjan-Boulevard, in dessen Mitte der sogenannte **Park der 2750 Springbrunnen** liegt. Dieser Park wurde im Rahmen der 2750-Jahr-Feier der Errichtung Jerevans im Jahre 1968 angelegt. Etwas südlich im Park erinnert ein Denkmal an die Gefallenen des Zweiten Weltkrieges und am Ende der Straßen, am Schahumjan-Platz, steht das Denkmal von Stephan Schahumjan, einem armenischen Revolutionär und Mitstreiter Lenins. Gegenüber dem Standbild wurden einst Bäume für den sogenannten Komitaspark gepflanzt. Ein zerlumpter Junge hält einen Krug in seinen mageren, knochigen Händen. Er steht am Eingang zum Park und verkauft Wasser. Solche **Wasserverkäufer** wie der kleine traurige Steinjunge haben früher in Jerevan die Straßen bevölkert.

### ■ Nationaltheater

Vom Wasserverkäufer-Denkmal führt eine kleine Allee nach Süden, rechts am Congresshotel vorbei zu einem Brunnen inmitten einer Grünanlage. Dahinter erhebt sich das Armenische Nationaltheater, benannt nach dem Dramaturgen Sundukjan. Es wurde in den 1960er Jahren erbaut, ist heute aber noch immer eines der schönsten Bauwerke der Stadt. Besonders das Foyer mit einem monumentalen Panneau von Martiros Sarjan und ein ehemals idyllischer Wintergarten sind sehenswert.

Ein Stück Stück weiter südlich, neben dem verspiegelten Hochhaus eines Luxushotels, stand bis 2012 das Gebäude des Jerevaner Zirkus. Ein größeres Zirkus-

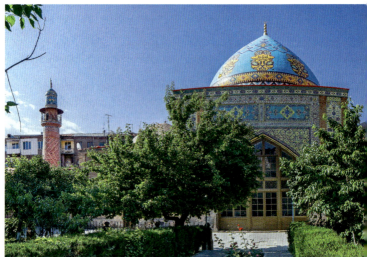

▲ *Die Blaue Moschee*

gebäude an derselben Stelle war Ende 2016 noch nicht über das Rohbaustadium hinausgekommen.

### Rathaus

Geht man die Grigor-Lusavoritsch'-Straße vom Theater nach Norden, vorbei an der **Französischen Botschaft**, gelangt man zunächst rechts zum Denkmal für den armenischen Staatsmann **Alexander Mjasnikjan**.

Schräg gegenüber steht an der Ecke Lusavoritsch'- und Argischti-Straße seit 2005 das **neue Rathaus** der Stadt Jerevan. Es kann mit Recht mit seiner klaren Tuff-Architektur zu den schönsten Neubauten der Stadt gezählt werden. Im Rathaus ist auch das neue **Museum der Geschichte Jerevans** untergebracht (→ S. 144).

Ein Stück weiter steht gegenüber dem Kinderpark, etwas zurückversetzt von der Straße, der imposante Bau der **Russischen Botschaft**.

### Blaue Moschee

Folgt man der Lusavoritsch'-Straße weiter in nordwestlicher Richtung kommt man wieder auf den Maschtot's-Boulevard. Biegt man nach rechts in den Boulevard ein, sieht man nach einigen Metern schon die Tausenden blauen, weißen und goldenen Mosaiksteine, die sich in der Sonne spiegeln, die zartgliedrigen Minarette scheinen in der Abendbrise zu schwingen. Hohe weiße Mauern umgeben einen bezaubernden Garten. Es ist die einzige erhaltene Moschee Armeniens, die **Blaue oder Persische Moschee** (Gaj Dschami) aus dem 18. Jahrhundert. Vor einem Jahrzehnt war sie noch dem Verfall preisgegeben, eingebrochen waren die Türme und die türkisblaue Kuppel eingefallen. Heute ist die Moschee im Besitz der iranischen Vertretung in Jerevan. Seit Armenien gute Beziehungen zum Iran aufgebaut hat, ist auch ein neuer, versöhnlicher Geist nach Jerevan gekommen. Die Moschee wurde wunderschön restauriert und ist auch in Betrieb. Man öffnet auch gerne die Pforten und führt den Besucher – allerdings nur auf Englisch – durch die Blaue Moschee. Ein Teil der Moscheemauern grenzt direkt an den Maschtots'-Boulevard, fast genau ge-

Jerevan, Vom Republiksplatz zur Lusavoritsch'-Straße

*Die Kirche Surb Sargis am Steilufer des Hrazdan*

genüber der ehemaligen zentralen Markthalle. In dem sehenswerten Gebäude befindet sich heute ein Einkaufszenrum.

## Am Hrazdan

Südlich der Kreuzung Lusavorich'-Straße und Maschtot's-Boulevard gelangt man zum Hrazdan. An seinem Ufer wurden in den letzten Jahren einige Häuser im Stile der alten Bürgerhäuser aufgebaut, das Viertel wird **Dzoragjugh** genannt. Die Häuser mit ihren hölzernen Stützen sehen fast so aus, als ob sie jeden Moment den hohen Abhang hinunter in den Hrazdan stürzen könnten.

### ■ Surb Sargis

Ganz am Beginn der Israeljanstraße, die nach rechts vom Maschtots'-Boulevard abzweigt, steht Surb Sargis, eine große rote Kirche aus dem 19. Jahrhundert. Sie ist ganz typisch im armenischen Stil errichtet, doch die schiere Größe und das offensichtlich geringe Alter der Kirche können im Inneren kein angenehmes, andächtiges Gefühl aufkommen lassen. Ein großes Gotteshaus, das mehrfach durch Erdbeben zerstört und in seiner architektonischen Substanz immer wieder durch zahlreiche Restaurierungen verändert worden ist. Surb Sargis ist vermutlich die bekannteste Kirche Jerevans, aber auf keinen Fall die beliebteste.

Unterhalb der Kirche führt ein Fußweg ein Stück die tiefe Schlucht des Hrazdan entlang.

### ■ Siegesbrücke

Richtung Süden fällt der Blick auf eine massige Dreibogenbrücke, die sich über den Hrazdan spannt. Sie heißt **Haghtanakbrücke**, Siegesbrücke, und wurde 1945 als flussüberquerender Triumphbogen in Erinnerung an den Sieg über die Faschisten erbaut. 200 Meter ist sie lang und führt in 34 Meter Höhe über dem rauschenden Fluss.

Auf der anderen Seite der Brücke steht auf einer Anhöhe eine gewaltige Basaltfestung. Kein ehemaliger Königssitz oder ein kommunistischer Protzbau, nein die Jerevaner **Kognakfabrik** (→ S.122).

Fährt man die Straße rechts neben der Kognakfabrik entlang, kommt man zum Sportstadion Hrazdan, neben dem sich ein Marktplatz befindet.

# Am Hrazdan

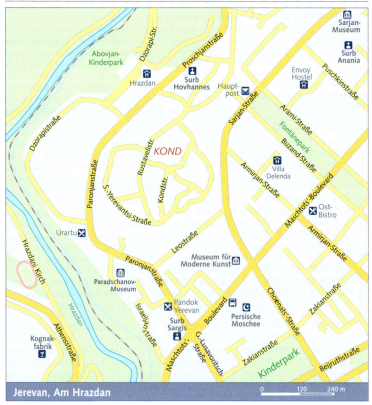

Jerevan, Am Hrazdan

## ■ Die Paronjanstraße

Diese Straße führt vom Mashtots'-Boulevard nach Norden in das alte Stadtviertel Kond.

Zunächst trifft man links in einer kleinen Seitengasse auf das zauberhafte Haus des exzentrischen Regisseurs und Malers **Sergej Paradschanov**, das ein sehr sehenswertes Museum beherbergt (Dzoraghjugh-Straße, → S. 152).

Die Paronjanstraße wird in der Bevölkerung auch die **Chorovats'straße** (Schaschlikstraße) genannt. Und wirklich, zu jeder Tageszeit raucht es vor den adretten Minilokalen, und der Duft gegrillten Fleisches überzieht diese Straße von frühmorgens bis spät in die Nacht.

## ■ Kond

Das historische Viertel Kond mit den verfallen wirkenden Hütten, den engen, steilen Gassen und der prachtvollen Johanneskirche (→ S. 137) wird im Westen durch die Schlucht des Hrazdan begrenzt, hier spürt man noch ein wenig vom Flair des alten Jerevan.

Überragt wird das Stadtviertel vom **ehemaligen Hotel Dvin**. Das große, einst moderne Haus ist seit langem eine Ruine. Nordwestlich von Kond liegt entlang der Dzotapistraße der **Chatsch'atur-Abovjan-Kinderpark** am Ufer des Hrazdan. Hier gibt es eine Kindereisenbahn, Karussels, Cafés und viele gemütliche Rastplätze direkt am Flussufer.

## Die Jerevaner Kognakfabrik

Die roten Mauern des Gebäudes muten wie eine uneinnehmbare Festung an, in der die Schätze der Burgherren mit allen Kräften verteidigt werden. Und hinter diesen Wänden lagert wirklich ein Schatz: Tausende von Litern armenischen Kognaks, der in seinen satten Brauntönen nicht nur das Auge, sondern vor allem die Geschmacksnerven begeistert.

Die Geschichte der Kognakfabrik reicht bis in die letzten Jahrzehnte des 19. Jahrhunderts zurück, als ein findiger Mann namens Nerses Thajrov am Rande des Zentrums eine kleine Kognakfabrik aufbaute, und zwar genau dort, wo heute das riesige graue Weinkombinat steht. Zu einer wahren Blüte reifte jedoch diese Fabrik unter seinem Nachfolger Vasily Thajrov heran, der zu seiner Zeit der renommierteste Wein- und Kognakkenner in der Sowjetunion war und auch international mit seinen Kenntnissen Aufsehen erregte. Sein Nachfolger wiederum machte den armenischen Kognak unter dem Namen Schustov weit über die Grenzen der Sowjetunion hinaus berühmt. Das heutige Gebäude an der Hrazdanschlucht wurde dann neu in den 1950er Jahren errichtet; das Unternehmen selbst ist seit einigen Jahren im Besitz der französischen Firma Pernod.

Der Geruch von Weinbrand liegt über dem ganzen Areal, wird aber besonders intensiv, wenn man die große Lagerhalle betritt, in der Hunderte von Eichenfässern gelagert werden. In diesen Fässern wird bei einer optimalen Raumtemperatur von 15 bis 20 Grad Celsius aus dem anfangs glasklaren Weinbrand im Laufe der Jahre ein bernsteinfarbener, glänzender Saft besonderer Art. Der Kognak benötigt mindestens drei Jahre der Reifung, doch je länger er gelagert wird, um so vollmundiger wird er und um so intensiver wird seine Farbe. Die Palette reicht von dreijährigem bis hin zu fast hundertjährigem Kognak, der natürlich dementsprechend teuer ist. Insgesamt produziert die Kognakfabrik mit ihren Filialen an die 17 Sorten, darunter auch Raritäten.

Ein liebevoll eingerichtetes kleine Museum zeugt von der über 100 Jahre währenden Geschichte der Kognakfabrik. Hier sind auch die Medaillen zu sehen, die die verschiedenen Kognaksorten in den vergangenen Jahren bei internationalen Veranstaltungen gewinnen konnten. Ein Besuch der Kognakfabrik kann telefonisch mit der Verwaltung vereinbart werden. Der Führer verrät am Schluss noch das Geheimnis, woran man einen guten Kognak noch vor dem Öffnen erkennt: Hält man die Flasche gegen das Licht, so soll der Kognak glänzen wie Bernstein.

*Yerevan Brandy Company, Admiral Isakovi ph.2, Tel. +374/10/540000, www.araratbrandy.com*

*Birgt geistige Schätze besonderer Art: die Kognakfabrik*

# Im grünen Hufeisen Jerevans

Auf dem Weg zur Jerevaner staatlichen Universität und damit in den Osten der Stadt geht man am besten durch den langgestreckten Park, der etwas nördlich der Oper beginnt und sich mit seinen vielen kleinen Cafés bis zur Universität zieht. Auf dem Spaziergang begegnet man in dem grünen Stück zwischen Terjan- und Abovjanstraße dem **Denkmal Avetikh Isahakjans**, einem der berühmtesten Lyriker Armeniens des 20. Jahrhunderts. Schon weiter davor symbolisieren zwei große **Hände aus weißem Marmor** die Freundschaft zwischen Jerevan und dem italienischen Carrara. Das **Haus der Kammermusik** besticht schon aus der Ferne durch sein eigenartiges Äußeres, das auf den Architekten Kjurktschjan zurückgeht. Er hat angeblich versucht, antike mit neuzeitliche Formen so zu verbinden, dass der Innenraum eine gute Akustik liefert. Das Innere ist jedoch seltsam bedrückend, mit seinen niedrigen Gängen und der Galerie über dem Zuschauerraum.

*Das Haus der Kammermusik*

## ■ Rund um die Universität

Noch bevor die roten Tuffsteine der Universität auf der linken Seite durch die Bäume schimmern, erinnert das **Denkmal für Michael Nalbandjan** an den großen Nationaldichter. Es liegt an der Kreuzung des Parks mit der nach ihm benannten Nalbandjanstraße.

Die Universität wurde im Dezember 1920 gegründet und bietet seither an knapp 20 Fakultäten den Studenten Möglichkeiten der Ausbildung. Das Gebäude selbst ist nicht sonderlich architektonisch interessant, jedoch ist es ganz nett, sich irgendwo hinzusetzen und dem Treiben der armenischen Studenten zuzusehen. Man ist immer wieder über die jungen Menschen überrascht, die derart herausgeputzt zu ihren Vorlesungen spazieren. Das Treiben auf dem Campus erinnert wenig an die studentischen Diskussionen und Plaudereien, die man von europäischen Unis gewohnt ist, wo eigentlich eher durchschnittlich oder gar schlampig gekleidete Jugendliche die altehrwürdigen Gebäude bevölkern. Im Hof links vom Haupteingang wacht eine Statue des Chronisten Movses Chorenats'i über das Treiben der Studentenschaft.

Interessant ist die große **Aula** im ersten Stock der Universität, wo in einem großen Fenster die wichtigsten Gelehrten verewigt worden sind. Darunter natürlich Mesrop Maschtots', die bedeutenden Dichter Mechithar Gosch und Grigor Narekats'i, der Fieberarzt des 12. Jahrhunderts Mechithar Herats'i, aber auch jene Personen, die zur Verbreitung des Ostarmenischen im 19. Jahrhundert beigetragen haben: Abovjan, Nalbandjan und Thumanjan.

Unweit der Universität, ein Stück weiter am Park entlang, erhebt sich linker Hand ein hohes Gebäude mit einem berühmtberüchtigten Namen: **Radio Jerevan**. Kein aufsehenerregendes Gebäude, aber schon ›im Prinzip‹ sehenswert!

Schachbegeisterte können sich auch noch an einigen Schachreliquien im **Haus des Schachspielers** mit seiner merkwürdigen eckigen Front im Park gegenüber der Universität erfreuen. Und Literaturbegeisterte werden mit einem **Standbild des Nationaldichters Jeghische Tsch'arents'** gleich daneben konfrontiert.

Man kann durch den hufeisenförmigen Park natürlich auch weiter gegen Süden gehen, vorbei am Stadtteil Ajgestan und der **Figur des armenischen Befreiungskämpfers Vardan Mamikonja**.

### ■ Lusavoritsch'-Kathedrale

Am südlichen Ende des Hufeisens gelangt man zu dem Ungetüm der Grigor-Lusavoritsch'-Kathedrale. Die wahre Größe dieser Kathedrale, die 2001 fertiggestellt und geweiht wurde, entfaltet sich erst beim allmählichen Herankommen. Ein riesiges Bauwerk ganz im typischen Baustil armenischer Kirchen, das am Rande eines Stadtparks und eines künstlichen Sees liegt. Jerevan und seine krisengeschüttelte Bevölkerung hätten andere Dinge möglicherweise weitaus nötiger gehabt als einen riesenhaften Kirchenkomplex, der das jahrzehntelang von Kommunismus indoktrinierte armenische Christentum neu zu beleben versucht. Bis heute ziehen viele Jerevaner Armenier die älteren Kirchen im Zentrum oder eine der neu errichteten, kleineren Kirchen an den Stadträndern vor – obgleich die Kirche architektonisch stimmig ist, fehlt es vielen an Atmosphäre.

### ■ Rund um den Bahnhof

Wenn man in südöstlicher Richtung über die Tigran-Mets-Straße läuft und dieser geradeaus bis zum Bahnhof folgt, kommt man zum Wahrzeichen der Stadt Jerevan, der **Statue des berühmten Helden David von Sasun** (Sasunts'i Davith). Diese Statue steht unmittelbar vor dem Hauptbahnhof Jerevans und ist auch nur zwei Stationen von der U-Bahn-Station Hanrapetuthjun am Republiksplatz entfernt. Unterwegs fällt sogleich der betongraue Klotz mit dem seltsam geschwungenen Dach, das **ehemalige Kino Ajrarat**, auf. Das helle Gebäude des Hauptbahnhofs von Jerevan mit seinem spitzen Turm erhebt sich erst seit einigen Jahrzehnten hier in einem ehemals öden Gelände der Stadt. Der riesenhafte Bahnhofsvorplatz und seine berühmte Statue sind jedoch durch ein rasches Anwachsen der Stadt sogar zum Teil des Stadtzentrums geworden. Die mächtige Statue, die den Recken auf seinem treuen Pferd Dschalali zeigt, wurde von einem der bedeutendsten Bildhauer Armeniens, Jervand Kotsch'ar, gegen Mitte des 20. Jahrhunderts geschaffen und 1959 feierlich enthüllt. Es erinnert an den blutigen Widerstand des Davith gegen die eindringenden Araber. Davith ist der erklärte Held der epischen Erzählung Davith von Sasun, die bis zum 19. Jahrhundert in über 80 Varianten nur mündlich überliefert war. Erst 1874 wurde die vier Gesänge umfassende Geschichte des Befreiungskampfes der Provinz Sasun gegen einen arabischen Feldherrn und sein Heer zu Papier gebracht. Sie ist die armenische Nibelungensage, die in Historisches viele alte heidnische, aber auch christliche Mythen einflicht.

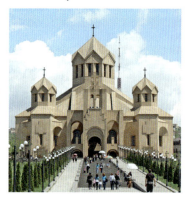

*Die Grigor-Lusavoritsch'-Kathedrale*

# Davith von Sasun

Die armenische Königstochter Tsovinar, eine tiefgläubige Christin, empfängt während einer Pilgerreise die göttlichen Zwillinge Sanasar und Balthasar. Die göttlichen Knaben können wie durch ein Wunder vor ihrem bösen Stiefvater, dem Sultan, fliehen und eignen sich das magische Blitzschwert, das Zauberpferd Dschalali und das Schlachtenkreuz an, das sich von selbst auf den rechten Arm des Trägers legt. Sie errichten zum Schutz ihrer christlichen Landsleute eine Festung, die Sasun genannt wird. Sanasar besiegt die Zauberin der Kupferstadt, heiratet sie und zeugt mit ihr drei Söhne, von denen der jüngste, Mher, seine übernatürlichen Kräfte im Kampf gegen Löwen entfaltet. Mher wächst mit Hilfe der magischen Gegenstände zu einem Helden heran.

Die Witwe eines toten Feindes betört Mher mit ihrem Zauber, der ihn sieben Jahre von seiner geliebten Frau Armaghan trennt. Aus dieser Verbindung geht der kleine Melik hervor. Die gekränkte Armaghan schwört, ihren Gatten nicht mehr zu empfangen, doch die Liebe zwischen den beiden ist zu stark. Ein Junge, Davith, wird geboren. Bald darauf sterben Armaghan und Mher.

Der verwaiste Davith wird am Hofe der Sultanin, der anderen Frau seines Vaters, aufgenommen, mit Honig und Milch genährt und wächst zu einem kräftigen und unbeherrschten Knaben heran. In seinem Schatten steht sein neidischer Halbbruder Melik, der Davith immer wieder zu ermorden versucht. Doch Davith kann mit Hilfe ihm wohlgesonnener Magier zahlreiche Heldentaten begehen, bis er Melik eines Tages im Kampf gegenübersteht. Entsetzt durch den Anblick des nun erwachsenen, riesenhaften Daviths, verbirgt sich Melik unter vierzig Büffelhäuten und vierzig Mühlsteinen. Doch Davith »... zerteilt die vierzig Mühlsteine, die vierzig Büffelhäute. Den Melik von Misir vom Kopf bis zu den Füßen. Und die Erde darunter. Bis zum Schwarzen Wasser, das emporgeschossen wäre und die Erde überflutet hätte. Wenn nicht ein Engel ihm mit ausgestrecktem Arm Einhalt geboten hätte.«

Frieden zieht wieder ein in Sasun. Davith gerät durch das Eheversprechen an die schöne Prinzessin Khanduth und den Schwur an die Sultanin in einen Gewissenskonflikt. Er heiratet Khanduth und zeugt mit ihr einen Sohn, Mher. Da Davith jedoch sein Versprechen vergisst, beginnt sein Arm schwarz zu werden, denn das Schlachtenkreuz beschützt ihn nur, solange er ein gerechter und ehrenhafter Mann ist. Auch sein kleiner Sohn ist unter einem schlechten Stern geboren und trachtet seinem Vater nach dem Leben. Der mittlerweile schwarz gewordene Arm erinnert Davith an das lange vergessene, der Sultanin gegebene Versprechen. Noch vor dem Zweikampf mit der Sultanin wird er hinterrücks durch deren Tochter getötet. Khanduth stürzt sich aus Schmerz über den Verlust Daviths in den Tod, der kleine Mher kann mit Hilfe der magischen Gegenstände den Tod seiner Eltern rächen.

Trotz aller Siege und einer glücklichen Heirat bleibt Mher ruhelos und verflucht. Als er seine Frau eines Tages tot auffindet, beschließt er, den Stimmen seiner Ahnen zu folgen und sich zum Felsen der Raben zu begeben. Mit dem Blitzschwert spaltet er den Felsen, der ihn und sein Pferd Dschalali für ewig einschließt. Nur zweimal im Jahr kann er kurz seinem felsigen Gefängnis entweichen, doch muss er immer wieder ruhelos dorthin zurückkehren. Erst wenn es auf der Welt keine Falschheit und keinen Betrug mehr gibt, wird er erlöst werden.

## Marschal-Baghramjan-Boulevard

Keine Hauptstadt der Welt wäre eine solche ohne eine entsprechende Prachtstraße, ohne das Flair alter gutbürgerlicher Häuser mit schönen Parkanlagen und ohne den Glanz längst vergangener aristokratischer Zeiten. Jerevans Prachtstraße ist der Marschal-Baghramjan-Boulevard, der an der Kreuzung des Maschtots'-Boulevards und der Moskovjanstraße nördlich der Oper beginnt. In dieser ersten Adresse der Stadt haben nicht nur einige Botschaften ihre Quartiere bezogen, auch das armenische Parlament und die amerikanische Universität liegen an dieser breiten Straße. Am Beginn dieser Straße steht das Denkmal des bekannten armenischen Architekten Alexander Tamanjan, der sich über einen ausgebreiteten Plan beugt.

### ■ Kaskade

Hinter dem Tamanjan-Denkmal erhebt sich die sogenannte Kaskade, eine marmorweiße Stiege, die hinauf zum Siegespark führt. Diese 100 Meter hohe Kaskade vermittelt schon seit Jahren einen unvollendeten Eindruck, jedoch ist sie – trotz mühsamen Aufstiegs – ein beliebter Treffpunkt und ein beliebter Weg der Jerevaner. Eigentlich heißt der Komplex ja ›Armenien‹ und ist auch ganz genau geplant. Die Treppen, Hallen und Plätze erstrecken sich über fünf Ebenen und beherbergen Ausstellungen und Geschäftsräume. Einige stehen noch leer. Am oberen Ende der Treppe wurde eine **Stele** aufgestellt, die an die Christianisierung Armeniens erinnern soll.

Unter den unteren Ebenen der Kaskade hat das **Cafesjian-Museum für Moderne Kunst** seine Räume gefunden. Es birgt Teile der Kunstsammlung des berühmten armenischen Kunstmäzens Gerard L. Cafesjian, vor allem Glasobjekte, und zeigt diverse Sonderausstellungen. In den Hallen der ersten Ebene kann man **Fresken von Grigor Chandschjan** bewundern, die das armenische Alphabet, die Schlacht von Avrair und ein ›Wiedergeburt‹ betiteltes Bild zeigen. Das Museum beherbergt zudem einen wunderbaren Jazzklub mit Panoramablick auf die Stadt (→ S. 166). Am kleinen Platz mit seinen netten Cafés und einem schön angelegten Park vor der Kaskade sowie entlang der Kaskade selbst erfreuen unterschiedlichste **skurri-**

▲ *Die Jerevaner Kaskade*

le Statuen die Besucher. Es ist vor allem nachts empfehlenswert, den doch etwas mühsamen Aufstieg über die vielen Stufen bis nach oben zu unternehmen: man wird mit einem wunderbaren Ausblick auf das lebhafte nächtliche Jerevan belohnt. Und gleich links oben neben der Kaskade thront eine nicht zu übersehende Villa mit ausladenden Terrassen – das Haus von Charles Aznavour.

### ■ Chatsch'atrjan-Museum und Parlament

Der Baghramjan-Boulevard beherbergt zahlreiche bedeutende Gebäude der Stadt. Schon am Beginn der Straße liegt in einer Seitengasse, der Zarubjanstraße, das Wohnhaus-Museum eines der berühmtesten Armenier – des Komponisten Aram Chatsch'atrjan. Hier finden auch kleine Konzerte statt.

Viele Menschen drängen sich ganz in der Nähe in Warteschlangen vor dem kameraüberwachten Gebäude der **Amerikanischen Botschaft**, die nur eine der vielen diplomatischen Vertretungen in der Jerevaner Prachtstraße ist. Unweit davon, versteckt hinter hohen schmiedeeisernen Gittern und dichten Bäumen und bewacht von aufmerksamen Soldaten, liegt das ganz in weißem Tuff gehaltene **Parlamentsgebäude**.

Etwas versetzt gegenüber steht die armenische **Akademie der Wissenschaften** in klassizistischen Stil mit ihren fünf Eingangsarkaden. Der Komplex der Akademie der Wissenschaften besteht aus dem Präsidium, der Bibliothek und verschiedenen Instituten.

Sozusagen einen Villenblock weiter nach Westen residiert auf derselben Straßenseite der armenische Präsident.

### ■ Amerikanische Universität

Noch weiter nördlich davon, beinahe schon an einen kleinen Wald grenzend, liegt ein unansehnlicher Block aus sozialistischer Zeit, vor dem das imposante **Reiterdenkmal des Marschal Baghramjan** steht: die amerikanische Universität Jerevans. Diese englischsprachige Hochschule besteht seit 1991 und erfreut sich unter der Jerevaner Jugend großer Beliebtheit. Und dass sich diese westliche Wirtschaftsfakultät ausgerechnet im ehemaligen Sitzungspalast der armenischen Kommunistischen Partei eingenistet hat, scheint nicht weiter zu stören.

*Löwenskulptur vor dem Cafesjian-Museum*

# Außerhalb des Zentrums

Einige bedeutende Ausgrabungsorte und Gedenkstätten liegen auf den Hügeln rund um das Stadtzentrum und lohnen einen Besuch.

## Der Siegespark

Der auf einem Hügel gelegene Siegespark, der Haghthanak-Park ist einen Ausflug wert. Dieser Park, ein beliebtes Naherholungszentrum der Jerevaner, ist eine großzügig angelegte, bewaldete Grünfläche mit einem altmodischen Vergnügungspark für Kinder, einem künstlich angelegten See und vielen Spazierwegen. Von hier oben kann man auch einen guten Eindruck von der Größe und dem wirren Aufbau der armenischen Hauptstadt gewinnen.

Gleichsam schützend über dem Siegespark und von vielen Winkeln Jerevans aus weithin sichtbar, thront die mächtige **Statue der Mutter Armeniens**, eine typische Monumental-Statue der Sowjetzeit, die den Sieg über die deutsche Wehrmacht im Zweiten Weltkrieg versinnbildlichen soll.

Am Fuße dieser heroischen Dame, die 56 Meter in die Luft ragt, befindet sich das **Museum des Zweiten Weltkrieges** (→ S. 150), wo man vor allem Bilder von armenischen Kriegshelden, Waffen, Ausrüstungsgegenstände und eine Menge historischen Bildmaterials betrachten kann. Beliebt sind vor allem die alten Panzer und das alte Kampfflugzeug, die den Eingang flankieren – ein durchaus beliebter Spielplatz armenischer Buben. Zur Zeit des Karabachkonflikts wurden aus diesem Museum Waffen und ähnliches Kriegswerkzeug genommen, man schaudert beinahe bei dem Gedanken an junge Burschen und Männer, die mit halb verrosteten Bajonetten in den Krieg gezogen sind.

Noch bevor man den Weg entlang zu diesem Museum und Denkmal kommt, hat man eine **wunderbare Aussicht** auf Jerevan. Besonders in den Morgenstunden, wenn der Himmel noch nicht vom Stadtsmog verdunkelt ist, sich noch kein Grauschleier über die Stadt gelegt hat und sogar der Kegel des Ararat sich unmittelbar hinter der Stadt zu erheben scheint, sieht man weit über das Zentrum Jerevans hinweg. Deutlich erkennt man die breite Hauptstraße der Stadt, den Mesrop-Maschtots'-Boulevard, die Oper, die Regierungsgebäude am Hauptplatz, sogar zur linken Seite die alten und neuen Universitätsgebäude. Man sieht auch deutlich die entfernteren Stadtteile, wo der Großteil der Jerevaner wohnt. In den unzähligen kleinen **Cafés** des Siegesparks kann man eine kurze Ruhepause einlegen.

Den Park erreicht man leicht vom Maschtots'-Boulevard aus mit verschiedenen Kleinbussen. Der Weg führt für jene, die gut zu Fuß sind, hinauf über die weißen Stufen der **Kaskade** (→ S. 126), am basaltenen Denkmal aus sowjetarmenischer Zeit vorbei, von dem man schon den Eingang des Parks erkennen kann.

## Tsitsernakaberd

Auf der Schwalbenfestung, wie dieser Ort übersetzt heißt, einem bis zur Mitte der 1950er Jahre noch dicht bewaldeten Hügel Jerevans, hat man zwei große Komplexe geschaffen. Der eine dient der Bevölkerung mit über 6000 Plätzen als **Sport- und Konzertstätte**. Vor einigen Jahren war dieses Baungetüm noch einer der Austragungsorte der Schachweltmeisterschaft gewesen. Der andere, weitaus beindruckendere dient als **Gedenkstätte** an die einein-

*Die Statue ›Mutter Armenien‹ im Siegespark*

halb Millionen Armenier, die während des Völkermordes 1915 umgekommen sind (→ S. 58).

Der graue **Basaltobelisk** symbolisiert die Wiedererstehung des armenischen Volkes, die kreisförmig angeordneten **Basaltstelen** erinnern an eine sich schließende Hand, die das flackernde ewige Feuer vor dem Ungestüm der Zeit schützt. An dieser Gedenkstätte versammeln sich jährlich am 24. April Tausende von Menschen, die schweigend dieses schrecklichen Verbrechens gedenken.

Unweit der Gedenkstätte erinnert eine lange Mauer, die **Mauer des Schweigens**, mit auffallend nüchtern gemeißelten Buchstaben an die Namen der ehemalig armenisch besiedelten Dörfer und Städte der Türkei: Istanbul, Ankara, Kayseri, Urfa, Erznka, Kars, Trabzon, Van, Musch, Malatya und noch viele andere. Einige neue Grabsteine gedenken jener Opfer, die die Auseinandersetzung um Berg Karabach gefordert hat. Auf dem Hügel wurde unweit der Gedenkstätte ein äußerst sehenswertes **Museum des Völkermordes** (→ S. 150) eingerichtet. Das Museum wurde im Jahre 2015 wesentlich erweitert und mit einem neuen Ausstellungskonzept eröffnet.

## Der alte Kranich

Am Ufer des Flusses, inmitten eines Kranichschwarms
stand einer mit gesenktem Kopf.
Den Schnabel unter die Flügel gesteckt,
mit seinen altersmüden und schwachen Augen
erwartete er seinen letzten dunklen Moment.
Als seine Freunde sich im Fluge emporhoben,
konnte er ihnen nicht folgen.
Es ist sinnlos, weiterhin zu träumen.
Die Flügel des armenischen Kranichs
sind müde vom Reisen. Er war immer ergeben
in seinem bedauernswertem Los, so viele Tränen mit sich zu tragen!
Wieviele junge Frauen haben das brennende Klopfen ihrer Herzen
auf seine grazilen Schwingen geladen.
Wieviele entzweite Mütter und Söhne
haben seine Flügel mit Küssen bedeckt.
Nun schüttelt er alles in seiner Agonie
von seinen schmächtigen Schultern
– das große Leid eines Volkes von Emigranten.
Verklungen sind die Flüche, auch das Weinen der Braut,
als sie ihre letzten Rosen ungeküsst welken sah.
Die leisen Segen einer Mutter, Liebe, Verlangen und Sehnsucht.
Das alles schüttelte er ab.
Und an einem grautrüben Flussufer
inmitten seiner Einsamkeit
breitet er zum allerletzten Mal seine müden Schwingen aus.
Und zeigt auf die armenischen Berge
auf halbverfallene Dörfer.
Mit seiner Todesstunde Schrei
verflucht er die Ausgewanderten.
Und er bricht schweigend zusammen,
auf des Flussufers Kiesel wählt er sein Grab.
Er taucht seinen purpurnen Schnabel unter einen Stein,
das Lager einer Eidechse,
streckt seinen geschmeidigen Hals in den Gesang
der schlagenen Wellen,
mit erhabenem Beben scheidet er dahin.
Dort sah eine Schlange lang und stumm
mit starren Augen seine Todesstunde nahen.
Sie kriecht ans Ufer und,
aus Rache für Taten aus vergangner Zeit
schlingt sie sich in bösem, schnellen Sprunge
um seinen leblosen Hals.

*Daniel Varuzhan, Opfer des Genozids 1915*

*Die Gedenkstätte für den Völkermord an den Armeniern*

## Erebuni – die Grundmauern Jerevans

»Bei der Herrlichkeit des Gottes Haldi errichtete Argischti, der Sohn Menuas, diese große Stadt und gab ihr den Namen Erebuni. Zur Ehre des Landes Biainili und zum Schrecken der feindlichen Länder. Dieses Land war Wüste, ich führte hier große Arbeiten durch. Bei der Herrlichkeit des Gottes Haldi, Argischti, Sohn Menuas, mächtiger König, der König des Landes Bianili, Herrscher von Tuschpa.« Die zufällige Entdeckung dieser urartäischen Keilschrifttafel 1950 auf dem Arin-Berd-Hügel am südöstlichen Stadtrand von Jerevan veranlasste die Forscher der armenischen Akademie der Wissenschaften, die Grabungen fortzusetzen und die alte urartäische Festung freizulegen. Die **Keilschrifttafel** befindet sich heute in der Eremitage in Sankt Petersburg, eine Kopie ist in unmittelbarer Nähe der U-Bahnstation Hanrapetuthjun in der Nalbandjanstraße zu sehen.

### ■ Geschichte

Erebuni war unter dem König Argischti I. 782 vor Christus gegründet worden. Schon bei Ausgrabungen in einem anderen urartäischen Verwaltungszentrum, in Argischtihinili im Bezirk Armavir, war man auf Inschriften gestoßen, die von einer Festung Erebuni berichteten. Laut urartäischen Quellen wurden 6600 Deportierte aus den Ländern Hatti und Chupani angesiedelt. Diese Festung hielt dem feindlichen Ansturm der Skythen von allen Festungen des Ararattales am längsten stand, sie wurde als letzte vermutlich erst im 6. Jahrhundert n. Chr. zerstört.

### ■ Ausgrabungen

Bei den Ausgrabungen wurden die zyklopischen **Mauern einer Zitadelle**, Reste eines **Palastes** sowie riesige **Vorratslager** mit Krügen freigelegt. Für den Bau der zinnengekrönten, bis zu zwölf Meter hohen Wehrmauern verwendeten die Urartäer große Steinblöcke, die ohne Mörtelverbindung parallel aneinandergereiht wurden. Zwischen diese Steinblockreihen wurde dann Bruchsteinmauerwerk gefüllt, dadurch ergaben sich häufig Mauerstärken von bis zu sechs Metern. Eine Schicht Kalk über dem Fundament sorgte dafür, die Feuchtigkeit abzuleiten. Eine Besonderheit dieser Mauern sind vorspringende Teile, soge-

▲ *Die Mauern von Erebuni*

## Erebuni – die Grundmauern Jerevans

nannte Mauerrisalite, die nur an Befestigungen und öffentlichen Gebäuden zu finden sind. Die Oberteile der Mauern bestanden aus Lehmziegeln, die dann lehmverputzt wurden.

An der höchsten Stelle der Zitadelle von Erebuni stand der Turm des Haldi-Tempels. Man vermutet, dass die Plattform auf dem Turm für die Signalgebung mit Rauchzeichen, die man in der offenen Araratebene kilometerweit sehen konnte, gedient hat. Von einem offenen Platz gelangte man zu diesem Tempel, einer 440 Quadratmeter großen Halle mit Säulen und einer Decke aus Zypressenholz. Der Tempel von Erebuni ist der einzige urartäische Tempel, der nicht quadratisch angelegt ist, ein Umstand, der noch nicht erklärt werden konnte. Die Kultstätte des urartäischen Hauptgottes diente außerdem als Arsenal. Unmittelbar daneben lag der Palast des Königs. Ein kleiner Tempel war nur für die königliche Familie zugänglich.

Direkt unter dem Haupteingang der Festung befand sich eine Empfangshalle, die zusammen mit dem Haldi-Tempel und dem Königspalast zu den reich verzierten, repräsentativen Gebäuden der Zitadelle zählt.

Die restlichen Gebäude dienten vor allem als Lebensmittellager und enthielten im Erdreich versenkte Tonkrüge, die bis zu 1500 Liter Fassungsvermögen hatten. Diese in der Erde vergrabenen Tonkrüge, genannt Pithoi, hielten die eingelagerten Getreide- und Obstvorräte, aber auch Milchprodukte, getrocknetes Fleisch, sowie Wein, Bier und Sesamöl kühl.

Die Wände der Zitadelle sind mit vielen **Fresken** geschmückt. In der Säulenhalle des Haldi-Tempels sieht man als Zentrum auf dem gelben Untergrund eine 61 Zentimeter große Haldi-Gottheit, wie üblich auf einem Löwen stehend dargestellt. Besonders reich ist der Palasthof verziert, am oberen Teil der Wände sieht man waagrecht verlaufende Schmuckbänder in verschiedenen kräftigen Farben wie Rot, Gelb oder Schwarz.

An der Längswand des kleinen Palastsaales mit einer Größe von 8 mal 17 Metern wurde das urartäische Pantheon verherrlicht. Das 1,28 Meter breite Schmuckband versinnbildlicht die drei höchsten urartäischen Gottheiten. Ein schreitender Löwe symbolisiert den Hauptgott Haldi, gefolgt vom Wetter- und Kriegsgott Teischeba, dargestellt als Stier. Das umrahmte Sonnenrad steht für den Sonnengott Schiwini. In den Schmuckbändern, die darüber und darunter gemalt wurden, findet man die traditionellen urartäischen Palmetten, den Stufenturm und stilisierte Granatäpfel, Sonnenräder und kleine Gottheiten, die die heiligen Bäume mit Wasser besprengen.

In Erebuni fand man noch kleine **Keilschrifttafeln**, eine davon steht am Eingang des Susi-Tempels des Palastbezirkes. Viele andere Fundstücke wie Keilschrifttafeln, Keramikgefäße, bronzene Helme und Statuetten sowie Schmuck sind im **Historischen Museum von Jerevan** (→ S. 144) ausgestellt.

Ein eindrucksvolles Modell der Zitadelle Erebuni sowie viele kleinere, doch interessante Fundgegenstände sind im Museum von Erebuni (→ S. 149) ausgestellt. Dem mächtigen urartäischen Herrscher Argischti und seinen Streitrossen wurde unlängst eine eindrucksvolle Statue vor dem Museum errichtet.

Für den Besuch der Festungsanlage und des Museums sollte man sich unbedingt Zeit nehmen. Von der Festung aus hat man gegen Nordosten einen guten Ausblick auf die umgebende Bergwelt der Geghamkette, gegen Westen öffnet sich der Blick auf einen Teil der Stadt Jerevan und auf das Ararattal.

## Erebuni

Die Festung und das Museum liegen im Stadtteil Erebuni etwa vier Kilometer südöstlich des Zentrums. Man erreicht das Gelände über die große Ausfallstraße nach Süden, vorbei am Bahnhof und etwa 1400 Meter südlich des Bahnhofs nach links in die Erebunistraße. Am östlichen Ende der Straße sieht man bereits den Hügel mit den Festungsmauern und an dessen Fuß das Museum.

Man kann auch mit der U-Bahn zum Bahnhof fahren und von dort mit den Minibussen 11 und 72 direkt zum Museum. Trolleybus 2 sowie Minibus 11 fahren auch vom Zentrum aus, von der Agathangeghos- bzw. Tigran-Mets-Straße.

40°8'25.67"N, 44°32'18.11"E

## Karmir Blur

Der rote Hügel, so wird die einstige urartäische Festung im Südwesten Jerevans von den Armeniern genannt. Wie rote Sandhügel sehen die von Erde bedeckten Festungsmauern aus, die hier am Rande der Stadt vor sich hinbröckeln. **Gebäudereste** und große zyklopische **Mauern** lassen sich gut erkennen, aber leider ist die Grabungsstätte noch viel verlassener und verwahrloster als jene in Erebuni. Keine Hinweistafel, keine Erklärungen. Und dabei war für die Urartäer diese Stadtfestung weit bedeutender gewesen, was auch die vielen Funde verdeutlicht haben.

### ■ Geschichte

Hier auf dem kleinen Hochplateau auf der linken Uferseite des Hrazdan hatte der urartäische König Rusa II. Mitte des 7. vorchristlichen Jahrhunderts eine dem urartäischen Gott Teischeba geweihte Stadt namens Teischeba-Uru errichten lassen. Sie diente ihm als Verwaltungszentrum der urartäischen Provinz Aza und bestand aus einer Burg auf der Hügelspitze und einer befestigten Stadt mit Werkstätten und verschiedenen Wohnvierteln am Fuße der Erhebung. Rund um diese neue Stadt ließ der König auch noch Äcker und Bewässerungskanäle anlegen. Auf der gesamten etwa 30 bis 40 Hektar großen Anlage konnten Gebäude mit mehr als 150 Räumen sowie die größten Lebensmittellager des Ararattales gefunden werden. Rusa II. ließ anscheinend das gesamte Erntegut, etwa 750 Tonnen Getreide sowie über 40000 Liter Bier und Wein, in den dicken Ziegelmauern aufbewahren. Die Festung war aber nicht nur Lager, sondern auch eine Produktionsstätte, die den Bewohnern ein gutes Leben sicherte. Funde lassen auf Ölmühlen, Presshäuser, Brauereien und Keltereien, sogar auf Käsereien schließen. Aber auch die Bearbeitung von Pelzen, Wolle, Schmuck und Keramik konnte hier nachgewiesen werden.

### ■ Ausgrabung

Die Ausgrabungsarbeiten, die 1939 begonnen hatten, brachten eine unfassbare Menge von Lagergefäßen verschiedenster Größe zum Vorschein, in denen sogar noch einige Lebensmittelreste wichtigen Aufschluss über die Lebensweise der Urartäer geben konnten.

Erst im Jahre 1962 konnten im südlichen Teil der Festung die Fundamente eines Tempels freigelegt werden. Hier sollen auch blutige Tieropfer für die Götter stattgefunden haben. Immerhin konnten Knochen von 26 Opfertieren eindeutig nachgewiesen werden. Doch viele andere Schätze hat dieses Teischeba-Uru noch aufbewahrt: wertvollen, aufwendig verzierten Schmuck, Bronzehelme von ausnehmender Schönheit und viele Artefakte mit kurzen Inschriften.

Man kann kaum an die vergangene Größe dieser unscheinbaren Mauerreste glauben. Als einziges fällt ein riesiger Saal auf, in dem über 80 riesige Behälter aufbewahrt worden waren, von denen jeder bis zu 900 Liter fassen konnte. Die Zitadelle selbst erkennt man an den drei großen Räumen an der Nordostseite. Im dritten Raum sind sogar noch Brandspuren zu erkennen, die vom allzu schnellen Untergang von Teischeba-Uru erzählen.

### Karmir-Blur

Karmir Blur liegt im gleichnamigen Stadtteil im Südwesten der Stadt, unmittelbar auf einem Plateau über dem Hrazdan, mit dem Auto sind es etwa 20 Minuten Fahrzeit vom Stadtzentrum.
Man kann mit der U-Bahn bis Garegin Nzhdehi Hraparak fahren, die Bagratunjats'straße nach Norden gehen, dann am Spital Nr. 6 nach links abbiegen, bis zur nächsten Abzweigung geradeaus. Dann ist schon der rote Lehmhügel zu sehen. Nach rechts einbiegen und auf den Hügel oder auf den Hrazdan zugehen. Karmir Blur ist nie abgeschlossen, es empfängt seine seltenen Besucher an seinem gewaltigen, doch brüchigen Hauptportal. ⓞ 40°9'11.51"N, 44°27'9.51"E

## Schengavith

Schengavith war ein bedeutendes Zentrum der Frühzeit im Ararattal. Wenige Armenier wissen heute noch von dieser wichtigen Kleinstadt des vierten Jahrtausends vor Christus mit ihren auffälligen **Rundhäusern**, interessanten **Gräberfeldern** und den archäologischen Schätzen, die am Rande des Jerevaner Stausees im Südwesten der Stadt gefunden worden ist. Eigentlich ist ja Schengavith mit seinen runden Häusern der Ursprung der Stadt Jerevan, aber über das Volk, das sie gebaut hat, ist nichts bekannt. Auch der Stadtteil ist nach der frühbronzezeitlichen Siedlung der Kura-Arax-Kultur benannt worden, aber ähnlich wie das unweit gelegene urartäische Karmir Blur fristet die Ausgrabungsstätte Schengavith das Dasein einer vergessenen historischen Stätte Armeniens. Die Ausgrabungen fanden von 1936 bis 1938 sowie von 1958 bis 1980 statt. Es ist eine eher kleine Grabungsstätte auf einer Anhöhe über dem Jerevaner See, doch die Rundhäuser sind besonders gut zu erkennen. Auch hier gibt es ein kleines **Grabungsmuseum**, doch die wichtigen Fundstücke sind im Historischen Museum am Republiksplatz (→ S. 113) zu sehen. Das armenische Denkmalamt und einige Archäologen haben sich aufgerafft, in der nächsten Zeit diese bedeutende bronzezeitliche Stätte in Jerevan wieder zu säubern und für interessierte Besucher zugänglicher zu machen. Die ersten umfangreicheren Arbeiten habenbereits 2012 begonnen, es ist also abzusehen, dass man dereinst diese bedeutende historische Stätte und das Museum wieder besichtigen kann.

### Schengavith

Schengavith liegt genaugenommen auf oder hinter dem Grundstück des Krankenhauses Nr. 6, Anfahrt siehe oben bei Karmir Blur. ⓞ 40°9'24.20"N, 44°28'36.67"E

*Die Ausgrabung Schengavith*

# Die Kirchen von Jerevan

Sehr lange Zeit hatte Jerevan keine großen Kirchenbauten, und gemessen an der Zahl der Einwohner gibt es nur wenige Kirchen. Diese geschäftige orientalische Stadt hat vermutlich einst wenig Christliches in sich gehabt, das ist durchaus verständlich, wenn man bedenkt, dass auch die großen Skriptorien, die großen Klosterakademien meist weitab großer menschlicher Siedlungen in der Einsamkeit von Schluchten, dichten Wäldern oder schwierig erreichbaren Hochebenen liegen.

Jerevan war von jeher eine Handelsstadt, die wenig Tradition in kirchlicher Bildung, in christlichem Leben hatte. Das hat sich durch die Sowjetzeit noch verstärkt und wird sich auch nicht so schnell ändern. Die alten Kirchen des Zentrums sind wirklich gut versteckt und relativ schwierig zu finden. Dazu gehören Kathoghike und Zoravar im Stadtzentrum sowie Surb Hovhannes in Kond.

## Kathoghike

Diese kleine Kirche gilt nach wie vor als die älteste noch bestehende Kirche der Hauptstadt. Sie stand einst geschützt und versteckt im Innenhof des weltberühmten Atschar'jan-Institutes an der Ecke Sajat-Nova-Straße und Abovjan-Straße. Nun liegt der Blick auf sie frei, und die einstige kleine Oase und Rückzugsmöglichkeit ist dem Straßenlärm und –staub ausgesetzt. Aber sie wird dennoch wieder versteckt werden – in der Stadtresidenz des Katholikos und überragt von der in der Residenz liegenden Kirche der heiligen Anna, die bereits fertiggestellt ist.

Die Inschriften an den Mauern rund um die mittelalterliche Kirche berichten von der Erbauung im Jahre 1264. Zu Beginn des 17. Jahrhunderts wurde ein Gavith hinzugefügt. Die Kathoghike hatte einen riesigen offenen Bogen an der Westfront. Die Seitenfassaden waren wenig dekoriert und hatten kleine Nischen. Der Tambour leuchtete in kräftigem Rot und ist mit seiner Schirmhaube schlank und leicht zugespitzt. An der Westfront der Kirchen waren viele alte Inschriften und eingelassene Chatsch'kare zu sehen. Die Kirche wird seit Jahren restauriert, hoffentlich bleiben die Inschriften und der Innenraum in dieser Form erhalten. Sie mag zwar an Größe und Schönheit durch die Überbauung und Restaurierung gewonnen haben, aber, und da stimmen viele Jerevaner überein, an Charme und an Intimität verloren haben.

## Die ehemalige Kirche Petros und Poghos

Ebenfalls im historischen Stadtteil Schahar lag an der Abovjanstraße eine weitere Kirche. Sie war Peter und Paul geweiht und wurde im Jahr 1930 entdeckt. Man hat sie Stein für Stein abgetragen, ihre Reste sind heute im Jerevaner Historischen Museum zu sehen. Auf den Überresten einer alten Kirche aus dem 5. oder 6. Jahrhundert wurde im 17. Jahrhundert nach dem Erdbeben eine neue Kirche aufgebaut. Zwei Chatsch'khare, die an der Wand lehnten, zeigten die Datierung 1691 und 1692. Außerdem ließen zwei weitere Inschriften die Jahre 1798 und 1810 erkennen.

Die Peter-und-Pauls-Kirche stand in der Tradition der Trikonchos und fiel durch eine besonders große Apsis auf. Die Außen- und Innenfronten haben Nischen. An dem Nordeingang war einmal ein kleiner Portikus vorgesetzt. Das Innere der Kirche bestach durch relativ gut erhaltene Fresken. Die stille Beschaulichkeit und die alten Fresken mussten

# Die ehemalige Kirche Petros und Poghos

neuen, lauten Bildern weichen: Heute steht an ihrer Stelle das Kino Moskva im sowjetisch-klassizistischem Stil, und auch die Jerevaner selbst wissen kaum noch, an welcher Stelle die Kirche sich einmal befunden hat.

## Surb Hovhannes

Die größte der alten Zentrumskirchen, Surb Hovhannes, konnte den unchristlichen Zeitströmungen standhalten und erglänzt heute im Stadtteil Kond auf einer Anhöhe in der Jerkrordstraße 9 in neu restauriertem Glanz und neubelebtem Geist.

Auch hier hatte das Erdbeben des Jahres 1679 die alte Johanneskirche zerstört, über der dann der Fürst Melik-Aghamal im Jahr 1710 eine neue errichten ließ. Sie ist ein Teil der Renaissance und Besinnung auf die alte Kirchenarchitektur und wurde so im basilikalen Stil mit einer rechteckigen Grundfläche von 14,3 mal 18,5 Metern geschaffen.

Sie ähnelt nicht nur im Äußeren der Jakobskirche im nördlichen Stadtteil Khanakher, sondern auch in der inneren Gliederung. Vier große Pfeiler unterteilen die Kirche in drei Schiffe, die in der Mitte in die Apsis und an den Seiten in separat begehbare Eckräume münden. Kleine Nischen sind überall in die Wände eingelassen. Das kleine Türmchen sitzt mehr oder weniger über dem Zentrum des Kirchenraumes, etwa auf gleicher Höhe wie der Südeingang.

Die Außenfronten sind ebenfalls an den Längsseiten dreifach arkadenartig unterteilt und bestehen aus feingeschliffenen Tuffblöcken. Dekor ist nur wenig vorhanden, die einzigen dekorativen Abschnitte befinden sich am Portal in Form von spätmittelalterlichen Kreuzsteinen.

## Surb Anania oder Zoravar

Eingeschlossen von den üblichen grauen Wohnbauten Jerevans und einigen schattenspendenden Bäumen verbirgt sich in der Pharpets'istraße 9b eine der alten Jerevaner Kirchen. In dem dichten Labyrinth von ähnlich aussehenden Wohnblöcken im Zentrum der Stadt kann man die rotfarbene Kirche kaum finden, zu dicht haben sich schon die Häuser an sie herangedrängt. Gut, dass eine niedrige Umfassungsmauer und ein schönes

*Das Kino Moskau hat den Platz der Peter-und-Pauls-Kirche eingenommen*

Westportal die Kirche und ihr Gavith vor dem allzu zudringlichem Städtebau schützen. Es ist keine sehr große Kirche, aber durch ihr Gavith und die kleine Kapelle an der Nordwestseite ganz interessant anzusehen.

Surb Anania, oder auch häufig Zoravar genannt, wurde zwischen 1691 und 1705 über der zerstörten Grabkapelle des heiligen Anania errichtet. Dabei erzählt man sich, dass das alte Kloster Surb Anania, das auf eine Bitte der Jerevaner Bevölkerung bereits im 7. Jahrhundert gegründet worden war, ein besonders schönes gewesen sein soll. Es hatte hölzerne Säulen und Dächer, einzig die Grabkapelle war aus Stein. So fielen die hölzernen Bauteile schon der Belagerung durch die Osmanen und Perser in der ersten Hälfte des 17. Jahrhunderts zum Opfer.

Katholikos Philipos bemühte sich aber bald um die Wiederherstellung der Kirche und dieses Mal ließ er »nicht aus Holz, sondern aus Stein und mit Kuppel ein Gavith, ein Refektorium, Mönchszellen und alle anderen Bauten« errichten, wie ein zeitgenössischer Historiker kommentiert. Doch auch diese konnten dem Erdbeben im Jahre 1679 nicht standhalten.

Der wohlhabende Kaufmann Chodscha-Phanos aus Urfa stiftete gegen Ende des 17. Jahrhunderts eine Unsumme, damit die Kirche in ihrer heutigen Gestalt neu erstehen konnte: eine dreischiffige Basilikaform, deren Schiffe durch Paare von kreuzförmigen Säulen getrennt sind. Die Apsis ist hufeisenförmig und von zwei eckigen Räumen flankiert. Der erhöhte Altarraum kann vom Kirchenraum aus beiderseits der Apsis betreten werden. Der einzige Eingang zur Kirche liegt an ihrer Westseite. Obwohl das schmale **Gavith** zur selben Zeit wie die Kirche und daher die beiden als eine geschlossene Einheit errichtet worden sind, ist der gemeinsame rechteckige Grundriss an den Fassaden nicht so gut zu erkennen. Das Gavith ist weit niedriger als der Giebel des Satteldachs der Kirche und wurde eigentlich als eine Art luftige Galerie mit drei Arkaden der Kirche vorgesetzt, deren architektonische Leichtigkeit noch zusätzlich durch den schlanken Glockenturm über dem Jerdik betont wird.

Irgendwann war es den vielen Kirchgängern offenbar in der offenen Vorhalle zu zugig geworden und sie haben sie leider zugemauert und damit den architektonischen Stil etwas gestört. So ist es im **Inneren des Gavith** sehr dunkel geworden und erst mit der Zeit können die Augen das schön gestaltete Innere und vor allem das **Fresko** über dem Westportal der Kirche sehen. Umrahmt von einem breiten Flechtband und einer schmalen Kordel zeigt das Tympanonfeld ein leicht beschädigtes, doch noch farbenfrohes Bild der Madonna mit Jesuskind und Heiligen an ihrer Seite. Darüber ein kleineres Fresko, das an die Verkündigung erinnert.

Auf dem Dach des Gavith, direkt über dem Westportal sitzt ein winziges **steinernes Kirchenmodell**.

Die ganze Kirche ist über den Arkaden und an den Säulenrändern mit Ranken, Kordeln und geometrischen Motiven verziert, auffallend ist auch das **Hochrelief** über dem Eingang.

An der Nordwestseite wurde gegen Ende des 19. Jahrhunderts über die ehemalige Grabkapelle des Anania ein neues **Mausoleum** gesetzt. Ein quadratischer Grundriss auf einem Stufenunterbau und sehr schönen Ecken, die aufwendig durch schlanke Säulen geschmückt sind. Ähnlich wie das Gavith hat auch diese Grabkapelle ein Jerdik mit aufgesetztem sechssäuligem Turm. Auch das Südportal der Kapelle ist mit Ranken umrahmt, auch das runde Fenster über dem Eingang. Eine direkte Verbindung zum Gavith besteht durch einen kleinen Zwischenraum.

*Die versteckte Zoravar-Kirche*

# Die Museen Jerevans

Eine Stadt der Museen hat sich Jerevan noch zu Sowjetzeiten stolz in touristischen Prospekten gepriesen, 24 an der Zahl sollen es sein. Von diesen 24 Museen sind heute einige wegen Renovierungsarbeiten, Geldmangel oder fehlendem Publikumsinteresse geschlossen. Einige werden wohl ihre Tore für längere Zeit, wenn nicht gar für immer geschlossen halten, vor allem die kommunistisch angehauchten Museen. Viele der Einrichtungen sind sogenannte Wohnhaus-Museen bekannter armenischer Künstler, die wohl mehr Bedeutung und einen größeren Bekanntheitsgrad innerhalb des Volkes als bei etwaigen Touristen haben mögen. Dennoch, Jerevan ist eine Stadt der Museen, und viele sind durchaus sehenswert. Leider sollte man aber für die meisten Museums Jerevans und Armeniens des Armenischen oder Russischen mächtig sein, um die Beschriftungen an den ausgestellten Stücken verstehen zu können.

## Historisches Museum

Die Sammlung des Museums zeigt die Geschichte Armeniens von seiner frühesten Besiedlung in der Steinzeit bis in unsere Zeit. Das Museum ist äußerst sehenswert, es lohnt sich auch, nur einen Teil zu besichtigen, wenn man nicht soviel Zeit hat.

Da aber ein Großteil der Beschriftungen in armenischer oder russischer Sprache sind, empfiehlt es sich, gleich beim Lösen der Eintrittskarte nach einer Museumsbroschüre zu fragen, die es in englischer, manchmal auch in deutscher Sprache gibt.

Das Museum bietet Ausstellungsräume auf drei Ebenen. Die Anordnung der Ausstellungstücke im Parterre erscheint etwas unsystematisch und für den Besucher verwirrend. Es empfiehlt sich, gleich die Treppen in den zweiten Stock hinaufzusteigen und mit dem gut sortierten und aufgearbeiteten Bereich, der Frühzeit, zu beginnen. Und danach

▲ *Das Gebäude beherbergt die Gemäldegalereie und das Historische Museum*

# Historisches Museum 141

gegenüber, einen Stock tiefer, rechts vom Aufgang, die Räume über das Frühmittelalter mit den großen Königsstädten Dvin und Ani zu besichtigen. Erst dann sollte man die Schauräume des Parterres begehen.

### ■ Zweites Stockwerk

Im zweiten Stockwerk werden die aufsehenerregendsten Fundstücke der **armenischen Archäologie** sowohl der **prähistorischen Zeit** als auch des **Mittelalters** in gekonnter Weise gezeigt. Der prähistorische Teil der Ausstellung links vom Aufgang ist sehr gut gestaltet – und hat auch englische Beschriftungen, ein Umstand, der darauf zurückzuführen ist, dass dieser Teil vor Jahren im Historischen Museum der holländischen Stadt Leiden präsentiert worden war. Hier zeigt man außerordentliche Funde aus der Frühzeit Armeniens, formschöne Keramik, Schmuck, Waffen, und überraschend detailgetreue Bronzefiguren. Hauptattraktion dieser Abteilung ist aber sicherlich der vollständige restaurierte Kultwagen von Ltschaschen. Daneben beeindrucken Fundgegenstände aus bronzezeitlichen Grabstätten, erstaunliche Kultgegenstände und kunstvolle Figuren aus der Zeit um etwa 250 000 vor Christus. Hier kann man die hohe kulturelle Entwicklung der bronzezeitlichen Bevölkerung der Araratebene erahnen. Die Ausstellung ist so reich und umfassend – hier kann man tatsächlich die bedeutende Rolle der Araratebene in der Bronzezeit erahnen.

### ■ Erstes Stockwerk

Einen Stock tiefer, rechts vom Aufgang, findet man die Schauräume, die sich den beiden bedeutenden armenischen **Königsstädten Dvin und Ani** sowie dem armenischen Mittelalter und seiner ausgeprägten **christlichen Kunst** widmen. Im ersten Saal wird die Stadt Dvin aus dem 4. bis 15. Jahrhundert vorgestellt, mit viel Keramik, Münzen und Schmuck. Der zweite, anschließende Raum beeindruckt durch das Modell der Stadt der 1001 Kirchen, Ani. Verschiedene Schaustücke geben Auskunft über die Bedeutung dieser Stadt.

Die Keramikkunst von Dvin und Ani wird im dritten Raum, Gegenstände angewandter Kunst aus dem 17. bis 19. Jahrhundert im letzten Raum präsentiert.

### ■ Parterre

Im Parterre sind ausgewählte Stücke **armenischer Kirchenarchitektur** und **Steinmetzkunst** zu sehen.

Auf der linken Seite der Stufen, von oben kommend, sind einige Stücke der **Zvarthnots'er Palastkirche** zu sehen, darunter auch ein überdimensionaler Granatapfel oder die bekannten steineren Porträts der Zvarthnots'er Baumeister. Auch die schönen **Stelen** aus dem 6. Jahrhundert, die einst in der Nähe der Thaliner Kathedrale aufbewahrt waren, kann man hier ungestört betrachten.

Viele kleinere und größere **Bruchstücke** von Kirchen, Tympana oder anderen Reliefs sind gegenüber im ersten Saal ausgestellt, zum Beispiel ein kleiner geflügelter Chatsch'kar der Klosterinsel Sevan oder ein riesenhafter, über zwei Meter hoher Chatsch'khar aus dem Kloster Havuts' Thar in der Nähe von Garni. Ein Rätsel mag es wohl bleiben, wie man diesen wunderschönen Steinkoloss aus dem 12. Jahrhundert aus den Klosterruinen hierher gebracht hat, denn Havut's Thar liegt am äußersten Rand eines Hochplateaus und kann nur zu Fuß durch einen Marsch von etwa eineinhalb Stunden erreicht werden.

Im rechts angrenzenden Raum werden **religiöse Gegenstände** gezeigt, im links folgenden Raum betritt man eine lange, buntgemischte **Galerie mit frühzeitlicher**

Jerevan

Keramik, kostbaren **Teppichen** und armenischen **Trachten**. Im nachfolgenden kleinen Raum werden **Funde aus Schengavith** gezeigt.
Geht man in gleicher Richtung gerade weiter, betritt man wiederum Räume mit Teppichen und frühzeitlichen Gefäßen. Im letzten Raum dieses Flügels steht das wunderbare **Modell der Palastkirche von Zvartnots'**.
Auf gleichem Weg zurück gelangt man nun durch einen winzigen Raum mit **Gewändern aus dem 17. Jahrhundert** in einen größeren Raum mit wunderschönen **religiösen Artefakten aus dem 17. und 18. Jahrhundert**, um dann auch in die **moderne Geschichte Armeniens** des 20. Jahrhunderts einzutauchen.

### Historisches Museum

Staatliches Historisches Museum, Hanrapetuthjan Hraparak 4, Tel. +374/10/583861, www.historymuseum.am. Di–Sa 11–18 Uhr, So 11–17 Uhr. Der Eintritt kostet 1000 Dram, Führungen in deutscher Sprache sind möglich (5000 Dram). Es gibt auch einen Museumsshop.

## Gemäldegalerie

Nirgendwo sonst bekommt man einen derart umfassenden Eindruck vom Kunstschaffen und von der Kreativität eines Volkes wie in seiner nationalen Gemäldegalerie. Malerei ist eine jener Kunstzweige in Armenien, deren Siegeszug schon mit dem Einsetzen der Miniaturmalerei begonnen hatte und sich bis heute fortsetzt.
Die Armenische Malerei ist in Mitteleuropa ziemlich unbekannt, es gibt sie praktisch nirgends zu sehen. Vermutlich liegt es auch an den allzu armenischen Sujets, die nicht verstanden werden. Die Malerei erfreut sich einer ganz besonderen Beliebtheit in Armenien, und es zählt beinahe zum guten Ton, mindestens einen Maler in der Familie zu haben. Es gibt sogar ganze Malerfamilien, in denen die Kinder, bevor sie noch schreiben und lesen können, schon eine nahezu perfekte Pinselführung haben.

### ■ 5. Etage

Die Erfahrung lehrt, dass es sowohl für den Geist, als auch für die Augen und die Füße unmöglich ist, die ganze Galerie genussvoll zu durchschreiten. So beginnt der Rundgang am besten im fünften Stock, denn hier beginnt die armenische Abteilung. Im siebten Stockwerk ist europäische Malerei zu sehen, im sechsten werden die russischen Meister gezeigt.
Den Beginn der Ausstellung machen die Bilder eines der berühmtesten, doch ungewöhnlichen armenischen Malers, von **Ivan K. Aivasovsky** (1817–1900). Der Armenier mit dem russifizierten Familiennamen (arm. Hovhannes Aivazjan) konnte sich nicht am Meer und an seinen Gezeiten sattsehen. So sind hier vor allem seine berühmten Meeresbilder ausgestellt. Er teilt diesen Saal mit den Porträts von **Stephanos Nersisjan** (1816–1884).
Der zweite Saal auf der rechten Seite ist ganz der berühmten **Malerdynastie der Hovnatanjan** (Ende des 17. bis Ende des 19. Jarhunderts) gewidmet, die durch ihre zahlreichen, sich eigentlich einander stark gleichenden Porträts zu Ruhm gelangt sind.
Der dritte Saal auf der linken Seite vom Eingang birgt zwei ungewöhnliche Bilder von Aivasovsky, die Noahs Abstieg vom Berg Ararat auf der einen Seite und den Blick von der Armenier-Insel San Lazzaro auf Venedig genau gegenüber. Im vierten Saal sieht einen die wunderschöne, laszive Salome mit einem derart herablassenden Blick an, dass man sich lieber den anderen Bildern des Malers

*Ein Sarjan in der Gemäldegalerie*

**Vardges Surenjants** (1866–1921) hingibt. Sein ganz eigener Stil der bis ins Detail genauen Wiedergabe von Kleinigkeiten hat sich mit einem besonders lebhaften Gesichtsausdruck wirkungsvoll gepaart. Nichts ist schwieriger, als nicht betroffen an seinem Gemälde ›Das geschändete Heiligtum‹ vorbeizugehen. Die pastellfarbenen Landschaftsbilder und Porträts **Gevorg Baschindschagjans** (1857–1925) schmeicheln hingegen den Augen.

Landschaftsmalerei ist auch in den anschließenden Räumen zu sehen, dazwischen auch einige interessante Porträts wie das einer beeindruckenden älteren Dame in traditioneller Tracht und mit einem seltsam wachen, beobachtenden Blick aus ihren braunen Augen. Armenieraugen, wie sie schon Franz Werfel einst genannt hat. Armenier erkenne man an ihren braunen Augen, in denen sich das jahrhundertelang ertragene Leid und die dem Volk angeblich angeborene Melancholie spiegeln. Ob Werfel diese Porträts von **Step'an Aghadschanjan** (1863–1940) je zu Gesicht bekommen hat?

Besonders realistische Porträts des Malers **Jenovk' Nazarjan** (1868–1929) sind im sechsten Saal zu sehen.

Zwei Bilder bestimmen den siebenten Saal, die dem Pinsel des Impressionisten **Jeghische Tadevosjan** (1870–1936) entstammen, das wunderschöne Porträt seiner lesenden Frau und das traurige Bild des armenischen Priesters und Musikers Komitas.

In den weiteren zwei Sälen sind viele Szenen aus dem armenischen Dorfleben dargestellt, besonders schön ist die Arbeiterin von P**hanos Therlemezjan** im achten Saal. Farbenfrohe Bilder und Aquarelle armenischer Klöster und Kirchen bietet der neunte Saal.

### ■ 4. Etage

Doch das war noch nicht alles, die berühmtesten aller Bilder liegen nämlich einen Stock tiefer. Die vierte Etage besteht aus drei Abteilungen, wobei besonders die Abteilungen für Martiros Sarjan (1880–1972) und Edgar Chahine (1874–1947) nennenswert sind.

Die **Sarjan-Abteilung** bietet zwei Säle mit Bildern des bekanntesten aller armenischen Maler und zwei weitere mit Bildern anderer berühmter Zeitgenossen. Der armenische Meistermaler Sarjan mit seinen typisch grellen Farben und der etwas groben Pinselführung ist gleich in seinem berühmten Selbstporträt von 1948 zu sehen, ebenso das durch ihn berühmt gewordene Dorf Kharindsch.

Der zweite Saal auf der linken Seite steht dagegen mit den kleinen, etwas düsteren Gemälden von **Alexander Baschbeuk-Melikjan** (1891–1966) und den modernen Bildern eines **Georgi Jakulov**

(1884-1928) in krassem Gegensatz zu den leuchtenden Farben Sarjans.
Im dritten Saal begeistert immer wieder die turbulente Täbriser Straßenszene mit den karikaturhaft überzeichneten Gesichtern von **Hakob Kodschojan** (1883-1959).
Den mittleren Saal des vierten Stockes nehmen die entzückenden Grafiken von **Edgar Chahine** ein, der mit unglaublicher Präzision nicht nur Landschaften, sondern auch Porträts auf Papier gebracht hat. Sein berühmtestes mag wohl das der belustigt aussehenden Louise France von 1902 sein.
Die letzte Abteilung scheint stilistisch sehr gemischt zu sein, obwohl es sich hier meist um **Maler des 20. Jahrhunderts** handelt. In diesen Sälen beeindrucken die etwas zu bunt geratenen Bilder von Grigor Chandschjan genau so wie die düster-finsteren Gesichter eines Simonjan (1908 -1943). Im zweiten Saal sind es aber die Bilder von Jervand Khotsch'ar, besonders der ausgezehrte junge Mann in eigenartiger Körperhaltung.

■ 3. Etage

Einen Stock tiefer und mit bereits leicht surrendem Kopf kommt man in jene Abteilungen, die zwar zeitgenössisch, aber nicht als modern zu bezeichnen sind. Manchmal springen einem die Bilder vor lauter Farbe oder Größe beinahe entgegen, manchmal muss man aber genau an sie herangehen, um überhaupt etwas zu erkennen.
Die Kohlezeichnungen von **Rudolf Chatsch'atrjan** (geb. 1937) sind in ihrer Schlichtheit geradezu genauso unvergesslich wie jene Bilder von **Hakob Hakobjan** (geb. 1923) im ersten Saal rechts: armenienfarbene Bilder möchte man meinen, in den Farben der trockenen Erde und des Steins des Hochlandes.
▲ Die Bilder sind karg, aber vielsagend.

Auch der zweite Saal bietet bemerkenswerte Arbeiten, wie die interessanten Gesichter von **Jean Zhansem** (geb. 1920) oder die geometrisch anmutenden Bilder von **Asathur** (geb. 1943).
Ein verspanntes Genick, überbeanspruchter Geist und brennende Sohlen sind dankbar, dass der Ausgang naht. Noch schnell am Kiosk in den Büchern gewühlt und die Postkarten angesehen, dann gelangt man wieder zurück ins alltägliche Armenien, von dessen künstlerischer Vergangenheit vieles plötzlich an Bedeutung gewonnen hat, wodurch die Kultur des Landes in ein anderes schillerndes Licht getaucht erscheint.

**i Nationalgalerie**
Hanrapetuthjan Hraparak, Tel. +374/10/ 580812, www.gallery.am.
Di-Sa 11-17.30 Uhr, So 11-17 Uhr. Der Eintritt kostet 800 Dram. Führungen sind u. a. in Englisch möglich (5000 Dram). Es gibt einen Museumskiosk mit Büchern und Postkarten.

## Geschichtsmuseum der Stadt Jerevan

Im Jahre 2005 wurde im neuen, wunderschönen Rathaus der Stadt Jerevan das Museum der Geschichte Jerevans eröffnet. Es präsentiert sich heute in sechs Abteilungen, die in drei Sälen die Geschichte der Stadt von der Steinzeit bis heute darstellen. Das Museum bietet eine interessante Sammlung frühgeschichtlicher Funde, auch aus neueren Ausgrabungen in Armenien, aber auch eine schöne Kollektion von antiken Möbeln, Textilien, Trachten, Teppichen, Münzen und Dokumenten. Die jüngere Geschichte der Stadt wird in wunderbaren Fotografien dargestellt (Saal 2). Es gibt auch Sonderaustellungen armenischer Kunst und Handwerkskunst (Saal3).

## Museum für Stadtgeschichte

Argischti 1, Tel. +374/10/568185, 568109. Täglich außer So von 11–17.30 Uhr geöffnet. Eintritt 500 Dram; Führungen auf Deutsch sind möglich (3000 Dram), www.yhm.am.

## Matenadaran

Das Matenadaran ist eines der schönsten Gebäude Jerevans, eine beeindruckende Bibliothek, die am Ende des Mesrop-Maschtots'-Boulevards über die ganze Innenstadt blickt. Das Gebäude wurde 1957 vom Architekten Mark Grigorjan geschaffen.

Man erzählt sich, dass einst der mittelasiatische Herrscher Timur Lenk von den Bewohnern des Dorfes Gosch gefordert hätte, all ihr Gold abzugeben. Doch die halsstarrigen Dorfbewohner zogen der Unterwerfung vor dem Fremdherrscher den Tod vor. So fragte der verärgerte Tyrann einen Weisen, was wohl das Wertvollste für das armenische Volk sei. Dieser meinte, nichts sei so wertvoll für das Volk wie seine Bücher. So ersann sich der habgierige Timur eine neue List. Er befahl, alle Bücher aus dem Kloster zu verbrennen. Als die ersten Flammen die kostbaren Handschriften versengten, kamen die Dorfbewohner schnell mit all ihren Goldschätzen gelaufen, um ihre Bücher vor dem Feuertod zu retten.

### ■ Bibliothek und Forschungstätte

Matenadaran ist das altarmenische Wort für Bibliothek, für die Aufbewahrungsstätte des heiligsten Gutes der Kultur. Bücher, und in erster Linie die alten Handschriften, haben einen unermesslich ideellen Wert für die armenische Tradition und Geschichte, gar nicht zu sprechen vom unschätzbaren materiellem Wert der Handschriften.

Diese Bibliothek wurde in der Mitte des 20. Jahrhunderts erbaut, um den vielen tausenden armenischen und fremdsprachigen Handschriften ein Zuhause zu geben und sie vor dem Zerfall zu bewahren. Aber der Name Matenadaran steht auch für die heute bedeutendste Forschungsstätte Armeniens, die nicht nur die Ar-

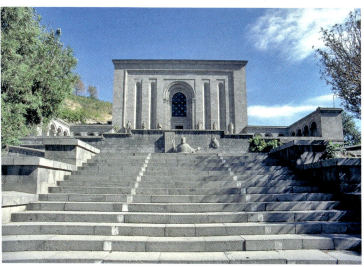

*Hüter unsagbarer Schätze: Matenadaran*

menier selbst, sondern auch die Wissenschafter aus der ganzen Welt anlockt. Eine unerschöpfliche Quelle alten Wissens aus 15 Jahrhunderten tut sich hier jedem Interessierten auf, sei es aus der Geschichte, der Medizin oder anderen Wissensgebieten. Kunsthistoriker sind von der Feinheit und Farbenkraft der armenischen Miniaturen fasziniert und von der scheinbaren Unberührbarkeit der alten Schriften aus den frühen christlichen Jahrhunderten nahezu verzaubert. Es ist ein unbeschreibliches Gefühl, eine dieser Handschriften in der Hand zu halten, sie so vorsichtig wie möglich umzublättern, den seltsamen staubigen Geruch in die Nase zu bekommen und seine Finger über die oft kunstvollen Einbände gleiten zu lassen. Es ist, als ob man in eine andere Zeit zurückversetzt wird, wenn man im Lesesaal des Matenadarans auf einem auch schon antik wirkenden Holzständer eine Handschrift sorgsam von einer Plastikfolie geschützt mit kleinen Holzstäbchen aufblättert.

*Koriun-Statue am Aufgang zum Matenadaran*

■ **Eingangsbereich**

Die **Statue des Mesrop Maschtots'** erhebt sich am Stiegenaufgang zur Bibliothek. An seiner Seite kniet sein Schüler **Koriun**, der auch später die Biographie seines Lehrmeisters verfasst hat. Zu seiner rechten Seite ist sein armenisches Alphabet in die Mauer gemeißelt, zu seiner linken Seite sein berühmtester Ausspruch: »Weisheit und Gelehrsamkeit zu kennen bedeutet, die Dinge des Geistes zu begreifen.« Den Eingang zum Gebäude mit dem eindrucksvollen Tor flankieren Statuen der berühmtesten armenischen Gelehrten und Literaten, die streng auf die Besucher herabblicken.

Am äußersten linken Rand erinnert die **Statue des Thoros Roslin** an den berühmtesten aller Miniaturmaler Armeniens. Er schuf im Kilikien des 13. Jahrhunderts die wohl schönsten, ausdrucksvollsten und erlesensten Illustrationen armenischer Evangeliare und Bibeln. Neben ihm steht ein etwas ernster blickender Mann, der unter dem Namen Grigor Tathevats'i oder **Grigor von Tathev** in die armenische Kirchen- und Literaturgeschichte eingegangen ist. Auf ihn geht auch der Ruhm der Klosterakademie im Süden Armeniens sowie einige berühmte theologische Schriften und wunderschöne Illuminationen aus dem 15. Jahrhundert zurück. Der Herr, der mit dem nachdenklichen Gesicht und einer kleinen Weltkugel in der Hand der letzte auf dieser Seite ist, ist der erste Naturwissenschafter Armeniens, **Anania Schirakats'i**, der im 7. Jahrhundert eine Kosmographie und andere bedeutende naturwissenschaftliche Werke verfasste.

Ihm folgt, nach der Treppe, auf der rechten Seite der wohl bekannteste, aber seiner Datierung wegen heftig umstrittene armenische Chronist **Movses Chorenat'si**. Auf ihn gehen nicht nur

# Matenadaran

die wenigen überlieferten heidnischen Legenden und Gesänge zurück, auf ihn berufen sich doch tatsächlich viele der neuzeitlichen armenischen Historiker. Neben ihm ist mit seriösem, etwas ausgezehrtem Gesicht, ein Buch fest umklammernd, der armenische Universalgelehrte des 12. Jahrhunderts, **Mechithar Gosch**, verewigt. Er hat nicht nur Fabeln für das Volk aufgeschrieben, sondern auch ein Gesetzbuch geschaffen und die große Klosterbibliothek von Goschavankh gegründet. Der letzte der sechs Gelehrten ist auch der jüngste und am wenigsten gelehrte: **Frik**, der erste Poet und Liebesdichter Armeniens aus dem 13. Jahrhundert.

In den überdachten Arkaden zu beiden Seiten des Gebäudes liegen einige **Kreuzsteine**, aber auch ein fischförmiger Vischap ist zu sehen. Der schöne Kreuzstein in der Mitte der rechten Arkaden zeigt feine figürliche Darstellungen, die mit perfekt reliefiertem Muster eine eindrucksvolle Kombination des Meisters Khiram aus Jeghegis aus dem 16. Jahrhundert ergibt.

## ■ Treppenhaus

Um in den Ausstellungssaal zu gelangen, muss man die Treppen hinauf in den ersten Stock gehen. An den Wänden sieht man eine Art dreigeteiltes **Gemälde**, das die wesentlichen Elemente der frühen armenischen Geschichte in grünlichen Farbtönen wiedergibt. Auf der linken Seite scheint die heidnische und urartäische Epoche das zentrale Thema zu sein: ein Fischvischap, am Rande eine urartäische Keilschrifttafel, der Tempel von Musasir und einige Baumeister, die mit sehr ernsten Gesichtern ihre Bauwerke begutachten. Das mittlere Bild ist auf die Bedeutung der armenischen Buchstaben konzentriert: Die Bildmitte nimmt Mesrop Maschtots' ein, der mit einer Tafel mit armenischen Buchstaben in der rechten Hand, mit der linken einen seiner eifrigen Schüler unterweist. Ihn umgeben armenische Gelehrte sowie typisch christliche Motive, etwa die Palastkirche von Zvarthnots' und eine Miniatur. Das rechte Bild zeigt die vorchristliche Zeit Armeniens, die durch verschiedene iranisch beeinflusste Herrscher geprägt war. So vereinen sich hier das bekannte Bildnis der mazdaistischen Göttin Anahit mit dem auf einer Münze geprägten Bildnis des armenischen Königs Tigran des Großen, Inschriften mit griechischen Buchstaben, Künstler und Schreiber. Das Triptychon der armenischen Schriftgeschichte ist 1960 an die Wände des Matenadarans gemalt worden.

## ■ Ausstellung

Die Ausstellungssäle zeigen die schönsten und auch kuriosesten Handschriften; ausgehend vom **zentralen Ausstellungsraum**, führen nach links und rechts weitere Säle in die Geschichte und Kunst armenischer Handschriften. Links des zentralen Saales sind vor allem naturwissenschaftliche und medizinische Werke zu sehen, rechts besondere Kostbarkeiten aus der Schule von Kilikien. Man bemüht sich, die verschiedenen Ausstellungssäle nach Schulen bzw. Regionen zu teilen, so gibt es einen Saal der Handschriften von Musch, von Karin, von Vaspurakan. Daneben gibt es den bereits erwähnten Ausstellungsbereich medizinischer Werke, und einen speziell für alte Karten. Es werden Manuskripte aus allen Jahrhunderten und Wissensbereichen gezeigt, darunter auch die berühmtesten Manuskripte der armenischen Geschichte. Aber auch Handschriften anderer Kulturen, wie Papyri oder alte Dokumente sind ausgestellt. Auch der Buchdruckkunst wird gehuldigt, das älteste Druckwerk

von 1512 ist ebenso unter Glas zu sehen wie die erste armenische Zeitung, die 1794 in Madras erschienen ist.
Eines der Glanzstücke befindet sich gleich am Ausstellungsbeginn: das **Sanasarjan-Evangelium** aus dem Jahr 986. Die berühmten historischen Handschriften sind etwa die Alexandergeschichte aus dem 17. Jahrhundert oder die Darstellung der Schlacht von Avarair in Jeghische's Manuskript von 1569. Welche Ausdruckskraft! Erstaunlich sind auch die interessanten naturwissenschaftlichen Handschriften mit ihren Kalendarien oder die medizinischen mit ihren präzisen Darstellungen von Heilpflanzen. Von besonderer Erlesenheit und leuchtenden Farben sind aber die Hymnarien und Musikbücher auf der rechten, äußeren Seite des Saales. Die berühmten Dichter des 11. Jahrhunderts werden in den schön illuminierten Handschriften Nr. 1173 von Grigor Narekats'i und nr. 1644 von Nerses Schnorhali gezeigt.
Der zentrale Saal erscheint beim Betreten so klein, doch wie lange möchte man doch vor diesen ergreifenden, strahlenden Miniaturen stehen, man kann sich gar nicht davon losreißen. Der mittlere Rundgang zeigt aufsehenerregende, unschätzbare armenische Kunstwerke. Dazu zählen vor allem das Evangelium des Ovanes aus Vaspurakan aus dem 13. Jahrhundert, das den Einzug Jesu in Jerusalem sehr schön zeigt, oder das berühmte Bild Grigor Tathevats'is, umringt von seinen Schülern in Manuskript Nr. 1441. Mit kostbaren Goldblättchen verziert ist auch die Bibel des Hakob Aknets'i aus Konstantinopel. Hier ist die Geschichte der heiligen drei Könige aufgeschlagen. Gleich daneben begeistert das wunderschöne Titelblatt der Bibel von Yeghia Hamthets'i mit typischen farbenreichen Marginalien, in denen kleine Bildnisse der Apostel verwoben sind, und einer an Vögel erinnernden Schrift für die erste Zeile. Eine bemerkenswert verspielte Vogelschrift leitet die Genesis in der Bibel der Tamur Aknerts'i aus Konstantinopel ein: Der erste Buchstabe dieser Seite ist ein i, dargestellt durch einen kunstvoll gemalten Mann mit einer Schlange. Aber nicht nur das Innere der Handschriften ist kunstvoll, sondern auch die aufwendig gestalteten Einbände, wie die mit Gold, Silber und Edelsteinen verzierten oder aus Elfenbein fein geschnitzten Buchdeckel.
Die Säle zeigen nur einen kleinen Teil des Inventars. Insgesamt werden hier rund 25000 Handschriften aufbewahrt, davon sind allein 14000 in armenischer Sprache geschrieben. Es gibt auch viele Fragmente oder Folianten. Auch die größte armenische Handschrift überhaupt kann man im Ausstellungsraum begutachten. Dieses sogenannte **Muscher Homiliar** aus den Jahren 1200 bis 1202 wiegt 34 Kilo, für ihren Ledereinband allein wurde 700 Kälbern sozusagen das Fell gegerbt. Um den besten Überblick über den Schatz, der hier tief verborgen und geschützt im atomsicheren Keller liegt, zu erhalten, sollte man den Handschriftenkatalog durchsehen, dessen neuer Band bereits in Vorbereitung ist. Viele der Handschriften sind aber bis jetzt noch nicht erforscht oder ediert worden.
Der **Museumskiosk** befindet sich rechts von den Stufen am Eingang. Der Besuch lohnt sich. Einen besonderen Schatz birgt nun auch eines der oberen Stockwerke, hier wurde von einer japanischen Stiftung eigens ein Saal geschaffen, in dem nach modernsten Techniken die Kostbarkeiten des Matenadarans restauriert werden können. Und bevor man dem Matenadaran den Rücken zukehrt, sollte man noch rasch einen Blick auf die große Pforte und ihren Türklopfer werfen. Ja, irgendwo ist das ein bekannter Anblick. Von einem Kognaketikett? Nein, von der Schachtel der armenischen Zigarettenmarke Jerevan.

### Matenadaran

Mesrop Maschtots'i pogh. 53, Tel. +374/ 10/583292, www.matenadaran.am. Mo–Sa von 10–17 Uhr. Eintritt 1000 Dram. Fotogebühr 5000 Dram. Gute Führung in deutscher Sprache möglich, je nach Gruppengröße 2000 bis 6000 Dram. Gruppen von mehr als fünf Personen müssen sich vorab anmelden und sich registrieren lassen. Man sollte vereinbaren, wie lange die Führung dauern darf!

## Erebuni-Museum

Am Fuße von Arin-Berd (→ S. 50) liegt das kleine Grabungsmuseum, das durch seine aufwendig gestaltete Fassade im urartäischen Stil besticht. An der Stirnfront über den Eingangstüren sind in einem Tuffrelief typisch urartäische Königs- und Kriegerdarstellungen nachempfunden. Das Museum ist klein, aber es bietet eine Vielzahl von sehenswerten Fundstücken aus den beiden urartäischen Festungen Jerevans, aus Erebuni und Karmir Blur. (→ Karte hintere Umschlagklappe)

Ein **Modell der Anlage von Erebuni** gleich nach dem Eingang zeigt eindrucksvoll die raffiniert angelegte Festung mit ihren Palästen, Lagerhallen und Wohngebäuden. Verschiedene kurze Keilinschriften erzählen von der wirtschaftlichen Tätigkeit des urartäischen Herrschers Sarduri, der für das Erblühen Erebunis von großer Bedeutung gewesen sein soll. In den Schauräumen sind eine ganze Reihe von Keramiken, Gewandteilen, Bauelementen und Gegenständen aller Art ausgestellt. Einige davon sind so gut erhalten, dass sie gar nicht wie einige Jahrtausende alt wirken. Die urartäische Kultur war eine sehr hochstehende, davon zeugt vor allem das ausgereifte **Kunsthandwerk**. So ist nicht nur der berühmte Kessel mit den drei Stierköpfen, eine Grabbeigabe aus Erebuni, in vielen Büchern über Urartu abgebildet, sondern vor allem auch der schlichte, jedoch äußerst exakt gearbeitete Bronzehelm des Herrschers Sarduri II. aus Karmir Blur. Und Arubani! Die Statue ist manchem aus Abbildungen bekannt, als die einer urartäischen Göttin mit schlanken Armen und ebenmäßigem Gesicht, die majestätisch auf einem Thron ruht. Doch die Abbildungen verschweigen meistens die Größe dieser Göttin, denn die ganze Statue ist nicht einmal 20 Zentimeter groß.

*Der Eingang zum Erebuni-Museum*

Von atemberaubender Schönheit sind auch die **silbernen Rhytone** aus Erebuni. Nur der König selbst kann aus diesen Weingefäßen getrunken haben. Es ist auch erstaunlich, wie sehr die spätere armenische Kunst von der urartäischen beeinflusst worden ist, nicht nur in den Darstellungen der Stiere und Löwen, sondern auch in einigen Bauweisen. Kein Wunder, dass sich die Armenier gerne als die direkten Nachfahren der Urartäer sehen oder sogar meinen, die Urartäer seien ohnehin schon Armenier gewesen. Angeblich hat man Inschriften gefunden, die in urartäischer Keilschrift armenische Sprache wiedergeben. Das ist aber sowohl historisch als auch sprachwissenschaftlich nicht haltbar.

> **Erebuni-Museum**
> Erebuni pogh. 38, Tel. +374/10/432621. Mo-Sa von 10.30-16.30 Uhr. Kombikarte Museum und Stätte 1000 Dram. Stätte allein 500 Dram, Fotografieren 1000 Dram. Führung für 2500 Dram in englischer oder deutscher Sprache möglich. www.erebuni.am. Bitte beachten, dass man auch für die Besichtigung der Anlage auf dem Hügel die Eintrittskarte auf Verlangen vorweisen muss.

## Museum des Völkermords

Von ernüchternder, erschreckender und erschütternder Wirkung ist der Besuch des überaus gut gestalteten Museums des Völkermords in Tsitsernakaberd. Hier ist noch deutlich die Trauer und das Entsetzen in den Gesichtern auf den zahlreichen Fotografien zu sehen. Beinahe erleichtert ist man, wenn man aus dem bunkerähnlichen Museum unter der Schwalbenfestung wieder an das Licht der Sonne tritt, so ergreifend werden in einer gut gestalteten, auf 23 Stationen aufgeteilten Ausstellung die schrecklichen Ereignisse der armenischen Vergangenheit veranschaulicht.

> **Museum des Völkermords**
> Genozidmuseum, Tsitsernakaberd, Tel. +374/10/390981, 391412. Di-So von 11-16 Uhr geöffnet. www.genocidemuseum.am. Der Eintritt ist frei.

## Weltkriegsmuseum

Um sich über Greuel des Zweiten Weltkrieges und die armenischen Soldaten der Sowjetarmee zu informieren und dabei eine unbekannte Seite der Geschichte des Zweiten Weltkrieges und des Sieges über Nazi-Deutschland kennenzulernen, ist ein Besuch des Museums im Siegespark ganz förderlich. Der Park liegt am Nordrand des Zentrums oberhalb des Matenadaran.

> **Weltkriegsmuseum**
> Museum des Großen Vaterländischen Krieges 1941-1945, Haghthanak-Park. Tel. +374/10/251400. Di-Fr 10-17 Uhr., So 10-15 Uhr. www.mayrhayastan.am. Der Eintritt ist frei.

## Geologisches Museum

Überall in Armenien trifft man auf Steine aller Art, und bald ist man auch mit den verschiedenen Farben dieser Steine vertraut. Doch welchen Reichtum an Steinen, Mineralien und Erzen dieses Land tatsächlich hat, kann man erst bei einem Besuch des kleinen geologischen Museums erkennen. Unter fachgerechter Führung sieht man die gängigen Baumaterialien des Landes, die vom berühmten Tuff bis zu Granit und Marmor reichen.

Eine äußerst reichhaltige Sammlung verschiedenartigster Mineralien rundet das Bild perfekt ab. Sogar Gold wurde lange Zeit abgebaut, doch sind die Minen heute nicht mehr ertragreich. Interessant ist es auch, sich über die verschiedenen vulkanischen Gesteine und Lavaströme aufklären zu lassen, die das Land, so wie es heute erscheint, gestaltet haben.

Die paläontologische Abteilung beweist, dass sich hier vor abertausenden Jahren ein Meer ausgebreitet hat. Fossile Abdrücke von Fischen sieht man hier ebenso in großer Zahl wie fast gemalt erscheinende Spuren von Farnen und Blättern. Aber viel größer, sogar raumeinnehmend ist das Skelett eines anderen Lebewesens, das später dann schon in trockeneren Zeiten die steppenähnliche Landschaft südwestlich von Gjumri durchtrottet hat. Ein sogenanntes ›Archediscodon trogontheri Pohling‹, ein riesiges Mammut. Nein, nur ein kleines, wie die nette Führerin lächelnd erklärt und als Beweis die etwa basketballgroße Kniescheibe eines ausgewachsenen armenischen Mammuts an das zierliche Knie des Babymammuts hält. Dieses Mammut lebte im Pleistozän, also etwa vor 700 000 Jahren. Auch andere Knochenreste sind zu sehen, von Zahnreihen, Knochen bis hin zu Überresten eines Nashorns mit dem klingenden Namen ›Rhinoceros Merk Dicerorhinus‹. Man kann sich kaum vorstellen, dass auf dieser Hochebene in Schirak einmal derartig riesige Lebewesen gelebt haben, und dass man erst im Jahre 1932, als bei Bauarbeiten bei Gjumri plötzlich überdimensionale Knochen gefunden wurden, von deren Existenz erfahren hat.

### Geologisches Museum

Das Geologische Museum wurde von seinem früheren Standort in der Abovjanstraße in das Geologische Instiut der Akademie der Wissenschaften verlegt: Marschal Baghramjani ph. 24a. Di–Sa von 10–16 Uhr. Der Eintritt kostet 500 Dram.

## Museum für Moderne Kunst

Das Hauptgebäude des Museums für Moderne Kunst liegt am am Maschtots'-Boulevard, eine Außenstelle zeigt gegenüber die repräsentativsten modernen Künstler Armeniens. Hin und wieder beleben auch einige Sonderausstellungen das Museum.

### Museum für Moderne Kunst

Mesr. Maschtots'i pogh. 7, Tel. +374/10/535359. Di–So 11–18 Uhr, Eintritt 500 Dram. Führungen auf Englisch oder Französisch 2500 Dram. www.mamy.am.

## Die Kindergalerie

In wenigen Hauptstädten der Welt wird den Kindern ein eigenes Museum gewährt. Doch Malerei und Kunsthandwerk haben in dieser Bevölkerung einen sehr hohen Stellenwert, so erstaunt es nicht, dass besonders zu Sowjetzeiten, wo talentierte Kinder aller Art bis zur Erschöpfung gefördert und gedrillt wurden, hier in Jerevan auf der Abovjanstraße ein großes Museum für Kinderkunst entstanden ist. Armenische Kinder zeigen hier, was sie mit Pinsel, Buntstiften und Bastelmaterial zu schaffen imstande sind. Weitaus beeindruckender noch als die oft durchaus erwachsen wirkenden Kunstwerke sind die kunsthandwerklichen Produkte. Erstaunlich sind die kleinen Teppiche, die gleich rechts von Eingang hängen. Aber auch die feinen Makramee-Arbeiten, die Stickereien, die Schmuckstücke, Scherenschnitte und vor allem die schönen

*Austellungsstück in der Kinderkunstgalerie*

Steinarbeiten. In einigen Sälen hat man die Zeichnungen von Kindern aus allen Regionen der Welt ausgestellt. So regen die Urwaldbilder der südamerikanischen und die Dorfbilder afrikanischer Kinder zum Schmunzeln an, während die Darstellungen bewaffneter Männer von syrischen und libanesischen Kindern traurig stimmen. Kinder, wie sie ihre Umgebung sehen und wie sie fühlen. Das macht dieses Museum interessant, nicht nur die schönen Reiterskulpturen im letzten Raum oder die Illustrationen zu den armenischen Volksmärchen von Hovhannes Thumanjan.

**i** Kinderkunstgalerie
Abovjani ph. 13, Tel. +374/10/520903. Di–So 11–16 Uhr. Eintritt 500 Dram, Führung 2500 Dram.

## Paradschanov-Museum

Die schönen Häuser im alten armenischen Stil mit mehrfarbigen Tufffronten und den zart geschnitzten hölzernen Balkonen sind in Jerevan selten geworden. Drei dieser Häuser, die allerdings nicht wirklich so alt, diesem Baustil jedoch äußerst glaubhaft nachempfunden sind, stehen unweit der Sargis-Kirche am Rande der Hrazdanschlucht im Viertel Dzoragjugh, was so viel bedeutet, wie ›Dorf an der Schlucht‹. Im letzten dieser schönen Häuser ist das Museum des besonders in Sowjetzeiten gleichzeitig umstrittenen und hochgejubelten Sergej Paradschanov (1924–1990) untergebracht. Was für ein schönes Haus, allein wenn man einen verstohlenen Blick in den im Innenhof gelegenen Garten wirft. Und dann umfängt einen gänzlich der verrückte, kreative Geist des Filmemachers und Künstlers. Ob die gewagten Collagen oder Skulpturen, die sowohl zutiefst antikommunistisch als auch manchmal nahezu blasphemisch sind, oder die aus allen möglichen Materialien zusammengefügten Bilder: Es ist einfach hinreißend. Wer außer diesem Mann mit dem grauen Bart und den interessanten dunklen Augen konnte sonst aus einfachen rostigen Kugelschreiberfedern ein Bild zaubern, das wie ein lebendiger Fisch aussieht. Oder aus Glasstücken, zerschlagenem Porzellan, Knöpfen, abgerissenen Nägeln oder allen erdenklichen und unerdenklichen Materialien wirkliche Kunstwerke kreieren. Allein seine Collagen-Variationen der Mona Lisa sind schon beeindruckend. Die Hüte von Paradschanov – mit Straußenfedern, Glas, Perlen, Pelz in allen möglichen Farben und Größen. Und erst die Kostümdesigns. Eine schier unerschöpfliche Sammlung eines überaus kreativen Geistes, für dessen Mut aber auch die vielen Exponate sprechen, die er während seiner Inhaftierung geschaffen hat, von Briefmarken über Spielkarten bis hin zu den herrlich umfunktionierten Puppen. Das Paradschanov-Museum ist ein wahrer Spielplatz menschlicher Phantasie. Auch die Menschen, die dort arbeiten, sind besonders. Es hat täglich geöffnet, und auch wenn die Tür verschlossen sein

▲ *Im Parschanov-Museum*

# Paradschanov-Museum

*Der Krieger – eine Skulptur von Fernando Botero an der Kaskade von Jerevan*

sollte, einfach anläuten. Der unkonventionelle Geist Paradschanovs hat anscheinend auf das ganze Haus abgefärbt.

Die schrille Buntheit, die bisweilen als verrückt bezeichneten Phantasien, die den Museumsbesucher in Paradschanovs Haus in den Bann ziehen, täuschen über eine sensible Künstlerseele hinweg. Als missverstandener Künstler und verachtetes, unbequemes und abgeschobenes Individuum lebte Paradschanov jahrelang fern von seinem Land Armenien, dessen Kunst er »für bewundernswert, streng und beherzt« hielt. Seine metaphorische, oft melancholische Bildersprache lässt kaum die Sehnsucht Paradschanovs nach Anerkennung, nach Menschlichkeit und Verständnis erahnen, auch wenn seine Filme seltsam betroffen und nachdenklich machen. Nur in Briefen äußerte er bisweilen seine Gedanken deutlicher: »Ich bin gar kein Andersdenkender. Ich bin nur ein gebeugter Regisseur. Ich bin unliebsam, ich kann nicht liebedienern. Ich komme ihnen ungelegen. Es ist, als fiele ich jemandem zur Last. Ich muss aus dem Weg, und so geschah es.«

**Museum Sergej Paradschanov**
Dzoragjugh ph. 15/16, Tel. +374/10/538473, www.parajanovmuseum.am. Täglich von 10.30– 17 Uhr. Eintritt 700 Dram, englische Führung 2500 Dram.

## Cafesjian-Kunstzentrum (Kaskade)

Die Kaskade (→ S. 126) ist alleine einen Besuch wert! Und in dem hübschen Park vor der prägnanten Jerevaner Sehenswürdigkeit erfreut eine Vielzahl humorvoller bis gewagter moderner Skulpturen. In der Kaskade selbst verbergen sich über einige Stockwerke verschiedene Galerien und Ausstellungssäle sowie im letzten auch der berühmte Jazz-Klub. Eine Rolltreppe bringt einen während der Öffnungszeiten des Kunstzentrums fast ganz nach oben auf die Plattform.

**Cafesjian Center for the Arts**
Tamanjani p. 10, Tel. +374/10/567262, www.cmf.am; Di–Do 10–17 Uhr, Fr–So 10–20 Uhr. Eintritt frei für Galerie 1, Chandzhjan-Galerie. Sonderausstellungen 1000 Dram.

# Die Außenbezirke Jerevans

In den vergangenen Jahrzehnten ist die armenische Hauptstadt stetig gewachsen und hat auch die einstigen kleinen Randdörfer langsam verschluckt. Der dörfliche Charakter ist aber bewahrt worden, so dass es möglich ist, inmitten des Großstadtgetümmels einige christliche Oasen der ländlichen Stille und Beschaulichkeit zu finden. Da diese Kirchen teilweise sehr versteckt liegen, sind jeweils die Geokoordinaten mit angegeben.

## Surb Hovhannes in Avan

Avan ist eines jener Dörfer, das noch nicht allzu lange dem Stadtgebiet von Jerevan angehört. Und das fühlt man, wenn man die Hauptstraße verlässt und einbiegt in die sogenannte ›Kentronakan phoghots'‹, die Hauptstraße Avans. Eine enge, aufsteigendes Gässchen, mit den typischen geduckten armenischen Dorfhäuschen mit den weinberebten Eingängen und den spielenden Kindern davor. Ein Stück altes, woanders schon vom westlichen Einfluss verdrängtes Jerevan lässt sich hier erahnen. Die Menschen sind freundlich, ruhig und haben nichts von der Hektik der Jerevaner an sich. Fährt man diese bucklige Hauptstraße entlang und biegt nach etwa einem Kilometer scharf nach links ein, kommt man in eine noch enger scheinende Seitengasse, in der man glaubt, mit dem Auto stecken bleiben zu müssen. Und genau am Ende dieser Seitengasse steht eine der ältesten Kirchen der Stadt, die auch als Kathoghike Tsiranavor bekannt ist. Diese Kirche zählt zu den bedeutendsten frühchristlichen Bauten Armeniens und wird dem pro-byzantinischen Katholikos Hovhan aus dem Ende des 6. Jahrhunderts zugeschrieben. Sie ist eine frühe Form der klassischen Kreuzkuppelkirche, der direkte Vorläufer der Hripsime-Kirche in Vagharschapat. Obwohl sie nur mehr als Ruine zu besichtigen ist, besticht sie durch ihre architektonische Gesamtkonzeption, ihre Größe und die beeindruckenden Reste des steinernen Dekors innen und außen. An die Nordseite der großen Kirche grenzen die Mauerreste der einstigen Residenz des Katholikos an. Surb Hovhannes ist nicht nur ein Geheimtip für Architekturfreaks, die eine ursprüngliche armenische Kirche sehen wollen, die auch nicht durch allzu bemühte Denkmalpflege zu Tode restauriert wurde, sondern für alle: Surb Hovhannes und der angrenzende Palast ziehen jeden durch ihre Erhabenheit und Vergänglichkeit in Bann.

Nach Avan gelangt man vom Zentrum Jerevans aus am besten per Auto in Richtung Nordwesten, über den Mjasnikan-Boulevard, geradeaus vorbei am Jerevaner Zoo und am Botanischen Garten entlang. Dann fährt man vorbei an der Water World und kurz darauf rechts in die Marschal-Khudiakov-Straße nach Avan. ⊙ *40°12'54.37"N, 44°34'18.88"E*

## Zoo und Neue Sargis-Kirche

Zwischen Stadtzentrum und Avan auf dem Mjasnikjan-Boulevard liegt der Jerevaner Zoo. Nachdem man hier jahrelang auf ein unsäglich trauriges Schauspiel eines miserabel geführten Zoos traf, hat sich die Situation nach einer Renovierung deutliuch verbessert. Ein Besuch lohnt sich aber nur für Zoofans (→ S. 167).

Auf den Anhöhen über dem Zoo liegt eine Satellitensiedlung mit dem Namen Nor Norkh. Viele uniforme riesige Wohnblöcke und ein paar verwahrloste Parkanlagen dazwischen haben bislang den Jerevanern wenig Freude gemacht. Einzig die Statue des armenischen Urvaters Hajk hatte etwas vom Zauber des alten

## Zoo und Neue Sargis-Kirche 155

*Jerevaner Satellitensiedlung*

Armeniens in die sowjetarmenische Siedlung gebracht. Unlängst ist jedoch hier eine große Kirche im armenischen Stil erbaut worden. Die Kirche steht zwischen dem sogenannten sechsten und siebten Massiv und ist nach dem heiligen Sargis benannt. Sie ähnelt in ihrem Grundriss und ihrem Äußeren den typisch armenischen Kirchen, nur die Größe und das etwas kühl erscheinende Innere lassen diese neue Kirche sehr nüchtern erscheinen. Jedoch ist ihre Lage sehr schön, sie bietet eine gute Gelegenheit, vom Stadtteil Nor Norkh auf das Zentrum Jerevans zu blicken. *40°10'54.21"N, 44°33'55.43"E*

## Khanakher

Ein anderer nördlicher Stadtteil Jerevans hat ebenso seinen dörflichen Charakter bewahrt wie das romantische Avan, jedoch treffen hier in Khanakher uralte, schief gemauerte Dorfhäuschen und erdige Gassen auf unansehnliche Großstadtbunker und halbverfallene Fabriken. Diesen Stadtteil zwischen dörflich-familiärer Tradition und städtischer Trostlosigkeit erreicht man, wenn man am Monument und am Haghtanak-Park vorbeifährt und dem breiten Azatuthjan-Boulevard in Richtung Sevan nach oben folgt, bei der Jerevaner Champagnerfabrik einbiegt und dann einem Zickzackkurs durch die engen Dorfgassen hinauf zur Fanardschjanstraße fährt, wo man die Tamboure von zwei Kirchen erkennt. Khanakher hat zwei besonders interessante Kirchen, die zwar zeitlich betrachtet spät errichtet worden sind, so ist den Inschriften der Jakobskirche das Fertigstellungsdatum 1695 zu entnehmen, aber der Bautradition früherer Jahrhunderte folgen.

### ■ Jakobskirche

Die Jakobskirche, Surb Hakob, ist eine basilika-ähnliche Kirche, die im Innenraum durch vier kreuzförmige Pfeiler in ein Mittelschiff und zwei Seitenschiffe geteilt wird. An den Seitenschiffen befinden sich im Osten zwei getrennte, quadratische Eckräume mit je zwei Nischen. Die Apsis ist rund. Die Kirche ist mit Gurttonnen überwölbt und mit einem Satteldach bedeckt. Die Lichtöffnung hebt sich zu einem kleinen säulenförmigen Tambour mit Schirmdach. Die Kirche hatte eine galerieförmige Portalvorhalle, von der nur noch das Portal vorhanden ist, das in einer geringen Entfernung der Kirche ganz verloren gegenübersteht. Schon die Außendekoration der Kirche besticht durch ihre besonders fein erscheinende Reliefarbeit. Das Hauptportal im Westen ist mehrfach mit verschiedenen Arten von Dekor umrahmt, wie Girlanden, floralen und geometrischen Mustern, zu beiden Seiten des Portals sind Kreuzsteine in die Wände eingesetzt worden. Auch das Südportal besticht durch seine reiche, dreifache Umrahmung und besonders durch die von zwei Tauben flankierte Lichtöffnung. Die Ostfront der Kirche zeigt sich doppelkreuzförmig, wobei besonders die Lichtöffnung von einem verschlungenen Gewirr fein gemeißelter Reliefs umgeben ist.

Surb Hakob bietet im Inneren den seltenen Anblick einer beinah durchgehenden und gut erhaltenen Wandmalerei. Nicht nur, dass der Altar und die Pfeiler mit roter, weißer, und grüner Farbe, mit Blumen und mit schwarz-weißem Schachbrettmuster verziert sind, an den beiden Ostsäulen sowie links und rechts der Apsis befinden sich eine ganze Reihe figürlicher Darstellungen. Die Kreuzdarstellung auf der linken Seite der Apsis über dem Portal des Eckraumes ist ebenso beeindruckend wie die schon etwas blasser gewordenen Bildnisse des heiligen Georg und des heiligen Matthäus auf der Stirnseite des rechten Pfeilers oder die Darstellung des Kirchenpatrons, des heiligen Jakob und der Muttergottes an der linken Säule. Verschiedene Heilige reihen sich rund um die Säulen und auch entlang der Apsis, das Bema selbst ist auf seiner Stirnfront mit einem Steinrelief verziert. Die Bewohner von Khanakher besuchen diese Kirche, in vielen Nischen brennen die gelben, schlanken Kerzen, und die kürzlich restaurierten unteren Teile der Wände und des Eingangsbereiches sowie das erneuerte Dach bestätigen die Vermutung, dass diese Kirche eine belebte ist. ⊘ *40°13'13.29"N, 44°32'5.90"E*

### ■ Muttergotteskirche

Dieser Eindruck ist bei der etwa zur gleichen Zeit erbauten Muttergotteskirche, die nur einen Steinwurf entfernt steht, nicht gegeben. Die Kirchentüren sind verschlossen und lassen so keinen Blick auf das Innere zu. Auf dem Satteldach wächst das Gras, und die Kirche wirkt verlassen. Was war wohl der Anlaß, dass sich die beiden Kirchen derart gleichen, vielleicht nur die Außendekore der verlassenen Muttergotteskirche etwas reicher, etwas kunstvoller und etwas protziger erscheinen als bei der Zwillingskirche des heiligen Jakob? War es das Kräftemessen zweier Bauherren oder zweier Kirchenväter? Die Inschriften geben leider dazu keine Antwort. Und auch die Dorfbewohner wissen darüber keine Geschichten oder Anekdoten zu erzählen. Die Muttergotteskirche ist ebenso eine Kirche im Basilika-Typ, mit Satteldach und kleinem aufgesetzten Tambour. Die Frontgestaltung der Westfront ist in drei gleich große Bögen unterteilt. Die Lichtöffnungen dieser Front sowie das Portal sind relativ schlicht, die mittlere Lichtöffnung über dem Eingang ist kreuzförmig

▲ *Jerevan wandelt sich rasant*

dekoriert. Die Schlichtheit der Westfront steht im krassen Gegensatz zur besonders erlesenen Gestaltung der Ostfront. Der Giebel wird von einem Schachbrettmuster roten und grauen Tuffs gesäumt, die Lichtöffnung ist mit einem großen Kreuz dekoriert, an dessen rechten und linken Armen zwei kugelrunde Gesichter dem Betrachter entgegengrinsen. Das Kreuz selbst ist in einem Dekor gehalten, das mit seinen ebenmäßigen fünfstrahligen Sternen an die Gestaltung profaner islamischer Architektur erinnert.
*40°13'17.72"N, 44°32'2.58"E*

■ **Russische Muttergotteskirche**
Inmitten des Stadtteils, in der langen, zentralen Zakharia-Khanakherts'i-Straße Nr. 68, fällt eine gepflegte Anlage mit dunkelroten Tuffgebäuden und strahlend blauen Dächern ins Auge – die russisch-orthodoxe Kirche der Muttergottes und Sitz der russisch-orthodoxen Kirche in Armenien. Die schmucke Kirche wurde im Jahr 1912 von Fjodor Verzhbitsky im Stile einer russischen Militärkirche errichtet. Sie war für die damals im Gouvernat Jerevan stationierte zweite kaukasische Division des Russischen Zarenreiches bestimmt. Während der Sowjetzeit fristete sie wie viele andere Kirchen auch ein trauriges Schicksal, konnte aber 1991 wieder eröffnet werden und ist seit der Renovierung im Jahre 2000 wieder in vollem Betrieb. In unmittelbarer Nachbarschaft befindet sich auch ein kleines Nonnenkloster. Die neue russische Kathedrale des Heiligen Kreuzes an der westlichen Einfahrt nach Jerevan wird dieser schmucken Kirche vermutlich den Rang ablaufen. *40°13'26.15"N, 44°32'44.62"E*

## Georgskirche in Noragavith
Auf der Straße in Richtung Artaschat liegt ganz im Süden Jerevans der Stadtteil mit dem eigenartigen Namen Noragavith, was soviel wie ›neuer Vorraum‹ bedeutet. Dieser Stadtteil ist an und für sich nichts Besonderes mit seinen üblichen kleinen Vorstadthäuschen, den leeren Industriehallen und einigen Bauleichen, wäre da nicht die schöne Georgskirche. Der Stadtteil, der früher auch einmal ein eigenständiges Dorf gewesen war, hatte bis ins Jahr 1679 sogar sieben Kirchen, von denen aber fünf völlig durch das verheerende Erdbeben zerstört worden sind. Quasi als Andenken an diese durch Naturkräfte zu Ruinen verwandelten frühen Kirchen wurde die Kirche des heiligen Georg im 17. Jahrhundert ganz in deren Stil als Basilika errichtet. Das Baujahr ist über dem westlichen Portal verewigt. Etwas später noch wurde der Kirche im Westen der Portikus angebaut, der der Kirche ihr unverwechselbares Aussehen verleiht. Diese Vorhalle hat die Abmessungen von 5,6 mal 15,8 Metern und dient als Glockenturm. Die Kirche selbst wurde über dem rechteckigen Grundriss von 15,8 mal 22,5 Metern mit einem innen hufeisenförmigen Chorraum errichtet. Nach außen hin ist dieser gewölbte Chorraum nicht erkennbar, da die Kirche ihr rechteckiges Erscheinungsbild in den Außenmauern vollständig bewahrt. Die Apsis hat zu beiden Seiten separate Eckräume, deren zweites Geschoss links und rechts über das Bema erreichbar sind. Zunächst hatte diese Kirche nur einen Eingang auf der Westseite. Das Portal im Süden wurde erst durch die Spende einer gewissen Frau Almast Zakharjan im Jahr 1887 mit einer ehernen Tür eingerichtet. Der Innenraum ist durch vier mächtige Pfeiler geteilt, auf denen sich teilweise gut erhaltene Malereien befinden. Von den Seiten der linken vorderen Säule blickt noch gut erkennbar der heilige Minas herab, von den hinteren der heilige Theodos und die Muttergottes.
*40°7'3.36"N, 44°28'25.14"E*

# Jerevan-Informationen

**Vorwahl**: + 374/(0)10/.

## Internetzugang
Neben zahlreichen Internetcafés gibt es in der Innenstadt auch eine ganze Reihe von öffentlichen Plätzen, auf denen es kostenlosen Zugang per WiFi gibt, z.B. am Republiksplatz, im Thumanjan-Park, im Mashtots-Park sowie an vielen U-Bahn-Stationen und in den meisten Hotels.

## Anreise
### Mit dem Flugzeug
Direkte Flugverbindungen in die armenische Hauptstadt bestehen fünfmal wöchentlich von Wien mit Austrian Airlines und drei- bis viermal wöchentlich von Prag mit Czech Airlines sowie zweimal wöchentlich von Warschau mit LOT Polish Airlines. Umsteigeverbindungen von allen großen Flughäfen Europas bieten die oben genannten sowie Ukrainian Airlines und einige russische Fluggesellschaften an (evtl. Transitvisum erforderlich). (→ S. 445)

Der Flughafen (IATA-Code: EVN) liegt in Zvarthnots', die Fahrtzeit ins Zentrum beträgt etwa 15 Minuten. Ein Busshuttle ist leider für die abendlichen Ankunftszeiten nicht in Betrieb, tagsüber fährt aber ein altertümlicher gelber Autobus mit der Aufschrift ›Aeroport‹ in regelmäßigem Takt von der Bushaltestelle gegenüber dem Konservatorium, nördlich des Azatuthjan-Platzes, ab (→ Karte S. 111). Spezielle Flughafentaxis können in der Ankunftshalle gebucht werden, Preis ins Zentrum ca. 5000 Dram (Taxameter). www.aia-zvartnots.aero

### Mit dem Bus
Busse von und nach Tbilissi (7h, mehrmals täglich), Istanbul (41h, wöchentlich), Teheran (35h, mehrmals wöchentlich) sowie andere Landesteile Armeniens (→ S. 439) fahren vom Zentralen Busbahnhof (Central Yerevan Avtokajan, Kilikia) an der Admiral Isakovi ph. ab (zwischen Kognakfabrik und Brauerei). Die Ticketschalter, eine Gepäckaufbewahrung, eine Wechselstube und ein Buffetrestaurant befinden sich im Bahnhofsgebäude. (→ Karte S. 110)

### Mit der Bahn
Im Sommer gibt es einen täglichen Zug vom georgischen Schwarzmeerbadeort Batumi (Zug 202, ab 15.25) in die georgische Hauptstadt Tbilissi. Von Oktober bis Juni verkehrt an geraden Tagen Zug 372 von Jerevan nach Tbilissi (ab. 21.30, an 7.39), und an ungeraden Tagen Zug 371 von Tbilissi nach Jerevan (ab 20.20, an

*Das Gebäude des Zentralen Busbahnhofs*

6.55) u.a. mit Zwischenstopps in Vanadzor, Gjumri und Armavir. Die Preise sind für einen Sitzplatz ab ca. 21 Euro, für den Großraumschlafwagen ab ca. 33 Euro und im Schlafwagen ab ca. 40 Euro. Informationen unter www.ukzhd.am.

## Geldwechsel

Die armenische Währung ›Dram‹ kann nur in Armenien gegen Euro bzw. Dollar eingetauscht werden. Besonders Eilige können natürlich den ersten Geldwechsel schon bei einer der Wechselstuben am Flughafen erledigen – aber Achtung, die Kurse sind dort viel schlechter als in der Stadt Jerevan. Anfang 2017 lag der Wechselkurs bei rund 490 Dram für einen Euro.

## Banken

In Jerevan gibt es in unmittelbarer Nähe des Republiksplatzes einige internationale Banken, an denen man auch Überweisungen vornehmen kann und mit den geläufigen ec- und Kreditkarten Geld von den Bankomaten oder – etwas teurer – am Schalter abheben kann. Öffnungszeiten: in der Regel Montag bis Freitag, von 9–16 oder 16.30 Uhr.
ACBA, Bajroni ph. 1.
Anelik, Marschal-Baghramjani pogh. 75
Areksimbank, Thumanjani ph. 20.
Converse Bank, Central Branch, Abovjani ph. Abhebungsmöglichkeit mit Kreditkarte, 1,5 Prozent Spesen.
HSBC Bank, Zentrale: Chorhrdarani ph. 2.
Filialen der HSBC: Komitasi pogh. 3, Tel. Ecke Marschal-Baghramjan und Moskovjan phogh, mit Außenbankomat.
Midland Armenia Bank, Amirjan ph. 1, Tel. Bankomat.

## Öffentlicher Nahverkehr

In Jerevan gibt es Busse, Oberleitungsbusse, Sammeltaxis und die U-Bahn. Der Fahrpreis für Busse, Trolleybus, Straßenbahn und U-Bahn liegt bei durchschnittlich 100 Dram. Nur die Sammeltaxis, das sind Kleinbusse, sind mit etwa 100–150 Dram etwas teurer (je nach Entfernung im Stadtgebiet). Die

*Kreuzstein vor der Kirche von Avan*

öffentlichen Verkehrsmittel fahren meist im Viertelstundentakt, abends alle 30 Minuten. In Bussen und Sammeltaxis erhält der Fahrer vor dem Ausstieg das Geld. Man legt es ihm einfach hin oder gibt es ihm in die Hand.
In allen anderen Landesteilen sind öffentliche Verkehrsmittel noch nicht gut organisiert. Es gibt aber von den Busbahnhöfen Jerevans Fahrten in verschiedene Orte der Provinzen (siehe auch Reisetipps von A bis Z, → S. 433).

**Taxis**
Wer seine Abholung vom bzw. Zubringung zum Flughafen noch nicht im voraus arrangiert hat, kann sich auch der vielen Taxi-Unternehmen bedienen. Eine Fahrt vom Flughafen in die Stadt bzw. umgekehrt sollte den Preis von etwa 5000 Dram nicht wesentlich überschreiten (Stand Frühjahr 2014). Man kann aber sicherlich auch in Euro oder Dollar bezahlen (derzeit etwa 10 Euro, 15 US-Dollar) – beide Währungen werden gern angenommen.
Auf jeden Fall sollte man den Fahrpreis vorher vereinbaren – das gilt übrigens für alle Taxifahrten in Jerevan. Es gibt spezi-

elle Flughafentaxis (→ S. 158), der Preis ist derselbe.
Einzeltaxis sind in Jerevan günstig, die meisten haben eine Gebühr von durchschnittlich 100–250 Dram pro Kilometer, das hängt sehr oft von der Automarke ab. Es ist immer billiger und nicht zuletzt auch sicherer, einen der vielen Taxi-Services anzurufen, als direkt ein Taxi an der Straße zu nehmen.

**Sammeltaxis**
Neben den für westliche Touristen relativ billigen Taxis und der etwas vernachlässigten U-Bahn gibt es noch eine wesentlich günstigere und vor allem abenteuerlichere Variante, sich in Jerevan zu bewegen, die Sammeltaxis, von den Armeniern salopp nach russischem Vorbild ›marschrutka‹ genannt. Angeblich soll es in der Hauptstadt an die 3000 Sammeltaxis geben, viele davon eigentlich ›inoffiziell‹ – aber immerhin gibt es derzeit 125 verschiedene Fahrtrouten. Die Sammeltaxis tragen alle Nummern und zumindest die Anfangs- und Endstationen sind auf einem Schild genannt – leider sind die Schilder aber meist in armenischer oder russischer Sprache. Man hält den Bus mit der gewünschten Nummer einfach durch Winken an. Der Fahrpreis beträgt durchschnittlich 100 Dram.
Ein Großteil der Routen quert das Zentrum, zusteigen kann man meist entlang der Maschtots'- und Abovjan-Straße, nachfolgend die wichtigsten:

**Zentrumsrundfahrten** sind quasi möglich auf den Routen 29, 65, 77, besonders 93 (führt auch über Azatuthjan ph. in Richtung Haghthanak-Park). Bus 99 führt von der Haghtanak-Brücke bis hinauf zum gleichnamigen Park, also quer durch die Stadt.
**Zentrum in Richtung Haghthanak-Park** (oder umgekehrt): Bus 93 hält an Abovjani ph., Maschtots'i ph., Republiksplatz.
**Zentrum–Erebuni** (Museum): Bus 11, hält am Republiksplatz, Amirjani ph., Maschtots'i ph., Haghtanak-Brücke; vor Erebuni-Museum. Auch Bus 85, Garegin-Nzhdeji ph., Baghratunjac' ph.
**Zentrum–Bahnhof** (Sasunts'i David): Bus 18, hält Bahnhof, Tigran Metsi ph., Republiksplatz, Nalbandjani ph., Masch-tots'i ph, Marschal Baghramjani ph.
**Zentrum bzw. südwestlicher Stadtteil Richtung Staatliche Universität**: Bus 64, Baghramjani phl, Proschjani ph., Grigor Lusavortsch'i ph., Nalbandjani phl, Tsch'arents'i ph., Staatliche Universität.
**Zentrum – Flughafen Zvarthnots'**: Bus 17 und 18, hält an Abovjani ph., Tigran Metsi ph., Arts'achi ph., Flughafen.
**Zentrum – Matenadaran – südwestlicher Stadtteil**: Bus 99, hält Haghtanak-Brücke, Maschtots'i ph., Amirjani ph., Republiksplatz, Tigran Metsi ph., Nalbandjani ph., Korjuni ph., Matenadaran.
**Zentrum–Zentraler Busbahnhof ›Kilikia‹**: Bus 11 von Tigran Metsi ph. und Maschtots'i ph. sowie Bus 24 von Komitas-, Marshal Baghramjani ph., Maschtots'i ph.
Für weitere Informationen: www.marshrut.info (derzeit nur auf Armenisch).
Für **Reisen innerhalb Armeniens** siehe Reisetipps von A bis Z → S. 433.

**U-Bahn**
In Jerevan gibt es eine U-Bahnlinie, das die größeren Stadtbezirke miteinander verbindet. Man kann die U-Bahn bis 23 Uhr und ab 6.30 Uhr morgens benützen. Die Tickets (Jetons) kauft man am besten am Schalter am Eingang zu U-Bahnstation, sie sind mit

*Blick von der Kaskade auf das winterliche Jerevan*

# Öffentlicher Nahverkehr

*Europäische Küche in Jerevan*

50 Dram sehr billig. U-Bahn zu fahren ist nicht gefährlich. Nachfolgend die Stationen von Nord nach Süd:

**Barekamuthjun,** Marschal-Baghramjani pogh. 76.
**Marschal Baghramjan,** Marschal-Baghramjani pogh. 21.
**Jeritasardakan,** Avetikh Isahakjan ph. 3.
**Hanrapetuthjan hraparak** (Republiksplatz), Nalbandjani ph. 1.
**Zoravar Andranik,** Tigran Metsi pogh.
**Sasunts'i Davith** (Hauptbahnhof und Busbahnhof), Sasunts'i Davith hraparak
**Gortsaranajin,** Bagratunjats' pogh. 3.
**Schengavith,** Taronts'u ph. 9.
**Garegin Nzhdehi hraparak,** Garegin-Nzchdehi-hraparak
**Tsch'arbach,** Araratjani ph. 62.

## Hotels und Pensionen

Jerevan hat in den vergangenen Jahren neben seinen Traditionsbetrieben viele neue Hotels erhalten. Die Sternekategorien sind nicht mit den mitteleuropäischen zu vergleichen, man muss mindestens einen Stern abziehen.

Da Preisangaben starken Schwankungen unterliegen können, die durch die Inflation und die starke Orientierung der Wirtschaft am US-Dollar bedingt sind, werden hier nur **Preisspannen für ein Standarddoppelzimmer** genannt P1 (unter 50 Euro), P2 (50–100 Euro), P3 (über 100 Euro). Die Preise beinhalten, wenn nicht anders angegeben, Frühstück und Steuern.

Wesentlich günstiger bekommt man Zimmer über eines der Hotelbuchungsportale im Internet, an die alle größeren Hotels angeschlossen sind (z. B. www.bookimg.com, www.armhotels.am, www.hotels.com).

**Hotels im Zentrum von Jerevan**
**Royal Tulip Grand Hotel** (P3), Abovjani ph. 14, Tel. 591600, www.royaltulipgrandhotelyerevan.com. Das Fünf-Sterne Hotel ist eines der besten und komforabelsten Häuser Jerevans und liegt mitten im Zentrum. (→ Karte S. 114)
**Marriott** (P3), Amirjani ph. 1, Tel. 599000, www.mariott.com. Das Vier-Sterne-Traditionshaus wirkt im Vergleich zur einnehmenden Innengestaltung und dem guten Service im Royal Golden Tulip Grand Hotel etwas unscheinbarer. (→ Karte S. 114)
**Hyatt Place** (P3), Hanrapetuthyan Hr. 26/1, Tel. + 374/11221234, www.yerevan.place.hyatt.com. Ein neues, extrem stylisches Hotel für Geschäftsreisende und solche, die direkt im Herzen der Stadt und der Nähe der Schaltzentren wohnen wollen. (→ Karte S. 114)
**Ararat Hotel** (P3), Grigor Lusavortsch'i ph. 7. Tel. 511000, www.ararathotel.am. Ein weiteres Hotel in Zentrumsnähe, aber leider mit etwas sterilem Flair. (→ Karte S. 119) (Preis ohne Frühstück und Steuern).

**Tufenkian Historic Yerevan Hotel** (P3), Hanrapetuthjan ph. 48, Tel. 60501010, mobil: 093/947888, www.tufenkianheritage.com. Das luxuriöse, doch geschmackvolle Hotel, steht seit Frühjahr 2013 den Gästen zur Verfügung. (→ Karte S. 114)
**Hotel Erebuni** (P2-3), Nalbandjani ph. 26/1. Tel. 580505, 564993, www.erebunihotel.am. Zentral in einem der Innenhöfe am Republiksplatz gelegen, erstrahlt in neuem Glanz. Schön renovierte Zimmer in einem Gebäude im Sowjetstil. (→ Karte S. 114)
**Hotel Royal Plaza** (P2-P3), Sarjani ph. 9, Tel. 505000, royalplaza.am. Ein neu gebautes, etwas luxuriös-kitschiges Hotel mit freundlichem Personal in einer ruhigeren Seitenstraße im Zentrum. (→ Karte S. 116)
**Ani Plaza** (P2), Sajath Novaji pogh. 19, Tel. 589500 oder 589700, www@anihotel.com. Dieses Vier-Sterne-Haus ist besonders zu empfehlen, es ist renoviert und flott geführt und hat eine ausgezeichnete Lage. (→ Karte S. 114)
**Aviatrans** (P2), Abovjani ph. 4, Tel. 567228, 567226, www.hotelaviatrans.am. Ein nettes kleines Drei-Sterne-Hotel unmittelbar hinter dem Historischen Museum. (→ Karte S. 114)
**Hotel Bass Boutique** (P2), Ajgedzori ph. 3, Tel. 221353, 261080, www.bass.am. Vier-Sterne-Hotel, das zwar nicht direkt im Zentrum, aber in einem der schönen Stadtteile Jerevans liegt. (→ Karte S. 110)
**Best Western Congress** (P2), Italakan ph.1, Tel. 591199, www.congresshotelyerevan.com. Hotel mit sehr guter, teilweiser luxuriöser Ausstattung und Swimmingpool, allerdings etwas unbeholfenem Service und langweiliger Küche, südlich des Republiksplatzes gelegen. (→ Karte S. 114)
**Hotel Hrazdan** (P2), Dzorapi ph. 72. Tel. 535332 oder 523473, www.hotelhrazdan.am. An der Hrazdan-Schlucht gelegenes, renoviertes Haus mit kleinem Park. Ideal für alle, die es lieber ruhig, aber dennoch nahe zum Zentrum haben wollen. Das Hotel verfügt über einen äußerst gepflegten Swimmingpool mit angrenzender gemütlicher Pool-Bar, die bis spät abends geöffnet hat. WLAN funktioniert allerdings nicht in allen Stockwerken! (→ Karte S. 120)

**Hotels außerhalb des Zentrums**
Wer es gerne etwas ruhiger haben will und außerdem den Blick über die Dächer von Jerevan genießen möchte, sollte sich auf einen der Stadthügel zurückziehen.
**Hotel Arma** (P2-3), Norkhi Ayginer ph. 275, Tel. 546000, www.arma.am. Mit guter armenischer Küche. Gratis Shuttlebus ins Zentrum. Kein WIFI. (→ Karte S. 111)
**Aquathek** (P2-3), Miasnikjani ph. 40, Tel. 588888, www.aquathek.am. Ein Hotel und Vergnügungskomplex mit SPA, Fitnesscenter, direkt an der Jerevaner Wasserwelt (→ S. 167) gelegen. (→ Karte hintere Umschlagklappe)

**Familiäre Hotels und Pensionen**
Die hier genannten kleinen Pensionen bieten nette Räume, gutes Frühstück und freundliche Atmosphäre.
**Villa Delenda** (P2), Jeznik Koghbats'u ph. 22, Tel. 54 56 97, 58 45 74, www.villadelenda.com. Eine kleine, doch elegante Pension in einem der wenigen verbliebenen historischen Gebäude Jerevans, unweit des Republiksplatzes. Ein großes Plus ist die individuelle Betreuung (auch beim Frühstück) und sehr familiäre Atmosphäre. (→ Karte S. 114)
**Residence Aygedzor** (P2), 23, Ajgedzor. Tel. 561156, www.residenceayghedzor.com. Aufmerksamste Betreuung! Etwas abseits des Zentrums liegt diese Villa in ähnlich eleganter und individueller Ausstattung und mit gutem, freundlichen Service und wunderbar individuellem Frühstück desselben Besitzers wie die Villa Delenda. (→ Karte S. 110)
**Parev Doon** (P2), Ajgestan 11/75, www.parev.am. Das Haus liegt in einem der besten Stadtteile Jerevans, in Ajgestan, und bietet mit seinen zehn Zimmern sogar Platz für größere Familien. Ein nettes Bed & Breakfast in Jerevan. (→ Karte S. 111)
**Silk Road Hotel** (P2), Ajgedzor 53/2, Tel. 265 214, www.silk-road.am. Das kleine,

sehr geschmackvolle im armenischen Stil geführte Hotel bietet 13 Zimmer, gutes Essen und eine nette Lage. Es ist wie ein Hotel der Tufenkian-Kette, aber preiswert.

### Gästehäuser, Hostels

**Envoy Hostel** (P1), Puschkini ph. 54, Tel. 530369, www.envoyhostel.com. Für Reisende mit schmalen Geldbeutel, die nicht viel Wert auf Luxus legen, ist dieses Hostel im Zentrum zu empfehlen. Saubere Acht-, Vier-, Zweibettzimmer sowie auch Einzelzimmer, Sanitäranlagen, Gemeinschaftsküche und ein gutes Frühstück. Es gibt Zimmer mit und ohne eigenes Bad/WC. Das Hostel bietet auch eine Auswahl an **Touren durch Jerevan und ganz Armenien** an. Weiterer Pluspunkt ist die gute Lage und das jugendliche, freundliche und sprachgewandte Personal! (→ Karte S. 116)

**Sunlife Hostel** (P1), Gästehaus der Internationalen Eurasia Universität, 24/2, Azatuthjan Pogh. Tel. 299 088. Nördlich der Kaskade, im Stadtteil Zeytun befindet sich dieses einfache, für Studierende und einfache Ansprüche äußerst geeignete Gästehaus. (→ Karte hintere Umschlagklappe) Weitere Hostels findet man über die einschlägigen Buchungsportale.

## Restaurants

Das Essen in den kleineren Restaurants ist noch nicht besonders teuer, etwas überhöhte Preise haben auf jeden Fall die Hotels und einige Restaurants. Vorsicht ist geboten bei den ›Touristenrestaurants‹. Die angegebenen Preisspannen bedeuten: P1 bis 5000 Dram (10 Euro), P2 5000–10000 Dram (10–20 Euro) P3 über 10000 Dram (über 20 Euro) pro Hauptspeise.

### Armenische Küche

**Dolmama** (P3), Puschkini ph. 10, Tel. 561354. Leider viel zu teuer, aber originell, www.dolmama.am. (→ Karte S. 114)

**Ararat** (P2), Hanrapetuthjan hrap., Tel. 527933. Etwas verstaubt, direkt am Republiksplatz. Traditionelle armenische Küche. (→ Karte S. 114)

**Mer Gjugh** (P2), Sajath Novaji pogh. 5. Tel. 548700. Empfehlenswert, etwas eng. (→ Karte S. 111)

**Old Erivan** (P2), Hyusisayin ph. 2, Tel. 540575, www.olderivan.am. Das Restaurant hat sich von einer kleinen Gaststätte mit guter armenischer Küche zu einem großen Gastronomiebetrieb entwickelt und wird seinem Namen nicht mehr gerecht. Ist für Individualreisende nicht wirklich zu empfehlen! (→ Karte S. 116)

**Ayasa-Kilikia** (P2), Hanrapetuthjan ph. 78, Tel. 548808. Ein schönes, kleines Restaurant mit überwiegend westarmenischer Küche mit arabischem Einfluss. (→ Karte S. 114)

**The Club** (P2), Thumanjani ph. 40, Tel. 537804, www.theclub.am. Ein beliebter Geheimtipp der Szene, mit verschiedenen, originell gestalteten Räumen, in denen auch Konzerte veranstaltet werden. Gute Weine, etwas andere, mediterran beeinflusste innovative armenische Küche. (→ Karte S. 110)

Berühmt in Jerevan ist natürlich die **Paronjanstraße**, von den Einheimischen auch die Chorovats'straße (Schaschlikstraße) genannt, weil sich hier Kebab-Buden und Restaurants aneinander reihen. Empfehlenswert sind die Kebabs und Chorovats'-Spieße im **Urartu** (P2), Dzorapi ph. 17–19, Tel. 538041, 538106, auch zum Mitnehmen! (→ Karte S. 110)

**Pandok Yerevan** (P2), www.pandokyerevan.com. Vier Lokale mit ähnlicher Küche: vom kleinem Lokal (Paronjani ph. 7, Tel. 530563, Karte → S. 121, und Chorenats'i ph., Tel. 582512, Karte → S. 110) bis zum wirklich großem Restaurant mit Livemusik (Terjani ph. 91 , Tel. 508800, Karte → S. 116, und Amirjani ph. 5, Tel. 545545, Karte → S. 114). Hier gibt es armenische und georgische Küche, und meist viele Touristen, aber die Chinkali (mit Käse gefüllte Teigtaschen) sind wirklich empfehlenswert!

**Ararat Hall** (P1), Y. Koghbatsi ph. 30, Tel. 538588. Traditionell und etwas verschnörkelt eingerichtet, gute und günstige Küche. (→ Karte S. 114)

*Café im Stadtzentrum*

**Internationale Küche**
**Mimino** (P2), Alekh Manukjani ph. 7, Tel. 578885. Sehr gute georgische Küche mit großer Auswahl und nettem Ambiente. (→ Karte S. 111)
**Caucasus Tavern** (P1-2), Hanrapetuthjan ph. 82, Tel. 561177. Gute georgische Küche, allerdings etwas touristsch. (→ Karte S.114)
**Genatsvale**, (P1-2), Kievjani ph. 7, Tel. 277999. Ein kleines, von Studenten gerne besuchtes, gutes und günstiges georgisches Lokal. (→ Karte hintere Umschlagkarte)
Richtig **orientalische Speisen** bekommt man für vernünftige Preise im **Iranischen Restaurant** (P1-2), Kievjani ph. 2a, Tel. 228848 (→ Karte hintere Klappe); im **Gold Star Eastern Cuisine** (P1), Komitasi ph. 16, Tel. 271620 (→ Karte hintere Klappe); im **Scheherazada** (P1-2), Amirjani ph. 5. (→ Karte S. 114)
**Doca Pizza** (P1-2), Sajath Novaji pogh. 26, Tel. 555555.Hier gibt es angeblich die besten Pizzen. (→ Karte S. 111)
**Cucina Italian Restaurant** (P3), Amirjani ph. 1, Tel. 599000. Gediegene italienische Küche im Hotel Marriot. (→ Karte S. 114)
**Ai Leoni** (P2-3), Thumanjani ph. 40, Tel. 538331, www.aileoni.am. Trattoria, die mit dem Duft von Pizzabrot und frischem Basilikum lockt. Etwas teurer, aber durchaus empfehlenswert. (→ Karte S. 116)
**La Cucina** (P2), Terjani ph. 52, Tel. 58 40 33. Weniger edel als die beiden zuletzt genannten italienischen Restaurants, aber gutes italienisches Essen, gute Pasta zu normalen Preisen. (→ Karte S. 116)
**Cactus** (P2), Maschtots'i p. 42, Tel. 539934. Mexikanische Küche in Jerevan! Mexikanisch feurig und große Portionen! (→ Karte S. 116)
Gute **westarmenische und arabische Küche** bekommt man im **Lebanon** (P1), Tamanjani Ph. 3, unterhalb der Kaskade, Tel. 561894, www.lebanontavern.com (→ Karte S. 116), sowie im **Taboule** (P2), Zakjani ph. 8/21, in der Nähe der persischen Moschee, Tel. 544264. (→ Karte S. 119
Wer es zünftig liebt, kann einen der vielen Biergärten besuchen, v.a. entlang der Kaskade, z.B. das **Paulaner Bierhaus** (P2), Tamanjani ph. 6, Tel. 543800. (→ Karte S. 116)

## Cafés und Bars
Für den kleinen Hunger oder Durst bietet Jerevan genug Möglichkeiten.
**Café Moscow** (P1-2), Abovjani ph. 18, Tel. 580883. (→ Karte S.114)
**Café de Paris** (P1-2), Abovjani ph. 23, Tel. 522648. (→ Karte S. 116)
**Marco Polo** (P2), Abovjani ph.1/3, Tel. 561926. Hier kann man sehr gut essen, große Auswahl. (→ Karte S.114)
**Café Central** (P2), Abovjani ph. 30, Tel. 58 39 90. Bewährt durch gute Küche, feine Kuchen und schnellen Service (Nomer est Omen). Österreichische Küche gibt es dort auch – die besten Wiener Schnitzer der Stadt! (→ Karte S. 116)

**Jazzve** (P1-2), Moskovjani ph. 8 oder in der Thumanjani ph. 32. Der Name der armenischen Kaffeekanne steht für die vielen Kaffeeköstlichkeiten, die man hier genießen kann, neben anderen Getränken und kleinen Speisen. Im Jazzve gibt es den besten armenischen Kaffee – noch richtig auf heißem Sand gekocht! (→ Karte S. 116)

**Poplavok** (P1-2), Isahakjani ph. 41, Tel. 522303, 547118. Eine Besonderheit ist dieses Restaurant, das an einem künstlichen See im Park liegt und einem Schiff nachempfunden ist. Hier gibt es auch besonders guten Jazz. (→ Karte S. 116)

**Artbridge** (P1-2), Abovjani ph. 20, Tel. 581284. Ein nettes Lokal mit Buchladen, originell eingerichtet, mit der Möglichkeit, gemütlich in Büchern zu schmökern und daneben schmackhafte Imbisse zu sich zu nehmen. Gute Nudelgerichte. (→ Karte S. 114)

**Square One** (P1-2), Abovjani ph. 1-3, Tel. 530414. Amerikanisch beeinflusster und bei der Jerevaner Jugend äußerst beliebter Treffpunkt unweit des Republiksplatzes. Hier gibt es nicht nur flinke Bedienung und laute Musikvideos, sondern auch gute Salate und besonders leckere Pizzen! (→ Karte S. 114)

**Lounge-Bar Orange** (P2), Thumanjani ph. 21, Tel. 528293. Etwas distinguiert, gänzlich in Orange gehalten, mit gemütlichen Sofas, guten Drinks und ausgezeichneten Torten. (→ Karte S. 114)

**The Green Bean** (P1-2), Amirjani ph. 10, Tel. 529279. Filialen in der Tamanjani ph. 2, und der Marshal Baghramjani ph. 40. Ab 8.30 geöffnet! Die flotte Alternative: einfach, schnell und gut. Guter Kaffee, gute Getränke und leckere Sandwiches, Bagels und Toasts. Auch für Vegetarier ein Tipp! (→ Karte S. 114)

**In Vino** (P2), Sarjani ph. 6, Tel. 521931. Jerevan hat endlich auch ein nettes Weinlokal mit guten internationalen Weinen, schmackhaften Häppchen und netter abendlicher Atmosphäre. Sehr empfehlenswert. (→ Karte S. 116)

**Coffeeshop Company** (P1-2), Amirjani ph. 4/5, sowie Hin Erevants'i ph. 2, schnell und gut, österreichische Leitung. (→ Karte S. 114)

**Merlot Wine Restaurant** (P2), Terjani ph. 25. Sehr kleines, feines, mit nettem Holzmobilar ausgestattete Weinbar mit guten ital.-französischen Häppchen. (→ Karte S. 114)

## Fast food

Neben den üblichen Kebabs und Chorovats' entlang der Paronjanstraße gibt es auch nationales und internationales Fastfood:

**KFC Kentucky Fried Chicken** (P1), Moskovjan 17,3 Tel. 539948. (→ Karte S. 116)

**Mr. Gyros** (P1), Thumanjani ph. 40, Tel. 502233. Die griechische Version von Kebab und Chorovats'. (→ Karte S. 116)

**Ost Bistro** (P1), Maschtots'i p. 20, Tel. 539580 und Maschtots'i p. 40 Tel. 531641. Die beste und billigste Lahmadscho, armenische Pizza. Geheimtipp für schnelles, gutes armenisches Essen und zu ungewöhnlich günstigen Preisen. Sehr beliebt bei der armenischen Jugend. (→ Karte S. 120)

**Mr. Toaster**, Korjuni ph. 25, Tel. 566544. Gute Sandwiches und Toasts – groß, schnell, günstig. (→ Karte S. 111)

**Pizza Hut** (P2), Hjusisajin ph. 1, Tel. 501 503. Übliche Pizza-Hut Kost.

**Tashir Pizza** (P1), www.tashirpizza.am, Tel. 511111. Hier gibt es die besseren Pizzen und Salate und armenisches Ambiente dazu. Zahlreiche Filialen überall in der Stadt.

**Tumanyan Shaurma** (P1), Thumanjani ph. 32 (→ Karte S. 114), **Yerevani Shaurma** (P1), Terjani ph. 91 (→ Karte S. 116), **Zatar Pizza Fast food** (P1-2), Hanrapetuthjan ph. 24 (→ Karte S. 114). Bei allen dreien gibt es orientalisches Fastfood.

## Bäckereien und Konditoreien

Erst in den letzten Zeiten setzen die Jerevaner auch auf Baguettes, knusprige Brötchen und europäische Mehlspeisen. Dies ist zu finden im **Baguette & Co** (P1), Abovjani ph. 20, Tel 202299 (→ Karte S. 116), und im etwas teureren **Louis Chardon Café and Bakery** (P2), Amirjani ph. 11, Tel. 095/505444 (→ Karte S. 119).

Eher im amerikanischen Stil: **Crumb Bread Factory** (P1-2), M. Maschtots'i pogh, 37, www.crumbs.am (→ Karte S. 116), sowie **Cinnabon** (P1) mit den berühmten Zimtschnecken, Nordboulevard (Hyusisayin p.) 10/3, www.cinnabon.com. (→ Karte S. 114) Orientalische, süße und klebrige Naschereien bekommt man bei **Haleb** (P1), Terjani ph. 72, Tel. 449410 (→ Karte S. 111) und Zakjani ph. 4/77, Tel. 322420 (→ Karte S. 119).

## Jazz-Clubs

Jerevan ist bekannt für seine Jazz-Clubs mit Live-Musik.
**Mezzo Classic House Club** (P3), Isahakjani ph. 28 1/3, Tel. 522411. www.mezzo.am. Vermutlich der bekannteste Club in Jerevan, wechselnde Programme, etwas elitär und daher hohe Preise. Reservierung ist empfohlen unter 098/206206. (→ Karte S. 116)
**Malkhas Jazz Club** (P2), Puschkini ph. 52/1, Tel. 535350. Fotos an den Wänden zeugen davon, dass auch schon Putin und Jelzin hier waren. (→ Karte S. 116)
**Poplavok** (P1-2), Isahakjani ph. 41, Tel. 522303, 547118. Gutes Programm im Restaurant Poplavok direkt am künstlichen See unweit des oberen Maschtots'-Boulevards. (→ Karte S. 116)
**Cascade Jazz Club** (P2-3), Cafesjian Center for Arts, Tel. 541932. www.cmf.am. Über den Dächern von Jerevan, am oberen Ende der Kaskade gelegen. Neben ausgezeichneten Drinks, entspannter Atmosphäre gibt es hier Jazz der armenischen Superlative mit Ausblick aufs nächtliche erleuchtete Jerevan. (→ Karte S. 116)

## Einkaufen

Frisches **Obst und Gemüse** und den orientalischen Flair eines Bazars bieten alle Märkte Jerevans. Sie befinden sich in den verschiedenen Stadtvierteln, besonders zu nennen ist der Markt Nr. 2, Chorenats'u ph. 35 (→ Karte hintere Klappe), Nr. 5. in der Komitas ph. 53 (→ Karte hintere Klappe), Nr. 9 in der Erebuni ph. 19 (→ Karte hintere Klappe) oder Nr. 10 in der Paruir Sevaki ph. 51 (→ Karte hintere Klappe).
Die schöne Markthalle am Maschtots'-Boulevard wurde leider in ein langweiliges Einkaufszentrum umgewandelt.
Gute **Supermärkte** im westlichen Stil sind beispielsweise in der Abovjan- und Thumanjanstraße zu finden. Die Geschäfte öffnen meist nicht vor 9 oder 10 Uhr, manche haben dafür bis 22 Uhr und auch sonntags geöffnet.
**Bücher** findet man in der Nähe des Matenadaran und in der Mitte des Maschtots'-Boulevards sowie auf dem **Kunsthandwerks-** und Flohmarkt ›Vernissage‹ (Sa und So hinter dem Republiksplatz).
Neuere Bücher, Karten und auch fremdsprachige Literatur bietet **Nojan Tapan**, Hanrapetuthjan hrap., Government Houese 2, www.noyantapan.am (→ Karte S. 114).
**Mitbringsel für Kinder**: Sharan Crafts Center, aus feiner Baumwolle handgestrickte Kinderkleidung. Shop in der Sajath-Nova-Straße zwischen Abovjan und Oper (Nähe Ausgang Kindermuseum). Filialen gibt es auch auch am Flughafen und im Marriott-Hotel. (→ Karte S. 114)

## Theater und Konzerte

Der Spielplan der Oper, des Ballettes und des Philharmonischen Orchesters hängt aus oder kann gegenüber der Oper in der **Theaterkasse**, Ecke Thumanjani/Maschtots'i pogh, erfragt werden: Thumanjani ph. 40, 11–22 Uhr, Pause 14–15 Uhr. Die Tickets sind sehr günstig, auch für gute Plätze. Zu empfehlen sind vor allem die nationalen Opern wie ›Anusch‹, ›Almast‹ oder ›Sajath Nova‹ sowie die nationalen Ballette wie ›Gajane‹. Europäische Klassiker wirken etwas steif und veraltet, die Qualität der Sänger ist gut, was man aber nicht unbedingt vom Corps de Ballett ohne Einschränkung sagen kann. Gute Konzerte gibt es immer im Philharmonischen Haus hinter der Oper und im Kammermusikhaus. Die verschiedenen Theater bieten Vorstellungen in armenische oder russischer Sprache an. Interessant is vielleicht das Theater für Pantomime und da

# Theater und Konzerte

Hovhannes-Thumanjan-Marionettentheater. Viele Eintrittskarten kann man noch am selben Tag lösen, manchmal ist der Eintritt frei.
**Staatliches Akademisches Opern- und Balletthaus** (Spendarjani anvan operaji ev baleti thatron), Thumanjani ph. 54, Tel. 586311, 533391. www.opera.am. (→ Karte S. 116)
**Aram-Chatsch'atrjan-Philharmonie**, Maschtots'i pogh. 46, Tel. 561460, www.apo.am. (→ Karte S. 116)
**Komitas-Kammermusikhaus** (Komitasi anv. kamerajin erazhschtuthjan tun), Isahakjani ph. 1, Tel. 541040. (→ Karte S.111)
**Arno-Babadschanjan-Konzertsaal**, Abovjani ph. 2. Tel. 582871. (→ Karte S. 114)
**Hovhannes-Thumanjan-Marionettentheater** (Tiknikajin thatron) Sajath Novaji ph. 4, Tel. 563243. (→ Karte S. 114)

## Museen

Neben den großen Museen (→ S. 140) gibt es noch eine Reihe weitere empfehlenswerter Häuser. Viele Wohnhäuser berühmter Dichter, Komponisten oder Maler wurden in sehenswerte Museen umgewandelt.
**Haus des Komponisten Aram Chatsch'atrjan**, Zarubjani ph. 3, Tel. 589418, 580178, www.akhachaturianmuseum.am. Mo bis Fr von 11 bis 16.30 Uhr, Sa. 11 bis 16 Uhr. Führung in englischer Sprache für Gruppen möglich, 2500 Dram. (→ Karte S. 111)
**Haus des Malers Martiros Sarjan**, Sarjani ph. 3, Tel. 581762, www.sarian.am. Tgl. außer Do 11 bis 18 Uhr (Hauptsaison). Eintritt 600 Dram, Führung (auf Englisch) 2500 Dram. (→ Karte S. 110)
**Haus des Volksdichters Hovhannes Thumanjan**, Moskovjani ph. 40, Tel. 581271. Di-So 10–17 Uhr. Eintritt 500 Dram. (→ Karte S. 110)
**Komitas-Museum**, Arschakunjats'i pogh, 28, www.komitasmuseum.am. Di-So 10-16.30. Eintritt 600 Dram, Führung auf Englisch um 4000 Dram. Dem armenischen Musiker und Musikologen ist ein besonderes Museum südlich des Stadtzentrums gewidmet, das in acht verschiedenen Sälen seine tragische Lebensgeschichte, seine Sammlertätigkeit und reiches musikalisches Schaffen in der armenischen geistlichen und der Volksmusik zeigt. Hier finden auch immer wieder feine Konzerte statt. (→ Karte hintere Umschlagklappe)
Ungeduldig wartet man bereits auf die Eröffnung des **Haus-Museums von Charles Aznavour**, am Abhang neben der Kaskade.

## Freizeitaktivitäten

Vor allem im Sommer beliebt ist **Water World**, ein riesiger Wasservergnügungspark mit Restaurants und Sauna, in unmittelbarer Nähe des Jerevaner Zoos. Miasnikjani ph. 40, Tel. 524000, 638998, www.waterworld.am. Ganzjährig geöffnet. Der Eintritt kostet 6500 Dram. Allerdings muss man bei der Wasserqualität Einbußen in Kauf nehmen. (→ Karte hintere Klappe)
Sicherlich ist der **Zoo von Jerevan** nicht unbedingt der vorbildlichste, was Tierhaltung anbelangt, und steht in seiner Attraktivität weit hinter den Zoos in Westeuropa, jedoch hat auch er, vor allem seit einer Grunderneuerung, seinen Reiz, besonders da man hier an die 200 Spezies aus dem Südkaukasus und dem Armenischen Hochland zu sehen bekommt., Zoo Jerevan, Miasnikjani ph. 20, Tel. 562362, www.yerevanzoo.am; tgl. 10–18, Mo 11–18 Uhr. 800 Dram für Erwachsene, Kinder 3–15 500 Dram, Kinder unter drei Jahren frei. (→ Karte hintere Klappe)

## Einkaufszentren

Die neuen Jerevaner Malls sind täglich von 10–22 Uhr geöffnet und bieten neben den üblichen Geschäften auch Food courts.
**Tashir**, M. Chorenats'i 33, sehr zentral und mit großem Food court. (→ hintere Klappe)
**Rossia**, Tigran Metsi Ph. 16, rossiamall.am. Ebenso zentral. (→ Karte S. 111)
**Prospekt Mall**, M. Maschtots'i pogh., 5, die ehemalige schöne Markthalle am Maschtots' Boulevard. (→ Karte S. 119)
**Dalma Garden**, Tsitsernakaberdi ph, 3, www.dalma.am, und **Yerevan Mall** im Stadtteil Schengavith, Arschakunjats' pogh. 34, 3, yerevanmall.am; beide etwas außerhalb. (→ Karte hintere Umschlagklappe)

»Die weite Ebene lag vor uns,
eintönig und bar alles Gegenständlichen,
wie der Grund des Meeres ...
Die Natur überschreitet
mit einer derartigen Weite alles Menschliche ...
Es gibt Dörfer, die man erst dann zu sehen bekommt,
wenn man sie betritt.«

*H.F.B. Lynch, Armenia. Travel and Studies, 1901*

*In der kargen Ararat-Ebene*

# RUND UM DIE ARARATEBENE

# Die Provinz Armavir

Armavir, das ist die Provinz im Ararattal, die durch die Fluten des Arax von der Türkei getrennt wird. Ein historisches Land mit vielen prähistorischen Stätten wie Metsamor, ein historisches Land, das als Ebene immer strategisch von verschiedenen Völkern wie den Urartäern in Argischtihinili genutzt worden war, auf dem viele bedeutende Schlachten wie jene gegen die Türken in Sardarapat ausgetragen wurden. Ein Landstrich, der wie kein anderer ganz im Zeichen des Christentums steht, hier ist das Christentum einst entstanden und hier liegt in Vagharschapat auch das Zentrum des armenischen Christentums: Edschmiatsin. Hier im breiten, trockenen Tal haben die ersten Christen ihren Märtyrertod gefunden, haben später dann die christlichen Führer des Landes die alten heidnischen Kultstätten erbarmungslos geschleift.

## Zvarthnots'

Übertönt vom Donnern der Flugzeugmotoren des nahen Jerevaner Flughafens und unscheinbar am Straßenrand gelegen stehen die Ruinen der ungewöhnlichen Palastkirche von Zvarthnots'. Dieser Ort ist den Engeln geweiht, die dem heiligen Grigor im Traum erschienen sein sollen. Namentlich unbekannte Meister haben hier in der Mitte des 7. Jahrhunderts eine riesige Kirche geschaffen, deren Schönheit sogar der Überlieferung nach den damaligen byzantinischen Kaiser Konstantin II. derart beeindruckt haben soll, dass er in Konstantinopel einen ähnlichen Bau errichten ließ.
Der Bauherr der Palastkirche, Katholikos Nerses II., ließ jedoch zahlreiche Inschriften anbringen, die ein deutlicheres Bild über die Entstehung der Kirche und ihre Erbauer geben können. Nicht zu vergessen die steinernen Selbstbildnisse der Architekten, die man bei den Ausgrabungen 1904 in den Ruinen gefunden hat und die heute im Jerevaner Historischen Museum ausgestellt werden. Seit 2000 zählen die ungewöhnlichen Ruinen zusammen mit der Kathedrale von Edschmiatsin zum UNESCO-Weltkulturerbe.

### ■ Die Ruinen der Kirche

Aufgrund der Grabungen schließt man, dass die eigentliche Kirche auf einer künstlichen, abgestuften Geländeplattform mit kreuzförmigem Grundriss errichtet wurde. Diese ganze Anlage wurde durch ein Mauerwerk mit 32 Seiten nach außen umschlossen und überwölbt, so dass diese Kirche nach außen hin kreisförmig erschien. Darüber erhob sich das zweite Geschoss wiederum auf kreuzförmigem Grundriss, der jedoch auch nach außen sichtbar war. Aufgrund einer Rekonstruktion durch den Architekten Toramanjan, die jedoch häufig angezweifelt wurde, schloss man auf eine dreigeschossige Kirche mit einer geschätzten Höhe von 49 Metern. Interessant ist der kleine rechteckige Raum im Osten der Kirche, der zwar das architektonische Prinzip durchbricht, jedoch für liturgische Zwecke benötigt worden war. Diese mit zahlreichen Reliefs verzierte Kirche stürzte jedoch im Jahre 930 bei einem starken Erdbeben ein. Seither geben nur die kreisförmig aufgestellten Säulen mit den wunderschönen Voluten-Kapitellen eine Vorstellung von der Erhabenheit dieser Kirche. Sie war sicher in ihrer Zeit sehr ungewöhnlich und sogar spektakulär.

### ■ Palastruinen

Angrenzend im Südwesten der Kirche wurde der Palast des Katholikos errichtet. Von diesem großen Bauwerk sind nur die Grundmauern erhalten, die auf

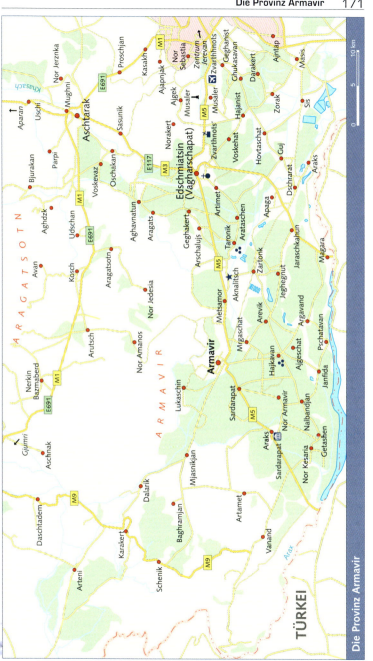

*Die Ruinen der Kathedrale von Zvarthnots'*

zwei große Säle, eine ältere einschiffige Kirche und einige Wirtschaftsgebäude schließen lassen. Ganz im Südosten soll sogar eine kleine Weinkelterei gewesen sein, in der die großen Weinkrüge in den kühlen, trockenen Boden des Ararattales gegraben worden waren. Zwischen den Ruinen der Anlage entdeckt man immer wieder auf den versteckten Seiten uninteressant wirkender Steinblöcke und in den Winkeln der alten Grundmauern Schätze der armenischen Steinmetzkunst. Von den verstrickten Mustern der Säulenkapitelle mit den schönen spiralförmigen Voluten über den mächtigen Adler mit ausgebreiteten Schwingen bis hin zu zerbrechlichen Weinranken und Bruchstücken steinerner Granatäpfel bietet die Ausgrabungsstätte einen wahren Reichtum an Bauplastik, die in ihrer Regelmäßigkeit und ihrer unvergänglichen Schönheit beinahe noch mehr erstaunt und beeindruckt als die Relikte einer riesigen Kirche.

■ **Museum**
In dem kleinen, der Grabungsstätte angeschlossenem Museum, das leider nicht immer geöffnet ist, kann man andere Fundstücke und Inschriften finden. Das Modell der Kirche steht im Historischen Museum Jerevans und ist übrigens auf vielen Abbildungen als Symbol armenischer Kirchenbaukunst zu sehen. Die Ruinenstätte ist nicht mehr frei zugänglich, der Eintritt kostet 1000 Dram, eine Führung auf Englisch 2000 Dram (Di–So 10–17 Uhr). Sie ist auch eine der am meisten besichtigten Sehenswürdigkeiten Armeniens, ein guter Platz, um jene Heerscharen, die mit Flugzeugen vom Himmel kommen, würdig auf geweihtem Boden willkommen zu heißen. ⊙ *40°9'36.97"N, 44°20'11.85"E*

## Vagharschapat/Edschmiatsin

Dort, wo in einer Vision des heiligen Grigor der ›eingeborene Sohn Gottes‹ herabgestiegen war und mit einem Schwert auf den kargen Boden des Ararattales in der alten Königsstadt Vagharschapat gedeutet hatte, ließ er eine große Kirche errichten und legte somit den Grundstein für die Entstehung des bedeutendsten religiösen Zentrums des armenischen Christentums – Edschmiatsin. Die heutige Kleinstadt Vagharschapat, etwa 20 Kilometer westlich von Jerevan gelegen, ist eine der ältesten Städte Armeni-

## Vagharschapat/Edschmiatsin

ens. Schon im 7. Jahrhundert erbaute der urartäische Herrscher auf dem heutigen Stadtgebiet einen nach ihm benannten Kanal zur Bewässerung der nachfolgenden Siedlungen. Ein Jahrhundert später gründete der Orontide Vardges die Stadt Vardgesavan. An Bedeutung gewann der Ort aber erst im zweiten nachchristlichen Jahrhundert, als der arsakidische König Vagharsch die Siedlung befestigte und zur Hauptstadt seines Reiches unter dem Namen Vagharschapat erhob.

Als zu Beginn des 4. Jahrhunderts der heilige Grigor, mittlerweile Katholikos der Armenier, den bekannten heidnischen Tempel des Sandaramentkultes zerstört hatte und auf dessen Ruinen die Kirche errichtet hatte, wurde die Stadt in Edschmiatsin umbenannt und zum Sitz des Katholikos erhoben. Neben der Mutterkirche wurde einige Jahre später der Palast des Katholikos errichtet und auf anderen visionären Stellen ließ Grigor die Krypten der Heiligen Hriphsime und Gajane sowie die kleine Kirche des Lichtstrahles ›Schoghakath‹ errichten. In den nachfolgenden Jahren wurden einige bedeutende Synoden in Edschmiatsin abgehalten, die die eigenständige Stellung der armenischen Kirche verstärkten. Doch schon nach kurzer Zeit wurde das Katholikosat von Edschmiatsin in andere Städte verlegt und befand sich für beinahe ein Jahrtausend auf Wanderschaft.

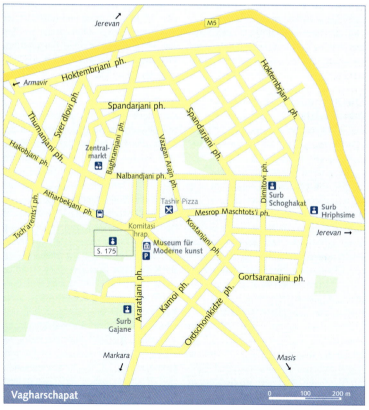

Vagharschapat

Erst im Jahre 1441 kehrte der Katholikos in die Stadt in der Araratebene zurück. Seit dieser Zeit ist Edschmiatsin als armenisches Kirchenzentrum zu betrachten und seit dieser Zeit erlebten auch die Kirchen der Stadt eine zweite Blütezeit. Sie wurden umgebaut, geschmückt und ältere Bauwerke wurden wieder entdeckt. Im 19. Jahrhundert wurden die Gebäude des heutigen Katholikosats errichtet, darunter auch das Museum. In den vergangenen Jahren ist man aus unerklärlichen Gründen – zumindest, was das christlich-traditionelle Verständnis anbelangt – wieder dazu übergegangen, die Stadt mit ihrem alten Namen Vagharschapat zu nennen.

Einigermaßen schön ist der Hauptplatz mit einem traurig-melancholischen Komitasdenkmal geschmückt, an den Ecken des Platzes sind in Glaskästen Modelle verschiedener bekannter Klöster zu bewundern.

## Die Kathedrale von Edschmiatsin

Das Zentrum von Edschmiatsin bildet sicherlich die Kathedrale, zu sowjetischer Zeit die älteste Kirche der Union. Ihre Grundmauern gehen auf das Jahr 303 zurück, die zahlreichen Anbauten, wie verschiedene Kapellen oder auch der wunderschöne Glockenturm, sind weit jünger. Diese Kathedrale wurde bereits einige Jahre nach ihrer Erbauung von den Persern zerstört und wieder aufgebaut. Viele Fremdherrscher haben dieses Kirchenzentrum immer wieder zerstört, und immer wieder ist es schöner, reicher und noch größer aufgebaut worden.

In den letzten Jahren wurden der alten Anlage viele neue Gebäude hinzugefügt, um so der steigenden Zahl von Seminaristen und auch den Ansprüchen der vielen Gläubigen und Pilger aus der ganzen Welt nachzukommen. Schon 2001 hat man den Freiluftaltar gleich rechts vom Haupteingang errichtet. Auffällig ist jedoch besonders die turmförmige Kirche, die äußerst treffend von der Bevölkerung ›Rakete‹ genannt wird. Sie dient den Seminaristen als Kirche. In dem den Geistlichen vorbehaltenen Bereich, im Westen der Kathedrale, an der südlichen Seite des Palastes des Katholikos, wurden neue Wohngebäude für den Klerus, aber auch neue Verwaltungsgebäude gebaut. Der Hauptteil der heutigen Kirche stammt vermutlich aus dem 5. Jahrhundert. Hier handelt es sich um eine quadratische Tetrakonchos mit vier freistehenden Mittelpfeilern. Die Konchen sind innen hufeisenförmig, nach außen fünfeckig. Die Apsis selbst ist nach außen hin trapezförmig und hat zwei Seitenräume. Dieser alten Kirche wurden danach weitere Bauteile hinzugefügt, hier vor allem die oberen wie der Tambour im Jahre 1627.

### ■ Glockenturm

Der Glockenturm über der nach drei Seiten offenen Vorhalle wurde erst in der Mitte des 17. Jahrhunderts angebaut. Vier Stützen tragen hier eine Rotunde aus acht Säulen. Der prächtige Dekor mit den zarten Steinreliefs mit überwiegend floralen Motiven steht in krassem Gegensatz zur sonst nüchternen Gestaltung der Fassade. Der Glockenturm ist mit seinem steinernen Dekor das exakte Gegenstück zum verschwenderisch bemalten Interieur der Kathedrale. Auch das kleine Gewölbe im untersten Geschoss ist mit seiner bunten Malerei ein echtes Gustostück. Viele bewundern diesen außergewöhnlichen Glockenturm, doch nur wenige wissen von einem kleinen Fehler, der beim Bemalen der Decke aufgetreten ist. Ein winziger Skorpion hat sich in den klebrigen, noch feuchten Farben verfangen und ist seither ein Gefangener der Kathedrale.

**Das Kirchenzentrum Edschmiatsin**

Oder hat ihn gar einer der berühmten Maler absichtlich dorthin gesetzt, als Mahnung, dass selbst an einem solch heiligen Ort das Böse ewig lauert? Der Skorpion ist im Farb- und Mustergewirr nicht leicht zu entdecken, aber das Geheimnis, wo er nun wohl sitzt, sei auch hier nicht gelüftet. Die drei kleinen Glockentürmchen, die die Apsis im Norden, Osten und Süden schmücken, gehen auf das Ende des 17. Jahrhunderts zurück.

### ■ Innenräume der Kathedrale

Wesentliche Veränderungen erfuhr die Kathedrale erst durch die Gestaltung der Innenräume durch die Malerfamilie der Hovnatanjan im 17. und 18. Jahrhundert. Sie ist somit eine der wenigen ausgemalten Kirchen Armeniens. Schließlich wurde in der zweiten Hälfte des 19. Jahrhunderts noch eine Sakristei hinzugefügt, in der sich heute das Museum der Kathedrale befindet. Im **Museum** zeigt man eine Auswahl der Kirchenschätze Armeniens, von wertvollen mit Goldfäden bestickten liturgischen Gewändern, Kelchen, den berühmten edelsteinverzierten rechten Händen der Katholikoi bis hin zu unschätzbar wertvollen Kruzifixen und seltsamen Reliquien. Die wertvollsten Exponate werden in den nordöstlichen, hinter dem Altar liegenden Räumlichkeiten gezeigt, darunter die allerheiligsten Reliquien wie die berühmte Lanzenspitze des Höhlenklosters von Geghard oder als Kuriosum eine Schiffsplanke der Arche Noah (→ S. 180).

### ■ Profane Gebäude

Die Kathedrale und die Verwaltungsgebäude des armenischen Kirchenzentrums sind von einer Befestigungsmauer umgeben. Eine ganze Reihe von profanen Gebäuden entstand im Laufe der Zeit innerhalb dieser Klostermauern.

Den Eingang zur Anlage bildet östlich der Kathedrale ein imposantes Tor. Daran angrenzend flankieren links die **Druckerei** und rechts Wohngebäude ehemalige Klosterzellen. Die Gebäude im Norden

# Die Kathedrale von Edschmiatsin

*Edschmiatsin in voller Pracht*

der Kathedrale, die von wunderschönen Kreuzsteinen gesäumt werden, waren ebenfalls einst Wohnräume. Heute ist im nordöstlichsten Gebäude die Administration untergebracht.

Die Gebäudefront südlich der Kathedrale birgt das schöne **Refektorium**, die angrenzende Küche und einen dahinter liegenden kleinen **Klostergarten**. Das Refektorium ist ein nüchterner überwölbter Raum, der aber ob seiner schlichten Gestaltung und dem urtümlich anmutenden Mobiliar, Holztische und Holzstühle, fasziniert.

Im Westen der Kathedrale liegt das **Trdat-Tor,** das nach jenem König benannt wurde, der vom heiligen Grigor bekehrt wurde und das Christentum in Armenien zur Staatsreligion machte, sowie die **Schatzkammer**, das heutige Museum und die alten **Bischofsresidenzen**. Die **Residenz des Katholikos** liegt im äußersten Westen der Kathedrale und kann natürlich nur mit Erlaubnis betreten werden.

An den vielen neuen Gebäuden im Kirchenzentrum ist der Aufschwung der armenischen Kirche zu erkennen. So ist in der Anlage ein neues **Ausbildungszentrum** für die Seminaristen samt Wohnheim entstanden, als letztes Element wurde in diesem Bereich noch die **Kirche der heiligen Erzengel** errichtet. Sie ist der Kirche von Zvarthnots' nachempfunden und wird im Volksmund ›Rakete‹ genannt.

Gegenüber glänzt, außerhalb der Umfassungsmauern des Kirchenzentrums, in weißem Gestein die wunderschöne Vatsche-und-Thamar-Manukjan-Bibliothek. Sie dient als Aufbewahrungsstätte der Handschrift der Edschmiatsiner Sammlung. Vor den Blicken der Besucher geschützt, wurde südlich des Refektoriums und der Wohnräume der Diakone die Wohnanlage für den Edschmiatsiner Klerus errichtet.

### ■ Messen

Das armenische Kirchenzentrum begeistert nicht nur, aber doch vor allem an Sonntagen, wenn in der Kathedrale um 11 Uhr das Hochamt gefeiert wird. Besonders schön ist die Liturgie, wenn der Katholikos und viele seiner Erzbischöfe daran teilnehmen und von der Residenz aus langsam in die Kathedrale einziehen. Dies geschieht meist nur an den Festtagen im Kirchenkalender. Die berühmteste aller Zeremonien ist die Myrhonweihe, die nur alle sieben Jahre stattfindet und der besonders viele Gläubige beiwohnen. Die Messen sind aber immer sehens- und hörenswert. Der westlichen Ohren nicht vertraute Klang armenischer Kirchenmusik dringt über Lautsprecher über die ganze Anlage. So ist es auch ein Genuss, sich im Hof der Kathedrale niederzusetzen und etwas zu lauschen. Täglich um 7.30 und um 17.30 Uhr finden die Stundengebete des Klerus statt.

■ **Kreuzsteine**

Man sollte auch die vielen Kreuzsteine betrachten, die rings an den Gebäuden aufgestellt worden sind. Dazu zählt sicher der berühmte **Chatsch'khar aus dem 17. Jahrhundert**, der sehr viele figürliche Darstellungen im unteren und oberen Feld des Kreuzes enthält. Die unteren Felder zeigen eine sehr detaillierte Darstellung der Madonna mit Kind, das obere zeigt die typische Deesis mit Christus, Maria und Johannes dem Täufer.

Ein anderer, der aus der **iranischen Kolonie Dschulfa** nach Edschmiatsin kam, besticht nicht nur durch die erlesene Gestaltung des Kreuzes, sondern besonders durch die figürliche Darstellung des thronenden und von Engeln umgebenen Jesus am oberen Feld des Kreuzsteines. Auch der sogenannte **Allerlöser-Kreuzstein** aus dem 13. Jahrhundert zieht die Blicke auf sich. Neben der Darstellung des Erlösers und Marias im Zentrum und der Abbildung des Drachentöters Georg ist vor allem die eigenartige symbolische Darstellung am oberen Teil von Interesse: Die Sonne wird auf dem Rücken eines Phantasievogels, der Mond auf dem Rücken eines Stiers gezeigt.

## Surb Gajane

Außerhalb der Klostermauern, einige 100 Meter südlich der Kathedrale liegt die Kirche der heiligen Gajane. Diese Kirche wurde zu Ehren der geistigen Mutter der Hriphsime an jener Stelle errichtet, an der sie der Überlieferung nach den Märtyrertod gestorben war. Die Nonne

*Kuppel der Kathedrale von Etschmiatsin*

Hriphsime war mit einer Gruppe anderer Nonnen auf der Flucht vor dem römischen Tyrannen Diokletian nach Armenien gekommen. Ihre Schönheit fiel sogleich dem armenischen König Trdat auf, der sich unsterblich in sie verliebte und sie begehrte. Doch die tiefgläubige junge Nonne blieb standhaft und verweigerte sich dem König. Der erzürnte König ließ die Äbtissin Gajane und 35 andere Nonnen foltern und töten.

Die ursprüngliche Krypta aus dem Ende des 4. Jahrhunderts wurde 630 unter dem Katholikos Jezr als eine altertümliche Kreuzkuppelkirche überbaut. Die **Kuppel** wird von vier freistehenden Pfeilern getragen. Die kleine **Apsis** hat zwei rechteckige Eckräume, die man von außen aber nicht sieht. Sie wirkt vom fast quadratischen Kirchenraum wie abgetrennt. Nachdem die Kirche gegen Mitte des 17. Jahrhunderts vollständig restauriert wurde, erhielt sie eine **Vorhalle** in der Form einer Galerie, die die Breite der Kirche im Westen durch zwei zusätzliche kleine Eckräume betont. Die schlichte Kirche der heiligen Gajane besticht durch ihre klare **Bauplastik,** ihre Flechtbänder an den Säulen und die unvergleichlichen Herzfriese. Über dem Portal zeigt ein Fresko die Legende der heiligen Gajane.

Aufmerksamen Augen wird kaum der **Opferstein** entgehen, der sich vor dem Eingang der Kirche befindet und an dem zuweilen noch die blutbefleckten Federn der Opferhühner kleben.

Und wenn man die Kirche umrundet und den Blick auf den kleinen **Weingarten** des Priesters genießt, sieht man auch einen zweisprachigen, armenisch-georgischen Grabstein, was relativ selten anzutreffen ist. Die Gajane-Kirche ist vermutlich die unspektakulärste der Vagharschapater Kirchen, zumindest auf den ersten Blick. Sie hat viel von ihrer Urtümlichkeit bewahrt, der wahre Geist und die wahre spirituelle Kraft dieses heiligen Ortes ist hier gut spürbar.

## Surb Hriphsime

An der Todesstätte der schönen Heiligen Hriphsime ließ der Katholikos Komitas im 7. Jahrhundert über der Krypta, die der heilige Grigor schon errichtet haben soll, eine Kirche erbauen, die heute als

▲ *Die Kirche der Hriphsime*

die typischste und charakteristischste aller armenischen Kirchen gilt.
Diese Kirche liegt umfasst von einer Mauer mit Ecktürmen im Osten von Vagharschapat, direkt rechts an der Einfahrt der Stadt. Hier soll die Heilige gestorben sein, und hier soll der heilige Grigor ihre sterblichen Überreste zur Ruhe gebettet haben. Hier ist auch später eine kleine Grabkapelle errichtet worden. Die Hripsime-Kirche erscheint an klaren Tagen unter blauem Himmel und mit ihrem steinfarbenen Kontrast zum vorgelagerten Grün des Gartens beinahe wie gemalt. Zwei Inschriften, eine über dem Westeingang und die andere unter der Ostapsis, weisen auf das Datum der Fertigstellung hin: 618.
Das alte überwölbte **Martyrion** mit den heiligen Reliquien der Nonne befindet sich heute noch unter der Ostapsis. Ausgrabungsarbeiten haben an der Ostmauer eine kleine, alte Kirche mit Apsis ans Tageslicht gebracht, die vermutlich älter als die Hripsime-Kirche ist. Die kompakte, gedrungen erscheinende Kirche ist architektonisch besonders ausgeklügelt. Der Grundriss ist eigentlich rechteckig. Die vier Konchen sind nach außen hin eckig ummantelt und sind so von außen nur durch tiefe Nischen zu erkennen. An den Diagonalen befinden sich eigenartige Ecknischen. Die vielen Nischen in den Innenräumen reduzieren die eigentliche Mauerstärke der Kirche. Sie sind vermutlich das früheste Beispiel dieses architektonischen Merkmals armenischer Kirchen. Die Räume erscheinen im Inneren stark abgerundet und gruppieren sich sternförmig um die Kuppel in der Mitte. An den Ecken befinden sich kleine Kammern, die alle separat begehbar sind. Die Kuppel selbst wird von einem großen, jedoch relativ niedrigen Tambour getragen.
Das kleine **Gavith** wurde erst gegen Ende des 18. Jahrhunderts dem Westportal vorgesetzt und hat vor allem die Funktion eines Glockenturms. Das Dekor ist eher spärlich gehalten, die Fensterbögen sind mit geometrischen Mustern umrahmt. Auch das Innere der Kirche ist eher schlicht, jedoch ist der Altarraum mit den Bildnissen der Heiligen sehr schön geschmückt. Eine Besonderheit ist auch das schöne **Holzportal**.

## Surb Schoghakath

Nordwestlich der Hripsime-Kirche liegt eine weitere architektonische Kostbarkeit, die den klingenden Namen Schoghakath, Lichtstrahl, trägt. Diese Kirche wurde Ende des 17. Jahrhunderts auf einer mittelalterlichen Kultstätte errichtet und trägt ihren Namen aufgrund einer Lichtstrahl-Vision des heiligen Grigors. Man vermutet auch, dass die Kirche an der Stelle eines alten Martyrions steht oder auch über jener Weinkelterei, in der Hripsime und ihre Gefolgschaft Schutz vor Trdat gesucht hatten. Der Bau hat einen sehr gelängten rechteckigen Grundriss. Auch die Apsis ist von zwei kleinen, langen Eckräumen flankiert. Vier Pfeiler an den Seitenwänden im Süden und Norden tragen die Last der Kuppel. Die streng rechteckige Fassade hat nach außen keine Abweichungen, keine Nischen, keine Bögen. Auch im Inneren lockern keine Nischen die Kuppelhalle auf. Der relativ hohe Tambour hat ein pyramidenförmiges Dach, was dem Innenraum zusätzlich Höhe verleiht. Eine architektonische Besonderheit sind die zwei kleinen Kapellen an der Erhöhung der Westfront, an beiden Seiten des Hauptportals. Ein weiteres, kleineres Portal liegt an der Südseite. Das Gavith hat eine eigenartige Gestaltung, erfüllt vor allem die Funktion eines laternenförmigen Glockenturms. Es ist auch rechteckig, doch in seiner Breite gänzlich jener der Kirche angepasst. Baulich ist er von der Kirche nur durch die dekorierten, niedrigen Fenster und den aufgesetzten Turm zu unterscheiden. Überall an den strengen Außenwänden befindet sich reiches Außendekor, auffällig ist auch das mit Granatäpfeln umrankte Bema. Die Kirche wurde erst kürzlich restauriert und hat kaum etwas von der ruhigen und vergeistigten Atmosphäre der Gajane-Kirche. Zu streng ist die Fassade, zu korrekt die restaurierten Formen.

### Vagharschapat/Edschmiatsin

Vagharschapat liegt nur etwa 20 Kilometer westlich von Jerewan. Es ist leicht über die Schnellstraße M5 zu erreichen.

Es fahren täglich mehrere **Linienbusse aus Jerewan** von der Haltestelle in der Nähe des ehemaligen Zentralmarkts am unteren Maschtots'-Boulevard oder der Aramstraße ab. Die Busse Nr. 111 tragen einfach die Aufschrift ›Edschmiatsin‹ und fahren direkt bis zur Kathedrale, das Fahrgeld von etwa 200 Dram ist beim Kontrolleur zu entrichten. Viel bequemer und schneller sind die **Minibusse**, die in Jerewan gegenüber dem Museum für Moderne Kunst oder auch am zentralen Autobusbahnhof warten; eine Fahrt kostet zwischen 250 bis 500 Dram.
In Vagharshapat befindet sich die Bushaltestelle in der Movses-Chorenats'i-Str., etwa 100 bis 200 Meter östlich des Komitasplatzes, direkt angrenzend an das Kirchenzentrum. Eine **Taxifahrt** vom Zentrum Jerewans zum Kirchenzentrum kostet ca. 8–10 Euro. Ein Taxistandplatz in Vagharschapat befindet sich direkt gegenüber dem Haupteingang zum Kirchenzentrum.

Das Kirchenzentrum birgt vier Museen, von denen am häufigsten das **Museum der Kathedrale** direkt in der Kathedrale besucht wird. Es zeigt die bedeutendsten Reliquien des armenischen Christentums aber auf kleiner Fläche auch eine beeindruckende Sammlung liturgischer Gegenstände und Gewänder. Öffnungszeiten: täglich 10.30–17, Sonntag nach der Messe, 13.30–17 Uhr. Die Eintrittskarten erhält man im Museumshop, Eintritt 1500 Dram, inkl. Führung in Englisch oder Französisch. www.armenianchurch.org
Empfehlenswert ist es auch, einen Blick in die **alte Residenz** zu werfen: Im Parterre werden Schätze der armenischen sakralen Kunst gezeigt, im ersten Stock Empfangsräume und private Sammlungen der armenischen Katholikoi. Dafür ist aber eine Voranmeldung notwendig und der Zugang wird normalerweise nur Gruppen erteilt. Die Eintrittskarten erhält man im Museumshop, sie kosten ebenfalls auch 1500 Dram.
Das **Schatzhaus** öffnet tägl. von 11–13 und 14–17.30, der Eintritt beträgt auch hier 1500 Dram; man gibt aber häufig Gruppen den Vorzug. Führung auch in Englisch oder Französisch.
Die neue **Bibliothek und Handschriftensammlung** hat tgl. 9–20 Uhr geöffnet.

Vagharschapat bietet wegen der unmittelbaren Nähe zu Jerewan weder öffentliche Unterkünfte noch wirklich nennenswerte Restaurants. Die **Imbissbuden und Cafés im Park** beim zentralen Platz der Stadt, dem Komitasplatz, haben aber mitunter schmackhafte kleine Gerichte und guten armenischen Kaffee. Mittlerweile gibt es auch im **Museumsshop** im Kirchenzentrum zumindest einige Getränke zu kaufen. Im Stadtzentrum von Vagharshapat kann man Durst oder Hunger auch durch Einkäufe in den lokalen **Supermärkten** vor allem in der Mesrop Maschtots'i ph. und der Atharkbekjani ph. stillen.
Bewährt hat sich das sehr zentralgelegene **Restaurant Tashir Pizza** in der Mesrop Maschtots'-Straße, das neben Pizze auch Salate und anderes Essen gut und günstig bietet; Tel. +374/231/47775.

## Musaler

Unmittelbar an der Hauptstraße von Jerevan nach Vagharschapat liegt das kleine Dorf Musaler mit seinem Memorialkomplex auf einem Hügel 🅾 *40°10'13.36"N, 44°22'22.69"E*.

Vor beinahe 70 Jahren hat Franz Werfel die Geschichte des Widerstandes des an der Mittelmeerküste der Südosttürkei gelegenen armenischen Dorfes Musa Dagh gegen die Jungtürken in seinem Buch ›Die vierzig Tage des Musa Dagh‹ weltberühmt gemacht. In diesem Buch erzählt er historisch getreu die Geschichte des Kampfes der Dorfbewohner, die sich 1915 am Musa Dagh (türk. Musa Daği, arm. Musa Ler – Mosesberg) verschanzt hatten und den Türken so lange die Stirn boten, bis alliierte Kriegsschiffe die Türken angriffen und vertrieben. »Dieses Werk wurde im März des Jahres 1929 bei einem Aufenthalt in Damaskus entworfen. Das Jammerbild verstümmelter und verhungerter Flüchtlingskinder, die in einer Teppichfabrik arbeiteten, gab den entscheidenden Anstoß, das unfaßbare Schicksal des armenischen Volkes dem Totenreich alles Geschehenen zu entreißen. Die Niederschrift des Buches erfolgte in der Zeit vom Juli 1932 bis März 1933«, so Franz Werfel im Vorwort zu seinem Buch.

Der Musa Dagh ist zum Symbol für den armenischen Widerstand geworden. Im Araratttal siedelten sich nach 1915 bald Flüchtlinge aus Westarmenien an und gründeten Dörfer wie Nor Sasun oder Nor Charberd. Und in der Nähe von Jerevan wurde für die Kämpfer und die Überlebenden von Musa Dagh ein Dorf erbaut: Musaler. Jedes Jahr findet hier am letzten Sonntag im September das Musaler-Fest statt, eine Gedenkfeier an den Kampf, aber auch ein richtiges Volksfest mit Musik und Tanz. Eine Besonderheit dieses Fests ist die traditionelle Speise Harisa, ein Brei aus Hühnerfleisch und Weizengrütze, der von den besten Köchen der Gegend zubereitet wird. Jeder ist willkommen, jeder, der einen Teller mitbringt, bekommt auch von dieser köstlichen Speise ab. Das Denkmal stellt einen Festungsturm aus rotem Tuffstein dar, in ihm befindet sich sogar ein kleines Museum über den historischen Widerstand.

»Gabriel legte sich, die Arme unter dem Kopf verschränkend, auf eine grasige Stelle. Zweimal hatte er schon vorher den Musa Dagh erstiegen, um diese Pinien und Felsblöcke zu finden, ist aber immer aus der Richtung geraten. Die gibt es also gar nicht, dachte er schon. Jetzt schließt er müde die Augen. Kehrt der Mensch an einen alten Ort der Betrachtung und des inneren Lebens zurück, so stürzen sich die Geister, die der Heimkehrer dereinst dort zeugte und zurückließ, leidenschaftlich auf ihn. Auch auf Bagradian stürzen sich diese Knabengeister, als hätten sie hier unter Pinien und Felsen dieser reizenden Einöde dreiundzwanzig Jahre seiner treulich gewartet. Es sind sehr kriegerische Geister. Die wilden Phantome jedes Armenierjungen. (Konnten sie anders sein?)«

*Aus: Franz Werfel, Die vierzig Tage des Musa Dagh, Frankfurt am Main, 1990*

## Aragats

Das Dorf, das den Namen des höchsten Berges Armeniens trägt, obgleich es nicht tatsächlich an dessen Hängen oder an dessen Fuß, schon eher an seinen Zehenspitzen liegt, ist mit Bestimmtheit eines der ältesten Dörfer des Ararattals
⊙ *40°13'1.10"N, 44°13'57.62"E.*

Das erkennt man schon an seinen uralten gemauerten Häusern, der eigenartigen Siedlungsform und den vielen Zeugen historischer Besiedlungen. Auf einer kleinen, trockenen Hochebene nördlich des Dorfes soll man Gräber aus der Bronzezeit gefunden haben, Megalithe und Kromleche, die aber den Dorfbewohnern gänzlich unbekannt sind. Selbst die immer alles wissenden und besonders bewanderten Dorfgroßväter wissen nichts mit diesen Steingruppen anzufangen. Einer kann doch auf etwas hinweisen, das wie ein alter Steinhaufen, ein Haus oder so etwas Ähnliches aussieht. Man soll nur dem Feldweg nach Westen folgen und dann am weißen Haus nach links abbiegen. Nichts leichter als das, doch wo ist das weiße Haus geblieben? Ratlos wird ein anderer, noch älterer, noch verwirrterer Bauer gefragt, ob er denn wisse, wo das weiße Haus steht. Ach Mädchen, meint er, kratzt sich unter seiner Kappe, das weiße Haus ist doch in Washington in Amerika.

### ■ Stephanskirche

Das Dorf Aragats hat aber eine besonders alte Kirche und eine uralte Festung. Die Kirche, geweiht dem heiligen Stephan, liegt unweit des Dorfplatzes und ist ein großes, verfallenes Gebäude mit vergitterten Fenstern und eingefallenem Dach. Man betritt dieses eigenartige Gebäude und ist überrascht. Eine riesige Kirche! Je fünf Holzsäulen teilen den rechteckigen Raum in drei Schiffe ein, die in zwei Eckräume und eine gerundete Apsis enden.

Die gesamten Kirchenwände sind mit einer stark verblassten **Wandmalerei** bedeckt, kleine Muster in rot, weiß und blau. Die kleinen Eckräume kann man nur betreten, wenn man sich gut duckt. Das Dach ist eigentlich nicht mehr vorhanden, die Dorfbewohner haben eine provisorische Holzkonstruktion angebracht. Nur im Osten lässt sich ein halb

▲ *Frühlingslandschaft am Aragats*

verfallenes Türmchen auf dem Dach erkennen. Die Kirche ist scheinbar nicht in der üblichen Schalenbauweise mit Steinblöcken errichtet worden, sondern mit Holzstreben, zwischen denen ein Gemisch aus Lehm und Stroh verrieben wurde, das dann später verputzt und bemalt worden ist. Eine Kirche, deren wichtigste Baustoffe anscheinend die Rohstoffe aus der Umgebung des Dorfes waren: der lehmige Boden, das trockene Gras und Holz.

Dies ist auch ein Hinweis darauf, dass dieses Gebiet in historischer Zeit bewaldet war und nicht so sehr unter dem kontinentalen Klima gelitten hat wie heutzutage. In dem labyrinthhaften Dorf haben schon zuvor verschiedene Völker gewohnt, einige Jahrtausende zuvor ein unbekanntes Volk und einige Jahrhunderte zuvor vermutlich turksprachige Völker, die eigenartige Namen in der Gegend hinterlassen haben und auch vieles in den christlichen Dörfern verschwinden haben lassen.

Die Reste der Festung, deren zyklopische Mauern noch gut erhalten sind, liegen innerhalb eines privaten Grundstücks am Rand des Dorffriedhofes.

■ **Aghavnatun**

Von Aragats aus erreicht man nach kurzer Fahrt nach Norden das ebenfalls traditionsreiche Dorf Aghavnatun, was soviel wie Taubenhaus, Taubenschlag bedeutet. Ein nettes Dörfchen mit einer solchen Menge von **Storchennestern**, die besonders in der Frühlingszeit von den schwarzweißgefiederten Gästen bewohnt werden, dass man es lieber Storchenhaus nennen sollte. Auch in dieser Siedlung soll es steinerne Zeugen prähistorischer Besiedlung geben, die wiederum den Dorfbewohnern völlig unbekannt sind. Doch die nahegelegenen Hügel sehen ungemein verdächtig aus. Auch hier gibt es eine **alte Kirche** mit ähnlicher Holzbauweise wie in Aragats, diese Kirche ist jedoch nicht so gut erhalten. Eine viel interessantere **Kirchenruine**, die zu einer kleinen Kultstätte der Dorfbewohner geworden ist, mit den allgegenwärtigen hässlichen Christus- und Marienbildchen und den verrußten Chatsch'kharen, liegt oberhalb des alten Friedhofs. Von dieser undatierten Muttergotteskirche ist die runde Apsis der Außenwand noch gut erhalten, eine kleine kapellenähnliche Kirche. Zwischen den verwitterten Grabsteinen sollte man sich vor Schlangen in acht nehmen.

## Metsamor

Beiderseits des kleinen Flusses Metsamor liegen die Kleinstadt Metsamor und das armenische **Kernkraftwerk** mit demselben Namen.

Beinahe jeder Armenier verbindet mit diesem Ortsnamen die Vorstellung der vier Betontürme, die, bedrohlich und weit sichtbar, wie Riesenpilze aus dem Boden gewachsen sind und das gesamte Land mit dem notwendigen Strom versorgen. Eigentlich war das veraltete Kernkraftwerk mit seinen Druckwasserreaktoren nach dem Erdbeben 1988 stillgelegt worden und sah der traurigen doch sicheren Zukunft eines langsamen Verfalls entgegen. Die verheerende Energie- und Versorgungskrise in den 1990er Jahren bewog jedoch den Großteil der Bevölkerung Armeniens dazu, bei einer Abstimmung über die Wiederinbetriebnahme des Kernkraftwerkes mit Ja zu stimmen und damit dem Land eine zumindest teilweise garantierte Stromversorgung zu verschaffen. Seither wird das Kernkraftwerk von der internationalen Atomenergiebehörde regelmäßig kontrolliert und beobachtet, doch Metsamor ist der unausweichlichen Zukunft einer Ruine nur scheinbar entronnen.

*Jessidischer Tempel in Aknalitsch bei Metsamor*

## ■ Der jessidische Tempel in Aknalitsch

Nahe der M5 kurz vor Metsamor gelegen, weithin sichtbar und gut ausgeschildert ist der 2013 errichtete und geweihte Ziyarat-Tempel der jessidischen Gemeinde in Armenien. Die Jessiden sind die größte ethnische Minderheit in Armenien und leben auch in sehr vielen Dörfern der Provinz Armavir, praktisch sind fast in jedem Dorf in der Region rund um Aknalitsch Jessiden angesiedelt. Der Tempel ist dem Hauptheiligtum der Jessiden im irakischen Lalisch nachempfunden. Eine sehr schöne, ungewöhnliche Anlage, die auch einen Blick auf die jessidische Friedhofskultur freigibt. Eine wirkliche Besonderheit im christlich geprägten Armenien. ◉ *40°8'24.46"N, 44°9'39.47"E*

## ■ Die prähistorische Siedlung

Im Schatten des neuen Metsamor mit seinen Industrieruinen und der zugrundegerodeten Natur fristet die prähistorische Siedlung Metsamor ein nahezu unbekanntes und unsichtbares Dasein. Wie irreführend ist auch die Bezeichnung der Ausgrabungsstätte und des angeschlossenen Museums als Metsamor! Liegt doch beides im **Dorf Taronik**, wenige Kilometer vom heutigen Ort Metsamor entfernt. In einer Gegend mit vielen kleinen Seen und Tümpeln, in denen die Dorfbewohner erfolgreich Fische züchten. Das Gequake der Frösche stört die beschauliche Ruhe der Ausgrabungsstätte, und die lästigen Mücken überfallen unbarmherzig die Besucher. Der **Grabungshügel** ist zwar von weitem leicht zu erkennen, der Weg dorthin führt aber quer durch das Dorf. Auf dem kleinen Hügel wurde eine besonders eindrucksvolle Siedlung mit Wohnhäusern und Getreidespeichern mit riesigen in den Boden eingelassenen Tonkrügen sowie einzigartige Kult- und Grabstätten gefunden.

Im **Museum** sind viele Fundstücke der Grabung zu sehen, von interessanter Keramik bis hin zu Schmuckstücken und einer wahren Schatzkammer im Dunkel des Museumskellers.

Berühmt sind auch die **Felsritzungen**, die in Form von oft parallel verlaufenden Linien am Boden zu finden sind, aber besonders das etwas abseits der

Grabung gelegene sogenannte **Sternenobservatorium**. Auf einer kleinen Felsgruppe mit rotleuchtenden Steinen hatten die Menschen ein kleines Heiligtum geschaffen, indem sie Stufen in den weichen Fels geschlagen haben und mit Hilfe von in den Felsen geritzten Linien die Sterne am Himmel beobachtet haben. Diese Auslegung der Felsritzungen ist nicht eindeutig wissenschaftlich belegt. Hinzu kommt der in Armenien unwahrscheinlich beliebte Aberglauben und die durchaus häufig anzutreffende Meinung, dass es sich hier um Kontaktstellen mit Außerirdischen gehandelt hat. Angeblich deuten ja auch jene Darstellungen auf alten Grabsteinen, auf denen der Kopf der begrabenen Geistlichen von einem Kreis umkränzt ist, in diese Richtung. Der Kreis ist aber viel wahrscheinlicher eine Art Heiligenschein als irgendein abstruser Beweis für eine Art Begegnung mit außerirdischen Mächten. Ebensogut könnte man behaupten, die Mönche trügen alte Taucherglocken!

Am Rand des Museums stehen einige **Vischaps** und **Phalli**, die in der näheren Umgebung der Grabung gefunden wurden und die Bedeutung unterstreichen.

**Archäologisches Museum Metsamor**, Taronik, Tel. +374/93/7411567. Di–Sa 10–17.30 Uhr, So 10–15.30 Uhr. Eintritt: 1000 Dram, Führung 1000 Dram, nur in russischer und armenischer Sprache. *40°7'33.73"N, 44°11'12.21"E*

## Armavir und Umgebung

Die Hauptstadt der gleichnamigen Provinz liegt etwa 44 Kilometer westlich von Jerevan und wirkt mit ihren Fabrikruinen und den unansehnlichen Bauten wenig einladend. Auch die Natur rund um diese Stadt ist karg, trocken und heiß. Armavir ist lediglich eine Stadt, die man auf dem Weg nach Sardarapat oder Richtung Westen durchfährt. Sie hat keine berühmten Bauwerke. Der historische Name, der in enger Verbindung mit der alten Siedlung Armavir steht, ist hier eigentlich nicht treffend, zu der kommunistisch verunstalteten Kleinstadt passte ohnehin der Name Hoktemberjan besser. Dennoch ist das Gebiet rund um dieses Armavir historisch bedeutend, befinden sich doch in unmittelbarer Nähe die bronzezeitlichen Fundstätten von Metsamor und die urartäische Festung mit

*Das Observatorium von Metsamor*

*Die Gedenkstätte Sardarapat*

dem unaussprechlichen Namen Argischtihinili, die auf dem Gebiet des Dorfes Nor Armavir liegt.

■ **Gedenkstätte Sardarapat**

Im Jahre 1918 drangen türkische Soldaten vom Norden Armeniens ein und besetzten zunächst die Stadt Alexandropol, das heutige Gjumri. Nach und nach eroberten sie die Dörfer an den West- und Südhängen des Aragats und gelangten so im Mai desselben Jahres bis in das trockene Tal des Ararat, in die geschichtsträchtige Region der alten bronzezeitlichen Besiedlung, der urartäischen Festungen und der frühharmenischen Königsstädte vor. Am 22. Mai entbrannte in der Nähe des Dorfes Sardarapat eine Schlacht, die die tapfere Bevölkerung nach vierzig Tagen unerbittlichen Kampfes für sich gewinnen konnte.

Im Jahre 1968 wurde südlich des Dorfes bei der Siedlung Araks eine gewaltige, nahezu monströse **Gedenkstätte** geschaffen. Die Anlage besteht aus einem mahnenden Glockenturm, der sogenannten Allee der Adler und der Siegesmauer. Der Komplex, der in einem der trockensten und damit auch heißesten Teile Armeniens liegt, wurde von dem Architekten Rafael und den Bildhauern Haruthunjan, Manasjan und Schaginjan geschaffen. Der 45 Meter hohe Glockenturm lässt seine Glocken regelmäßig erklingen und bestimmt das Bild der ganzen Anlage. Er wird von zwei großen roten Stieren zu beiden Seiten bewacht, die gleichsam den Eingang zum Memorialkomplex bilden. Vom Glockenturm weg begleiten einen mannshohe Adler in Richtung der Siegesmauer. Die Adler symbolisieren den unerschütterlichen Kampfgeist der furchtlosen Dorfbewohner. Die Siegesmauer, eine beinahe halbkreisförmige mächtige Wand von fünfundfünfzig Metern Länge und sieben Metern Höhe, trägt das Relief von Kämpfern und ihren prächtigen Pferden und steht mehr im Stil sowjetisch-sozialistischer als armenischer Heldenverehrung.

### ■ Ethnologisches Museum

Am östlichen Rand der Anlage wurde das Ethnologische Museum Armeniens errichtet, das zu den besten Museen des Landes zählt, wenn es nicht sogar das beste seiner Art und Gestaltung ist. In unmittelbarer Nähe des Eingangs stehen einige sehenswerte Kreuzsteine und ein besonders großer Vischap, der auf den ersten Blick etwas unzüchtig wirken mag. Aber in Anbetracht der sengenden Hitze in diesem Teil des Araratttales spielt einem die Phantasie so manchen Streich!

In zwei Stockwerken wird im Museum alles gezeigt, womit man traditionelle armenische Lebensart, Handwerk, Kunst und bäuerlichen Alltag verbinden kann. Schon nach dem Foyer betritt man rechts einen Raum, in dem auf einer Modellkarte Großarmeniens die armenischen Trachten mit reizenden Püppchen gezeigt werden. In den folgenden Räumen erzählen die leider meist nur armenisch und russisch beschrifteten Ausstellungsstücke von der weit zurückliegenden Siedlungsgeschichte des Ararattales: Fundstücke aus dem nahegelegenen Argischtihinili bei Armavir, Keramik aus Dvin, Modelle historischer Gebäude und frühe Skulpturen leiten über in die Abteilung der bäuerlichen Kultur mit ihren zahlreichen landwirtschaftlichen Geräten, Beispielen des dörflichen Lebens und dem besonders aufschlussreichen historischen Bildmaterial.

Traditionelles Handwerk wie Schmiedekunst oder Schneiderei führen dann weiter in das obere Stockwerk. Hier kann man eine Vielzahl alter traditioneller Teppiche neben einem riesigen Webstuhl bewundern. Wenn man Glück hat, kann man sogar geschickte Hände bei der Restaurierung alter Teppiche beobachten. Trachten, alte und neue Keramik, Glas- und Stickereikunst runden das Bild ab. In der zentralen Halle des Museums sind Exponate verschiedenster Art ausgestellt, die dem Museum von Gönnern geschenkt worden sind, dazu gehören Teppiche und besonders schöne Keramikstücke.

### 🚗 Sardarapat

Sardarapat liegt 45 Kilometer westlich von Jerevan und südlich von Armavir mitten in der trockenen, sehr heißen Araratebene.
🅞 40°5'29.32"N, 43°56'57.59"E

### ❌

In unmittelbarer Nähe des Gedenkkomplexes sind keine Restaurants zu finden. Es gibt aber direkt auf dem Gelände ein kleines Café und einen Trinkbrunnen mit köstlich frischem Wasser.

**Ethnologisches Museum Sardarapat**, Tel. +374/237/69997, Di–Sa von 10–18 Uhr. Eintritt: 700 Dram, etwas langatmige Führung in deutscher Sprache: 500 Dram pro Person.

### ■ Festung Argischtihinili

Argischtihinili wurde vom urartäischen König Argischti sechs Jahre nach Gründung der Festung Erebuni 50 Kilometer westlich auf vulkanischen Zwillingshügeln geschaffen. Diese Hügel, die heute Armavir Blur und Davthi Blur heißen, wurden zum Standort einer großen Zitadelle. Auf dem westlichen Davthi Blur entstand die mächtige Burg, die auch eine der Königs-

*Dorftratsch*

residenzen war. Die Bewohner Argischtihinilis waren mit der Bebauung des umliegenden Landes beschäftigt und errichteten eine ganze Reihe von größeren und kleineren Bewässerungskanälen, die teilweise noch heute das Land mit dem notwendigen Wasser versorgen. Aus verschiedenen Inschriften weiß man, dass in der Residenz über 5000 Menschen arbeiteten. Viele Funde der Ausgrabungen der späten 1970er Jahre belegen die Bedeutung dieser urartäischen Stadt. Besonders die Anlage des Wasserreservoirs und der riesigen Zitadelle beeindruckt. Von der Festung ist von der Straße aus nur wenig zu sehen, eine Besteigung der Zwillingshügel rentiert sich auch nur für jene, die sich wirklich für urartäische Ausgrabungen interessieren. Die zahlreichen Funde der Ausgrabungen an den Hügeln sind sowieso im Historischen Museum Jerevans ausgestellt. Argischtihinili ging zu Beginn des 4. Jahrhunderts unter. Leider ist der Zwillings-Hügel, obwohl aus der Ferne leicht zu erkennen, schwer zu erreichen. Am besten man fährt schon in Armavir (dem ehemaligen Hoktemberjan) Richtung Südwesten nach Sardarapat, von dort nach links nach Nor-Armavir. Von dort sieht man den Zwillingshügel sehr gut, und vom löchrig-umzäunten Südhang aus kann man die eindrucksvolle Festung gut erklimmen. ⊙ *40°4'49.81"N, 43°59'40.42"E*

■ **Alt-Armavir**

Der Name Armavir hat auch noch eine andere Bedeutung: es ist der Name einer alten armenischen Hauptstadt. Nach dem Untergang des urartäischen Argischtihinili ging bald ein neuer Stern über der alten Festung auf, als im 3. Jahrhundert die Festung unter Jervand restauriert und in den Sitz des damaligen Königs verwandelt worden ist. Aus dieser Zeit stammen auch die Berichte der Historiker über die alten heidnischen Kultstätten in diesem Gebiet. Gegen Ende des 3. Jahrhunderts zogen die Herrscher von Armavir ins benachbarte Jervandaschat um, woraufhin die Bedeutung der alten Königsstadt zusehend verloren ging. Glaubt man der Erzählungen von Movses Chorenats'i, so geht die Gründung Armavirs auf der Enkel des armenischen Urvaters Hajk, Aramajis zurück. Aber seine Geschichte ist weder belegt noch durch Jahreszahlen abgesichert.

# Die Provinz Aragatsotn

Die Provinz, die sich an den Südhang des Aragats klammert, ist eine der interessantesten Armeniens. Hier treffen uralte, unbekannte Völker mit ihren steinernen Kultstätten auf mächtige Befestigungsanlagen der armenischen Könige, auf verschiedenste gewaltige oder winzige Kirchenbauten in entfernten Bergdörfern und auf zerstörte Karawansereien entlang der alten Handelswege. Eine Provinz, die zudem unglaublich vielfältig in ihrer Natur ist, vom kargen braunen Boden des Ararattales bis hinauf zu den glasklaren Gebirgsbächen und dem glänzenden Hochgebirgssee Khari hoch am Aragats. Aragatsotn kann man in viele Richtungen bereisen. Eine führt nach Norden über die Provinzhauptstadt Aschtarak entlang des Khasach auf der Schnellstraße M3 bis zum Spitakpass, der den hochgelegenen Übergang zur Provinz Lori darstellt. Eine andere führt weiter nach Westen über die M1 in Richtung Gjumri, vorbei an vielen interessanten Dörfern und historischen Stätten. Und noch eine führt weit hinauf auf den Aragats, auf weit über 2000 Meter Seehöhe, zu einer beeindruckenden Festungsanlage namens Amberd.

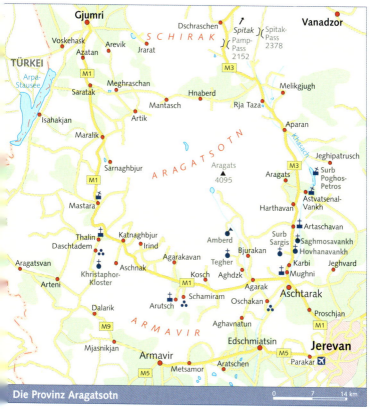

Die Provinz Aragatsotn

## Aschtarak

An den sanften Hängen des Aragats haben sich schon zu Urzeiten Menschen angesiedelt und mit dem Wasser von klaren Gebirgsbächen ihr Land bewirtschaftet. Kein Wunder, dass am Fuße des Berges, mit Blick auf die weite Hochebene des Ararat und an beiden Seiten des Khasach, wo er sich von einer wilden, unzugänglichen Schlucht in ein plätscherndes Flüsschen mit grünem Ufer beruhigt, schon lange vor der Christianisierung eine Siedlung namens Aschtarak, Turm, gegründet worden ist.

Sobald man sich Aschtarak nähert, ist man von der durch den Fluss geteilten, grünen Stadt mit ihren niedrigen Häuschen und den zwischen Bäumen und Häusern herausragenden Kirchtürmchen begeistert. Von der hohen **Dreibogenbrücke** aus dem 17. Jahrhundert, die den Khasach überspannt und die beiden Stadthälften kunstvoll verbindet, von der kleinen Kirche, die beinahe am linken Rand der Schlucht abzustürzen droht und von den **Kirchenruinen**, die diese bedeutende armenische Stadt wie ein historischer roter Faden durchziehen.

■ **Tsiranavor-Kirche**

Das älteste aller Baudenkmäler ist wohl die Tsiranavor-Kirche, die aprikosenfarbene, aus dem 5. bis 6. Jahrhundert, die eher einem befestigten Bauwerk am

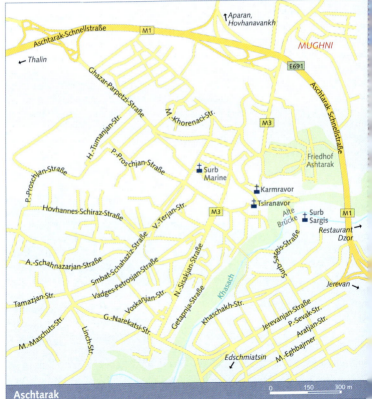

Rande der Schlucht als einem friedlichen Gotteshaus gleicht. Tatsächlich wurde sie Anfang des 19. Jahrhunderts als Festung entweiht. Diese große Basilika, von der nur die Ruinen vorhanden sind, ist ein gutes Beispiel einer longitudinalen Basilika mit drei Schiffen, die im Innenraum durch starke T-förmige Pfeiler erzeugt werden. Die Apsis ist noch gut bewahrt, und man sieht deutlich, dass noch heute in dieser Kirche gebetet wird. Das Mittelschiff war höher als die Seitenschiffe und alle drei waren überwölbt.

### ■ Karmravor-Kirche

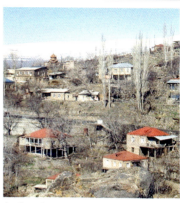

*Aschtarak*

Die wohl liebenswerteste Kirche Armeniens ist die kleine Karmravor in der rechten Stadthälfte: »Das Kirchlein mit sechseckiger Steinbank mit Strickornamenten am Dachsims und ebensolchen strickartigen Brauen auf den kargen Mündern der rissigen Fenster. Das Tor – stiller als Wasser, tiefer als Gras. Ich stand auf Zehenspitzen und spähte hinein: und dort gab es sogar eine Kuppel! Eine Kuppel! Wirklich! Wie in der Peterskirche in Rom, unter der sich tausende Menschen und Palmen befinden und ein Meer von Kerzen und Tragbahren.«, so beschreibt Osip Mandel'schtam in seiner ›Reise nach Armenien‹ die Kirche. In ihren kleinen Abmessungen wie ein Spielzeugkirchlein, regt sie auf den ersten Blick zum Lächeln an. Und doch eine armenische Kirche mit all den architektonischen Feinheiten ihrer Zeit.

Sie steht innerhalb der Umfassungsmauern eines alten Friedhofs und wurde dort im 7. Jahrhundert von der ansässigen Fürstenfamilie als Grabkirche erbaut. Sie ist eine typische ummantelte Monokonchos auf kreuzförmigem Grundriss. Nur die Apsis ist rund und überkuppelt, die anderen kurzen Kreuzärmchen sind rechteckig und überwölbt. Beeindruckend das schöne Ziegeldach mit der abgerundeten Kuppelhaube, das aber etwas jünger als die Kirche selbst ist. Die kleine Kirche ist wenig dekoriert, lediglich das Gesims und die Rundbogenfenster tragen ein Palmettenrelief. Wie eng ist doch der Innenraum, wie nah muss man sich hier dem Priester und Gott auf diesen knapp sieben Quadratmetern gefühlt haben. Auf diesem kleinen Raum begreift man die ganze frühe Baukunst Armeniens. Und wie so oft offenbart sich Schönheit nicht in den großen, sondern in den kleinsten unter den Bauwerken.

### ■ Kirche der heiligen Marine

Die zentrale und größte Kirche Aschtaraks ist aber die Kirche der heiligen Marine, die mit ihrem spitzen, hellen Turm aus dem Nordwesten der Stadt hervor leuchtet. Gemäß einer Inschrift wurde sie 1281 als Teil einer Klosteranlage erbaut. Die Kirche selbst stellt eine ummantelte Kreuzkuppelkirche auf quadratischem Grundriss dar. Die Eckräume der Apsis sind zweigeschossig. Der Eingang ist eigenartigerweise nach Westen hin verschoben und liegt nicht direkt unter der zentrierten Fensteröffnung, was der Kirche ein seltsames Aussehen verleiht. Der extrem hohe Tambour ist mit geometrischen Motiven und Bögen verziert und trägt ein hohes Pyramidaldach. Innen hat man den Tambour und die Kuppel mit verschiedenfarbigen Tuffblöcken gestaltet. Über dem Portal der Südseite befindet sich noch ein Miniaturglockenturm, der erst in der ersten Hälfte des 19. Jahrhunderts hier aufgesetzt worden ist. Direkt anschließend an die Westseite liegt ein riesiges, rechteckiges Gebäude, das vermutlich die Kirche etwas vergrößern sollte.

■ **Weitere Sehenswürdigkeiten**
Es stehen noch weitere Kirchen in Aschtarak, wie etwa die kleine **Spitakavor**, die weiße, eine typische Kreuzkuppelkirche, oder die **Ruinen der Muttergotteskirche**. Auch die mächtige, alte Brücke über den Khasach verbirgt noch ein kleines Geheimnis, das entdeckt werden will. Unter den drei Bögen mit der abgestuften Brüstung treffen sich nicht nur die Städter an Wochenende, um am Khasach so manches Picknick zu veranstalten. Ein belebter Platz, so beliebt, dass einem kaum die beiden langgezogenen Gebäude auffallen, die beinahe unter der Brücke liegen. Wenn man das große Gebäude auf der linken Seite betritt, schlägt einem im fahlen Licht feiner weißer Staub ins Gesicht – Mehl. Eine **alte Getreidemühle** mit altem Mühlstein und vom nahen Wasser des Khasach betrieben. Ein kleiner Bub erklärt verschmitzt den Mechanismus der Mühle, jedoch kann man den Blick kaum von der Holzdecke wenden, an der sich ein Gespinst seltsamer seidener Fäden befindet. Spinnweben, mit einer feinen Mehlschicht bedeckt, ebenso wie das Sonnenrad an der Wand. Und in dem kleinen rechten Gebäude sieht man noch, wie das Wasser vom Fluss in die Mühle läuft und die ächzenden Hölzer antreibt, um die Wände der Mühle wieder fein einzustäuben.

In Aschtarak hat man erst kürzlich eine archäologische Sensation entdeckt. In den vielen kleinen Höhlen entlang des Khasach hat man **farbige Felsmalereien** gefunden, die einzigen farbigen Felsmalereien im armenischen Hochland, die verschiedenste Kult- und Jagdszenen darstellen. Außerdem wurde in der Nachbarschaft der Höhle auch eine befestigte Wohnsiedlung entdeckt.

🚗 Aschtarak

Aschtarak liegt etwa 22 Kilometer nordwestlich der Hauptstadt Jerewan und ist über die Schnellstraße M1 zu erreichen.

🍽 🛏

Die Restaurantlandschaft in und rund um Aschtarak ist in der Entwicklung begriffen. Es gubt kleinere Cafés und Imbissbuden, Supermärkte und kleinere Geschäfte. Allerdings ist die Aschtaraker Schlucht als Naherholungsgebiet bekannt. Dort kann man am Fluss grillen oder in eines der Restaurants gehen. Einfach der Straße bis in die Schlucht folgen.
Am Ufer des Khasach liegt auch eine kleine, nette Anlage namens **Dzor** (Schlucht). Von Jerewan aus folgt man am besten den Hinweisschildern in Richtung der Schnellstraße von Jerewan nach Vanadzor, wo man dann rechts in Richtung der Schlucht abbiegen muss. Hier kann man inmitten eines lauschigen Wäldchens, an einem künstlichen See und umgeben von einigen Tierkäfigen gemütlich und gut essen. Besonders für Gruppen gibt es hier schöne große Tische. Ein kleiner Spielplatz macht den Aufenthalt auch für Kinder zum Vergnügen. Neben dieser Anlage steht ein relativ großer **Hotel- und Restaurantkomplex**. Khasachi Kirtsch Nr. 1. Restaurant: Tel. +374/232/31754, Hotel: +374/232/36778, www.dzor.am.
Eine weitere Möglichkeit zur Einkehr besteht in unmittelbarer Nähe der Karmravor-Kirche: noch bevor man zur Kirche

kommt, muss man nach rechts abbiegen, das erste Seitenhaus hat einen wunderbaren alten **Weinkeller** in einem Kellergewölbe, wo man ausgezeichnete Speisen und guten Wein serviert bekommt, allerdings nur, wenn man vorher bestellt: Thathoents' 164, Sazhumjani ph. 1, Tel. +374/232/31954 oder+374/91/576883, tatoents164@yahoo.com.

# Am Khasach entlang

Fährt man von Aschtarak auf der gut ausgebauten Schnellstraße M3 nach Norden in Richtung Aparan, so kommt man entlang der Schlucht des Khasach zu einigen der bedeutendsten Klosteranlagen Armeniens, die in wildromantischen Landschaften liegen.

## Mughni

Schon aus der Ferne leuchtet der zweifarbige, gestreifte Kirchturm der **Georgskirche von Mughni**. Die Kirche befindet sich im Zentrum des Dorfes und ist leicht zu finden. Umringt von einem gepflegten kleinen Weingarten und einem neu restaurierten Nebengebäude liegt diese Georgskirche auf einem kleinen Hügel, der mit Bäumen dicht bewachsen ist – ein Nachteil für alle Fotografen – aber diese Kirche ist wiederum ein besonders gutes Beispiel, wie aus dem vielfarbigen Stein Armeniens eine durchaus beeindruckende Außendekoration entstehen kann.

An den Giebeln verlaufen wie im Schachbrettmuster abwechselnd rote und graue Tuffblöcke, die Fenster wirken eher schlicht, hingegen tragen sowohl das Hauptportal im Westen, als auch das Südportal reiche steinerne Ornamente aller Dekorarten. Das Südportal ist sogar strahlenförmig umkränzt, eine Reliefform, die man eher selten findet. Auch die schönen Holztüren sind ein Teil der liebevollen Restauration dieser Kirche, deren Grundsteine bereits im 14. Jahrhundert gelegt worden sind.

Die Kirche wurde später gemäß einer Inschrift aus der Mitte des 17. Jahrhunderts von den Architekten Sahak und Murad ganz im Stile einer dreischiffigen Kuppelbasilika neu errichtet und nochmal zwei Jahrhunderte später restauriert. Wie bei anderen Kuppelbasiliken wird der Innenraum durch vier mächtige Pfeiler geteilt, über dem zentralen Raum erhebt sich die Kuppel und der zylindrische, nach außen hin gestreifte Tambour. Das Innere der Kirche ist besonders durch die beiden Eckräume, die vielen Fensteröffnungen und die Nischen an der hufeisenförmigen Apsis gekennzeichnet.

*Fenster in Mughni*

Der Kirche wurde auch ein interessantes Gavith vorgesetzt, das sich nach Westen mit drei Bögen öffnet und als zweites Geschoss den zwölfsäuligen Glockenturm trägt. Die gesamte Kirche ist von einer fast quadratischen Umfassungsmauer umgeben, die durch zwei Rundtürme im Nordwesten und Südwesten zusätzlich verstärkt worden ist. An der Nordostseite der Kirche wurden im Verlauf des 19. Jahrhunderts noch weitere Gebäude, Wohnräume und Verwaltungsräume hinzugefügt. Im Nordwesten der Kirche liegt in einem kleinen Gebäude auch die Klosterquelle.

Besonders schöne **Chatsch'khare**, aber auch alte Grabkreuze gegenüber der Kirche belegen eine lange Geschichte dieses kleinen Dorfes, das etwas vom wirtschaftlichen Aufblühen der nahegelegenen Provinzhauptstadt abbekommen hat, wie man an den umliegenden Neubauten erkennen kann. Der schön und liebevoll gestaltete Garten mit lauschigen Bänken im Schatten von Walnussbäumen und kleinen Picknickplätzen ist ein wahres Refugium an sommerlichen Tagen – für Körper und Seele. Man kann die Ruhe im Garten beim Plätschern der Quelle genießen und noch vorher ein leckeres Gebäck vom Bäcker gegenüber der Kirche besorgen... *40°18'54.13"N, 44°22'17.71"E*

## Karbi

Der Name mag auf eine frühchristliche armenische Legende vermutlich rund um das Christuskind zurückgehen, denn Kirchen, die diesen Namen tragen, sind – wenn auch nur vereinzelt – in ganz Armenien zu finden. Das Dorf Karbi, nicht zu verwechseln mit dem ebenfalls in der Nähe gelegenen Dorf Parpi, bietet dem Besucher neben dem Umstand, dass es kaum zu finden ist, mehrere interessante Kirchen, eine davon aus dem 12. Jahrhundert.

Karbi erreicht man, indem bei Aschtarak von der M1 auf die M3 in Richtung Aparan abbiegt. Etwa drei Kilometer nach dem Abzweig geht es rechts nach Karbi. Aus der Ferne erkennt man das erhabene Kloster Hovhanavankh (→ S. 196). Die Kirche liegt auf dem Hauptplatz des Dorfes. *40°19'54.15"N, 44°22'34.89"E*

### ■ Hauptkirche

Die Hauptkirche besteht aus zwei eigenständigen Gebäuden, die dann aber im Laufe der Jahrhunderte zu einer Einheit geformt wurden, die die heutige Dorfkirche von Karbi charakterisiert. Der ältere Teil ist ein dreigeschossiger Glockenturm und stammt aus der ersten Hälfte des 14. Jahrhunderts. Im ersten Geschoss dieses Glockenturms wurde die alte Struktur des 14. Jahrhunderts bewahrt: An der Ost- und Südseite öffnet er sich mit großen Bögen. Das zweite Geschoss, das bereits im 17. Jahrhundert erneuert worden ist, zeigt eine kleine Kreuzkuppelkapelle mit drei äußerst kurzen Kreuzarmen und einer kleinen gerundeten Apsis. Diese Kapelle konnte man nur über eine bewegliche Leiter vom Westen aus erreichen. Das dritte Geschoss bildet dann schließlich der Glockenturm selbst, dem eine Laterne mit acht Säulen zugrunde liegt.

### ■ Muttergotteskirche

Die eigentliche Kirche, eine Muttergotteskirche, wurde 1691 nahe an der Glockenturm angebaut. Sie stellt eine typische Kuppelbasilika dar: Die Kuppel mit einem Jerdik und einem aufgesetzten kleinen Tambour ruht auf vier mächtigen Säulen, die die Kirche innen in ein Haupt- und zwei Seitenschiffe teilt. Die Seitenschiffe und die Apsis sind leicht gewölbt. Die Haupteingänge befanden sich im Westen und Süden, der westliche ist heute zugemauert, der südliche hat ein Holzgavith erhalten. Die Kirche hat wenig Außendekor, abgesehen von einigen beeindruckenden Chatsch'kharen, die zwischen der Ostseite der Kirche und dem Glockenturm lehnen.

### ■ Ruinen der Kirche Thuch manúk

Hinter dieser Kirche liegt verborgen, auf den ersten Blick nur als Anhäufung loser Steine identifizierbar, die alte Kirche von Karbi aus der frühen christlichen Geschichte Armeniens, die den eigenartigen Namen ›Thuch manúk‹, ›Dunkles Kind‹, trägt. Die Überreste dieses winzigen Kirchleins sind zu sehen, wenn man einige Treppen zu einem Bauwerk hinaufsteigt, das wie ein Verschlag wirkt, sich dann im Innern aber als alte Kirche entpuppt. Doch auch hier wird gebetet, darauf weisen schon die Wachsreste, der Geruch abgebrannter Kerzen und die kitschigen Christus- und Marienbildchen hin.

*Steine beim Wehrkloster Surb Sargis*

## Wehrkloster Surb Sargis

Unweit von Jerevan, etwa einen Kilometer entfernt vom kleinen, an die sanft ansteigenden Hänge des Aragats gedrückten Dorf Uschi, liegt auf etwa 1400 Meter eine im armenischen Volk beliebte Wallfahrtsstätte: das kleine Wehrkloster Surb Sargis. Am besten man biegt von Jerevan kommend gegenüber der Abzweigung nach Hovhanavan nach links ab, fährt Richtung Westen an einer kleinen Kirche vorbei und folgt den dann schon aus der Ferne sichtbaren Befestigungsmauern des Klosters. *40°20'51.21"N, 44°21'36.92"E*

### ■ Der heilige Sargis

Am Festtag des heiligen Sargis, eines berühmten armenischen Reiterheiligen, pilgern Armenier aus der Umgebung hierher, um am Grabe des Heiligen um Glück in der Liebe zu beten. Denn der heilige Sargis ist nicht nur einer der bedeutenden Märtyrer des armenischen Christentums, sondern für Armenier das, was in unseren Breiten der heilige Valentin ist – der Schutzpatron der Verliebten. Zu ihm zu beten, verhilft Verliebten zu Glück, Heirat und ewiger Liebe. Am Tag des heiligen Sargis, gibt man seinem geliebten Schatz, ähnlich wie an unserem Valentinstag, kleine Geschenke. In der Nacht vor dem Sargistag essen Verliebte salziges Brot oder Plätzchen, die der Tradition nach von der ältesten Frau und der jüngst angeheirateten Frau der Familie aus einem einfachen Teig aus Salz, Wasser und Mehl gebacken werden sollen. Und wen man dann im nächtlichen Traum sieht, könnte durchaus der Ehemann oder die Ehefrau werden. In einigen Regionen Armeniens werden noch immer Schalen oder Teller mit einer Art Polenta auf die Fensterbank, den Balkon oder gar das Dach gestellt – um zu sehen, ob Sargis auch in diesem Haus den

jungen Leuten Glück in der Liebe bringt – und beim Vorbeireiten die Hufabdrücke seines Schimmels hinterlässt...
Der Festtag des heiligen Sargis wird, je nach Termin des Osterfestes, in den letzten Jännerwochen oder ersten Februarwochen begangen, und noch an dem dem Beginn der großen Fastenzeit (entspricht unserem Aschermittwoch) folgenden Sonnabend.
Sargis war im 4. Jahrhundert Prinz von Kappadokien gewesen, der als christlicher Feldherr am Hofe des armenischen Königs Arschak aufgenommen worden war. Er diente als General in der Armee des persischen König Schapuh, der ihn, seinen kleinen Sohn Martiros und weitere 14 Soldaten jedoch wegen wiederholter christlicher Predigten töten ließ. Der Legende nach wurden Sargis' sterbliche Überreste vom heiligen Mesrop Maschtots nach Uschi gebracht und dort im der ersten Hälfte des 5. Jahrhunderts zur Ruhe gebettet.

■ **Das Wehrkloster**
Wunderbar auf einer Anhöhe etwa einen Kilometer vom Dorf entfernt liegen die eindrucksvollen Ruinen des Wehrklosters aus dem 5. bis 18. Jahrhundert.
Umgeben von einer mächtigen rechteckigen **Wehrmauer** mit drei mehreckigen Türmchen nach Süden und zwei zylindrischen Türmen nach Norden, liegt das kleine Kloster seit den verheerenden Erdbeben 1679 und 1827 in traurigen Trümmern. Von den zentralen sakralen Gebäuden ist heute nur mehr die kleine einschiffige, überwölbte **Kapelle**, errichtet über dem Grab des heiligen Sargis, gut erhalten. Die angrenzende **Muttergotteskirche** und auch das im Süden angebaute **Gavith** sind grob zerstört. Besonders hat es die Kirche getroffen, von der gerade noch die Grundmauern zu sehen sind.

Das auf quadratischem Grundriss erbaute Gavith steht jedoch noch in einigen Wänden und weist mit seinem schönen Hauptportal im Westen, seiner Doppelarkade an der Südfront und dem Rest von Innendekor auf die einstige Bedeutung der Anlage zurück. Diese Bedeutung wurde in den letzten Jahren erkannt und man hat im Dezember 2003 bereits mit Restaurierungsarbeiten an der Kapelle begonnen. Neben den Kirchenbauten kann man auch noch die Ruinen eines Glockenturms, von Wohnzellen, eines Refektoriums, eines überwölbten Empfangssaales und verschiedener Nutzgebäude erkennen.
Ein beschaulicher Ort, mit eindrucksvollen Ausblick auf den Ararat und die weite Ebene, der einlädt, sich vom staubiglauten Gedränge des unweiten Jerevan zu erholen und ein Blümchen am Grabe des heiligen Sargis niederzulegen – es soll ja ewige Liebe bringen.

## Hovhanavankh
Schon von der Straße aus sieht man am Rande eines Dorfes ein großes Kloster, welches das erste jener traditionellen Klöster an der Schlucht des Khasach ist. Der Fluss hat eine wildromantische Schlucht in das weiche vulkanische Gestein des Aragatsblockes gegraben, an deren Rändern sich wie von Geisterhand gestützt die bedeutenden Klösteranlagen Hovhanavankh und Saghmosavankh erheben. Besonders das Kloster Hovhanavankh scheint so an den Abgrund gebaut, dass man fürchtet, es könne jeden Moment die Ostmauer absacken und in die Schlucht stürzen. Man fühlt zwar bei der Fahrt von Jerevan aus Richtung Aragats das stete Ansteigen der Landschaft und fühlt einen etwas frischeren Wind um die Nase wehen, aber man vergisst völlig, dass man sich hier auf einer Hochebene befindet – erst der in der

*Der heilige Sargis*

# Entlang des Khasach

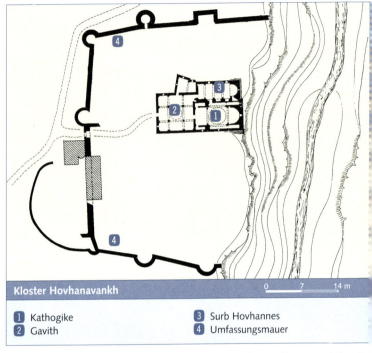

**Kloster Hovhanavankh**

1. Kathogike
2. Gavith
3. Surb Hovhannes
4. Umfassungsmauer

Tiefe rauschende Khasach macht einem das wieder bewusst. ⊙ *40°20'22.08"N, 44°23'19.30"E*

### ■ Geschichte

Das Kloster wurde im wesentlichen während des 13. Jahrhunderts am Rande des Dorfes errichtet, vermutlich war zur damaligen Zeit der Abgrund noch nicht so nahe an das Dorf herangerückt. Ein verheerendes Erdbeben im Jahr 1679 und ein weiteres 1918 fügten dem Kloster schwere Schäden zu, die erst in den letzten Jahren behoben werden konnten. Wenn man der Legende glaubt, so wurde das Kloster eigentlich schon im 4. Jahrhundert errichtet, gesicherte Berichte darüber gibt es allerdings erst drei Jahrhunderte später. Das Kloster liegt hinter einer Mauer, die alle Kirchengebäude vereint. Außerhalb dieser Mauer liegen auf einer kleinen Anhöhe die Reste einiger Gebäude, die für weltliche Zwecke bestimmt waren.

### ■ Johanneskirche

Den ältesten Teil der Klosteranlage bildet eine einfach gehaltene Kirche, die Johannes dem Täufer gewidmet ist. Die einschiffige Kirche trägt ein Tonnengewölbe, das durch drei Gurtbogen verstärkt wird. In der Apsis sieht man nach Süden einen kleinen Durchgang, der wohl zu einem angebauten Raum geführt haben mag. Aus den Bruchstücken und den Mauerresten konnte man in der Rekonstruktion und Restauration dieser Kirche auch erschließen, dass im Westen und Süden der Fassade anscheinend auch eine Vorhalle gestanden hat. An der Ostfassade wurde auch ein Flachrelief, ein Adler mit Taube, gefunden.

## Kathoghike

Der Hauptbau grenzt im Süden an die Täuferkirche an. Die Kathoghike wurde im Auftrag der Fürsten Vatsch'e und K'urt Vatsch'utjan zwischen 1216 und 1221 errichtet. Diese Kirche im typisch armenischen Stil der ummantelten Kreuzkuppelkirchen zeigt aber einige Besonderheiten. Der Chorteil ist abgetrennt und hat zwei Eckräume, die über zwei Geschosse gehen und als Kapellen gedient haben. Zu diesen oberen Räumen gelangte man im Westen der Kirche über Treppen.

Die Besonderheit von Hovhanavankh ist aber eine bunte figürliche Darstellung, die den **Tympanon des Westportals** schmückt: Man erkennt die Gestalt Jesus Christi ganz eindeutig. Ihn umringen zehn Gestalten, einige sind ihm zugewandt und einige abgewandt. Drohend hat Jesus die Hand gegen die gebückten Personen in den langen Gewändern und mit den großen dunklen Augen erhoben. Dieses Bild soll, so wurde von Wissenschaftern festgestellt, eine Darstellung des Gleichnisses von den klugen und törichten Jungfrauen sein. Das erscheint auf den ersten Blick verständlich, wäre da nicht der Umstand, dass die Personen um Jesus scheinbar einen Vollbart tragen. Man kann es drehen und wenden, wie man möchte: armenische Jungfrauen mit Bärten oder nur zehn Apostel?

## Gavith

Das Gavith, das zu Mitte des 13. Jahrhunderts entstanden ist, ist nicht exakt nach Osten ausgerichtet, sondern wurde aus baulichen Gründen etwas nach Norden versetzt. So kann es gleichzeitig als Vorhalle für die Täufer- und die Hauptkirche dienen. Dieses Gavith ist besonders wegen seiner Dachgestaltung interessant, nach älteren Aufzeichnungen trug es einst vermutlich eine Schirmhaube, heute hat man eine pyramidenähnliches Dach aufgesetzt. Die Kuppel aber wurde durch eine zwölfsäulige **Rotunde** ersetzt, die als die größte ihrer Art in Armenien gilt.

Besonders aufwendig hat man die **Westfassade** des Gavith gestaltet, die ein wahres Sammelsurium armenischer Steinmetzkunst ist.

*Hovhanavank liegt malerisch am Rande der Schlucht des Khasach*

Ein anderes Meisterwerk armenischer Kunst ist ein besonderer **Chatsch'khar**, der im Inneren des Gavith, in dem Winkel zwischen Gavith und der Täuferkirche, als Teil einer Säule gestaltet wurde. Der obere Kreuzarm zeigt Jesus, der untere Adam. Das kleine Zwischengebäude, das eben zwischen dem nördlichen Teil der Vorhalle und der Täuferkirche liegt, ist in seiner Funktion rätselhaft.

## Saghmosavankh

Einige Kilometer nördlich des Dorfes Hovhanavan mit seinem rätselhaften Bildnis von den bärtigen Jungfrauen liegt Saghmosavan mit seinem Kloster. Der Name des Klosters kommt vom armenischen Wort für Psalm, denn in seiner Blütezeit wurden am berühmten Skriptorium vor allem Psalterien geschrieben. Dieses Psalmenkloster ist eine in sich geschlossene Anlage und ein wunderbares Beispiel kompakter armenischer Klosterbauweise.

Man kann kaum von außen erkennen, dass es sich bei dieser Anlage eigentlich um vier aneinander gebaute Gebäude handelt. Neben dem Kloster befindet sich das kleine Anwesen des Küsters der Kirche, der einem die Tore öffnet und immer für ein Pläuschchen zu haben ist.

*40°22'50.27"N, 44°23'48.42"E*

Das Psalmenkloster am Rande einer Schlucht, dem gegenüber sich nur eine begrünte Hochebene und ein Bergmassiv befinden, hat eine ganz eigene Atmosphäre. Es ist keines jener Klöster, die mit einem berühmten Namen der armenischen Geisteswelt verbunden sind, aber es liegt etwas von dem Geist der Psalmen über dem Kloster. Psalmen sind der Inbegriff des Gebetes, sie folgen der Überlieferung des alten Testaments und alter orientalischer Tradition und sind schon besonders früh ins Armenische übersetzt worden. Sie tragen den Reichtum der Sprache in sich, gleichsam die göttlich eingegebenen Wor-

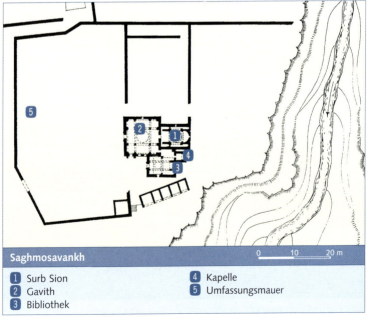

**Saghmosavankh** 0 10 20 m

1. Surb Sion
2. Gavith
3. Bibliothek
4. Kapelle
5. Umfassungsmauer

te des alten Testaments. Hat vielleicht daher dieses Kloster seine Verspieltheit, die sich in den ungewöhnlichen Portalen und in den kindlichen Malereien ausdrückt? Der zentrale Komplex des Klosters, das unter dem Schutz der Adelsfamilie Vatsch'utjan entstanden ist, besteht aus der Sionkirche, der Hauptkirche, der Vorhalle, einer Bibliothek und einer Kapelle. Das Psalmenkloster bietet neben seinen einzigartigen Spuren seldschukischer Architektur auch einige eindrucksvolle **Kreuzsteine**. Im Norden der Anlage, bei der Hauptkirche, stehen Kreuzsteine aus dem frühen 14. und dem 15. Jahrhundert. Eine gefasste Gruppe von Kreuzsteinen stammt wie auch das Kloster selbst aus dem 13. Jahrhundert.

Eine Wanderung, die in Saghmosavankh beginnt, wird auf → S. 422 beschrieben.

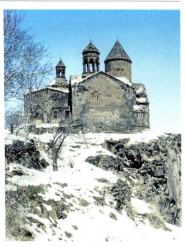

*Saghmosavankh im Winter*

### ■ Gavith

Das Kloster begrüßt die Besucher mit seiner Westfront und es scheint auf einer großen Ebene zu stehen. Doch Achtung – gleich hinter der Ostfront geht es einige Meter über Geröll und lose Felsbrocken, unter denen sich kleine Skorpione und Schlangen versteckt halten, hinab zum glasklaren Khasach.

Das große **Portal** mit seiner hellen Holztür fesselt sofort durch sein eigenartiges Dekor, es ist dreifach umrahmt und hat ein ganz besonderes Relief, das mehr an den Eingang einer Moschee als den einer christlichen Kirche erinnert. Es erinnert an die Chorane früher armenischer Buchmalereien, an die Psalterien. Tatsächlich ist dieses große Tor der Eingang zum Gavith und die dreifache Umrahmung der Architektur der islamischen Karawansereien nachempfunden.

Das **Tympanon** ist genaugenommen ein einfaches Relief aus sich überkreuzenden fünfstrahligen Sternen – die seldschukischen Eroberer haben hier ihre Spuren hinterlassen. Und diese eigenartige, religionsvereinende Bauweise setzt sich auch im Inneren des Klosters fort, in den roten und weißen Steinblöcken oder an den verspielten Bögen und Kronen und vielen vierflächigen Verbindungsstücken im Gavith. Diese Verbindungsstücke tragen die Kuppel und werden auch türkische Dreiecke genannt. Und auch die Gestaltung des **Gavithdaches** erinnert mit seinen Stalaktiten an islamische Architektur, auch die Nischen an den Außenseiten des Gavith und an der Südseite der Bibliothek muten islamisch an. Was mag in dem Architekten vorgegangen sein, hat es möglicherweise sogar Auseinandersetzungen wegen dieses islamischen Einflusses mit den Mönchen gegeben oder war es gar nichts Besonderes? Man weiß darüber nichts, besonders über die Erbauung und auch die Bauzeit der Vorhalle ist nichts bekannt.

Das Gavith erstreckt sich auf 13,0 mal 13,5 Metern und übertrumpft so die bescheidene Sionkirche nicht nur durch seine ausgefeilte architektonische Gestaltung und die reiche Dekoration, sondern auch

*Die Ruine der Matthäuskirche*

durch seine Größe. Die Kuppel ist zwölfeckig und pyramidenförmig, auf ihr sitzt noch ein kleiner schlanker Tambour mit Säulen, der den Gavith mit dem nötigen Licht speist. Der nahezu quadratische Grundriss wird eigentlich durch vier Säulen in acht seitliche Raumeinheiten geteilt, die unterschiedlich mit sogenannten Kreuzgratgewölben überdeckt sind. Das Zentrum des Gavith bildet sozusagen als Gegenstück zur Pyramidalkuppel eine Zone mit dreieckigen Kassetten am Boden.

### ■ Sionkirche

Der älteste Teil des Klosters ist die Sionkirche, die man nur durch die vorgelagerte große Vorhalle betreten kann. Sie wurde 1215 im Stile einer ummantelten Kreuzkuppelkirche mit abgetrenntem Chorteil errichtet. Dreieckige Nischen schneiden die Außenfassade im Osten und im Norden ein. Der Zylinder des Tambours ist besonders hoch und gleicht beinahe einem Turm. Die Eckräume der Kirche sind zweigeschossig, zu den oberen Räumen gelangt man über zwei schmale steinerne Treppen. Die Kirche wirkt relativ schmucklos im Gegensatz zu den anderen Gebäuden, sowohl im Inneren als auch im Äußeren.

### ■ Bibliothek

Den Eingang zur Bibliothek, die man eigentlich ob ihrer Bauweise als Kirche nicht als solche sofort zu erkennen mag, bildet das zweite, kleinere, aber um nichts weniger beeindruckende Westportal. Auch dieses ist zweifach umfasst, ist aber im Gegensatz zum Tor des Gavith besonders christlich. Über ihm erscheint ein riesiges Kreuz nahezu als Lichtöffnung in die Westwand eingelassen und viele große und kleine Kreuzsteine zieren die gesamte Westfront. Die Bibliothek wurde um 1255 im Süden an die Sionkirche und das Gavith angesetzt. Der eigentlich L-förmige Grundriss wird durch viele kleine Nischen und angeschlossene kleine Räume verzerrt, aber besonders eindrucksvoll durch Längs- und Querbögen überkreuzt. Über der Apsis befindet sich ein verborgener Raum, im Südwesten der kleinen Ostapsis liegt noch eine zweigeschossige Kapelle. Den Triumphbogen zieren bunt bemalte Reliefs von geometrischen Formen und besonders nette Engeln über dem Altarraum.

### ■ Kapelle

Der Südwesten der Bibliothek öffnet sich mit einem Durchgang zum Gavith und zur Sionkirche, im nordöstlichen Teil zu der kleinen Kapelle, die als letztes Bauwerk dem Kloster angefügt wurde. Über dem Portal zur Kapelle befindet sich ein Gemälde des heiligen Grigor, das vermutlich aus jüngerer Zeit stammt. Eine kleine einschiffige Kapelle mit quadratischem Grundriss wurde vermutlich Mitte des 13. Jahrhunderts im Osten an die Sionkirche und Bibliothek angebaut, sie trägt den Namen der Muttergottes und kann nur über die Bibliothek betreten werden.

# Artaschavan

Diese kleine Siedlung am Rande der Khasachschlucht, die oberhalb der bekannten Khasachklöster liegt, steht etwas in deren Schatten, aber sie ist die mit der am weitesten zurückreichenden Geschichte. Artaschavan sollte all jenen ein Begriff sein, die der stickigen, abgasbelasteten Luft und dem steinernen Grau der Großstadt Jerevan entfliehen wollen und einen nahegelegenen Ort zum tief Durchatmen und zum Wandern suchen (Wandervorschlag auf → S. 422). Wo das Gras im Frühjahr so saftig und tiefgrün ist wie auf den Hochalmen der Alpen, wo ein kleiner Bach die Umgebung in ein blühendes Feld von kleinen Wiesenblumen verwandelt: leuchtend gelbe Sumpfdotterblumen, blassblaue Vergissmeinnicht und die tiefblauen armenischen Blumen. Artaschavan ist ein bezaubernder Ort.

Auf der alten Dorfstraße, die in Richtung des Psalmenklosters von Saghmosavan führt, fällt der Blick links auf eine Gesteinsformation, die sich bei näherer Betrachtung als Höhle entpuppt. Folgt man dem grasbewachsenen Pfad, sieht man bald eine kleine Schlucht mit großen eindrucksvollen Höhlen. Das kleine Türmchen einer Kirche leuchtet aus der Ferne zwischen den Felsbrocken hervor. Ein kleiner Trampelpfad durch das Gras führt vorbei an den Höhlen – die man natürlich des Abenteuers wegen unbedingt erklettern und auskundschaften muss – über die Bachsteine hinweg zu einem alten Friedhof, dessen Mitte eine kleine armenische Kirche einnimmt.
◎ *40°23'28.54"N, 44°23'13.82"E*

### ■ Erlöserkirche

Die Erlöserkirche ist eine winzige Ausgabe einer typischen Kreuzkuppelkirche mit einem kleinen kreuzförmigen Grundriss und mit einer hoch aufragenden Kuppel. Sie ist das Pendant zur Aschtaraker Karmravor und stammt auch aus derselben Zeit. Besonders alte, teils verwitterte Kreuzsteine stehen gleich neben diesem Kirchlein. Gegenüber liegen zwei größere Höhlen, die eine ist ebenerdig, die andere, etwa zwei Meter über dem Erdboden kann man nur wagemutig über die in den weichen Fels geschlagenen Klettervertiefungen erklettern. Diese Höhlen hatten in früherer Zeit sicher als Unterschlupf, wenn nicht gar als kultische Stätten gedient. In der ganzen Umgebung der Khasach-Schlucht kann man viele Höhlen erkunden, manche von ihnen weisen noch deutliche Spuren von christlichem Kult auf.

### ■ Matthäuskirche

Auf einer kleinen Anhöhe unweit der Erlöserkirche steht die Ruine der kleinen Kirche, die dem heiligen Matthäus geweiht ist. Man kann von der kleinen Schlucht aus den Weg quer durch den Terrassengarten beschreiten und über die alten Kirchenmauern klettern. Nur die Apsis und das darauf gesetzte Türmchen mit seinen schlanken Säulen ist erhalten, alles andere haben die Zeit und

*Landschaft bei Artaschavan*

die Erdbeben dem Boden gleichgemacht. Es sieht so aus, als könnte jederzeit wieder ein Stein von der kleinen Wölbung fallen, sogar die Dorfbewohner getrauen sich nicht zu nahe an die Kirche heran.

## Astvatsenkal-Vankh

›Gott ist herabgefallen‹, so deutet das Volk den Namen, der aber eigentlich aus dem Altarmenischen kommt, und so viel wie ›Geschenk Gottes‹ bedeutet. Und wahrlich scheint Gott sich hier, etwas abseits der Hauptstraße, ein schönes Plätzchen für einen Wohnort ausgesucht zu haben. In den verschlungenen Schluchten des Aparan auf einer kleinen Anhöhe, umringt von bizarren Felsformationen, dem breiten, aber wenig Wasser führenden Flussbett mit seinen grünen Auen und den im Frühjahr unerträglich laut quakenden beinah tellergroßen Fröschen, hat man vermutlich schon lang bevor der christliche Gott hier herabgefallen ist, anderen Göttern gehuldigt, die in den unzugänglichen Höhlen ringsum gewohnt haben könnten oder in dem klaren Gebirgswasser. Die ganze Gegend ist reich an kultischen Plätzen aller Art, sie ist sicher auch der Ort prähistorischer Besiedlungen, und die Felsritzungen, die man allerorts sucht, mögen hier vielleicht mit etwas Forscherglück zu finden sein. Vieles bleibt jedoch im Bereich der Vermutung. Die Schlucht ist wohl auch ein kleiner Kriegsschauplatz gewesen, vielleicht ein Rückzugsort und ein Versteck der Dorfbewohner vor den eindringenden muslimischen Angreifern.

Das Kloster, das seit einigen Jahren restauriert wird, liegt am nördlichen Rand der Aparan-Schlucht, die man von der Schnellstraße M3 in Richtung Aparan erreicht. An einer kleinen Kreuzung teilt sich der Weg nach links in Richtung des Dorfes Schenavan, nach rechts nach Harthavan. Genau an der Wegkreuzung befindet sich eine Tankstelle, wo man sich nochmals des Wegs versichern kann. Man biegt nach rechts ab und die Straße führt entlang an interessanten geologischen Formationen mit den verschiedensten wie Cremetorten geschichteten Erdarten in den schönsten Farbschattierungen von ocker bis schwarz. Von der Dorfstraße in Richtung des Dorfes Jerndschaph führt kurz vor der Schlucht

▲ *Gott ist herabgefallen*

# Astvatsenkal-Vankh

links eine kleine Straße hinab zum Kloster, das man mit seiner eingefallenen Kuppel und der abgebröckelten Stützmauer gut von oben erkennen kann.

📍 40°27'46.31"N, 44°26'38.47"E

Das Kloster liegt weitab menschlicher Besiedlung, einzig ein winziges Steinhäuschen unten am Fluss mit seiner Bauernfamilie belebt die schöne Landschaft. Die Anlage besteht aus einer Hauptkirche, einem vorgelagerten Gavith und einigen auf der Südseite angebauten Gebäuden.

### ■ Muttergotteskirche

Die Hauptkirche ist der Muttergottes geweiht und stammt aus dem 5. bis 6. Jahrhundert. Sie hat einen annähernd kreuzförmigen Grundriss und war zentral überkuppelt. Zwei Bögen und Pfeiler teilen sie in drei Felder. Die kleine Apsis wurde nach außen noch verstärkt und ist von außen nicht erkennbar. Diese kleine Kirche war zunächst nur von Süden durch einen kleinen, engen Gang zu betreten.

### ■ Kirche des heiligen Kreuzes

Die größere Kirche des Heiligen Kreuzes wurde später, 1244, an die Nordseite der alten Kirche angebaut und ist ein typischer Vertreter der armenischen Kreuzkuppelkirchen. Links und rechts der Apsis befinden sich zwei trennwandähnliche Mauern mit eingelassenen Nischen. Die separaten Eckräume sind überwölbt. An der Nordseite der Apsis führen einige Treppen hinauf in das zweite Geschoss. Das Westportal der Kirche ist mit einem Bogen dekoriert, der noch eine rötlich-schwarze Bemalung erkennen lässt. Das Tympanon selbst zieren kleine reliefierte Kreuze, die sich einmal vermutlich in weißer Farbe zusätzlich vom roten Untergrund abgehoben haben. An den Seiten lehnen alte Kreuzsteine.

Das **Gavith** ist nur noch in den Seitenmauern und seinen Pfeilern vorhanden und ist wie häufig bei armenischen Kirchen und Klöstern flächenmäßig größer als die Kirchen und hat einen nahezu quadratischen Grundriss. Vier mächtige Säulen trugen die Last einer Kuppel mit Stalaktitenplastik. Auf der Südseite sieht man noch einen kleinen begehbaren Raum unbekannter Verwendung, der vermutlich einmal überwölbt gewesen war. Die Außenfronten sind relativ schlicht gehalten, nur wenig bauplastisches Dekor schmückt das kleine Kloster. Lediglich das Westportal des Gavith beeindruckt mit seinen Reliefs. An der Nordfront lassen sich gut eingeschnittene Nischen erkennen sowie eine große Lichtöffnung.

Ein **alter Friedhof** mit unzähligen schon abgeschliffenen Grabsteinen und einigen ob ihrer Schlichtheit beeindruckend schönen Chatsch'kharen umgibt das kleine Kloster. Eine kleine **Quelle** mit frischem Wasser dient nicht nur der Erfrischung. Das ist heiliges Wasser, so versichern die paar Männer, die sich unweit des Klosters auf einem der flachen Felsbrocken zu einem Picknick niedergelassen haben und das kostbare, geheiligte Gebirgswasser in ihre mitgebrachten Plastikflaschen abfüllen. Beinahe ist man versucht, eine neue armenische Legende zu erfinden, in der Gott auf seinem Spaziergang über das armenische Hochland sich hier in diesem kleinen fruchtbaren Tälchen zu einer kurzen Rast niedergelassen hat und sich am süßen Wasser der Quelle gelabt hat.

## Der Aparaner Stausee

Südlich der Stadt Aparan zweigt von der Schnellstraße aus Jerevan ein unscheinbarer Weg im Dorf Khutschak nach rechts ab und führt scheinbar ins Niemandsland einer weiten Hochebene, die durch einen kleinen See bewäs-

*Die versunkene Kirche Surb Petros-Poghos vom Ostufer des Stausees gesehen*

sert wird. Das ist das Gebiet der historischen Provinz Nig, an deren Namen nur noch das Dörfchen Nigatun einige Kilometer südlich von Aparan erinnert. Doch schon auf halbem Weg begeistert das Naturschauspiel einen vollends, und man kann nicht anders als stehen zu bleiben und einen ausgiebigen Blick auf die von hohen Bergen umgebene, äußerst fruchtbare, dicht bewachsene Hochebene zu werfen.

Es scheint, als ob Menschen hier kaum ihre Spuren hinterlassen hätten, so sehr herrscht hier die Natur. Doch noch vor wenigen Jahren gab es hier ein Dorf namens Zovuni, das der Flutung des Aparaner Stausees weichen musste. Das Dorf war einst bekannt als Ort der Begräbnisstätte des berühmten armenischen Feldherrn Vardan Mamikonjan. Sein **Mausoleum** und die benachbarte mittelalterliche Kapelle trug man so Stein für Stein ab und versetzte sie, zusammen mit einigen Kreuzsteinen, auf einen höheren Hügel, wo sie noch heute auf den kleinen See blicken. Doch der See hat sich nach und nach ein anderes bedeutendes Bauwerk des Dorfes geholt, die **Kirche der Heiligen Peter und Paul**. Sie ragt mit ihren noch erstaunlich gut erhaltenen Grundmauer-Resten aus dem klaren Wasser des Aparaner Reservoirs.
*40°30'31.80"N, 44°26'7.34"E*

Noch vor einigen Jahren, bevor der Wasserstand stieg, konnte die Basilika aus dem vermutlich 4. bis 6. Jahrhundert ge-

# Der Aparaner Stausee

rade noch rechtzeitig studiert werden. Die Studien erwiesen, dass diese Kirche mehrere Bauepochen hinter sich hat. Der Grundriss ist rechteckig und beträgt, den Chorraum mitgerechnet, stolze 11,2 mal 21 Meter. Die Kirche war ursprünglich sicherlich eine Basilika mit drei Schiffen, etwas größer als das heute noch erhaltene Bauwerk. Später soll aus dieser ursprünglichen Basilika eine einschiffige überkuppelte entstanden sein, mit vier Eckpfeilern an der Nord- und Südwand. Es gibt aber auch Hinweise auf einen späteren Kuppelbau. An der Ostseite erscheint die Apsis nach innen hufeisenförmig und nach außen rechteckig, mit einem Fenster an der Ostwand. Der Kirchenraum mit einer Fläche von etwa 60 Quadratmetern öffnet sich zu zwei Eingängen, einen im Norden und der andere im Westen. Das Nordportal wurde von den Dorfbewohnern vermutlich wegen der Einsturzgefahr mit Steinen zugemauert. Die Kirche kommt ganz ohne Bauplastik aus.

Die Natur lässt sie heute in einer derartigen Schönheit erscheinen, dass sich der dunkle Tuff wie ein weich gezeichneter, anmutiger Schatten vom saftigen Grün des Grases, den kräftigen Farben der Frühlingsblumen und dem schimmernden Blau des Wassers abhebt. Beinahe unwirklich in ihrer Schönheit.

In den Dörfern der grünen Ebene, die wie an die Hänge der umgebenden Gebirge geklebt wirken, scheint die Welt nur durch das Fernsehen bekannt und das nur etwa 50 Kilometer entfernte lärmende Jerevan einer ganz anderen Späre anzugehören.

## Jeghipatrusch

Eines dieser Dörfer ist wahrlich ein besonderer Ort. Jeghipatrusch liegt am Talende dieser breiten Ebene, eingebettet zwischen den Bergstöcken der Teghenjats'-Kette, die die Provinz Aragatsotn von der Nachbarprovinz Kotajkh trennen. Kleine Wälder stehen an den Hängen und münden in hochgelegene Wiesen, die sich im Frühjahr in Blütenpracht zeigen. Schneefelder ziehen sich noch tief hinab. Alles erinnert stark an das Voralpenland. Nur die Häuser des Dorfes gleichen in keiner Weise jenen des alpinen Mitteleuropa. Übrigens hat das Dorf zur Sowjetzeit noch Mravjan geheißen. Die Dorfstraße ist erdig und schlecht, doch die Kirche ist wirklich beeindruckend und beherrscht das kleine Dorf. *40°32'0.57"N, 44°28'19.43"E*

### ■ Muttergotteskirche

Die Muttergotteskirche wurde im 10. Jahrhundert erbaut, das davor gesetzte Gavith im 11. und 12. Jahrhundert angefügt. Das Gavith ist leider nur in seinen Seitenmauern erhalten, doch die prächtig dekorierten Säulen sind Zeugen der großen Vergangenheit. Die auf kreuzförmig gelängtem Grundriss errichtete Kirche hatte vier dreigeschossige Eckkapellen, die ebenfalls der Zeit zum Opfer gefallen sind. Die Kirche selbst jedoch ist sehr gut erhalten. Der Eingangstympanon sieht

*Die ›versunkene Kirche‹ in den 1990er Jahren*

aus, als sei er mutwillig zerstört worden. Ein alter Mann weiß eine Geschichte. Die Perser, oder waren es die Türken, haben die armenischen Inschriften hier mutwillig mit ihren Gewehren beschossen. Was der Tympanon gezeigt hat, weiß er allerdings nicht zu berichten. Die Kirche ist im Gegensatz zu ihrem Vorbau innen nicht dekoriert. Vieles der ursprünglichen Plastik und Schönheit dieser Kirche wie der Tambour oder die Kuppel sind nicht mehr erhalten. Eine kaum noch lesbare Inschrift befindet sich an der Lünette, dem halbkreisförmigen Bogen über dem Eingang. Das Gavith hat einen großen rechteckigen Grundriss mit zwei kleinen Eckkapellen im Osten. Diese Eckkapellen waren zweigeschossig, sind aber kaum mehr erhalten. Leider hat das Gavith vollständig sein Dach verloren und vieles der überaus reichen Bauplastik hat der ungestümen Vergangenheit dieses Gebietes nicht standgehalten.

## Aparan

Die Kleinstadt mit etwa 1500 Einwohnern am Fuße des Aragats ist als eine der ältesten Städte des Landes bekannt. Sie wurde bereits im 2. Jahrhundert von Ptolemäus unter ihrem alten Namen Khasach erwähnt, der natürlich an den reißenden Fluss erinnert, der seine Bahn durch eine enge Schlucht von Norden aus in Richtung Aschtarak einschneidet. Im 10. Jahrhundert wurde die Siedlung dann in Aparan umbenannt, was übersetzt so viel wie Palast bedeutet. Aparan war die traditionelle Sommerresidenz der vorchristlichen armenischen Könige, die sogenannte Khasacher Basilika war sogar der Gebetsort der frühchristlichen Herrscher und damit eine der ersten Kirchen des Hochlandes. Die Armenier verbinden den Ortsnamen einerseits mit der Legende des heiligen Grigor, der einst den hohen Gipfel des Aragats gänzlich ohne Hilfsmittel bestiegen haben soll. Die Volksetymologie verbindet den Ortsnamen mit dem Ausdruck für ›ohne Seil, nicht angebunden‹. Andrerseits sind die Aparaner die Ostfriesen Armeniens, sie gelten als sehr einfältig und dumm. Es gibt eine ganze Reihe von Aparaner-Witzen.

Die vorchristlichen armenischen Herrscher haben ihre Residenz bewusst auf dieser wunderschönen Hochebene am Fuße des Aragats gewählt. Die Luft ist rein und frisch, von hier aus überblickt man das Land weit nach Süden, und die Aussicht auf die schneebedeckten Gipfel des Aragats und der umgebenden Bergketten und auf den zartbegrünten Boden war sicher zur damaligen Zeit noch um einiges atemberaubender als heutzutage, wo halbverfallene Fabrikruinen und eigenartige Kriegerdenkmäler die Aussicht etwas beeinträchtigen. Aparan ist auch für die Stadt Jerevan von besonderer Bedeutung, denn die Hauptstadt bezieht ihr Wasser aus den Quellen dieser Siedlung. Doch die vielen schlechten Wasserleitungen bis nach Jerevan und die Hitze der warmen Jahreszeit verunreinigen das Wasser, bis es in die Hauptstadt kommt. Und das, was man in Aparan noch getrost sogar aus einem alten Gartenschlauch trinken kann, verursacht in Jerevan vielleicht schon Bauchschmerzen, aber auf jeden Fall die üblichen Verdauungsbeschwerden.

Aparan hat viel von seinem frühen Glanz verloren, die alte Festung ist als solche schon lange von Wind und Wetter verwittert und von Erde und Grasnarben bedeckt. Die sozialistischen Herrscher haben die ehemalige Sommerresidenz in einen Abklatsch jeglicher sowjetischer Kleinstadt verwandelt mit unansehnlichen Gebäuden und heroischen Denkmälern. Heute erscheint Aparan gänzlich verwahrlost und verlassen, sogar einige

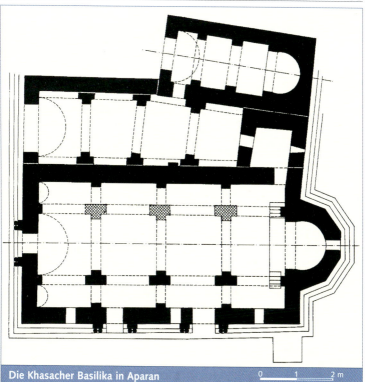

Die Khasacher Basilika in Aparan

der ehemaligen sowjetischen Prachtbauwerke stehen leer.

Die andere Kirche des Orts ist gänzlich der Zeit übergeben worden, eine kleine einschiffige Kirche mit sechs Holzsäulen und einem halb eingefallenen Holzdach. Sie stammt aus dem 10. Jahrhundert und ist namenlos. Man kann sie nur sehen, wenn man an einem metallenen Tor anklopft und die dortigen Wachbeamten, wahrscheinlich Soldaten, um Erlaubnis bittet, die Kirche zu besichtigen. Diese unscheinbare Kirche steht nämlich genau auf dem Territorium der Wasserverwaltung, von wo aus das kostbare Nass nach Jerevan rinnt. Aber die jungen Herren in Uniform sind freundlich und wahrscheinlich über die Unterbrechung ihres langweiligen Alltags durch neugierige Besucher ganz froh. Aparan liegt etwa 52 Kilometer nördlich von Jerevan und ist einfach über die gut ausgebaute Schnellstraße M3 zu erreichen. Nach Hotels und Restaurants wird man jedoch vergeblich suchen.

### ■ Die Basilika von Khasach

Die berühmte Basilika von Khasach befindet sich gleich im Ortszentrum. Sie ist eine riesige Kirche, an die sich im Verlauf der Zeit die typischen Dorfhäuschen ganz eng angeschmiegt haben und so die wahre Pracht dieses alten Gotteshauses aus dem 4. Jahrhundert mindern. Noch dazu haben sogar die Bewohner, die die Mauern ihrer Häuser bis an die alten Mauern der Basilika errichtet haben, die Kirche in eine Muttergotteskirche umbenannt, der Name Khasacher Basilika ist allen unbekannt. Die Basilika ist jedoch die einzige Kirche, die in Aparan auch zur Sowjet-zeit besucht worden ist und noch immer als solche dient. Wie viele anderen Kirchen Armeniens hat sie inzwischen durch eine Restaurierung eher an Charme und historischer Aussagekraft verloren, aber die Besichtigung dieser kleinen Basilika lohnt allemal.

Die Khasacher Basilika, die keiner bestimmten Person, sondern dem heiligen Kreuz ›surb chatsch‹ geweiht ist, gehört zur Gruppe der Basiliken mit einer großen Halle, die durch sechs T-förmige Pfeiler in drei Schiffe und vier gleich große Räume geteilt wird. Diese Kirche zählt zu den ältesten sakralen Bauwerken Armeniens und stammt aus der zweiten Hälfte des 4. Jahrhunderts. Sie wurde in den letzten Jahren sorgfältig restauriert und ist nun wieder zu besichtigen.

Die großen, grauen Basaltblöcke zeigen noch wenig von der folgenden Steinmetzkunst Armeniens. Das gesamte Mittelschiff ist überwölbt. Die Basilika verfügt über drei Eingänge. Während der eine schmucklos ist, ziert den anderen ein Tympanon mit Granatäpfeln. Auf der Südseite liegen drei Fenster. Die Kirche ist wie alle frühen Kirchen sowohl innen als auch außen äußerst schmucklos und karg, das einzige Schmuckstück ist das bunte Glasmosaikfenster der Apsis, das ein Kreuz zeigt und wohl ganz neuen Datums ist. Interessant und selten zu sehen ist aber die Abtrennung der Chorraums durch vier Steinblöcke vom übrigen Kirchenraum und somit der versammelten Kirchengemeinde. Die Nordostseite hat einen separaten Eckraum, der wohl als Aufbewahrungsort religiöser Gegenstände gedient haben mag. Die gesamte Apsis ist auch nach außen sichtbar. Die Säume sind in einem geometrischen Muster gehalten und leiten direkt in das Satteldach über. An der Nordmauer der Kirche wurde ein etwas verschobener, rechteckiger Raum angefügt, der zwischen der Basilika und einer weiteren kleinen Kirche liegt und beinahe ganz zerstört ist. Die kleine Kirche war eine Kapelle auf rechteckigem Grundriss, leicht nach Norden gedreht. Der Haupteingang liegt hier auf der Westseite. Einst hatte es auch an der Südseite, von dem rechteckigen Zwischenraum zwischen Basilika und Kapelle, einen Zugang zur Kapelle gegeben.

▲ *Landschaft am Spitak-Pass*

## Aparan

Aparan hat eine **Bäckerei**, die in ganz Armenien berühmt ist. Es lohnt sich, dort auch auf der Durchfahrt einen Halt zu machen. Die Bäckerei liegt mitten im Ort an der Hauptstraße, neben einem Supermarkt (beide 24 Std. geöffnet). Es gibt in ganz Armenien kein besseres Brot und annähernd so ofenfrisches süßes und deftiges Gebäck. Man kann sogar zusehen, wie es vor Ort gebacken wird. Gnthunikh-Bäckerei, M. Baghramjan p.49, Tel. +374/252/25435.

## Die fremden kurdischen Dörfer

*»Plötzlich vorn im hellen Blau des Himmels etwas Unglaubhaftes, Phantastisches: Riesenrosse von verschiedner Farbe – Braune, Rote, Rappen, Schimmel – sind hervorgesprungen. Die Pferde stehen auf Postamenten, die springenden Vorder- und Hinterbeine zueinandergezogen; die Köpfe sind kräftig gezügelt und stützten sich mit dem Kinn gegen die Brust; die Schweife, gebogen, runden wie Klammern diese seltsamen federnd-kraftvollen Standbilder ab.«*

*Marietta Schaginjan,*
*Reise durch Sowjetarmenien*

Vor dem 2378 Meter hohen Spitak-Pass mit seinen geologischen Bruchlinien, von denen einige erst durch die heftigen Erderschütterungen 1988 entstanden sein sollen, gelangt man entlang auf M3 in eine sanft begraste Hochebene, die durch den Nordhang des Aragats und durch schneeig-kalte Bergwinde geformt ist. Die Dorfbewohner haben hier ihre geduckten Häuser eng aneinander gebaut, um sich besser vor dem Wind zu schützen, denn hier soll es im Winter die tiefsten Temperaturen Armeniens geben. Hier auf diesen kalten Weiden muss das Vieh genügsam sein, und auch den Menschen dieser Region wird eine rauhe Natur nachgesagt.

Entlang der Straßen liegen eigenartige Gebäude, die wie Miniaturmausoleen aussehen, in ebenso eng aneinander errichteten Friedhöfen. Auch die Häuser scheinen hier anders zu sein. Die Namen der Dörfer sind seltsam, sie haben nichts vom oft so konsonantischen Klang des Armenischen, ob nun Dschamschlu, Rja Taza, Amre Taza oder Sangjar. Sie sehen auch etwas verlassen, in der Einöde dieser rauhen Landschaft sogar traurig aus. Hier leben schon seit über 100 Jahren Kurden und Jessiden. Ob dies nun zwei grundsätzlich verschiedene Völker sind, das soll hier nicht breiter ausdiskutiert werden. Die Jessiden beanspruchen seit längerer Zeit für sich, sie seien eine eigene Nation mit jahrhundertelanger Tradition. Sie haben ja eine eigene Naturreligion, sie nennen sich auch selbst Sonnenanbeter. Die meisten Kurden hingegen sind Moslems. Ein Teil der Kurden sieht sich aber als jessidische Kurden. Wie auch die anderen Minderheiten des Landes leben sie in friedlichem Einklang mit den Armeniern.

Das Erdbeben von 1988 hat diese Dörfer besonders schlimm getroffen. Viele Menschen sind umgekommen, viele Gebäude zerstört worden. Viele Bewohner sind auch während der Wirtschaftskrise in den 1990er Jahren ausgewandert. In dieser öden Region ist das Überleben ohne ausreichende Versorgung mit Strom und Heizmaterial, aber besonders mit Trinkwasser, nahezu hoffnungslos. In jedem der eiskalten Winter – hier kann das Thermometer schon auf minus 30 Grad Celsius absinken – müssen die Kinder in unbeheizten Dorfschulen lernen.

Viele junge Leute sind in die Großstädte gegangen und schicken ihr mageres Einkommen der Familie. Würden diese Dörfer ähnliche Geisterdörfer werden wie jene an der Grenze zu Aserbaidschan, dann stürbe auch ein unverwechselbarer, wertvoller und kurioser Teil Armeniens. Vielleicht war es gerade die Kargheit und die seltsame Lebenssituation der Kurden, die europäische Filmemacher angezogen haben. Im Jahr 2003 wurde das kurdische Gebiet, voran aber das Dorf Rja Taza und seine Bewohner, durch den schräg-satirischen Film ›Wodka Lemon‹ des irakischen Regisseurs Hiner Saleem, selbst ein Kurde, weltberühmt.

### ■ Das Gräberfeld von Rja Taza

In diesen Dörfern gibt es noch die alten kurdisch-jessidischen Traditionen, und ein derart ungewöhnliches Gräberfeld wie an der Straße durch Rja Taza ist vermutlich kaum mehr im christlich dominierten Armenien zu finden.

Verschieden große steinerne Statuen von Pferden oder Pferdeköpfen, manche schon vom Wind gebeugt, mit fehlenden, abgebrochenen Gliedmaßen oder gar gänzlich am Boden liegend, sind Zeugen der alten kulturellen Werte. Hier wurden die Männer des Dorfes bestattet, und je bedeutender dieser Mann war, um so größer und edler ist das Pferd seiner Begräbnisstätte. Den Frauen wurden nur spärliche Tontäfelchen mit der Abbildung einer Wiege als letzter Gruß mitgegeben. Fast beginnt man beim Anblick dieses alten, verwahrlosten Friedhofs zwischen den verlassen wirkenden Häusern im eisigen Wind zu fröstern. Es ist sehr still hier. Als ob die unwirsche Natur hier nicht nur die Sonne, sondern auch deren Anbeter vertrieben hätte.
◉ *40°39'19.78"N, 44°17'56.74"E*

▲ *Winter in der Provinz Aragatsotn*

# Von Aschtarak nach Gjumri

Westlich von Aschtarak können entlang der M1 nach Gjumri nicht nur wichtige Stätten des christlichen Armenien besichtigt werden, sondern auch wertvolle Relikte aus früheren Zeiten. Menhire, Kromleche und andere prähistorische Zeugen sprechen ebenso wie die Reste einiger Krawansereien von der langen Vergangenheit dieser Region an der Seidenstraße.

## Oschakan

Oschakan ist einer der bekanntesten Orte Armeniens, denn hier befindet sich die letzte Ruhestätte des heiligen Mesrop Maschtots', des Erfinders des armenischen Alphabets.

»Drei Jahre später konnte Vahan Amatuni mit christusliebender Hingabe einen wunderschönen Schrein errichten, mit fein gemeißeltem Stein. In der Kirche erbaute er die Ruhestätte des Heiligen. Für den Altar des lebensspendenden Körpers und Bluts Christi ließ er verschiedenfarbige Gefäße anfertigen, die mit glänzendem Gold, Silber und Edelsteinen verziert waren. Und zusammen mit den versammelten Mönchen legte er den Leichnam von Maschtots', dem Zeugen der christlichen Religion des Kreuzes, in den Sarkophag der Kirche.« (Koriun, 5. Jahrhundert)

### ■ Mesrop-Maschtots'-Kirche

Oschakan ist schon früh in Dokumenten erwähnt, es wird jedoch immer in enge Verbindung zur Person Maschtots' gebracht. Denn in diesem Dorf lebte der beste Freund des Gelehrten, der Fürst Vahan Amatuni. Nach dem Tode Mesrops im Jahre 440 wurden die sterblichen Überreste in Oschakan bestattet und darüber eine kleine Kapelle errichtet. Diese Kapelle wurde erst in der zweiten Hälfte des 19. Jahrhunderts durch die große einschiffige Kirche des heiligen Mesrop Maschtots' ersetzt.

Diese Kirche bildet noch heute das Zentrum Oschakans, um sie herum sind zahlreiche Komplexe, ja sogar eine kleine Universität entstanden. Natürlich ist Oschakan auch ein beliebter Wallfahrtsort. Die einschiffige Basilika ist jedoch abgesehen von der Krypta nicht sonderlich sehenswert, obgleich man gegen Mitte des 20. Jahrhunderts versucht hat, sie durch bunte Fresken mit Motiven aus dem Leben des Mesrop und aus der armenischen Tradition interessanter zu gestalten. So mag nur der an Ostseite angebaute zylindrische Glockenturm eine architektonische Besonderheit sein.

Dem großen Geist Mesrops ist beinahe besser mit dem erfindungsreichen Obelisk gehuldigt worden, den der Architekt Torosjan 1962 an der Einfahrt des Dorfes aus Aschtaraker Richtung aufstellen ließ. Dieser Obelisk erinnert in seiner Form an ein riesiges aufgeschlagenes Buch. Auf der rechten Seite steht eine Gedenkinschrift, auf der linken Seite ist das Alphabet des Mesrop Maschtots' aufgelistet.

Im der Kirche benachbarten Obstgarten stehen seit 2005 Kunstwerke besonderer Art – die Buchstaben des armenischen Alphabets, die Kreuzsteinen gleich aus rötlichem Tuff kunstvoll geschnitzt wurden. Jeder einzelne Tuffbuchstabe ist ein Kunstwerk für sich und drückt damit auch die große Ehrerbietung aus, die ein Armenier seiner Schrift als Träger seiner Kultur zukommen lässt.

### ■ Zion-Kirche

Die ältere Dorfkirche im Norden des Dorfes steht ganz im Schatten der monströsen Basilika und ist ein eher kleines

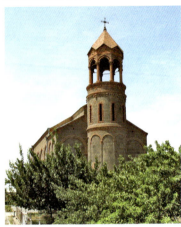

*Die Maschtots'-Kirche in Oschakan*

kreuzförmiges Gotteshaus. Die Kirche heißt zwar offiziell Heilige Zion-Kirche, wird aber der Überlieferung nach Mankanots', Kirche der jungen Mädchen genannt. Sie stammt aus dem 7. Jahrhundert und repräsentiert die typische Baukunst dieser Epoche: eine kleine Tetrakonchos mit beinahe gleich großen Kreuzarmen und einer zentralen Kuppel. Die Kirche ist 1950 bis auf die Kuppel restauriert worden.

■ **Ausgrabungsstätte Oschakan**

Doch Oschakan und seine nähere Umgebung bergen auch andere Schätze, die weitaus älter sind als das armenische Alphabet. Im Südosten des Dorfes, auf einem Hügel namens Didikond nahe dem Fluss Kasach, befindet sich eine der bedeutendsten archäologischen Ausgrabungsstätten der vergangenen Jahre: die Ruinen einer großen urartäischen Festung aus dem 7. bis 6. Jahrhundert v. Chr., aber auch auf den ganzen Hügel verteilt Grabstätten, die bis in die frühe Eisenzeit ins 11. vorchristliche Jahrhundert zurückreichen. Besonders ganz oben am Hügel ist das urartäische Mauerwerk auch von Nicht-Archäologen gut zu erkennen. Die Fundstücke sind heute in den Museen Jerevans zu sehen, darunter auch die berühmten Bronzestatuen und die bunte Keramik.

## Aghts'kh

Der Weg nach Bjurakan, Amberd und Tegher führt von der Schnellstraße M1 bei der rechten Abzweigung in die H20 beim Dorf Agarak den Südhang des Aragats hoch. Die ganze Rundreise bis wieder zurück zur Schnellstraße über Agarak oder Aghts'kh geht über eine Strecke von ungefähr 20 Kilometern.

Das Dörfchen mit dem schwierigen Namen Aghts'kh liegt südlich des Klosters Tegher. Es kann auf so manchen älteren Karten gar nicht aufscheinen, immerhin handelt es sich hier wiederum um einen alten Siedlungsnamen, der dem Dorf Dzoraph im Verlauf der letzten Jahre wiedergegeben worden ist. Es liegt am Fuße des Aragats, in dem sich von den Höhen kommend die beiden Flüsse Amberd und Arkaschen eingeschnitten haben. In dem sauberen Straßendörfchen gibt es historische Baudenkmäler aus dem 4. Jahrhundert, aus jener frühchristlichen Zeit, in der sich die christlichen Armenier gegen die zoroastrischen Perser wehren mussten.

Nach dem persischen Feldzug des Jahres 364 wurde am Hang des Aragats ein kleines, zweigeschossiges **Mausoleum** errichtet, um die gefallenen Könige der Arsakiden dort zu bestatten. Von diesem Mausoleum stehen heute nur noch die Grundmauern, jedoch ist die eigentliche unterirdische **Grabkammer** mit ihrem niedrigen Eingang und den beiden Grabnischen noch gut erhalten. Das Mausoleum war ursprünglich zweigeschossig, über dem Grabgewölbe befand sich noch eine kleine Kapelle, von der man heute nur noch die Grundrisse am Boden erkennen kann. Die Grabkammer ist ein knapp zehn Quadratmeter kleiner, dunkler tonnengewölbter Raum, der nach Osten gerichtet ist. Im Osten der Grabkammer liegt die Apsis mit einem kleinen Altar, auf dem noch immer die Kerzen flackern. In der nördlichen und südlichen Wand befindet sich je eine rechteckige, leicht gewölbte Nische, in die dann der königliche Sarkophag gestellt wurde. Die Platten an den Grabnischen zeigen im muffigen Dunkel der Grabkammer recht schwer erkennbare und nicht eindeutig datierte Szenen. Die nördliche Platte soll ein Bild von Daniel in der Löwengrube sein, die südliche soll hingegen eine Wildschweinjagd darstellen. Was allerdings mit den bestatteten Leichnamen geschehen ist, ist nicht bekannt.

Angeschlossen an dieses Mausoleum wurde, ebenfalls im 4. Jahrhundert, eine Kirche errichtet. Viel ist von dieser ursprünglich dreischiffigen Basilika nicht mehr zu erkennen, nur eine hufeisenförmige Apsis und ein Eckraum im Süden. Die Ausgrabungen wurden hier zwischen 1972 und 1974 vorgenommen, haben aber nicht viel Aufschluss über die Geschichte dieser Siedlung gegeben.

## Bjurakan

Von weitem glitzern die silbernen Dächer des Sternenobservatoriums von Bjurakan wie metallene Kugeln vom Fuße des langgezogenen Aragatsmassives. Wie auf die steilen Abhänge geklebt wirken die kleinen Dorfhäuser aus der Ferne, doch wenn man sich diesem berühmten Dorf nähert, sieht man, dass die Häuser auf einer Hochebene liegen, von der man einen wunderbaren Blick auf die Weite des Ararattales hat. Die Luft ist hier klar und kühl und sogar im Sommer etwas scharf. Man sagt, dass die Winter hier unerträglich kalt sind.

*Das Observatorium Bjurakan*

Nicht ohne Grund hat man hier ein **astrophysisches Forschungs- und Beobachtungszentrum** angelegt, das einst sogar Weltruhm besaß *40°19'49.89"N, 44°16'24.44"E*. Neue Sterne hat man hier schon entdeckt. Was für ein Erlebnis, wenn sich in einer klaren, kühlen Sommernacht mit leisem Knarren das metallene Dach langsam öffnet und das Teleskop einen Blick auf einen grell funkelnden Punkt freigibt. Dieser Stern sieht zwar aus wie jeder andere am Nacht-

*Die Johanneskirche in Bjurakan*

himmel, und doch – sieht man durch eine kleine Öffnung aus einem kleinen Bergdörfchen am Fuße eines erloschenen Vulkans im armenischen Bergland in eine völlig andere Welt.

Bjurakan ist ein Dorf, das sehr gut seine dörfliche Tradition bewahrt hat. Die Gegend hat Quellen und ist überhaupt reich an Wasser, was dieses Dorf auch so blühend und grün macht.

Bjurakan ist wirklich ein einzigartiger Ort mit seiner klaren Luft, der wunderbar exponierten Lage und dem einzigartigen Zusammentreffen traditionellen Dorflebens, frühchristlicher Kirchenbauweise und moderner Wissenschaft. Und so ist es auch kaum verwunderlich, dass sogar der armenische Katholikos seine Datscha, sein Sommerhaus am nördlichen Rand des Dorfes errichten hat lassen. Ein größeres Haus, das eigentlich nur durch sein tuffrotes kirchenähnliches Türmchen und die hohen Zäune auf der rechten Straßenseite auf dem Weg weiter hinauf auf den Aragats in Richtung Amberd auffällt.

▲ *Die kleine Artavazik-Kirche*

### ■ Johanneskirche

Vom Dorfplatz aus zweigt eine holprige Straße nach rechts, nach Nordosten ab und führt zur Dorfkirche, die man nur zu Fuß über die engen Gassen erreichen kann, die entlang kleiner Rinnsale und alter Bauernhäuser führen. Bei Regen sind diese Gässchen sicher schwer begehbar, sogar bei Trockenheit weisen die Dorfbewohner etwas beschämt darauf hin, dass man beim Gang zur Kirche schmutzig werden kann. Am Rande eines klaren Bächleins, über das sich ganz malerisch ein alter Baum als Brücke geneigt hat, steht ein erstaunlich großer Kirchenbau aus dem 10. Jahrhundert.

Die Kirche des heiligen Johannes ist zu Beginn des 10. Jahrhunderts vom damaligen Katholikos Hovhannes Draschanakert errichtet worden. Ganz ungewöhnlich für diese Bauperiode ist sie noch als eine große einschiffige Kirche mit Gurttonnengewölbe errichtet worden. Ihr Grundriss ist beinahe quadratisch, sie ist etwa 8,5 Meter lang und 13,5 Meter hoch. In den Seitenmauern hat man durch das Aufstellen von drei großen Pilastern abgetrennte Nischen geschaffen. Eine Besonderheit ist, dass der Chorraum nicht wie bei den meisten anderen Kirchen rund, sondern rechteckig ist. Wie zum Ausgleich dafür sind die Lichtöffnungen entlang des Chorraumes nicht wie häufig anzutreffen rechteckig, sondern gleichen runden Schiffsluken. Der Gebetsraum hat eine Breite von etwa 6,5 Metern und wird an der Westwand von einer Lichtöffnung und an der längeren Wand von drei Lichtöffnungen erhellt. Auch diese Kirche wurde liebevoll restauriert.

### ■ Artavazik-Kirche

Etwas abseits des Dorfes auf einem Steinfeld, das wie kein anderes die topographische Beschaffenheit des armenischen

*Die gewaltigen Mauern der Festung Amberd*

Hochlandes verdeutlicht, steht die Ruine der kleinen Artavazik-Kirche. Der Name der Kirche geht auf den damaligen armenischen König, vermutlich der Stifter, zurück. Nur mehr das schmale Türmchen und die Seitenmauern lassen die Form dieses Kirchleins erkennen. Der Grundriss zeigt deutlich einen kreuzförmigen Monokonchos mit einem langen Westarm. Die Apsis ist bei weitem schmaler als die anderen Kreuzarme und U-förmig. Durch den Zerfall der Kirche wird besonders gut die Schalenkonstruktion sowohl der tragenden Wände als auch der Gewölbe sichtbar. Ein kleines Meisterstück früher armenischer Architektur.

## Amberd

Fährt man die kurvenreiche Straße von Bjurakan weiter Richtung Norden, so sieht man zunächst auf der linken Straßenseite die rote Datscha des Katholikos und nimmt an der darauf folgenden Kreuzung den Weg weiter geradeaus. Der Landschaft wird karger, der Wind wird kälter, der Atem wird flacher, schließlich ist man schon auf über 2000 Metern Seehöhe angelangt, und plötzlich erscheinen mit der schneebedeckten Spitze des Ararat im Hintergrund wie ein Schatten eine mächtige Festungsmauer und die Umrisse einer kleinen Kirche. Die Festung war auch unter dem Namen ›Festung des Eisernen Aschot‹ bekannt, wurde aber später als die südlich liegende Kirche erbaut. ⊙ *40°23'15.96"N, 44°13'38.86"E*

### ■ Kathogike

Die Inschrift auf der Innenseite des nördlichen Portalfeldes erzählt vom Bau dieser Kreuzkuppelkirche im Jahre 1026 durch den Fürst Vahram Vatsch'uthjan. Die Kirche ist ein typischer Vertreter einer ummantelten Kreuzkuppelkirche. Sowohl der Chorteil als auch der Westarm haben eigenständige Eckräume, die alle zweigeschossig sind. In der Ostfassade befinden sich zwei Dreiecksnischen. Der zylindrische Tambour erhebt sich über dem zentralen Quadrat der Kirche, die den Namen Kathoghike trägt. Mit der Restaurierung der Kirche in den 1970er Jahren ist es auch gelungen, das schöne Schirmdach nachzuempfinden und die schönen Reliefs nachzugestalten. Besonders das Südportal mit seinen schlanken Säulen und den kugelförmigen Kapitellen stellt ein Meisterwerk der Steinmetzkunst dar. Dies gilt auch für das sternenförmige Tympanon.

## ■ Festung Amberd

Die Festung selbst ist noch recht gut erhalten, wurde aber in den letzten Jahren zusätzlich durch eine Restaurierung der Grundmauern gestützt. Zunächst sieht man nur die auf einer kleinen Anhöhe liegenden Umfassungsmauern mit den Türmen, die Südfront präsentiert sich jedoch noch mächtiger und eindrucksvoller. Diese zweigeschossige Anlage war mit allen Bequemlichkeiten des damaligen fürstlichen Lebens ausgestattet. Vermutlich haben sich hier die Fürsten nicht nur zum Schutz vor den eindringenden Seldschuken und Mongolen zurückgezogen, sondern auch um den Sommer weitab von den lärmenden mittelalterlichen Städten in den Bergen zu genießen. Und das gleich ausgiebig mit einer eigens eingebauten **Therme** im nordöstlichen Flügel der Burg, die ebenfalls seit der Restaurierung besser auszumachen ist. Die Festung stammt im wesentlichen aus dem 12. Jahrhundert, die Grundrisse und die ursprüngliche Befestigung lassen sich jedoch schon auf das Adelsgeschlecht der Kamsariden im 7. Jahrhundert zurückdatieren. Im Jahre 1196 konnte Fürst Zakhar die Anlage von den Seldschuken zurückerobern und wieder aufbauen.

Das Bauwerk steht dem Aragats zugekehrt, die Hauptfront mit dem Eingangsportal liegt in südöstlicher Richtung mit Blick auf den Ararat. Das Hauptgebäude verfügt im ersten Geschoss nur über fünf Räume und eine Zisterne. Im Norden der rundturmbewehrten Mauer sind auch die Reste des Bades zu finden: ein kleiner rechteckiger Bau mit zwei quadratischen Raumeinheiten, dem Caldarium, der warmen Zelle, und dem Tepidarium, der etwas kühleren Zelle. Beide Räume sind überkuppelt, wobei diese Kuppeln direkt auf den Ecken ruhen und nicht durch Tamboure erhöht werden.

1236 konnte die Festung Amberd noch dem Sturm der Mongolen standhalten, die sich bis in diese Höhe vorgewagt hatten, endgültig wurde die Anlage jedoch 1408 zerstört.

Sie ist auch heute noch schwer einnehmbar, man benötigt schon gutes Schuhwerk, einen sicheren Tritt und eine gute Portion Abenteuerlust, um sich durch das halb verschüttete, verwachsene Portal zu wagen und auf den eingestürzten Mauern herumzuklettern. Abenteuer. Und wenn man nicht schon beim kleinen Aufstieg ins Innere der Festung durch eine der grasgrünen, unterarmlanger Echsen erschreckt worden ist, dann kann man dem gleichen Genuss frönen wie die Fürsten, als sie von ihrem Sommersitz aus auf das ruhelose Ararattal hinab sahen

## Tegher

Tegher ist eine Klosteranlage, die sich farblich so an die umgebenden Steine und Felsen angepasst hat, dass man sie aus der Ferne kaum erkennen kann Fast wie ein dunkle, bedrohende Festung thront sie am Südhang des Aragats, hoch über der oft ausgetrockneten Schlucht des Archaschjan. Teghe

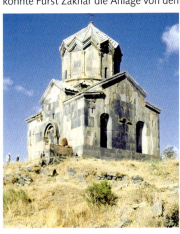

▲ *Die kleine Kathogike in Amberd*

*Kloster Tegher*

kann man über zwei Wege erreichen: einer bietet sich an, wenn man durch das romantische Bergdörfchen Bjurakan fährt und unmittelbar links nach dem bekannten Sommerhaus des Katholikos auf eine abenteuerliche Erd- und Schotterstraße abbiegt, die durch eine wilde Schlucht auf einen serpentinenreichen, ungefährlichen, jedoch etwas abenteuerlichen Weg durch ein kleines Dorf und dann wieder auf eine gute Asphaltstraße führt, die sich weiter den Berg hinauf windet, bis man das schwarze Kloster mit seiner Umfassungsmauer sieht. Der zweite, einfacher befahrbare Weg führt über das Dorf Aghts'kh die Bergstraße direkt hinauf.

So dunkel und bedrohlich das Kloster auch wirken muss, so atemberaubend ist der Ausblick, der sich bietet: Wohin das Auge reicht, erstreckt sich ein breites Tal, das am Horizont von schneebedeckten Gipfeln umgrenzt wird. Und unerreichbar hoch erscheint der Ararat von hier aus, so flach und breit ist diese armenische Hochebene. An klaren Tagen sieht man sogar in weiter Ferne die grauen Hochhäuser Jerevans, die Türme des Kernkraftwerkes von Metsamor und sogar die Zwillingshügel des urartäischen Armavir.

Die kleine Terrasse, auf der das Kloster im 13. Jahrhundert errichtet worden ist, lädt zum Verweilen und Genießen der Aussicht ein. Es gibt sogar einige gemütliche Picknickplätze mit Bänken und Tischen. Das Kloster hat ein eigenes kleines Gasthaus, in dem man gegen Vorbestellung einfache armenische Speisen und Getränke im urigen Ambiente und mit wunderbarem Blick auf die Araratebene genießen kann. ⊘ *40°20'42.46"N, 44°14'23.93"E*

### ■ Geschichte

Das Kloster Tegher entstand in zwei Bauabschnitten in der ersten Hälfte des 13. Jahrhunderts. 1213 wurde die Kirche errichtet, 1221 wurde das Gavith an die Westfront der Kirche angebaut. Wie auch bei den unweit liegenden Klöstern Hovhanavankh und Saghmosavankh war die Fürstenfamilie der Vatsch'utjun der Bauherr, hier vor allem die Frau des Fürsten Vatsch'e, Mamachathun. Die Umfassungsmauer, die noch gut zu sehen ist, wurde erst 1469 von einem Bjurakaner Mönch namens Sarkis hinzugefügt. Die gesamte Anlage ist restauriert worden und seit 1995 wieder intakt.

### ■ Muttergotteskirche

Wie für diese Bauepoche typisch, wurde die Kirche, eine Muttergotteskirche, als ummantelte Kreuzkuppelkirche gebaut. Der Chorteil ist jedoch abgetrennt, die Kirche hat also zwei selbständige, zweigeschossige Eckräume. Der Tambour ist zylinderförmig und hat ein Kegeldach. Das Äußere der Kirche ist im Gegensatz zum Inneren bis auf die West- und damit Eingangsseite durch paarweise Dreiecksnischen gegliedert. Insgesamt ist die Kirche wenig bauplastisch dekoriert, einige Reliefs befinden sich auf den Fensterbögen und an den östlichen Nischen. Das Datum der Fertigstellung dieser Kirche ist auf dem Tambour auf der südlichen Seite noch zu lesen: im Jahr 662 nach armenischer Zeitrechnung, daher 1213.

### ■ Gavith

Das viel größere Gavith hat einen quadratischen Grundriss und zeichnet sich durch einige architektonische Spielereien aus. Es hat vier Mittelsäulen und einen quadratischen Kuppelansatz. Zwischen diesem Kuppelansatz und den zwölf pyramidenähnlichen Flächen gibt es als Dekoration sogenannte Dreieckskassetten. Im Boden des Gavith sind die abgewetzten, unkenntlich gewordenen Grabsteine der Geistlichen eingelassen, und viele Chatsch'khare zieren das Portal. Und als ob der Architekt, der sich in einer Bauinschrift auf dem Kapitell der südöstliche Säule als Aghbajrik (›Brüderchen‹) verewigt hat, nicht schon genug an Kreativität gezeigt hätte, ließ er später auf den zwei westlichen Dachecken des Gavith noch zwei verspielte Eckkapellen bauen. Diese liegen sozusagen im ersten Geschoss, wodurch die Giebel enger und steiler erscheinen. Diese Kapellen sind kleine einschiffige überkuppelte Kirchen, die besonders grazil wirken. Und was mag dem Architekten und den Steinmetzen noch eingefallen sein – so zieren zwei Turteltäubchen die linke Dachkapelle, auf der rechten Kapelle fehlt jedoch ein ähnliches Dekor. Wurden die Täubchen rechts nun vergessen oder war das Absicht des verschmitzten Architekten? Und was machen zwei Turteltäubchen überhaupt auf einer Kapelle, die auf einem Dach eines Klosters steht? Vor dem Kloster liegt noch ein gut erhaltenes weltliches Gebäude, ein altes Brothaus.

## Kosch

Kosch ist ein verstreutes Dorf am Abhang des Aragats, das sich vom ebenen Fuß des Berges bis hinauf auf eine windige, felsige und höhlendurchzogene Höhe erstreckt,. Es liegt beinahe direkt an der Schnellstraße von Jerevan nach Gjumri, die Abzweigung ist gut durch Ortsschild zu erkennen. Schon am Beginn des Dorfes sieht man die roten Mauern einer Festung auf einem Hügel und etwas versteckt hinter Felsen eine rotfarbene alte Kirche. Es genügt eigentlich, nur der zentralen Dorfstraße nachzufahren, und man gelangt unmittelbar an deren Ende an einen großen Friedhof mit zwei verfallenen Kirchen und an die Festung. Und als ob die verstorbenen Dorfbewohner auch in der Ewigkeit in einer Streusiedlung wohnen würden, ist der Friedhof genau wie das Dorf auf einen ganzen Hügel verstreut und zieht sich sogar bis zur Festung hinauf.

### ■ Die Kirchen

Die große Kirche am Eingang zum Friedhof gleicht einer Basilika, ihr Dach ist nicht mehr vorhanden, sie wurde ebenso wie die etwas entfernter stehende, kleinere Lusavoritsch'-Kirche, im

14. Jahrhundert erbaut. Letztere ist eine überwölbte Saalkirche, die durch einen Bogen und Säulen in zwei Sektoren geteilt wird. Durch die Teilung erscheint der Kirchenraum tiefer und die Kirche als ganzes größer. Sie kann von Osten und Süden betreten werden und hat einige Inschriften und einfaches Dekor über den Portalen. Beide Kirchen sind in traditioneller Weise errichtet, sogar aus demselben rotfarbenen Tuff wie die Festung. Das ist kein Zufall, scheinen die Festung von Kosch und diese beiden Kirchen doch eine Einheit gebildet zu haben. ⊙ *40°18'18.70"N, 44°9'37.39"E*

### ■ Die Festung

Zur Festung muss man über einige Steinbrocken hinaufklettern, der Aufstieg ist mit gutem Schuhwerk jedoch ungefährlich und dauert höchstens eine Viertelstunde. Von dieser Festung aus, von der noch die Hauptfront mit dem Eingangstor und die beiden Grundmauern der runden Ecktürme vorhanden sind, bietet sich ein wunderschöner Ausblick auf das Ararattal. Eine strategisch durchaus günstige Position, um die nahenden Feinde schnell auszumachen und in die nahe gelegenen Höhlen und Tunnelsysteme zu flüchten. Es soll hier sogar Tunnel geben, die bis ins entfernte Armavir, also vom Fuße des Aragats bis weit hinein ins Ararattal reichen sollen. Tatsächlich gibt es sehr viele Höhlen in Kosch, die zu erkunden sicher ein großes, aber gefährliches Abenteuer ist.

### ■ Stephanskirche

Eingebettet in die Felsen ist die Stephanskirche von unten zu sehen, aber es scheint kein Weg zu ihr zu führen ⊙ *40°18'36.01"N, 44°9'21.87"E*. Gewiss, es ist möglich, sich seinen Weg über Geröll und Felsen durch die kleine Schlucht zu bahnen, aber man kann auch von der Straße aus den Weg finden. Fährt man vom Koscher Friedhof aus über eine kleine Brücke weiter und kommt wieder auf die asphaltierte Dorfstraße und fährt weiter den Berg hinauf in Richtung des Dorfes Sasunik, so zweigt auf der rechten Seite nach kurzer Fahrt ein kaum erkennbarer Erdweg ab. Nur geübte Fahrer und geländegängige Fahrzeuge sollten jedoch tatsächlich diesen

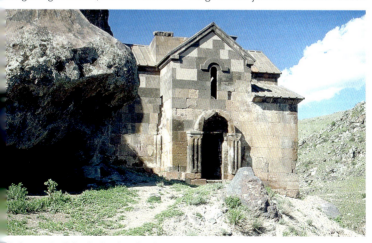

*Verborgen im Fels: die Stephanskirche*

*Alt-Schamiram*

Weg befahren. Es empfiehlt sich eher, einen kurzen Fußmarsch von einigen Minuten auf sich zu nehmen. Noch bevor man zur Kirche am Rande der Schlucht gelangt, steht an den Felsen geklebt die tonnengewölbte Ruine eines Gebäudes, vermutlich einer Vorratskammer. Einige alte, halb verfallene Chatsch'khare säumen die Strecke, der schönste davon steht auf halbem Weg und stammt vom Ende des 12. Jahrhunderts.

Die Kirche des heiligen Stephanos ist nahezu an den Abgrund gebaut und an ihrer Nordseite ist sogar an der Hinterwand der Felsen etwas ausgeschlagen worden. Diese Kirche stammt aus dem 7. Jahrhundert und ist nicht nur wegen ihrer ausgesetzten, beeindruckenden Lage ein schönes Exemplar armenischer Kirchenbaukunst. Sie ist sehr gut erhalten und zeigt im wesentlich den Aufbau einer frühen Kreuzkirche. Die Ostapsis wird von zwei rechteckigen Eckräume gesäumt, die die äußersten Enden der Kreuzarme einnehmen.

Eine Besonderheit dieser Stephanskirche sind jedoch die wenigen Reste eines bunten Freskos, das die Apsis verziert. Kaum etwas ist zu erkennen, einige armenische Buchstaben, Teile von Heiligen. Einigen plastischen Schmuck findet man nur an den drei Fensterbögen der Ostfront und an den Gesimsen in der Form von Palmetten und kleinen geometrischen Motiven. Kosch ist ein wundersames Dorf, und diese in den Felsen gezwängte Kirche ist zweifellos sein größtes Wunder.

## Schamiram

Der Name des Ortes erinnert an die eigenwillige Königin Semiramis, die sich nicht von ihrem geliebten Ara trennen konnte. Schamiram, das Dorf auf der Hochebene, steht aber auch für eine Reihe geheimnisvoller steinerner Relikte einer uralten, mystischen Vergangenheit. Schamiram liegt an der linken Straßenseite, fast genau gegenüber dem Dorf Kosch. Man kann die selbe linke Abzweigung von der Schnellstraße M1 nehmen, die auch nach Arutsch führt. Der alte friedliche Ort ist das einzige Dorf Armeniens, das ausschließlich von Jessiden bewohnt wird.

### ■ Alt-Schamiram

Auf der kleinen Hochebene am Ende des Dorfes und südlich des neuen Friedhofs steht noch immer ein kleines Feld von Menhiren, von prähistorischen Stein säulen, die vermutlich einen kultischen Zweck erfüllt haben. Aber auch vereinzelte Kromleche lassen einen in die Vergangenheit eintauchen, besonders an jenen stillen Abenden, an denen die Sonne wie ein roter Feuerball am Horizont sinkt. Auf der anderen Seite der Hochebene liegen die eindrucksvollen Überreste einer befestigten Stadt. Gut sind noch die Festungsmauern und die Umrisse einzelner Gebäude zu erkennen. Atemberaubend ist aber vor allem der Blick auf die Schlucht, an deren Seiten zahlreiche Höhlen die frühe Besiedlung dieses Ortes belegen. Ein kleiner grüner Fleck bewässerten Landes hebt sich beinahe grell von der braunen, dürren Farbe des wasserarmen Bodens ab. Wenn ein leichter Wind über das Dorf auf der Hochebene streicht, scheinen sich die Steinsäulen fast zu bewegen und im Säuseln des Windes, der den Staub an den uralten Kultstätten reiben lässt, glaubt man fast die Stimme jener Menschen zu hören, die hier einst der Sonne gehuldigt haben. Ein unglaublich mystischer Ort, den das Christentum auf seinem Eroberungszug nicht wirklich besetzen konnte und von besonderem Reiz für jene, die Armenien von einer anderen, einer alten, heidnischen Seite kennenlernen wollen. 🌐 *40°16'13.28"N, 44°5'36.82"E*

## Arutsch

In Arutsch vereinen sich heidnische, frühchristliche und sogar islamische Traditionen zu einem Dorfbild, das seinesgleichen in Armenien sucht. Die günstige Lage auf der weiten Ebene des Araratttales am Kreuzungspunkt von zwei kleineren Flüssen hat die historische Bedeutung des Ortes sicher gefördert. Der große Menhir von Arutsch, der einst im Zentrum eines Kromlechs aufgestellt war, befand sich nur wenige Meter weiter nördlich der Kathedrale in einem kleinen Garten. Es ist jedoch wahrscheinlich, dass die Erbauer der Kirche von der Bedeutung dieses Kromlechs gewusst haben, vermutlich galt dieser prähistorische Ort noch in der frühchristlichen Zeit als heiliger Ort und einer des Aufeinandertreffens verschiedenster kosmischer Kräfte. Doch die Steine mussten

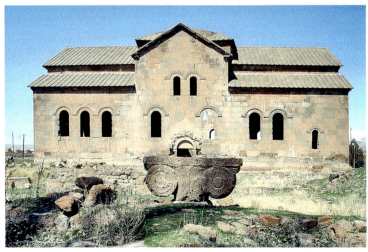

*Die Basilika von Arutsch*

*Die Karawanserei von Arutsch vor ihrer Restaurierung*

dem christlichen Dorf weichen, ob aus Unkenntnis oder bewusst, das ist unbekannt. ⓞ *40°17'19.44"N, 44°4'49.47"E*

### ■ Die Arutscher Kathedrale

Im 7. Jahrhundert errichtete die bekannte Fürstenfamilie der Mamikonian eine der größten Kirchen Armeniens, eine Kuppelhalle mit rechteckigem Grundriss. Die mächtige Kuppel, die heute nicht mehr zu sehen ist, wurde durch große Mauervorsprünge an den Längsseiten gestützt. Die Apsis hat beiderseits zwei separate Eckräume. Die Tiefe der hufeisenförmigen Apsis wird durch zwei große, dreieckige Nischen in der Außenmauer verkleinert. Das Licht fällt durch drei Fensteröffnungen an der Apsis und weitere größere und kleinere an den Längsseiten ein. Der Innenraum der Kirche ist unwahrscheinlich hell, nicht nur, weil die Kuppel fehlt. Fenster so groß wie die Seitenportale haben dieser armenischen Kirche die bedrückende Dunkelheit genommen. Die Kirche hat drei Eingänge, im Norden und Süden sowie ein Westportal, das durch vier Stützen etwas nach vorn versetzt worden ist. Es ist wenig an Bauplastik vorhanden, abgesehen von den Bögen an Fenstern und Gesimsen, die in einem schlichten Löffeldekor oder etwas prächtigerem Weinrebenmotiven gehalten sind. Auch hier erkennt man in der Apsis noch Überreste eines Freskos, das wohl schon aus der Entstehungszeit der Kirche stammt.

### ■ Die Palastruinen

In unmittelbarer Nachbarschaft zur Arutscher Kathedrale wurde eine Palastanlage errichtet. Der armenische Chronist Hovhannes Draschanakertts'i berichtet: »In dieser Zeit schuf der fromme Fürst Grigor Mamikonjan durch göttliche Einsicht diese wunderbare Kirche, die er in dem Dorf Arutsch erbaut hat. Im himmlischen Auftrag setzte er diese auf die Erde. Und auf der Südseite der felsigen Schlucht stellte er das Königshaus.«

Dieser Palast steht tatsächlich nur etwa 16 Meter entfernt im Süden der Kirche. Der etwa 800 Quadratmeter große Palast war ähnlich wie jener von Dvin mit Säulen verziert und hatte auf zwei Seiten über die ganze Länge Kammern. Die Säulen sind nicht mehr in ihrer ganzen Höhe erhalten, aber die Breite der Säulenallee lässt sich auf gute elf Meter schätzen. Selbst die noch bestehenden Mauern des großen Säulensaales, die zwischen eineinhalb und drei Meter hoch sind, vermitteln eine gute Vorstellung dieses mächtigen Saales, der dem großen Palast von Dvin in keiner Weise nachsteht. Der Boden war bandartig gepflastert, die Säulen ringsum fein dekoriert, aber vor allem die Kapitelle stehen als prachtvoll reliefierte Reste einer wunderbaren Anlage auf dem Gelände der Palastruinen. Große mächtige Steinblöcke, die die Last des schweren Dachs trugen und trotzdem wegen ihrer feinen Reliefs nicht plump gewirkt haben.

### ■ Die Karawanserei

In der armenischen Geschichte scheint Arutsch nicht als eine der bedeutenden Städte auf, es steht ganz im Schatten der anderen Königsstädte des Ararattales. Doch auch einige Zeit später, vermutlich schon im 13. Jahrhundert, wurde an der alten Handelsstraße eine Karawanserei errichtet, die noch bis zum 19. Jahrhundert die müden, vorbeiziehenden Händler zur Rast und zur Labung eingeladen hatte. Der Begriff Karawanserei stammt übrigens aus dem Persischen, ›karvan‹ bedeutet so viel wie Reisegruppe, ›sarai‹ Raststätte und Unterkunft. In Armenien sind leider nur wenige Karawansereien erhalten, doch man bemüht sich zusehends, diese so weit wie möglich wieder sachgerecht zu restaurieren. Auch in Arutsch kann man heute die wieder aufgebauten Mauern dieses eindrucksvollen Bauwerkes von etwa 19 Metern Länge sehen. Es liegt unmittelbar an der Schnellstraße und ist ganz einfach durch seinen architektonischen Stil von einer Kirchenruine zu unterscheiden. Der rechteckige Grundriss wurde durch zwei Reihen von vermutlich je sechs Säulen in drei Raumeinheiten geteilt. An den Längsseiten befanden sich die für die Karawanserei-Architektur typischen arkadenförmigen Öffnungen, die mit doppelten Steinbögen verziert waren. Von den zierlichen Rundtürmchen, die die Ecken zusätzlich befestigt haben, sind nur noch die Fundamente vorhanden. Die bauliche Ordnung der Arutscher Karawanserei ist jedoch gut an den restaurierten Bauteilen erkennbar. Gut zu sehen, dass man nun der Erhaltung von nicht-sakralen Gebäuden auch zunehmend Bedeutung beimisst. Dennoch, als Relikte islamisch beeinflusster Architektur und einer Zeit, wo fremde Völker meist brandschatzend und raubend, aber auch Handel treibend, durch das armenische Hochland zogen, erachten sie die armenischen Behörden vielleicht als ebenso wenig schützenswert wie die prähistorischen Fundstätten oder Relikte der vorchristlichen, iranisch beeinflussten Kulte.

## Irind

Am Südwesthang des Aragats inmitten eines idyllischen Dorfes liegt eine wiederaufgebaute kreisrunde Kirche, die als eine kleine, schlichtere Ausgabe der

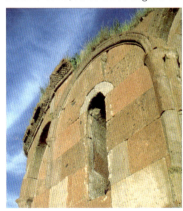

*Das kleine Kirchlein von Irind*

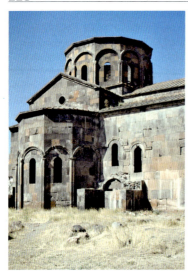

*Die Thaliner Kathedrale*

gleich alten Palastkirche von Zvarthnots' anmutet. Der Grundriss ist achteckig, doch erscheint beinahe rund. Die sieben Konchen sind gerundet, nur der Westarm mit dem Haupteingang ist rechteckig. An der Apsis gibt es kleine quadratische Seitenräume, wovon aber nur einer direkt vom Altarraum begehbar ist. Der ebenfalls achteckige Tambour wird von Pendentifs in den Bögen getragen. Nur mehr die Nordmauer und ein Teil der Apsis und des Tambours waren ursprünglich erhalten. Bei dieser Kirche gewinnt man leider den Eindruck, die Restaurierung sei ohne Liebe zum Detail und ohne die notwendige Sorgfalt vorgenommen worden. Tatsächlich hat die Kirche durch die Restaurierung an Reiz verloren.

Die Kirche liegt beinahe unmittelbar im Ortszentrum, und des Abends trifft sich hier das ganze Dorf zum Tratsch. Der Weg nach Irind ist mühsam, man muss das Dorf Katnaghbjur durchfahren, bei der ersten Kreuzung gerade und bei der zweiten nach links oben abbiegen. Um die Kirche zu finden, muss man die holprige Dorfstraße befahren und rechts vom eigentlichen Ortszentrum abbiegen. 40°23'34.88"N, 43°58'32.04"E

## Thalin

Thalin ist der größte Ort im westlichen Teil der Provinz Aragatsotn. Schon seit dem 10. Jahrhundert weiß man von der Bedeutung des Ortes, der auch eine Wegstation der alten Seidenstraße gewesen ist. Zahlreiche historische Bauwerke und Funde gehen vor allem auf die präarabische Zeit zurück. Vieles ist vermutlich während der Belagerung der Osmanen 1514 und durch Erdbeben zerstört worden oder ist verloren gegangen. Das Zentrum des Ortes bildet eine Gruppe von Kirchen, die vermutlich zur selben Zeit entstanden sind, aber verschiedene präarabische Typen armenischer Kirchenarchitektur zeigen. 40°23'18.15"N, 43°52'19.99"E

### ■ Muttergotteskirche

Die Muttergotteskirche liegt im Südwesten, etwa 200 Meter entfernt von der Thaliner Kathedrale und ist an ihrem schönen Schachbrettrelief einfach zu erkennen. An der Westseite an den Fenstern erzählt eine Inschrift die wahre Geschichte dieser kleinen Trikonchos: »Ich, Nerseh Spohiupat Patrik von Schirak und Arscharuni, habe diese Kirche mit dem Namen der heiligen Muttergottes als Spende für mich, meine Frau Schuschan und meinen Sohn Hrahat erbaut.« Die Kirche hat einen rechteckigen Grundriss und eine Fläche, den Chorraum nicht eingerechnet, von nur etwas mehr als sieben Quadratmetern. Die drei Kreuzarme sind zu kleinen Konchen halb gerundet, nach außen hin wiederum eckig ummantelt. Der nördliche Kreuzarm dehnt sich mehr nach Westen aus, wodurch Platz für eine kleine halbrunde Nische entstanden ist. Die Kirche zeigt sich entlang ihres Kranzgesimses von der besten Seite, das bereits erwähnte, Mitte des 20. Jahrhunderts restaurierte Schachbrettmuster ist wirklich sehr wirkungsvoll.

### ■ Die Thaliner Kathedrale

Verspielter und romantischer ist der Dekor der Thaliner Kathedrale. Die steinernen Weinreben sind von beeindruckender Schönheit und verleihen dem großen Kirchenbau eine grazile Note. Wie auch die vielfarbigen Steinblöcke, die gezielt als Dekoration gesetzt worden sind und besonders den heute kuppellosen Tambour zieren. Die ganze Außenfassade ist von gleichmäßigen Bögen mit Weinreben umspannt. Da kommt leicht der Gedanke auf, dass der Architekt weit weniger dem Familienleben gefrönt hat als sein Kollege, der brave Nerseh, und sich mehr den leiblichen Genüssen hingegeben hat. Vielleicht ist es auch auf diese Weise erklärbar, warum die Thaliner Kathedrale die Kunsthistoriker miteinander streiten lässt – wieso hat der Baumeister kein klares kirchenbauliches Konzept verfolgt und eine Kirche geschaffen, die sowohl Basilika als auch Kreuzkuppelkirche ist? Und deren Datierung von der zweiten Hälfte des 7. Jahrhunderts bis zum 11. Jahrhundert reicht?

Aus dem 7. Jahrhundert stammt die beeindruckende Größe und die langgezogene Form, immerhin hat der rechteckige Grundriss ohne Chorhaupt eine Ausdehnung von 17,8 mal 3 Metern. Die Apsis selbst hat zwei Eckräume und ist nach außen hin trapezförmig sichtbar. Die Nord- und die Südkonche sind fünfeckig. Großzügig ist das Westportal in eine kleine Vorhalle mit vier Säulen nach Westen gezogen worden, auch die beiden Tore im Norden und Süden hat man raumerweiternd nach außen versetzt. Der zwölfeckige Tambour ist besonders hoch und hat zwölf Fenster. Über dieser Fensterreihe dienen Doppelkreise als geometrisches Dekor.

Das Chorhaupt liegt im Osten der Kathedrale, in ihr kann man noch die Spuren eines Apsisfreskos erkennen, das vermutlich die Theophanie darstellt. In der unteren Zone der Apsis ist ein Apostel zu erkennen. An der Südwand zeigen die Freskenfragmente den Einzug in Jerusalem.

Die Kathedrale hat lange allen Zeichen der Zeit und allem Ansturm fremder Heerscharen standgehalten, erst die Erdbeben der Jahre 1840 und 1931 haben gröbere Schäden an der Kuppel und an den Wänden angerichtet, so dass ein Teil im Jahr 1947 wieder befestigt werden musste. Die Sonnenstrahlen, die durch die schlanken Fenster des Tambours fallen und einen beinahe göttlichen Schein auf den Platz vor dem Bema werfen, tauchen das Innere der Kirche mit ihrer Breite in ein weiches, angenehmes Licht und lassen die schlichten Reliefs der Innendekoration genau so wirken wie die reifen Tufftrauben an den Bögen rund um die Kathedrale.

Einige Meter nördlich der Kathedrale, eigentlich noch in ihrem Schatten, sind die Ruinen einer einschiffigen Kirche unbekannten Namens und Datums zu sehen. Einige vorarabische Stelen und alte Kreuzsteine stehen an dieser Kirche, die bekannteren Stelen hat man aber schon vor einigen Jahren in das historische Museum in Jerevan gebracht, um sie so vor der harten Witterung am Abhang der Aragats zu schützen. Auf einer der Stelen sieht man besonders schön die alte Christianisierungslegende von Grigor und dem kranken Trdat. Auf einer anderen Säule sitzt im untersten Teil die Muttergottes mit dem Jesuskind im Arm, an ihrer Seite stehen Engel.

Doch die noch älteren steinernen Denkmale bleiben wieder im Verborgenen. Zwischen Thalin und dem nördlich davon gelegenen Mastara sollen einige Menhire die alte Siedlungsvergangenheit dieser Ortschaften belegen, vermutlich fristen diese uralten Steinklötze ein ebenso unauffälliges, allen Dorfbewohnern unbekanntes und bis zur Unauffindbarkeit vergessenes Schicksal wie ihre überall an den Hängen des Aragats verbreiteten steinernen Artgenossen.

Thalin und das wenige Kilometer südlich gelegene Nerkhin Thalin, heute Daschtadem, sind etwa 70 Kilometer von Jerevan entfernt und schnell über die Schnellstraße M1 zu erreichen. Unterkünfte und Restaurants gibt es keine.

## Daschtadem

Das Dorf, das dem Namen nach gegenüber einem Feld liegen soll, umschließt ein Gebiet, das vor wenigen Jahren noch den Namen Nerkhin Thalin getragen hat. Wenige Kilometer südlich von Thalin gelangt man in eine interessante, steinige Landschaft am Westausläufer des Mets Arteni. Eine Landschaft, in deren geheimnisvollen Hügeln und Hochebenen sich schon in der Mittelsteinzeit Menschen angesiedelt hatten und deren Werkzeuge aus Obsidian Jahrtausende später gefunden worden sind.

### ■ Karawanserei

Jahrtausende später, zwischen dem 12. und 13. Jahrhundert nach Christus, wurde an einem der alten Handelswege eine riesige Karawanserei als Raststätte für die Reisenden gebaut, die damals ein wahres Meisterwerk der Architektur war und heute, wie viele andere profane Bauwerke auch, das traurige Dasein als vergessene, nicht beachtenswerte Ruine fristet. Direkt an der Hauptstraße zwischen Thalin und Daschtadem gelegen, fällt sie eigentlich nur dem geschulten und wissenden Auge als Karawanserei auf, mit ihrem großen Mauerwerk und den Bögen.
*40°21'56.93"N, 43°51'46.29"E*

Einst hatten diese Mauern eine große Raststätte mit einer Gesamtfläche von etwa 2700 Quadratmetern umschlossen. Zwei große Hallen begrenzten die West- und Ostseite, der quadratische Innenhof war von insgesamt 21 kleine-

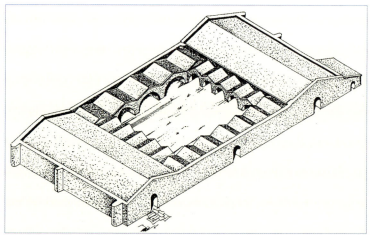

▲ *Rekonstruktionszeichnung der Karawanserei von Daschtadem*

ren Ställen umgeben. Die Eingänge zur Karawanserei befanden sich einst an der Südseite, an der äußersten Südostseite wurde außerhalb der Mauern noch ein kleiner Stall zugebaut, dessen Funktion unbekannt ist. Die Größe dieser Karawanserei ist ein Zeuge für die Bedeutung des Handels im armenischen Mittelalter.

■ **Festungsmauern**
Im Dorf selbst erinnern auch die vollständig restaurierten Mauern der mittelalterlichen Festung an die Bedeutung dieses kleinen Ortes. Ein Großteil der äußeren Befestigungsmauern geht auf den Beginn des 19. Jahrhunderts zurück, als Armenien ein Teil des persischen Khanats von Jerevan war. Der Kern der Festung dürfte jedoch eine frühmittelalterliche armenische Anlage gewesen sein, die später erneut befestigt wurde. In der zweiten Hälfte des 12. Jahrhunderts stand, laut der geschwungenen arabischen Inschrift an der Ostfront, die Festung im Besitz des Prinzen Sultan Ibn Mahmud, der auch zur kurdischen Schaddadiden-Familie gehörte, die im 11. und 12. Jahrhundert über einen Großteil Armeniens mit den Städten Ani und Dvin herrschte. Im Bereich der Zitadelle sind auch Zisternen und eine kleine ins 10. Jahrhundert datierte Sargis-Kapelle zu sehen.
Dieser Ort ist ein wahrer Abenteuerspielplatz für Groß und Klein und lädt zum Erkunden dunkler, niedriger Gänge und Schächte ein. ⊙ *40°20'17.59"N, 43°51'24.37"E*

■ **Kirche des Khristaphor-Klosters**
Von dieser Festung aus öffnet sich die Sicht gegen Süden, man überblickt die Araratebene und sieht auch die zwei Kilometer südöstlich gelegene Kirche des Khristaphor-Klosters aus dem 7. Jahrhundert. Auch diese Kirche, die kürzlich restauriert worden ist, aber leider sich durch

*Die Kirche des Khristaphor-Klosters liegt einsam in der Landschaft*

einen Zaun einer näheren Betrachtung wehrt, ist eine kleine Kreuzkuppelkirche, deren Westarm etwas gelängt ist. Die anderen Kreuzarme sind gleich lang und alle zu Apsiden gerundet. Keine Besonderheit als Kirche, doch die Südansicht der Festung und die merkwürdige Landschaft sind ein Ausgleich für den Fußweg, den man in Kauf nehmen muss, um sich von der Straße aus der Kirche nähern zu können. ⊙ *40°19'22.01"N, 43°51'33.64"E*

## Mastara

Ein kleiner Ort, den man durchquert, wenn man auf der Schnellstraße von Jerevan aus in Richtung Gjumri fährt. Mastara ist ein Straßendorf und als solches eigentlich nicht besonders ansehnlich oder interessant. Und doch hat der Ort mit dem wohlklingenden Namen eine schöne alte Kirche, die als Mastara-Kathedrale oder bei den Dorfbewohnern als Kirche des heiligen Johannes bekannt ist. ⊙ *40°27'6.36"N, 43°53'2.29"E*

## ■ Mastara-Kathedrale

Die Kirche ist ungewöhnlich hoch und relativ groß. Sie wirkt dadurch etwas plump. Wie ein schwerfälliger, alter Riese, der sich mit zerfurchtem, faltigen Gesicht, zahnlos und weißhaarig mitten im Dorf ausruht. Von den Mauern der Kirche ist schon so mancher Stein abgebröckelt, die Fenster- und Portalbögen sind schon lange nicht mehr durchgehend und unversehrt. Das Kuppeldach und die kleinen Dächer der Eckräume sind mit gräsernem Haar bewachsen und das Kreuz hoch oben auf der Kuppel ist genauso wackelig und schief wie die kleine Glocke.

Surb Hovhannes ist eine liebenswerte Kirche. Drei Inschriften ermöglichen eine Datierung in die Mitte des 7. Jahrhunderts. Vom ursprünglichen Bau konnte sich vieles erhalten, obwohl im Laufe der Zeit immer wieder Veränderungen vorgenommen worden sind. Die vier Konchen des quadratischen Zentralbaues sind innen hufeisenförmig und außen fünfeckig ummantelt, was der alten Kirche ihr kantiges Aussehen verleiht. Selbst die Apsis ist nach außen hin derart umhüllt, jedoch bildet sie mit den beiden niedrigen Eckräumen ein rechteckiges Chorhaupt.

Die Kuppel liegt auf einem kreisförmigen Tambour mit länglichen Fensteröffnungen. Dieser Tambour erhebt sich über einem Kranz von acht Tromben und einem darauffolgenden von sechzehn kleineren Tromben.

Der westliche Arm hat ein ungewöhnliches Fensterdekor im Inneren, zwei Bögen mit einem Kreuzrelief und einer Inschrift. Die Kirche hat auch über den Portalen der Eckräume eigenartige Wandmalereien, die vermutlich nicht zu weit zurückliegen. Das Dekor ist einfach, jedoch durchdacht, sowohl die Fensterbögen als auch die Gesimse haben ein ähnliches geometrisches Dekor. Die Südseite der Kirche wurde bereits gegen Ende des 9. Jahrhunderts restauriert, und etwa ein Jahrtausend später wurde der gesamte obere Bereich samt Kuppel erneuert.

▲ *Auf Chatsch`khare (Kreuzsteine) trifft man überall im Land*

# Die Provinz Kotajkh

Kotajkh, der Name dieser Region, ist wieder in aller Munde. Denn das Bier mit dem gleichen Namen schmeckt ganz ausgezeichnet. Kotajkh ist aber der Name einer stillen, spärlicher besiedelten Provinz in der Mitte Armeniens. In ihren gebirgigen Schluchten des Hrazdan und Azat verbergen sich nicht nur heilende Quellen, wie in Arzni oder Bdschni, sondern auch heilige wie in Geghard, große Klösteranlagen und atemberaubende Naturschauspiele, wo das klare Gebirgswasser in den basaltenen Felsen wundersame Gebilde geformt hat.

Auch Kotajkh kann man in mehreren Richtungen durchqueren, entweder auf zwei Wegen entlang des Hrazdan nach Norden oder entlang des Azat im Südosten. Die Hauptstadt der Provinz, Hrazdan, ist ein bedeutender Verkehrsknotenpunkt auf den Weg in den bewaldeten Norden Armeniens.

## Ptghni und Arzni

18 Kilometer nördlich von Jerevan an der Straße M4 liegen **bei Ptghni** die **Ruinen einer riesigen alten Kuppelhalle**, deren zerstörte Mauern mit den wunderschönen Reliefs an den abbröckelnden Fenstern und Portalbögen inmitten des unscheinbaren Dorfes beinahe bedrohlich wirken. *40°15'17.91"N, 44°35'2.92"E*
Obgleich die Kirche, die bereits zwischen dem 6. und 7. Jahrhundert entstanden ist, nach außen ein strenges, langgestrecktes Rechteck ohne Nischen darstellt, wurde der innere Raum geschickt durch Mauerfortsätze in drei Teile geteilt: in eine zentralen, überkuppelten Raum, einen Chorraum mit zwei kleinen Eckkapellen mit Apsiden und einen Portalbereich mit tiefen Nischen. Die Pfeiler, die die Kuppel tragen, sind eigentlich Verbreiterungen der Nord- und Südwände. Die Kuppel ist eingestürzt, doch die Bögen vermitteln einen guten Eindruck über die Höhe der unbenannten Kirche. Das Äußere befindet sich sozusagen auf einem Absatz von drei Stufen und wird durch die drei Eingänge im Süden, Norden und Westen durchbrochen. Die großen Fenster müssen der Kirche ein durchaus helles Licht verliehen haben. Die Fensterbögen sind unterschiedlich dekoriert, das Kranzgesims wird von einem Vasendekor verziert. Die Dorfkinder, die sich überall auf den Stufen der Kirche sonnen und die Ruinen zu einem wunderbaren Spielplatz auserkoren haben, sehen neben den hohen Mauerresten wie Zwerge aus.

Nur etwa drei Kilometer von der Schnellstraße entfernt, die von Jerevan aus Richtung Hrazdan führt, an der alten, jedoch gut befahrbaren Bundesstraße durchquert man **Arzni**, einen kleinen, etwas heruntergekommenen Kurort am Hrazdan. Hier gibt es auch ein Mineralwasser, das zur Heilung von Herzbeschwerden eingesetzt wird. In alten Hotels und Kuranlagen kann man hier inmitten der Stille, in der Nachbarschaft eines kleinen Wasserfalls und herrlicher Basaltformationen etwas ausspannen. Unmittelbar vor dem Zentrum entsteht auch ein neuer Komplex. Arzni ist so etwas wie der Kurort Dschermuk im Kleinformat, und wirkt, da nicht ganz so berühmt und feudal, etwas schäbig.
*40°18'52.54"N, 44°35'4.34"E*
Die beiden kleinen Kirchen sind zwar sehr alt, aber ebenfalls nicht aufsehenerregend. Die Marienkirche, Surb Mariam, ist als solche gar nicht mehr zu erkennen, da die eingestürzte Kuppel dieser Trikonchos einfach durch ein unansehnliches Dach ersetzt worden ist, was der Kirche nicht unbedingt schmei-

# 232 Die Provinz Kotajkh

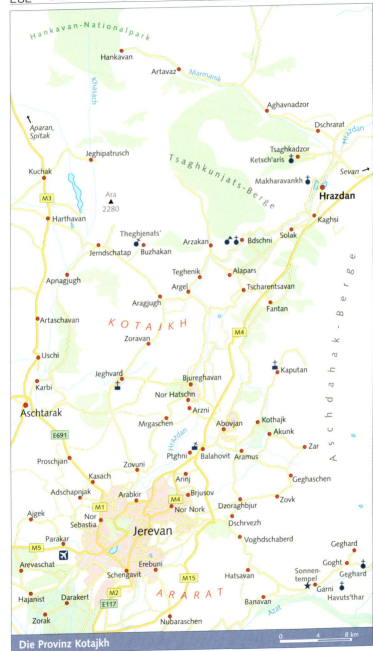

chelt und sie nur wie ein großes, altes Haus erscheinen lässt.
Diese Kirche wurde immer wieder überbaut und hat auch die Konfessionen gewechselt – zunächst armenisch, danach assyrisch, dann russisch und jetzt wieder als eine assyrische Marienkirche.
Arzni ist eines der Zentren der geschätzen 7000 armenischen Assyrer, die während der Sowjetunion sogar noch die Bevölkerungsmehrheit in Arzni stellten. Bei der Einfahrt in den Ort sieht man auch die einzige dreisprachige Ortstafel Armeniens: Armenisch-Assyrisch-Russisch.

## Argel (Lusakert)

Schon wieder ein Ort, dessen Name in den letzten Jahren geändert worden ist. Diese Umbenennungen sind lästig, denn die meisten Dorfbewohner verwenden noch die alten Bezeichnungen und sind verwirrt, wenn man den neuen Ortsnamen verwendet. Argel, ein Dorf, direkt am linken Hrazdanufer an der alten Hauptstraße H5 nach Hrazdan gelegen, hieß früher Lusakert. Lusakert ist wie viele der Dörfer an der malerischen Hrazdanschlucht ein beliebter Naherholungsort für die Jerevaner, hier gibt es auch schon viele Datschas und Zweithäuser wohlhabenderer Jerevaner Familien.

### ■ Georgskirche

Lusakert liegt sozusagen auf mehreren Ebenen und zieht sich bis zum Ufer des Hrazdan hinab. Dort hinunter führt auch die schmale Straße zur Georgskirche, der aktiven Kirche Argels. Noch bevor man in der Sackgasse unten am Fluss endet, muss man auf halber Höhe den kleinen, gänzlich unbefahrbar aussehenden Weg nehmen. Die Kirche ist von hier aus zu sehen und auch mit einem kurzen Fußmarsch leicht zu erreichen. ◎ *40°22'31.71"N, 44°36'8.91"E*

Eine alte Saalkirche, die liebevoll unter Verwendung vieler Holzelemente restauriert worden ist. Das Innere der Kirche ist geräumig, die sechs schlanken Holzsäulen stützen die Dachkonstruktion mit dem ebenfalls hölzernen Satteldach. Die kitschigen Jesus- und Marienbilder, die die Dorfbewohner auf dem niedrigen Bema aufgestellt haben, werden durch drei Fenster im Süden und je eines im Westen und Osten ausreichend beleuchtet. Das Westportal ist mit Brettern vernagelt. Ein kleiner Glockenturm mit Holzdach schmückt die Südfront. Die Kirche, die relativ alt zu sein scheint, hat kein Dekor, abgesehen von einer figürlichen Darstellung an der Südwestecke. Seltsam, dass diese nette Kirche mit ihrem aktiven, einfallsreichen Priester, der die Kinder sogar in überaus modernen Kirchengesängen unterweist, so abseits aller gängigen Reisestrecken liegt. Sie strömt den Charme einer alten, wieder beseelten Dorfkirche aus.

## Bdschni

Die Anreise nach Bdschni, einem Ort der vor allem durch sein Mineralwasser bekannt ist, lohnt wirklich auf der alten Bundesstraße H5, die westlich der Schnellstraße M4 den Hrazdan bis in die gleichnamige Provinzhauptstadt begleitet. Die Landschaft ist hier ungewöhnlich schön, von den tiefen, basaltenen Schluchten des reißenden Hrazdan bis hin zu den grünen Feuchtwiesen eines plätschernden Gebirgsbächleins. Diese Straße ist beinahe eine Panoramastraße und je näher man Bdschni kommt, um so höher werden die Berge ringsum, um so frischer und klarer wird die Luft. Viele schöne Sommerhäuser beleben diese Gegend, darunter auch die obligaten Holzhäuschen. Die Fahrt über die alte Strecke mag länger dauern, ist aber jedenfalls eine der schönsten in ganz Armenien.

Zeit sollte man in Armenien genug haben, mit Eile oder Stress gelangt man in diesem Land nirgendwo hin.

Bdschni ist einfach bezaubernd. Das Mineralwasser, das man direkt von der Quelle im Ortszentrum trinken kann, ist kühl und frisch. Oben auf dem Hügel im Nordosten Bdschnis liegen die Mauern der alten Festung, die sich beinahe um den ganzen Hügel bis herab ins Dorf erstrecken. Der Turm einer Kirche ist ebenfalls auf einem Hügel zu sehen – den der kleinsten Kirche Armeniens. Eine bemerkenswerte Klosteranlage im Westen der Stadt steht anderen, berühmteren Klöstern in nichts nach, eine weitere, verfallene hat ein geheimnisvolles Nebengebäude, dessen Zweck niemand weiß. Und außerhalb des Dorfes gibt es noch die Überreste einer Kirche, die nun den Schafen als Unterschlupf dient. Auch die Handelsreisenden vor einigen Jahrhunderten haben diesen Ort geschätzt und haben hier auch eine Karawanserei gebaut. Die Frage nach dem Standort der Karawanserei vermag die ganze Männerversammlung am Hauptplatz in Aufruhr zu bringen. Natürlich wissen hier die Alten besser Bescheid, obwohl, so ganz klar scheint es nicht zu sein, was denn so eine Karawanserei eigentlich ist. In Armenien wird häufig ein Gebäude mit unbekannter Geschichte von den Einheimischen in eine Kirche verwandelt.

■ **Festung**

Die ganze Festung war in einen kleineren und größeren Teil geteilt, der kleinere, untere befindet sich am Nordrand des Hügels, der größere beim Gipfel, der oberen Burg. Zwischen diesen beiden Burgen zog sich die gewaltige Mauer, von der heute in Richtung des Dorfes noch etwa 115 Meter und in Nordrichtung 120 Meter sehr gut erhalten sind. Die Mauer hat sogar bis hinab an das Flussufer gereicht. Man hat die Festungsmauern zum Teil wieder aufgetürmt, jedoch überhastet, so dass sie etwas unwirklich und unpassend erscheinen – vermutlich wollte man die Zahl der wenigen durchreisenden Touristen so erhöhen? ◉ *40°27'37.09"N, 44°39'16.31"E*

■ **Kloster**

Ebenfalls auf die Pahlavuni geht die Gründung des Bdschno-Klosters im 11. Jahrhundert zurück, denn ihr berühmter Erbauer Grigor Magistros war der Sohn des obengenannten Pahlavuni-Fürsten.

▲ *Im Dorf Bdschni*

Grigor Magistros, überall in der Region trifft man auf diesen Namen. Ein Mann, der sowohl in der Politik als auch in der Wissenschaft als besonders guter Kenner der griechischen Sprache, eine bedeutende Rolle gespielt hat. Grigor war ein wortkräftiger Opponent der damals aufkommenden Sekten und ein gewitzter Vermittler zwischen armenischen Christen und den eindringenden islamischen Turkstämmen. Im Volk wegen war er wegen seiner gereimten Bibel bekannt und von den Byzantinern wurde ihm der Magistertitel verliehen. Eines Tages war der weise Grigor Magistros in ein Streitgespräch mit dem arabischen Dichter Menutsche über die heiligen Schriften der beiden Religionen verwickelt. Auf das Spotten des Arabers, dass der Koran wegen seiner Versform allein schon mehr gepriesen werden müsse als die Bibel, schlug ihm Grigor eine Wette vor. Sollte es ihm gelingen, innerhalb von vier Tagen auch das Buch der Christen in Versform zu bringen, dann müsse sich der lästernde Araberfürst zum Christentum bekehren lassen. Nach vier Tagen überreichte Grigor dem Andersgläubigen eine gereimte Bibel. Der Araber war von der Schönheit der Verse tief berührt und löste die verlorene Wette sogleich ein, er wurde Christ.

Das Kloster liegt auf einem Hang im Westen Bdschni, umgrenzt von einer rechteckigen Mauer mit zwei Rundtürmen im Südwesten und Südosten. Im obersten, höchsten Nordwestwinkel sind zwei weitere, kleine rechteckige Gebäude, vielleicht Wohngebäude. Der gesamte Kirchhof ist Teil eines alten Friedhofs mit wunderschönen Kreuzsteinen und vor der heißen Sonne schützenden hohen Bäumen. ⊙ *40°27'41.49"N, 44°38'59.69"E*

Die **Muttergotteskirche** ist 1031 erbaut worden, die kleine Kapelle an der Südseite vermutlich etwas später. Die Anlage wurde 1947 restauriert und ist besonders harmonisch und durch ihre interessante Gestaltung der Apsis bekannt. Die Apsis ist verhältnismäßig groß und hat zwei langgezogene überwölbte Eckräume mit Lichtöffnungen. Weitere Fenster sind an den anderen Seiten. Das Hauptportal ist im Süden. Eindrucksvoll sind die reich verzierten Kapitelle der Wandsäulen an der Chorapsis, die Front des Bemas mit rot-schwarzem Karo und die kunstvoll spitzbogenartig geschnitzten Altarbilder aus Holz. Derart realistische und nicht verkitschte Darstellungen der Heiligen auf diesen Holztafeln sind selten zu finden. Die Fassade der Muttergotteskirche ist vor allem an der Ostfront durch tiefe Dreiecksnischen gekennzeichnet. Die Bauplastik ist reich, eine lange Inschrift ist direkt unter dem Westfenster zu erkennen. Den schönsten Dekor hat jedoch die baulich nicht besonders auffällige kleine Kapelle an der Südostmauer der Kirche. Sie kann von der Kirche aus nicht betreten werden, sondern nur über eine kleine, schmale Tür an ihrer Südfront. Die gesamte Fassade ist dekoriert, besonders aber die Westfront wartet mit zahlreichen Chatsch'kharen, Inschriften und sogar einer kleinen Sonnenuhr auf. Rund um dieses Kloster stehen viele schöne **Chatsch'khare** aus dem 10. bis 18. Jahrhundert, darunter auch durchaus ungewöhnliche in ihrer Form oder Größe. Das Kloster ist heute die arbeitende Dorfkirche, der Pfarrer von Bdschni ist eine besonders einnehmende, gemütliche Persönlichkeit, der sich auch gerne zu kurzen Geschichten und Plaudereien über die Kirche überreden lässt.

Etwas südlich des Klosters, am Hang gelegen, zeigt der schlaue Opa vom Dorfplatz die Ruine einer kleinen **Kreuzkuppelkirche** unbekannten Namens. Aus welcher Zeit sie stammt, weiß er nicht.

Und jenes Gebäude, das etwas oberhalb liegt, ist überhaupt ein Rätsel. Ein rechteckiger Grundriss mit zwei Eingängen im Süden ist gut zu erkennen. Dem Bauwerk fehlt allerdings die Spur einer Apsis und es ist alles andere als geostet. Die neugierig herbeigeeilten Nachbarn wissen auch wenig, allerdings meint die Hausfrau, ihr Großvater hätte immer gesagt, dass dies eine Moschee gewesen sei. Viele Türken hätten hier früher gelebt. Die verzweifelt gesuchte Karawanserei kann es nicht sein, zu eng, die Eingänge eigenartig angelegt, aber vor allem der Lage am etwas abschüssigen Hang wegen. Dass die Mauerreste eine Kirche waren, ist ebenfalls unwahrscheinlich. Aber eine Moschee?

■ **Kirche des heiligen Sargis**
Und weiter zur kleinen Kirche des heiligen Sargis, die außerhalb des Dorfes auf einem Hügel östlich der Festung liegt. ◉ 40°27'48.73"N, 44°39'37.98"E Einige Schritte muss man zur Kirche hinaufsteigen, die umgeben von einigen bizarren Felsen auf Bdschni blickt. Diese Kirche ist ja noch kleiner als die Aschtaraker Karmravor, aber irgendwie sieht sie nicht so verhutzelt und faltig aus. Vor etwa 30 Jahren restauriert, fehlt ihr etwas der Charme der Karmravor. Um die leichte Neigung auszugleichen, hebt ein zweistufiger Unterbau die Südseite etwas an. Hier ist nur die Apsis gerundet, die anderen, kurzen Arme sind rechteckig. Der Westarm ist etwas zum Portal hin verlängert. Die Kreuzform ist innen und außen zu erkennen. Der Tambour ist relativ niedrig und rechteckig. An der Kirche ist kaum Dekor, abgesehen vom hufeisenförmigen Kranzgesims.

Das letzte, unscheinbarste Kirchlein liegt gegenüber einer lauschigen Uferstelle, ebenfalls außerhalb des Dorfes. Sie ist kaum mehr als solche zu erkennen. Ob das die Karawanserei war? Dazu ist dieses Gebäude mit erkennbarer Apsis und unordentlichem Bretterdach zu klein. Verschlafen blinzeln zwei Schafe aus einem kühlen, dunklen Winkel. So ist die Kirche doch zu einer Art Karawanserei geworden.

## Hrazdan

Die Hauptstadt des Marz Kotajkh ist genaugenommen eine hässliche Stadt. Ein unkoordiniertes Baukonzept, kein tatsächliches Stadtzentrum, alte Industrie. Schade eigentlich, denn die Landschaft ist durchaus ansprechend. Hrazdan ist ein Durchfahrtsort.
Auch der Besuch der einst prächtigen Karawanserei aus dem 13. Jahrhundert im südöstlichen Stadtteil Atharbekjan lohnt nicht wirklich. Die Anrainer haben die Mauer- und Gewölbereste in eine Scheune umfunktioniert. Außerdem ist sie relativ schwierig zu finden. Sie war bis 1927 vollständig erhalten und dann vermutlich mutwillig zerstört worden. Sie war eine der wenigen Karawansereien auf quadratischem Grundriss von 25 mal 25 Metern. Die vier Ecken waren überwölbt und bildeten auch die Zugänge zu den vielen kleinen zellenartigen Unterständen. Noch dazu zeichnete sich das Mauerwerk durch eine besondere Stärke, die sonst in Armenien nicht vorhanden ist und eine besondere Konstruktion, die sogenannte usbekische aus. Es ist wirklich schade um dieses ungewöhnliche Bauwerk!

## Makharavankh

Das Kloster Makharavankh liegt im Dorf Makhravan, auf einem Hang im Westen der Stadt Hrazdan. Man muss in den neuen Stadtteil fahren, zunächst in Richtung Tsaghkadzor und eben dort nicht in Richtung des bekannten Sportortes, sondern weiter in Richtung Neustadt,

*Landschaft am Fluss Hrazdan*

wo man vorbei am Verwaltungsgebäude der Provinz, dem Marzpetaran, den Hügel hinauf fährt.

Das Kloster aus dem 10. bis 13. Jahrhundert besteht aus drei aneinander gebauten Gebäuden, zwei Kirchen und einem großen der Hauptkirche vorgelagerten Gavith. Es gibt auch noch Reste einer Umfassungsmauer und eine ganze Reihe von Chatsch'kharen. Beinahe braucht man ein Buschmesser, um sich den kleinen Pfad hinauf zum Kloster zu bahnen. Hohe Bäume umgeben die Anlage und haben seit der Restaurierung vor 25 Jahren das Kloster wieder in eine kleine, verwachsene Wildnis verwandelt.

⊙ *44°44'8.73"E, 44°44'8.73"E*

### ■ Südkirche und Gavith

Die Südwand der älteren Kirche aus dem 10. Jahrhundert blickt in Richtung des Dorfes und ist recht schmucklos, würden nicht einige etwas beschädigte Kreuzsteine an ihr lehnen. Dahinter erhebt sich, ums Doppelte höher, die jüngere Hauptkirche, eine Muttergotteskirche. Von dem Gavith, das direkt an die Nordwestecke der kleineren, namenlosen Kirche anschließt, ist nur noch die hohe Südmauer und ein kleines Bruchstück der Westecke vorhanden. Die Südkirche gehört zu den Saalkirchen mit Apsis. Ihr Inneres ist durch einen Querbogen in zwei ungleich große Räume geteilt. Der östliche Raum umfasst den Chorraum mit der Apsis und den beiden separaten Eckräumen, in die durch schmale Fensterritzen spärlich Licht eindringt. Der westliche Teil hat auf der rechten Seite einen Sockel, auf dem zwei große Chatsch'khare aufgestellt sind, sowie den einzigen Eingang. Der gesamte Innenraum ist überwölbt.

### ■ Muttergotteskirche

Die Muttergotteskirche ist eine Kreuzkuppelkirche mit zweigeschossigen Eckräumen im Osten. Die Kreuzform ist

# Die Provinz Kotajkh

*Sessellift in Tsaghkadzor*

nach außen hin durch tiefe Nischen an der Ostfront und durch die Dachgestaltung betont. Der Tambour erhebt sich in der Mitte sehr breit und relativ niedrig. Das Dekor der Kirche ist auf die mehrfache rechteckige Umrahmung der Fenster, die Portal- und Nischenbögen und das strenge Gesims beschränkt. Nur die Nischen sind in Muschelform gestaltet. Über dem Westfenster ist noch ein kleiner Kreuzstein angebracht.

Das Gavith hatte einen rechteckigen Grundriss, viel mehr ist leider aus den Ruinen nicht mehr zu erkennen.

Rings um das Kloster wurden schöne Kreuzsteine aufgestellt, die an eine etwas belebtere Zeit des kleinen Klosters erinnern.

## Tsaghkadzor

Das Tal der Blumen am Osthang des Theghenis ist der beliebteste Sport- und Erholungsort Armeniens, der sich vor allem zur Sowjetzeit regen Besucherzustroms erfreut hat. Die gute Straßenverbindung ins etwa 50 Kilometer entfernte Jerevan und zahlreiche Erholungsheime haben dazu beigetragen, dass viele diesen auf 1850 Metern Seehöhe gelegenen Ort für Wanderungen oder sogar zum Skilaufen aufsuchen. Viele Kinder- und Jugendlager beleben heute noch diese Kleinstadt.

Das Städtchen selbst zeigt sich mit seinen leicht ansteigenden Straßen und den an russische Dorfarchitektur angelehnten Häusern in einem romantischen Bild. Sein Zentrum ist die weithin bekannte Klosteranlage Ketsch'aris im nordwestlichen Teil der Stadt. In diesem kulturellen und religiösen Zentrum hat schon Grigor Magistros sein Wissen an gelehrige Novizen weitergegeben.

### ■ Wintersportzentrum

Der Ruhm der Gelehrten ist in Tsaghkadzor schnell verblasst und dem schnelllebigen des Sports gewichen, als man hier eine Sesselbahn und ein großes Trainingszentrum für Wintersport errichtete. Die modernisierte Sesselbahn führt über die Hänge bis zum Gipfel des Tsaghkants' hinauf. Die Sesselliftfahrt wird mit einem wunderbaren Ausblick von dieser windigen Höhe weit über das Land belohnt, sogar der Sevansees in der Ferne ist zu erkennen. Im Winter ist es klirrend kalt, aber das Skilaufen hat hier seinen eigenen, sehr altertümlichen Reiz. Man fühlt sich um Jahrzehnte zurückversetzt, wenn man die schon fast lustige Skiausrüstung der Einheimischen sieht. Die Pisten sind nicht wirklich präpariert, aber das ist richtigen Skiläufern ohnehin viel lieber. Man kann nach Herzenslust seine Spur in den Tiefschnee ziehen, ohne teure Liftkarten oder Menschenmassen. Es ist sogar für Après Ski gesorgt, wenn auch auf armenische Art. Auf jeden Fall ist eine Fahrt mit dem Sessellift nur zu empfehlen – in allen Jahreszeiten. Doch auch im Sommer, wenn die Sonne jede Feuchtigkeit aus dem Araratal zieht und erbarmungslos auf Jerevan niederbrennt, braucht man einige Kilometer weiter nördlich auf den Bergen der Tsaghkunjats'-Kette eine wetterfeste Jacke und vielleicht auch eine Mütze, um sich vor dem eisigen Gebirgswind zu schützen.

■ **Gedenkmuseum der Orbeli-Brüder**
Das kleine, sehenswerte Museum ist den drei Orbeli-Brüdern, Ruben (Begründer der Unterwasserarchäologie), Levon (Physiologe) und Hovsep (Orientalist, Historiker, Kaukasologe) gewidmet, die die Wissenschaft Armeniens, Russlands aber auch Europas durchaus geprägt haben. Es ist unglaublich, welche Schätze das Museum birgt. Leider gibt es aber keine Führungen und wenig gute Beschriftungen, aber dennoch lohnt sich ein kurzer Besuch für nur 500 Dram (Orbeli Eghbayrneri ph., Di-So 11-18 Uhr, www.orbelimuseum.am).

## Kloster Ketsch'aris

Unten in der Kleinstadt haben die Klostergebäude von Ketsch'aris beinah unbeschadet dem starken Wind, aber nicht dem Eroberungssturm der Seldschuken standgehalten. Hier gründete der berühmte Grigor Magistros das Kloster mit dem Bau der dem heiligen Grigor Lusavoritsch' geweihten Kirche im Jahre 1003, wie die Inschrift über dem Südportal zu entnehmen ist. Schon zuvor hatte es hier Gebäude säkularer Funktion gegeben, die die Ahnen von Grigor Magistros, die Fürsten Pahlavuni, errichtet hatten.

Nach der ersten Zerstörung des Klosters durch die Seldschuken setzte gegen Ende des 12. Jahrhunderts eine neue Bauphase ein. Dem Kloster wurde eine kleine Auferstehungskapelle, Surb Haruthjun, einige Meter östlich des Komplexes hinzugefügt. Die dritte Kirche, die den Südteil des Komplexes bildet, wurde erst im 13. Jahrhundert erbaut.

1828 und 1927 ließen starke Erdbeben die Tamboure der größeren Kirchen und einige Mauerteile einstürzen.

1937 wurde das Kloster zum ersten Mal restauriert, in vollständig wiederhergestellter Form ist es erst seit dem Jahr 2000 zu sehen. Dabei hatte das halb restaurierte Kloster einen ganz sonderbaren Zauber. Der alte Kirchhof mit dem schiefen Zaun, der abbröckelnden Umfassungsmauer, den umgeworfenen, alten Chatsch'kharen und den alten aus der Erde gehobenen Grabsteinen ist einer streng angelegten Ordnung gewichen. Gut, dass die alten Kreuzsteine rund um die Auferstehungskapelle nicht der Restaurierungsmanie zum Opfer gefallen sind. Sie stehen, lehnen und liegen dort noch so, wie sie die Jahrhunderte gestaltet haben.

■ **Grigorkirche**
Das älteste Bauwerk des Klosters, die Grigorkirche, steht im Nordosten der Anlage und bildet als größtes Gebäude

*Ein Laternchen im Kloster Ketsch'aris*

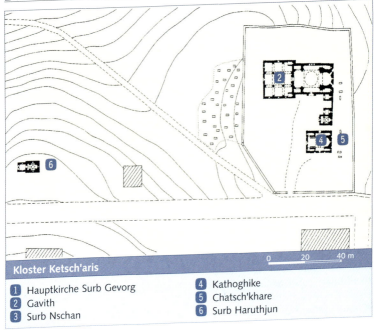

### Kloster Ketsch'aris

1. Hauptkirche Surb Gevorg
2. Gavith
3. Surb Nschan
4. Kathoghike
5. Chatsch'khare
6. Surb Haruthjun

das Zentrum. Die Kirche stammt aus derselben Bauperiode wie das Sevankloster. Sie ist ein rechteckig ummantelter Kreuzkuppeltyp mit zwei Eckräumen. Diese Eckräume haben zwei Stockwerke mit kleinen Lichtöffnungen. Die kurzen Wandpfeiler tragen die Kuppelkonstruktion. Je drei große Fenster erhellen den zentralen überkuppelten Raum von der Süd- und Nordfront, aber auch von der hufeisenförmigen Apsis her. Armenische und georgische Inschriften weisen darauf hin, dass an der Erbauung dieser Kirche Künstler aus beiden Ländern mitgearbeitet haben.

Das größere, weitaus aufwendiger dekorierte Portal liegt an der Südseite und hat einen kleinen Vorbau.

Die Außenfassade ist durch die zwei tiefen Nischen im Osten und die dreiläufigen Bogen über diesen Nischen und über den Fenstern der anderen Seiten gekennzeichnet. Über den Fenstern des Südportals wurde ein einfaches Kreuz angebracht.

### ■ Surb Nschan

An der Südfassade der Grigorkirche wurde vermutlich 1051 eine kleine einschiffige Kuppelkirche gebaut, die dem heiligen Zeichen, Surb Nschan, geweiht ist. Zwischen der Grigorkirche und der Nschankirche sind noch Mauerreste von zwei Kapellen zu sehen. Im Zwischenraum der kleinen Kapellen wurde eine Gruppe von Chatsch'kharen auf einen erhöhten Sockel gestellt. Die Nschankirche scheint neben den beiden anderen Kirchen noch kleiner und zarter als sie tatsächlich ist. Doch ist ihr schlanker, feiner Tambour mit den kreisrunden Lukenfenstern und den feingliedrigen Bögen sehr auffällig. Ihr Gesims ist ebenso fein dekoriert.

## Kloster Ketsch'aris

### ■ Kathogike

Nur ein großer Schritt trennt ihre Südwand von der Nordwand der dritten Kirche, der Kathoghike. Hier lässt eine Inschrift die Datierung auf 1214 zu. Ihre Bauweise ist sehr ähnlich der Grigorkirche. Sie ist eine kleinere Form einer ummantelten Kreuzkuppelkirche mit vier als Kapellen dienenden zweigeschossigen Eckräumen und Nischen an der Süd- und Ostfront.

Diese Kirche unterscheidet sich von den beiden anderen durch die reichhaltigere Dekoration der Westfassade. Blickfang sind hier die kleinen Lichtöffnungen der zweigeschossigen Eckkapellen mit den Dreifachbögen und den kleinen Sonnenrädern.

Auch das über dem Hauptportal angebrachte Kreuz ist kunstvoller als das der anderen Kirchen. Der Portalbogen ist spitz zulaufend und wird von einem größeren überspannt, der das hohe, schlanke Fenster einschließt.

### ■ Gavith

Das Gavith wurde etwas früher als die Kathoghike errichtet und als ein großes quadratisches Gebäude mit vier freistehenden Stützen der Grigorkirche vorgesetzt. Diese vier Pfeiler teilen den Innenraum kunstvoll in neun Teile. Der zentrale Raum ist besonders schön zur flachen Kuppel erhöht. Der Übergang zur Kuppel ist reich dekoriert.

Das Äußere des Gavith erscheint relativ massig, so dass die zierlichen Bögen der winzigen Fenster, die Rosetten und die Sonnenuhr an der Westfassade über dem Mittelfenster fast verloren gehen. Eine Besonderheit sind die beiden Vasen über dem Bogen des Westfensters. Dieses ungewöhnliche Dekor ist sonst nicht in Armenien zu finden.

Ein gut erhaltenes Gemälde ziert das Tympanonfeld des Westportals der Grigorkirche, das im Gavith versteckt liegt. In noch schön leuchtenden Farben und mit den typisch armenischen Gesichtszügen wird Jesus zwischen Maria und dem Täufer, umringt von den Aposteln und vier Phantasiewesen dargestellt.

An der Ostseite des Komplexes, zwischen der geraden Linie der Ostfassaden der drei Kirchen und der neuen Umfassungsmauer sind viele alte Chatsch'khare aufgestellt. Darunter auch das Grabmal des Architekten Vets'ik, das man gut an dem hohen Sockel mit einem Dekor aus Miniaturarkaden und einem zweiten, darüber gesetzten Sockel mit großer Inschrift erkennen kann.

### ■ Auferstehungskirche

Über die Straße Richtung Westen und über eine kleine Wiese, die mehr mit Kreuzsteinen als mit Blumen bewachsen ist, gelangt man zur kleinen Auferstehungskirche. Derart distanziert vom Hauptkomplex mag sie sicher als Grabkirche gedient haben.

*Die kleine Auferstehungskirche*

Das Kirchlein, laut Inschrift 1220 erbaut, ist ein bescheidener einschiffiger Kuppelbau. In ihrer Funktion als Grabkirche trägt sie wenig architektonische oder bauplastische Auffälligkeiten. Lediglich das überwölbte Gavith mit seiner niedrigen Doppelarkade verleiht der Auferstehungskirche ein unverwechselbares Äußeres.

### Tsaghkadzor

Der Preis für die Fahrt mit dem Sessellift beträgt für Berg- und Talfahrt 2000 Dram, Betriebszeiten: 10–17.30/18 Uhr.

Tsaghkadzor liegt ca. 50 Kilometer nördlich von Jerevan, direkt über die Schnellstraße nach Sevan, die M4, über die Abfahrt Hrazdan zu erreichen. *40°32'1.91"N, 44°42'57.95"E*

Tsaghkadzor hat in den letzten Jahren einen Aufschwung erlebt, was sich allerdings auch in den Preisen niederschlägt. Es gibt einige empfehlenswerte Unterkünfte, die neben Komfort auch Swimmingpools, Sauna, Tennisplätze, Kegelbahn usw. und gutes Essen bieten. Wer spätsowjetischen, etwas angestaubt-eleganten doch durchaus freundlichen Stil zu vernünftigen Preisen versuchen möchte, dem steht das Haus des Schriftstellerverbandes zur Verfügung.

**Hotel ›Groghneri Miuthjan hangstjan tun‹** (Erholungsheim des Schriftstellerverbandes) (P1), Tscharents'i p. 6, Tel. (0)10/281081, (0)223/60445, www.writershotel.am. Preis ohne Frühstück und Steuern, aber mit Swimmingpool.

**MultiRestHouse** (P2), Tel. (0)10/287450, 287460, www.mrh.am. Die neuere Anlage bietet neben luxuriösen Hotelzimmern auch kleine Häuschen und ist mit allen Annehmlichkeiten ausgestattet. Für ein Häuschen muss man ab 150 Euro pro Nacht rechnen.

Sieht man von dieser Arkade aus nach Westen, so wird auch verständlich, warum die Grabkirche hier auf diesem kleinen Hügel und nicht unter dem Klosterkomplex erbaut worden ist. Nichts bringt einen der friedlichen Ruhe des Himmels näher als der nur von einigen Baumwipfeln behinderte Blick auf die hinter dem Theghenis untergehende Sonne.

**Kecharis Hotel Resort** (P2), Orbeli eghbajrneri ph. 20. Tel. (0)223/60409, www.hotelkecharis.com. Dieses Hotel ist ebenfalls neu und mit allem erdenklichen Komfort ausgestattet, um sich verwöhnen zu lassen.

**Tsaghkadzor Mariott Hotel** (P3), Tanjaghbjuri ph. 2-4/1, Tel. (0)10/294141, www.marriott.com. Puren Luxus zum ebensolchen Preis bietet das relativ neue Mariott Hotel.

**Nairi Rest House** (P2–3), Avetik Isahakjani ph. 19, Tel. (0)23/60456; www.nairihotel.am. Ein günstiges Hotel, das eigentlich einst dem mathematischen Institut der Universität Jerevan gehörte und sich eher an heimischem Publikum orientiert Preise inklusive Frühstück und Steuern; auch Luxuszimmer vorhanden.

Kleine, viel einfacher ausgestattete Häuschen kann man auch in den älteren Anlagen mieten:

**Splendors Resort** (P1), Tel. (0)223/5425, www.splendor.info.am. Kleine Häuschen mit Warmwasser.

**Viardo** (P2), V. Haruthunjani ph. 8a, Tel. in Jerevan: (0)10/477575 oder mobil: 091/477575, www.viardo.am. Preis der Häuschen je nach Ausstattung, ohne Frühstück.

In den oben genannten Hotels gibt es auch durchwegs empfehlenswerte Küche, außerdem gibt es im ganzen Ort kleine Cafés und Restaurants.

# Jeghvard

In der Kleinstadt, deren Name an den zarten Duft von Rosenöl denken lässt, und die einige Kilometer nördlich von Jerevan auf der rechten Seite der Khasach-Schlucht liegt, wurden vom 5. bis zum 12. Jahrhundert einige Kirchenbauten errichtet. Die älteren Kirchen sind leider nur in den Grundmauern erhalten, die jüngste jedoch erstrahlt seit ihrer Restaurierung in unübersehbarem Glanz.

Die älteste der Kirchen, eine Saalkirche aus dem 5. Jahrhundert, zeigt in ihren Grundmauern ein großes dreischiffiges Gebäude auf rechteckigem Grundriss. Beinahe unmittelbar daneben liegt die große Basilika aus dem 7. Jahrhundert. Auch hier lassen nur die Ruinen die wahre Größe dieser Kirche erahnen. Riesige Pfeiler haben zu beiden Seiten diese Basilika in drei Schiffe geteilt, sie hatte sieben bogenförmige, dekorierte Eingänge, wobei je drei davon auf den Längsseiten und eine im Westen angebracht waren. Interessant sind auch die vielen Inschriften an der Südfront, die die Geschichte dieses Bauwerkes gut dokumentieren.

*Die mehrgeschossige Muttergotteskirche von Jeghvard*

## ■ Muttergotteskirche

In Sichtweite von diesen beiden Ruinen erhebt sich im Dorfzentrum eine schlanke Kirche, die der Muttergottes geweiht ist. Dieses hohe Bauwerk war ursprünglich als dreistöckiges Mausoleum gedacht und wurde zwischen 1321 und 1328 fertiggestellt. Erst im Verlauf des 19. Jahrhunderts wurde das Mausoleum in eine Dorfkirche umgewandelt. Die gesamte Kirche wurde vor etwa 35 Jahren restauriert.

Die Muttergotteskirche ist ein typischer Vertreter der mehrstöckigen armenischen Grabkirchen, wie sie auch in Noravankh oder in Kaputan zu finden sind. In der untersten, in den Boden versenkten Etage befindet sich die eigentliche Grabkammer. Darüber wurde eine eigenständige, kleine Kapelle mit separatem Zutritt gestellt und darauf noch ein schlanker Turm.

Die Grabkirche selbst ist ein quadratischer, niedriger Raum mit einer kleinen Apsis, die von zwei winzigen Eckräumen begrenzt wird. Sie hat nur einen Eingang im Westen, und zwei große Lichtöffnungen im Norden und Süden und drei kleine an der Ostseite. Nach außen hin sind die großen Lichtöffnungen nahezu verschwenderisch mit großen geometrischen Motiven verziert.

Die darauf aufgesetzte Kapelle hebt sich sowohl außen als auch innen von der Grabkirche ab. Der Grundriss ist kreuzförmig, jedoch ist als Besonderheit die Apsis nicht gerundet, sondern eckig gehalten. Die vier Kreuzarme sind nach außen hin als kleine Dächer gestaltet, die eher kleinen Fenster wurden an allen Seiten mit schönen figürlichen Darstellungen, nicht nur aus dem christlichen Glauben, sondern auch aus der alten armenischen Mythologie, geschmückt. Ein einfaches Flechtband trennt die schlichte Grabkirche von der etwas verspielter wirkenden Kapelle. Auf die Mitte dieser Kapelle wurde eine Rotunde mit zwölf Säulen gesetzt, die noch von einem pyramidenförmigen Dach gekrönt wird.

Die Jeghvarder Muttergotteskirche ist vermutlich eine jener Kirchen, die vollständig außen reliefiert ist. Dieser Reichtum an Dekor ist sonst nur noch in Noravankh und im weit entfernten Aghthamar zu sehen. Und auch nach einigen Umkreisungen scheint man immer noch neuen Schmuck, neue Details zu entdecken. ◎ 40°19'10.28"N, 44°28'49.56"E

■ **Ruine der ›Heerführer‹-Kirche**
Die vierte der Jeghvarder Kirchen liegt außerhalb des Dorfes, an der linken Straßenseite auf einer kleinen Anhöhe, etwa drei Kilometer nördlich von Jeghvard in Richtung Buzhakan. Sie fällt nicht nur durch ihre exponierte Lage auf, sondern auch durch ihre beinahe runde Form. Der Bau wird dem Fürsten Grigor Mamikonjan zugeschrieben, er ist etwa zur selben Zeit wie die Palastkirche von Zvarthnots' entstanden, in der Mitte des 7. Jahrhunderts.

Obgleich heute nur noch die Nordwand wie ein Mahnmal über das Feld blickt, lässt sich der achtzehnseitige Grundriss gut nachvollziehen. Diese Kirche hatte acht Konchen, die Apsis selbst ist etwas größer und breiter und ist auch nach außen hin anders, nämlich trapezförmig gestaltet. Man sieht noch den Ansatz eines zylindrischen Tambours. Dieser hatte vier Lichtöffnungen, die genau in den vier Himmelsrichtungen liegen. Die Fenster sind mit Weinrebenbögen verziert, die Kapitelle sind würfelförmig gehalten. Das Tympanon des Westportals zeigt noch Spuren eines blühenden Kreuzes.

Gänzlich zerstört ist leider das Gavith, das vermutlich im 14. Jahrhundert der Kirche vorgesetzt worden war. Einige überdimensionale Tafeln weisen auf die heutige Industriestadt Jeghvard hin. Die Kirchenstadt Jeghvard wird dabei kaum genannt.

## Buzhakan

Heilwirkend soll dieser Ort am Fuße der Theghenjats'-Berge sein, der etwas abseits der gut befahrbaren Straße H4 von Jeghvard nach Harthavan inmitten klarer Gebirgsluft am Rande eines dichten Waldes liegt. Ein großes, neuzeitliches Gebäude leuchtet vom Berghang durch die Baumspitzen hindurch, ein Erholungsheim der Arbeiter des Kernkraftwerks Metsamor.

Die Dorfbewohner sind stolz auf ihr Dorf. Eine eigene Quelle versorgt den Ort mit frischem, klarem Trinkwasser, die nahen Wälder bieten genug Heiz- und Baumaterial und lassen in ihrem Schutz Beeren und vor allem viele Pilze gedeihen. Sie verbergen auch bedeutende Kirchen aus der ruhmvollen Vergangenheit.

Nicht nur die Abgeschiedenheit und die schöne Natur geben Buzhakan diese unvergleichliche Ruhe, die zum tief Durchatmen und zum Verweilen einlädt. In den Gesichtern der jungen Bauersleute ist kein verbitterter Ausdruck zu sehen, ihr Lächeln ist echt und ihre Gastfreundschaft ist nicht beschämend. Sie teilen mit Freude das, was ihnen das Land gibt und von dem sie reichlich haben, mit ihren Gästen, aber auch den Nachbarn. Unvergesslich bleiben zwei Brüder, die mit ihrer überschwänglichen Bewirtung nicht nur mich, sondern auch ihre später heimkommenden Ehefrauen zu überraschen wussten.

## ■ Theghenjats'-Kloster

Das Kloster liegt hinter dem nördlichen Dorfende in einem Waldstück, das man nur zu Fuß und nur bei trockener Witterung erreichen kann. ⓞ *40°28'29.44"N, 44°31'26.27"E*

Vom großen Kloster sind nur Reste der Gebäude zwischen der Nordmauer des Refektoriums und den Kapellen im Südosten zu sehen. Die gesamte Anlage bestand aus einer Hauptkirche aus dem 12. Jahrhundert, einem eigenartigen der Kirche im Süden angebauten Gebäude mit drei kleinen Ostkapellen und zwei rechteckigen Räumen im Westen, dem großen Gavith und aus einem einige Meter nordwestlich von diesem Komplex errichtetem Refektorium.

Von der **Kirche** auf kreuzförmigem Grundriss mit einem südlichen Eckraum blieben nur die Fundamente erhalten, die ein wenig Aufschluss über die Größe und die Bauweise geben. Der suchende Blick fällt auf die Front des Bemas. Eine wie mit feinem Bleistift zart skizzierte Front von sechs unterschiedlichen Reliefs, von denen eines beeindruckender ist als das andere: Von feinen ineinander verschlungenen Blumenranken, Blättern, Blumen, bis hin zu den beliebten Vögeln und Sonnenrädern wird hier alles gezeigt, was ein geschickter, phantasievoller Mensch in das weiche Gestein seines Landes zaubern konnte. Interessant ist auch das Südgebäude mit den Kapellen und kleinen Räumen. Dieses Gebäude konnte sowohl vom Süden aus als auch durch die Südseite der Kirche betreten werden. Lag hier ein Skriptorium?

Das **Gavith** geht laut Inschrift auf das Jahr 1167 zurück und ist recht gut erhalten. Große überspannende Bögen teilten den fast quadratischen Grundriss in neun Teile. Die vier mittleren dicken Pfeiler trugen über einem schönen Bogensystem eine Kuppel über einem perfekt quadratischen Raum. Die Kirche konnte über das Gavith durch zwei Zugänge im Norden und Süden betreten werden.

Das **Refektorium** war ein überwölbter Raum mit drei durch Querbögen voneinander getrennte Einheiten. An der Nordwand stehen im Inneren weitere Bögen, die jeweils die Breite eines Raumsektors überspannen. Die Eingänge sind sehr massiv aus drei Steinblöcken gestaltet und stehen so als Portale profaner Gebäude in plumpem Gegensatz zu der grazilen Gestaltung der Bemafront.

Viel weiter entfernt vom Dorf und eigentlich nur unter der Führung eines Einheimischen zu finden sind die Ruinen der großen, kreuzförmigen **Marienkirche** aus dem 7. Jahrhundert. Man kann nur noch die Ostfront mit ihrem großen Fenster und der Wölbung der Apsis erkennen. Der Blick von hier auf die umgebende Landschaft ist schön, aber der noch stehenden Mauern wegen den anstrengenden Fußweg auf sich zu nehmen, zahlt sich kaum aus.

## Kaputan

Von der Schnellstraße M4 zweigt man bei Abovjan rechts ab und hält sich nach Verlassen der Ausfahrt wieder rechts. Nach dem Überqueren der Bahngleise biegt man nochmals rechts ab. Man fährt in südwestlicher Richtung durch die Stadt und biegt nach etwa 800 Metern unmittelbar nach zwei Hochhäusern auf eine alte Hauptstraße nach links in Richtung Kothajk ab, in dem sich ein relativ großes SOS-Kinderdorf befindet. Bald wird die alte, gute Straße von breiten Getreidefeldern gesäumt. Und bald entsteht der Eindruck, dass kein Dorf mehr hinter Kothajk kommen kann, so spärlich besiedelt ist diese Landschaft. Nur eine schlanke hohe Kirche, die bald am Horizont erscheint, belehrt eines Besseren. Die Kirche liegt auf einer Erhöhung über

# Die Provinz Kotajkh

*Die schöne Minaskirche in Kaputan*

### ■ Minaskirche

Die schöne Kirche ist der Stolz des Dorfes. Sie trägt den Namen des heiligen Minas, wird aber auch Kaptavankh genannt. Sie wurde ungefähr um die Mitte des 14. Jahrhunderts als dreigeschossiges Bauwerk errichtet. Die unterste Etage ist eine Saalkirche mit Apsis mit Erweiterungen am Westeingang und im zentralen Bereich, auf die dann eine kreuzförmige Kuppelkirche gesetzt worden ist. Über dieser Kapelle, die nur von außen über zwei Treppen an der Westfront und bewegliche Leitern zu erreichen war, erhebt sich noch als drittes Geschoss ein säulenartiger hoher Tambour. Die Kreuzform des zweiten Geschosses ist auch an den Fassaden schön zu erkennen, sie dient fast als Schmuck. Ansonsten sind lediglich die beiden Portale einfach umrahmt. Es gibt noch eine größere Siedlung weiter östlich am Fuße des Geghamgebirges, bevor die steiler ansteigende Berglandschaft und die zunehmende Einsamkeit der Motivation der Menschen zur Bearbeitung des Bodens oder zur Ansiedlung Grenzen setzt. *40°19'42.86"N, 44°41'45.79"E*

dem kleinen Dorf. Und doch ist der abgelegene Ort nur einige Kilometer von Jerevan entfernt, das man von hier aus nur beschwerlich einmal am Tag mit dem Bus erreichen kann. Viele tun das, um die kleinen Erträge der Landwirtschaft in Jerevan auf dem Straßenmarkt anzubieten.

## Garni

Auf der Fahrt von Jerevan zu den wohl am meisten besuchten Bauwerken Armeniens, dem Sonnentempel in Garni und dem Höhlenkloster in Geghard, erobert schon kurz nach Jerevan die typische Landschaft eines kargen, von der Sonne ausgetrockneten Hochplateaus den Horizont. Vorbei an neu errichteten, allzu prunkvollen modernen Sommerresidenzen der Neureichen Jerevans steigt die Straße gleich kurvenreich zu den Dörfern östlich der armenischen Hauptstadt an. Der Weg dorthin wird meist kaum beachtet, denn es gilt, die Touristen so schnell wie möglich zu den berühmten Stätten zu bringen. Vielleicht sieht man gerade noch einige **Höhlen** in einiger Entfernung vom Dorf **Voghdschaberd**, aber dass dies hier eine bronzezeitliche Höhlensiedlung gewesen ist, wird fast immer unterschlagen. Die Höhlen sind für Hobbyarchäologen oder Interessierte sicher eine kleine Wanderung wert. Viel häufiger schon wird der **steinerne Bogen** auf dem Hügel gezeigt, der zu Ehren des armenischen Nationaldichters Jeghische Tsch'arents' hier erbaut worden ist. Von diesem Bogen aus hat man an klaren Tagen eine atemberaubende Sicht auf den Ararat und dessen

Hochebene. Auf dem Bogen steht auch die berühmteste und am häufigsten zitierte Zeile des Tsch'arents'-Gedichtes ›Mein Armenien‹: »Durchstreif die Welt – es gibt keinen weißen Gipfel dem des Ararat gleich. Den Gipfel meines Ararat liebe ich – wie den Weg zum unerreichbaren Ruhm.«

Noch bevor die Menschen des Landes auf der felsigen Ebene hoch über dem Fluss Azat riesige Stätten geschaffen haben, um ihren Göttern zu huldigen, schuf sich Gott selbst mit Hilfe der Kraft des kleinen Flusses und der Witterung einen Tempel aus hoch aufragenden basaltenen Stelen in den Schluchten des Azat. Nirgendwo in Armenien sind die Basaltblöcke, die die Natur geschaffen hat, höher und eindrucksvoller als hier in Garni. Als ob Tausende von Steinmetzen jahrhundertelang den vulkanischen Stein behauen hätten, ragen diese seltsamen steinernen Gebilde bis zu 300 Metern empor. Nirgendwo in Armenien sind auch jene Basaltblöcke, die die Menschen geschaffen haben, älter und eindrucksvoller als hier, wo der armenische König Trdat I. der Überlieferung nach auf einem kleinen dreieckigen Vorsprung der Hochebene im 1. Jahrhundert nach Christus einen Tempel im griechisch-römischen Stil errichten ließ. ⊙ *40°6'44.69"N, 44°43'49.10"E*

## Geschichte

Historisch belegt ist die Annahme, dass es auf dieser Hochebene insgesamt fünf Bauperioden gegeben hat und die älteste davon auf eine heidnische Kultstätte aus dem 3. bis 2. Jahrhundert vor Christus zurückgeht. Die größten Bautätigkeiten entfalteten die armenischen Könige im 3. Jahrhundert, als sie eine Sommerresidenz nach römischem Vorbild gestalteten. Sogar in den Annalen des Tacitus wird diese Festung schon genannt, die die Römer auf ihrem Eroberungszug durch Armenien entdeckt hatten.

Die Geschichte des Tempels geht auf die Auseinandersetzungen zwischen Rom

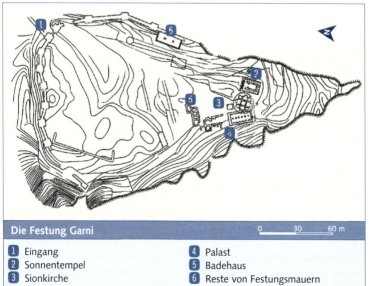

**Die Festung Garni**       0    30    60 m

1. Eingang
2. Sonnentempel
3. Sionkirche
4. Palast
5. Badehaus
6. Reste von Festungsmauern

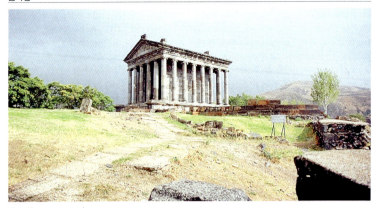

*Der Sonnentempel*

und Persien um Armenien zurück. Mitte des 1. Jahrhundert gelangte das Herrschergeschlecht der Arsakiden an die Macht und versuchte, das zwischen Rom und den Parthern geteilte Armenien zurückzubekommen. Der romtreue armenische Herrscher Radomist wurde mit Hilfe der parthischen Könige gestürzt, an seine Stelle wurde der Arsakide Trdat I. gesetzt. Durch eine Reise nach Rom mit einer Abordnung von 3000 Begleitern versuchte der neue armenische König, Frieden mit Kaiser Nero zu schließen. In Rom wurde Trdat I. nach einigen Auseinandersetzungen schließlich von Nero offiziell zum König von Armenien gekrönt und Armenien damit seine Unabhängigkeit – zumindest für einige Jahrzehnte – zurückgegeben. Nach der anstrengenden Reise ließ König Trdat am Rande der Schlucht einen Tempel im pseudo-ionischen Stil errichten. Zeichen einer Tradition, die auf antiken Chronisten gründet und auch an der griechischen Inschrift über dem Tempelbau abzulesen ist.

Aufgrund von neuerlichen Ausgrabungsarbeiten verfolgen jedoch einige Wissenschaftler eine abgeänderte Theorie: der Tempelbau soll vermutlich als Grabstätte für den armenisch-römischen Herrscher Sohaemus um das Jahr 175 nach Christus errichtet worden sein. Der pro-römische von Arsakiden abstammende Prinz Sohaemus wurde gegen Mitte des 2. Jahrhunderts als armenischer König von Rom eingesetzt.

## Besichtigung

Am Eingang zum Tempel und zu den Resten des Sommerpalastes locken die Dorffrauen mit Köstlichkeiten ihrer Küche und Walnüssen. Denn dieses Gebiet ist dicht mit Walnussbäumen bewachsen, auch das Ufer des Azat in östlicher Richtung.

Der Tempel ragt beinahe unwirklich in der ungewöhnlichen Landschaft empor. Bereits im Jahre 66 nach Christus erbaut, musste er sich erst einem schweren Erdbeben im Jahre 1679 geschlagen geben. Als er 300 Jahre später von den Orientalisten Nikolaj Marr und Jakov Smirnov bei Ausgrabungen entdeckt wurde, wurde damit auch eines der ältesten Baudenkmäler Armeniens wiederentdeckt. Nach eingehenden Studien konnte der Tempel Mitte der 1960er Jahre wieder originalgetreu rekonstruiert werden und begeistert seither wieder in alter Schönheit.

## ■ Tempel

Der Tempel erinnert an einen sogenannten Peripteraltempel, einen Tempel mit umlaufender Säulenhalle auf einem mehrstufigen Podium. Im Stil gleicht dieser Tempel auch den in Kleinasien, Syrien und Rom üblichen Tempeln – grundsätzlich kann der Tempel als hellenistisch bezeichnet werden, aber es sind auch lokale Traditionen eingeflossen.

Der quadratische Hauptsaal ist von 24 Säulen umgeben, deren Kapitelle ganz im ionischen Stil mit Voluten dekoriert sind. Das einfache Satteldach schmücken kunstvolle Verzierungen. Auch die Decken sind überaus reich geschmückt. Was mag allerdings in diesem Tempel mit der Vertiefung im Hauptsaal geschehen sein? Wie konnte dieses große Zeugnis heidnischen Kults so lange dem Ansturm der Christen standhalten? Wo liegt wohl das Geheimnis der Kraft, die von diesem Bauwerk ausgeht, dass ihn erst ein Erdbeben zerstören konnte? Ist es vielleicht doch der Umstand, dass der Tempel die Grabstätte eines Königs gewesen war? Heute wird gemunkelt, dass sich hier einige Sonnenanbeter und ähnliche eigenartige Sekten an bestimmten Tagen einfinden, um ihren Gottheiten zu huldigen.

## ■ Festung

Die Festung von Garni, die später zu Zeiten der Artaxiden und Arsakiden eine bekannte Residenz der Könige war, steht ganz im Schatten des berühmten Tempels. Erst die Ausgrabungen Mitte des 20. Jahrhunderts konnten etwas Licht in die Geschichte der Festungsanlage bringen.

Von der großen Umfassungsmauer, die einst vermutlich das ganze dreieckige Plateau umgab, sind heute noch etwa 300 Meter an der Nordseite sowie Reste an der Ostseite erhalten. Auch der Eingang stammt aus dieser Zeit.

## ■ Badehaus

Zu den bedeutendsten Entdeckungen der Ausgrabungen zählen sicherlich die Reste des Palastkomplexes, aber besonders die des Bades. Das Badehaus ist vermutlich im 3. Jahrhundert nach römischem Vorbild entstanden. Der Grundriss zeigt vier gleich große Räume, die sowohl innen als auch außen halbkreisförmig nach Süden hin gerundet sind. Am westlichen Ende schließt noch ein quadratischer fünfter Raum an. Die drei kleinen gerundeten Räume mit den Verbindungstüren waren einst als Baderäume benutzt worden. In diesen Räumen belegen auch Reste irdener Kanäle, dass sie geschickt beheizt worden sind. Die Hitze kam vom heißen Dampf, der aus den Kanälen unter den Bodenplatten, ausgehend vom eigentlichen Heizraum, dem letzten Raum auf der Westseite, durch das Erhitzen von Wasser strömte. Der letzte Raum mit einer Fläche von knapp 8,5 Quadratmetern war vermutlich eine Art Umkleideraum. Hier im halbkreisförmigen Vestibül ist auch ein einzigartiges Mosaik bewahrt, das in 15 Farben Gestalten aus der griechischen Mythologie darstellt. Es wurde mit dem gesamten römischen Bad im Zuge einer

*Blick von Garni in die winterliche Azat-Schlucht*

Restaurierung mit einem grünen Dächlein bedeckt und präsentiert sich den Besuchern nun von seiner besten Seite. Das Mosaik zeigt neben Fischen und Delphinen auch das griechische Ehepaar Okeanos und Tethys sowie eine Reihe von Inschriften in griechischer Sprache. Rätsel gibt die griechische Inschrift ›Sie haben ohne Entlohnung gearbeitet‹ auf.

■ **Palastanlage**
Die Grundmauern der Palastanlage umschließen eine Gesamtfläche von etwa 600 Quadratmetern und liegen im Südwesten des Sonnentempels mit Blick auf den Westeingang der Azatschlucht. Dass dieser Palast und die Badeanlage zur nahezu selben Zeit entstanden sind, dafür spricht auch die gleichartige Bauweise und das verwendete Baumaterial. Der Palast präsentiert sich heute als ein langgestrecktes, rechteckiges Gebäude, dessen Hauptteil der große Saal im Zentrum ist. Bei weitem auffälliger sind die Reste eines kreisrunden Gebäudes, das zwischen der Palastruine und dem Sonnentempel eingezwängt ist. Es handelt sich um die Sionkirche, die auf den Katholikos Nerses und damit bis auf das 7. Jahrhundert zurückgeht. Sie ist das jüngste Bauwerk auf dem Plateau von Garni, vermutlich um den heidnischen Geist verstummen zu lassen und die großartigen vorchristlichen Bauwerke in den Schatten zu stellen. Es ist eine große Tetrakonchos mit perfekter Symmetrie der Kreuzarme und der vier Eckkapellen. Besonders gut erkennt man diesen Grundriss von den Stufen des heidnischen Tempels.

Einige Zeit vor der Sionkirche, im 4. bis 5. Jahrhundert, war außerhalb des Plateaus, auf dem Gebiet des alten Dorfes Garni eine riesengroße Saalkirche als Mahnung an alle jene erbaut worden, die vielleicht noch in dem berühmten Tempel nichtchristliche Götter anbeten wollten.

■ **Dorfkirche**
Obgleich Garni ein bekanntes Ausflugsziel in ganz Armenien ist, nimmt sich kaum jemand Zeit, die Dorfkirche aus dem 13. Jahrhundert zu bewundern. Sie steht inmitten des Dorfes und ist vor einigen Jahren restauriert worden. Eine kleine Kirche, die durch ihre Schlankheit und ihre Fassade aus verschiedenen graufarbigen Gesteinsblöcken mit rotem Dekor und rotem Steindach besticht. Der Grundriss der Kirche ist rechteckig und sehr schlicht gehalten, einzig die tiefen Nischen an der Nord-, Ost- und Südfront verleihen dem kleinen Gebäude ein interessantes, verwinkeltes Aussehen, besonders an den Nordost- und den Südostecken. An der Westfront, wo sich auch das einzige Portal befindet, sind die Mauern beiderseits des Portals etwas nach innen gerückt. Der bauplastische Dekor ist durchaus einnehmend, besonders die verschiedenen Bögen am schlanken Tambour sowie die Gestaltung des Westfensters in einer eigenartigen Kreuzform mit eingelegtem roten Gestein oder Rosetten. Die Nischen wie auch die Bögen am Tambour sind muschelförmig dekoriert, feine Reliefs sind auch noch an den Ecken und am Gesims angebracht. An der Nordseite der Kirche steht eine Chatsch'khargruppe auf einem erhöhten Sockel. Es tut ganz gut, hier im berühmten Dorf zu stehen, ohne auf Touristenscharen zu treffen. Eine kleine Verschnaufpause vor dem nächsten Ziel, dem Höhlenkloster Geghard.

> **🛈 Garni**
> Der Tempel liegt am südlichen Rand des Dorfes Garni, direkt an der Schlucht des Azat ⓞ *40°6'45.59"N, 44°43'48.05"E*
> Der Eintritt in den Sonnentempel beträgt 1000 Dram. Im Bereich der Tempelanlage gibt es auch einen Kiosk mit Erfrischungen, Souvenirs und schönen Postkarten. Wandervorschläge in der Umgebung des Tempels stehen auf → S. 418, 420

# Havuts'thar

Diese große Klosteranlage auf dem Hochplateau gegenüber der Tempelanlage von Garni, am nördlichen Rande des Chosrov-Nationalparks, wurde zwischen dem 11. und 17. Jahrhundert gebaut. Heute befindet sich dieses Kloster mit dem klingenden Namen ›Hühnerstange‹ auf dem Gebiet des Dörfchens Goght. Der Name mag von der exponierten Lage kommen, die wirklich wie eine überdimensionale Vogelstange aussieht. Die Anlage ist nur auf Schusters Rappen zu erreichen; es gibt einen Fußweg, der von Garni aus über die Azatschlucht zum Kloster führt. Da es keine Bäume gibt, ist der Weg zum Kloster leicht zu erkennen. ⊘ 40°7'22.73"N, 44°46'9.48"E
Der Komplex besteht aus einem West- und einem Ostteil, die durch einen ausgetretenen Fußpfad miteinander verbunden sind.

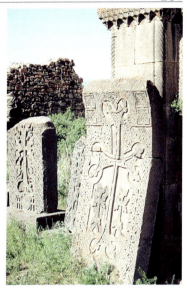

*Kreuzstein in Havuts'thar*

Vom Westteil sind heute nur noch die Grundmauern der alten Hauptkirche von 1013 erhalten, eine typische Kreuzkuppelkirche. Jedoch hatte diese Kirche ein erhöhtes Presbyterium und zwei Hilfsräume im Osten. Die Fassade ist in roten und grauen Tuffblöcken ausgeführt, deren Verwendung aber kein einheitliches Muster zugrunde liegt. An der Südmauer wurde später eine kleine überwölbte Kapelle hinzugebaut.
Im Wanderkapitel ist eine längere Wanderung dorthin beschrieben (→ S. 420).

■ **Erlöserkirche**

Der Ostteil der Anlage ist weitaus besser erhalten. Eine Befestigungsmauer, die gefährlich nahe am Rande des Hochplateaus verläuft, bildet eine nahezu quadratische Innenfläche, in deren Zentrum sich die Erlöserkirche befindet, die auf eine Gründung von Grigor Magistros aus dem 11. Jahrhundert zurückgeht, wie eine Bauinschrift beweist.

Diese Kirche und ihr Gavith wurden 1679 durch ein verheerendes Erdbeben zerstört und nicht wieder aufgebaut. Auch hier handelte es sich um eine Kreuzkuppelkirche, die nach außen hin aber streng rechteckig erschien. Lediglich die tiefen Fensteröffnungen an der Ost- und Südseite durchbrachen die schlichte Konzeption der Fassade. Der Eingang befand sich an der Westseite. Die Apsis ist ebenfalls eckig gehalten und hat zwei Eckräume. Vom westlich vorgelagerten, großen, rechteckigen Gavith ist kaum mehr etwas zu sehen. Zwei riesige Mittelpfeiler teilten den Innenraum in zwei Schiffe. Im Jahre 1772 veranlasste der Katholikos Astvatsatur den Bau einer neuen Kirche, geweiht dem Täufer, nördlich des ursprünglichen Gavith. Diese große Kreuzkuppelkirche ist nie vollendet worden. Östlich des alten Gavith liegen die Überreste eines anderen rechteckigen Gebäudes, das vermutlich einst als Mausoleum gedient hat.

Um dieses Gebäude herum schliessen sich an den Nord- und Südwänden eine ganze Reihe kleiner, überwölbter Räume an, die vermutlich Wohn- oder Arbeitsräume der Mönche gewesen sind. In Havuts'thar wurden auch Handschriften kopiert, die heute noch im Matenadaran aufbewahrt werden. Die Bedeutung dieses abgelegenen Klosters wird durch die zahlreichen, wunderschönen Kreuzsteine unterstrichen, die den Weg zum Kloster und das Innere der Anlage säumen.

# Geghard

Am Talende der Azatschlucht, wo die umgebenden Berghänge sanfter und bewaldeter werden, haben Menschen schon vor vielen Jahren in das weiche vulkanische Gestein Höhlen geschlagen. In der Nähe des klaren Wassers des Azat und der kühlen Bäume haben schon in vorchristlicher Zeit Menschen einen Quellenkult in den umliegenden Höhlen betrieben.

Zum mit einer hohen Mauer umfassten Kloster gelangt man über einen kleinen Anstieg. Fahrende Händler und Musikanten versuchen hier immer wieder, etwas Geld zu verdienen. Schließlich ist das Weltkulturerbe Geghard der beliebteste Wallfahrtsort Armeniens. Besonders an Wochenenden ist es im Kloster laut von den schrillen Klängen armenischer Flöten, vom Gemurmel der Brautpaare, Taufpaten, Familienangehörigen. Der Priester hat alle Hände voll zu tun, viele wollen einfach gesegnet werden und von ihm das Handkreuz auf den Kopf gelegt bekommen. Viele wollen ihre Opfertiere segnen lassen, um sie dann gleich hinter den Klostermauern zu schlachten. Unten am Ufer des Azat haben sich die lauschigen Plätzchen mit den glatt geschliffenen großen Steinen zu umkämpften Picknickplätzen verwandelt. Es ist nicht nur der beißende Rußgeruch der vielen gelben Kerzen, die in den verschiedenen Kirchen hier verbrannt werden, der auf ein belebtes Kloster, auf einen viel besuchten, heiligen Ort schließen lässt. Es sind auch die unzähligen Taschentücher, die als Glücksbringer überall auf die Sträucher geknüpft werden, der Duft gegrillten Fleisches und die zunehmende Verschmutzung des Azatufers mit dem Unrat der Gläubigen. Und doch ist dieses Kloster eine Insel der Ruhe. Tief in das Innere des Berges, in den Chorraum der Felsenkirchen dringt der Lärm nicht ein. Hier herrscht noch die andächtige Ruhe eines geheiligten Ortes, und seine Kraft ist hier am stärksten zu spüren. Geghard kann man eigentlich nicht mit einem einzigen Besuch entdecken. Man muss öfters zurückkommen, die Höhlen hinaufklettern, in die engen Mönchszellen blicken, auf die Berge ringsum klettern. *40°8'25.61"N, 44°49'6.64"E*

## Geschichte des Klosters

Erst mit der fortschreitenden Christianisierung hat man hier an der bekannten

Karte S. 232/253

| | |
|---|---|
| 1 Surb Astvatsatsin | 8 Galerie |
| 2 Kathoghike | 9 Oberes Gavith |
| 3 Gavith | 10 Felskapellen |
| 4 Erste Felsenkirche | 11 Befestigungsmauern |
| 5 Heilige Quellen | 12 profane Gebäude |
| 6 Proschjan-Gruft, Gavith | 13 Haupteingang |
| 7 Zweite Felsenkirche | 14 Zweiteingang |

Geghard 253

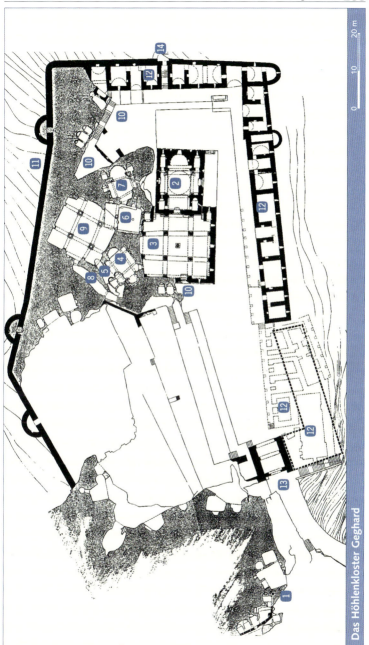

Rund um die Araratebene

heidnischen Kultstätte vermutlich zu Beginn des 4. Jahrhunderts ein Kloster unter dem Namen Ajrivankh, also Höhlenkloster, gegründet. Die Legende weiß, dass es der heilige Grigor der Erleuchter selbst war, der versucht hat, die Spuren heidnischen Kultes durch diesen Kirchenbau zu verwischen.

Auch die Chronisten des 8. Jahrhunderts und des 10. Jahrhunderts wussten von einem Kloster zu berichten, das von den Arabern geplündert und gebrandschatzt wurde. Aus dem 10. Jahrhundert ist auch überliefert, dass der exilierte Katholikos Hovhannes hier in Ajrivankh Asyl gefunden hatte.

Eine Chronik aus der Mitte des 12. Jahrhunderts greift auch erstmals die Legende von Geghard auf, der Lanze, die der Apostel Thaddäus angeblich nach Armenien gebracht haben soll und die als wertvolle Reliquie hier im Höhlenkloster versteckt worden sein soll. Diese Überlieferung wurde weiter getragen, obwohl die historischen Dokumente gegen die Anwesenheit des Apostels in Armenien sprechen. Und wie es mit Reliquien häufig geschieht, gibt es dieselbe berühmte Lanzenspitze auch mehrmals in christlichen Klöstern des Nahen Ostens. Diese sagenumwobene Heilige Lanze, mit der Jesu Tod festgestellt worden sein soll, ist heute im Museum von Edschmiatsin zu sehen.

Zu Beginn des 13. Jahrhunderts, als das Kloster in den Besitz der Zakharjan überging, wurde die Hauptkirche errichtet, wie aus den vielen Inschriften in der Kirche zu lesen ist. Etwa um 1214 bemühte sich der Prinz, die alte Anlage wieder aufzubauen. Auch darüber berichten Inschriften, die später im Nordwesten des ersten Stockwerks des Gavith angebracht worden sind. Als Erbauer der Hauptkirche gelten laut Inschrift das Brüderpaar Ivanē und Zakharē, die später die Dynastie der Zakharjan begründet haben und das Land von den Seldschuken befreien konnten.

In den 40er Jahren des 13. Jahrhunderts ging das Kloster in den Besitz der Adelsfamilie der Proschjan über, die hier vor allem eine Begräbnisstätte errichten wollten. Gegen Mitte des 13. Jahrhunderts vollzog sich vermutlich auch der Namenswechsel von Ajrivankh zu Geghard. Mittlerweile hatte Avag Proschjan die erste Felskirche fertiggestellt. Die zweite wurde gegen Ende desselben Jahrhunderts fertiggestellt, ebenso wie ihre Gavithe. Viele der profaneren Gebäude sind weitaus jünger, wie etwa der Glockenturm aus dem Ende des 17. Jahrhunderts. Obwohl das Kloster bereits 1679 durch ein Erdbeben schwer beschädigt worden war, setzten die Restaurierungsarbeiten erst 300 Jahre später ein.

## Besichtigung

Der Klosterkomplex besteht aus einer ganzen Reihe von Gebäuden. Die Kirchen selbst sind zum Teil im Felsen verborgen und von außen nicht zu sehen. Ringsum entlang der Umfassungsmauern liegen Wohnzellen der Mönche, aber auch Wirtschaftsgebäude. Die schönsten aller Zellen, vermutlich auch die ursprünglichsten, liegen an der Ostseite, direkt in den Felsen geschlagen. Man kann sie über eine enge, steile Treppe erreichen. Wie ein steinerner mit unzähligen Kreuzsteinen befestigter Adlerhorst wurde der Kirchenkomplex in den Felsen unmittelbar nördlich des Hauptportals gesetzt. Er liegt zum Teil im natürlichen Felsen und war vor der zweiten Hälfte des 12. Jahrhunderts noch als Saalkirche mit hufeisenförmiger Apsis konzipiert. Der älteste Teil ist direkt aus dem Felsen an der Westseite gehauen, während die nach Süden gewandte Seite mit

*Portal im Kloster Geghard*

*Geghard im Winter*

dem kleinen Steindach neueren Datums ist und durch die runde, ornamentierte Lichtöffnung auffällt.

### ■ Kathogike

Das zentrale Bauwerk ist die Muttergotteskirche oder auch Kathoghike. Sie ist eine der typischen Kreuzkuppelkirchen mit vier kleinen Eckkapellen. Diese Eckkapellen haben zwei Ebenen und überwölbte Apsiden. Der zylindrische Tambour bestimmt mit seiner Höhe das Gesamtbild des Komplexes.

Die gesamte Außenfassade, aber auch die Kuppel innen ist reich verziert. Die Außenmauern haben neben tiefen, dreieckigen Nischen an der Ost- und Südfront viele Reliefs in Form geometrischer, tierischer und sogar floraler Motive. Die Fenster sind mit kleinen Bögen betont, die Nischen sind muschelförmig. Von außergewöhnlicher Schönheit ist die Südfront. Hoch oben, über dem Südfenster, reißt ein Löwe gerade einen Stier – das Familienwappen der Zakharjan. Darunter, in einem mehrfach gefassten Portal, treffen besonders feine geometrische Muster in der rechteckigen und rundbogigen Umfassung mit dem üppigen Tympanonfeld armenischer Früchte zusammen. Die Granatäpfel sehen wie zum Pflücken aus und beim Anblick der prallen Beeren der Weintraube läuft einem beinahe das Wasser im Munde zusammen. Zwei große Vögel flankieren den Rundbogen. Dieses Portal zählt sicherlich zu den schönsten Armeniens. Auch das Innere der Kuppel und des Tambours zieren Granatäpfel, die sich dem Licht und damit der Sonne entgegenstrecken.

### ■ Gavith

Das der Hauptkirche 1225 angebaute Gavith übertrifft diese bei weitem an Größe und Innengestaltung. Auf dem Grundquadrat ruhen vier mächtige Pfeiler mit Stalaktitenkapitellen, auf denen die Bögen aufsetzen, die den Innenraum kunstvoll in eine große zentrale und acht kleinere Hallen teilen. Das architektonische Zentrum dieses Baus bildet das Mittelquadrat, über dem sich eine Lichtöffnung befindet. Auch die anderen Hallen sind reich verziert: So hat auch der Südteil ein Gewölbe in diesem den natürlichen Tropfsteinen nachempfundenen Dekor, die anderen Räume sind verschiedenartig überwölbt.

Das immer verschlossene neue Westportal des Gavith weist mit seiner geschnitzten Holztür auf die Benennung des Klosters als Lanzenkloster hin. Die Umrahmung mit stehendem Herzfries, den eng ineinander verschlungenen Ranken, den grazilen Rosetten und dem islamisch anmutenden Spitzbogen über floralem Tympanon erinnert an viele Elemente, die an verschiedenen Kirchen Armeniens zu sehen sind und vereint geschickt die steinernen Ornamente, die von den Anfängen des Kirchenbaus bis hin zum 13. Jahrhundert besonders beliebt waren.

### ■ Erste Felsenkirche

Der Nordwesten des Gavith hat auch eine direkte Verbindung mit jener Kirche, die immer als erste Felskirche zitiert wird. Sie ist vermutlich in der ersten Hälfte des 13. Jahrhunderts auf einem beinahe quadratischen Grundriss mit eingeschriebenem Kreuz entstanden. Seltsamerweise ist sie nicht nach Osten ausgerichtet wie die Hauptkirche, sondern dreht sich mit ihrer Apsis etwas nach Norden. Das kann aber auch durch die geologische Gestaltung des Felsens verursacht worden sein. Die Südwand zeigt zwischen den beiden Wandpfeilern eine ausgeklügelte Konstruktion von drei Nischen. Die vier Pfeiler stützen ein aus dem Gestein gehauenes stalaktitenartiges Gewölbe. Hier befindet sich auch die längere Bauinschrift, die von der Erbauung der Felskirche unter der Herrschaft des Prinzen Avag Proschjan zwischen 1240 und 1250 berichtet. An der Ostwand in der Nähe des Gewölbes, am Rande der Lichtöffnung, ist auch der Name des zuständigen Architekten Gaghtsag eingemeißelt. In dieser ersten Felskirche ist auch das sogenannte Avazan, das Wasserbecken, im dem das Wasser der heiligen und wundertätigen Quelle entspringt und gesammelt wird. Noch heute wird dieses Wasser von zahlreichen Pilgern getrunken.

### ■ Proschjan-Gruft

Die zweite Felskirche und ihr Gavith wurden 1283 gebaut und sind über die Nordostseite des großen Gavith zu begehen. Auch diese beiden Felsgebäude sind etwas nach Norden gedreht. Sie waren gänzlich als Grabstätten der Proschjan bestimmt, deren Gräber sich in den steinernen Boden des Gavith eingelassen befinden. Das Familienwappen ist auf der Nordwand über den Bögen überdimensional dargestellt: zwei angekettete Löwen und in der Mitte ein Adler mit halb geöffneten

*Im Inneren des Felsenklosters*

Schwingen, der ein Kalb hält. Im fahlen Licht, das wie durch ein Wunder durch den dichten Fels dringt, erscheinen die Reliefs an der Ostwand, dem Übergang zur Felskirche, besonders plastisch. Zwei Figuren, mit kindlich naiven Gesichtszügen, doch vermutlich Aposteln, zieren das Portal. Ein großes Kreuz und eine ganze Ansammlung von Rosetten lässt die Frage zu, wie in diesem spärlichen Licht, in dieser feuchtmodrigen Luft einer Begräbnisstätte und der kühlen Eingeschlossenheit der Steinmetz hier mit seinem Hammer an den Felsen geschlagen hat. Jeder Hammerschlag, jedes Ritzen, jedes Schleifen muss an den Felswänden abgeglitten und mehrfach wiederholt worden sein.

### ■ Zweite Felsenkirche

Noch tiefer im Felsen liegt die zweite Felskirche mit einem mehreckigen Hauptraum und einer hufeisenförmigen Apsis mit zwei Eckräumen. Das Bema mit dem groben, doch um so eindrucksvolleren, weil so unsagbar glatt wirkenden Relief kann über steinerne Treppen betreten werden. An den Seiten der Apsis sind wieder kleine Figuren zu sehen, die beinahe aussehen wie die etwas ungeschickten, rundlichen Bauern der naiven mitteleuropäischen Gemälde. Auch Tiere und Pflanzen werden in ähnlicher Weise dargestellt. Hier ist man völlig abgeschirmt von der Außenwelt, doch selbst ein gemurmeltes Gebet wird hier durch die glatten Wände zu einem lauten Gesang. An der Nordwand hat sich auch der Stifter der Kirche, der Prinz Proschjan verewigt.

### ■ Oberes Gavith und Felsenkapellen

Ein etwa zehn Meter langer und etwa zwei Meter breiter Korridor, in den man durch eine Treppe an der Westseite des Komplexes gelangt, führt in das große oder obere Gavith der Proschjan, das der Prinz Prosch im Jahre 1288 für seine Frau als Gruft errichten ließ. Alle Wände sind mit großen Kreuzsteinen

bedeckt, zahlreiche Inschriften erzählen über die hier bestatteten Mitglieder dieser Fürstenfamilie.
Verschiedene profane Gebäude wurden an der Ostseite der Befestigungsmauer an einem natürlichen Felsen errichtet. Von dort führt eine Steintreppe vorbei an wunderschönen Kreuzsteinen hinauf zu einer Gruppe von kleinen Felskapellen.

### ■ Chatsch'khare

Die schönsten Chatsch'khare des Klosters wurden vor dem Portal der Kathoghike und in deren Gavith aufgestellt. Ein bemerkenswertes Meisterwerk des frühen 13. Jahrhunderts ist der große Kreuzstein mit äußerst feingliedrigen Ranken- und Sternornamenten sowie den figürlichen Darstellungen des thronenden Jesus und des Täufers im oberen Feld. Diesen Kreuzstein haben die beiden Meister Timoth und Mechithar geschaffen, wie die Inschrift am unteren Rand des Steines erzählt.

### ■ Höhlen

In den vielen Höhlen vor dem Kloster lassen sich Eindrücke vom beschwerlichen Leben der Mönche gewinnen. Der Aufstieg zu diesen Höhlen ist nicht besonders schwierig, etwas Gelenkigkeit und Wagemut gehört aber auf jeden Fall dazu, in diese geweihten Felsräume aufzusteigen. Viele Höhlen und Verstecke befinden sich in der Umgebung des Klosters, einige davon sind schon seit Jahrhunderten nicht mehr betreten worden.

Doch das Kloster Geghard hat eigentlich nie wirklich geruht. Eine der stillsten Zeiten mag während der kommunistischen Ära gewesen sein, als sich vermutlich die Gläubigen verstohlen in das Kloster schlichen, um getauft oder getraut zu werden. Geghard wird auch in den kommenden Jahrhunderten nicht ruhen, denn gleich wie die Quellen in seinem Inneren unaufhörlich sprudeln, lebt der Geist und die spirituelle Kraft dieses Ortes weiter.

*In Geghard gibt es besonders viele schöne Kreuzsteine*

»Welch weiter Blick! Welch süßer Traum!
Welch frischer Hauch!/
Von glitzernden schneeleuchtenden Bergen sich ein Strahlen ergießt/
von Verfall nicht ahnenden dichten Wäldern auch/
bis zu sanften Weiden und Wiesen, wo ein Bächlein fließt/
welch weiter Blick!
Welch süßer Traum!
Welch frischer Hauch!«

*Ruben Sevak, Genozidopfer 1915*

**Kloster Hajravankh am Sevansee**

# DER NORDEN

# Die Provinz Schirak

Schirak heißt jener Landesteil Armeniens, der durch die tiefe Schlucht des Achurjan von der Türkei und den ehemaligen wichtigen Siedlungsgebieten Westarmeniens getrennt wird. Schirak liegt an der Ostseite des Aragats und ist zum Groß-

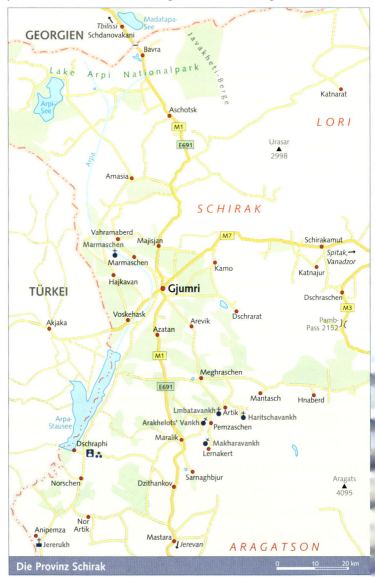

Die Provinz Schirak

teil eine weite Hochebene, die schon zu Urzeiten besiedelt war. In dieser Provinz liegen auch die zweitgrößte Stadt Armeniens, Gjumri, sowie einige bedeutende Stätten aus der Frühzeit, der großen feudalen Zeit Armeniens, und einige der bedeutenden Kirchen und Klöster. In den Bergen Schiraks wird schon seit Jahrtausenden der weiche Tuff und der bröselige Bimsstein abgebaut, was dazu beigetragen hat, dass viele alte Handelswege die Schiraker Hochebene wie ein fein gesponnenes Netz durchziehen.

## Pemzaschen

Dass in dieser Region Armeniens nicht nur der bunte Tuff abgebaut wird und die Landschaft wesentlich gestaltet hat, darauf weist ein kleiner Ort sieben Kilometer südlich von Arthik hin: Pemzaschen, der auf Bimsstein erbaute Ort. Bimsstein ist ein glasiges, hellgraues vulkanisches Gestein, das nahezu explosionsartig bei Vulkanausbrüchen aus den Kratern geschleudert wird. Die Besonderheit dieses eigentlich unscheinbaren Steines liegt in seinem geringen Gewicht. Er ist sogar leichter als Wasser und eignet sich gut als Dämmstoff, für Bauplatten, aber pulverisiert auch als Seifenzusatz.

In Armenien gibt es viele verschiedene Arten dieses Bimssteins, die nach ihrer Zusammensetzung und ihren Fundstätten benannt werden. Der Tuff in Pemzaschen gehört zum sogenannten Ani-Typ. Auf dem Territorium dieses Bimssteindorfes sind die Ruinen von drei kleinen Klosteranlagen zu sehen, die zum Teil schon sehr alt sind.

### ■ Arakhelots'vankh

Auf die erste Ruine, Arakhelots'vankh, trifft man auf der alten Bundesstraße von Maralik nach Arthik – noch vor der Ortseinfahrt ins Dorf – beinahe gegenüber der Fabrik. Sie liegt auf einer

*Arakhelots' Vankh*

kleinen, grünen Anhöhe, verlassen und beinahe vergessen. ◉ *40°35'9.50"N, 43°55'54.69"E*

Von diesem kleinen Apostelkloster aus dem 12. Jahrhundert ist nur noch die Hauptkirche zu sehen. Die Kirche, die über einem rechteckigen Grundriss mit eingeschriebenem Kreuz errichtet worden ist, ist noch gut an der Nordseite erhalten, aber auch der Tambour und die Kuppelkonstruktion sind schön bewahrt. Auch die Nischen an der Ost-, Nord- und Südseite sind noch zu erkennen. Vor dem Westportal, das ein schönes halbkreisförmiges Tympanon hat, liegen noch die Reste eines vollständig zerstörten Gavith.

### ■ Ruinen im Dorfzentrum

Im Dorfzentrum liegt eine Gruppe von undatierbaren Bauten inmitten einer kleinen Vertiefung. Von der Straßenseite aus ist das Gebäude so unspektakulär, dass man lieber gleich daran vorbeifährt. Doch wenn man es von der Seite oder gar von vorne betrachtet, ist man von der verwinkelten Bauweise der drei Gebäude überrascht. Vieles davon liegt

unachtsam aufgehäuft, man muss schon beim Überklettern der kleinen Umfassungsmauer etwas aufpassen. Die Ausgrabungen haben auch an der Ostfront der Kreuzkuppelkirche einen Unterbau mit drei Stufen freigelegt sowie auch das dritte, bei weitem ältere Gebäude.
◉ *40°35'5.04"N, 43°56'30.71"E*
Die gesamte Kirche ist rechteckig ummantelt, wobei der Westarm zusätzlich verlängert worden und noch dazu rechteckig ist. Als Besonderheit gilt auch, dass es zwischen den Kreuzarmen nicht wie üblich Eckräume oder Nischen gibt, sondern an beiden Seiten der Chorapsis dreigeschossige Geheimräume liegen. Der achteckige Tambour mit den dekorierten Fenstern ist noch gut erhalten, das Dach jedoch ist völlig eingestürzt. Die Kirche hat sowohl innen als auch außen bauplastisches Dekor, die Kranzgesimse zeigen einen ähnlichem Stil wie die Fensterbögen und die Umkränzung des Tambours. Im Inneren ist die Verzierung der Trompen über den Arkaden mit einfachen Sternmotiven, Schnecken und Löffelbiskuits sehenswert.

In der Südwestecke ist der Kirche eine kleine Kapelle mit leichter Nordostneigung zugebaut worden. Heute sind von der einschiffigen Kapelle noch die Grundmauern erhalten, gut sichtbar sind allerdings nur die Süd- und Ostmauern. An der Südfassade und über dem Westeingang sind seltsame gerollte Steintafeln angebracht, die wirklich an aufgerollte, alte Urkunden erinnern. Ansonsten ist hier kein weiteres Dekor zu finden.

Besonders rätselhaft ist das Gebäude, das erst durch die Ausgrabungen zum Vorschein gekommen ist und sich eng an die Nordwestecke der Kirche anschmiegt und sogar über einen direkten Durchgang von der Kirche begehbar ist. Es ist weit älter als die anderen beiden und dürfte das ursprüngliche Gebäude dieser Anlage gewesen sein. Dieses große langgestreckte Bauwerk mit äußerst dickem Mauerwerk liegt auf einem dreistufigen Sockel. Die Saalkirche war durch drei Gurtbögen in vier Raumeinheiten aufgeteilt und überwölbt. Die Apsis ist hufeisenförmig und auch außen erkennbar. Auch die Dorfbewohner wissen wenig über ihr Kloster.

■ **Makharavankh**

Das dritte Kloster, Makharavankh, aus dem 11. Jahrhundert liegt außerhalb des Dorfes am Rande einer kleinen Schlucht.
◉ *40°34'23.92"N, 43°56'16.53"E*
Es ist nicht sehr gut erhalten und zeigt im wesentlichen nur die Hälfte der Kirche und einige Reste des Gavith. Es erscheint sehr kompakt. Auch hier handelt es sich um eine Kreuzkuppelkirche mit Außennischen und einer zentralen Kuppel. Der Tambour ist nur noch an der Südostseite vorhanden. Das kleine Gavith ist kaum mehr sichtbar. Ebenso unklar wie die Geschichte des unbenannten Klosters im Dorfzentrum ist auch der Umstand, warum gerade hier in diesem kleinen Bimssteindorf drei Klöster errichtet worden sind, von denen keines auch nur annähernd die stürmische Vergangenheit überlebt hat. Und so wie diese drei Ruinen sich heute präsentieren, erscheint es fast, als würden sie einen oft beschrittenen Pfad säumen, der weiter bergauf führt auf den Westhang des Aragats vorbei am Tuffort Arthik bis hin zum größten Kloster dieser Region, nach Haritschavankh. Vielleicht waren diese Klöster wirklich wie Wegstationen, geistige Raststätten auf dem Weg von der Hochebene hinauf zum Vulkan.

## Arthik

Arthik ist heute vor allem durch seine großen Tufflagerstätten und die damit verbundene Industrie bekannt. Wenig ist noch bekannt von den alten bronzezeitlichen Siedlungen. Arthik ist kaum eine eigene Besichtigung wert, allein der Umstand, dass es sich auf dem Weg nach Haritschavankh befindet, macht es für einen kurzen Aufenthalt und eine rasche Besichtigung interessant.

Von der ursprünglichen Kirche **Surb Sargis** ist nicht mehr viel bewahrt, allerdings ist die Außengestaltung der vier gerundeten Konchen schön zu sehen. Während die West- und Südkonche polygonal gestaltet sind, ist die nördliche auch nach außen rund. Der Innenraum ist perfekt symmetrisch, eine rechnerische Meisterleistung der Architekten. Die riesenhafte Kuppel, die sicherlich eine der größten Armeniens gewesen sein mag, ist nicht mehr erhalten. Sie ruhte auf acht Stützen. Ein Teil der Konstruktion wurde später – vermutlich wegen des drohenden Verfalls – durch hölzerne Dachkonstruktionen und Stützen verstärkt. Wie viele der frühen armenischen Kirchen besticht Surb Sarkis eher durch seine architektonische Form als durch sein Dekor.

### ■ Lmbatavankh

Ganz anders das etwa zwei Kilometer südlich von Arthik auf einer Anhöhe liegende Miniaturkloster Lmbatavankh aus dem 7. Jahrhundert. *40°36'29.43"N, 43°57'26.76"E*

Diese restaurierte kleine Anlage ist nicht nur wegen ihrer schönen Lage, sondern besonders wegen der relativ gut erhaltenen Fresken bekannt. Diese zeigen, wenn auch schwierig zu erkennen, an einer Seite den heiligen Georg auf seinem Pferd und im oberen Bereich des Altarraums den thronenden Jesus.

Die Kirche, eine Stephanskirche, ist eine Kreuzkuppelkirche, die sich aber durch die Höhe der zentralen Kuppel hervortut. Das Hauptportal der Kirche im Westen erscheint durch die winzige im Nordwestwinkel angebaute einschiffige Kapelle etwas nach Norden verschoben. Die Kirche hat wenig bauplastisches Dekor, lediglich die Bögen der Fenster und die Kranzgesimse sind mit kreisförmigem Muster dekoriert.

**Haritschavankh (→ S. 266)**

1. Surb Grigor
2. Gavith
3. Surb Astvatsatsin (Muttergotteskirche)

*Eine Kirchlein auf der Muttergotteskirche*

## Haritschavankh

Auf den drei kleinen Hochebenen am Westhang des Aragats hatten sich während der Bronzezeit Menschen angesiedelt und diese Gegend mit den kleinen Schluchten zu einer kultischen Stätte geprägt. Der Name des Dorfes Haritsch ist seit dem 2. Jahrhundert vor Christus bekannt, zu großer Bedeutung ist es jedoch erst durch die Gründung eines gleichnamigen Klosters im 7. Jahrhundert gelangt. Haritsch ist die letzte größere Siedlung am Hang des Aragats. Auf dem Areal soll einst auch eine Karawanserei bestanden haben. Wie viele andere Raststationen entlang der alten Handelswege durch das armenische Hochland ist auch diese nicht erhalten. In den letzten Jahren wurde eifrig an der Restaurierung der Klosteranlage am Rande einer kleinen fruchtbaren Schlucht gearbeitet. ⊙ *40°36'22.81"N, 43°59'58.72"E* Als erste Kirche war hier die Kirche des heiligen Grigor erbaut worden. Erst zu Beginn des 13. Jahrhunderts ließ die Herrscherfamilie der Zakharjan hier die heutige Hauptkirche, die Muttergotteskirche, errichten. Die übrigen Gebäude wurden bis ins 19. Jahrhundert hinzugebaut: ein großes Haus, das die Funktion einer Schule und Akademie inne hatte und heute das Klostermuseum beherbergt, sowie kleine Gebäude, die für die Bewirtschaftung des Klosters unabkömmlich waren. Aus der Geschichte weiß man, dass diese große Anlage auch Mitte des 19. Jahrhunderts als Sommerresidenz des Katholikos gedient hat. Vielleicht auch ein Grund, ein kleines weiteres Priesterseminar hier angesiedelt zu haben. Der verwinkelt gebaute sakrale Komplex des Klosters besteht aus zwei Kirchen, zwei Gavithen und einer kleinen Einsiedelei-Kapelle.

### ■ Grigorkirche

Das älteste Gebäude ist die Grigorkirche, die man leicht an dem später angefügten halbkugelförmigen, neu restaurierten Kuppeldach erkennen kann, das beinahe so aussieht, als ob man vergessen hätte, sie fertigzustellen. Sie liegt im Südwesten des Komplexes und verschwindet fast hinter der größeren Muttergotteskirche und deren Gavith. Die kleinen Kapellen und Gavithruinen sorgen dafür, dass es schwierig ist, das Portal der alten Kirche zu finden. Die Kirche hat ihr eigenartig unfertiges Aussehen nicht nur durch das seltsame Kuppeldach, sondern auch durch den Umstand erhalten, dass sie nach außen hin nicht als Kreuzkuppelkirche zu erkennen ist, da die Nordkonche völlig in das im 13. Jahrhundert angemauerte Gavith eindringt und zwischen Westkonche, dem Portal also, und der Südkonche noch eine kleine einschiffige Kapelle und davor noch ein Gavith angebaut wurden. Die Grigorkirche selbst ist ein relativ kleiner quadratischer Bau mit vier gleich großen halbrunden Konchen.

Zwischen Süd- und Ostkonche befindet sich ein kleiner rechteckiger Raum. Das Bema kann man über steinerne Treppen erreichen. Das Innere der Kirche erscheint etwas düster, da sich eines der großen Fenster zum Gavith der Muttergotteskirche öffnet und das gegenüberliegende Fenster und die kleinen Lichtöffnungen am zylindrischen Tambour und in den Eckräumen wenig Licht hereinlassen. Dem schlicht gestalteten Westportal wurde im 19. Jahrhundert eine kleine quadratische Glockenturm-Vorhalle vorgesetzt, deren kurze, etwas plump wirkende Säulen ein schlankes, graziles Türmchen stützen. Von dem zweiten Gavith an der Südseite der kleinen Kapelle sind nur einige Mauerreste erhalten.

### ■ Muttergotteskirche

Die Muttergotteskirche ist beinahe dreimal so groß wie die Grigorkirche und beherrscht durch ihren hohen, schön dekorierten Tambour mit dem Kegeldach das Bild des Komplexes. Sie ist ein Beispiel für eine Kreuzkuppelkirche mit separaten Eckräumen und abgetrenntem Chorteil. Die vier Eckräume sind eigentlich Kapellen. Ungewöhnlich an dieser Kirche wirkt die wunderschöne Gestaltung der oberen westlichen Eckräume durch Arkaden. Auch die dekorative und architektonische Gestaltung des Bemas ist außergewöhnlich. Neben den großen Fenstern über der Apsis und an der Süd- und Nordwand gibt es runde Luken als Lichtöffnungen. Die vielen Nischen sind auch nach außen hin erkennbar.
Die Außengestaltung der Kirche erinnert schwach an georgische Vorbilder und zeigt eine Reihe verschiedenster Dekorarten. Alle Fenster sind doppelt gerahmt und haben innerhalb der Rahmen das beliebte Sonnenrad. Dasselbe gilt auch für die Nischen. Die sechzehn Seiten des Tambours werden durch Spitzbögen betont, deren Mitte Sonnenräder, Blumen und geometrische Motive zieren. Nichts aber gleicht der aufwendigen Ostfassade, in der sich auch die beiden Bauherren, die Brüder Ivanē und Zakharē in einem typischen Stifterbild als Hochrelief verewigen ließen. Leider scheint aber das Kirchenmodell, das sie in ihren Händen halten, herabgefallen zu sein. Doch als man diesen Verlust bemerkt hat, hat man ein dreidimensionales, entzückendes Modell auf den westlichsten Punkt des Giebels gesetzt, das durch die Exaktheit der Darstellung des Tambours überrascht.

### ■ Gavith

Das Gavith wurde im 13. Jahrhundert an die Muttergotteskirche angebaut, es ist leicht nach Norden gedreht.
Den Auftrag hatte der Fürst Vahram Hetschup erteilt. Das große quadratische Gavith wird im Inneren durch vier freistehende Pfeiler in neun gleich große Felder gegliedert. Diese Pfeiler sind durch Arkaden verbunden, über dem mittleren Feld befindet sich die Kuppel, die auf einem extrem niedrigen Tambour ruht. Dieser Vorbau hat sich sozusagen einen Teil der Grigorkirche einverleibt. Das Gavith ist ein wahres Juwel des bauplastischen Dekors, besonders die Stalaktiten, die sich im mittleren Feld zur kleinen Lichtöffnung der Kuppel verengen. Aber auch die unterschiedlich verzierten Decken der Felder begeistern durch die Sterne, Rauten, Flechtbänder und geometrische Motive.
Das dekorativste Element des Kloster ist aber das Portal des Gavith. Das Portal ist mehrfach umfasst, die äußerste Umfassung ist rechteckig, die innere islamisch anmutend zu Spitzbögen geformt. Auch das Tympanon mit dem dichten Sterngewirr zeigt leichten Einfluss islamischer Architektur.

- **Einsiedelei**

In einiger Entfernung in südöstlicher Richtung wurde im 19. Jahrhundert eine winzige Einsiedelei auf einem Felsvorsprung gebaut. Dem Baumeister dieser kleinen einschiffigen Kapelle war sicherlich nicht bewusst, dass gerade dieses unscheinbare Gebäude zum Wahrzeichen des Klosters werden sollte, zum Symbol der Vergänglichkeit und zum Kuriosum. Um die Kapelle zu sehen, muss man über die Umfassungsmauer blicken und in die kleine, malerische Schlucht hinabblicken. Durch ein Erdbeben oder durch bloße Erosion hat sich der Felsen gelockert und jegliche Verbindung zwischen Kloster und Kapelle zerstört. Wie ein Vogelnest steht sie wackelig auf dem kleinen Felsen. Und ist damit tatsächlich zur abgelegenen Einsiedelei geworden, einzig erfüllt vom Geist Gottes.

## Dschraphi

Das Dorf, das am Ufer liegt, so der Name, liegt direkt an der Grenze zur Türkei, etwa zwanzig Kilometer nördlich von Anipemza am rechten Ufer des Achurjan. Die Sehenswürdigkeiten und der landschaftliche Reiz dieses Grenzstreifens stehen immer im Schatten der Ruinenstadt Ani auf der türkischen Seite des Achurjan. Dschraphi wird kaum erwähnt, aber es hat innerhalb seiner Dorfgrenzen interessante Bauwerke zu bieten. Bevor man in das eigentliche Dorf auf der Landstraße nach links abbiegt, liegen auf einer kleinen Anhöhe einige größere Gebäude. Eines davon ist besonders groß und hat viele kleine Bögen in seinem Inneren, und es ist nicht nach Osten ausgerichtet: eine große Karawanserei. Eines der wenigen, leicht erreichbaren, leicht erkennbaren und derart gut erhaltenen profanen Bauwerke dieser Art.

▲ 🌐 *40°33'11.24"N, 43°41'42.73"E*

Die **Karawanserei** von Dschraphi hat nichts von der Größe und architektonischen Ausgeklügeltheit einer Stätte von Daschtadem und weist auch keine bauplastischen Schönheiten wie die berühmte Karawanserei Selim auf. Doch hier sieht man die typische Architektur dieser Gebäude: ein langgestreckter, rechteckiger Grundriss, in den kleine Gewölbe als Unterkünfte für Reittiere eingesetzt worden sind. Die Länge der Karawanserei betrug, wie man an den Mauern erkennen kann, etwa 30 Meter, die Breite geschätzte 15 Meter. Je acht durch Bögen verbundene, symmetrische Pfeiler teilten den Innenraum auf der linken und rechten Seite in je neun gleich große Gewölbe und einen Mittelgang. Darüber erhob sich vermutlich ein Satteldach. Das Portal war ebenfalls in Arkadenform gestaltet.

- **Die Kirche von Dschraphi**

Bei der undatierten und namenlosen Kirche unweit der Karawanserei-Ruinen handelt es sich um eine kleine einschiffige Kirche mit einer hufeisenförmigen Apsis. Das interessant verzahnte Holzdach wird von Holzsäulen und starken Holzbalken getragen. Fenster im Osten, Westen und Süden lassen viel Helligkeit eintreten. Vor dem Südportal steht ein kleiner Vorbau, dem an den Ecken zwei Miniaturkirchen aufgesetzt sind. Die gesamte Fassade wirkt schlicht, einzig die roten und grauen Tuffblöcke, die ein Muster an den Fenstern und den Ecken bilden, schmücken sie. Schließlich hat man die Kirche auch mit etwas ausgestattet, das man eher selten an Kirchen zu sehen bekommt: mit Regenrinnen. Unmittelbar hinter der Kirche liegen die teilweise restaurierten Ruinen eines Gebäudes unbekannter Funktion. Beim Portal eingemauert sind noch die abgeschliffenen Konturen eines alten Kreuzsteines zu erkennen, ansonsten gibt dieses Mauerwerk nur Rätsel auf. Selbst die Dorfbewohner erzählen, dass man immer wieder eigenartige Tuffblöcke mit Inschriften oder Chatsch'kharen findet, über die niemand Auskunft geben kann.

### ■ Die Brücke von Dschraphi

Leider hat die Politik dafür gesorgt, dass man das bedeutendste Bauwerk Dschraphis nicht mehr betrachten kann: eine große Brücke aus dem 13. Jahrhundert, die Armenien mit der Türkei verbindet. Sie liegt außerhalb des Dorfes südlich des Achurjan-Stausees, dort wo der Achurjan eine kleine Biegung macht.

So schwierig wie die Voraussetzungen für ein Betrachten der großartigen Brücke sind, waren auch die Bedingungen für ihren Bau. Zwischen dem linken und rechten Ufer bestand ein Höhenunterschied von etwa 34 Metern! So konstruierte man eine gewaltige Brücke, die eigentlich aus drei massiven Mauerwerken besteht, zwei nach außen, und eines innen, natürlich wie üblich, mit Mörtel gepolstert. Der plumpe Eindruck der steinernen Brücke wird durch einen kleinen Einschnitt am linken Ufer, sozusagen eine Fußgängerpassage, gemildert, der die Form eines halben Brückenbogens hat. Was für eine technische Leistung der mittelalterlichen Baumeister, die Jahrhunderte später durch die künstliche Aufstauung der Achurjans fast zerstört worden wäre.

## Anipemza

Etwas außerhalb des Grenzdorfes Anipemza, am Ostufer des Achurjan, liegt eines der bedeutendsten und größten frühchristlichen Bauwerke Armeniens, die Basilika von Jererukh. ⓘ *40°26'24.63"N, 43°36'33.04"E*

Der Name geht auf die historische Siedlung Jererukh zurück, die wohl rund um die Kirche gelegen haben muss. Jedoch erwecken die Dimension der Basilika, die Spuren einer Wehrmauer und die einiger angeschlossener Gebäude den Eindruck, dass es sich hier um einen isolierten Sakralbau gehandelt hat, der nur von Pilgern besucht worden ist. Die Kirche stellte den zentralen Teil eines Komplexes dar, der auch Gedenksäulen im Süden, ein Mausoleum im Nordosten und sogar ein künstliches Wasserreservoir im Südosten umfasste. Die Basilika kann aufgrund ihres Baustils ins fünfte oder sechste Jahrhundert datiert

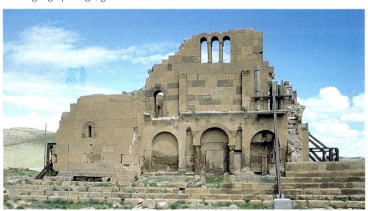

*Die Reste der mächtigen Jerukher Basilika*

*Eingang zur Basilika von Jererukh*

werden. Jererukh ist riesig und erinnert mehr an ein Repräsentationsgebäude als an ein bescheidenes Gotteshaus. Da die gesamte Basilika auf einem Stufenunterbau ruht, ist anzunehmen, dass sie über einer heidnischen Kultstätte aufgestellt worden ist. Gerade in dieser Region Armeniens sind viele heidnische Stätten überliefert. Für wen waren wohl die zahlreichen Nebengebäude bestimmt, die Palastausmaße haben, für wen das Mausoleum? Man weiß auch nur wenig über die Fürstenfamilie der Kamasaraner, die damals dieses Gebiet regiert haben, und ob sie wirklich für den Bau der Basilika verantwortlich sind.

### ■ Besichtigung der Basilika

Der Grundriss der großen Basilika bildet ein Rechteck mit einer Breite von 10,6 Metern und einer Länge von 25,8 Metern, das im Innenraum durch sechs Säulen in drei große Schiffe geteilt wird. Ein Charakteristikum der Basilika stellen die beiden zweigeschossigen Türme dar, die an der Westfront das Hauptportal flankieren. Damit sind die westlichen Räume ganz ungewöhnlich vor die Hauptfassade gezogen worden. Ein weiteres Merkmal ist die massive Gestaltung der Ostfront nach außen, wobei die Eckräume im Verhältnis zur Apsis ungewöhnlich geräumig sind. Das Mittelschiff war gegenüber den Seitenschiffen erhöht und von einem durchgehenden Satteldach bedeckt. Die Westfront hat zusätzlich einen kleinen Portikus mit drei Arkaden erhalten. Weitere Eingänge befinden sich an der Südseite. Interessant sind die Arkaden, die an der Nord- und Südseide anscheinend der eigentlichen Front vorgesetzt waren. Da weder Dach noch Kuppel erhalten sind, ist zu vermuten, dass diese große Basilika überwölbt war, ähnlich wie andere sakrale Bauten dieser Epoche. Doch hier führte man die Dachkonstruktion anders als bei den kleineren Schwestern Jererukhs nicht in Holz aus. Das plastische Dekor der Basilika fällt besonders bei den Portalen und den Fenstern ins Auge, die mit großen vierfachen Bögen umsäumt sind. Auffallende Schönheit und besonders feine Arbeit zeichnen die Südportale aus. Die Umrahmung ist nach vorn gezogen, so dass die Portale beinahe ein kleines, steinernes Vordach erhalten, das von Säulen mit kunstvollen floralen Kapitellen geschmückt wird. Die Tympana zeigen stilisierte Palmen, Blumenmotive und Vögel.

Die Basilika besitzt einen ganz eigenen Zauber, an dem sicher ihre Dimensionen großen Anteil haben. Doch auch die unklare Geschichte, die Ruinen der umgebenden Gebäude und die erhabene Stille der verfallenen Riesin lassen einen vor Ehrfurcht staunen. Auch die Dorfbewohner finden sich bisweilen ein, um in den versteckten, dunklen Winkeln der Eckräume Gott um Gnade und Hilfe anzuflehen oder in der Stille kleine Kerzen anzuzünden.

# Gjumri

Die zweitgrößte Stadt Armeniens, die ständig ihren Namen zu ändern scheint, ist auch die Hauptstadt der Provinz Schirak und ein bedeutendes Handels- und Industriezentrum Armeniens. Die zahlreichen Namen spiegeln jedoch auch immer wieder die verschiedenen historischen Abschnitte dieser alten Siedlung wider. Die erste Nennung der ursprünglichen bronzezeitlichen Siedlung auf der Hochebene von Schirak ist in der Anabasis von Xenophon zu finden, wo von einer schönen, reichen, menschenreichen Stadt namens Gjumnias erzählt wird. Etymologen meinen, dass Gjumnias die verhunzte griechische Transkription des Namens Gjumri gewesen ist. Dieser Name wiederum ist von einer urartäischen Festung überliefert, die hier errichtet worden war. Erst während der Zeit der arabischen Besetzung im 7. Jahrhundert taucht die Stadt unter der Bezeichnung Kumairi bei arabischen Historikern auf. 1804 war die Schiraker Hochebene das Schlachtfeld des russisch-persischen Krieges und die größte Stadt wurde 1837 dem russischen Zaren Nikolaj dem Ersten zugesprochen, der sie dann in Alexandropol umtaufen ließ. Erst mit der sowjetischen Revolution, nach dem Tode Lenins, wurde die Großstadt in Leninakan umbenannt. Hier waren auch die ersten Rufe nach einer Befreiung der Arbeiterschaft und nach einem Anschluss an die neu entstandene Sowjetunion zu hören gewesen. Den Namen Lenins trug sie bis zur Unabhängigkeit Armeniens. Den Bewohnern der Stadt wird ein besonderer Charakter nachgesagt. Nicht nur, dass sie einen eigenen, etwas trockenen Humor haben und in besonderer Weise der armenischen Liebe zu Anekdoten frönen, sie stehen auch in ständiger Konkurrenz zum großen Jerevan, so ist alles besser hier: das Wasser, das Essen, die kühle Luft ohnehin.

## Sehenswürdigkeiten

Die heutige Stadt Gjumri hat ihr Stadtbild im wesentlichen dem Viertel rund um den Freiheitsplatz (Azatuthjan hr.) sowie der Altstadt mit ihren schönen Bürgerhäusern und den engen Gassen zu verdanken. An den Seiten des ecki-

*Ehemalige Brauerei in der Altstadt vom Gjumri*

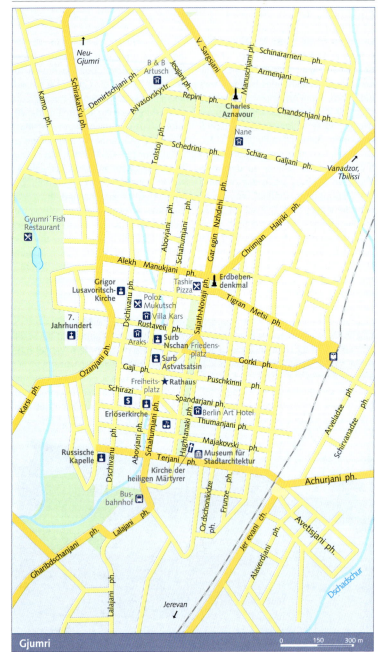

gen Hauptplatzes stehen im Norden die Muttergotteskirche und fast gegenüber im Süden die Erlöserkirche. Die restaurierte Kirche mit dem auffälligen vorgesetzten Glockenturm im Westen liegt zwischen zwei Parkanlagen. Südlich der Kirche liegt der kleine Erlöserpark, auch er gehört zum historischen Herzen Gjumris. Östlich des Freiheitsplatzes zieht sich entlang eines Grünstreifens der Siegesboulevard, der Haghtanaki p., hin zum hufeisenförmigen Friedensplatz im Norden. Hier steht auf der rechten Straßenseite eines der schönsten Wohnhäuser Armeniens, das heute das Museum für Stadtarchitektur beherbergt (→ S. 275).

■ **Bürgerhäuser**

Die schönen alten Bürgerhäuser mit ihren zwei Stockwerken, den bunten Fassaden und den typischen grazilen Holzbalkonen haben eigenartigerweise auch meist das Erdbeben Ende der 1980er Jahre schadlos überstanden, viele stehen unter Denkmalschutz. Hier in Gjumri hat man die einzige Gelegenheit in Armenien, ein städtebauliches Konzept mit ganzen Straßen gleichen Baustils des 19. Jahrhunderts zu sehen, denn hier hat, zum Vorteil des Stadtbildes, zum Nachteil der Wirtschaftstreibenden, noch nicht der Handel mit greller Werbung und allzu vielen Geschäftsauslagen Fuß gefasst. Im 19. Jahrhundert entwickelte sich das städtische Leben durch zunehmende Industrialisierung und ein stetes Anwachsen der Bevölkerung. Als in der zweiten Hälfte dieses Jahrhunderts langsam der Kapitalismus in die Stadt einzog, begannen die wohlsituierten Bürger mit dem Bau ein- bis zweigeschossiger Häuser aus rotem oder schwarzem Tuff. Das eine Geschoss der zweistöckigen Häuser diente als Wohnraum, das zweite meist als Geschäfts- oder Büroraum. Diese Art der Häuser ist typisch für die reiche Schicht des ehemaligen Alexandropol und wird auch häufig als Alexandropoler Schule bezeichnet. Die bekanntesten und schönsten Bürgerhäuser dieser Zeit sind die Häuser der Familien Muchs Hakob, Tsithoghts'jan, Huzbaschjan, Paljan, Ter-Poghosjan, Grigorjan und Vanets'jan, die alle, mit Ausnahme des Tsithoghts'jan-Hauses, in der Abovjanstraße liegen.

■ **Russischer Klassizismus**

Eine andere Bauweise erhielten die Häuser des einsetzenden 20. Jahrhunderts unter dem Einfluss des russischen Klassizismus. Sie fungierten später vor allem als Schulen oder öffentliche Gebäude. Dazu zählen die Offiziersmesse, die Kunstschule und die Olginjan-Mädchenschule. Sie sind alle in schwarzem Tuff erbaut und befinden sich im Zentrum. In diese Bauperiode fallen auch die wichtigen Kirchen Gjumris, auch die russische Kapelle auf dem sogenannten ›Patvo blur‹, dem Hügel der Ehre, mit dem lustigen Namen Plplan-Zham geht auf diese architektonisch aktive Periode zurück. Die russische Kapelle hat ihren armenischen Namen ›schimmernde Kirche‹ von ihrem glitzernden Silberdächlein.
Äußerst sehenswert sind die Häuserzeilen mit den niedrigen Bäumchen und den etwas verwahrlosten Fassaden in den Gassen nördlich des Hauptplatzes oder in der Abovjanstraße, die direkt vom Hauptplatz nach Süden führt und eine Parallelstraße des Siegesboulevards ist. Ein besonders altes sehenswertes Viertel, in dem früher auch viele russische Arbeiter gewohnt haben, ist der Stadtteil Slabodka, was so viel bedeutet wie kleine Vorstadt. Das Viertel liegt an der Dschivanistraße. Sie ist eine der Hauptstraßen des alten Gjumri. An ihrem Ende, in der Kreuzung mit der Terjan-Straße, liegt die oben erwähnte russisch-orthodoxe Kapelle.

*Das Museum für Volksarchitektur*

### ■ Kirchen

Das heutige Gjumri hat neben der russisch-orthodoxen Kapelle sechs armenische Kirchen. Erst in den letzten Jahren wurde in der Parujr-Sevak-Straße eine neue Jakobskirche errichtet, Surb Hakob Msbinets'i.

Eines der ältesten nur noch in Ruinen erhaltenen Bauwerke Gjumris ist die Kirche aus dem 7. Jahrhundert am östlichen Rand des großen Stadtparks, unweit der Ozanjanstraße. Aus den Grundmauern kann man auf eine dreischiffige, überkuppelte Basilika schließen. Die Apsis ist relativ groß und halbkreisförmig. Besonderheit ist ein eigenartiges, rundes Gebäude, das an der Nordwestseite angebaut worden ist. Wenig ist über die Geschichte dieser Kirche bekannt.

Alle drei historischen Hauptkirchen Gjumris, obwohl alle erst im Laufe des 19. Jahrhunderts entstanden, wurden stark durch das Erdbeben von 1988 zerstört. An ihrer Restaurierung wird bis heute intensiv gearbeitet.

Die größte Kirche ist die Erlöserkirche, Surb Amenaphrkitsch', direkt im Süden des Hauptplatzes gelegen, in der Abovjanstraße 145. Sie wurde erst zwischen 1856 und 1876 erbaut, aber die starken Erdstöße haben einen Großteil des Gebäudes einstürzen lassen. Heute erstrahlt die Erlöserkirche mit dem auffälligen Portikus-Glockenturm vor dem Westportal der Kirche wieder in neuem Glanz. Ihr gegenüber steht die neu restaurierte Muttergotteskirche aus der Mitte des 19. Jahrhunderts, in der Ecke Gayi und Schahumjani p. Auch diese große Kirche hat einen vorgesetzten, dreigeschossigen Glockenturm. Der Entwurf der Kirche geht auf den Architekten Thuranjan zurück. Architektonisch ist diese neuzeitliche Kirche dem Baustil der feudalistischen Epoche im Mittelalter nachempfunden. Auffällig sind die dunklen Steinblöcke, die den Fassaden ihr charakteristisches Aussehen geben. Die Muttergotteskirche, die Bischofskirche von Gjumri, wird im Volksmund auch ›Joth verkh‹ genannt, die Kirche der sieben Wunden, was sich auf die sieben Freuden und Schmerzen der Muttergottes bezieht.

Die Kirche des heiligen Zeichens, Surb Nschan (auch Sev Zham, ›Schwarze Kirche‹), liegt nördlich des Hauptplatzes, in der Abovjanstraße 117. Auch diese Kirche aus der zweiten Hälfte des 19. Jahrhunderts fällt durch ihren breiten Tambour mit Schirmhaube auf. Sie wurde restauriert und im Jahre 2001 zu den Feierlichkeiten ›1700 Jahre armenisches Christentum‹ neu geweiht.

Eine weitere Kirche aus der zweiten Hälfte des 19. Jahrhunderts, die Grigorkirche, Surb Grigor Lusavoritsch', liegt kuppellos an der Dschivanistraße 62, in der Mitte zwischen Manukjan- und Rustavelistraße.

Seit 1993 befindet sich das Ordinariat der armenisch-katholischen Christen in Gjumri, seit 2000 führt dieses auch den offiziellen Titel armenisch-katholische Kirche. Im Jahre 2015 wurde die neu errichtete armenisch-katholische Kirche der heiligen Märtyrer, die unmittelbar neben dem Museum für Volksarchitektur und dem Sitz der armenisch-katholischen Kirche steht, geweiht. Dieser Kirchenbau und die Restaurierung weiterer armenisch-katholischer Kirchen in umliegenden Dörfen hat der kleinen katholischen Gemeinde in Armenien einen großen Aufschwung verliehen. Die armenisch-katholische Gemeinde ist in Gjumri auch durch die äußerst aktiven Schwestern der Unbefleckten Empfängnis repräsentiert, die in Gjumri Schule, Tagesheim und viele andere humanitäre Organisationen unterhalten und seit 1988 der Bevölkerung zur Seite stehen. Our Lady of Armenia Convent, Tscharents'i ph. 6, www.armeniansisters.org.

## Museum für Volksarchitektur und Stadtleben

Das schönste und bekannteste Bürgerhaus Armeniens steht an der Südeinfahrt des Siegesboulevards, des Haghthanaki p., inmitten eines hübsch angelegten Gartens mit gepflegtem Hof und großen Laubbäumen. Dieses große, langgestreckte zweigeschossige Gebäude wurde 1872 im Auftrag der reichen Familie Ts'ithoghts'jan erbaut. Die Fassade zeigt ein perfekt komponiertes Bild roten und schwarzen Tuffs. Die hölzernen Fenster und Portale des Parterres sind mit rot-weißem Karomuster umfasst. Ein kunstvolles schmiedeeisernes Gitter mit einer schier unglaublichen Menge an feinem Schnörkelwerk ziert die Mitte des Gebäudes. Das einstöckige Nebengebäude, das südlich des Hauptauses zugebaut worden ist, ist in der Ausführung der Fassade schlichter, beeindruckt aber durch den ebenso verschnörkelten Holzbalkon, der sich über die ganze Stirnfront zieht und in seiner warmen, hellen Farbe wunderbar mit den großen Portalen des Haupthauses harmoniert.

Durch eines der Portale rechts gelangt man in das Gebäude. Auch der Innenhof ist äußerst wirkungsvoll gestaltet und lässt Vergleiche mit dem Aussehen

*Die neue armenisch-katholische Kirche*

*In Neu-Gjumri*

ner der bekanntesten Bürger der Stadt, ebenso wie der 10 Jahre jüngere Sänger und Dichter Krikor Daljan, der den Künstlernamen Scheram gewählt hatte. Beide haben hier eine ganze Schule fahrender Sänger begründet. Hier sind auch ihre wertvollen armenischen Musikinstrumente zu sehen.

europäischer Jagd- oder Sommerschlösser durchaus zu.

### ■ Sammlung

Das kleine Museum bietet unterschiedliche Exponate aus der Geschichte Gjumris. Besonders eindrucksvoll sind die alten Aufnahmen und das wunderschöne Panorama-Modell der Stadt des ausgehenden 20. Jahrhunderts. Alexandropol war eine florierende Handels- und Industriestadt, eine wahre Metropole Südkaukasiens, die durchaus mit dem Stadtleben des fernen Moskau und Petersburg mithalten konnte. Die weitere Räume zeigen eine kleine, private Gemäldesammlung vor allem russischer und armenischer Meister, darunter auch einige sehr wertvolle Werke von Aivasovsky, Surenjants', Sarjan oder Avetisjan. Interessant ist auch der kleine Raum, der der armenischen Musik des späten 19. Jahrhunderts gewidmet ist und damit der Großzeit der fahrenden Sänger, besonders zwei aus ihren Reihen, Dschivani und Scheram. Der Aschuge Serop Levonjan mit dem Pseudonym Dschivani, das auf Persisch so viel bedeutet wie jugendlich, war ei-

### ■ Wohnräume

Besonders interessant sind die Wohnräume der ehemaligen Bürgerfamilie, die eindrucksvoll das Leben der wohlhabenden armenischen Bürger zeigen. Die Räume erinnern in ihrem Mobiliar und in ihrer Gestaltung sehr stark an die des europäisches Bürgertums. Die Armenier hatten durch den intensiven Handelsaustausch und die guten Beziehungen zum russischen Zarenhaus bald die Mode übernommen, Möbelstücke und Geschirr aus dem fernen Europa zu sammeln. Natürlich zählt auch die eigentliche Innenarchitektur dazu, mit schönen Holzböden und massiven Holzdecken, die für diese Gegend eine besondere Rarität gewesen sein müssen. Auch vor über 100 Jahren war in diesem Gebiet nicht besonders viel Baumbestand zu finden, vieles muss aus Russland importiert worden sein.

Eine wahre Oase ist dieses Museum. Die Räume sind kühl, und man kann etwas entspannen, weil man plötzlich inmitten einer fremden kulturellen Umgebung etwas Vertrautes und Bekanntes sieht. Dieses großartige Wohnhaus bringt auch eine gute Abwechslung zu den vielen sakralen Bauwerken.

Es ist auch möglich, die kleinen, guten erhaltenen Wohnhäuser anderer bekannter Bürger Gjumris zu besichtigen, wie die der Dichter Avetik Isahakjan und Hovhannes Schiraz. Beide befinden sich direkt im Westen des Friedensplatzes.

## Neu-Gjumri

Verlässt man das Zentrum Gjumris und fährt Richtung Nordwesten über die lange Schirakats'istraße, dann gelangt man in jene Stadtviertel, wo nach 1988 ganze Siedlungen von verschiedenen Ländern gespendet worden sind. Hier findet man Gebäude unterschiedlichen Stils, die die übliche Wohnhausarchitektur der jeweiligen Spenderländer gut widerspiegeln. Die Armenier haben diese Wohnungen und Häusern mittlerweile ganz nach ihren Gewohnheiten gestaltet. Besonders nett ist dies auch im österreichischen Dorf zu spüren, das sogar eine kleine Kirche und ein Gemeindezentrum hat. Die kleinen Häuschen in der Mozart- oder Werfelstraße haben schon die typischen bläulichen Eisentore mit Weinranken erhalten. Ähnliches ist natürlich auch bei den deutschen und schweizerischen Siedlungen in den anderen Erdbebenorten wie Spitak geschehen.

◉ *40°49'34.44"N, 43°49'14.88"E*

### ℹ️ Gjumri

**Städtischer Tourismusverband**, Vardanants'i Hr. 1, Tel. +374/55/591553, www.travelgyumri.com. Hier gibt es Informationen über Sehenswürdigkeiten, Hotels und Restaurants, es werden auch spezielle Touren angeboten.

Gjumri liegt etwa 125 Kilometer nordwestlich von Jerevan und ist über die Schnellstraße M1 bequem von Jerevan mit dem Auto in eineinhalb bis zwei Stunden zu erreichen. Gyumri kann auch von Jerevan aus mit dem Sammeltaxi 358 zehnmal täglich vom Südlichen Busbahnhof sowie dreimal täglich mit dem Bummelzug erreicht werden (→ S. 158).

Einige der alten Hotels erstrahlen im neuen Glanz. Gjumri hat in den letzten Jahren sein Erscheinungsbild geändert, es wurde in Hotels und Restaurants investiert. Ein Ausflug in die schöne Stadt rentiert sich durchaus.
**Berlin Art Hotel** (P2), Haghthanaki ph. 25, Tel. +374/312/57659, www.berlinarthotel.am. Preis inkl. Frühstück und Steuer. Ein gut geführtes, sauberes und mitten im Zentrum gelegenes Haus unter deutscher Beteiligung, weswegen auch Deutsch gesprochen wird.
**B & B Artusch** (P1), Ayvazovskii ph. 1/2, Tel. +374/312/30815, artushdavtyan@yahoo.com. Ein nettes B & B in der Nähe des Charles-Aznavour-Platzes in Gjumri, gemütliche Ausstattung und ausnehmend netten Besitzern. Preis inkl. Frühstück.
**Hotel Nane** (P2), Garegin Nzhdehi ph. 1/5, Tel. +374/312/55151. Ebenfalls zentral gelegen und auf westlichem Standard. www.nanehotel.am
**Hotel Araks** (P2), Gorki ph. 31, Tel. +374/312/51199, www.arakshotel.am. Zentral und komfortabel, das Hotel bietet auch Sauna und Swimmingpool.
**Villa Kars** (P2), Abovyani ph. 182 (Ecke Rustaveli – Abovyan), Tel. Jerevan +374/10/561156 oder 263460, www.villakars.com. Ein im traditionellen Gjumri-Stil errichtetes Haus mit zehn Zimmern in sehr zentraler Lage und mit gemütlicher Terrasse und Innenhof, das den Flair der armenischen Stadt sehr gut vermittelt. Preis inkl. Frühstück und Steuer, sowie WLAN. Das nette Haus wird übrigens von derselben Organisation geführt, die in Jerevan die ebenfalls sehr geschmackvollen und traditionellen Häuser Villa Delenda und Villa Aygedzor führt (→ S. 162).

In Gjumri kann man in den Hotels essen, aber auch in einigen historischen Gebäuden. So ist das **Restaurant Fajton Alekh** (P1–2) im Museum für Volksarchitektur und Stadtleben, Tel. +374/312/32988, empfehlenswert.
Ebenso auch die im historischen Stadtkern gelegenen Restaurants mit guter ar-

menischer und auch georgischer Küche: **Gjumri** (P2), Gorki ph. 30, Tel. +374/312/23769, und **Poloz Mukutsch** (P2), Dschivani ph. 75, Tel. +374/312/34511. Im Hotel IsUZ ist die bekannte **Pizzeria Da Napoli** (P1-2) untergebracht, im oben genannten Hotel Araks das Restaurant **Pizza di Parma** (P2).
Ein ungewöhnliches Restaurant, was Interieur und Speisekarte – Fisch – betrifft, ist das Fischrestaurant **Tsch'erekzi Dzor** (P2), Bulvarayin Pogh., Tel. 0312/65559.

Es liegt in einem kleinen Grüngürtel im Westteil der Stadt.
Auch in Gjumri gibt es gute Pizze und Salate bei **Tashir Pizza** (P1-2), einer armenischen Restaurantkette, Sayath-Novaji ph., Tel. +374/312/55005.

**Museum für Volksarchitektur und Stadtleben**, Haghtanaki ph. 47, Tel. +374/312/53600, 21281. Di–So 11–17 Uhr, Eintritt 500 Dram, Führung auf englisch 2000 Dram.

## Marmaschen

An einem der Spätfrühlingstage, einige Stunden nach einem erfrischenden Regenguss, leuchten die rötlichen Gebäude der Klosteranlage Marmaschen, eingebettet in das saftig grüne Gras der weiten Hochebene, wie reife Äpfel zwischen weiß blühenden Obstbäumen ringsum hervor. Auf dem kleinen Pfad, der von der Anhöhe hinab zum Kloster führt, hat sich ein kleines, klares Bächlein gebildet.
*40°50'34.60"N, 43°45'20.28"E*
Die weite Hochebene ist scheinbar durch nichts begrenzt, kein Gebirgszug, kein anderes Gebäude ist am Horizont erkennbar. Und doch – die tiefe Schlucht des Achurjan teilt die malerische Ebene in zwei Teile, in einen armenischen und einen türkischen. Das Kloster gehört zur angrenzenden Gemeinde Vahramaberd, die früher unter dem türkischen Namen Ghanlidscha bekannt war. Der neue Name erinnert jedoch an den bedeutendsten Herrscher dieser Region, Vahram Pahlavuni, der auch Marmaschen zwischen 988 und 1029 errichtet hat. Der Bauherr soll in Marmaschen seine letzte Ruhestätte gefunden haben. Eine Inschrift an der Südfassade der Hauptkirche erzählt von seiner Bautätigkeit.

Die Anlage, die als eine der schönsten im ehemaligen Bagratidenreich gilt und nur Ani selbst Vorrang geben muss, besteht aus einer Hauptkirche mit vorgelagertem Gavith als Zentrum, einer kleineren Kopie dieser Hauptkirche im Norden, einer Kirche im Süden, einer vierten Kirche etwas abseits westlich sowie in nordöstlicher Richtung einem rechteckigen Gebäude und einer alten Kapelle. Die Hauptkirche und die Südkirche sind durch eine Mauer miteinander verbunden und bilden so eine Einheit. Vom Komplex, der immer wieder erweitert worden ist, sind dank intensiver Restaurierungsarbeiten die Hauptkirche und die beiden angrenzenden Kirchen in ihrer ganzen Pracht zu bewundern. Erst

▲ *Idyllisches Marmaschen, noch vor der Restaurierung*

das große Erdbeben von 1988 hat dem Kloster großen Schaden zugefügt.
Der gesamte Klosterkomplex wurde in armenisch-italienischer Zusammenarbeit vor wenigen Jahren besonders behutsam restauriert und präsentiert sich als eine der schönsten Anlagen Armeniens.

## ■ Kathogike

Die Hauptkirche steht ganz in der Tradition der Schiraker Architektenschule, in deren Epoche natürlich auch die berühmten Kirchen von Ani fallen. Alle Fassaden, außer die Westseite, haben zusätzlich je zwei Dreiecksnischen bekommen, die der Kathoghike trotz ihrer Größe ein graziles Aussehen verleihen. Ebenso feingliedrig sind auch die Wandpfeiler im Inneren, die den zylindrischen Tambour mit seinem Schirmdach tragen. Die Apsis hat zwei Eckräume mit kleinen Lichtöffnungen und ist an ihrer Rundung vollständig mit Nischen verziert. Die Eckräume sind von der Apsis aus begehbar. Das Bema selbst ist beiderseits über vier Stufen erreichbar, die Sichtfront des Bemas ist mit Kreuzmedaillons verziert. Der bauplastische Dekor ist insgesamt betrachtet äußerst einheitlich. Die mehrfachen Zackenmuster sind sowohl an den Pfeilern innen als auch außen am Giebelsaum vertreten.

Die Außenfassade der Kirche wird durch die Zierarkaden ringsum geprägt, die besonders bei den großen Fenstern und beim Portal zusätzlich betont worden sind. Zusätzlich gibt es noch rund um die Kirche einfache Kranzgesimse mit zahnähnlichen Friesen. Das Gavith, das vermutlich im 13. Jahrhundert angebaut worden ist, verlängert optisch die Kirche. Die Ru-

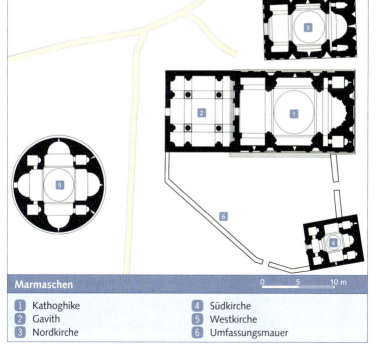

**Marmaschen**

1. Kathoghike
2. Gavith
3. Nordkirche
4. Südkirche
5. Westkirche
6. Umfassungsmauer

inen des zerstörten Gebäudes zeigen nur einen quadratischen Grundriss und vier freistehende Säulen, die vermutlich einst eine Kuppelkonstruktion getragen haben.

### ■ Nordkirche

Die zweitgrößte Kirche, deren Namen nicht überliefert ist und die einfach als Nordkirche bezeichnet wird, liegt etwa zwei Meter von der Hauptkirche entfernt und ist deren nahezu perfekte jüngere Kopie. Das einzige architektonische Merkmal, das sie von der Kathoghike unterscheidet, ist der einfache, zylindrische Tambour mit Kegeldach. Vermutlich war sie auch im plastischen Dekor ganz ihrem größeren Vorbild nachempfunden und ebenso aufwendig mit Bögen geschmückt. Die heutige Rekonstruktion hat das nicht mehr getan.

### ■ Südkirche

Die Südkirche, jener Bau, der etwas abseits der beiden anderen steht, ist etwas nach Nordwesten gedreht. Im Gegensatz zu den beiden größeren Klosterkirchen ist ihre Fassade äußerst schlicht, sie hat weder Nischen noch aufwendiges Dekor, wenn man vom Portal und Fenster an der Westseite absieht. Auch das Innere ist einfach und von einer beinahe kühlen Strenge. Der zylindrische Tambour hat wie die Nordkirche ein Schirmdach.

### ■ Westkirche

Etwas außerhalb dieses Komplexes in westlicher Richtung liegen die Reste einer vierten, undatierten Kirche, die sich architektonisch von den drei anderen unterscheidet. Ob dieser Unterschied durch andere Architekten oder durch eine andere Funktion des Gebäudes bedingt war, ist nicht mehr festzustellen. Auf einem einstufigen Sockel wurde ein kleiner Tetrakonchos mit vier Eckräumen und runder Ummantelung errichtet.

Noch weiter entfernt, einige Meter gegen Nordwesten, liegt inmitten eines alten Friedhofs eine Kirchenruine, von der kaum mehr etwas, außer dem wackeligen Tambour gestützt auf eine mittlere Mauer, übriggeblieben ist. Auch in unmittelbarer Nähe des Hauptkomplexes liegen noch einige alte Grabstätten. In einem rechteckigen Gebäude im Nordosten der runden Kirche vermutet man ein ehemaliges Mausoleum, in dem der Fürst Pahlavuni beigesetzt worden sein soll.

▲ *Die Südkirche von Marmaschen*

# Die Provinz Lori

*»Lori ist eine patriarchalische in sich geschlossene Welt. Eine Welt der Märchen und der Fabeln, eine Welt der Helden. All ihre Winkel sind Legenden, all ihr Gestein ist Erzählung der heroischen Vergangenheit.«*

*Avetikh Isahakjan, 20. Jahrhundert*

Drei große Flüsse, der Phambak, der Dzoraget und der Debed, bilden die charakteristische Landschaft dieser nordöstlichen Provinz Armeniens. Sie haben das Bergland mit den vielen kleinen Gebirgszügen zwischen 1800 und 2500 Metern Höhe in zerklüftete, steil abfallende Schluchten und Hochebenen verwandelt. Mit einer solchen Ausdauer und Kraft, dass hier im Norden Loris die Schlucht des Debed auf den tiefsten Punkt Armeniens, 380 Meter über dem Meeresspiegel, absinkt. Eine fruchtbare, waldreiche Landschaft, die sich schon vor Urzeiten den Menschen als Siedlungsgebiet dargeboten hat. Mit dem gefundenen Kupfer wurde florierender Handel getrieben und später eine bekannte Industrie aufgebaut. Lori, das in der Vergangenheit Gugharkhießg, lag immer innerhalb des armenischen Reiches. Zwischen 966 und 1118 bestand sogar ein eigenes Kleinkönigreich, Kjurikjan-Lori. Das Verwaltungszentrum war die Stadtfestung von Loriberd im Osten der Stadt Stephanavan. Die monumentale Festung fiel 1238 dem heftigen Ansturm der Mongolen zum Opfer, die vollständige Zerstörung und der unabwendbare Verfall zogen sich jedoch bis ins 18. Jahrhundert hin. Von der einst bedeutenden Festung und Stadt ist so gut wie nichts erhalten (→ S. 289).

Im Schutze der dichten Wälder entstanden hier eine ganze Reihe der bedeutenden Klosterakademien Armeniens. Die unwegsamen Gebiete, vor allem an den Flussläufen, sind nahezu mit Bauwerken des armenischen Mittelalters übersät. Lori hatte daher auch eine große Bedeutung als geistiges Zentrum. Mit dem Fall und der Eroberung der Klosterakademien geriet auch die Provinz in eine lange Zeit des stillen und bitteren Lebens. Erst mit der Machtübernahme des zaristischen Russlands im 19. Jahrhundert blühte die

*Durch das Erdbeben entstanden mächtige Gräben*

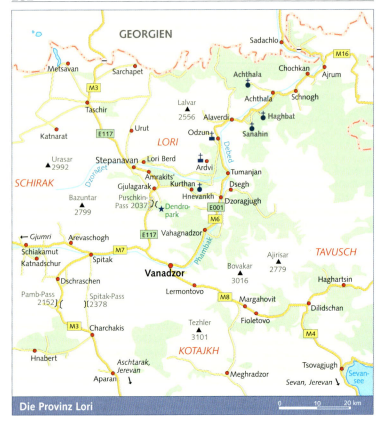

Die Provinz Lori

Region mit forciertem Kupferabbau und dem Bau einer guten Eisenbahnverbindung zwischen Tiflis und Jerevan langsam wieder auf.

Lori musste im 20. Jahrhundert ein bitteres Schicksal mit der Nachbarprovinz Schirak teilen, als das schwere Erdbeben im Dezember 1988 ganze Dörfer und Kleinstädte dem Erdboden gleichmachte und im Provinzzentrum Vanadzor erheblichen Schaden anrichtete. Niemand will vom merkwürdigen Eindruck erzählen, den die Dörfer der Erdbebenzone und die von mächtigen Erdstößen aufgerissene Landschaft hinterlassen. Erstaunen, Betroffenheit und doch Hoffnung.

## Vanadzor

Die Hauptstadt von Lori ist die drittgrößte Stadt Armeniens. Nachdem das Erdbeben eine ganze Reihe der in der Sowjetzeit errichteten Industrieanlagen lahmgelegt hatte, hat man in den letzten Jahren versucht, die krisengeschüttelte Stadt durch Ansiedlung neuer Chemiebetriebe zu beleben. Die Stadt, die in der Sowjetzeit noch Kirovakan und davor der auffälligen schwarzen Stadtkirche wegen ›Karakilise‹ (schwarze Kirche) geheißen hatte, wurde zwischen und an den Ufern des Phambak, des Tandzut und des Vanadzor gebaut. Die neue Straße von Dilidschan nach Vanadzor führt durch ein landschaftlich reizvolles und beinahe von Menschenhand unberührtes Waldgebiet. Man sieht die schmucken Holzhäuschen der molokanischen Straßendörfer Fiotetevo und Lermontovo nur mehr aus der Ferne, aber es reicht, um einen Eindruck von der Lebensweise dieser russischen Glaubensgemeinschaft zu bekommen.

◎ *40°43'27.90"N, 44°42'54.52"E*

Diese Strecke ist neben der Anfahrt über Gjumri auch eine beliebte und zügig befahrbare zweite Variante, um von Jerevan am Sevansee vorbei nach Dilidschan, dann nach Vanadzor und weiter nördlich zur Klösterstraße zu gelangen – oder auch umgekehrt (→ S. 292).

Selten durchquert man das eigentliche Zentrum der Stadt, man fährt eher an vorbei Richtung Gjumri, Alaverdi oder Dilidschan. Einst noch zu Sowjetzeiten soll es eine wunderbare Stadt gewesen sein, ganz mit dem Aussehen eines Badeortes, schön begrünt und mit prächtigen Villen. Hier hatten sich viele Industriearbeiter aus Georgien und vor allem aus Russland angesiedelt, denen die Stadt einige ihrer heute typischen Bauwerke verdankt. Heute schrecken die verfallenen Wohnhäuser und eine Reihe von Industrieruinen Besucher ab. Noch 1989 hatten hier beinahe 75 000 Menschen gelebt. Wie viele es heute noch sind, ist schwer zu sagen. Viele sind nach dem Erdbeben weggezogen oder später während der Wirtschaftskrise ausgewandert. Es bleibt aber zu hoffen, dass mit der Wiederbelebung der Industrie auch wieder neues Leben nach Vanadzor kommt.

### ■ Sehenswürdigkeiten

Die Stadt hat ebenso wie die anderen großen Städte Armeniens eine lange Geschichte. Bei Ausgrabungsarbeiten auf einem kleinen Hügel im Nordosten der Stadt gegenüber dem Phambak wurde eine Siedlung aus dem 3. Jahrtausend vor Christus ausgegraben. Am Fuße des Hügels mit dem sprechenden Namen Thagavoranist – Königssitz – wurden zusätzlich viele kleine Gegenstände gefunden, aber auch einige Steinsarkophage. Thagavoranist ist direkt von der Hauptstraße M6 aus Alaverdi Richtung Vanadzor auf der linken Straßenseite zu sehen.

Ebenfalls bei dieser Durchfahrt an der rechten Straßenseite liegt die wichtigste

*Im Molokanerdorf Filoletovo*

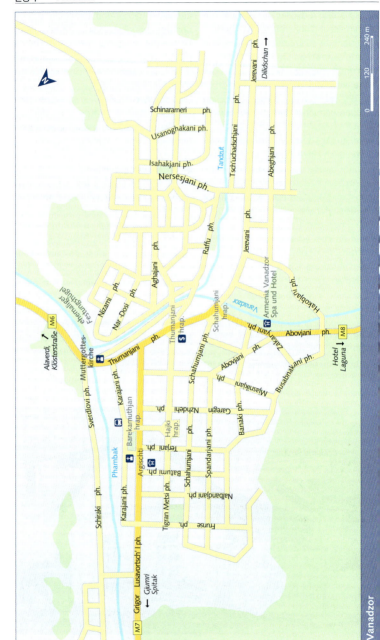

Kirche Vanadzors, die Muttergotteskirche, genau an der Kreuzung der Thumanjan- und der Moskovjanstraße. Die Kirche wurde inmitten eines alten Friedhofs im typisch armenischen Stil zwischen dem 15. und 18. Jahrhundert errichtet. Sie hebt sich von den dunklen Grabsteinen durch ihre zweifarbig grau-blassrot gestaltete Fassade ab. Diese verleiht dem etwas plumpen Kirchenbau eine gewisse Eleganz. Die Kirche hat ein Portal an der Südseite. An ihrer Westseite wurde ein niedriges Gebäude als Kapelle angebaut. Diese hat ein auffälliges Zwillingsfenster im Westen und ein großflächiges mehreckiges Dekor im Süden.

Noch auf dem Stadtgebiet von Vanadzor, jedoch in Richtung Spitak, auf der rechten Straßenseite, liegt auf einem Hügel ein kleines graues Gebäude, das sich erst bei näherer Betrachtung als Kirche entpuppt. Hier folgt man am besten den Spuren der Soldaten, denn hinter dem Hügel liegt eine Kaserne. Der Aufstieg ist nur kurz, und von oben kann man nicht nur gut das militärische Treiben einer armenischen Kaserne beobachten (aber besser nicht fotografieren), sondern auch den Blick über die hohen Bazumberge im Norden und Vanadzor im Südosten gleiten lassen. Die grau-rote Kirche mit den zwei schiefen Eisenkreuzen auf dem Giebel und einem Portal auf der Südseite, das wie ein weit aufgerissener zahnloser Mund aussieht, ist weder datiert, noch hat sie einen Namen. Ihr Inneres, ein einschiffiger, überwölbter Kirchenraum, ist genauso schmucklos wie ihr Äußeres. Die Fensteröffnungen sind winzig und relativ hoch. Es sind keine Spuren von Besuchern zu entdecken, dieses Kirchlein ist tatsächlich verwaist.

### Vanadzor

Vanadzor liegt 118 Kilometer nördlich von Jerevan. Die schnelle und gut ausgebaute Verbindung führt über die Schnellstraßen M3 und M7, die über Aschtarak, Aparan und Spitak quer durch die Region rund um den Aragats und das Erdbebengebiet führen. Die zweite Möglichkeit ist, auf der Schnellstraße M4 über Sevan nach Dilidschan zu fahren und von dort Richtung Westen die etwa 40 Kilometer lange M8 nach Vanadzor zu fahren.

**Hotel Argischti** (P2–3), Batumi ph. 1, Tel. +374/322/42556, www.hotels.am/vanadzor/argishti-hotel. Preise inkl. Frühstück und Steuern. Das Hotel liegt im Zentrum der Stadt und bietet auch eine gute Küche.
**Armenia Vanadzor Spa und Hotel** (P1) Zakaryani ph. 31, Tel. +374/322/20162, +374/93/769063, www.vanadzorsanatorium.am. Alle die Erholung und Wellness im sowjetischen Stil suchen, liegen mit dem mitten im Grünen gelegenen Hotel richtig. Das Haus ist allerdings eher an heimischen Gästen ausgerichtet. Preis inkl. Verpflegung und Steuern.
**Hotel Laguna** (P1), Zoravar Andraniki ph. 68a, Tel. +374/322/50009, www.laguna.am; ein preiswertes, kleines Hotel mit nettem Personal unweit des Jerevan-Schnellstraße M8 aus dem Zentrum Vanadzors in Richtung Dilidschan gelegen.

Die Restaurantlandschaft in Vanadzor ist etwas karg. Doch um den Hunger zu stillen, gibt es im Zentrum einige bewährte armenische und ausländische Ketten.
**Tashir Pizza** (P1–2), Tigran Metsi ph. 65a, Tel. +374/322/44401.
**KFC** – amerikanisches Geflügel, Tigran Metsi ph. 73/Ecke Miasnikjan.
Natürlich gibt es in der Stadt auch **kleinere Cafés** und schräg gegenüber dem Bahnhof in der Chorenats'i ph. einen **SMILE Supermarkt**, wo man auch Getränke und Imbiss rund um die Uhr erstehen kann.

## Stepanavan und Umgebung

Wer sich etwas im weniger entdeckten und vor allem landschaftlich schönen Nordarmenien jenseits der Ost-West-Route Gjumri–Vanadzor bewegen möchte, dem sei das nette, etwas verschlafene Städtchen Stepanavan nördlich dieser Route an der M3 ans Herz gelegt.

Dieser kleine Ort, der zweitgrößte der Provinz Lori, wird landschaftlich durch den Fluss Dzoraget gestaltet, der nicht nur die Stadt teilt, sondern auch die umliegenden Schluchten und bewaldeten Berghänge geformt hat. Der Ort, der 1923 von Dschalal-Oghli nach dem armenischen Politiker Stephan Schahumjan in Stepanavan umbenannt wurde, blickt wie die ganze Umgebung auf eine jahrtausendalte Geschichte zurück. Bekannt geworden ist die Region, als sie im 10. Jahrhundert Teil des alten armenischen Königreichs von Taschir-Dzoraget wurde. Der armenische Volksdichter Hovhannes Thumanjan hat in Stepanavan die Schulbank gedrückt. Und es gibt sogar eine Höhle in der Schlucht des Dzoraget, in der sich den Erzählungen nach die Keimzelle und das geheime Versteck der ersten armenischen Kommunisten befanden. Diesen skurrilen Ort mit kommunistischen Felszeichnungen erreicht man, wenn man von der Kreuzung der Baghramjan- und Areveljan-Straße nach unten in Richtung der Schlucht geht.

Es gibt viele, oftmals noch touristisch unentdeckte Besonderheiten in der Umgebung, allen voran eine der wenigen noch einigermaßen erhaltenen – und vor allem relativ mühelos erreichbaren – mittelalterlichen Festungen Armeniens: Lori Berd. Oder man erfreut sich am südlich der Stadt gelegenen Naturreservoir und dem botanischen Garten, dem sogenannten Dendropark.

Diese Gegend wurde ab dem 18. Jahrhundert durch sektierende Russen und auch pontische Griechen besiedelt, daher stammen auch die seltsam klingenden Namen der umliegenden Dörfer. Die Spuren dieser russischen Besiedlung sind überall spürbar, in der Architektur und in den Flurnamen, aber auch in den Traditionen der Bevölkerung. Zeugnisse dieser Geschichte sind zum Beispiel die Puschkingedenkstätte am gleichnamigen Pass südlich von Stepanavan sowie die russisch-orthodoxe Nikolaikirche im Dorf Amrakits'.

### ■ Puschkinpass

Auf dem Weg von Süden in Richtung Stepanavan empfiehlt es sich, einen Halt bei einem der wichtigsten historischen Orte des Nordens einzuplanen und den

▲ *Am Puschkinpass begegnete Puschkin dem verstorbenen Dichter Griboedov*

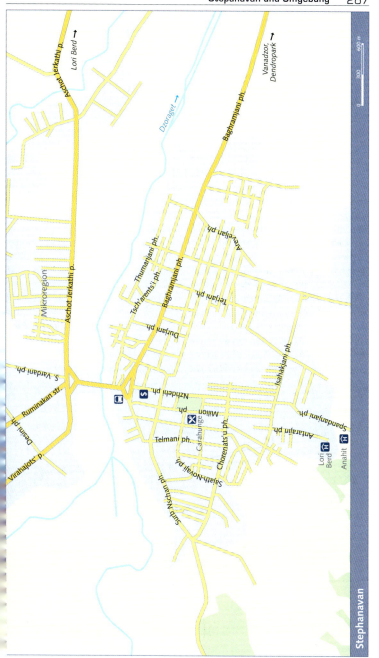

Spuren des berühmten russischen Dichters Puschkin zu folgen. Der berühmte Puschkinpass. Wie Puschkin selbst in der ›Reise nach Arzrum‹ erzählt, hatte er hier auf 2037 Meter Seehöhe, ca. 25 km südwestlich von Stepanavan, im Jahre 1829 eine Pause eingelegt. Er traf eine Gruppe russischer Offiziere, die gerade den Leichnam des berühmten russischen Dichters Alexander Gribojedov aus Persien zurück in seine russische Heimat geleitete. Genau an dieser Stelle wurde ein Denkmal errichtet und eine Quelle gefasst, an der diese Szene dargestellt ist. Jährlich am Puschkintag am 6. Juni pilgern hierher viele russischstämmige Armenier und sehr viele Schulkinder, um Blumen niederzulegen. Der Puschkinpass liegt über dem Tunnel der M3. Wenn man das Denkmal besuchen möchte, dann muss man von Süden kommend, etwa 500 Meter vor dem Tunnel, rechts auf alte Passstraße (H23) fahren. Alternativ kann man nach der Tunneldurchfahrt über die H23 zurück auf den Pass fahren, dieser Weg ist aber weiter. Auf der Passhöhe stehen die ersten Windräder Armeniens, die in Zusammenarbeit mit einer iranischen Firma errichtet wurden. ⊙ *40°54'38.99"N, 44°25'55.76"E*

### ■ Amrakits'

Das kleine beschauliche russisch-armenische Dorf, das zwei Kilometer südlich von Stepanavan liegt, wurde 1840 unter dem Namen Armak gegründet, war aber zuvor noch Nikolajevka, eine der ersten Niederlassungen russischer Siedler in der Provinz Lori. Bereits 1848 errichteten ukrainische Kosaken diese ungewöhnliche Kirche geweiht dem Wundertäter Nikolaj für die ansässige russische Bevölkerung. Während des Ersten Weltkriegs fanden noch Restaurierungen statt, allerdings ist die Kirche seit dem Erdbeben 1988 in einem bedauernswerten Zustand und nicht mehr gefahrlos zu betreten. Ihre seltsame Bauform mit den vielen spitzen roten Dächern und den silbernen Zwiebeltürmchen macht sie aber zu einem der auffälligsten und ungewöhnlichsten Bauwerke in ganz Armenien.

▲ *Die russisch-orthodoxe Kirche in Amrakits'*

*Kirchenruine auf dem Festungsgelände in Lori Berd*

### ■ Gjulagarak/Dendropark

Wenn man auf der M3 nach Norden Richtung Stepanavan fährt, durchquert man bereits einen Teil des wunderbar bewaldeten Gjulagarak-Naturschutzgebietes und gelangt dann in das Dorf Gyulagarak. Von dort führt eine kleine, etwas holprige Landstraße nach Süden zum bekannten Dendropark. Dieser Botanische Waldgarten wurde 1933 gegründet und bietet ungewöhnlich schöne Waldanlagen, kleine Bäche und zwei Seen, an denen die nur mehr hier vorkommenden armenischen weißen Seerose- und Zypergrasarten gedeihen. Auf dem Gelände gibt es nette Spazierwege und Erholung.

### ■ Tormakadur

Etwa einen Kilometer vor dem Dendropark liegt rechts der Straße die Ruine einer alten Dorfkirche aus dem 7. bis 8. Jahrhundert. Hier befand sich einst das Dorf Tormakadur. Obwohl die zu sehenden Mauerreste auf den ersten Blick nicht sehr interessant erscheinen, ist diese Ruine ein schönes Beispiel einer einschiffigen Saalkirche. Gerade der zerstörte Zustand ermöglicht es, den feinen Schnitt der Basaltblöcke aber auch die architektonische Geradlinigkeit einer armenischen Kirche aus dieser frühen Bauzeit nachzuvollziehen. Noch heute sieht man in den Ruinen die schönen Traversalbögen, den L-förmigen Anbau an der Süd-Ostseite der Kirche und den südöstlichen kleinen Raum neben der Apsis.

### ■ Festung Lori Berd

Die alte Festungsstadt Lori Berd wurde von einem Prinzen der Familie der Kjurikjan, David Anhogin, gegen Ende des 10. Jahrhunderts gegründet. Zur damaligen Zeit stand die Region als eigenes Kleinkönigreich Taschir-Dzoraget unter der Verwaltung der Kjurikjan, und Lori Berd wurde zu dessen Hauptstadt. Doch in jenen bewegten Zeiten konnte das Königreich nicht lange bestehen und die Stadt wurde bereits zu Beginn des 12. Jahrhunderts von den Seldschuken verwüstet. Danach konnte sie sich zunächst unter der Herrschaft der georgischen Orbeli und später unter den Zakarjan-Brüdern

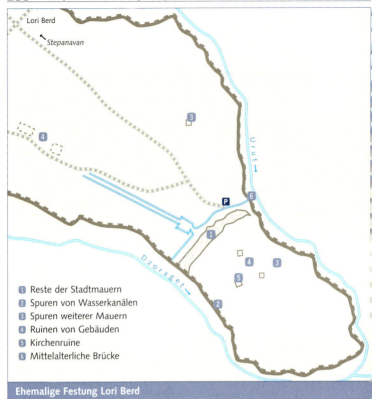

1. Reste der Stadtmauern
2. Spuren von Wasserkanälen
3. Spuren weiterer Mauern
4. Ruinen von Gebäuden
5. Kirchenruine
6. Mittelalterliche Brücke

**Ehemalige Festung Lori Berd**

erholen. Völlig dem Erdboden gleichgemacht wurde Lori Berd erst durch die Mongolen im 13. Jahrhundert, dennoch blieb die Stadt und vor allem die strategisch optimal gelegene Festung bis ins 18. Jahrhundert ein wichtiges Bollwerk gegen feindliche Truppen.

Die Ruinen der alten Stadt-Festung liegen etwa 4,5 km südöstlich von Stepanavan auf einem natürlichen Plateau, das durch die Schluchten der Flüsse Dzoraget und Urut begrenzt wird. Deshalb kann man sich dieser Festung nur von einer Seite nähern, von Norden.

Man kann mit halbwegs geländegängigen Autos (auch mit Taxis) und Kleinbussen von Stepanavan aus bis an den Parkplatz unmittelbar vor der Festung fahren. Man kann die etwa vier Kilometer aber auch auf Schusters Rappen zurücklegen. Man überquert zuerst das Viadukt über den Dzoraget am Nordende der Stadt und biegt anschließend nach rechts in Richtung Dorf Lori Berd ab. Im Dorf hält man sich rechts und geht die Piste zur Festung nach Süden. Man sieht den kleinen Parkplatz und die Festungsanlage bereits aus der Ferne.

Die auf 1375 Meter Seehöhe gelegene Festung ist mit teilweise bis zu 21 Meter hohen Befestigungsmauern umgeben. Besonders an der Nordseite sind die Mauern und die Rundtürme gut zu erkennen. Von hier führten auch Wege zu den darunter liegenden Flüssen. Eine bezaubernde mittelalterliche Brücke über den Fluss Urut an der Nordostseite kann über einen steilen Serpentinenweg von oben erreicht werden.

Man betritt die Anlage durch den gut erhaltenen Torbogen an der Nordseite. Auf dem weiten Plateau sind noch die ab 1966 ausgegrabenen Reste von hochmittelalterlichen Badeanlagen, Wasserreservoirs und Wasserleitungen auszumachen. Auch Reste eines ehemals zweistöckigen Palasts, einer kleinen Kirche und einer Kapelle sind zu sehen. Die Kapelle war der der Frau von König David Anhogin geweiht.

Im Zentrum der Anlage befindet sich die Ruine der Kirche T'ux Manuk, deren offene Bögen der Vorhalle im Westen weit in die Landschaft gähnen. In der unmittelbaren Umgebung der Kirche sind noch viele mittelalterliche Grabsteine erhalten. An der Wand der Kirche lehnen zwei Kreuzsteine. Ein Hinweis auf die lange muslimische Herrschaft über die Festung ist eine nach Mekka gerichtete Gebetsnische in der Südwand dieses Gebäudes. Im nördlichen Bereich der Festungsanlage gibt es auch Reste von Wohngebäuden, in den Ruinen an der Seite der Dzoragetschlucht im Südwesten der Festung sind auch weitere Wasserleitungen, Bäder oder vielleicht auch Latrinen zu erkennen.

### Stepanavan

**Café-Restaurant Carahunge** (P1–2), Milion Ph., Tel. + 374/99/324300, carahunge-cafe.am. Dieses Café ist über die Grenzen des Städtchens hinaus bekannt für leckere Speisen und Kuchen sowie das nette Interieur.

**Lori Hotel** (P1–2), G. Nzhdehi p. 11, Tel. + 374/256/22323, www.lorihotel.am. Ein kleines, einfaches Hotel im Zentrum der Stadt, für ein oder zwei Nächte eine durchaus gute Adresse.

**Anahit Hotel** (P1–2), Antarajin ph. 1, Tel. + 374/256/22578. Großes Hotel am südwestlichen Rande der Stadt, in Waldnähe, nette, teilweise urig eingerichtete Zimmer und netter Innenbereich, auch für Gruppen gut geeignet. Leider lassen Service und Essen zu wünschen übrig.

Sochut Resort (P2), Dentropark, Tel. + 374/95/411195, www.sochut.am. Mitten im Dendropark gelegen; nette saubere Zimmer in wunderschöner grüner Umgebung. Zum Ausspannen und Erholen.

*Mittelalterliche Brücke über den Urut bei Lori Berd*

# Die Klösterstraße

»Vergraben hinter Klostermauern,
in dunkler Zellen Einsamkeit schrieb der
Chronist bei Lampenschimmer, den mageren Leib gebeugt vor Leid, verschimmelt Brot nachts schlaflos kauend, zu dem er nichts als Wasser trank, auf knisternd, vergilbten Rollen verewigend der Zeiten Gang. Den
Einbruch blutrünstiger Horden, der Kriege schweres Ungemach, der
Feinde Sengen, Brennen, Morden,
der Heimat Niedergang danach.
Das Schicksal Armeniens beweinend, das hart war und bedauernswert,
war er voll stiller Hoffnung,
meinend, dass Gott einst
sein Gebet erhört.«

Avetikh Isahakjan, 20. Jahrhundert

Nordöstlich der Provinzhauptstadt Vanadzor schlängelt sich die Hauptstraße M6 entlang der Schluchten des Phambak und später des Debed bis hinauf zur georgischen Grenze. Auf den Hochplateaus, die zuweilen extrem steil abfallend über den Flüssen liegen, entstanden zwischen dem 10. und 13. Jahrhundert unzählige Klöster und Kirchen, die neben der spirituellen Funktion vor allem jene von Bildungsstätten, Zentren der Wissenschaft, Bibliotheken und Skriptorien erfüllten. In der abgelegenen Ruhe schrieben eifrige Hände in manierlicher Schrift die alte Geschichte des Landes, die neuen Erkenntnisse der Naturwissenschaften und Medizin nieder. Sie überlieferten die christlichen Traditionen in farbenfroher Miniaturmalerei, komponierten und dichteten.

Die heutige Straße ist vermutlich auch über einen alten Handelsweg asphaltiert worden. Sie verbindet diese mittelalterlichen Zentren und führt gewissermaßen von einem zum nächsten, aus diesem Grund kann man sie wirklich als Klösterstraße bezeichnen. Und damit nicht nur für das geistige, sondern auch das leibliche Wohl gesorgt wird, gibt es einige empfehlenswerte Restaurants am Straßenrand.

*Liebevoll restauriert: Kloster Hnevankh*

# Kloster Hnevankh

Etwa acht Kilometer westlich der Hauptstraße liegt versteckt in einem Wald an einem Talende des Flusses Dzoraget das Kloster Hnevankh östlich des **Dorfes Kurthan**. Von der Hauptstraße muss man schon bei der Abfahrt Dzoragjugh, etwa 20 Kilometer nördlich von Vanadzor, nach links abbiegen, um dann mühsam über eine schauderhafte Straße bergauf geschüttelt zu werden. Nach einer scheinbar endlos langen Fahrt über die nur ein paar Kilometer lange Strecke gelangt man an eine Kreuzung vor dem Dorf Dzoragjugh und fährt dort rechts. Diese Richtung ist einzuhalten, bis das Kloster sichtbar wird. Man kann fast ganz an Hnevankh heranfahren oder einen Querfeldeinspaziergang über die Wiese von gut einer Viertelstunde wählen.

◉ *40°57'9.87"N, 44°35'4.29"E*

Viel ist während der glorreichen Zeit des Königreiches Taschir-Dzoraget oder Lori nicht erbaut worden, eines der seltenen Bauwerke stellt dieses Kloster aus dem 7. bis 13. Jahrhundert dar. Es wurde in den letzten Jahren sehr liebevoll restauriert und gesichert, aber es konnte sich seine unberührt-einsame Ausstrahlung erhalten.

Die Anlage besteht aus mehreren Gebäuden, ein größeres davon steht etwas abseits im Süden der Kirche, es könnte ein Wirtschaftsgebäude oder Refektorium gewesen sein. Die vielen Bauabschnitte haben auch dazu geführt, dass die einzelnen Teile richtiggehend ineinander verzahnt sind.

Den Mittelpunkt bildete einst die Kirche, die heute nur noch gut in der Ostapsis, dem Tambour und einigen Mauern im Süden erhalten ist. Sie ist eine für diese Zeit gängige Trikonchos, wobei der Chorraum durch einen kleinen rechteckigen Raum etwas vergrößert wird. Der Westarm ist wesentlich verlängert. Von dem Süd- und Nordarm führen jeweils im Osten Durchgänge in die kleinen Eckräume mit Apsiden. Auch die Kuppelkonstruktion ist noch zu sehen, Trompen, die zum achteckigen Tambour mit den vier Fenstern und der Kuppel überleiten. Und dieser Tambour ist außen besonders ungewöhnlich durch Doppelsäulen mit Bögen gestaltet und oben, wo der Tambour seine achteckige Form gegen eine auch nach außen hin zylindrische eintauscht, wurden zwei Schmuckbänder um den Tambour gebunden. Das untere ist ein dunkelgraues Basaltband, das obere Band ein zweifarbiges mit Dreiecksmuster. Dieses Muster lässt das Kloster weit über das relativ breite Tal leuchten. Merkwürdig ist auch das U-förmige Gavith, das sich an der Westfront um die Kirche legt. Dem Gavith waren, wie man unschwer aus den Mauerresten erschließen kann, im Mittelalter noch einige andere Bauwerke vorgesetzt worden. Dazu zählen auch ein zweites, direkt vor dem U liegendes Gavith mit drei Westarkaden sowie zwei Kapellen mit Apsis im Süden und im Norden.

### ■ Kirche und Dorffriedhof Khurtan

Hat man schon die schwierige Anfahrt bis zum Kloster bewältigt, kann man für einen kurzen Abstecher auch der Straße weiter bis zum alten Dorffriedhof in Khurtan folgen, wo eine sehr alte Kirche aus dem 5./6. Jahrhundert mit primitiver Konstruktion, verwitterten Mauerblöcken, grasbewachsenem Dach und erstaunlicher Höhe steht.

◉ *40°57'18.35"N, 44°34'3.77"E*

Eine große Saalkirche, deren überwölbter Innenraum durch Bögen in drei gleich große Räume und eine Apsis mit einer eigenen nach außen gesetzten Südkapelle geteilt wird. Sie hat je einen Eingang im Westen und Süden, sowie hoch angesetzte Fenster im Süden und Norden.

Die Fenster sind beinahe alle aus großen, hellen Steinblöcken geformt und einfach dekoriert. Die Portale sind, wie für archaische Kirchen üblich, durch große Steinblöcke geformt. Die eigenartigen hervorstehenden Steinblöcke, die etwas versetzt unter den Fenstern angebracht sind, haben vermutlich einst die Holzkonstruktion eines U-förmigen Gavith gestützt. Möglicherweise sind die U-förmigen Vorhallen ein Charakteristikum dieser Gegend. Sie sind nämlich sonst in Armenien nicht in dieser Konzentration mehr zu finden.

## Kloster Khobajr

Der Name dieses Ortes ist sprechend: er setzt sich anscheinend aus dem georgischen Wort für Höhle ›k'ob‹ und dem entsprechenden armenischen ›ayr‹ zusammen, Ort vieler Höhlen.

Die exponiert liegende Klosteranlage von Khobajr war eines der historisch bekanntesten Zentren des mittelalterlichen Armeniens der Bagratiden. Diese Anlage aus dem 10. bis 13. Jahrhundert stand unter dem Einfluss der aus Georgien stammenden armenischen Fürstenfamilien, die 12. und 13. Jahrhundert Armenien nach dem Seldschukensturm wieder aufbauen ließen. Sie ist so eines der wenigen noch vorhandenen Zeugnisse georgisch beeinflusster Kunst in Armenien. Hier hatten auch die beiden Prinzessinnen Mmkan und Ruzakhan in klösterlicher Abgeschiedenheit mit den Historikern ihrer Zeit an bedeutenden Chroniken gearbeitet.

Der Haupttteil des Klosters liegt im äußersten Süden am Rande eines tiefes Abgrundes. Etwa 150 Meter nördlich davon liegen zwei weitere Bauten, direkt von den Resten einer Wehrmauer mit vier zylindrischen Türmen begrenzt. Man sieht die halb verfallenen Gebäude, die an den links vom Debed aufsteigenden Schluchthang geklebt scheinen, bereits vom Dorf aus, obwohl sich der durch Menschenhand geformte Stein kaum farblich vom natürlichen Felsen unterscheidet.

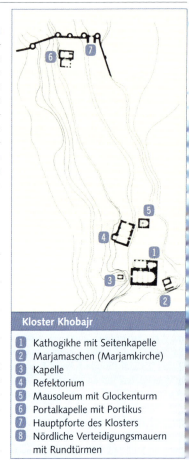

### Kloster Khobajr

1. Kathogikhe mit Seitenkapelle
2. Marjamaschen (Marjamkirche)
3. Kapelle
4. Refektorium
5. Mausoleum mit Glockenturm
6. Portalkapelle mit Portikus
7. Hauptpforte des Klosters
8. Nördliche Verteidigungsmauern mit Rundtürmen

Das Kloster liegt mehr oder weniger direkt oberhalb der Eisenbahnstation von Khobajr und ist so auf jeden Fall nicht allzu schwierig zu finden. Der Weg von der Hauptstraße nach Khobajr zweigt (von Süden kommend) links auf Höhe der zweiten Brücke ab. *41°0'17.70"N, 44°38'3.58"E*

# Kloster Khobajr

Der Weg hinauf ist etwas beschwerlich. Er ist nicht bei jeder Witterung und zu jeder Tageszeit zu empfehlen, doch die wunderbaren meterhohen Fresken, die an der ganzen Apsis auf drei Sektoren in noch strahlenden Farben die Aposteln, Heilige und Szenen aus dem Neuen Testament zeigen, lohnen den Weg. (siehe Wanderung → S. 423)

Die Anlage besteht aus zwei Gebäudegruppen: im äußersten Süden über einem Abhang liegt der Kern des Klosters mit der Hauptkirche Kathoghike und angrenzenden Kapellen. Unweit nördlich der Hauptkiche liegt das Refektorium und in dessen nordöstlichsten Winkel stößt beinahe ein Mausoleum an die Mauern.

Etwa 150 Meter nördlich liegt der zweite Bereich des Klosters: Eine Verteidigungsmauer mit fünf Rundtürmen, durch die der Haupteingang zum Kloster führte. Direkt rechts hinter dem Eingang liegt eine kleinere Kirche mit Portikus.

## ■ Südlicher Teil

Zentrum der gesamten Anlage ist die **Kathoghike** mit einem großen, auf rechteckigem Grundriss erbauten Kirchenschiff, das durch Bögen im Inneren in drei Teile unterteilt wird. Der Haupteingang ist mit einem wunderschön verzierten Bogenportal umgeben – ungewöhnlich für armenische Kirchen im Norden; ein weiterer Eingang öffnet sich allerdings vom Westen. An den Außenwänden sind viele georgische Inschriften zu lesen. Die **Ostfront** jedoch ist besonders bedeutend und wurde daher, soweit möglich, restauriert. Sie fällt durch fünf gleichmäßig verteilte Fensteröffnungen auf, im Inneren befinden sich die beeindruckenden **Wandmalereien**, die seit Juli 2010 restauriert und hoffentlich auch besser als zuvor geschützt werden.

Anschließend an die Nordmauer der Hauptkirche befindet sich eine kleine **Saalkirche** aus dem 12. Jahrhundert, die mit der Hauptkirche durch einen Eingang

*Wandmalereien in Khobajr*

verbunden ist. Vor dieser kleinen Kiche, das heißt im nordwestlichen Winkel der Kathoghike, wurde im 13. Jahrhundert eine kleine Vorhalle mit nach Westen geöffneten Arkaden errichtet. Diese ist allerdings nicht sehr gut erhalten.

Im äußersten Osten der Anlage, steht auf einem felsigen Vorsprung eine kleine Saalkirche, **Marjamaschen**, die 1171 von Marjam, Tochter des Bagratidenfürsten Kjurik, errichtet worden ist. An der Südwand dieser kleinen Kirche sind noch Reste einer kleinen Kapelle zu erkennen. Mehr oder weniger genau gegenüber dem Westeingang der Kathoghike steht eine weitere **Kapelle**.

Verlässt man nun diesen südlichen Teil und geht bergauf Richtung Norden, trifft man zunächst auf die Reste des großen **Refektoriums**. Es zeigt die klassische Bauweise der Refektorien dieser Zeit: das langezogene Rechteck des Grundrisses wird durch drei Traversalbögen in einzelne Abschnitte geteilt und von einem Gewölbe bedeckt. An der Nordostecke des Refektoriums befindet sich eine relativ tiefe Nische.

Im Nordwesten des Refektoriums fällt der Blick unweigerlich auf den grazilen **Glockenturm** mit seinen achten Säulen, der das Grabmal des Fürsten krönt. Das **Mausoleum** wurde 1295 von Mcharzrgel, Sohn des Schachchnschah, und seiner Frau Vanane errichtet. Es hat die Form einer kleinen Saalkirche mit Apsis, nach außen hin erscheint sie beinahe rechteckig. An der Südwand des Mausoleums ist noch ein wunderschön verziertes Portal mit einem Stalaktitentympanon erhalten.

■ **Nördlicher Teil**

Vor der Verteidigungsmauer, welche die Anlage gegen Norden abschließt, steht eine **Kapelle mit Portikus**. Diese kleine Kapelle ist eine Saalkirche, die im Inneren durch einen Traversalbogen geteilt überwölbt ist. Das Portal befindet sich im Süden, woran sich auch der Portikus mit seinen Doppelarkaden anschließt.

In der weiteren Umgebung, vor allem, wenn man den Waldweg weiter durch das Hauptportal nach Norden begeht, finden sich **Reste vieler kleiner Kapellen** und profaner Gebäude.

Der Weg nach Norden, bergauf, führt, auch das sei gesagt, weiter bis nach Odzun.

▲ *Düsteres Alaverdi an der Klösterstraße*

# Hovhannes Thumanjan

Seine Märchenfiguren sind allen armenischen Kindern bekannt. Ob nun der tölpelhafte und doch immer wieder gescheite Khadsch Nazar, der unbesiegbare Hahn oder das Kitzlein. Seine Geschichten und Erzählungen beschreiben nicht nur in der einfachen, unverklärten Sprache des Volkes die Traditionen, Freuden und Leiden der Armenier, sondern sind heute schon zur Tradition geworden.

Hovhannes Thumanjan wurde 1869 in dem kleinen Dorf Dsegh als Sohn des Dorfpriesters Thadevos geboren. Nachdem er die Dorfschule absolviert hatte, wurde er nach Dschaloghlu, das heutige Stephanavan, und dann als Vierzehnjähriger allein nach Tiflis geschickt. In seiner Ausbildung lernte er nicht nur die Welt außerhalb seines Landes, sondern auch die des Theaters und der fremden Literatur kennen und lieben. In seinem enormen Schaffensdrang schrieb er besonders für sein Volk und vor allem in der Sprache seines Volkes, dem Ostarmenischen, und verhalf damit dem neu normierten Ostarmenischen zum Durchbruch. Er übersetzte auch russische Literatur und sogar Märchen der Brüder Grimm ins Armenische. Nach einem viel zu kurzen, schaffensreichen Leben verstarb er 1923 im Alter von 54 Jahren in Moskau an einem Krebsleiden.

In seinem Geburtsort hat man ihm eine Gedenkstätte und ein Hovhannes-Thumanjan-Museum im Ortszentrum eingerichtet. Gegenüber dem Museum steht eine kleine, frisch restaurierte Kirche. Offensichtlich hat man hier die wenigen Reste einer alten Kirche so gut wie möglich rekonstruiert, denn an der Ostfront fällt ein kleiner Teil durch stärker verwitterte Steinblöcke und alt aussehende Reliefs auf.

Dsegh erreicht man über eine Brücke nach rechts einige Kilometer vor Thumanjan. An der Straße weisen auch Schilder und eine mit Szenen aus seinen berühmtesten Geschichten bemalte Wand auf das Thumanjan-Museum hin. Die etwa acht Kilometer lange Straße ins Dorf ist recht gut, die Landschaft hier auf der Hochebene ist sehr ruhig und friedlich, mit großen Wiesen und kleinen Wäldern. Hier muss sich der kleine Hovhannes einst sehr wohl gefühlt haben und die allzu frühe Trennung von seinem Elternhaus muss ihn sehr betroffen haben.

Vielleicht ist seine berühmte Geschichte vom unglücklichen Jungen Gikor, der von seinen armen Eltern aus dem schönen Bergdorf ins ferne, fremde Tiflis geschickt wird, um dort etwas Geld für die Familie im Haus eines reichen georgischen Kaufmanns dazu zu verdienen, tief aus seiner verletzten Seele geschrieben worden, vielleicht hat auch er von seinem Vater einen ähnlich ergreifenden Brief erhalten:

*»Lieber Gikor, wir sind alle froh und munter, wir wünschen uns nur, dass du gesund bist. Mit großer Sehnsucht schicken dir dein Papa, deine Mama, Zani, Mosi, Mikitsch und Galo liebe Grüße. So sei's. Mein geliebter Sohn Gikor. Du musst schon verstehen, dass unser Platz hier sehr sehr eng ist, und sie schrecklich viel Zins dafür wollen und wir einfach kein Geld haben. Mama und Zani sind schon ganz mager. Und der Platz wird auch immer enger. Lieber Gikor, schick uns doch ein paar Groschen und auch einen Brief, wie es dir so geht. Und du sollst auch wissen, dass Tsachik gestorben ist. Und Mama und Zani sind wirklich schon ganz dünn.«*

*Hovhannes Thumanjan, Gikor*

## Odzun

Der reißende Debed gräbt sich immer tiefer zwischen die Berge, bis die schroffen Felswände links und rechts der Straße immer höher werden. Die enge, hohe Schlucht zwischen Thumanjan und Alaverdi wird Wolfsschlucht, gajlasar, genannt. Hier musste man auch zwei Tunnel durch das Gestein schlagen. Auf dem Plateau auf der linken Seite, das schon so hoch oben ist, dass man von der Straße nicht mehr sehen kann, ob es Dörfer oder Gebäude auf der Hochebene gibt, liegt das Dorf Odzun mit seiner riesigen Kathedrale und etwas südlicher Ardvi mit zwei kleinen Klöstern. An der rechten Straßenseite, etwas vertieft, erwartet ein altes Restaurant mit einem romantischen Sitzgarten mit Holzbänken und direktem Blick auf die Wolfsberge seine Gäste. Auf der Speisekarte steht vor allem das übliche Chorovats', aber das Fleisch stammt hier meistens von Wildschweinen. Die Auffahrt auf das Hochplateau von Odzun liegt eigentlich schon am Ende der Wolfsschlucht, links zwischen Akhori und Hagvi. Sie schlängelt sich ziemlich steil und leicht übersehbar etwa elf Kilometer bis ins Dorf. Der Name Odzun wird fast in einem Atemzug mit jenem des berühmtesten Bürgers genannt, des Katholikos Hovhannes Odznets'i, auf den laut Tradition auch der Bau der monumentalen Kathedrale zurückgeführt wird. Jedoch zeigen die Strukturen und die archäologischen Untersuchungen, dass diese Basilika älter sein muss.

Dieser Hovhannes, dem häufig der Beiname ›imastasēr‹, der Philosoph, gegeben wird, ist eine der schillerndsten Persönlichkeiten der armenischen Kirche. Er konnte in seiner kurzen Amtszeit als Oberhaupt der armenischen Kirche zwischen 717 und 728 durch einige Synoden zu Dvin das gesamte spirituelle Leben und die Liturgie seiner Kirche verbessern und festigen. Ein Denkmal des großen Kirchenmannes und Gelehrten ziert den zentralen Platz von Odzun und weist den Weg zur Kathedrale.

### ■ Kathedrale von Odzun

Die hohe, sichtlich junge Umfassungsmauer lässt keinen nahen Blick auf die Kathedrale zu, erst wenn man durch das Eingangstor im Westen geht, trifft einen die ungeheure Größe dieser Kirche aus dem 7. Jahrhundert. Diese Dimensionen sind wirklich eines Kirchenoberhauptes würdig. Man hat sich um eine getreue Restaurierung bemüht, was auch gelungen ist. Nur das grelle, fast fremdartig Marienbild über dem Altarraum erscheint es nicht ganz passend für dieses wunderbare architektonische Ensemble.
◉ 41°3'3.42"N, 44°36'58.41"E
Die Kuppelbasilika zeigt im Vergleich zu anderen ähnlichen Kirchen eine intensive Verlängerung eines kreuzförmigen

▲ *Arkaden in Odzun vor der Restaurierung*

*Die Odzuner Kathedrale erstrahlt in neuem Glanz*

Grundrisses, der in ein Rechteck eingeschrieben ist, dessen Abmessungen etwa 21 mal 32 Meter betragen. So ist das Innere durch vier freistehende Stützen gekennzeichnet, die das Mittelfeld umschließen und die zentrale, sechzehneckige Schirmkuppel tragen. Der Tambour ruht auf vier Trompen und vier Rundbögen. Die extreme Längung des Ost- und Westarmes erforderte im Westarm zwei weitere Pfeiler nahe der Westwand, um die Teilungsbögen zu stützen. Der Chorraum hat zwei Eckräume. Neben der Längsausrichtung ist die Kirche auch sehr hoch. Diese Höhe wird auch nach außen durch das querliegende, abgestufte Satteldach betont. Das Innere der Kirche wirkt sehr hell, immerhin gibt es an allen Wänden mehrere größere und kleinere Fenster. Vielleicht hat der eigentliche Kirchenbau schon sehr viel Geld verschlungen, so dass nicht mehr viel für aufwendiges Dekor übrig war. Der Kirchenraum ist eher sparsam dekoriert, abgesehen von den fächerförmigen Trompen, dem Relief der Madonna in der Taufnische in der Nordwand des Chorraums und dem bereits erwähnten Marienbild. Ein weiteres Charakteristikum der Odzuner Kathedrale, neben dem hellen Stein und der Größe, sind die Arkaden, die die Kirche an der Nord- und Südseite umgeben und an der Westseite in eine durchgehend gestaltete Mauer mit dem Westportal übergehen. Lediglich die Ostfront bleibt ausgespart. Das Ostende der nördlichen Galerie bildet eine kleine Apsis, das der südlichen Galerie ein kreuzförmiger Raum.

■ **Bauplastik**

Vieles an der Bauplastik scheint nachträglich etwas verändert worden zu sein: die hufeisenförmigen Kranzgesimse mit den neckischen Blümchen, das weinrebenumrankte Westportal, die Bögen über den Südfenstern und die Blätterfriese. Über einem Südfenster hocken zwei Engel und sehen zu einer nicht mehr erkennbaren Figur empor. Über einem anderen an der Nordfront seitlich reich dekorierten Fensterbogen sind auch Reste einer Figur zu erkennen. Am deutlichsten ist noch das Relief des thronenden Jesus mit dem Johannesevangelium in der Hand über einem Fensterbogen zu sehen. Das Westportal trägt unmittelbar unter seinem Bogen, fast von diesem überschattet, ein weiteres Relief, das eine Darstellung aus dem Johannesevangelium mit drei Figuren und einem Engel sein soll. Einige ungeschickte Kreuze wurden in die Westfront geritzt. Der Küster weiß von diesen Kreuzen zu erzählen, die genau genommen Geheimzeichen sind, die den Mönchen eine Fluchtrichtung zum Debed hinab anzeigen sollten, den man durch einen tiefen Tunnel gleich im südwestlichen Mauerwinkel unentdeckt erreichen kann. Von solchen Tunneln wird immer wieder erzählt. Bei einigen Klöstern hat man tatsächlich alte Stollen gefunden. Ob das hier für Odzun zutrifft, ist allerdings zweifelhaft. Die Armenier lieben Geheimnisse und Mystisches, und außerdem liegt das Plateau einfach viel zu steil über dem Debed.

### ■ Ein altes Grabmal

Geheimnisvoll ist auch das Monument im Norden der Kathedrale. Auf einem siebenstufigen Sockel erhebt sich ein großer hufeisenförmiger Doppelbogen aus Tuff. In der Mitte dieser Bögen zeichnen sich gegen den gebirgigen Hintergrund zwei helle Stelen aus Kalkstein ab. Die Stelen sehen nicht, wie bei ähnlichen Denkmälern, glatt aus, einige Kerben auf der Oberfläche werfen Schatten und verleihen den Säulen ein noch plastischeres Aussehen. Doch bei näherer Betrachtung entpuppen sich diese vermeintlichen Kerben als figürliche Darstellungen, die sich an der West- und Ostfront befinden. Die Westseiten der Stelen sind mehr vom Wind abgeschliffen worden, die Figuren sind schwierig zu erkennen, die Ostseiten zeigen jedoch noch deutlich Körper, sogar Gesichtszüge der dargestellten Personen. Heidnische Götter oder Heilige, Könige oder Feinde? Man nimmt an, dass die Stelen die Geschichte der Christianisierung Armeniens darstellen. Die Innenseite ist mit Blätterwerk geschmückt. Dieses alte Grabmal wird von den Experten unterschiedlich datiert, zwischen das 5. und das 8. Jahrhundert, und es steht auch nicht fest, wessen Grabmal das hier sein soll.

### ■ Ardvi

Einige Kilometer südlich von Odzun liegt an einer kleinen Schlucht Ardvi. An der Dorfeinfahrt, gegenüber einem alten Friedhof, liegt ein kleines Gotteshaus. Sparsam gebaut, wie ein Zwerg im Unterschied zur Odzuner Kathedrale, und doch mit dem Namen Metsvankh, großes Kloster. Von diesem Kloster aus dem 13. Jahrhundert ist nur die Kapelle erhalten und einige Mauerreste jener Gebäude, die dem Kloster den Namen gaben. Die einschiffige Kapelle mit der halbkreisförmigen Apsis mit zwei winzigen Nischen

▲ *Hovhannes Odznets'i*

und dem Satteldach ist jedoch sorgfältig restauriert worden. Auch wenn es ein derart unscheinbares Steinhäuschen mit dürftigem Dekor über dem einzigen Fenster der Ostfront ist.

### ■ Johanneskloster

Ein anderes kleines Kloster liegt im Norden des Dorfes und ist Hovhannes Odznets'i gewidmet. Es ist auch von ihm persönlich in der ersten Hälfte des 8. Jahrhunderts errichtet worden und hat aber nichts von der monumentalen Pracht der ihm zugeschriebenen Kathedrale. Hat der weise Mann hier in den unauffälligen Klosterwänden die Kraft für sein großes Werk geschöpft? Hier in dem friedlichen Tal hat er die spirituelle Ruhe gefunden und später seine letzte Ruhe, denn hier wurde er auch beigesetzt. ◉ *41°1'11.17"N, , 44°35'15.40"E* Umfriedet von einer Mauer besteht das Johanneskloster aus zwei aneinander gebauten Kirchen und einem später hinzugefügten Glockenturm im Süden. Wäre da nicht dieser leicht versetzte Glockenturm mit dem quadratischen Block, auf dem sich das Türmchen erhebt, dann sähe das Kloster wie ein kleiner Bauernhof aus. Die einschiffigen Kapellen sind durch eine gemeinsame Mauer und einen Durchgang verbunden.

Die nördliche Kirche hat auch einen Westeingang mit einem rechteckigen Gavith davor. Die südlichere Kirche, etwas größer, birgt das Grab des bedeutenden Katholikos und ist auch durch ein enges Portal an der Südwand begehbar. Auf dem umliegenden Friedhof sind viele Inschriften und Grabsteine aus dem 16. bis 17. Jahrhundert zu finden. Kaum jemand erweist dem großen Kirchenmann die Ehre, vielleicht auch im Glauben, dass dies schon mit der Besichtigung der meisterhaften Odzuner Kathedrale getan wäre. Aber es ist dieser unscheinbare und friedliche Ort, der das Wesen des Hovhannes Odznets'i weit besser zeigt.

## Kloster Sanahin

Die Klösterstraße setzt sich weiter nach Norden durch die Stadt **Alaverdi** fort, die nicht unbedingt zu einer Besichtigung einlädt. Mitten in Alaverdi, auf der rechten Straßenseite der vielbefahrenen Kachojanstraße, überquert eine einbogige Steinbrücke den Debed. Sie bändigt schon seit acht Jahrhunderten den reißenden Fluss und führte als lange Zeit einzige Verbindung in das Dorf Sanahin. Damit ist sie auch das älteste weltliche Baudenkmal Armeniens. Die Königin Vananē hatte wohl nicht vermutet, dass die Brücke, die sie im Andenken an ihren Mann, den König Abas von Lori, 1192 hat errichten lassen, eine derartige Berühmtheit erlangen würde. Natürlich ist die beinahe 19 Meter lange Brücke schon einige Male restauriert worden, aber die technische Meisterleistung des 12. Jahrhunderts wurde dadurch keineswegs geschmälert. Stufenförmig leitet die Brücke vom Alaverdi zugewandten Flussufer zum höher gelegenen rechten Ufer über. Ein kätzchengroßer Löwe sonnt sich auf einer der Ecken des steinernen Brückengeländers. Die Straße endet im Dorf Sanahin. Muntere kleine Ferkel, neugierige Esel und spielende Kinder beleben den schönen Ort, über dem die Klosterakademie von Sanahin liegt. Sanahin ist bereits 1996 zusammen mit Haghpat in die Liste des UNESCO-Weltkulturerbes aufgenommen worden. Da auch hier Zeit und Natur tiefe Risse hinterlassen haben, hat man mit Fixierungs- und Restaurierungsarbeiten begonnen. ◉ *41°5'13.41"N, 44°39'58.39"E*

### ■ Geschichte des Klosters

Dem Klostergebäude gegenüber liegt ein großes Holzgebäude, das früher

## 302 Die Klösterstraße

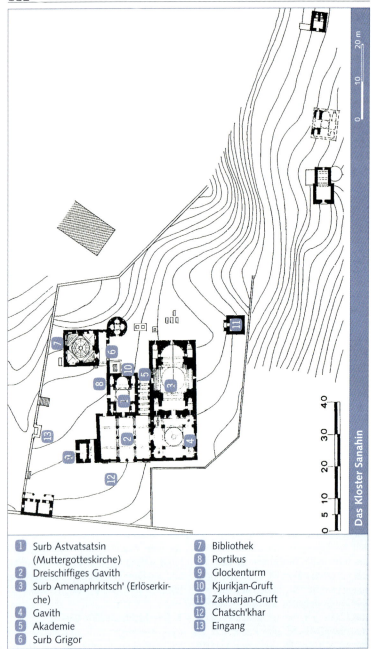

1. Surb Astvatsatsin (Muttergotteskirche)
2. Dreischiffiges Gavith
3. Surb Amenaphrkitsch' (Erlöserkirche)
4. Gavith
5. Akademie
6. Surb Grigor
7. Bibliothek
8. Portikus
9. Glockenturm
10. Kjurikjan-Gruft
11. Zakharjan-Gruft
12. Chatsch'khar
13. Eingang

Das Kloster Sanahin

▲ Karte S. 282

## Kloster Sanahin

einmal die Dorfschule war und nun leider keine Funktion mehr hat. Früher hatte ein alter Küster ein ganzes Sammelsurium kurioser Geschichten um das Kloster auf Lager, die natürlich weniger historisch oder gar architektonisch exakt waren, aber dafür umso amüsanter. So wusste er auch den Namen des Dorfes und damit des Klosters herzuleiten. Ein bedeutender Geistlicher sei beim Anblick des Sanahiner Klosters sehr erstaunt gewesen. Mit einem prüfenden Blick in Richtung des im Nordwesten Sanahins sichtbaren Haghpat-Klosters soll er dann überzeugt gesagt haben, ›das ist älter‹, womit er endlich den ständigen Streit und Wettkampf der beiden Dörfer um die größere Bedeutung des Klosters beilegen konnte. So wurde das Kloster, stolz auf die Äußerung des Gelehrten, eben ›das ist älter‹, Sanahin, genannt. Und überhaupt soll die Gründung des Klosters auf den heiligen Grigor, den Erleuchter, zurückgehen, der im 4. Jahrhundert hier ein Kreuz aufgestellt haben soll. An dieser Stelle ist dann am Ende des 4. Jahrhunderts eine Kapelle erbaut worden, genau dort, wo heute noch die Erlöserkirche steht. Von dieser Kapelle sind auch noch tatsächlich in der Kirchenapsis ein Kapitell und ein Fries zu bewundern.

Das Kloster als solches wurde in der ersten Hälfte des 10. Jahrhunderts gegründet. Das älteste Gebäude ist die Muttergotteskirche aus dem Jahre 934. Die größte Kirche, die Erlöserkirche, die auch das Zentrum des Komplexes südlich der Muttergotteskirche bildet, wurde im Auftrag der Königin Chosrovanusch, der Gattin des ›barmherzigen‹ Aschot III. Bagratuni, für ihre drei Söhne Gurgen, Smbat und Gagik errichtet. Das Hochrelief an der Ostfront der Kirche zeigt die Königssöhne Gurgen und Smbat mit dem Kirchenmodell in Händen.

Als Prinz Grigor Pahlavuni, später Grigor Magistros genannt, im 10. Jahrhundert eine Akademie begründete, setzte eine weitere, intensive Bauphase ein. 1063 wurde von Prinzessin Hranusch eine kleine rundummantelte Grigorkirche in Auftrag gegeben, die nördlich der Erlöserkirche in unmittelbarer Nähe der ungefähr zur selben Zeit errichteten Bibliothek als nördlichstes Gebäude des Komplexes steht.

In den folgenden 50 Jahren wurde Sanahin zweimal zerstört, zunächst durch die erbarmungslosen Kräfte der Natur und dann noch durch die brandschatzenden Seldschuken. Diesen Anstürmen und Zerstörungen wurde immer wieder mit weiterer Bautätigkeit begegnet, die eigentliche Akademie wurde so zwischen die Muttergottes- und Erlöserkirche gezwängt. Gegen Ende des 12. Jahrhunderts wurden das Gavith der Erlöserkirche, die Kjurikjangruft an der Nordfassade der Muttergotteskirche und das Zakarjanmausoleum etwas abseits als südlichstes Gebäude der Anlage erbaut. Das rechteckige Gavith der Muttergotteskirche geht auf einen Auftrag des Prinzen Vatsch'e Vatsch'utjan aus dem Jahre 1211 zurück. Etwas später wurde auch mit dem Glockenturm an der Nordwestseite des Muttergottes-Gavith begonnen. Der jüngste Teil der Anlage ist die Säulenvorhalle der Bibliothek.

Die harmonische Abstimmung der nacheinander errichteten Gebäude und ihre geschickte Verbindung zu einem kompakten Gesamtbild ist bestimmt eine architektonische Meisterleistung. Die bauliche Komposition und liebevolle Ausführung der bauplastischen Details eine andere. Der Geist der Lehrmeister und ihrer Schüler durchdringt die Halle der Akademie noch immer. Die Bibliothek ist leer, doch wenn das Sonnenlicht durch die enge Dachöffnung auf die dunklen

*Gavith in Sanahin*

Nischen fällt und den Staub der vergangenen Jahrhunderte aufwirbelt, dann glaubt man, sogar die dicken, in Leder gebundenen Manuskripte in den Winkeln zu sehen. Der Eingang zum Kloster befindet sich an der Nordseite an der Dorfstraße in einer Umfassungsmauer.

### ■ Muttergotteskirche

Sparsam präsentiert sich die Muttergotteskirche in ihrem Äußeren mit dem zylindrischen Tambour, doch hat sie in ihrem weiträumigen Inneren auf kreuzförmigem Grundriss einige Details, die überraschen. Eine gängige Konstruktion mit Wandpfeilern und Bögen besticht durch die vier Evangelistensymbole, die genau an den Kreuzungspunkten der Bögen angebracht worden sind. Spuren von Fresken sind noch zu erkennen. Im Gewölbe zur Nordost-Kapelle, über dem Durchgang, wurde ein kleines steinernes Modell der Kirche angebracht, vielleicht für die Aufbewahrung von Reliquien.

Das Westportal mit seinen geometrischen Ranken öffnet sich zum großen, rechteckigen Gavith. Zwei Reihen von kurzen, massigen Säulen teilen es in drei überwölbte Schiffe, wobei das Mittelschiff auf der gleichen Achse wie das der Kirche liegt. Die drei Gewölbe sind auch nach außen durch drei Satteldächer akzentuiert. Beinahe im Stil einer Basilika, und doch sprechen die in den Boden eingelassenen alten Grabsteine mit den schemenhaften Figuren deutlich für die Funktion als Gavith. Die Westfassade des Gavith ist spielerisch mit zwei Arkaden und dreieckigen Giebeln gestaltet, flankiert von zwei großen Kreuzsteinen. Der südliche, Zakhar, oder auch Sarkis, der Große, genannt, zeigt mehrere Inschriften am unteren Feld und bogenförmig über dem Kreuz und wird auf 1187 datiert. Auch der nördliche Stein wurde Sarkis dem Großen geschenkt, er stammt aus dem Jahre 1215. Im seltsam fahlen Licht des großen Gavith, das durch die schweren Säulen gebrochen wird, grenzt an deren Südostseite eine Galerie an. An dessen Südseite befindet sich der Eingang ins kleinere, ältere Gavith der Erlöserkirche, das ganz im üblichen Stil gehalten ist. Auf dem quadratischen Grundriss wurde durch vier mittlere Säulen ein kreuzförmiges Inneres geschaffen, das breit überkuppelt ist. Die Eckräume haben niedrige, flache Platten, die allerdings reich verziert sind.

### ■ Erlöserkirche

Durch die östliche Öffnung wird der Eintritt in die Erlöserkirche gewährt.

Die Erlöserkirche folgt dem Bauplan der älteren Muttergotteskirche, sie hat aber zwei zweigeschossige Eckräume im Westen und eine etwas komplexere Gestaltung, innen mit mehreren Nischen im Chorraum, außen mit zarten Bögen auf Doppel- oder Dreifachsäulen an der Nord- und Südfassade und umrahmten Fensterbögen. Eigenartigerweise hat die Kirche kein weiteres Portal. In der Höhe der Stufen rechts vom Altar sieht man noch die Reste des vermutlich ältesten Bauwerkes von Sanahin, ein schönes Kapitell.

Der zweigeschossige Glockenturm am Rande des großen Gavith birgt in seinem Inneren mehrere Kapellen. Er wurde auf Geheiß von König Abas II. Kjurikjan errichtet. Das obere Geschoss beherbergt drei Kapellen und ist durch überkreuzte Doppelbögen gekennzeichnet. Diese Bögen tragen den kreisrunden Boden des darüber gesetzten eigentlichen Glockentürmchens. Die Westfassade des Glockenturms gehört sicherlich zu den schönsten des Klosters. Ein riesiges, innen fein gemeißeltes Kreuz nimmt die Mitte der Front ein, die außerdem durch eine ganze Reihe verschiedener Fenster und deren Umrahmungen aufgelockert wird.

### ■ Grigorkapelle

Noch bevor das Innere der Bibliothek einem den Atem raubt, bereitet schon die kleine runde Grigorkapelle mit ihrer Bauplastik auf aufwendiges Dekor vor. Sie ist eine ummantelte Kreuzkuppelkapelle, deren zylindrisches Äußeres durch ein Podium von drei Stufen und kleine Dreiecksnischen etwas verformt wird. Zwischen der Grigorkapelle und dem Portikus der Bibliothek steht auf zwei kleinen Sockeln ein Kreuzstein mit extrem tief eingeschnittenem Kreuz. Der Portikus sollte die Grigorkapelle mit der Muttergotteskirche verbinden, um so auch einen guten Platz für die Gruft der Kjurikjan zu schaffen. Diese im nordwestlichen Winkel zwischen Portikus und Muttergotteskirche errichtete Gruft wurde jedoch gegen Mitte des 19. Jahrhundert gänzlich zerstört. Der Portikus selbst hat eine völlig offene Westseite, große Fensteröffnungen und ein Arkadenportal an der Südseite.

### ■ Bibliothek

In der Bibliothek müssen sich die Augen erst an den dunklen Raum mit den vielen Winkeln und Nischen, den ge-

*Die Auferstehungskapelle*

*Türmchen in Sanahin*

waltigen Ecktrompeten und den sich kreuzenden, spitz zulaufenden Bögen gewöhnen. Licht dringt nur spärlich über das zentrale Jerdik ein, die wertvollen Handschriften mussten vor der zerstörerischen Sonneneinstrahlung und vor dem Wetter geschützt werden. Die Nischen sind mit verschieden geometrisch dekorierten Rund- und Spitzbögen umrahmt. Die Spitzbögen enden nach unten in wie gedrechselt aussehenden, grazilen Säulen mit breiten dekorierten Sockeln und eben solchen Kapitellen. Die Nordost- und die Südwestecken des Gebäudes gleichen überdimensionalen Fächern. Die gesamte Bibliothek ist eines der überragenden Zeugnisse profaner Baukunst, ungemein erfinderisch und auch progressiv in ihrer Ausführung.

■ **Weitere Sehenswürdigkeiten**
Auf dem großen Gelände des Klosters, das sich noch weiter nach Südosten erstreckt, liegt ein großer **Friedhof** und einige vereinzelte Gebäude, besonders Mausoleen. Das **Mausoleum der Zakharjan-Familie** im Südosten der Erlöserkirche, nahe an der Umfassungsmauer, wurde für die beiden Brüder Zakharē und Ivanē im Jahre 1189 von ihrem trauernden Vater erbaut. Die verfallene **Jakobskirche** östlich der Erlöserkirche ist eine kleine, nach außen rechteckige Kuppelkirche. Wiederum östlich davon befindet sich die **Auferstehungskapelle** aus dem 14. Jahrhundert, eine einfache Kirche mit zwei Apsiden und einem mehrfach stufenförmig umrahmten Portal. Neben dieser Kapelle steht auf einem begehbaren Sockel mit zwei kleinen Bögen der **berühmteste Kreuzstein des Klosters**. Dieser Chatsch'khar, der den Namen Grigor Tutevord trägt, ist von Meister Mechithar 1183 in vollendeter Form auf zwei Ebenen ausgeführt worden. In noch weiterer Entfernung liegt die Dorfquelle und weitere kleine Kapellen sowie eine Vielzahl von Grüften. Gut erhalten und sogar noch in Betrieb ist das **Quellhaus**. Es wurde für die Zakharjanbrüder vom Architekten Mechithar gegen Ende des 12. Jahrhunderts als einfaches Gebäude mit rechteckigem Grundriss und zwei Arkaden an der Südfront geschaffen. Noch heute kommen die Dorfbewohner hierher, um sich an den Rinnen zu erfrischen oder ihre Tiere trinken zu lassen. Die kleinen Stufen, die in östlicher Richtung, hinauf auf den Abhang zum Friedhof und den vielen, kleineren Kirchen, Kapellen und den Grüften führen, sind für eine Rast gut geeignet. Hier ist der Blick auf die Ostseite des Klosters frei, auf die verschieden hohen spitzen Türmchen, die Bogenfassaden, die schmalen Fenster und die massige Bibliothek.

### 🏨 Alaverdi und Sanahin

**Tufenkian Dzoraget Hotel Complex** (P2), Tel. +374/10/655877, www.tufenkian.am. Preis inkl. Steuern und Frühstück. Im Dorf Dzoraget, einige Kilometer südlich von Alaverdi, liegt am Fluss Debed dieses Hotel der Tufenkian-Kette. Es ist originell möbliert, etwas luxuriös mit ausgedehn-

ten Terrassen und Swimmingpool, allerdings sehr abseits, dennoch eine gute Ausgangsbasis für Besichtigungen in der Provinz Lori geeignet. Das Restaurant im Hotel bietet sehr gute Küche.
**B&B Iris** (P1), Baghramjani ph. 60, Tel. +374/253/23839 oder +374/91/088812. Preis inkl. Frühstück. In Alaverdi bietet eine nette Familie Gästezimmer und besonders aufmerksame Betreuung an. Das Haus mit schöner Terrasse und dementsprechendem Ausblick liegt an der Hauptverkehrsstraße.
**Odzun-Hotel** (P1), Tel. +374/91/717404, oder +374/95/717404, www.odzunpansionat.am. Eine günstige, jedoch wirklich einfach ausgestattete Möglichkeit, im Norden zu übernachten, gibt es im kleinen Dörfchen Odzun. Das kleine Hotel mit zehn Zimmern liegt idyllisch am Waldrand

## Haghpat

Beinahe am Ende der Welt gelegen, auf einem Hochplateau mit Aussicht auf die Debedschlucht und die wilde Natur ringsum, hat die Familie der Kjurikjans ein weiteres Kloster gegründet, das allerdings im Schatten des nahen Sanahin steht.

*41°5'37.58"N, 44°42'42.84"E*

Das Kloster von Haghpat ist mit einer wehrfähigen Mauer umschlossen, an deren wichtigsten strategischen Punkten Wachtürme weit in die Landschaft hinaus schauen. In der ersten Hälfte des 13. Jahrhunderts wurde eigens die Festung Kajenberd erbaut, die das Kloster verteidigen sollte. Möglicherweise hat sich auch die Königsfamilie hier öfter als in Sanahin aufgehalten, den Seldschuken sind beide zum Klöster zum Opfer gefallen. Haghpat ist ein stiller Ort mit einem Dorfplatz, auf dem eine Rundbank um einen alten Baum zur Rast verlockt. Warum ist Sanahin, wie oft gesagt wird, so unbeschreiblich schön – Haghpat quasi beschreibbar schön? Ähnlich ist das Gefühl, das einen ob der großen wissenschaftlichen Vergangenheit ergreift. Sanahin ist, daran

am Ortsrand. Es verfügt auch über winzige Cottages und ist eher rustikal und einfach.

**Flora**, Alaverdi, Tel.+374/253/22474. Man kann natürlich auf dem Weg zu den berühmten Klöstern im Tufenkian-Hotel Station machen. Wer es traditioneller, deftiger und billiger mag, der sollte in Alaverdi bei einem netten jungen Wirt namens Armen einkehren: Ein kleines Restaurant im sowjetischen Arbeiterstil mit guter Hausmannskost – z. B. Chorovats' – und nettem, flinken Personal.
Außerdem kann man sich bei der Durchfahrt durch Alaverdi in den **Märkten** und **Supermärkten** im Zentrum in der Thumanjanstraße mit Getränken, frischem Obst und Snacks versorgen.

herrscht kein Zweifel, spiritueller. Haghpat ist hingegen etwas weltlicher. Haghpat hat 1986 die UNESCO überzeugt und dieses unvergleichliche Kloster wurde in die Liste des Weltkulturerbes aufgenommen. Der berühmteste Geistliche, der hinter den befestigten Mauern Haghpats Schutz vor Verfolgung und Ruhe für sein unstetes Leben suchte, ist auch einer der bekanntesten und beliebtesten Dichter und Sänger Armeniens: Sajath Nova.

■ **Geschichte des Klosters**
Wie auch in Sanahin ließ Königin Chosrovanusch gegen Mitte des 10. Jahrhunderts ihren Söhnen Smbat und Gurgen die erste Kirche, die Surb Nschan oder Kreuzkirche, erbauen, die noch heute das Zentrum des weit verzweigten Komplexes bildet. Das Grabmal der Kjurikjan wurde im 12. Jahrhundert errichtet, die anderen Gebäude, darunter das große Gavith, die Bibliothek und die anderen beiden Kirchen, stammen aus dem 13. Jahrhundert. Haghpat wurde mehrmals zerstört und verwüstet, systematisch restauriert wurde die Anlage ab dem Jahre 1940.

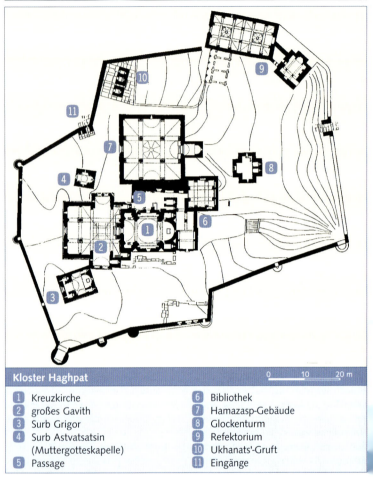

**Kloster Haghpat**

1. Kreuzkirche
2. großes Gavith
3. Surb Grigor
4. Surb Astvatsatsin (Muttergotteskapelle)
5. Passage
6. Bibliothek
7. Hamazasp-Gebäude
8. Glockenturm
9. Refektorium
10. Ukhanats'-Gruft
11. Eingänge

Als ob sich das Kloster vor den Blicken ungebetener Gäste verbergen wollte, drückt es sich mit seinen braun-grauen Steinblöcken und den verblassten, rötlichen Dächern, über die sich eine dünne Schicht Gras wie zum Schutz gelegt hat, eng an den Hang. Nur die Spitze des Glockenturms ist aus der Ferne auszumachen. Erst wenn man sich dem Kloster nähert, wird seine ganze Größe offenbar. In den gut getarnten Steinblöcken zeichnen sich wundersame verschlungene Ranken ab, die wie Bäume herausragenden Felsbrocken werden plötzlich zu kunstvoll gemeißelten Kreuzsteinen und die kleinen Hügel entpuppen sich als Dachkonstruktionen. Die Kirche des heiligen Kreuzes erreicht eine vorher nicht zu erkennende Größe, und selbst der Glockenturm wird zu einem Riesen.

### ■ Gavith der Hauptkirche

Betritt man das Innere dieses wie vom Berge liebkosten Komplexes, so geschieht das meist von der Westseite über das große Gavith der Hauptkirche. Dieses Gavith hat 1201 die Mauerreste des alten Mausoleums des König Kjurikē III. völlig in seine Konstruktion aufgenommen und ist mit seiner komplexen Innengestaltung einzigartig in Armenien. Von mehreren Wandpfeilern und einem freistehenden Säulenpaar werden die vier mächtigen sich überkreuzenden Bögen getragen, die den Innenraum in neun Teile gliedern. Unter dem Schnittpunkt der Bögen liegt der zentrale Raum, unmittelbar vor dem Westportal der Kirche, darüber eine Kuppel mit einer Lichtöffnung. Die übrigen acht Räume sind teilweise nach Süden und Norden verlängert, bilden unter anderem auch eine im Westen des Gavith gelegene Vorhalle und zwei Kapellen im Osten. An der Nordseite des Ostportals steht neben einer Inschrift ein einfacher, tief reliefierter Kreuzstein aus dem 13. Jahrhundert mit seltsamen Stufen im unteren Feld. Sehr ähnliche Kreuzsteine sind auch in der Bibliothek und an einer anderen Stelle im Gavith zu finden.

### ■ Kreuzkirche

Die Kreuzkirche zeigt sich als typische Kreuzkuppelkirche, wobei die Kuppel hier auf vier Wandpfeilern ruht. Die vier Eckräume sind zweigeschossig, die Eingänge zur Kirche liegen im Westen und im Norden. Man weiß, dass früher die Wände der Kirche nahezu vollständig mit Fresken bedeckt waren. Davon ist heute kaum mehr etwas zu erkennen. Leicht zu erkennen ist jedoch die Handschrift eines berühmten Architekten, der auch die zahlreichen Kirchen von Ani erbaut hat. Die Kreuzkirche ist mit Steinplatten gedeckt, die mit vielen Ornamenten verziert sind. Das Äußere der Kirche wurde durch je zwei tiefe Nischen an der Süd- und Ostseite akzentuiert, der auffälligste Schmuck ist wohl das Stifterrelief hoch oben an der Ostfront, auf dem Gurgen und Smbat ein Modell der Kirche in ihren Händen tragen.

### ■ Passage

Beim Verlassen des ältesten Klostergebäudes durch seine Nordtür gelangt man durch eine wenig beleuchtete, feuchte, basaltgraue Passage im Osten in zwei kleine Kapellen und in die Bibliothek. Diese Passage führt sogar weiter aus dem östlichsten Winkel in Richtung Süden, wo ein wahres Gewirr von sich überkreuzenden Bögen an der Decke, verschieden großen Arkaden auf kurzen Pfeilern und großen, abgeschliffenen alten Grabsteinen am Boden den Weg nach außen freigibt. Hier mag der melancholische Poet Sajath Nova abseits vom belebten georgischen Königshof, gleichsam in der allzu ruhigen Verbannung im Kloster still vor sich hinsummend, den Weg von der Bibliothek zur Kirche beschritten haben. Im Halbdunkel der klammen Klostermauern mit leuchtenden, lodernden Erinnerungen an eine längst zurückliegende Liebe sprach er mit sich selbst: »Sajath Nova, wenn du das tust, wirst du gesegnet sein. Und deinem Geist und Körper und der Seele Leben verleihen. Wenn dem Gericht zu entgehen, ist dein Wunsch allein, dann

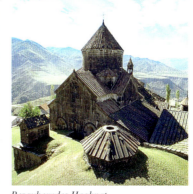

*Bezauberndes Haghpat*

lieb das Kloster, lieb die Einsamkeit und lieb den Stein!«

Der Amenaphrkitsch', der Allerlöser-Kreuzstein aus dem Jahre 1273, zählt zum Schönsten, was armenische Steinmetze je geschaffen haben. Es ist weniger die fragile, porös erscheinende Bearbeitung des Steins in Rankengeflechte oder Sonnenräder, sondern die Darstellung der vielen Gestalten. Die Porträts der zwölf Apostel umrahmen die zentrale Kreuzigungsszene. Am oberen Rand wird die Himmelfahrt Jesu von Engeln begleitet. Die Gewänder der Heiligen werfen zahlreiche Falten und die Gesichter der Apostel sind teilweise sehr lebendig. Obgleich das fahle Licht der Passage nicht die ganze Pracht dieses Chatsch'khars offenbaren kann, taucht es seine Gestalten in eine bedrückende, flehende Atmosphäre, die diesem Kreuzstein seine Faszination verleiht.

### ■ Bibliothek

Die Bibliothek am östlichsten Rand der Passage geht auf das 13. Jahrhundert zurück. Der einfache quadratische Grundriss wurde durch zwei Paare von Bögen auf Wandpfeilern unterteilt. Über einen zentralen achteckigen Jerdik tritt Licht ein und beleuchtet auch schwach die zahlreichen Doppelbögen in den Seitenmauern und die tiefen Nischen für die Aufbewahrung der Manuskripte. Auch hier sind in den Boden alte Grabsteine eingelassen und einige größere und kleinere Chatsch'khare an die Wände gelehnt. Der kleine Tambour ist nach außen hin mit einigen geometrischen Schmuckbändern verziert.

### ■ Grigorkirche und Surb Astvatsatsin

Eine weitere Kirche, die Grigorkirche, wurde im Süden des Gavith gebaut. Sie zeigt etwas nach Norden. Die Grundmauern dieser Kirche gehen schon auf ein Bauwerk aus dem frühen 11. Jahrhundert zurück, das von Hovhannes Vatsch'enats'i dann zwei Jahrhunderte später zu dieser Kirche umgestaltet worden ist. Das strenge rechteckige Äußere ist innen als Kreuz mit vier Eckräumen aufgelockert worden. Doch fehlt dieser äußerst sparsamen Kreuzkuppelkirche die Kuppel. Nördlich des Gavith, beinahe auf gleicher Linie mit der Grigorkirche und jedoch wieder weniger nach Norden gewandt, hat Prinzessin Chathun im 13. Jahrhundert eine Kreuzkuppelkapelle erbauen lassen. Die Muttergotteskapelle (Surb Astvatsatsin) ist im Gegensatz zur Grigorkirche in der Fassade schmuckvoller gestaltet, besonders das mehrfach gerahmte Portal mit großem Flechtband.

### ■ Hamazasp-Gebäude

Etwas nördlicher davon liegt der Eingang zum größten Gebäude der Klosteranlage, einer quadratischen, gavithähnlichen Säulenhalle mit einer riesigen breiten Lichtöffnung und einer kleinen Kapelle im Osten. Es hat allein eine Fläche von 340 Quadratmetern und diente wohl weltlichen Zwecken. Der damalige Abt Hamazasp erbaute es 1257 an der Stelle einer ehemaligen Gruft der Kjurikjan. Wie alle profanen Bauten ist es äußerst nüchtern, abgesehen von dem Jerdik, das über einer kuppelähnlichen, achteckigen Konstruktion liegt. Es könnte sogar ein klösterlicher Stall gewesen sein oder ein Lagerraum für Getreide und Wein.

### ■ Glockenturm

Östlich davon steht der Glockenturm, der im Jahre 1245 am höchsten Punkt der Klosteranlage aufgestellt worden ist. Er hat wie viele seiner Brüder drei Stockwerke. Die Unterschiedlichkeit der Innengestaltung der jeweiligen Geschosse ist auch an der Fassade verdeutlicht. Breit, schlicht, nur durch extrem tief eingeschnit-

*Der Glockenturm steht am höchsten Punkt*

*Bild des Klosterstifters in Haghpat*

tene Ecken gekennzeichnet zeigt sich der unterste Stock. Er hat einen kreuzförmigen Grundriss, der sich aber als T präsentiert, denn der Ostarm wird aus zwei kleinen Kapellen mit Apsiden gebildet. Im Nordarm führt die steile Steintreppe ins zweite Geschoss. Achteckig nach außen und durch wunderschöne Arkadenbögen der Fenster gekennzeichnet, hat das Innere wiederum den typischen Plan einer kleinen Kreuzkuppelkirche mit vier Eckkapellen. Auch am gezackten Dach zeigt sich die Mehreckigkeit dieses Stockwerks. Der zentrale Raum dieses Stockwerkes steht in direkter Verbindung zum eigentlichen Glockentürmchen, das sich nach außen als schlanker, hoher Turm mit sieben Arkaden zeigt. Die gesamte Fassade des Glockenturms unterstreicht durch Einschnitte, geometrische Ornamente und Bögen die inneren Strukturen.

### ■ Refektorium und Küche

Schafe grasen dort, wo die kleine Ostkapelle des Hamazasp-Gebäudes von der Erde verschluckt wird. Vom Dorf unten hört man die Menschen sprechen, und aus dem Innern der Anlage hallen Schritte. An diesem Hang oberhalb der Anlage wurde als letztes Gebäude das große Refektorium erbaut. Es ist Teil der Umfassungsmauer geworden. Mit zwei freistehenden Säulen und den tiefen Gewölben ist es eine perfekte Kopie des Refektoriums von Haghartsin. Das kleine, ebenfalls rechteckige Gebäude, das sich über einen Gang an die Ostseite des Refektoriums anschließt, war die Klosterküche. Eine Frage, die sich schon in Sanahin aufgedrängt hat, wird hier deutlicher formuliert: Wieviele Mönche hat dieses Kloster beherbergt? Wo haben diese Männer geschlafen? Wie und wovon haben sie gelebt, wer hat für sie gesorgt? Historischen Quellen zufolge sollen die Klöster Sanahin und Haghpat zusammen 500 Mönche in ihren Mauern beherbergt haben.

### ■ Ukhanats-Mausoleum

Die Verbindung der Königsfamilie zu diesen beiden Klöstern muss auch sehr eng gewesen sein, da viele Familienmitglieder hier in eigenen Grüften oder innerhalb der Klostergebäude bestattet worden sind. So erinnert auch das große, reich dekorierte Mausoleum der Familie Ukhanats aus der ersten Hälfte des 13. Jahrhunderts an die einst engen Bande zwischen Kirche und Staatsführung. Das Mausoleum liegt unübersehbar an der Nordwestecke der Anlage, direkt hinter dem Hamazasp-Gebäude. Auf diesen drei Grabkapellen, deren Westfronten mit reichlich verzierten Platten geschmückt sind, stehen die sogenannten Ukhanats'-Chatsch'kare. Sie sind alle im gleichen Stil gehalten mit der Umrahmung des Mittelkreuzes durch mehrere, verschieden gestaltete Vierecke und Pflanzenornamente und einem zentralen Kreuz, das an einem unteren Arm drei Kreise hat. Jener Kreuzstein, dessen Hintergrund nur dürftig reliefiert ist, stammt aus dem Jahre 1211. Auf ihm sind auf dem rechteckigen Feld unter den Kreisen die beiden medaillonförmigen Vasen erhalten, die im anderen Kreuzstein daneben aus dem Jahre 1220 schon sehr abgeschliffen sind. Natürlich sind auf dem ganzen Klostergelände Grabsteine und Chatsch'khare zu finden.

### ■ Einsiedelei der Jungfrauen

Vom Kloster aus ist auf dem Berghang oberhalb des Dorfes auch eine Einsiedelei der Jungfrauen, Kusanats' Anapat, aus dem 12. bis 13. Jahrhundert zu entdecken. Eine kleine blaugraue Kuppelkirche, in der die gläubigen Frauen und Mädchen die Zwiesprache mit Gott gesucht haben? Das ist sehr wohl möglich. Nicht selten wurden in Armenien Männer- und Frauenklöster innerhalb eines Ortes in einiger gebührlicher Entfernung errichtet. Doch lassen jene drei fast identischen Chatsch'khare an der Südostfront andere Schlüsse zu. Laut Inschrift sind sie den Erzbischöfen des Klosters, darunter Hovhannes und Gevorg, geweiht.

### ■ Heilige Quelle

Weit näher am Kloster als die Einsiedelei, jedoch auch außerhalb der schützenden Mauern, liegt die heilige Quelle von Haghpat in einem kleinen Häuschen mit Arkadenportal verborgen. Und selbst hierher scheint noch der bittersüße weinerliche Klang der Kamantscha des unglücklichen Sajath zu dringen: »Sajath Nova sagt, vermehrt hat sich mein Leid wie ein reißender Fluss./Nichts Schönes erwartet mein Erwachen am Morgen. Nur größer geworden ist mein Verdruss./Meiner Rose sind viele Dornen gewachsen, wie eine Nachtigall ich darüber klagen muss./Ich will sie nicht mehr erblühen lassen, wollen sie doch nur die anderen zu ihrem Genuss.«

### 🛌 Haghpat

**Gayane Hotel** (P1-2), Tel. +374/93/413705, www.gayanehotel.am. Preis inkl. Frühstück. Im Dorf Haghpat direkt: sieben einfache, freundliche Zimmer, vier Cottages, ein Swimmingpool und gute einheimische Küche

Das neue Hotel **Qefilyan** (P2), Haghpati ph. 14/19, Tel. +374/55/210210, www.qefohotel.com bietet ganz in der Nähe des Klosters eine gemütliche Unterkunft 18 Zimmern, kleine Häuschen, gute Küche und wunderbare Aussicht auf die Schlucht des Debed.

## Achthala

Meist endet die Fahrt auf der Klösterstraße im hochgelegenen Haghpat. Möglicherweise ist das Wehrkloster von Achthala nicht bekannt genug. Der georgische Name der Stadt zeugt von der Nähe zum christlichen Bruder im Südkaukasus, auch wenn die oft als Traumklöster bezeichneten Komplexe von Sanahin und Haghpat ebenso georgisch beeinflusst sind und sich sogar eine Zeit lang unter georgischer Herrschaft befunden haben. Das Kloster von Achthala war sogar für einige Zeit der Kirchensitz der herrschenden armenisch-georgischen Familien und hat aus dieser Periode die wunderbaren byzantinischen Fresken. Nicht umsonst ist 2010 ein Streit um den Anspruch auf dieses Juwel georgisch-armenischer Kunst zwischen den beiden Ländern entbrannt. Das Kloster liegt beinahe uneinnehmbar auf einem Hochplateau, etwa zwei Kilometer nordwestlich der Eisenbahnstation von Achthala. Nach dem Überqueren einer Brücke kreuzt man die Schienen und fährt rechts weiter bergauf an einer alten Siedlung entlang. Bei der nächsten Brücke nach links abbiegen und weiter bergauf, dann sieht man schon die meterhohen Festungsmauern mit den charakteristischen Rundtürmen. *41°9'2.76"N, 44°45'50.19"E*

*Byzantische Fresken in der Muttergotteskirche von Achthala*

Das Kloster ist unter dem Namen Pghndzahankh, Kupfermine, überliefert und stammt vermutlich aus der Zeit der Kjurikjan-Bagratuni-Dynastie. Laut historischer Berichte wurde das Kloster auf den Ruinen einer älteren Kirche zwischen 1212 und 1250 erbaut. Umfassungsmauern schützen die Kirche, ihr Gavith und die zahlreichen profanen Gebäude dort, wo Feinde aufgrund der Topographie von Gefahr sein konnten. Das originelle Hauptportal mit dem großen, halbzerstörten Rundturm ist noch sehr gut erhalten. Über einige vom dichten Gras verdeckte Steinplatten führt ein Pfad hin zu Hauptkirche, die sich unweit der Spitze des zungenförmigen Plateaus erhebt.

### ■ Muttergotteskirche

Die Muttergotteskirche ist im Inneren architektonisch armenisch: eine typische Kreuzkuppelkirche mit zwei freistehenden Pfeilern. Die Apsis ist von zwei Eckräumen mit Apsiden flankiert. Doch der Schmuck im Inneren der Kirche ist georgisch-byzantinisch. Natürlich ist auch die Malerei byzantinisch-georgisch und widerspricht den armenisch-apostolischen Traditionen. Aber diese **Fresken** sind einmalig in ganz Armenien und unbedingt schützenswert, und so hat man sich schließlich entschieden die Kirche zu restaurieren und die Fresken zu erhalten. Die Leuchtkraft der Farben ist beeindruckend: tiefstes Blau, schimmerndes Gold, warme Brauntöne. Folgt man den Kunsthistorikern, so haben die Fresken verschiedene Schichten, deren älteste auf den Beginn des 13. Jahrhunderts datiert wird. Einige jüngere Schichten stammen aus dem 14. Jahrhundert.

Das berühmteste Fresko ist vermutlich jenes im Altarraum: Maria thront mit Jesukind im obersten Halbrund, darunter verteilt Jesus selbst die heilige Kommunion an christliche Heilige, darunter sind die verschiedenen Heiligen, natürlich auch der heilige Gregor der Erleuchter, in zwei Reihen dargestellt. In der Nische des zentralen Fensters an der rechten Wand ist der römische Papst Silvester und ihm gegenüber der heilige Apostel Jakobus dargestellt, an des Papstes rechter Seite der berühmte Kirchenvater Johannes Chrysostomus und an Jakobus' linker Seite der heilige Basilius der Große.

In der Reihe unter dem Fenster ist nochmals der heilige Gregor zu sehen. Neben den vielen Darstellungen von Heiligen, auch an den Kirchenwänden, besticht vor allem die Westseite. Hoch oben über dem Haupteingang thront Jesus. Das zentrale Bild stellt in wunderbarer Farbenpracht die Gottesmutter auf dem Thron dar, flankiert von den Erzengeln, Abraham und Johannes dem Täufer. Etwas weiter rechts von der Muttergottes ist auch die Himmelspforte zu entdecken, an der Petrus mit dem Schlüssel in der Hand wartet. Besonders auffällig und so völlig unerwartet in Armenien zu sehen, ist an der Nordwand im oberen Bereich eine Darstellung des Säulenstehers Simeon, der eigentlich in Armenien nicht verehrt wird. Auch die Szene der 40 Märtyrer von Sebaste an der nördlichen Westwand zieht den Betrachter in ihren Bann. Das Auge des Betrachters kann sich kaum an die vielen üppigen Szenen gewöhnen und sie nicht so leicht entschlüsseln.

Auch außen über dem Westportal der Kirche scheint ein im Tympanon ein Fresko gewesen zu sein.

Die Kirche ist im Inneren relativ hell, nicht nur durch einige Fenster, sondern auch durch die drei Portale im Westen, Norden und Süden dringt etwas Licht. Interessant ist ein winziger eckiger Raum, der an die Nordfront gebaut worden ist und nur von außen begehbar ist.

Die gesamte Kirche hat viel **Bauplastik mit geometrischen Motiven**, Einschnitten, Kreuzen. Die der Schlucht zugewandte Ostfront ist durch zwei tiefe, oben abgerundete Nischen und ein großes Kreuz gekennzeichnet. Das halbkugelige Kuppeldach und die ungewöhnliche Vorhalle geben der Kirche ein etwas befremdliches Aussehen. Diese Vorhalle endet im Süden in eine kleine Kapelle, der nördliche Teil ist eine aufwendige Arkadenkonstruktion mit außergewöhnlich schöner Bauplastik. Doch irgendwie wird man den Eindruck nicht los, dass diese Klosterkirche anders aussieht als andere. Wer nicht bis nach Achthala kommt, kann Kopien der Fresken auch in der Nationalgalerie in Jerevan auf sich wirken lassen.

### ■ Weitere Gebäude

An der Nordseite der Muttergotteskirche, direkt in der östlichen Mauer mit drei halbkreisförmigen Türmen, sind die Reste vermutlich eines Palastes oder Wohngebäudes zu sehen. Die sehr gut erhaltenen Mauern erlauben Rückschlüsse auf die Gestaltung der Innenräume und der Stockwerke. Das Südportal dieses großen Gebäudes ist sehr schön. Ähnliche Gebäudereste liegen auch an der anderen Seite und entlang der ganzen Nordmauer. Der Weg zu diesen halb verfallenen Gebäuden ist schwierig, weil manchmal mit kniehohem Gras bedeckt und von mehr oder wenigen schläfrigen unterarmdicken Schlangen bewacht. Noch dazu gibt es zahlreiche eingestürzte Decken, durch die man leicht in die unteren Geschosse der Gebäude fallen könnte. Im Nordwesten

*Achthala – Trutzburg oder Kloster*

der Kirche steht eine Kapelle im russischen Stil aus dem 19. Jahrhundert. Vermutlich ist auch der noch relativ gut erhaltene Turm beim Haupteingang in diese Zeit zu datieren: ein zweigeschossiger, quadratischer und mit mächtigen Bogenkonstruktionen ausgestatteter Glockenturm. Zwischen den eingefallenen Mauern liegen noch einige Räume, überall verlocken tieferliegende Räume zur Erkundung und Erforschung. Möglicherweise gibt es sogar Geheimgänge zum Debed hinab. Das Kloster von Achthala ist eine eigene Welt, in der sich drei Kulturen verewigt haben: Armenier, Georgier und Russen.

## Spitak

Als am Morgen des 7. Dezember 1988 die Erde mit einer Stärke von 6,9 auf der Richterskala in der kargen, doch dicht besiedelten Region nördlich des Aragats bebte, wurden nicht nur die zweit- und drittgrößten Städte des Landes, Gjumri und Vanadzor, schwer betroffen, sondern auch die Dörfer mit ihren oft wackeligen, kleinen Häusern und vor allem die Kleinstadt Spitak. Insgesamt wurden über 200 Ortschaften teilweise oder ganz vom Erdbeben zerstört, eine halbe Million Menschen wurde obdachlos und vermutlich 25 000 Menschen verloren ihr Leben.

Noch heute erscheint diese Region verletzt, noch immer glänzen die winzigen Containerhäuser im grellen Sonnenlicht, noch immer pfeift der kalte Wind durch die Ruinen der Industrieanlagen und durch halb verfallene Häuser. Noch immer leben Menschen in den Notunterkünften diverser internationaler Hilfsorganisationen. Die Bewohner der Region rund um das Epizentrum des verheerenden Erdbebens fanden in den letzten Jahren erst langsam in ihr Leben zurück. Zu tiefe Wunden hatte das Beben in die Natur und in die Seelen der Menschen gerissen. Viele haben nicht nur Hab und Gut verloren, sondern auch viele Verwandte und Freunde. Doch die Menschen sind zäh hier, wo es im Winter bitterkalt werden kann und wo der leise Wirtschaftsaufschwung Armeniens nach und nach auch seine Spuren hinterlässt.

Die Kleinstadt Spitak liegt unmittelbar auf dem Weg von Vanadzor nach Gjumri und auch nach Süden über Aparan nach Jerevan. Die Altstadt traf Besucher noch in den 1990er Jahren mit der bedrückenden Stille eines großen Friedhofs, es war erschütternd, die meisten Toten waren an einem einzigen Tag gestorben. Erschütternd bis heute ist die blecherne Kirche oberhalb des Friedhofs, die die Amerikaner den Spitakern geschenkt haben, damit sie wenigstens ein Gotteshaus hatten, um ihre Toten zu betrauern und für sie zu beten.

Das neue Spitak ist erstaunlich schnell gewachsen. Die Fertigteilhäuser der Schweizer, der Deutschen und anderer Nationen säumen noch die Berghänge, doch auch das Zentrum des neuen Spitak wächst. Mit Hochdruck wurde an der inzwischen fertiggestellten Auferstehungskirche im Zentrum gearbeitet. Die Menschen erscheinen geschäftig, Kinder spielen wieder in den Straßen, eine nächste Generation ist trotz der Tragik und der Entbehrungen herangewachsen. Das Bild des belebten Nor Spitak versöhnt mit der Vergangenheit. Doch die Erinnerung an die zerstörende Laune der Natur bleibt für ewig bestehen, wie auch das eindrucksvolle Denkmal am Rande Spitaks, das auf einer Anhöhe mit Blick auf die Erdbebenregion der zahlreichen Opfer gedenkt.

Seinen Hunger und Durst kann man direkt an der Durchfahrtstraße M3 im unweit der Auferstehungskirche gelegenen Danieljan-Supermarkt oder im ebenfalls dort gelegenen Café-Bistro Tezh Krak, Manukjani ph. 45/2, Tel. +374/255/21888, stillen.

# Armenisches Gebet (Grigor Narekats'i, 10. Jahrhundert)

*... mehr als die Hoffnung ist es die Liebe,
die mich hinzieht zu Gott.*

*Ich sehn' ich mich nicht so sehr nach den Gaben,
als nach dem, der sie mir gibt.*

*Auch wünsche ich mir nicht alle Herrlichkeit,
sondern möchte den Herrlichen selbst umarmen.*

*Auch brennt in mir nicht stete Sehnsucht nach Leben,
sondern der Gedanke an den, der das Leben spendet.*

*Ich lechze nicht danach, Freuden zu genießen,
sondern vergieße Tränen aus meiner tiefsten Seele,
weil ich dem begegnen möchte, der mir Freuden bereitet.*

*Nicht nach Ruhe suche ich,
sondern ich flehe zu dem, der mir die Ruhe gewährt.*

*Mich verzehrt nicht die Sehnsucht nach dem Brautgemach,
sondern nach dem Bräutigam.*

*Trotz der Last meiner Verfehlungen, von der ich schon sprach,
glaube ich durch seine Kraft, mit Zuversicht und unerschütterlicher Hoffnung.*

*Ich flüchte mich in die Hand des Mächtigen,
nicht nur, um Verzeihung zu erlangen,
sondern, um ihn selbst zu sehen.*

# Die Provinz Tavusch

Wälder über Wälder, unberührte Landschaft, vorbeihuschende Rehe und Hasen, im Wind wogende Getreidefelder, Klatschmohnwiesen, sanfte Hügel mit duftend weiß-gelben Margariten wie mit Schnee bedeckt, pralle Pfirsiche und dunkelrote Kirschen, reißende Gebirgsflüsse, versteckte Klöster, brüchig und verfallen, und die Spuren der vielen Wildschweine, die den Waldboden durchwühlen. Das ist die nördliche Provinz Tavusch. Furchtbare Erdstraßen, die sich bei Regengüssen in wahre Schlammgruben verwandeln, manchmal lange Fußmärsche bis zu den Sehenswürdigkeiten, zerbombte und verlassene Grenzdörfer, halbleere Siedlungen, Hoffnungslosigkeit und fehlende Infrastruktur. Auch das ist Tavusch. Diese Provinz ist vermutlich einer der von Wirtschaftskrise und Karabach-Konflikt am stärksten betroffenen Landesteile. Durch die dichten Wälder und die hohen Berge unerreichbar und abseits vom schnellen Leben der armenischen Hauptstadt, hinkt die wirtschaftliche Entwicklung sehr nach. Sehr viele Menschen haben diesen Landesteil verlassen. Viele der Sehenswürdigkeiten sind kaum erreichbar, besonders im Osten von Tavusch. Doch die Natur ist unglaublich. Was für ein grüner, wasserreicher, von wilden Tieren und unzähligen Blumen

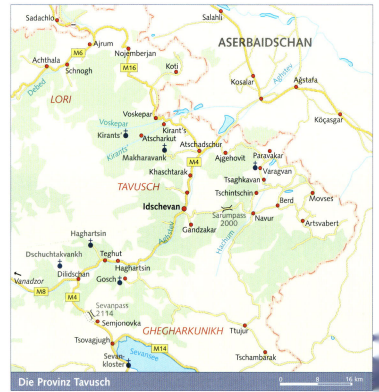

belebter Landstrich, der sich so anders präsentiert als der Süden Armeniens. Die Wälder von Tavusch kann man vom Luftkurort Dilidschan aus entlang der Hauptverkehrsstrecke über die Provinzhauptstadt Idschevan nach Norden bis an die georgische Grenze durchforsten. Die Erkundungen nach Osten über Berd an die aserbaidschanische Grenze werden durch schlechte Straßen erschwert.

## Dilidschan

Vor wenigen Jahren noch erzeugte die sich über den 2114 Meter hohen Sevanpass schlängelnde Straße ein spürbares Bauchkribbeln, was nicht nur an den Serpentinen und gefährlichen Kehren lag. Heute nimmt einem der neu gebaute Sevantunnel dieses wunderbare Abenteuer – und verkürzt die Fahrt vom Sevansee nach Dilidschan um ein Wesentliches. Die Luft unterwegs ist vom Duft der Bäume erfüllt. Rund um Dilidschan wurde ein Naturschutzgebiet gegründet. Gleich nachdem die Straße sich in eine lange Gerade verwandelt hat, erreicht man die ersten Häuser des bekannten Kurortes.

In einem kleinen bewaldeten Becken des Flusses Aghstev liegt die Kleinstadt mit der berühmten Quelle, die vor allem im 19. Jahrhundert und während der Sowjetzeit viele Menschen angelockt hat. Dilidschan hat ein sehr angenehmes, spürbar feuchteres Klima als das Araratal. In den Morgen- und Abendstunden kühlt es auch im Sommer ab, daher sind auch wärmere Sachen empfehlenswert. Der Winter ist hier nicht allzu kalt. Komponisten wie Dmitri Schostakowitsch oder sogar Benjamin Britten, Dichter und viele andere Persönlichkeiten haben auf den Hängen ihre Sommerhäuser erbaut. Viele Hotels und Pensionate sind in dieser Zeit gebaut worden, auf die das heutige Dilidschan wehmütig zurückblickt.

Leider war die schmucke Kleinstadt mit dem netten Zentrum ein Opfer der schweren Wirtschaftskrise in den letzten Jahren und lag scheinbar im Dornröschenschlaf, aus dem sie nun wieder langsam erwacht. Dilidschan ist deutlich sichtbar im Aufbruch.

### ■ Stadtzentrum

Das Zentrum Dilidschans liegt auf der rechten Seite des Aghstev. Mansarden, Holzbalkone mit kunstvollen Geländern, enge gepflasterte Straßen und kleine Holzhüttchen bestimmen das Bild. Der Hauptplatz der Stadt wird von den bedeutendsten Gebäuden der Stadt gesäumt, dem Rathaus, dem schönen Museum für Architektur und anderen kleineren Museen. Besonders nett ist die schmale Straße unterhalb des großen Museums für Architektur, die Scharambajanstraße. Das Museum im typischen Dilidschaner Baustil des 19. Jahrhunderts fällt vor allem durch seine breite Front mit dem Holzbalkon und den hölzernen Stützen auf. Einige neue, im Dilidschaner Stil errichtete Restaurants und Gästehäuser haben sich gut in das Stadtbild von Alt-Dilidschan gefügt. Die großen Sanatorien, die einst zum Ruhm dieser Stadt beigetragen haben, liegen entlang der Straße nach Vanadzor. Das Haus der Komponisten mit seinem kreisförmigen Erker und integriertem Konzertsaal und das durch seine eigenartige Bauklotz-Architektur auffallende Haus der Filmschaffenden liegen auf den bewaldeten Abhängen etwas außerhalb der Kleinstadt und machen einen eher verwaisten Eindruck.

### ■ Kloster Dschuchtakvankh

In der unmittelbaren Nähe Dilidschans liegt in einem kleinen Wald das Kloster der zwei Kirchen oder Dschuchtakvankh, das Kloster der zwei Bäche, wie es im Volksmund genannt wird, die mit ihren hellgelben Steinblöcken eher wie zwei Hexenhäuschen aus Lebkuchen aussehen.

Die beiden restaurierten Kirchen – oder angesichts der Größe eher Kapellen – stammen aus dem 12. bis 13. Jahrhundert. Die ältere Kirche des heiligen Grigor ist eine typische Kreuzkuppelkirche mit zwei rechteckigen Eckräumen an der Apsis. Die westlich gegenüberliegende Kapelle ist der Muttergottes geweiht. Diese tonnenüberwölbte Saalkirche, deren Innenraum durch einen massiven Bogen betont wird, hat zwei kleine Eckkapellen. Bei einem mehrtägigen Aufenthalt in Dilidschan oder in Tavusch ist die ruhige Abgeschiedenheit dieses bescheidenen Miniaturklosters eine schöne Abwechslung zur Pracht der Klosterakademien von Haghartsin und Goschavankh. Die letzten zwei, drei Kilometer von der Straße bis zum Kloster müssen durch Wald über kleine Lichtungen und Wiesen zu Fuß bewältigt werden. Die kleine Wanderung ist auf → S. 424 beschrieben. ⓘ *40°45'3.62"N, 44°48'50.50"E*

### ℹ️ Dilidschan

Dilidschan liegt etwa 100 Kilometer nördlich von Jerevan, leicht erreichbar über die Schnellstraße M4. Dilidschan ist einfach und günstig von Jerevan auch mit den Minibussen zu erreichen, die regelmäßig vom nördlichen Busbahnhof in Jerevan abfahren und unterhalb der Altstadt von Dilidschan an der großen Kreuzung halten und abfahren. (→ S. 439).

### 🛏️

Dilidschan entwickelt gerade seine Kapazitäten, viele Touristen aufzunehmen und ihnen Komfort und sogar Luxus in der schönen Landschaft der Umgebung des Städtchens zu bieten.

**Tufenkian Old Dilidschan** (P2-3), Scharambejani ph., Auskunft Tel. +374/10/655877, www.tufenkian.am. Zimmer inkl. Frühstück und Steuern in bewährter Tufenkian-Qualität. Ein kleines, feines Hotel mit angeschlossenem Restaurant in Alt-Dilidschan.

**Hotel Dilijan** (P2) Resort, Getap'nja ph. 66. Tel. +374/2682/4303. www.hoteldilijan.am. Cottages je nach Personenzahl zwischen 250 und 380 Euro. Ein luxuriöses, großes Haus in Richtung Vanadzor am Waldrand. Spa-Bereich, Indoor-Pool. Ein idealer Ort zur Erholung und zur Erkundung der Region Tavusch mit freundlichem, jungen Personal und europäischem Touch, allerdings etwas einfallslosem Buf-

fettessen und schleppendem Service im Restaurant.
**Komplex Impuls** (P2), Parz litsch 14, Tel. (0)26 82/2348, 5679; www.resort.am. Dieses Ressort an der Straße zum Parz-See im Osten Dilidschans bietet neben Unterkunft auch ein Gesundheitsprogramm mit Spa, allerdings noch im spätsowjetischen Charme. Das Essen ist allerdings sehr gut.
**Dili Villa** (P1), Mjasnikjani ph. 12, Tel. +374/91/204993. www.dilivilla.com. Absolut empfehlenswert ist dieses zur Pension umgestaltete nette Privathaus, das 14 Personen Platz in gemütlichen Landzimmern bietet und auch mit köstlichen Speisen und freundlichen Wirtsleuten lockt. Die Besitzer bieten auch organisierte Touren in der Umgebung an. Für Mittag- oder Abendessen muss man mit ca. 15 Euro rechnen.
**Daravand Guest House** (P1), Abovyani p. 46. Tel. +374/26/807657, +374/94/420965, www.daravand.com. Ein privates Gästehaus am Rande von Dilidschan, unweit des Klosters Dschuchtakvankh mit sieben schönen, sauberen Zimmern, fantastischem Essen, schöner Terrasse und kleinem Obstgarten zum Entspannen hinter dem Haus. Razmik, ein armenisches Original, bietet auch Touren in den Wäldern Dilidschans an. Zimmer mit und ohne Badezimmer, inkl. Frühstück. Für das Abend- oder Mittagessen bezahlt man in etwa 7 bis 9 Euro.
**Motel und Restaurant Sunk** (P1), Armen Hakobjan, Tel. (0)2680/7496. Etwas außerhalb an der Straße nach Idschevan.
**ArtGuesthouse** (P1-P2), Kalinini ph. 12/1, Tel. +374/93/486882, art_guesthouse@yahoo.com. Oberhalb der Stadt Dilidschan gelegen nettes, unkompliziertes Gästehaus. Möglichkeit zur Selbstversorgung, aber auch gutes Restaurant, schöner Garten und Terrassenanlage, mit Hund und Katz und viel Natur.

Auf dem Weg von Dilidschan nach Haghartsin und weiter nach Idschevan wird die Straße auf beiden Seiten von kleinen, lauschig **am Flüsschen gelegenen Restaurants** gesäumt, die das übliche armenische Chorovats', aber auch guten Fisch bieten.
**Restaurant Haikanusch** im Old Dilidschan Complex (P2), Scharambejani ph. Dieses Restaurant der Tufenkian-Gruppe mit schöner Ausstattung und einer empfehlenswerten Küche bietet auch größeren Gruppen Platz, ist aber natürlich etwas teurer als die umliegenden.

## Kloster Haghartsin

Etwa zehn Kilometer östlich von Dilidschan führt eine etwa sieben Kilometer lange Straße von der Hauptstraße M4 nach links durch ein dicht bewachsenes Waldgebiet, durch das gluckernd der Bach Haghartsin fließt.

Das Kloster und die gesamte zum Kloster gehörende Umgebung einschließlich der Zufahrt wurden restauriert. Große Busse können noch nicht bis zum Kloster fahren, vom Parkplatz aus muss man noch einen Fußweg von gut fünfzehn Minuten zurücklegen. Autos und Kleinbusse können bereits bis zum Klosterparkplatz fahren. Kurz hinter dem dem Eingang sind die ersten Gebäude zu sehen, alte Kapellen und viele Kreuzsteine. Diese Waldlichtung war laut Überlieferung schon lange eine heidnische Kultstätte gewesen. Die natürliche Lage in den dicht bewaldeten Phambakbergen zwischen den Flüssen Haghartsin und Mets Aghbjur ist dafür wie geschaffen. *40°48'6.65"N, 44°53'25.40"E*

■ **Geschichte des Klosters**

Die genaue Geschichte der Gründung des Klosters ist unbekannt, jedoch spricht auch die Chronik des Kirakos Gandzakets'i davon, dass die erste Kirche schon vor der Mitte des 11. Jahrhunderts errichtet worden ist, die Kirche des heiligen Grigor. Bereits einige Jahre

**322  Die Provinz Tavusch**

nach dem Bau wurde die Anlage durch den Führer der Seldschuken Alp Arslan zerstört und erst einige Jahrzehnte später nach der Befreiung von den Seldschuken von den Zakharjan-Fürsten wieder aufgebaut. Wesentliche Gebäudeteile wie das große Gavith der Grigorkirche oder die Gruft der Kjurikjan erweiterten das Kloster, das mittlerweile unter der Leitung des Abtes Chatsch'atur Taronets'i,

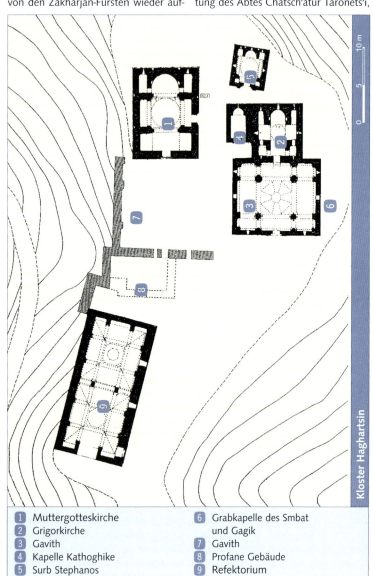

Kloster Haghartsin

1 Muttergotteskirche
2 Grigorkirche
3 Gavith
4 Kapelle Kathoghike
5 Surb Stephanos
6 Grabkapelle des Smbat und Gagik
7 Gavith
8 Profane Gebäude
9 Refektorium

*Haghartsin*

der neue Notenhilfszeichen für die armenische Liturgie geschaffen hatte, zu einer bedeutenden Musikakademie geworden war. Mit dem Eindringen der Mongolen in der ersten Hälfte des 13. Jahrhunderts war das Kloster hoch oben im Wald wiederum bedroht, auch Jahrhunderte später durch den Schah von Persien.

Ab dem 19. Jahrhundert setzten die intensiven Restaurierungsarbeiten an allen sakralen Gebäuden ein, die das Kloster in seinen weißen Kalksteinfassaden neu erglänzen ließen. Alle bedeutenden Gebäude wurden zwischen dem Beginn des 11. Jahrhunderts und der Mitte des 13. Jahrhunderts gebaut. Die lange, abwechslungsreiche Geschichte des Klosters erzählen auch die über 100 Inschriften an den Wänden, über 50 allein im Gavith der Muttergotteskirche.

Der Grundgedanke der Erbauer war, auf der Lichtung eine Anlage mit zwei Bereichen zu errichten: einem heiligen, natürlich östlichen Teil und einem weltlichen im Westen. Damit konnte man sozusagen eine wirklich spirituelle Stätte errichten. Tatsächlich teilt eine ideale Nord-Südachse den Komplex in diese zwei Teile, so dass die vier Kirchen alle im Osten liegen. Ein weiterer Gedanke war, einen relativ einheitlichen Bautyp bei den Kirchen anzuwenden, den der Kuppelhalle in verschiedenen Größen. So ähneln sich die Grundrisse der Kirchen sehr stark, einzig die Ausführung und die Bauplastik unterscheiden sich wirklich voneinander.

Die Restaurierung der Anlage, die durch die Großzügigkeit des Scheichs von Schardschah, Sultan Ben Mohammed Al-Qasimi, ermöglicht wurde, ist in dieser Form vielfach umstritten. Kunsthistoriker befürworten die Fixierung der Mauern wegen der Feuchtigkeit in dieser waldreichen Region und auch die wunderbar genaue Wiederherstellung von Reliefs an den Kirchenwänden. Sie haben sich aber gegen die rotfarbene Gestaltung des Daches des Refektoriums und das Wiederaufmauern von Teilen des gro-

*Kloster Haghartsin liegt in den Wäldern von Dilidschan*

ßen Gaviths und der Grabkapelle ausgesprochen.

Ein Dorn im Auge ist vielen auch jenes riesige, etwas zu modern geratene Gebäude, das nun nordwestlich vom Kloster steht. Sicherlich auch ein Zugeständnis an die zu erwartenden Touristen, die man ja bewirten und mit Souvenirs versorgen will.

### ■ Muttergotteskirche

Den ersten Blick zieht sicher das große, langgezogene Gebäude gleich auf der linken Seite auf sich. Doch befindet man sich noch, wie unschwer aus dem naheliegenden Haus des Pfarrers und des Küsters zu erkennen ist, in der weltlichen Zone. Einige Schritte weiter setzt die heilige Zone ein und man spürt das sofort. Die große Kirche auf der linken Seite ist die Muttergotteskirche, die heute die Hauptkirche des Komplexes bildet. Diese große Kirche auf kreuzförmigem Grundriss ist durch mächtige Pfeiler in drei etwa gleich große Räume unterteilt. Der gesamte Raum ist überkuppelt und wird durch weitere Bögen verstärkt. Der Tambour ist relativ hoch und mit Bögen verziert. An der halbkreisförmigen Apsis liegen zwei begehbare Eckräume.

Die Kirche hat zwei Eingänge, im Westen zum zerstörten Gavith und im Süden, beinahe gegenüber der Nordwand der später errichteten kleinen Kathoghike. Der Wiederaufbau dieser Kirche soll durch die freundschaftliche Zusammenarbeit der armenischen Fürsten mit dem georgischen König Georgi zustande gekommen sein. Ihr Bildnis zeigt das Stifterrelief über dem Fenster der Ostfassade. Zwei Figuren halten das Modell der Kirche, über ihnen symbolisiert eine Taube den Heiligen Geist. Und die beiden Bischofsstäbe neben den Figuren deuten darauf hin, dass hier in dieser Kirche der Geist des armenischen und georgischen Christentums miteinander verbunden sind. Die Fenster und die Portalbögen haben steinerne Ornamente. Ein extrem fein gearbeiteter Kreuzstein aus dem 13. Jahrhundert steht auf einem Sockel an der Südwand.

## ■ Kathoghike und Stephanoskirche

Einen Katzensprung weiter liegt der Westeingang zur kleinen Kapelle Kathoghike, die der alten Grigorkirche vermutlich im 12. Jahrhundert angebaut worden ist. Ein kleines einschiffiges überwölbtes Gebäude. Dahinter liegt, als östlichstes Gebäude der Anlage, die jüngste Kirche, die dem heiligen Stephanos geweiht ist und deren Bau 1244 datiert ist. Eine Kuppelhalle mit großem Mittelraum, rechteckigen Räumen an der Apsis und kleinen quadratischen Räumen im Westen; ihr Innenleben ist bescheiden. Die kleine Kirche weist eine Besonderheit an ihrer Ostfassade auf: eine Sonnenuhr unter einem Sonnenrad. Der metallene Stift wirft einen Schatten auf die filigranen, verschnörkelten armenischen Buchstaben, die ja früher auch als Zeichen gedient haben, allerdings hat diese Uhr nur elf Buchstaben. Diese Sonnenuhr zeigt nicht die wahre Uhrzeit an, sondern zeigte den Mönchen die Stunden für ihre Gebete.

## ■ Gavith der Grigorkirche

Um die Ostmauer der Grigorkirche führt der Pfad vorbei an einigen Mauerresten an der Südseite der Kirche und des großen Gavith. Die Mauern am Gavith sind die Reste der Grabkapelle des Gagik und Smbat Bagratuni aus dem 12. oder 13. Jahrhundert. Durch das riesige Gavith betritt man eine andere Welt. Die Sonne kommt durch das hohe schmale Fenster und taucht den großen Innenraum in ein sanftes, fast gespenstisches Licht, das die vier massiven Pfeiler schlucken. Über dem zentralen Raum erhebt sich eine achteckige Kuppel, über den Ecken Gewölbe. Im erdigen Boden des Gavith sind noch viele Grabsteine eingelassen und einige Kreuzsteine lehnen als Zier am Eingang der Grigorkirche. Der Priester zeigt lächelnd ein Geheimversteck bei einer der Säulen in der Wand. Hier waren einst die wertvollen Handschriften vor den heidnischen Seldschuken und Mongolen versteckt worden. Ein nicht so gut gehütetes Geheimnis ist das Deckenrelief, das einen der Eckräume ziert. Neben zwei Rosetten stehen zwei lustige Männchen in der typischen Zeichenweise von Kindern, frontal, die Arme zur Seite und die Füße seltsam abgewinkelt. Dem einen mit dem Kreuz in der rechten und dem Stab in der linken stehen sogar die Ohren etwas ab. Der andere hingegen hat scheinbar einen Heiligenschein und nicht einen Kochlöffel in seiner Linken, wie es auf den ersten Blick scheint, sondern einen Bischofsstab. Das Gavith ist nur im Fenster- und Portalbereich dekoriert, ansonsten ist die wuchtige Fassade nackt.

## ■ Grigorkirche

Durch das Gavith betritt man den ältesten Teil von Haghartsin, die Grigorkirche, vermutlich 1011 errichtet. Eine überkuppelte Saalkirche mit zwei kleinen Apsiskapellen. Diese Kapellen können von zwei Seiten betreten werden. Der quadratische Mittelteil ist wiederum durch einen achteckigen Tambour erhöht. In allen drei Kirchen Haghartsins liegt der überkuppelte Raum immer neben dem Chorraum, was auch eine besondere Funktion hatte: Den Mönchen und Geistlichen war der überkuppelte Raum vor der Apsis vorbehalten, der gesamte westliche Teil jedoch war für die versammelte Kirchengemeinde bestimmt. Noch innerhalb der heiligen Ostseite der Anlage, jedoch im östlichsten Teil und damit schon wieder von Bäumen umschlossen liegen zwei Kapellen und eine Gruppe von Kreuzsteinen. Der Weg dorthin führt noch weiter durch den Wald hinab zum Aghstev. Vermutlich war dies ein alter Pilgerweg vom Tal zum Kloster.

## ◼ Refektorium

Gleich angrenzend an das zerstörte Gavith der Muttergotteskirche beginnt die profane, die weltliche Sektion. Und was könnte weltlicher sein als ein quadratisches Gebäude mit zwei kleinen Nischen im Norden, das als Klosterküche mit Backofen gedient hat.

Das erste große Gebäude des Komplexes auf der rechten Seite ist das Refektorium des Meisters Minas aus dem Jahre 1248. Dieser Speisesaal ist beinahe größer als alle drei Kirchen zusammen. Die Mönche und ihre Schüler haban also durchaus auch leiblichen Genüssen gefrönt. Und dieses Refektorium macht das Kloster Haghartsin auch zu einer Besonderheit. Nicht nur, dass es das originellste Bauwerk des ganzen Komplexes ist, es ist auch eines der größten in ganz Armenien. Die Decke des 20 Meter langen Saals wird – und das ist eine statische Meisterleistung – nur von zwei sich kreuzenden Gurtenpaaren mit nur zwei freistehenden Mittelpfeilern gestützt. Das lässt die niedrige Decke auch etwas höher erscheinen. Das spärliche Licht kommt durch das muschelförmig verzierte Erdik und die zwei Fenster an der Südseite. Das Refektorium hat zwei Eingänge, die ziemlich dicht nebeneinander an der West- und Südwestfront liegen. Über dem Südeingang sind der Name von Minas und die Jahreszahl 1248 zu lesen. Während einem angesichts der architektonischen Meisterleistung im Inneren des Refektoriums der Mund fast offen bleibt, muss man über die derzeitige Einrichtung schmunzeln: Große Baumstümpfe, die als Sessel und Tische im östlichen Teil des Gebäudes dienen. Welch ein bezaubernder Ort dieses Kloster doch ist.

## Gosch

In den Aghstev mündet der kleine Getik, fast genau dort, wo die Straße in Richtung des Dorfes Gosch von der M4 abzweigt. Gosch hat seinen neuen Namen vom bekannten armenischen Gelehrten und Dichter Mechithar Gosch erhalten, der hier am Ende einer holprigen Straße inmitten der Berge eine Klosterbibliothek mit Skriptorium gegründet hat und hier auch beigesetzt ist. *40°43'46.63"N, 44°59'50.04"E*

Mechithar Gosch hat im 12. Jahrhundert nicht nur mit einer Reihe von Fa-

▲ *Blick auf Gosch und sein Kloster*

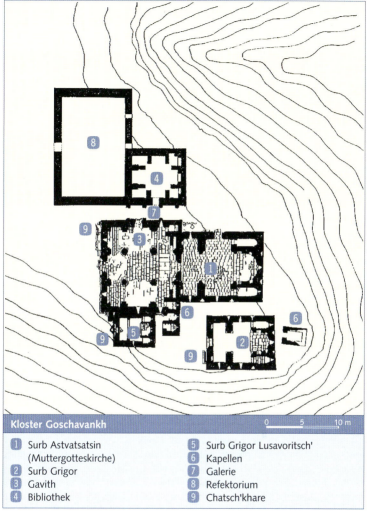

**Kloster Goschavankh**

1. Surb Astvatsatsin (Muttergotteskirche)
2. Surb Grigor
3. Gavith
4. Bibliothek
5. Surb Grigor Lusavoritsch'
6. Kapellen
7. Galerie
8. Refektorium
9. Chatsch'khare

beln das Volk belehrt und unterhalten, sondern hat auch das erste Gesetzbuch in armenischer Sprache verfasst. Auch folgende kleine Fabel stammt von ihm: Der Uhu sandte dem Adler einen Boten und bat ihn, ihm doch seine Tochter zur Braut zu geben. »Du bist am Tage so mächtig und ich bei Nacht. Lass uns einander ergänzen, damit wir noch mächtiger werden.« Nach langem Hin und Her willigte der Adler schließlich ein. Und als die Hochzeit stattfand, da konnte der Bräutigam bei Tagnichts sehen. Da lachte die Hochzeitsgesellschaft. Und als die Nacht hereinbrach, da konnte die Braut nichts sehen. Und wieder lachte die Hochzeitsgesellschaft. Daher wurde die Ehe schnell wieder aufgelöst.

*Kloster Goschavankh*

## ■ Geschichte des Klosters

Nach Mechithar Goschs Tod wurde auch das 1181 von ihm gegründete Kloster von Nor Getik in Goschavankh umbenannt. Er selbst hat, so besagt die Inschrift an der Nordseite des Gavith, »als Hausherr, Mönch und Diener der Kirche, von Kindheit an bis ins hohe Alter Kirchen gebaut.« Innerhalb von 30 Jahren entstand hier ein Komplex mit zwei großen Kirchen, einer Reihe von Kapellen, Refektorium, Gavith und der Bibliothek. Die ersten Restaurierungen erforderte bereits ein Erdbeben gegen Mitte des 13. Jahrhunderts. Ab 1937 wurde sukzessive der gesamte Komplex erneuert. Auch durch diese Anlage scheint sich eine unsichtbare Linie zu ziehen, die die profanen Gebäude diesmal im Norden von den sakralen im Süden trennt. Ob das derart beabsichtigt war wie in Haghartsin, ist fraglich. Die Bögen der Galerie verbinden den weltlichen mit dem geistlichen Teil zu einer Einheit.

## ■ Muttergotteskirche

Das älteste Gebäude ist die Muttergotteskirche aus dem Ende des 12. Jahrhunderts, eine überkuppelte Saalkirche, bei der die Kuppel sich über dem gesamten Innenraum, die Apsis eingeschlossen, erhebt. Der Saal erhält durch zwei tiefe quadratische Nischen, die die Kuppel stützen, und durch zwei Dreiecksnischen an Ost- und Südwand eine abgewandelte Kreuzform. Das Innere der Kirche ist bis auf die Arkaden am Bema und an den Kapitellen wenig dekoriert, es gibt aber sehr viele Inschriften in der Apsis. Der Tambour ist sehr hoch und zylindrisch und hat ein kleines Schmuckband unter dem Kranzgesims.

## ■ Gavith

Das Westportal liegt bereits im großen, quadratischen Gavith. Auf vier freistehenden Pfeilern ruht die sehr große, breite achteckige Kuppel. Die Eckräume sind überwölbt, wodurch das Dach eine leichte Kreuzform erhält. Interessant ist die Decke im Westen, die von zwei kleinen Säulen gestützt wird und niedriger ist als der Rest des Gavith. Auch die Kapitelle und Sockel sind mit kleinen Bögen dekoriert. Möglicherweise auch um die strenge Bescheidenheit der Fassaden zu unterstreichen, wurden an der Nordseite des mehrfach gerahmten

Portals zwei Kreuzsteine, die beide aus dem 13. Jahrhundert stammen, auf einem Sockel aufgestellt.

## ■ Grigor-Lusavoritsch'-Kirche

Südlich des Gavith, direkt an seine Südfassade angebaut, liegen zwei weitere sakrale Bauten. Der erste ist die Kirche des heiligen Grigor des Erleuchters, die auf Geheiß des Prinzen Grigor Tgha 1231 erbaut worden ist. Die Erleuchterkirche ist ebenfalls eine Saalkirche mit einer Apsis und zwei kleinen Eckkapellen. Der östliche Teil der Kirche wird durch zwei Bögen geteilt. Die Wandpfeiler tragen meisterhaft verzierte Kapitelle. Die Wände sind ganz eigenartig in große Quadrate gegliedert, während die Apsis durch ihre fünf kunstvoll gemeißelten Nischen geschmückt ist. Das geometrisch betonte Kircheninnere steht im krassen Gegensatz zur Fassade mit ihren ornamentalen Bändern, die der ganzen Kirche einen lebendigen Charakter verleihen. Auch die Arkaden mit den schlanken Säulen und die dekorative Betonung der Fenster und des Tambours sind bemerkenswert. Doch der Glanzpunkt ist das Westportal. Ungewöhnlich schmal wird es mehrfach rechteckig und spitzbogig gefasst, und als ob die Steinmetze immer erfindungsreicher würden, werden die Ornamente von außen nach innen immer komplexer, aufwendiger, feiner und fragiler.

Die Zierlichkeit der steinernen Ranken und Blätter des Tympanons wird nur noch vom Kreuzstein des Meister Poghos übertroffen, der jeden Betrachter sofort in seinen Bann zieht. Beinahe schwindelt einem der Kopf beim Anblick dieses unglaublich detailliert gearbeiteten Chatsch'kars aus dem Ende des 13. Jahrhunderts. Als ob der geduldige Meister mit kleinen Nadelstichen den weichen Stein bearbeitet hätte, so feinmaschig und zierlich erscheint das Relief. Jedes der Randsternchen ist ein Kunstwerk für sich, wie kleine mit feinstem Garn gestickte Deckchen sehen sie aus. Die Rosette unter dem Kreuz ist unbeschreiblich. Auf diesem Stein gibt es keinen Millimeter, der nicht bearbeitet worden ist.

## ■ Grigorkirche

Hinter der Erleuchterkirche liegt noch eine der kleinen Kapellen. Dahinter, im südöstlichsten Winkel des Komplexes, steht eine zweite Grigorkirche, wesentlich größer und auch älter als die erste. Sie ist ebenfalls in der Bauweise der Kreuzkuppelkirchen ausgeführt: mit zwei kleinen Eckkapellen an der Apsis und tiefen Nischen an allen Seiten außer der Westfront, wo sich auch das Portal befindet. Im Gegensatz zur Erleuchterkirche ist hier kaum Dekor zu finden, abgesehen von den Rahmungen der Fenster und des Portals. Wiederum wurden hier zwei gleich hohe Kreuzsteine an der südlichen Seite des Portals aufgestellt, die beide ins 13. Jahrhundert datiert werden können. Fast versteckt hinter der Grigorkirche wurde eine weitere einfache, quadratische Kapelle gebaut.

## ■ Bibliothek und Refektorium

Doch auch hier in diesem Kloster ist es eher der profane Sektor, der mehr interessiert. Die vier Bögen der Galerie zwischen Gavith und der Bibliothek sollten wahrscheinlich den langsamen Übergang von geistlichen zu weltlichen Tätigkeiten symbolisieren. Die Bibliothek, das wahre Herz dieses Klosters, liegt auf der gleichen Linie wie das Gavith. Sie besteht aus zwei Etagen, die von einer kleinen Kuppel bedeckt sind. Das untere Geschoss kann man direkt an seiner Westseite begehen. Es ist quadratisch angelegt, erscheint aber vieleckig durch seine mächtigen doppelt gekreuzten Bögen, die die Kuppel mit der achteckigen Lichtöffnung stützen und selbst von vier eng aneinander stehenden Pfeilerpaaren getragen werden. In diesen Nischen sollen einst die kostbaren Handschriften vor Wind, Wetter und dem zerstörenden Sonnenlicht geschützt worden sein. Das obere Geschoss, das man durch die steinernen Stufen an der Westfront erreicht, hat eine ähnlich komplexe Konstruktion. Der kreuzförmige Raum wird durch aufwendige Bögen in einen zentralen und vier kleine Ecksäle unterteilt. Der Ostarm des angedeuteten Kreuzes ist durch eine Zwischenwand abgetrennt, hinter der zwei kleine Kapellen mit Apsiden liegen. An dieser Ostwand im zweiten Geschoss befindet sich auch die Bauinschrift mit dem Entstehungsdatum der Bibliothek, 1291, und den Namen der beiden Architekten, Grigor und Zakios. Später erhielt dieses große Gebäude noch einen kleinen Glockenturm über der ebenfalls achteckigen Lichtöffnung der wunderschön dekorierten Kuppel des zweiten Geschosses.

Der Bibliothek westlich vorgelagert ist eine große rechteckige Mauer, die von Büschen und Disteln überwachsen ist. Das sind die nicht rekonstruierten Reste des großen Refektoriums.

Ein Teil des Klosterfriedhofes liegt oberhalb auf dem kleinen Abhang, von dem man einen guten Blick auf das Kloster und das nach ihm benannte Dorf hat. Dann erkennt man auch am anderen Ende des Dorfes an einem erdigen Weg eine weitere Kapelle. Winzig und mit ihrem bleistiftförmigen, etwas asymmetrischen Tambour auf dem rechteckigen, nicht dekorierten Bau nicht weiter auffällig. Kaum ist zu glauben, dass diese kleine Kapelle einen kreuzförmigen Grundriss und sogar zwei Nischenkapellen in ihrem Inneren verbirgt. Sie wurde 1254 dem Andenken an den hochgelehrten Klostergründer Mechithar Gosch gewidmet. Dem Mann, der sein Leben lang Kirchen gebaut hatte, wurde hier ein Denkmal gesetzt, das ganz seinem Charakter entsprechen mag: gottesfürchtig, streng und bescheiden.

In unmittelbarer Nähe des Klosters gibt es kleine Souvenirshops, aber auch die Möglichkeit, gemütlich mit Blick auf das Kloster im kleinen Café eine Rast einzulegen.

## Idschevan

Die Stadt der Karawansereien. So wird diese Stadt am Aghstev, die Hauptstadt der Provinz Tavusch, wörtlich genannt. Auch dieses fruchtbare Gebiet ist seit Tausenden von Jahren besiedelt, wie durch Funde bestätigt werden konnte. Heute ist Idschevan eine Industriestadt, die besonders für die Teppichherstellung bekannt ist. Hier kann man günstig maschinengeknüpfte Teppiche im orientalischen Stil erstehen. Die Stadt hat noch etwas von ihrem ursprünglichen Charme als alte Handelsstadt bewahrt, durch die Kolonnen von Kaufleuten mit beladenen Kamelen und Eseln von Ost nach West und umgekehrt gezogen sind. Die Stadt

▲ *Modern Times in Goschavankh*

in ein von Wäldern und Blumenwiesen gesäumtes Becken gebettet.

Die Hauptdurchzugsstraße, die mitten durch die Stadt vorbei an kleinen, netten Steinhäusern, dem attraktiven Holzgebäude des Militär- und Stadtmuseums, dem zentralen Markt und einer neu erbauten Kirche führt, heißt Jerevanjanstraße. Der **Marktplatz** ist äußerst belebt und lädt zu einem kurzen Verweilen und natürlich zum Einkaufen von Obst, Gemüse und Reiseproviant ein. Hier gibt es auch einige Stände, an denen man warmes Essen wie Lahmatsch'un oder Khjabab kaufen kann. Moderne Karawansereien also, wo man den Durchfahrenden mit Speis und Trank labt und auch das vierrädrige Transportmittel im Schatten ruhen lassen kann.

Idschevan hat aber keine historisch interessanten Bauwerke, selbst die nahe gelegenen Ruinenkirchen von Gandzakhar sind nicht zugänglich, weil irgendwo im dichten Wald versteckt.

 Idschevan

Idschevan ist 135 Kilometer von Jerevan entfernt. Die Straßen bis zur Hauptstadt der Provinz Tavusch sind vorbildlich restauriert und liegen landschaftlich reizvoll.

Es gibt nur wenige empfehlenswerte Hotels. Da Dilidschan nicht weit entfernt ist, ca. 35 km, bietet es sich an, dort zu übernachten (→ S. 320).
**Hotel-Restaurant Mayisyan Kamurdsch** (P1–2), direkt am Fluss gelegen, Tel. +374/93/405242, www.mkhotel.am.
**Ijevan B&B** (P1), Anahid Alaverdyan Gästehaus, Tavrizjani ph. 4, Tel. +374/263/32274, +374/77/012274. Das kleine Gästehaus mit netter Terrasse bietet saubere Zimmer inkl. Frühstückn.
**Apaga Resort** (P2), Aradschin ph. 38, Yenovakan. Tel. +374/77/04413, www.apaga.info. Etwas außerhalb der Stadt liegt ein neues, recht nettes Resort in unberührter Landschaft, das kleine Häuschen anbietet und insgesamt an ein Almdorf erinnert. Reitbegeisterte und Freizeitsuchende kommen hier auf ihre Kosten.

In der Nähe des **Marktes** gibt es eine ganze Reihe von Möglichkeiten, warmes Essen und Getränke zu bekommen. Im Zentrum der Stadt gibt es viele **Cafés** und Imbisse sowie Einkaufsmöglichkeiten.

Wer gerne picknickt, sollte auf dem Markt einkaufen und dann den kleinen **botanischen Garten** von Idschevan zur Rast nutzen. Der **Dendro-Park** ist gleich an der Hauptstraße gelegen, aus Dilidschan kommend vor dem Zentrum, rechts über die erste Brücke am Fluss Aghstev.

## Kloster Makharavankh

An einem der zahlreichen Flüsse Tavuschs und im dichten Wald in den Bergen verborgen, steht das Kloster Makharavankh etwa drei Kilometer westlich des **Dorfes Atsch'adschur**. Die Straße in dieses Dorf ist überraschend gut und führt von der Trasse bei der Abzweigung Azatamut, Atsch'adschur etwa fünf Kilometer bis an das obere Dorfende von Atsch'adschur. Die Abzweigung ist relativ einfach zu finden, sie liegt fast unmittelbar links nach einer wie eine Spielzeugburg aussehenden Kaserne. Auch die Straße, die hinauf auf den Berg durch Weingärten und Getreidefelder führt und die ganze fruchtbare Schönheit von Tavusch offenbart, ist in gutem Zustand. Man kann direkt bis an die Klosterpforte heranfahren. Ein Genuss fürs Auge, eine Qual für Fotolinsen, denn die Bäume sind so nah, die phantastisch dekorierten Westfassaden so hoch. *40°58'25.92"N, 45°7'38.20"E*

*Im Wald verborgen: Makharavankh*

## Geschichte des Klosters

Wenig ist über die Gründung und Geschichte dieses Kloster am Berge Pajtathap bekannt. Die mündliche Überlieferung erzählt jedoch vom unglückseligen Architekten Makar, der sein Werk gar nicht mehr so recht bewundern konnte, weil er erschüttert durch die Nachricht vom Tod seines geliebten Sohnes Selbstmord verübt hat. Dies alles soll sich bereits im 9. Jahrhundert zugetragen haben. Die gelehrte Welt allerdings weist dem Kloster eine spätere Datierung, frühestens ins 10. Jahrhundert ,zu und weiß auch, dass der Name des Klosters vom heiligen Makar kommt. Durch eine Inschrift auf einem an der Südseite der sogenannten großen Kirche eingelassenen Chatsch'khar weiß man wenigstens vom Bauherrn und vom Fertigstellungsdatum dieses zentralen Gebäudes: Abt Hovhannes im Jahre 1198. Makaravankh hat daher eine Baugeschichte, die vom 9. Jahrhundert bis ins 13. Jahrhundert reicht, in der insgesamt sieben sakrale und einige profane Bauwerke geschaffen worden sind. Den zentralen Komplex bilden die alte Kirche, die Sakristei, die große Kirche, eine kleine Kapelle und das riesige Gavith, die alle aneinander gemauert sind.

## Alte Kirche

Die alte Kirche ist, wie ihr Name schon besagt, der älteste Teil der Anlage und stammt vermutlich aus dem 9. oder 10. Jahrhundert. Sie liegt hinter dem riesigen Gavith, das die beiden Kirchen miteinander verbindet. Auch hier ist über einer Kreuzform und vier Eckkapellen eine kleine über dem quadratischen Raum zentrale Kuppel errichtet worden. Nur wenig Licht fällt durch die winzigen Fensteröffnungen. Interessant ist auch, dass die Steinblöcke der Außenfront ungewöhnlich grob und unregelmäßig sind und damit in krassem Gegensatz zum perfekt gemauerten Tambour stehen. An der Nordseite der alten Kirche, jedoch nicht von ihr aus begehbar, befindet sich ein nicht datiertes, rundum dekoriertes Gebäude auf rechteckigem Grundriss, das vermutlich als **Sakristei** gedient hat. Die Eingänge in dieses Gebäude liegen an der Nordseite und an der Westseite im Gavith.

## Gavith

Das große Gavith selbst wurde mit großer Wahrscheinlichkeit in der ersten Hälfte des 13. Jahrhunderts hinzugefügt. Auf einer quadratischen Grundfläche von beinahe 170 Quadratmetern stehen vier reich verzierte Pfeiler, die die zentrale sternförmige Kuppel halten. Die Eckräume, die durch die Pfeiler gebildet werden, sind überwölbt. An der Südseite befindet sich der enge Zugang zur großen Kirche. Der gesamte Innenraum ist mit Darstellungen von Tieren, Arabesken, Ranken und anderen ornamentalen Motiven geschmückt. Die Fassaden sind hingegen schmucklos. Einzig das Westportal, quasi als Überleitung von der realen Welt in die geistliche Welt des Klosters, ist mehrfach umrahmt und ist zum Wahrzeichen des Klosters geworden. Am rechten Feld über dem Portal grinst eine boshafte Chimäre herab, auf der linken Seite reißt ein mächtiger Löwe ein Kalb.

## Große Kirche

Der sympathische Küster hat mittlerweile auch das Portal zur großen Kirche geöffnet. Er wohnt im Dorf unten und muss nur selten die drei Kilometer hier herauf wandern, um die Klosterpforten für Besucher aufzusperren. Die Ankunft von Fremden im Dorf verbreitet sich rasch, so eilt der Küster so schnell er kann herbei, oft verweilt er auch in der Nähe des Klosters, dessen Pforten für Sonntagsmessen bisweilen geöffnet werden. Die große Kirche wurde 1205 als typische Kreuzkuppelkirche errichtet. Der Altarraum ist halbkreisförmig und mit zarten Arkaden über seinen 13 Nischen einnehmend gestaltet. Die anderen Kreuzarme sind alle rechteckig. Seitlich der Apsis gibt es kleine, zweigeschossige Eckräume. Das untere Geschoss ist extrem niedrig, das obere ist durch an der Wand eingelassene Stufen zu erreichen. Über dem eher kleinen mittleren Feld erscheinen die Kuppel und der Tambour ungewöhnlich hoch. Der Innenraum der Kirche wirkt hell und freundlich, so kann man auch die verstecktesten Details erkennen. Die Halbpfeiler unter den Bögen sind stark dekoriert, die schlanken Säulen an der Nischenapsis sind ganz im Stil der Kirchen von Ani. In einem kleinen Zwickelfeld links von der Apsis hat ein Steinmetz einen kleinen Stern hinterlassen. Die Fenster, besonders die runden, sind an der Fassade mit vielen Ornamenten betont, ebenso das Westportal und der Tambour. Die Nischen an der Ost- und Südfront sind muschelförmig verziert. Besonders schön ist die Südfront mit der Sonnenuhr über dem Fenster und dem äußerst plastischen Adler unter dem mehrfach eckig umrahmten Fenster.

■ **Muttergotteskirche**
Östlich der großen Kirche steht die Muttergotteskirche des Abt Hovhannes. Er soll sie für seine Eltern erbaut haben. Sie ist zwar verglichen mit den anderen Klostergebäuden sehr klein, aber durch ihre runde Ummantelung und das phantasievolle Dekor der Fassade ein architektonisches Juwel. Innen findet man eine kleine Trikonchos mit halbkreisförmigen Nischen am Nord- und Südarm und einem hohen Tambour. Neben der Muttergotteskirche steht noch eine kleine Kapelle, die vermutlich die letzte Ruhestätte des Abtes ist. Der Wald grenzt so dicht an die Klostermauern, dass man sich besonders an der Nordseite fast an die Wand des Gavith drücken muss, um sich nicht von Ästen zerkratzen zu lassen. Die Ruinen der weltlichen Gebäude liegen südwestlich des Komplexes. Einige Mauerreste schützen das Kloster noch vor dem Wald, außerhalb der Mauern sieht man aber bereits vom Wald zurückerobert einige andere Ruinen und eine Quelle. Ist unser Kloster nicht schön, fragt noch der redselige Mann, fast mit einem kleinen Bedauern in seinen Augen, dass die Besucher schon wieder gehen.

## Atscharkut und die Klöster am Kirants'
Einige Kilometer und Serpentinen nördlich, links von der Hauptstraße etwas bergauf, liegt das Dorf der vielen Klöster, Atscharkut. Welchem Umstand das Bergdorf am Fluss Kirants' eine derartige Anhäufung heiliger Stätten zu verdanken hat, ist unbekannt. Hier mag in früheren Zeiten auch den Baum- und Flussgöttern gehuldigt worden sein. Ei-

*Relieffenster in Makharavankh*

ne gute Straße führt bis an die zentrale Kreuzung im Dorf. Die überall in Armenien zu findenden Tafeln der Organisation US-AID weisen gut den Weg zu den in Wald verborgenen Klöstern und Kirchen dieses Dorfes.

### ■ Erstes Kloster

Folgt man dem etwas abenteuerlichen Weg links nach oben zum alten Friedhof, findet man das erste Kloster, unmittelbar im Ort gelegen. Das namenlose Kloster besteht nur aus einer einschiffigen, überwölbten Kirche mit getrennt begehbaren Eckräumen und einem an der Südfront angebauten Gebäude, dessen Funktion nicht weiter erkennbar ist. Das Innere der alten Kirche ist bescheiden, ebenso das Licht, das nur durch zwei Fensterritzen fällt. Diese Kirche mit den alten Grabsteinen ringsum wird noch von den Dorfbewohnern benutzt. Das erstaunt nicht, wenn man weiß, wie entlegen die anderen Klöster sind. ⓞ *41°2'4.88"N, 45°5'5.08"E*

*Das Kirchlein im Dorf Atscharkut*

### ■ Apostelkloster

Fährt man an der Dorfkreuzung geradeaus weiter, verwandelt sich der Asphalt bald in eine Erdstraße entlang des Kirants'. Diese schon leicht gefährliche Straße verwandelt sich nach einer Abzweigung rechts bergauf in einen nur mit Geländewagen zu bewältigenden Weg zum etwa drei Kilometer entfernten Apostelkloster **Arakhelots'vankh**. Vorausgesetzt es hat nicht geregnet. In einem kleinen Waldstück rechts der Straße, etwas über dem umzäunten Feld, beginnt der anstrengende Anstieg durch den Wald. Eigentlich muss man nur den Spurrinnen der Traktoren folgen, um nach gut einer halben bis dreiviertel Stunde die meterhohe Umfassungsmauer des Apostelklosters zu sehen. Diese Mauer ist im wesentlichen, sogar mit einigen ihrer Rundtürme an der Nordost- und der Südwestseite, etwa 150 Meter südlich der Hauptkirche erhalten. ⓞ *41°2'2.25"N, 45°3'57.44"E*

Das eigentliche Zentrum des Klosters, das sich ganz über den Hügel zieht, bildet die Hauptkirche mit ihrem Gavith im äußersten Nordwestwinkel, direkt an der Schlucht oberhalb des Kirants'. Eine weitere einschiffige Kapelle mit Apsis liegt direkt an der Ostmauer, im unteren Bereich. Die Hauptkirche aus dem 13. Jahrhundert ist noch recht gut erhalten und zeigt eine typische Kreuzkuppelkirche mit hohem Tambour. Das quadratische Gavith ist in schlechterem Zustand und kann nur über den Südeingang erklettert werden. Das Innere des Gavith war durch Bögen aufgeteilt, in der Mitte war die Kuppel mit einer Lichtöffnung. Mehrere Schichten verengen langsam die Öffnung nach oben hin, wie es auch häufig in der einfachen Bauweise alter armenischer Bauernhäuser üblich war. In der Nähe des Gavith lehnt auch ein ungewöhnlicher Kreuzstein mit einer leider undeutlichen Inschrift. Jesus sitzt innerhalb eines Kreises, im Hintergrund halten zwei kniende Engel, einer links und einer rechts, eine Schriftrolle. Das

Kloster erzählt keine Geschichte und fasziniert genau genommen mehr durch seine Festungsmauer und die Rundtürme als durch die übliche Kirchenarchitektur. Das Areal innerhalb der Umfassungsmauern bietet noch mehrere Überreste anderer Gebäude, die den Abenteuer- und Forschergeist anregen. Den benötigt man auch im Übermaß, wenn man sich an die Erkundung der anderen Klöster macht. Unten im Tal des Kirants steht ein paar Meter südwestlich der Abzweigung zum Apostelkloster eine **Bogenbrücke** aus dem 13. Jahrhundert

### ■ Kirants'-Kloster

Das bekannteste von allen Klöstern am Kirants' ist das gleichnamige, das etwa zwölf Kilometer landeinwärts, also westlich des Dorfes Atsch'arkut liegt.
*41°0'43.36"N, 44°59'25.38"E*
Die Erdstraße ist zum Großteil mit Geländewagen befahrbar. Der Weg ist nicht anstrengend, hat keinen Anstieg, ist aber aufgrund der zurückzulegenden Strecke nur für erfahrene Wanderer zu empfehlen. Und das nur mit festem Schuhwerk, guten Nerven und einem ebenso guten, ortskundigen Führer, am besten einem der freundlichen Dorfbewohner. Nicht bei Regenwetter und nicht im Frühling. Und man sollte am besten schon am Morgen aufbrechen. Eigentlich zu viele Bedingungen für schon von der Besichtigung der anderen Atsch'arkuter Klöster ermüdete Beine.

Eine Gruppe aus drei Kirchen wurde hier mitten im Wald zwischen dem 13. und 14. Jahrhundert in einem ungewöhnlichen, da persisch beeinflussten georgischen Baustil errichtet. Das helle Mauerwerk ist aus vielen kleinen Ziegelsteinen zusammengesetzt, die Kirche lässt im schlanken, hohen Tambour sogar Reste von Keramik erkennen. Die Kreuzkuppelkirche mit dem auffälligen Tambour hat unmittelbar an der Nord- und Südseite zwei weitere einschiffige Saalkirchen, sowie im Südwesten ein kleines gavithähnliches Gebäude. Das Innere der Kirche ist mit beeindruckender Wandmalerei georgisch-byzantinischen Stils geschmückt. Schließlich war dieses Kloster auch einst im Besitz der georgisch-armenischen Zakarian-Fürsten. Also wirklich ein ungewöhnliches Kloster, das aber noch sehr gut erhalten ist. Vermutlich, weil es derart wenige Menschen besuchen!

### ■ Voskepar

Fährt man von Atscharkut zurück auf die Hauptstraße und weiter gegen Norden, so gelangt man immer weiter in das Grenzgebiet bis nach Voskepar. Nördlich des gleichnamigen Flusses liegt Nerkhin Voskepar, ein ehemaliges Straßendorf unweit der aserbaidschanischen Grenze, das völlig zerstört worden ist. Ein verwaister, trister Ort. Um so gespenstischer wirkt die völlig restaurierte Kreuzkuppelkirche, die **Muttergotteskirche** aus dem 7. Jahrhundert. *41°4'25.29"N, 45°4'32.57"E*

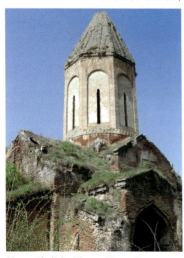
▲ *Ungewöhnlich: Kloster Kirants'*

Die Vierkonchenkirche hat an der Ostapsis mit dem sehr niedrigen Bema zwei separate überwölbte Eckräume und eine hoch aufgesetzte Kuppel. Die Kreuzform wurde im wesentlichen auch nach außen bewahrt, jedoch ist die Westfront seltsam stufenförmig variiert. Der innen zylindrische Tambour erscheint nach außen achteckig. Die kleine Kirche mit zwei Eingängen im Norden und Westen hat sehr wenig Dekor, abgesehen von den Umfassungen der Fenster und Portale. Der Tympanon des Westportals hat kleine einfache Kreuze. Schräg gegenüber steht eine weitere, sichtlich neue Kirche. Die Menschen von Nerkhin Voskepar sind entweder weiter flussaufwärts ins Landesinnere gesiedelt oder haben diesen Landstrich überhaupt verlassen. Die frisch restaurierte Kirche steht wie ein Mahnmal inmitten des leer geschossenen Dorfes. Und man versteht nicht ganz, warum die Dorfkirche eines Geisterdorfes restauriert wurde, wenn kein Mensch diese Kirche mehr betritt.

## Das östliche Tavusch

Tavusch von seiner typischen, von der Natur geprägten, unzugänglichen und dem lebendigen Jerevan so fernen Seite kennenzulernen, hat seinen eigenen Reiz. Ganz im Osten von Tavusch an der Grenze zu Aserbaidschan liegen unnahbar die alten Klösteranlagen von Choranaschat bei Tsch'inari, Kaptavankh bei Tsch'intsch'in und Varagavankh. Alte Festungen wie Tavuschaberd oder das unzugängliche Jergevanits'berd sehen durch das Walddickicht auf das Landesinnere. Die dichten Wälder, die feuchte Witterung und die schlechten Straßen erschweren die Anfahrt zu diesen historischen Bauwerken. Die Nähe zur Grenze und damit patrouillierende Soldaten und mögliche Heckenschützen tun ihr Übriges.

*Begegnung unterwegs*

Das Abenteuer beginnt schon mit der etwa 35 Kilometer langen Fahrt von Idschevan nach Berd. Eigentlich könnte man annehmen, dass die Hauptverbindungsstraße, auf der übrigens auch Linienbusse verkehren, gut befahrbar ist. Vor allem, da sie auch über einen über 2000 Meter hohen Pass, den Sarumpass, führt. Weit gefehlt. Die sogenannte Hauptstraße entpuppt sich als eine nicht ungefährliche Kurvenstraße, die ein schnelles, zügiges Fahren verhindert. Gefährliche Kehren und entgegenkommende Lastkraftwagen machen diese Fahrt zu einer wahren Gebirgssafari – nichts für schwache Nerven oder gereizte Mägen. Fast bemerkt man durch das unentwegte Konzentrieren auf diese kurvenreiche Straße nicht die Schönheit der unberührten Natur, den Waldreichtum und die sanften Berge eines Landes, das sonst als karg und steinig charakterisiert wird.

*Herbstwald in Tavusch*

### ■ Kloster Kaptavankh

Nach einer anstrengenden Fahrt, durchgeschüttelt und ermüdet, biegt man vor dem Ort Navur links eine Straße zum Dorf **Tsch'intsch'in** ab. ⊙ *40°54'24.72"N, 45°20'35.71"E*
Hier, inmitten schöner Getreidefelder und saftiger Waldwiesen, liegt in einem kaum besiedelten Gebiet, unweit einer Brücke in einem Waldstück, das Kloster Kaptavankh. Den Weg zur Kirche des Klosters, dem einzig erhaltenen Gebäude mit dem charakteristischen Tambour in grob behauenen Steinen und dem mit Gras bewachsenen Dach, ist nur mit Hilfe Einheimischer zu finden. Diese Kirche aus dem 9. bis 10. Jahrhundert ist eine ganz typische Kreuzkuppelkirche mit äußerst betonten Kreuzarmen im Westen. Auch die Apsis ist zu einem langen Hufeisen gedehnt. Zwischen den Kreuzarmen liegen vier Eckräume. Trotz wunderschöner Umgebung und Ursprünglichkeit der Anlage rentiert sich der Fußweg nicht. Und wer schöne Natur genießen will, der kann sich auch auf jener Wiese, an der die Brücke liegt, von wo aus man nach Kaptavankh geht, in den Schatten eines Baumes setzen und ein kleines Nickerchen im hohen von Wildblumen bunt gefärbten Gras machen.

## Kloster Varagavankh

Hat man das Tsch'intsch'in durchfahren, kann man an der nächsten Kreuzung links abbiegen und kommt wieder auf eine vernünftige Straße in Richtung Varagavan. Dieses Dorf ist vor nicht allzu langer Zeit nach seinem Kloster benannt worden und hat den alten Namen Haghum abgelegt. Das Kloster Varagavankh ist schon von weitem auf einer Waldlichtung auf einem Berg oberhalb des Dorfes Varagavan zu erkennen. Nach einer Abzweigung nach links verläuft eine Waldstraße ganz hinauf zum Kloster. Diese Straße ist jedoch nur mit einem guten Fahrzeug und nur bei trockener Witterung leicht zu bewältigen. Man kann die Waldstraße aber auch zu Fuß gehen, was etwas mühsam ist, da diese sich um den Berg bis hinauf zum Kloster windet. Wiederum unter der Führung Einheimischer kann man auch eine Abkürzung durch den Wald gehen, wobei dieser Weg nicht sehr schwierig ist und auch nicht sehr viel Gehzeit in Anspruch nimmt. Irgendwann beim Aufstieg verschwindet der vorhin so deutlich sichtbare Turm aus dem Blickfeld und man ist sich nicht sicher, ob man den richtigen Weg eingeschlagen hat. ⊙ *40°57'39.67"N, 45°19'41.28"E*

### ■ Hauptkirche

Das Kloster setzt sich aus zwei Kirchen, zwei Kapellen und zwei Vorhallen zusammen. Die Hauptkirche im Nordosten des Komplexes wurde 1237 als Kreuzkuppelkirche mit vier zweigeschossigen Eckräumen und zentraler Überkuppelung erbaut. Sie liegt schon etwas an den Berghang geneigt. Die Außenfassade ist durch Nischen an der Nord- und Ostseite gekennzeichnet, aber auch durch eine Vielzahl von Steinornamenten verschiedenster Art, von Doppelbögen, Säulen, Kreuzen bis hin zu Rosetten. Das Westportal ist das Kuriosum dieses Klosters und äußerst ungewöhnlich. Es wird von einem doppelläufigen, üppig gerankten, aus verschiedenen Steinblöcken zusammengesetzten Bogen auf schmalen Dreifachsäulen umrahmt, das Tympanon ist ein marmorner Steinblock mit einer Inschrift. Die Besonderheit ist aber die zusätzliche eckige Umrahmung mit einer schier unerschöpflichen Variation und Anzahl kleiner sternförmiger und trapezförmiger Flächen.

Das im Westen vorgelagerte Gavith ist ein riesengroßer, quadratischer Saal mit verschiedenen Gewölben über Wandpfeilern.

### ■ Zweite Kirche

Die zweite Kirche, erbaut 1198, liegt im Süden der Hauptkirche und ist eigentlich eine einfache, überwölbte Saalkirche, die jedoch in zwei Raumhälften geteilt ist und eigenartigerweise zwei kleine Aspiden an der Ostfront hat. Sie wird von zwei kleinen Kapellen flankiert. An den Fassaden der Kirche sind vor allem die Fenster schön doppelt umrahmt, ungewöhnlich sind die schlanken Doppelsäulen zu beiden Seiten des linken Fensters. Auch im Innern findet man einige originell gestaltete Kapitelle. Das Westportal ist jenem der Hauptkirche nachempfun-

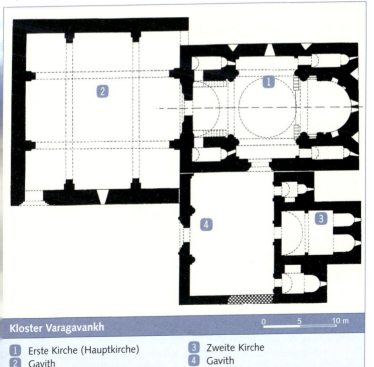

**Kloster Varagavankh**

1. Erste Kirche (Hauptkirche)
2. Gavith
3. Zweite Kirche
4. Gavith

## Der Norden von Tavusch

Im Norden der Provinz Tavusch, die sich allmählich von einer unberührten, menschenleeren, dicht bewaldeten, feuchtkühlen Berglandschaft in eine dichter bevölkerte, sanfte und heißtrockene wandelt, ist schon der Einfluss des Nachbarstaates Georgien spürbar. Das sieht man an den vielen Soldaten und bewachten Grenzregionen, aber auch in Details des Kirchenbaus und sogar in den viel kaukasischer, viel dunkler und wettergegerbter aussehenden Armeniern. Getreidefelder weichen langsam großen Obstplantagen, denn hier, wo das Land immer tiefer wird und genug Wasser vorhanden ist, sollen die besten, saftigsten und größten Pfirsiche wachsen. Pfirsiche, die übrigens aus Persien – daher der Name – stammen, haben in Armenien weit weniger kulturelle Tradition als Aprikosen, Weintrauben oder Granatäpfel. Sie haben weder eine besonders symbolische Farbe, noch sind sie ein Motiv der Relief- und Miniaturkunst oder werden in der Dichtung als Metapher eingesetzt. Sicherlich, in der Küche gibt es die schmackhaften getrockneten Pfirsiche, unter der Bezeichnung ›alani‹ mit Rosinen und Nüssen gefüllt eine Delikatesse. Die Tavuscher Pfirsiche sind tatsächlich groß, sogar männerfaustgroß, süß und klebrig. Doch alle Früchte, die die Bauern in der staubigen Hitze am Straßenrand vom Frühling bis in den Spätherbst anbieten, von Erdbeeren, Aprikosen und Kirschen über Pfirsiche bis hin zu Äpfeln, sind besonders groß und geschmackvoll hier. Die letzte größere Stadt vor der Grenze nach Georgien und zur Provinz Lori ist Nojemberjan. Es ist keine besonders sehenswerte Stadt, die jedoch nett auf einem Abhang erbaut worden ist. Eine Durchfahrtsstadt auf dem östlichen Weg nach Georgien oder bei einer Umrundung der Provinzen Lori und Tavusch.

*Bei der Aprikosenernte*

den, jedoch viel schlichter. Zwei in die Fassade eingelassene identische Kreuzsteine flankieren das Portal mit der langen Inschrift auf dem Tympanonfeld. Diese drei Kirchenbauten werden durch ein rechteckiges Gavith verbunden, das auch die Hälfte der Südwand der Hauptkirche einschließt. Dieses kleinere Gavith hat ebenfalls einen schönen, mehrfach gefassten Westeingang. Varagavankh hat sich schon ganz seiner Umgebung angepasst, nicht nur dass es von Anbeginn die natürliche Neigung des Hanges in seiner Architektur berücksichtigt hat. Der Wald ist auch hier näher gerückt und erschwert es erheblich, das Kloster gut von allen Seiten betrachten zu können. Doch hier lohnt der Fußmarsch oder die etwas unbequeme Anfahrt über den Waldweg des phantasievollen Dekors und des weiten Blickes auf eine wunderbare Landschaft wegen.

# Die Provinz Gegharkhunikh

Gegharkhunikh ist jene Provinz, die rund um das Ufer des Sevansees liegt. Stets war sie ein Siedlungsort für die mächtigen Herrscher der Vergangenheit, von frühzeitlichen über urartäischen bis hin zu den armenischen Kirchenfürsten, ein Ort mit vielen Geheimnissen und rätselhaften Stätten. Zyklopische Mauerwerke, ein Heer von Chatsch'kharen, Einsiedeleien und die silbrig glänzende Forellen verleihen der Region einen besonderen Zauber, der nur durch die glitzernde, gekräuselte Oberfläche des Sevansees gebannt werden kann. An den Ufern des Sevansees liegen auch die Sehenswürdigkeiten der Region.

## Sevankloster

Der kürzeste Weg zum See führt über die gut ausgebaute Autobahn M4 von Jerevan vorbei an einer wunderbaren Naturkulisse mit steil ansteigenden Ber-

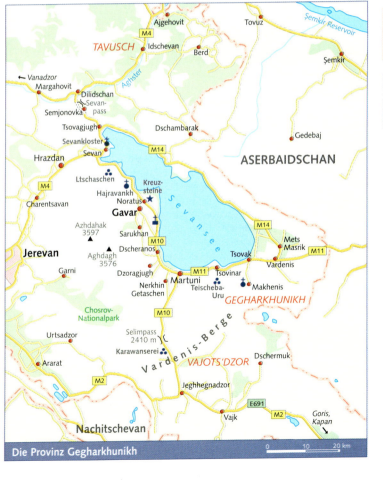

# Die Provinz Gegharkhunikh

*Die Muttergotteskirche*

gen und freiem Blick auf den mächtigen Aragats und den schwarz glänzenden Obsidianfelsen. Nach einer gut einstündigen Fahrt gelangt man direkt an die Auffahrt zur Halbinsel mit dem Sevankloster. ◉ *40°33'54.26"N, 45°0'42.96"E* Auf dieser Halbinsel befindet sich nicht nur die Klosteranlage aus dem 9. Jahrhundert, sondern auch eine Klosterschule und ein Seminar, in dem eine überraschend große Schar junger Armenier zu Priestern ausgebildet wird. Dieses Seminar hat auch die Betreuung des alten Klosters übernommen, und so sind es häufig schüchterne, verschlafen aussehende Burschen, die die Kirchen betreuen und dort auch ab und an heilige Messe feiern.

In der zweiten Hälfte des 9. Jahrhunderts ließ Prinzessin Maria, Tochter von Aschot dem Bagratiden und Gefährtin des Prinzen Vasak von Sjunikh, für den Katholikos Maschtots' drei Kirchen auf der Insel errichten. Der Komplex setzt sich aus drei Kirchen sowie einem großen Gavith zusammen. Die Kirchen liegen in beinahe gleichen Abständen auf dem Rücken der Halbinsel und sind durch kleine Pfade miteinander verbunden.

■ **Apostelkirche**

Die älteste Kirche, die Apostelkirche im Nordosten, wird auf das Jahr 874 datiert und liegt sozusagen zwischen den beiden anderen im Süden. Hier wurde auf den Bautyp des 7. Jahrhunderts zurückgegriffen, den man mit neuen Elementen geschickt kombinierte. Daraus entstand eine überkuppelte Kreuzkirche mit drei Konchen. Die Apsis ist halb zylindrisch geformt. An der Südfront wurde zwischen dem West- und Südarm ein großer Eingangsbogen eingesetzt, zwischen Süd- und Ostarm eine kleine Kapelle mit Apsis. Vier Trompen bilden den Übergang vom zentralen Quadrat zum achteckigen Tambour mit vier Fenstern. Die Kreuzform des Inneren kann man auch im Äußeren nachvollziehen, da die Kirche nicht ummantelt ist. Erstaunlich wenig Dekor ist an dieser Kirche zu finden.

## ■ Muttergotteskirche

Wesentlich größer wurde im Südosten der Apostelkirche etwas später die Muttergotteskirche erbaut, ebenfalls ein Trikonchos-Bau, wobei jedoch der Westarm wesentlich zum Portal hin verlängert ist. An den Seiten der Ostkonche wurden zwei kleine Kapellen angebaut, die beide über den Kirchenraum zu betreten sind. Jene im Südosten hat eine kleine Apsis. Der rechteckige Raum zwischen Nord- und Westkonche stammt aus späterer Zeit und hat seinen Eingang nicht in der Kirche, sondern vor der Kirche. Die doppelten Bögen im Zentrum heben den achteckig ummantelten Tambour.

Die Muttergotteskirche hat später vermutlich ein Gavith erhalten, eine quadratische Halle, deren Dach auf sechs freistehenden Holzsäulen ruhte. Von diesem Gavith sind heute nur noch die Grundmauern erhalten. Und auch die wohl prachtvollsten bauplastischen Dekore des Sevanklosters: die formvollendet geschnitzten Holzkapitelle des Gavith, die heute im historischen Museum in Jerevan bewundert werden können. Die Sattelhölzer zeigen einen mit einem Lebensbaum umrankten Kelch, an dessen Seite zwei Tauben sitzen. Auch die alten Holztüren der Kirchen, eine aus dem Jahre 1176, die andere aus 1486, werden sicher vor Wind und Wetter in Jerevan aufbewahrt.

Die dritte Kirche liegt oberhalb der beiden anderen im Westen der Anlage und ist als einzige nicht restauriert worden. Vermutlich gaben die wenigen Mauerreste zu wenig Aufschluss über die Bauweise und den Grundriss dieser großen Kirche. Diese drei Kirchen beeindrucken durch ihr architektonisches Harmonieren und ihre schlichten, unauffälligen Fassaden, die im blauen Schimmer des Sevansees kein weiteres Dekor benötigen.

## ■ Kreuzsteine

Die Chatsch'khare verschmelzen scheinbar mit der umgebenden Landschaft, der berühmteste Kreuzstein der Klosterinsel ist jedoch nur im Halbdunkel der Muttergotteskirche zu betrachten. Der große Kreuzstein, der an die nördliche Kirchenwand gelehnt wurde, geht auf den Meister Trdat aus dem 17. Jahrhundert zurück. Er zeigt eine ungewöhnlich reich bebilderte Form mit vielen Figuren rund

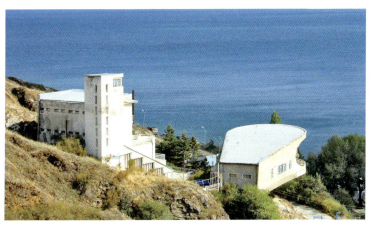

*Schriftstellerferienheim direkt unterhalb des Klosters*

um das Kreuz. Das Zentrum der Komposition bildet der gekreuzigte Jesus, vor dem zwei verzweifelt flehende Kirchendiener knien. Unter dem Kreuz ist der sogenannte Abstieg in die Unterwelt zu sehen, eine grausame Darstellung, in der die Vischaps schon an den Verdammten nagen. Eine weitere Thematik ist Christi Geburt an der rechten Seite des Kreuzes. Die etwas grantig blickenden drei Könige sind abgebildet, ebenso wie Maria mit dem Jesuskind oder Esel und Ochs im Streit. An der rechten Seite sieht man die drei Jünglinge im Feuerofen sowie eine Szene des jüngsten Gerichtes. Im rechten oberen Winkel scheint noch Jesus zu stehen. Obgleich die Ornamente fein gemeißelt sind, sind die Figuren sehr schematisch und mit den eiförmigen Gesichtern des armenischen Mittelalters ausgestattet.

■ **Badestrand**
Sobald die Sonne heißer wird und das Wasser des Sevan sich etwas erwärmt, tummeln sich am Strand der Klosterhalbinsel viele Besucher. Hier ist der Badestrand am Sevansee, quasi die Copacabana Armeniens. Und es stimmt tatsächlich. Setzt man sich in den feinen Sand, lässt ihn und einige kleine Muscheln durch die Hände rieseln, saugt den Geruch des Wassers auf und blickt auf die blauen Wellen, dann sieht man es. Der Sevansee ist das Meer Armeniens. Oder der Himmel, der zwischen die Berge herabgefallen ist, wie einst Maxim Gorki gesagt hat. Am Strand gibt es Tretbootverleihstationen sowie zahlreiche Strandcafés und Imbissbuden.

■ **Aghthamar-Statue**
Weiter auf der Autobahn M4 in Richtung des Sevanpasses kommt man am Seeufer an einer schlanken, wohlgeformten dunklen Statue einer jungen Armenierin mit einer Fackel vorbei. Hier wurde als Erinnerung an die armenische Klosterinsel Aghthamar im Vansee in der Türkei und an die damit verbundene Legende das Standbild des unglücklichen armenischen Mädchens aufgestellt. Ein Jüngling verliebte sich unsterblich in die schöne Thamar, die auf der kleinen Insel im Vansee lebte. Um ihrem Geliebten den Weg zu ihr zu weisen, entzündete die junge Frau jeden Abend ein kleines Feuer am Ufer. Doch bald wurden die Burschen, die ebenfalls auf der Insel wohnten, eifersüchtig und wollten es dem Fremden vom Festland heimzahlen. So kamen sie eines Abends und löschten das Feuer der Thamar. Der junge Mann fand darauf durch den vom Wind gepeitschten See nicht den Weg zu seiner geliebten Thamar und ertrank mit dem verzweifelt gehauchten ›Ach Thamar!‹ auf den Lippen. Seit dieser Zeit wird diese Insel Aghthamar genannt.

## Semjonovka

Wenn man in Richtung Dilidschan nicht die neue M4 durch den Tunnel nimmt, sondern auf der alten Straße Richtung Sevanpass fährt, liegt direkt an der Straße ein Dorf mit bunten, niedrigen Holzhäusern, die ganz anders sind als die typisch armenischen Bauernhäuser.
*40°39'30.83"N, 44°54'4.50"E*
Das Dorf, das noch dazu den russischen Namen Semjonovka trägt, wurde bereits im 19. Jahrhundert durch eine Gruppe russischer Familien gegründet, die der Sekte der Molokaner angehören. Heute leben in diesem Ort hoch über dem Sevansee nur noch wenige Angehörige dieser eigenartigen Religionsgemeinschaft, die zwar orthodoxe Christen sind, aber keinerlei materielle Darstellungen Gottes anerkennen, daher auch weder Kreuze, Heiligenfiguren oder gar Kirchen kennen. Die Wirtschaftskrise

*Das Sevankloster aus der Ferne*

der 1990er Jahre hat sie gezwungen, ihr einst sauberes Dorf zu verlassen und es zum Geisterdorf verfallen zu lassen. Die Mitglieder der Sekte betreiben meist Landwirtschaft und führen ein ruhiges, äußerst bescheidenes Leben.

Die Bezeichnung Molokaner geht auf das russische Wort für Milch, moloko, zurück. Als Widerstand gegen die durch den Klerus aufgezwungene Fastenzeit der orthodoxen Kirchen aßen und tranken die Molokaner, die Kirche und Klerus absolut ablehnen, ausschließlich tierische Produkte wie Fleisch und Milch. Sie haben sich auch in anderen Provinzen Armenien angesiedelt, doch überall ist ihre Zahl zurückgegangen, so dass die Armenier schon eine neue Etymologie der Bezeichnung Molokaner gefunden haben: ›es gibt wenige‹, in armenisch-russischer Zweisprachigkeit malo (Russisch für ›wenige‹) kan (Armenisch für ›sind vorhanden‹, ›gibt es‹). Und es werden noch weniger werden, seit die Hauptverkehrsstraße durch den Tunnel nach Dilidschan führt und kaum jemand mehr die schlechte Straße durch Semjonovka befährt.

### ℹ️ Sevansee

Der Sevan liegt in beinahe 2000 Meter Höhe. Es ist hier sehr windig und trotz starker Sonneneinstrahlung ist die Wassertemperatur nur im Sommer angenehm. Am See können Ruder- und Tretboote gemietet werden, allerdings gibt es gefährliche Strömungen.

Sevan liegt etwa 62 Kilometer nördlich von Jerevan und ist so direkt über die Schnellstraße M4 zu erreichen.
Man erreicht Sevan auch mehrmals täglich mit Sammeltaxis (→ S. 439) und ab Sommer 2017 auch täglich mit einer neuen Zugverbindung von Jerevan aus.

**Hotel Harsnakhar** (P2), Tsamakhaberd, Sevan, Tel. +374/60/748888, www.harsnaqarhotel.am. Zimmer inkl. Frühstück sowie kleine Cottages ab ca. 50 Euro. Das moderne und kinderfreundliche Hotel hat einen direkten Zugang zum Strand, viele Freizeitanlagen und eine gute Küche.
**Best Western Bohemian Resort** (P2), Jervanjani p. 102, Tel. +374/60/40450 oder +374/55/1203035, www.bohemianresort.am. Preise inkl. Frühstück und Steuern. Mediterranes Ambiente mit Pools und Zugang zum Seestrand. Bewährte internationale Best-Western-Qualität.

**Hotel Tufenkian Avan Marak Tsapatagh** (P2-3), Tel. (0)10/547888, www.tufenkian.am. Preis inkl. Frühstück und Steuern. Dieses Hotel der Tufenkian-Gruppe mit der gewohnt rustikal-armenischen Einrichtung liegt weitab von der Klosterhalbinsel im knapp 60 Kilometer entfernten Dorf Tsapatagh am Ostufer des Sees. Ein schönes Hotel für jene, die Ruhe, Erholung, luxuriösen Komfort und gutes Essen im benachbarten Zanazan-Restaurant suchen.
**Tsaghkunkh Guesthouse** (P1), Tsaghkunkh, Tel. +374/91/981888. Sechs liebevoll gestaltete Zimmer und gutes Essen etwas abseits auf erhöhter Lage entlang der H29 in Richtung Hrazdan.

Am Sevansee muss man einfach Fisch essen! Es gibt ein kleines **Restaurant direkt an der Zufahrt zur Klosterhalbinsel** sowie weitere am Seeufer. Alle sind preiswert und der frische Fisch schmeckt gut. Besonders empfehlenswert sind das direkt am Sevankloster gelegene Restaurant **Aschot Jerkath** und das entferntere **Restaurant des Tufenkian-Hotels** in Tsapatagh.
Liebhaber duftenden, frischen Brots, Lavash oder anderer Leckereien finden in der Bäckerei Tsovagyugh direkt an der Kreuzung M4 und M14 in Richtung Tsovagyugh bestimmt etwas.

## Sevan – die blaue Perle

Ein Meer, so nennen ihn die Armenier. Das größte Gewässer des Landes, das wie kein anderes die Umgebung, die Natur und das Leben in Armenien geprägt hat. Er hat immerhin eine Länge von 78 Kilometern und eine Breite von bis zu 35 Kilometern. Der Sevansee ist mit 1900 Metern ü.d.M. einer der höchstgelegenen Seen der Welt. Ein See, der von rund 30 Flüssen gespeist wird, aber nur einen einzigen, den Hrazdan, gebiert.

Über seine Entstehung streiten sich die Experten, die Armenier haben jedoch ihre eigene Erklärung. Vor vielen Jahren gab es in einem kleinen Dörfchen eine Quelle, von der alle Dorfbewohner ihr Wasser nahmen. Jedes Mal, wenn die Frauen mit ihren Krügen Wasser geholt hatten, verschlossen sie vorsichtig die Quelle, damit nichts von dem kostbaren Nass verschwendet würde. Eines Tages schickte eine Frau ihre junge Schwiegertochter zur Quelle. Die unerfahrene junge Frau vergaß, die Quelle zu schließen, und so überflutete das Quellwasser sprudelnd das ganze umliegende Land. Die erzürnten Dorfbewohner verfluchten die dumme Schwiegertochter, die daraufhin zu Stein erstarrte. Noch heute soll die steinerne Schwiegertochter, als ›harsnakhar‹, der sogenannte Schwiegertochterfelsen, aus dem See ragen. Auf diesem berühmten Felsen hat man ein unübersehbar buntprotziges Hotel gebaut, das auch dessen Namen trägt: Harsnakhar.

Viele Völker haben jahrhundertelang ihren Durst vom süßen Wasser des Sees gestillt und das kostbare Nass für die Bebauung ihrer Felder genommen. Die Menschen der Bronzezeit haben am Seeufer ihre Toten mit aufwendigen Holzkarren bestattet. Die Urartäer haben ihm später seinen Namen verliehen, denn das urartäische Wort Suina bedeutet so viel wie Land des Sees oder Wassers. Die alten armenischen Königs- und Fürstenfamilien ließen rings um den See Kirchen und Klöster errichten. Die osmanischen Machthaber gaben ihm den klingenden Namen Gökcay, das bedeutet ›himmelblaues Wasser‹.

Die Armenier des 20. Jahrhunderts jedoch setzten der Perle Armeniens, wie sie den Sevansee nennen, schlimm zu. So schlimm, dass das Land ringsum zu vermarschen droht und das ehemals tiefblaue Wasser schmutziggrau wird. Es wurde für Bewässerungs- und Energiezwecke durch die sogenannte Sevankaskade derart viel Wasser entnommen, dass der Wasserspiegel um insgesamt schon fast 20 Meter gesunken ist. Das bedeutet nicht nur eine Verringerung des Volumens um mehr als 20 Millarden Kubikmeter, sondern auch einen vehementen Eingriff in den natürlichen Wasserkreislauf und damit auch in das Klima.

Durch den intensiven Holzschlag in der Region während der 1990er Jahre hat sich die Problematik weiterhin verschärft, mittlerweile sind jedoch internationale Experten mit einem groß angelegten Projekt zur Rettung des Sees beschäftigt. Die armenische Regierung hat die Wasserentnahme aus dem See zur Energiegewinnung rigoros eingeschränkt.

Der rücksichtslosen Ausbeutung des Sees ist es aber auch zu verdanken, dass sein Ufer größer und breiter geworden sind und aus der ehemaligen Klosterinsel beim Ort Sevan eine Klosterhalbinsel geworden ist und dadurch archäologische Schätze aus längst vergessenen Zeiten zum Vorschein kamen.

## Ltschaschen

Auf Höhe des Ortes Sevan zweigt von der M4 nach rechts die Sevanuferstraße M10 ab, an deren Seiten viele interessante historische Stätten beinahe noch unentdeckt liegen.

Wörtlich am See gebaut ist das alte Dorf Ltschaschen. Es wäre eigentlich völlig unbedeutend, wenn nicht der See nach seiner verheerenden Absenkung wahre Schätze freigegeben hätte, die Relikte einer hochentwickelten bronzezeitlichen Kultur.

Im Jahre 1969 begann man das Gebiet südöstlich des Dorfes zu untersuchen und fand auf der riesigen Fläche von 55 Hektar zwei große Festungen und eine über 15 Hügel reichende Stadt sowie ein Gräberfeld mit zahlreichen wertvollen Grabbeigaben. Über die stillgelegten Ausgrabungsfelder ist mittlerweile schon wieder Gras gewachsen und kein einziger Dorfbewohner weiß mehr von den alten Festungen und der Stadt außerhalb Ltschaschens. Eine halb verfallene Kirche am Ufer des Sevansees erreicht man, wenn man die kleine Straße weiterfährt, die quer durchs Dorf Richtung Südosten führt. Doch sonst? Nichts weist auf riesige Ausgrabungsstätten hin, keine Schilder. ◉ *40°30'41.93"N, 44°56'52.85"E*

### ■ Ausgrabungen

Etwas hinter einem Hügel durchziehen eigenartige Bodenwellen eine Schafweide und sogar eine Anhöhe gegenüber sieht etwas eckig aus: zyklopische Mauern. Von der Spitze des kleinen Berges aus erkennt man die Festung mit ihren Umfassungsmauern und den Wohnräumen, und dahinter liegen wie auf überdimensionalen Maulwurfsbergen die begrünten Reste der bronzezeitlichen Siedlung. Das ist das alte Ltschaschen, in dem vor einigen Jahrtausenden die Fürsten in stattlichen Grabhügeln mit großen Innenkammern beigesetzt worden sind. Die festlich gekleideten und geschmückten Toten hatte man für das Begräbnisritual auf Holzwägen gebettet, die von Stiere in die Grabkammer gezogen wurden, in der die reichen Beigaben den Weg ins Jenseits begleiten sollten. Zwanzig dieser großen Holzkarren mit unbeweglichen Achsen und nicht ganz runden Holzrädern aus dem 19. bis 14. Jahrhundert vor Christus sind bereits ent-

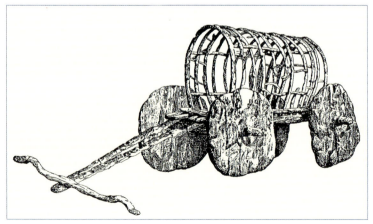

▲ *Zeichnung eines der berühmten Holzkarren*

deckt worden, fünf davon hatten sogar Schnitzarbeiten. Einer dieser Holzwägen kann im Jerevaner Historischen Museum besichtigt werden. Der See gab auch eine Reihe von wertvollen bronzenen Gegenständen und auch Edelsteinschmuck frei. Der sensationelle Fund wurde jedoch schnell vergessen. Es ist nicht abzuschätzen, ob sich unter den kleinen Hügeln rund um den Sevansee noch weitere unberührte Schatzkammern verstecken.

## Hajravankh

Knapp 20 Kilometer südlich der verwahrlosten Ausgrabung von Ltschaschen steht das Kloster Hajravankh so nah am Wasser, dass man glaubt, es könne jeden Augenblick versinken. Doch der Eindruck trügt, es hat ja eigentlich sogar an Land gewonnen, seit der See so viel Wasser verloren hat. Hajravankh besteht aus einer Kirche vom Ende des 11. Jahrhunderts, einem Gavith aus dem 12. Jahrhundert und einer kleinen Kapelle. Die drei Gebäude sind auf dem kleinen felsigen Abhang so eng miteinander verschmolzen, dass der Eindruck eines einzigen, großen, verwinkelten Bauwerkes entsteht. ⊘ *40°25'58.14"N, 45°6'29.69"E*

*Kloster Hajravankh*

### ■ Kirche

Die Besonderheit der Vierkonchenkirche liegt in dem Umstand, dass dieser Grundriss eigentlich innen und außen gut erkennbar ist. Die Süd- und Westkonche sind jedoch durch den Zubau des überdimensionalen Gavith im Westen und der kleinen Kapelle im Südosten nach außen hin nicht zu sehen, sie bilden eine dicke Mauer mit den angrenzenden Gebäuden. Die Kirche mit den perfekten Konchen und dem prismenförmigen Tambour sieht von außen wie ein Befestigungsturm aus. Im Inneren scheint sie durch die wuchtige Kuppelkonstruktion sehr klein.

### ■ Kapelle und Gavith

Die kleine Kapelle an der Südostseite kann nur von der Kirche aus betreten werden; sie ist sehr einfach. Das Gavith nimmt so viel Raum wie möglich auf diesem Felsvorsprung des Sevanufers ein. Aus topographischen Gründen ist es etwas verschoben. Diese felsige Unterlage war auch der Anlass, dass beinahe die Hälfte der Kirche dem Gavith vollständig einverleibt wurde, so dass die Kuppeln der beiden Gebäude relativ eng aneinander liegen. Zwei etwas gedrungene Säulen im Westen und zwei Halbsäulen im Osten stützen die großen Bögen, die wiederum die Trommel mit der Lichtöffnung stützen. Interessant ist auch die Konstruktion der Pyramidalkuppel mit acht Feldern über dem zentralen Feld. Besonders schön sind allerdings die Reliefs in den Ecken und der würfelförmige, mehrfarbige Dekor der Innenseite der Kuppelkonstruktion. Dieses Gavith ist somit auch eines der ältesten Beispiele für ein mehrfarbiges Steinmuster in sakralen Bauwerken. Das reich dekorierte Hauptportal des Gavith wird von zwei alten Kreuzsteinen flankiert und von einer Lünette mit Inschrift umschlossen.

Auf einem kleinen Landvorsprung gleich links vor dem Kloster liegen die Reste der **mittelalterlichen Behausungen** mit vielen Resten alter Gebäude, Befestigungsmauern und Zisternen. Wie unvergleichlich ist es, hier zwischen dem tiefen Blaus des Sees, dem grünen Gras und den senffarbenen Felsen den Sonnenuntergang zu erwarten…

## Noratus

Auf der Halbinsel von Noratus südlich des Klosters Hajravankh trotzten **Hunderte von Kreuzsteinen** aus mehreren Jahrhunderten wie starre, unbeugsame Soldaten dem Seewind und den säbelschwingenden Feinden des Christentums. Auf einer riesigen Fläche im Osten des gleichnamigen Dorfes liegt der berühmte Friedhof. *440°22'25.94"N, 45°10'53.42"E*

Das Dorf Noratus ist aus der Geschichte als Residenz armenischer Fürsten des 16. Jahrhunderts überliefert. Schon auf der Fahrt durch das Dorf blicken einem die seltsamen Gebilde wie ein dichter Wald aus kleinen, großen, schiefen und hochgewachsenen Bäumen entgegen. Es gibt nicht wirklich ein System, sich durch diese Unmenge von Chatsch'kharen zu kämpfen, obgleich sich ein findiger Gelehrter vor einiger Zeit die Mühe gemacht hat, die Kreuzsteine zu numerieren und eine Art Lageplan zu schaffen. Vor einigen Jahren ist dieser Lageplan in der italienisch- oder englischsprachigen Reihe ›Architettura Armena‹ der Oemme Edizione im Band 18, Sevan, erschienen. Um die unzähligen steinernen Kunstwerke einzeln zu betrachten, würde ein ganzer Tag sicherlich nicht ausreichen. Es genügt aber auch, einfach etwas ziellos über den Friedhof zu streifen.

Da kann der Chatsch'khar des Daniel aus dem 15. Jahrhundert als formvollendet gelten, den zwei Paradiesvögel am oberen Ende zieren. Oder jener, der in den Feldern zwischen den Kreuzarmen gestochene gearbeitete kleine Kreuze hat. Oder auch der, der ganz schief, mit rotbraunem Moos überwuchert, schon ganz versunken in den Boden steht, und den nur ein wie von Kinderhand gefertigtes, einfaches Kreuz ziert. Natürlich sind auch die breiten Kreuzsteine mit zwei Kreuzen etwas ganz Ungewöhnliches. Eine Gruppe gleich hoher und extrem üppig und fein gemeißelter Chatsch'khare stammt vom Meister Khiram aus dem Beginn des 17. Jahrhunderts. Fast ungelenk hat der Meister seinen Namen in das obere oder untere Feld seiner Werke gesetzt. Angesichts dieser Pracht und der großen Zahl von Kreuzsteinen dreht sich einem der Kopf, noch dazu, weil die strenge Ausrichtung eines Chatsch'khars nach

▲ *Kreuzstein am See bei Hajravankh*

*Auf der Halbinsel Noratus*

Westen nirgendwo anders so deutlich wird wie hier auf dem alten Friedhof von Noratus.

### ■ Grigorkirche

Im Friedhof lenkt einzig das kleine Gebäude der Grabkirche des heiligen Grigor aus dem 13. Jahrhundert etwas ab, eine kleine zentral überkuppelte Saalkirche mit einer ausgeprägten Apsis und zwei interessanten Mauervorsprüngen im Innenraum. Die zwei kleinen Eckräume an der Apsis sehen außen wie zwei gestutzte Vogelflügel aus, oder mit Blick auf die schlanke Fassade und den relativ hohen zylindrischen Tambour und das spitze konische Dach wie kleine Tragflächen einer Rakete. Die ganze Westfront ist durch einen omegaförmigen Bogen gekennzeichnet. Über dem Westfenster selbst ist eine Inschrift eingelassen. Das ganze Kirchlein war einst weiß getüncht, die Reste der weißen Farbe sind noch gut sichtbar. Warum hier in diesem Dorf derart viele Kreuzsteine aufgestellt worden sind, ist nicht geklärt. Die wenigsten davon haben tatsächlich die Funktion von Grabsteinen, wie es auf einem Friedhof zu erwarten wäre.

### ■ Dorfkirche

Auch im Dorfzentrum kann man einige sehr alte Exemplare in der Umgebung der großen Muttergotteskirche (Surb Astvatsatsin) finden, die der Fürst Sahak von Gegharkhunikh gegen Ende des 9. Jahrhunderts erbauen ließ. Diese große Kreuzkuppelkirche mit extremer Betonung des Ost- und Westarmes wurde im 14. Jahrhundert durch die eindringenden Perser zerstört und ein Jahrhundert später wieder aufgebaut. Viele kleine architektonische Details haben einst das Äußere und Innere gekennzeichnet, dazu zählen tiefe Dreiecksnischen, drei nahezu gleich große Portale an der Außenfassade und effektvolle Rundnischen an den Kreuzarmen im Inneren. Auch an dieser Kirchenruine wurden Restaurierungsarbeiten vorgenommen. *440°22'33.01"N, 45°10'34.44"E*

*Badesteg am Sevansee*

## Gavar

Die nur einige Kilometer südwestlich von Noratus gelegene Provinzhauptstadt Gavar hat mehr an historischen Daten zu bieten als an tatsächlichen Sehenswürdigkeiten. Sie liegt eigentlich günstig zwischen dem gleichnamigen Fluss und dem sechs Kilometer entfernten Sevansee. Heute ist sie eine typische, etwas heruntergekommene Industriestadt, in der alle Spuren der alten urartäischen Besiedlung sorgsam beseitigt und in das Historische Museum nach Jerevan gebracht worden sind. Man kann kaum noch Reste der **urartäischen Festung Haldi-Uru**, Haldi-Stadt, sehen. Die bedeutende Felsinschrift des Königs Rusa I., die hier gefunden wurde, ist abgetragen worden. Selbst die Zeit, als die Stadt am Sevanufer Nor Bajazet genannt wurde und ab 1829 neu an der Stelle des alten Dorfes Gavar erbaut worden ist, war eine glorreichere als die gegenwärtige. Dennoch wird das Stadtbild geprägt von der landspitzenförmigen Erhöhung, dem sogenannten Festungskopf, berdi gluch, auf dem eben jene urartäische Festung gestanden hat, von der kleinen Schlucht, die der Gavar auf der Südseite des Hügels gegraben hat, durch das im 19. Jahrhundert entstandene Stadtbild und den hohen bogenverzierten Tambour der Muttergotteskirche im Zentrum der Stadt.

## K'anaker

An der gut ausgebauten M10 finden sich noch weitere archäologische Schätze. Eine Stelle liegt besonders idyllisch auf einer kleinen Landzunge zwischen Gavar und Martuni. Blickfang ist eine kleine Kirche, die von sehr alten Kreuzsteinen umringt wird. *40°16'27.13"N, 45°13'8.63"E*

Von der M10 muss man hier an der Kirche links auf die Schotterstraße abbiegen und am Kirchlein vorbei auf die Landzunge fahren. Dann bietet sich dem Wagemutigen der fantastisch-romantische Blick auf eine bronzezeitliche Siedlung und Festung. Und all jene, die sich von dem vermeintlichen Steinkreis bei Sisian nicht verwirren lassen wollen, sollten diesen Abstecher an das Südwestufer des Sevansees wagen. Hier über dem blauen Wasser lag tatsächlich ein Ort der Kraft inmitten eines noch deutlich sichtbaren Steinkreises. Die wenigen, aber fleißigen und freundlichen Bewohner dieser kleinen Landzunge bewahren ihre historischen Schätze. Erst unlängst hat man die kleine Kirche restauriert und die Kreuzsteine und Grabsteine rund um die Kirche versammelt. Was für ein beeindruckendes Stückchen Land am See!

## Dzoragjugh

Die Fahrt entlang am Ufer des Sevansees geht wie erwähnt besser vorbei an Gavar und hinauf in einige kleine Dörfer, die einst sogar die spirituellen Zentren der Provinz gewesen waren. Eines dieser Dörfer ist Dzoragjugh, das Dorf an der Schlucht, und dieser Name ist mehr als treffend. Der Weg nach Dzoragjugh ist denkbar schlecht, die übliche Straße mit großen Schlaglöchern und gewaltigen Rissen im Asphalt. ⓞ 40°10'9.46"N, 45°11'56.98"E

### ■ Einsiedelei Masruts' Anapat

In einer kleinen Senke mitten im Dorf wurde gegen Ende des 9. Jahrhunderts eine kleine Einsiedelei im Auftrag des Prinzen von Sjunikh errichtet. Hier haben vielleicht auch jene Geistlichen gelebt, die die Stille und Abgeschiedenheit der Einsiedelei der Geschäftigkeit des nahegelegenen Schoghakathavankh vorgezogen haben. Im Laufe der Jahrhunderte haben sich in dieser windgeschützten Senke mehrere Menschen angesiedelt und die Einsiedelei allmählich in eine Art Dorfkirche umgewandelt. Die Mauern dieser niedrigen, doch breiten Kirche mit dem Namen Masruts' Anapat bestehen aus einem Wechselspiel von vielen kleinen, grob behauenen und etwas größeren exakt behauenen grauen Basaltblöcken, was der Kirche trotz ihres gedrungenen, rechteckigen Äußeren ein etwas verspieltes Aussehen verleiht. Das Innere der Einsiedelei ist jedoch über einer Kreuzform aufgebaut mit zwei durch rechteckige Gänge begehbaren Eckkapellen im Osten und zwei rechteckigen Räumen beiderseits des West-

armes. Während aber der nordwestliche Eckraum direkt von der Kirche aus betreten werden kann, ist der südwestliche mit der ungewöhnlichen mehreckigen Apsis nur von außen zu erreichen. Der Westarm der Kirche ist rechteckig und hat, was äußerst selten ist, kein Portal. Die achteckige Trommel ist im Inneren zylindrisch gestaltet und erhebt sich über dem zentralen, quadratischen Raum. Das einzige Portal befindet sich an der Nordseite. Die Fassade ist schmucklos, einzig die vielen oft liegenden Kreuzsteine dekorieren die Westfront.

### ■ Kloster Schoghakathavankh

Die Ruinen des Klosters Schoghakathavankh liegen am oberen westlichen Dorfende auf einer kleinen Anhöhe. Die Gründung im 9. Jahrhundert geht auf die Königin Mariam Bagratuni zurück, die schon das Kloster auf der Sevaninsel in Auftrag gegeben hatte. Der Komplex wurde im Laufe der Jahrhunderte öfter zerstört, so dass heute nur einige Grundmauern und alte Kreuzsteine zu sehen sind. ⓞ 40°10'15.28"N, 45°10'41.93"E

*Kreuzstein bei K'anaker am Sevansee*

Reste einer archaischen kleinen Saalkirche und einer großen Trikonchos sind in unmittelbarer Nachbarschaft zu finden. Eine dritte Kirche, ebenfalls älterer Bauzeit, ist eine kleine Tetrakonchos. Von der Saalkirche sind nur die Nordmauern mit dem Nordeingang und einem Fenster erhalten sowie etwa die Hälfte der westlichen Grundmauern. Man kann vermuten, dass die Apsis hufeisenförmig gewesen ist. Diese Kirche war wahrscheinlich auch ein Teil des ursprünglich von Königin Mariam errichteten Klosters. Das könnte auch für die große Kreuzkuppelkirche mit den vier Eckkapellen gelten, die sogar das Hauptgebäude gewesen sein dürfte. Die dritte Kirche ist völlig zerstört, nur der kreuzförmige Grundriss ist auszumachen. Viele alte Kreuzsteine und niedrige Grabsteine umgrenzen die Anlage auf der Anhöhe.

### Nerkhin Getaschen

Dieser am Fluss erbaute Ort war das Stadt-Dorf der alten Bagratidenfürsten, der Prinzen von Gegharkhunikh, die Sommerresidenz und das Verwaltungszentrum der ganzen Provinz. Noch heute ist das Dorf, dessen Häuser sich fein säuberlich entlang der ansteigenden Hauptstraße aneinander reihen, als Fürstendorf im Volksmund bekannt. Am oberen Ende der Siedlung, auf einem Hügel am Westufer des Flusses, thront eine große Ruine inmitten eines alten Friedhofes und beherrscht das Dorf noch heute, mehr als 1000 Jahre nach ihrer Blütezeit, mit ihren perfekt und kühl gestalteten Fassaden. ⊚ *40°8'28.08"N, 45°15'53.40"E*
Auch hier hat die nicht nur religiöse, sondern auch bauwütige Königsfamilie, diesmal der Königssohn Grigor Supan, am Ende des 9. Jahrhunderts die **Muttergotteskirche des Klosters Kothavankh** in Auftrag gegeben. Die große Kreuzkuppelkirche wurde in beinahe quadratischen grauen Basaltblöcken aufgemauert. Sie ist perfekt symmetrisch, die nördliche Hälfte ist ein exaktes Spiegelbild der südlichen. Die drei Konchen und der quadratische Westarm haben alle gleich große Eckräume mit Apsiden, von denen die westlichen eine weniger gerundete Apsis haben als die östlichen. Diese Kirche hatte je ein Portal im Westen und Süden und war an der Ostfront tief durch Dreiecksnischen eingeschnitten. Die Kuppel und große Teile der Mauern sind im 17. Jahrhundert zerstört worden, so dass heute nur mehr ein Großteil der Ostfront sowie die niedrigen Grundmauern zu sehen sind. Einige andere Mauerreste in der Nähe der Kirche lassen auf profane Gebäude schließen. Besonders beachtenswert sind die verwitterten **Grabsteine** in der typischen oben abgerundeten Blockform mit figürlichen Darstellungen an den breiten Seiten oder auch mit Kreuzen, alte **Sarkophage** aus dem 13. Jahrhundert sowie viele alte **Chatsch'khare**, der älteste soll sogar auf das 11. Jahrhundert datierbar sein. Ein kleiner ovaler Kreuzstein wurde liebevoll an eine eingefallene Mauer gelehnt.

### Makhenis

Vorbei an der Kleinstadt Martuni führt die Straße weiter rund um das Südufer des Sevan, zunächst vorbei an der zweiten urartäischen Festung am Sevanufer mit dem Namen **Teischeba-Uru**, die Stadt des urartäischen Kriegs- und Wettergottes Teischeba, unweit des Dorfes Tsovinar. ⊚ *40°9'7.03"N, 45°29'43.03"E*
Man fährt genau nach der Brücke über den Kanal an der Dorfgrenze zwischen Tsovinar und Artsvanist nach rechts und dann geradeaus. Dort an einem Felsen sieht man noch die Reste einer eindrucksvollen **urartäischen Keilinschrift**. Über dem Felsen thronen die Reste der urartäischen Festung – es ist auf jeden Fall interessant, diese zu erklettern. Wenn schon nicht wegen archäologischer Neu-

gier, auf jeden Fall dann wegen des schönen Ausblicks von oben auf den Sevansee und die Umgebung. Der Weg führt gleich rechts von der Inschrift an einem kleinen Gehöft vorbei, der Trampelpfad den Hügel hinauf ist leicht zu erkennen. Auch diese Festung, von der kaum etwas zu sehen ist, ist von König Rusa I. im 8. Jahrhundert vor Christus als Wehranlage der Provinz am Sevansee gegründet worden. In der Nähe dieser alten Städte, gleich nach dem kleinen Landvorsprung, beginnt der verhängnisvolle **Arpha-Sevan-Tunnel**, der für die Ableitung des Seewassers verantwortlich ist.

Weiter in Richtung der nächstgelegenen Kleinstadt Vardenis, schon am äußersten Südostufer des Sees, biegt die Hauptstraße noch vor der Einfahrt nach Tsovak nach rechts in eine schlechte, ansteigende Dorfstraße in Richtung des Ortes Makhenis ab und folgt dem Fluss auf seinem Weg durch eine kleine Schlucht hinauf auf eine Hochebene mit atemberaubenden Blick auf den Sevansee.

Makhenis selbst ist ein verschlafener Flecken, in dem kaum ein menschlicher Laut zu hören ist. Hier an diesem stillen Ort, dessen Ruhe höchstens durch munteres Vogelgezwitscher oder das Blöken der Schafe gestört wird, soll einst das religiöse Zentrum Gegharkhunikhs gelegen haben. Bis hinauf auf den höchsten Punkt des Dorfes ist nichts zu sehen, dann verbreitert sich die kleine, fruchtbare Schlucht zum Sevansee hin etwas und wie auf einem Tablett wird eine beeindruckende Klosteranlage im Schutze riesiger Bäume auf einer durch mächtige Mauern gestützten Terrasse sichtbar. *40°7'29.51"N, 45°36'48.08"E*

### ■ Kloster Makhenis

Nach den Berichten von Chronisten des 13. Jahrhunderts soll die Gründung des Klosters im Jahr 851 auf den Prinzen Grigor Suphan zurückgehen, der auf den Resten eines älteren sakralen Bauwerkes diese Anlage errichten ließ, die bis ins Mittelalter von großer Bedeutung war. Rund um die Hauptkirche, die Muttergotteskirche von Gegham, wurden weitere Gebäude wie ein Gavith und Kapellen so angefügt und gemeinsam ummantelt, dass das kompakte Bild eines einzigen Bauwerkes entstehen musste. Heute sind die Kirche und die vorgelagerte Kapelle vollständig restauriert, vom Gavith sind nur Fundamente erhalten. Etwa 30 Meter südöstlich liegen noch Mauerreste zweier rechteckiger Kapellen.

Die **Kirche** ist ein Dreikonchenbau, wobei die Ostkonche noch etwas verlängert ist. Zwischen den Kreuzarmen wurden vier Kapellen eingefügt. Die identischen Ostkapellen sind jeweils über die Nord- und die Südkonche begehbar. Die Westkapellen sind etwas kleiner, die nördliche ist sowohl über Nord- als auch Westkonche zu betreten, die südliche nur über die Westkonche. Die Kuppel mit einem sowohl innen als auch außen achteckigen Tambour liegt über dem Mittelquadrat. Auf dem Westgiebel der Kirche sitzt noch ein kleiner Glockenturm.

Eine Öffnung an der Westwand führt in das vorgesetzte rechteckige **Gavith** mit den drei eckigen Nischen an der Nordwand. Von hier aus führt ein weiterer Durchgang an der Südfront in die kleine einschiffige, tonnengewölbte Kapelle. Zwei tiefe Nischen beiderseits des zentralen Fensters betonen die Ostfront. Dies ist auch der einzige Schmuck dieser Kirche, die ansonsten nur sehr schlichte Kapitelle im Inneren aufweist. Auch hier prägen die ungeschlacht gehauenen dunkelgrauen Basaltblöcke das Aussehen der Fassade, aber auch des Kirchenbodens. Die Blöcke der beiden abseits stehenden einschiffigen Kapellen sind jedoch exakt behauen.

»Wenn man mich fragt, wo auf der Welt
man viele Wunder zu sehen bekommt,
dann würde ich sagen: Armenien.
Man ist einfach überrascht,
daß in einem solch kleinen Land auf der Welt
man so viele Baudenkmäler und
solch ein Volk antreffen kann, die wirklich
die Zier und der Stolz der ganzen Welt sein können.«

*Rockwell Kent, 20. Jahrhundert*

# DER SÜDEN

*Landschaft im Süden*

# Die Provinz Ararat

*»Ich trat aus dem Zelt in die frische Morgenluft hinaus. Die Sonne ging gerade auf. Am klaren Himmel schimmerte ein zweihäuptiger Schneeberg. ›Was ist das für ein Berg?‹ fragte ich, mich streckend, und vernahm zur Antwort: ›Der Ararat‹. Wie stark ist doch die Wirkung von Lauten! Geradezu gierig blickte ich den biblischen Berg an und glaubte die Arche zu sehen, die an seinem Gipfel in der Hoffnung der Erneuerung des Lebens gelandet war, und den Raben und die Taube, die aus ihr ausgeflogen waren, Symbole der Strafe und der Versöhnung.«*

*Alexander Puschkin, Reise nach Arsrum*

Die Provinz, die den Namen des biblischen Berges Ararat trägt, ist die heißeste und trockenste Armeniens. Sie steht ganz im Zeichen des riesigen Vulkankegels, der einen sogar bis in die dichten Wälder des Chosrov-Nationalparks am Nordostrand der Provinz verfolgt. Dennoch liegen in der wasserarmen Provinz einige der alten Königsstädte, Artaschat und Dvin, einst ruhmvoll und weit über die Grenzen Armeniens bekannt, heute von Sonne und Wind als vergessene Stätten geplagt, aber auch namhafte christliche Plätze wie Chor Virap, die eng mit der Christianisierungslegende Armeniens verbunden sind.

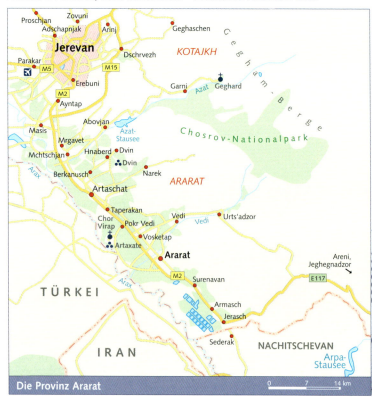

Die Provinz Ararat

Wenn man das laute und staubige Jerevan in Richtung Süden verlässt, um den Spuren der uralten, armenischen Königsstädte im Ararattal zu folgen, kommt man bald in ein weites, trockenes Tal, das einzig am Horizont durch den mächtigen Ararat und den fernen Sockel des Aragatsmassivs begrenzt wird. Die gut befahrbare Schnellstraße M2 führt vorbei an Wein- und Obstgärten, alten Fabriken und einsamen Hirten mit ihren liebevoll gehegten Kühen und Schafen in die vergessenen Reichshauptstädte des alten Armeniens.

## Dvin

Dvin ist eine Königsstadt der frühen armenischen Jahrhunderte sowie auch Sitz des armenischen Katholikos und Schauplatz so mancher bedeutenden Synode der armenischen Kirche. Der Weg zu den Ausgrabungsstätten des historischen Dvin führt in Richtung der Stadt Artaschat, doch noch bevor man an dieser Stadt vorbeifährt, muss man, von Jerevan kommend, genau nach der Autobahnbrücke die Autobahn verlassen und in Richtung des Dorfes Dvin fahren. Man biegt an der ersten Kreuzung nach der Autobahn nach links ab, fährt eine Weile geradeaus, kommt an einer einzelnen Ampel vorbei und fährt schnurstracks durch die Dörfer Dalar und Berkhanusch, wo man sich rechts hält. Am Ende des Dorfes Berkhanusch sieht man vor sich bereits das neue Dvin; das alte, geschichtsträchtige hingegen liegt auf der rechten Straßenseite auf einem unscheinbaren, braunen Erdhügel am Ende des Dorfes Hnaberd, wörtlich ›alte Festung‹. *◎ 40°0'15.15"N, 44°34'40.07"E*

Die Ausgrabungsstätte ist wie viele andere in Armenien frei begehbar und etwas vernachlässigt. Es wird aber seit einigen Jahren wieder in Dvin gearbeitet und manchmal sieht man auf dem Grabungsgelände vereinzelt unermüdliche Archäologen nach der Geschichte von Dvin graben.

### ■ Ausgrabungsstätte Dvin

Obgleich die großartige Arbeit der Archäologen in den 30er Jahre des 20. Jahrhunderts an vielen Stellen schon wieder etwas von der hellbraunen Erdschicht des Ararattales verweht worden ist, beeindruckt die Größe sofort. Die Ausgrabungsstätte besteht eigentlich aus zwei großen Teilen, jenem am Fuße des Hügels und jenem, der auf dem Hügel liegt, und weitaus größer ist. Umrahmt von hohen Festungsmauern waren an dieser Stelle im 4. und 5. Jahrhundert eine befestigte Stadt und eine Zitadelle errichtet worden. Ringsum sieht man noch diese Mauern unter bescheidenen Erdwällen verborgen. Wie auch bei den anderen Ausgrabungsstätten Armeniens gibt es keine Beschilderung – und so ist der Phantasie des Besuchers keine Grenze gesetzt.

Zwischen den acht mächtigen Säulensockeln kann man einen großen Saal erahnen, der kreuzförmige Grundriss mit einem gewölbten Kreuzarm im Osten lässt auch leicht auf eine Kirche schließen. Auch hier haben Dorfbewohner ihren eigenen Altar aufgebaut, eine alte, längst verfallene Kirche wird auf diese Art wiederbelebt.

Unweit der Kirchenruine sind auch die Überreste eines alten Hatsatun, eines typischen Backofens zu sehen: Ein Erdloch wird mit Ziegeln ausgelegt, erhitzt und darin wird das typische Fladenbrot gebacken. Einige Bruchstücke von alten, steinernen Wasserleitungen zeugen auch von einer bereits zu dieser Zeit hochentwickelten Bauweise. Ein riesiges Kapitell mit wunderbarer Reliefarbeit lässt die wahre Größe des Saales erahnen.

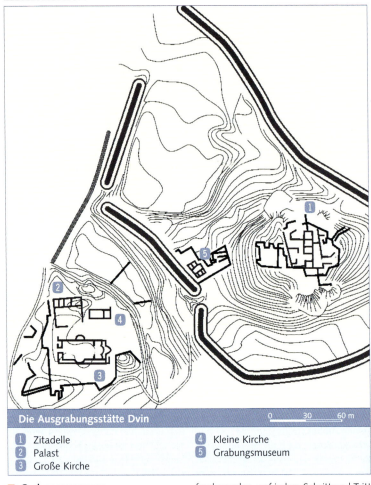

**Die Ausgrabungsstätte Dvin**

1. Zitadelle
2. Palast
3. Große Kirche
4. Kleine Kirche
5. Grabungsmuseum

### ◼ Grabungsmuseum

Verlässt man diesen Grabungsteil und geht in Richtung des Hügels, so kommt man über ein paar steinerne Treppen und ein wohltuend schattiges Plätzchen zu dem kleinen, doch um so persönlicher wirkenden Grabungsmuseum. Hier gibt es keine Öffnungszeiten, der freundliche Museumswärter, so er anzutreffen ist, sperrt einem gerne die Tür auf und erzählt etwas über die Ausgrabung. Man kann hier zu einem wahren Archäologiefreak werden, auf jedem Schritt und Tritt begegnen dem Besucher Scherben von Glas- und Keramikgefäßen, Relieffragmente und Bruchstücke.

Das Museum ist sehr klein, die bedeutendsten Fundstücke sind gut und sicher im Historischen Museum in Jerevan untergebracht, und doch hat dieses etwas heruntergekommene Museum einen ganz besonderen Reiz. Einige kleinere und größere Fundstücke, leider nur auf Armenisch und Russisch beschrieben, geben einen guten Eindruck von der Bedeutung dieser ehemaligen Stadt. Schon die vor dem Museum liegenden Fundstücke, Säulenteile, Relieffragmente und Wasserleitungsstücke vermitteln etwas von der Größe und der historischen Bedeutung Dvins.

Besonders interessant ist ein Chatsch'khar, der zu den wenigen in Armenien vorhandenen Kreuzsteinen zählt, die eigentlich Steinkreuze sind, also nicht in den Steinblock gemeißelt, sondern besonders kunstvoll herausgeschlagen worden sind. Der Grabungshügel beeindruckt durch seine Größe. Eine halbe Stunde brauche man nach Auskunft des Museumswärters schon, um da oben alles zu sehen. Als ob man hier nicht länger noch verweilen möchte, sich hinsetzen und in der trockenen Erde nach Kostbarkeiten graben. Wenn man Glück hat, darf man sogar einigen der einheimischen Archäologen, die hier auch weiterhin Ausgrabungen machen, über die Schulter gucken.

Und fährt man weiter von Dvin die lange gerade Straße Richtung Nationalpark entlang, kommt man in das saubere kleine Dörfchen Verin Dvin – hier wird Assyrisch oder genauer Neuostaramäisch gesprochen. Verin Dvin ist nämlich die letzte Bastion der armenischen Assyrer.

## Artaschat

Inmitten der weiten Landschaft, im Einzugsgebiet des mächtigen Arax und des Metsamor liegt die Stadt Artaschal. Heute eine unansehnliche Stadt, in der die monotonen sowjetischen Wohnbauten durch die Kargheit der Ebene noch mehr auffallen. Nichts an dieser Stadt lässt noch an die einstige armenische Hauptstadt Artaxata denken, die etwa acht Kilometer südwestlich des heutigen Artaschat liegt. König Artasches hatte hier 180 vor Christus eine Befestigungsanlage und Zitadellen errichten lassen. Das alte Artaschat war beinahe sieben Jahrhunderte lang die Hauptstadt des armenischen Reiches, um so beschämender ist das neue Artaschat und die Verwahrlosung der Ausgrabungsstätte. Sogar die Historiker der Antike wie Strabo oder Plutarch haben einst über die wunderbare Festung und die schöne Stadt Artaschat zu berichten gewusst. Der große Movses Chorenats'i widmet der Königsstadt auch eigene Zeilen in seiner Geschichte Armeniens. Vertraut man seinen Worten, dann soll es innerhalb der Stadt sogar Tempel der persisch-armenischen Gottheit Anahit gegeben haben. Anahit war die allmächtige Göttin der Fruchtbarkeit, des Sieges, die Schutzgöttin des Wassers, eine persisch-armenische Aphrodite und Athene. Sie teilte den Götterhimmel mit dem Schöpfer und Göttervater Aramazd und dem Kriegs- und Feuergott Vahagn.

■ **Ausgrabung Artaxata**
Auf einem der neun Hügel auf der linken Seite des Arax, unweit des Klosters Chor Virap (→ S. 363), wurden die Reste der Festung und des Stadtkerns ausgegraben. *39°52'26.20"N, 44°33'57.97"E* Leider kann man heute von der einstigen ›Freude des Königs Artasches‹, denn das bedeutet der Name der Stadt, nur noch sehr wenige Mauerreste erkennen. Die Anlage war von einer hohen Befestigungsmauer mit Türmen umgeben, die aus dem kleinkörnigen, dunkelgrauen Marmor dieser Gegend bestand. Die Stadt war auf der Nordwestseite mit Ecktürmen, auf anderen Seiten mit Rundtürmen befestigt. Innerhalb der Mauern ist der Stadtteil durch zwei sich kreuzende Straßen gegliedert, in einer lagen die Behausungen der Soldaten, in der anderen Werkstätten und kleine Geschäfte. Aber auch der achte Hügel brachte wahre Schätze zutage, besonders an seiner

Nordwestseite. Mauerreste, Bauten aus verschiedenen Epochen, die Reste von vier Straßen. An diesen Straßen hatten sich Badeanlagen, Zisternen, Töpfereien und ähnliches befunden. Das Bad gleicht in seiner Gestaltung jenem von Garni, es wurde ebenso durch ein raffiniertes Rohrsystem unter dem steinernen Fußboden beheizt.

Mit dem Aufschwung der Stadt und durch den engen Kontakt zu Griechenland begann auch in Artaschat der hellenistische Einfluss in der Bauweise und im plastischen Dekor spürbar zu werden. Doch die großen heidnischen Tempel, über die die armenischen Historiker lang und breit erzählen, sind bis heute noch nicht gefunden worden. Vielleicht sind sie auch von den eifrigen christlichen Missionaren dem Erdboden gleichgemacht worden, so dass sie unter der trockenen Lehmschicht für immer begraben liegen. Doch es konnten vor allem beim ersten Hügel Teile formschöner Säulen im griechischen Stile, eine Reihe kultischer Objekte, Statuen, Schmuckstücke und viel Keramik geborgen werden.

### ■ Die Artaschater Aphrodite

Der aufsehenerregendste Fund ist aber die nur knapp 60 Zentimeter hohe, detailliert gearbeitete Statue einer bildschönen jungen Frau, die vermutlich die Muttergöttin Anahit darstellen sollte. Sie ist unter der Bezeichnung ›Artaschater Aphrodite‹ ein Sinnbild für die ehemalige Macht Artaschats geworden und heute im Historischen Museum von Jerevan ausgestellt. Von unfassbarer Detailtreue in jeder Falte des leicht herabfallenden Umhangs, von unsagbarer Schönheit und Wärme erscheint der weibliche marmorne Torso. Einige verwitterte Silbermünzen aus der Zeit des Königs Tigran II. hat der Lehm auch freigegeben, sie tragen die Aufschrift Artaxata – Hauptstadt. Unschätzbar im Wert für die Geschichte des Landes.

### ■ Sonnentempel

Erst im Jahre 2007 wurde bei Ausgrabungen im Bereich des südlichen Artaschat unter 5,5 Metern Erde ein zweiter Sonnentempel am linken Ufer des Araxes entdeckt. Die Archäologen sprechen vor

▲ *Aphrodite oder Anahit?*

einer Sensation, denn nicht nur, dass es nun neben dem lange Zeit einzigen ›hellenistischen Tempel‹ Armeniens in Garni auch einen zweiten gibt, nein, dieser Artaschater Tempel soll sogar den Tempel von Garni an Größe und Dekor übertreffen. Und ähnlich wie in Garni wurde auch hier ein Badehaus mit Mosaikboden gefunden – es bleibt abzuwarten, wie viele Jahre es dauern wird, bis diese Ausgrabungen auch einem interessierten Publikum zugänglich gemacht werden.

## Kloster Chor Virap

Kein Kloster in Armenien wurde und wird öfter abgebildet als dieses Kloster nahe der türkischen Grenze, hinter dem sich wie ein Beschützer der erhabene Ararat erhebt. Kein Kloster in Armenien ist derart stark mit der Legende des heiligen Grigor verbunden wie dieses. Und an keinem anderen Ort erscheint der Ararat so zum Greifen nah wie hier, wo der nahe Stacheldrahtzaun und die kleinen Wachtürme Armenien von der Türkei trennen.
◎ *39°52'42.01"N, 44°34'33.69"E*

Auf einem kleinen Hügel westlich des Dorfes Phokhr Vedi, etwa 40 Kilometer südöstlich von Jerevan an der M2, liegt unübersehbar auf der rechten Straßenseite der berühmte Wallfahrtsort, an dem sich jene tiefe Grube, jener Kerker, befunden haben soll, in den der heidnische König den christlichen Dickkopf Grigor werfen ließ. Der arme Grigor musste 15 Jahre in diesem unwirtlichen

**Das Kloster Chor Virap**   0   7   14 m

1. Surb Astvatsatsin (Muttergotteskirche)
2. Gavith/Glockenturm
3. Virap-Kapelle
4. Eingang

*Fast zu schön: Chor Virap und der Ararat*

Erdloch hausen, bis er auf das Flehen der Königsschwester Chosroviducht freigelassen wurde, die hoffte, dass er den an einer bösartigen Krankheit leidenden König heilen könne.

Erst über drei Jahrhunderte nach dieser Begebenheit ließ Katholikos Nerses III. über jenem Ort eine Kapelle errichten, die 1662 durch eine andere ersetzt wurde. Im 17. Jahrhundert wurden dann auch die übrigen Gebäude des Komplexes, die Muttergotteskirche im Zentrum, die Klostermauern, Mönchszellen, ein Refektorium sowie Wirtschaftsgebäude hinzugefügt. Das Kloster erklimmt man über einen steilen Treppenaufstieg und betritt die rundturmbewehrte Anlage durch das Ostportal. Die Umfassungsmauer bildet einen beinah quadratischen Hof, an dessen Seiten die zahlreichen Mönchszellen und Wirtschaftsgebäude liegen.

Als eine der wichtigsten Wallfahrtsstätten erfreut sich Chor Virap vor allem an Samstagen und Sonntagen sowie an allen kirchlichen Feiertagen größeren Besucherandrangs. Aus diesem Grund gibt es auch immer wieder einige Gaukler, die ihre Künste am Parkplatz am Fuße der Klosteranlage darbieten. Und dass hier auch viele, vor allem größere Tieropfer stattfinden, zeigt schon der Schlachtplatz mit Schlachtbank, Fleischhaken und dem Trog und dem notwendigen Wasserschlauch.

■ **Muttergotteskirche**

Im Zentrum liegt die Muttergotteskirche. Sie ist wiederum eine typische Kreuzkuppelkirche, jedoch liegt die Kuppe nicht zentral über dem Kirchenraum, sondern ist etwas nach Osten verschoben und bedeckt genau den Chorraum und einen Teil des Bema. Der Tambour ist achteckig und relativ hoch. Die Apsis hat zwei separat begehbare Eckräume. Lichtöffnungen befinden sich an allen Seiten der Kirche, auch am Tambour, die Außenfassade wird nicht durch Nischen durchbrochen. Dem Westportal wurde zu Beginn des 20. Jahrhunderts ein kleiner Portikus-Glockenturm vorgesetzt, der eine Rotunde mit sechs Säu-

## Kloster Chor Virap

len hat. Das Dekor der Kirche ist sehr schlicht gehalten, einzig der Tambour und der Portikus tragen einige schlichte Reliefs. Das interessanteste Detail ist jedoch das Hochrelief an der Ostfront über dem Fenster. Es zeigt die Geschichte des heiligen Grigor und seine Traumvisionen mit Engeln.

Der berühmte Kerker liegt an der Südwestecke der Umfassungsmauer unter der seltsam gedrehten Kapelle, die sich mit der Apsis mehr dem Südosten als dem tatsächlichen Osten zuneigt. Diese kleine Kapelle gehört zum Typ der kleinen Saalkirchen mit einer Apsis. Zum Kerker kann man natürlich durch ein Loch im Boden hinab blicken.

### Ausgrabungen und Friedhof

Einen besonders schönen Blick auf den Klosterkomplex und die gegenüber am Horizont aufsteigende Gebirgskette des Chosrov-Naturparks bietet jener Hügel, der dem Kloster nordwestlich gegenüber liegt und den man relativ leicht ersteigen kann. Auch hier hat es einige Ausgrabungen gegeben, die mehr Aufschluss über die lange Geschichte dieses Ortes geben sollen. Viele Gläubige machen es sich nach der Messe in dem kleinen Aprikosenwäldchen am Fuße des Hügels bequem, dort wird auch gefeiert und so manches Schaf gegrillt.

Der angrenzende Friedhof mit Grabsteinen aus vielen Jahrhunderten ist übrigens eine gute Gelegenheit, einen Teil der armenischen Kultur kennenzulernen. Wie ein Volk mit seinen Toten und mit dem Gedenken an diese umgeht, ist immer besonders interessant. Eine gute Bestattung und ein wunderschöner Grabstein sind in Armenien Familienpflicht und Ehrensache, auch wenn man dafür einige Monatslöhne auf den Tisch legen muss. Manche Gräber sind wahre Memorialbauten und auch die Mode, die Bilder der Verstorbenen in den dunklen Stein brennen zu lassen, verwundert etwas. Außerdem gibt es auf vielen Friedhöfen Sitzgelegenheiten, wo man in der Stille eine kleine Zwiesprache mit den Toten halten kann. Dies sei allerdings in Chor Virap nicht besonders empfohlen, denn hier warten schon durstige Stechmücken auf die Wallfahrer. Am Fuße des Klosterhügels gibt es ein kleines Café mit Erfrischungsgetränken, das allerdings nicht durchgehend geöffnet ist.

## Chosrov-Nationalpark

Chosrov – der Name eines berühmten Königs aus dem Geschlecht der Arsakiden und der Name des bekanntesten Naturschutzgebietes und Nationalparks in Armenien. Der Chosrov-Nationalpark liegt dort, wo sich das trockene Araratall allmählich in die zart begrünten Flusstäler des Azat und des Chosrov verwandelt und dann schroff in die hohen Bergspitzen der südlichen Geghamkette übergeht. Die rund 300 Quadratkilometer Gesamtfläche schließt Landstriche der Provinzen Kothajk und Ararat ein.

Seine Gründung geht tatsächlich auf den König Chosrov III. aus dem 4. Jahrhundert zurück, der das Königreich Ostar-

*Reliefs in Chor Virap*

menien regierte. Er ließ einen Wald anpflanzen und die gebirgige Region mit ihrer reichen Pflanzen- und Tierwelt unter königlichen Schutz stellen. Erst im Jahre 1958 wurde dieses Landschaftsschutzgebiet unter staatlichen Schutz gestellt und kann somit nur mit offizieller Genehmigung der zuständigen Abteilung Haj antar des Ministeriums für Umweltschutz betreten werden. Wer einen Teil des Parkes auf vier Rädern erkunden will, sollte sich rechtzeitig mit einer der Jerevaner Reiseagenturen besprechen, die bei der Beschaffung der notwendigen Genehmigung behilflich sind. (→ S. 440) ⊙ *39°58'31.75"N, 44°55'28.26"E*

### ■ Flora und Fauna

In dem Gebiet, das zwischen 1400 und 2250 Meter hoch ist, ist aufgrund der unterschiedlichen Landschaftsformen vom Hochgebirge bis hin zur Grassteppe noch heute eine außerordentlich reiche Flora bewahrt. Besonders wichtig ist der Bestand an alten Nadelbäumen. Auch über 170 verschiedene Tierarten leben in dieser unberührten Region, rund ein Drittel davon entfällt auf endemische Arten, die es nur hier gibt. Auch Raubtiere leben in den Wäldern. Kratzer von Bärentatzen, die nach den duftenden Akazienblüten langen, von Wildschweinen aufgewühlte Erde und von Wölfen gerissene Rehe sind keine Seltenheit. Sogar Großkatzen sollen wieder nach Chosrov zurückgekehrt sein.

Immer wieder haben sich auch christliche Ordensbrüder in den unzugänglichen Wald zurückgezogen, so dass es viele Klöster und Einsiedeleien innerhalb des Nationalparks gibt. Der Nationalpark ist durchaus sehenswert und besonders jenen zu empfehlen, die gerne wandern.

### ■ Vedi

Aber nicht nur innerhalb der gut bewachten Grenzen des Naturparks gibt es sehenswerte, wenn auch schwer erreichbare historische Stätten, sondern auch am Rande. Abseits von touristisch ausgetretenen Pfaden, beinah abseits jeder Zivilisation kommt man jenseits der Kleinstadt Vedi, südöstlich von Artaschat, in ein äußerst dünn besiedeltes,

▲ *Im Chosrov-Nationalpark*

landschaftlich unberührtes Gebiet. Gute 50 Kilometer entfernt vom staubigen Großstadttrubel Jerevans kommt man in eine Gegend Armeniens, die einem wegen der wenigen Bauernhäuser und der immer höher aufragenden Berge angenehm ruhig und beschaulich vorkommt. Hinter Vedi geht es auf der Landstraße H10 von Vedi in Richtung Urts'adzor weiter. Vor dem Dorf zweigt vor einer Brücke links eine Erdstraße ab. Diese ist die Zufahrt zum Chosrov-Nationalpark.

■ **Urts'adzor**

Das Dorf am Rande des Chosrov-Parkes muss einst tiefer in dem alten Waldgebiet und näher an den schützenden Bergen gelegen sein. Und es muss hier viel wilder Thymian den Ort mit einem zarten Kräuterduft bedeckt haben, denn der Name der Siedlung bedeutet Thymianschlucht. Das heutige Urts'adzor befindet sich außerhalb des Schutzgebietes, die alte Einsiedelei von Urts'adzor jedoch liegt bereits innerhalb des Nationalparks und kann nur mit einer Genehmigung des Umweltministeriums besichtigt werden. Aber beide liegen in der unmittelbaren Nähe zum Fluss Vedi. *39°55'21.54"N, 44°49'3.39"E*

Nachdem man den ersten Schlagbaum passiert hat, geht es entlang einer holprigen Straße zum alten Dorf, von dem eigentlich nur die befestigte **Einsiedelei** aus dem 13. und 17. Jahrhundert erhalten ist. Der gesamte Komplex besteht aus einer kleinen rechteckigen Kultstätte in der Mitte der Anlage sowie aus verschiedenen Wirtschaftsgebäuden an der Ost- und Südmauer. Die Festung hat einen rechteckigen Grundriss mit kleinen Ecktürmen, die noch sehr gut erhalten sind. Die Größe der Anlage lässt jedoch darauf schließen, das hier mehrere Personen gewohnt haben. Von der kleinen einschiffigen Kirche ist heute nur die Mauer erhalten. Im Mauerwerk sieht man seltsame Löcher, als ob man dort Tongefäße eingemauert hätte. Um Schätze zu verstecken? Oder um den Klang der Gebete in den Tongefäßen verschlucken und nicht nach außen dringen zu lassen? Die Umfassungsmauer wurde aus massiven grauen Basaltblöcken errichtet.

## Die Provinz Vajots' Dzor

Den Übergang von der flachen, trockenen Araratebene in die wilden, zerklüfteten Berge des Südens bildet die kurvenreiche, steil ansteigende Panoramastraße M2. Sie verläuft zwischen den Gebirgen des angrenzenden Nachitschevans, den südlichen Grenzen des Chosrov-Nationalparks über einen hochgelegenen Pass, der schon auf die Landschaft der Provinzen Vajots' Dzor und Sjunikh einstimmt. Nur in wenigen Gebieten konnte den Bergen mühsam ein Stück Land für den Weinbau abgerungen werden oder Platz für größere Siedlungen. Vajots' Dzor ist im Norden durch die Vardenis-Kette und im Landesinneren durch den Fluss Arpha geprägt. Große historische Stätten, unzugängliche Klöster und das heilende Wasser von Dschermuk haben diese kleine Provinz bekannt gemacht. Das Zentrum der Provinz bildet die Stadt Jeghegnadzor, das Tal des Schilfs. Von hier aus führen brüchige Dorfstraßen in die verborgenen Klöster und Akademien nach Norden oder in die gebändigtere Natur nach Süden. Der Weg führt vorbei an der Provinzhauptstadt Jeghegnadzor in den Norden und den Osten der Provinz und geht dann weiter Richtung Süden.

## Vajots'-Dzor

Die kleine, fast menschenleere Provinz verfügt kaum über Gästebetten, schon gar nicht für größere Reisegruppen.
Kleinere Gruppen und Individualreisende können es aber schon in einem Hotel und zwei netten Bed & Breakfast in der **Provinzhauptstadt Jeghegnadzor** versuchen:
**Hotel Arpa** (P1–2), Narekats'i ph. 8/1, Tel. +374/281/20601, 20603, www.arpa.am. Das kleine drestöckige Hotel mit den schönen Fassaden im Zentrum der Stadt ist kaum zu übersehen. Es bietet saubere, zweckmäßig ausgestattete Zimmer mit Frühstück.
**Gohar's Guesthouse** (P1), Spandarjani ph. 44, Tel. +37494/332993, goharsguesthouse.com. Das Privathaus bietet nette, saubere Zimmer inkl. Frühstück und sogar WLAN.
**Antoine's Guesthouse** (P1), N. Chatsch'atrjani p. 11, Tel. +374/281/24837, aterjanian@yahoo.com. Ebenfalls moderate Preise herrschen bei dem Kanado-Armenier Antoine in seinem familiär geführten Haus mit drei Gästezimmern.

Eine Reihe von Restaurants finden sich entlang der Strecke zwischen Areni bis weit nach Süden nach Sisian **am Fluss**.
Es gibt einige Restaurants **in der Nähe des Klosters Noravankh**. Eines liegt unmittelbar links an der Einfahrt zur Schlucht des Amaghu, ein recht abenteuerliches auf halber Strecke in Richtung Noravankh auf der rechten Seite in einer der vielen Höhlen und schließlich das **Klosterrestaurant** (P1–2). Letzteres ist empfehlenswert und bietet vernünftige Preise, man sollte hier vor allem in der Hauptsaison auf großen Andrang von Reisegruppen vorbereitet sein. Besonders empfehlenswert ist der gegrillte Fisch oder das Grillhuhn.

**Provinzmuseum Jeghegnadzor**, Schahumjani ph. 4; Mo–Fr 9–13 und 14–17 Uhr, Tel. +374/281/23392, Eintritt 500 Dram. Ein durchaus sehenswertes Museum, das die wechselvolle Geschichte der Provinz mit archäologischen Funden eindrucksvoll dokumentiert.

## Areni

Die Hauptdurchgangsstraße M2, übrigens einer der wichtigsten internationalen Transportwege Armeniens, ist vorbildlich ausgebaut. Folgt man ihr Richtung Süden, öffnen sich die Berge und geben ein breites, fruchtbares Tal mit einem kristallklaren Bächlein frei. Weingärten erstrecken sich an den Straßen bis hin an ein Dorf, dessen auf einer Anhöhe gelegene Kirche mit dem dahinter liegenden Fels zu verschmelzen scheint: Areni, das bekannteste Weindorf Armeniens. Areni erzeugt jenen trockenen Rotwein, der weit über die Grenzen des Landes berühmt ist. Hier wird auch jedes Jahr im Herbst ein Weinfest gefeiert. Malerisch an der Mündung des Bächleins in den Arpha liegt Areni am Beginn einer schmalen Schlucht.

Areni ist 2010 in die Schlagzeilen geraten. In den zahlreichen weitverzweigten Höhlen, die auch den Weg nach Noravankh säumen, wurden in den vergangenen Jahren wahre archäologische Sensationen aus der Bronzezeit und sogar noch älter entdeckt. Von rituellen Kinderbestattungen – oder sogar Opfern? – mumifizierten Ziegen und Lämmern, bis hin zum fossilierten Gehirn und – sagenhaft – dem ältesten Lederschuh der Welt! Diese Höhlen könnten, wenn sie erst einmal Besuchern zugänglich gemacht werden, in Zukunft sogar dem mittelalterlichen Prunk des Klosters von Noravankh den Rang ablaufen.
Der Weg hinauf zur **Muttergotteskirche** aus dem 14. Jahrhundert führt gerade durch das Dorf, bei der ersten großen

# Areni

Kreuzung nach links und dann wieder nach links, hinauf über eine ansteigende Schotterstraße. Der Fußweg hinauf zur Kirche, will man diese holprige Straße nicht befahren, beträgt wenige Minuten. ⌀ *39°43'26.66"N, 45°11'22.23"E*

■ **Kirche**

Die Kirche liegt auf einem alten Friedhof mit schönen Grabsteinen, die schon vom frühen Ruf des Ortes als Weinstadt zeugen. Auf manchen der gestochen scharfen figürlichen Darstellungen sind nicht nur Reiter und Tiere zu erkennen, sondern auch weintrinkende Männer und Weingläser. Die Muttergotteskirche hat in ihrem Dekor aber nichts, was an den Rebensaft denken lässt. Der Architekt Momik, der laut Inschrift über dem Westportal diese ummantelte Kreuzkuppelkirche errichtet hat, wollte vielleicht absichtlich eine strenge Kirche in das weinlustige Dorf setzen. Das Innere der Kirche zeichnet sich durch zwei frei stehende Stützen im Westen aus, die mit den beiden Oststützen den zentralen Kirchenraum bilden. Die Apsis ist relativ klein, auch die beiden Eckräume. Das Licht dringt durch ein Zwillingsfenster mit kreuzförmigen Öffnungen an der Ostfront sowie durch das Westfenster und den Kuppeltambour. Die hoch aufragende Kirche hat jedoch einige feine figürliche Darstellungen. Zwischen den beiden Gesimsen wurden in den Pendentifs Basreliefs der vier Evangelisten

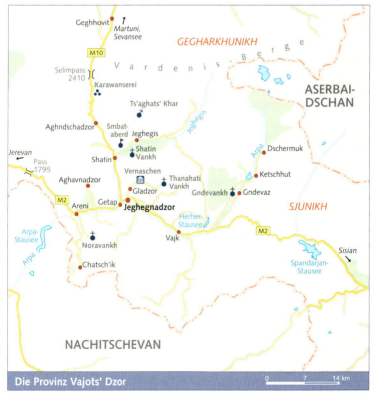

Die Provinz Vajots' Dzor

*Die Kirche von Areni*

mit ihren typischen Symbolen angebracht. Das Tympanon des Westportals zeigt in einem Halbrelief die thronende Madonna mit Kind. Sparsam ist der Rest der Bauplastik mit einfacher Umrahmung der Portale und Fenster und ebenfalls schlichtem Gesims. Von der Westfassade ganz oben an den Ecken des dreieckigen Giebels blickt ein Mongole herab. Möglicherweise sollen diese Mongolenköpfe an die schreckliche Herrschaft des wilden Volkes aus dem Osten erinnern.

Im Dorf kann man sicher einige der Winzer zur Weinverkostung bewegen. Sie sind stolz auf ihre edlen Tropfen und lassen Besucher gerne von den süßen Beeren in den Gärten naschen.

### Areni

Es lohnt sich, einen Stopp im Weindörfchen Areni einzuplanen, für ein kleines Essen, zum Weinverkosten oder zum Weineinkauf.

**Hin Areni Winery**, hinarenivwine.am, direkt an der H40 gelegen noch vor der Abzweigung ins Dorfzentrum gelegen, ein großes Gebäude, das man gar nicht übersehen kann. Hier kann man verkosten, einkaufen und sich auch eine Weintour im naheliegenden Weinbaugebiet organisieren lassen.

Gegenüber liegt das kleine, gemütliche Restaurant **Areni Wine Vault**, Tel. +374/93/630510.

**David's AreniWineArt**, Tel. +374/94/536329, direkt im Dorf an der H40 in Richtung Chatsch'ik gelegen. Auch hier kann man nett essen sowie übernachten. Fährt man weiter der M2 in Richtung Jeghegnadzor, so gibt es auf der Höhe des Dorfes Arphi noch einen großen Markt, wo man sich mit Getränken und Obst versorgen kann.

## Noravankh

Südöstlich von Areni versteckt sich in der engen, leicht zu übersehenden Schlucht des Amaghu eines der schönsten Klöster Armeniens (→ Abb. S. 16). In völliger Einsamkeit auf einer Anhöhe am Ende der Schlucht gelegen, ist es im warmen roten Licht der untergehenden Sonne kaum von seiner felsigen Umgebung zu unterscheiden. Rötliche Fassaden, rötlicher Stein unter einem rotgefärbten Himmel. *39°41'5.35"N, 45°13'58.33"E*

Die Klosteranlage ist vorwiegend im 13. Jahrhundert durch die Familie der Orbeljan, der Prinzen von Sjunikh, errichtet worden und steht besonders im Zeichen des heiligen Täufers. Durch ein schweres Erdbeben im Jahre 1840 stürzten die Kuppeln und Tamboure der Kirchen ein. Mit der liebevollen Restaurierung wurde bereits Mitte des 20. Jahrhunderts begonnen, sie hat sich aber aufgrund der vielfältigen Bauplastik über 50 Jahre hingezogen. Die Wehrmauer umschließt die Hauptgebäude der Anlage, so die drei Kirchen, ein Gavith, Grabkapellen und einige profane Bauten.

### ■ Alte und Neue Täuferkirche

Das Zentrum des Klosters und das älteste Bauwerk ist die große Kirche, die dem Surb Karapet, dem heiligen Täufer geweiht und zwischen zwei weiteren sakralen Bauten eingeschlossen ist. Die alte Täuferkirche, innerhalb dieses Kirchenblocks die südlichste, wurde vermutlich schon im 9. oder 10. Jahrhundert von unbekannten Gläubigen errichtet, ist aber heute nur in den unauffälligen Grundmauern zu sehen.

Die neue Täuferkirche wurde in der ersten Hälfte des 13. Jahrhundert als Bischofssitz von Sjunikh und als Grabstätte der fürstlichen Orbeljan-Familie errichtet. Ein junger Prinz dieser Familie, Liparit, zeichnet auch für diese Kirche verantwortlich, die auch den Namen des heiligen Märtyrers Stephan trägt. An der Bauform der Kirche gibt es wenig Besonderes: eine ummantelte Kreuzkuppelkirche mit vier zweigeschossigen Eckkapellen. Die Treppen in die oberen Geschosse

**Kloster Noravankh**

1. Alte Surb Karapet (Täuferkirche)
2. Neue Surb Karapet (Surb Stephanos)
3. Gavith
4. Orbeljan-Grabkapelle
5. Surb Astvatsatsin (Mausoleumskirche)
6. Kapelle
7. Wohnzelle
8. Ölmühle
9. Umfassungsmauer
10. Brunnen (Quelle)
11. Neues Kloster, Restaurant

sind direkt an der West- bzw. an der Apsismauer eingelassen. Das Äußere der Kirche ist durch zwei tiefe Nischen und eine kreuzförmige Umrahmung der beiden Fenster an der Ostfront geprägt. Die natürliche Beleuchtung der Täuferkirche ist düster, da die dicken Mauern der angebauten sakralen Gebäude dem überkuppelten Innenraum das Licht stehlen.

### ■ Gavith

Smbat Orbeljan ließ 1261 im Westen ein großes Gavith anbauen. In der Mauer weist die Bauinschrift auf den Stifter hin. Das Innere des hellen Gavith steht mit seinem schweren Gewölbe und den wie von der Last gekrümmten Flächen um die Lichtöffnung im starken Gegensatz zum unheimlich leichten, verspielten Äußern.

Die hohe Westfassade wurde zu zwei Portalen mit aufsehenerregenden Tympana umgestaltet. Auf dem oberen, von geometrischen Mehrfachzacken gerahmten Portalfeld beherrscht die unbeschreiblich feine und detaillierte Gestalt Gottes die Symbolik der heiligen Dreifaltigkeit. An seiner rechten Seite, schwach seine erhobene Hand berührend, blickt ein gekreuzigter Jesus flehend, doch friedlich zum Vater empor. Der heilige Geist ist als Taube in der linken Ecke des Tympanon symbolisiert und hat sich außerdem ganz frech im Bart Gottes verfangen. Gott hält in seiner Linken zärtlich auch einen Kopf an seine Brust gedrückt. Und hier wird das friedliche, erhabene Bild plötzlich zum Schlachtfeld der Expertenmeinungen. Ist es nun der Kopf seines Sohnes, was innerhalb einer Dreifaltigkeitsdarstellung naheliegend ist? Oder ist es der Kopf Adams? Oder der berühmteste aller biblischen abgeschlagenen Köpfe, der des heiligen Täufers?

Weniger Interpretationsmöglichkeiten lässt das untere Tympanonfeld zu. Eingebettet in drei Bögen thront die Madonna mit dem Jesuskind auf ihrem linken Oberschenkel. Ihr fein gefaltetes Gewand hebt sich kaum von dem teppichbehangenen Thron und dem komplexen floralen Hintergrund ab, in den die Köpfe der beiden Propheten und einige große Buchstaben gearbeitet sind. Auf der linken Seite der Muttergottes sieht, durch die darunter liegende Inschrift erkennbar, der Prophet Jesaja zu ihr empor. Die zartgliedrigen Verzierungen rund um die Portale und die vielen Inschriften kommen neben dieser Pracht gar nicht richtig zur Geltung. Auch die Kreuzsteine im Inneren der Kirche, die einander ähnlich sind und aus der Mitte des 13. Jahrhunderts stammen, können trotz ihrer üppigen, sorgfältigen Gestaltung nicht mit der Aussagekraft der Tympana mithalten. Die schönsten aller Noravankher Kreuzsteine, die ebenfalls im Halbdunkel

▲ *Die Täuferkirche*

*Tympanon mit islamischen Reliefmustern an der Mausoleumskirche*

der Täuferkirche gestanden haben, zieren heute den Hof der Kathedrale von Edschmiatsin, wo sie sicher auch ein zahlreicheres Publikum erfreuen.

Das Gavith gewährt keinen Zutritt zum nördlich angebauten Mausoleum des Smbat Orbeljan. Dieser einschiffige Bau mit Tonnengewölbe beherbergt die sterblichen Reste des Stifters des Gavith und auch die eines Verwandten.

### ■ Mausoleumskirche

Erst im 14. Jahrhundert entstand das auffälligste Gebäude des Klosters, die dreigeschossige Mausoleumskirche. Geweiht der Muttergottes, präsentiert sie die Kunstfertigkeit des Meisters Momik, der nicht nur die Fassade, sondern auch die Innenräume mit teilweise ungewohnt islamisch anmutendem Skulpturschmuck versehen hat. Prinz Burtel Orbeljan hat die große Kirche gestiftet.

Das unterste Stockwerk, das über sechs Stufen zu erreichen ist, zeigt eine kaum akzentuierte Kreuzform ohne Apsis und mit einem extrem breiten mittleren Raum, über dem sich ein komplexes Gewölbe in Sternform erhebt. In einem zentralen Quadrat sind die Symbole der vier Evangelisten angebracht. Es ist das Mausoleum der Orbeljan, nüchtern und sparsam.

Das zweite Stockwerk erreicht man durch eine auffällige zweiläufige Treppe an der Westfassade. Dieses Geschoss steht ganz in der Tradition einer einfachen Kreuzkuppelkirche mit zwei winzigen Eckräumen und zwei ausgeprägten Fenstern im Norden und Süden. Eine zwölfsäulige Rotunde, die sich über dem Zentrum des unter ihr liegenden Geschosses befindet, krönt diesen Bau mit einer Einzigartigkeit: in den drei Westsäulen sind, wegen der Höhe schwierig erkennbar, Reliefs der Madonna und zweier Stifterfiguren eingemeißelt.

Kaum eine Kirche in Armenien ist derart verziert. Am Portal des unteren Geschosses wird durch die beiderseitigen Steinstufen und die mehrfache Umrahmung ein leichter Schatten auf das Gesicht der zwischen Engeln sitzenden Madonna geworfen. Das Portal des darüber befindlichen Geschosses ist noch kunstvoller. Aufwendig sternförmig umrahmt, mit zwei Vögeln in den Rahmenecken, thront Jesus zwischen Petrus und Paulus.

Noravankh lässt einen nicht mehr los. Faszinierend ist die Gestaltung der Fassaden und der Umfassungsmauer, die farblich mit dem natürlichen Felsen im Norden zu verschwimmen scheinen. Verlässt man Noravankh durch sein ursprünglich einziges Portal in der Mitte der Nordmauer und wandert den kleinen Pfad am Abhang entlang, so kommt man nicht nur zu weiteren Gebäuden, sondern sieht auch das Kloster schön von oben. Wenn die Sonne langsam hinter den nackten Bergrücken versinkt, legt sich ein kühler rötlicher Schatten auf die Tuffgesichter über den Eingängen und das Schweigen der heranbrechenden Nacht umhüllt die verlassenen Gebäude. Still wird es im menschenleeren Tal, aus der Ferne klingt noch das angestrengte Schnauben eines vollbesetzten Touristenbusses, der sich seinen Weg durch die enge Schlucht bahnt. Einige wenden ihre Köpfe, doch das Kloster ist bereits unkenntlich mit den umgebenden Bergen zu einer einzigen rötlichen Wildnis verschmolzen.

## Vernaschen (Gladzor)

Über den plötzlichen Tod des beliebten Baumeisters und Illuminators Momik erzählt man sich eine Legende: Momik soll sich unsterblich in die Tochter des Sjunikher Fürsten verliebt haben und diese sich in den geschickten Baumeister. So schlug ihm der über diese nicht standesgemäße Liebe beunruhigte Fürst einen Handel vor: »Wenn du innerhalb von drei Jahren eine prächtige Kirche errichten kannst, dann gebe ich dir meine Tochter zur Frau«. Momik war einverstanden und begann eifrig mit dem Bau einer Kirche. Schon vor Ablauf der drei Jahre drangen die Berichte über die noch nicht ganz fertige, doch so wunderbar schöne Kirche an den Fürstenhof. So sandte der Fürst dem Momik wieder einen Boten, der auf die Kuppel kletterte, wo der Meister gerade den letzten Schliff anlegen wollte und stieß den ahnungslosen Verliebten hinunter.

Im Ort Jeghegnadzor säumen Statuen von namenlosen Gelehrten den Weg zur mittelalterlichen Universität von Gladzor. Der Weg durch die Provinzhauptstadt führt an der ersten Abzweigung nach rechts bergauf entlang eines kleinen Flusses ganz durch die Stadt hindurch. Bald ist man wieder inmitten der unbezwingbaren Natur dieser Provinz in einem der vielen kleinen Dörfer. Die Bauern freuen sich über Besucher, zeigen willig die verschlungenen Wege zu den Adlerhorst-Klöstern in den unwegsamen Bergen. Ein Wandervorschlag findet sich auf → S. 425.

### ■ Das Dorf Vernaschen

Im Dorf Vernaschen soll einst die bekannte mittelalterliche Universität von Gladzor gelegen haben, die zusammen mit dem fern im Süden gelegenen Tathevkloster die Schule der Sjunikher Miniaturmalerei begründet haben soll. Jener Meister Momik, der die Gesichter der Noravankher Tympana mit derartiger Lebendigkeit gestaltet hat, hat auch Evangelien und andere Kirchenschriften mit seinen phantasievollen und belebten Figuren geschmückt. Die Figuren der Sjunikher Schule sind ohnehin die realistischsten und belebtesten in der armenischen Miniaturmalerei, sie haben nichts von monotonem Ausdruck, stilisierten Augen, identischen Gesichtszügen und eigenartigen Perspektiven. Diese Universität von Gladzor wird in der armenischen Geschichtsschreibung oft genannt, aber auch in den Kolophonen der Handschriften. Doch nirgendwo ist angegeben, wo sich diese Universität mit über 350 Gelehrten genau befunden hat.

■ **Gladzor-Museum**

Die Dörfler haben ihre alte Saalkirche im Ortszentrum von Vernaschen zu einem Museum der Universität von Gladzor umgewandelt. Stolz verweist ein Schild auf das durchaus sehenswerte Museum, und stolz nennen sich die Vernaschener auch Gladzorer.

Die Kirche ist eher unscheinbar aus verschieden großen, grob behauenen Steinblöcken zu einer breiten Saalkirche gemauert worden. Das zarte Glockentürmchen, das dem Westgiebel aufgesetzt worden ist, passt nicht zum groben, plumpen Äußeren der Kirche. An der Nordseite des Portals ist ein Block mit drei Kreuzen, vermutlich jüngeren Datums, eingemauert. Und sieben seltsame Gebilde, die wie aufgestellte alte Grabsteine aussehen, aber die sieben Grundwissenschaften armenischer Klosterakademien symbolisieren, wurden vor das Portal gesetzt. Der Eintritt zu dem kleinen, doch informativen Museum der Universität Gladzor, Tel. +374/281/25246, beträgt 1000 Dram. Der überaus freundliche Direktor des Museums heißt Boris Kotscharjan. Das Museum ist täglich außer montags von 11 bis 16 Uhr geöffnet. Die Führung ist nur auf Armenisch oder Russisch möglich – aber nirgendwo sonst hat man Gelegenheit, derart ungestört echte armenische Handschriften zu betrachten. *39°47'33.32"N, 45°21'50.70"E*

■ **Kloster Thanahati vankh**

Doch um den Spuren des berühmten Gladzors zu folgen, muss man auf der Hauptstraße weiter fahren und das Museum links liegen lassen. Es geht wiederum bergauf und schon aus der Ferne ist eine zwischen unbewaldeten Bergen eingebettete Klosteranlage am Südhang des

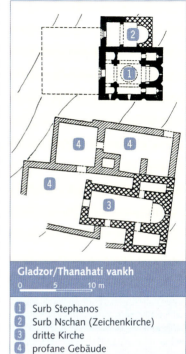

**Gladzor/Thanahati vankh**
0    5    10 m

1. Surb Stephanos
2. Surb Nschan (Zeichenkirche)
3. dritte Kirche
4. profane Gebäude

Thekhsar zu erkennen. Nach etwa fünf Kilometern führt links eine Straße sozusagen bis an den Eingang der großen Kirche. *39°46'47.86"N, 45°23'57.24"E*
Thanahati vankh wird das Kloster heute üblicherweise genannt. In der Geschichte taucht es auch unter der Bezeichnung Karavankh oder Stephanskloster auf. Der Märtyrer Stephan von Sjunikh soll hier begraben liegen. Der Name Thanahat oder Thanadi geht auf jene kirchliche Gemeinde zurück, die sich hier oben fernab jeglicher Zivilisation niedergelassen hatte und sich vor allem von Suppe ernährt hat. Chroniken zufolge hatte es auch schon 753 bestanden. Die heutigen Bauten gehen aber auf die Familie der herrschenden Fürsten Proschjan zurück. Die intensiven Grabungen der 1970er Jahre, die der Restaurierung der Kirche vorausgegangen

*Die Stephanskirche, links die kleine Heiligkreuz-Kirche*

waren, brachten eine weitere Kirche im Süden hervor. Zahlreiche Gebäude zeigen, dass dieses Kloster der Suppenesser sehr wohl eine wichtige Funktion innegehabt haben muss. Hat sich hier wirklich die berühmte Hochschule von Gladzor befunden, wie zahlreiche Historiker nun vermuten? Durch die Restaurierung präsentieren sich das Hauptgebäude des Klosters, die Stephanskirche aus der zweiten Hälfte des 13. Jahrhunderts und die kleine an die Nordwand angrenzende Kirche in alter Pracht.

### ■ Stephanskirche

Die Stephanskirche ist eine ummantelte Kreuzkuppelkirche mit stark verkürztem Westarm und vier selbständigen Eckräumen. Durch den kurzen Westarm erscheint der kreuzförmige Grundriss beinahe in ein Quadrat eingeschrieben zu sein. Bögen im Zentrum leiten über zu dem überaus hohen zylindrischen Tambour mit der Schirmhaube. Das Dekor im Inneren beschränkt sich auf wenige Kapitelle und auf einige sparsame Kreuze an der Ostwand. Das Äußere jedoch ist durch tiefe Nischen im Norden, Osten und Süden und durch zwei große Fenster im Süden aufgelockert. Profilierte Rahmen umgeben Fenster und Portal. Der Tambour ist mit einem breiten Zickzackband geschmückt.

Doch als charakteristische Details der Stephanskirche sind vor allem die vielen Tierreliefs vor allem an der Südfront und am außen achteckigen Tambour zu nennen. Oberhalb der fein geschnittenen Sonnenuhr an der Südfront trinken zwei Tauben aus einer Schüssel, eine andere wird gerade von einem Adler in die Lüfte entführt. Der Tambour zeigt neben einem Stier- und Löwenkopf und zwei Vögeln vor allem realistische Kampfszenen: einen Löwen, der ein Rind reißt und einen Adler, der einen Widder in seinen Klauen hält. Hier haben die Suppenesser anscheinend ihren unterdrückten Wunsch nach Fleisch ausgedrückt, bestimmt aber dienen diese Tiere als auf den kalten Stein übertragene Wappen der Fürstenfamilien Proschjan und Orbeljan, die am Bau beteiligt waren.

### ■ Kirche des Heiligen Kreuzes von Varag

Der kleine, unauffällige einschiffige Bau an der Nordwand der Kirche ist als Surb Nschan, Kirche des Heiligen Kreuzes von Varag, aus Inschriften des frühen 14. Jahrhunderts bekannt. Hier könnten einst Reliquien aufbewahrt worden sein, doch auch das ist nicht historisch gesichert. Die kleine tonnenüberwölbte Kirche hat ein vieldeutiges Tympanon im geschmückten Rundbogen des Westportals. Wieder sind es Tiere, die die Szene gestalten.

Im Süden der Stephanskirche erkennt man unter den Mauerresten mit verschiedenen Grundrissen auch noch schwach die Umrisse einer alten einschiffigen

Kirche mit Apsis und zwei Eckräumen. Auch an der Nordseite sprechen viele Gebäudereste von der vergangenen Größe von Thanahat. Die Gerüchte um das etwa sieben Kilometer vom Zentrum von Vernaschen entfernte Kloster, das in unnahbarer Stille hoch oben auf dem Berghang liegt, werden sicher noch lange nicht verstummen.

## Schatin

Noch vor der Einfahrt nach Jeghegnadzor zweigt eine Straße nach links bergauf ab und folgt dem Fluss Jeghegis durch das Dorf Schatin und das Dorf Jeghegis fast bis zu seiner Quelle in den Bergen.

Der erste größere Ort, der sich auch als Verkehrsknotenpunkt entweder nach Jeghegis oder weiter nördlich über den spektakulären Selimpass oder Sulempass auf 2410 Metern Höhe nach Gegharkhunikh entpuppt, ist das Dorf Schatin. Über eine lauschige Brücke führt ein typisch armenischer Dorfweg quer durch das Dorf hinauf zum Friedhof, wo sich, so eine alte Frau, die Reste des Schatiner Klosters befinden sollen. Durch ein gefährliches Meer von Felsbrocken bahnt sich nur ein erfahrener Fahrer seinen Weg nach oben. Besser ist es, den Anstieg zu Fuß zu meistern. Oberhalb des Friedhofs sind schwache Umrisse einer eingestürzten Mauer zu erkennen. Wo jeder Stein wie ein Fragment eines Gebäudes, wie ein Teil einer Ruine oder wie eine Ruine selbst aussieht, ist dieses Kloster kaum zu finden.

### ■ Schatin vankh

Der Weg geht nur zu Fuß weiter hinauf zur zerfallenen Kirche, die schon auf den Fürsten Smbat und das Jahr 929 zurückgehen soll. Sie ist im 14. Jahrhundert zerstört und wieder aufgebaut worden. Die heutige Kirche, die nach außen hin überhaupt nichts Sakrales an sich hat und wie eine bessere Almwirtschaft aussieht, wurde später Mitte des 18. Jahrhunderts vom Kaufmann Hakob Dschughaets'i neu gestaltet.

Die basaltene Sionkirche ist eine dreischiffige Basilika mit Apsis, zwei östlichen Eckräumen und vier freien T-Pfeilern in der Mitte der Kirche. Im Inneren sind auch noch einige Freskenfragmente zu erkennen. Die Mauerreste vor der Kirche lassen auf ein Gavith in Arkadenform schließen, eine kleine Kapelle ist noch erhalten. Beinahe interessanter ist die zweigeschossige Umfassungsmauer mit den drei Rundtürmen an der Südseite. Genau diese schauen vom Friedhof aus verdächtig nach Kloster aus.

Der Aufstieg bei sommerlicher Hitze lohnt sich nicht wirklich, das Almkloster Schatin vankh wird sich wohl weiterhin und noch viel stärker der felsigen Umgebung anpassen. Bis es eines Tages sich nicht mehr von dieser unterscheidet. *39°50'28.07"N, 45°19'32.58"E*

## Jeghegis

Auch hier hat das Schilf, das entlang der feuchten Ufer des Jeghegis gewachsen ist, dem Ort inmitten der Berge seinen Namen gegeben. Ein alter Ort am Kreuzungspunkt alter Handels- und Heereswege, wo mächtige Burgen von den Hügeln herabsehen, Klöster in verwegener Lage unerreichbar sind für räuberische Horden und wo sich die Handelsreisenden in großen Karawansereien vom anstrengenden Anstieg erholen konnten. *39°52'14.82"N, 45°21'32.96"E*

Im weitläufigen Territorium des Dorfes Jeghegis liegen zwei alte Befestigungsanlagen, drei Kirchen und ein großer Klosterkomplex. Das Dorf liegt fast am Ende der Landstraße, die bei Schatin nach Osten abzweigt. Schilder weisen auf die Entfernung zum berühmten Bergkloster Ts'aghats' Khar hin (→ S. 379).

Jeghegis ist ein echtes Bergdorf mit niedrigen Bauernhäusern, schlammigen Dorfstraßen und netten alten Frauen, die auf den Bänken vor den Häusern ihrer Söhne sitzen. Die holprige Straße bietet derzeit nur Pkw und Kleinbussen die Möglichkeit, in diese abgelegene historische Region Südarmeniens vorzudringen.

### ■ Jüdischer Friedhof

Doch dieses Dorf birgt einen Schatz besonderer Art: erst kürzlich hat man dort einen jüdischen Friedhof mit hebräischen Inschriften aus dem 13. und 14. Jahrhundert ausgegraben sowie auch die Reste einer mittelalterlichen jüdischen Siedlung – eine wahre archäologische Sensation. Ein Geheimtipp für alle, die etwas Entdeckungsgeist haben und den Friedhof inmitten des Waldes besuchen möchten.

### ■ Muttergotteskirche

An einer Kreuzung beinahe im Dorfzentrum steht die Muttergotteskirche aus dem 18. Jahrhundert. Sie wirkt ja mit ihren leicht eingefallenen, unregelmäßigen Mauern aus Basaltblöcken viel älter, der Baustil dieser Region scheint sich absichtlich an alte, bewährte Kirchenformen wie die der Basilika anzulehnen. Diese Basilika hat drei Schiffe, die durch Bögen auf vier freistehenden Pfeilern gebildet werden. Die Eckräume sind nicht von der hufeisenförmigen Apsis, sondern an der Nord- oder Südseite begehbar. Die gesamte Bauplastik ist sehr dürftig, einzig das Westportal weist eine einfache Umrahmung mit Stalaktiten auf.

### ■ Weitere Dorfkirchen

Auf einem großen Feld auf der linken Seite steht vereinzelt eine Gruppe von vier Chatsch'kharen aus der Mitte des 13. Jahrhunderts. Sie sind die kunstvollen Vorboten der beiden Gotteshäuser am Dorfende. Das eine, das unter den Namen Grigor, Karapet oder Nschan bekannt ist, wurde im 13. Jahrhundert vollständig renoviert. Die Kreuzkuppelkirche hat einen überraschenden kleinen, jedoch sehr hohen Innenraum mit einer kleinen halbkreisförmigen Apsis ohne Eckräume. Das Innere ist besonders durch seine kleine Nische in der Nordwand im Eingangsbereich interessant, möglicherweise eine Taufnische. Sie ist sehr hübsch in Muschelform gestaltet. Das Äußere ist bis auf das hohe Westportal mit der bogenförmigen Umrahmung und dem mehrfach umfassten Westfenster relativ schmucklos. Auch

▲ *Auf dem alten jüdischen Friedhof von Jeghegis*

das Fenster der Südfront hat eine schlangenkopfartige Umrahmung.

## ■ Kirche Zorats'

Auf einer Anhöhe im Süden des Dorfes mit den unerreichbaren Gipfeln der Vardeniskette im Hintergrund und einer Wiese im Vordergrund steht ein merkwürdiges Gebäude aus mehrfarbigen Steinblöcken mit einem auffallend dreieckigen Dach und drei Bögen, die unmittelbar den Zugang zur Apsis dieser schmalen Kirche bilden. Die Kirche Zorats', einst eine Militärkirche, die dem heiligen Stephan geweiht war, besteht nur aus einem Chorraum. Als ob man die Kreuzkuppelkirche davor abgebrochen hätte, sieht der Ostarm mit seiner halbkreisförmigen Apsis und den beiden Eckräumen ganz typisch armenisch aus. Die Ostfront hat zwei abgerundete Nischen, die drei Lichtöffnungen sind so einfach wie möglich dekoriert. Gras wächst auf dem abgestuften Satteldach. Der Blick von der Apsis durch die Arkaden ist genau so atemberaubend wie der Anblick dieser Militärkirche von Südwesten her. Das Tal öffnet sich zu einer breiteren Ebene, der Ort Jeghegis liegt wie im Dornröschenschlaf am rauschenden Fluss.

*Die Kirche Zorats'-Jeghegis im Winter*

## ■ Festung Smbataberd

Die Festung Smbataberd ist zwischen dem 10. und 13. Jahrhundert einige Kilometer westlich von Jeghegis in strategisch bedeutender Lage auf einem Berg entstanden. ⊙ *39°52'19.08"N, 45°20'18.23"E*

Noch heute erzählen die gut erhaltenen, meterhohen Mauern, die den ganzen Berggrat umschließen, von der kämpferischen Zeit rund um Jeghegis. Doch der Aufstieg in die Festung ist ein äußerst anstrengender, mindestens zweistündiger Fußmarsch und sollte nur unter ortskundiger Führung stattfinden. Doch diese Festung, wohl eine der größten Armeniens, kann man sehr gut von der Straße aus sehen. Hier muss man den Hinweisschildern nach Ts'aghats' Khar folgen, denn Smbataberd liegt auf der linken Straßenseite auf dem Weg dorthin.

## ■ Kloster Ts'aghats' Khar

Auch das berühmte Kloster Ts'aghats' Khar einige Kilometer nördlich von Jeghegis ist nur zu Fuß zu erreichen, der Weg dorthin ist allerdings kaum zu erkennen.
⊙ *39°53'16.43"N, 45°21'9.86"E*

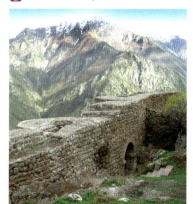

*Die Festung Smbataberd*

Exponiert liegen die beiden Baugruppen aus dem 10. und 11. Jahrhundert auf einem relativ steilen Abhang in einer menschenleeren Region. Zu der großen Anlage gehören zwei Kirchen, eine Kapelle und einer Galerie im Westen sowie eine Kirche und eine langgestreckten Kapelle im Osten.

### Ts'aghats' Khar

**Lucy Tour Hotel** (P1-2), Dorf Hermon, ca. 8 km östlich von Jeghegis, Tel. +37498/779778, www.lucy-tour.com. Hier im armenischen Hinterland hat kürzlich ein Resort eröffnet, das eine optimale Ausgangslage für Wanderungen zu den benachbarten Klöstern Hermon, nach Ts'aghats' Khar, dem jüdischen Friedhof, aber auch der Festung Smbataberd darstellt und auch sonst an Freizeitanlagen einiges zu vorweisen hat.

## Gndevankh

Am Fluss Arpha liegt das einfach zugängliche Kloster Gndevankh. Man erreicht es über die alte, holprige Dschermuker Hauptstraße H43 etwa 15 Kilometer nach Norden. Die H43 zweigt von der M2 etwa 10 Kilometer hinter Vajk ab. Leicht oberhalb des engen Flussbettes in einem kleinen Waldstück auf der rechten Straßenseite im Ort **Gndevaz** gelegen, verbirgt das Kloster trotz der beeindruckenden Festungsmauer nichts vor dem Besucher und hat auch nichts Geheimnisvolles mehr. Hinter dem Kloster bäumt sich ein Hochplateau auf, auf dem das Dorf Gndevaz liegt. Von der Dorfseite her kann man das Kloster nicht erreichen. ⓘ *39°45'32.04"N, 45°36'39.89"E*

Vor Angst, die Auffahrt über die versteckte Brücke nicht zu finden, übersieht man die Orgelpfeifen, wie die schönen mehrstufige **Basaltsäulen**, durch die sich der Arpha gefressen hat, genannt werden. Gndevankh ist ein ruhiger, nicht häufig besuchter heiliger Ort mit einem restaurierten Klosterkern und gut erhaltenen Nebengebäuden an der Südmauer, der in inmitten der Natur liegt.

»Schön und malerisch«, soll die Sjunikher Prinzessin Sophia beim Anblick des im Jahre 936 mit der Errichtung der Stephanskirche gegründeten Klosters gesagt haben. Und »Ein Ring ohne Juwel war Vajots' Dzor, dann erbaute ich dieses hier und setzte es wie eine Perle darauf.« Mehr als ein halbes Jahrhundert später wurde der Kirche ihr Gavith vorgesetzt. Die anderen vorwiegend profanen Gebäude wurden sogar bis ins 18. Jahrhundert dem Kirchenbau hinzugefügt.

Die meterhohe Festungsmauer in Richtung der Schlucht mit den beiden Aussichtstürmen ist für sich genommen schon ein kleines Juwel. Es ist erstaunlich, wie viele und vor allem welcher Art die kleinen Gebäude entlang dieser Südmauer sind. Große und kleine Mönchszellen, Lager und Speicher, verwinkelte Wachräume und bestimmt auch Waffenräume.

### ■ Stephanskirche

Die Stephanskirche selbst liegt beinahe am südöstlichsten Winkel der Anlage. Nach außen erscheint sie mit nahezu quadratischer Grundriss errichtet definierbar, allerdings führen die tiefen Nischen

▲ *Kloster Gndevankh*

an der Süd-, Ost- und Nordfront zu einer angedeuteten Kreuzform.

Bei näherer Betrachtung erkennt man, dass die beiden Eckkapellen im Nachhinein hinzugefügt sind, denn die Fassade bildet kleine Vorsprünge. Das bedeutet, dass die Stephanskirche ursprünglich sowohl innen als auch außen eindeutig als Kreuzkirche erkennbar war. Sogar die vier Konchen sind gleich groß. Später wurde durch die östlichen Eckkapellen und das vorgesetzte Gavith diese originale Form verzerrt.

Der Tambour über den Pendentifs erhebt sich als ein mehreckiges Prisma. Nur die vier schlitzförmigen Fenster des Tambours und ein größeres an der Südfront lassen das Sonnenlicht in das dürftig dekorierte Innere. Einzig alte Kreuzsteine und eine seltene Widderstatue geben dem Inneren etwas Zier. Von dem Fresko an der linken Seite des Chorraumes ist kaum mehr etwas zu erkennen. Eine Madonna soll es darstellen. Auch das Äußere ist wenig bestechend. Die Nischen sind abgerundet, bilden aber somit zumindest an der Südfront ein harmonisches Äußeres mit dem Fenster. Einige Sonnenräder lockern die sparsame Fassade auf.

■ **Gavith**

Auch das Gavith ist sowohl in baulicher als auch in dekorativer Hinsicht wenig aufregend. Die langgezogene Vorhalle ist überwölbt und im Inneren in einen großen rechteckigen Raum und zwei kleinere Räume im Norden gegliedert. Der nordöstliche Raum füllt nahezu perfekt den Zwischenraum zwischen der West- und Nordkonche auf. Auf dem Eingang zu diesem Eckraum ist ein Sonnenrad angebracht.

Durch zwei mit Bögen überspannte Eingänge gelangt man in den nur schwach beleuchteten nordwestlichen Raum des Gaviths.

■ **Profane Gebäude**

Das Klettern auf den Mauerresten der profanen Gebäude erweist sich als Geschicklichkeitsübung, liefert aber tiefe Einblicke in diese überwölbten Räume. Auch jene Räume, die nördlich des Westportals der Umfassungsmauer liegen, ziehen das Interesse an. Ein Turm ragt noch halb empor. Ein sich verengender Weg führt von der Kirche zu diesem Turm. Ein anderer, schmalerer Pfad führt zu einem der profanen Bauten in der Südmauer und ein weiterer zum kleinen Nebeneingang auf der Südostseite der Festungsmauer.

Eigenartig ist, dass es auf der gesamten Nordseite keine Spuren von Gebäuden gibt. Hier auf dem unruhigen, holprigen Gelände ist nur Gras und Gebüsch zu sehen. Oder hat man hier noch nicht nach weiteren Gebäuderesten gegraben? Beinahe die Hälfte der Fläche, die die Umfassungsmauer umschließt, erscheint unbebaut. Womöglich hat sie als Garten gedient. Das Juwel von Vajots' Dzor birgt also doch noch Geheimnisse.

## Dschermuk

Der bequemste Weg in den berühmten Kurort Dschermuk, dessen Wasser buchstäblich in aller Munde ist, ist die relativ neue H42, die auf das Plateau über dem rechten Ufer des Arpha mit seinen malerischen Felsformationen führt. Der andere Weg, über den man auch Gndevankh besichtigen kann, ist die alte Hauptstraße 43, die in weitaus schlechterem Zustand ist.

Dschermuk – schon im Namen steckt der Hinweis auf die warmen Quellen des von Wäldern und Bergen eingeschlossenen Ortes auf etwa 2080 Meter Seehöhe. Das heilende Mineralwasser, das dank seiner chemischen Zusammensetzung besonders für die Behandlung von Magen- und Darmerkrankungen sowie für Nervenkrankheiten geeignet ist, ist übrigens auch eines der bedeutendsten Exportgüter Armeniens.

Der kleine Ort, der zum Großteil aus etwas veralteten Sanatorien und Kurhotels besteht, ist eigentlich nur in der Sommerzeit, wo es hier aufgrund der hohen Lage und der nahen Wälder angenehm kühl ist, wirklich belebt. Am Berghang gegenüber von Dschermuk ist die Trasse eines Sesselliftes zu sehen: Ein Sessellift soll die Touristen vor allem auch im Winter zum Schilaufen hierher locken. Doch durch die schlechte wirtschaftliche Situation hat sich auch hier die Zahl der Gäste verringert, trotz der Beliebtheit des Ortes bei einheimischen Sommerfrischlern und des ausgezeichneten Rufes als Kurort. Das Wahrzeichen von Dschermuk, ein Reh, ist nicht nur auf den Flaschenetiketten zu sehen, sondern überdimensional auch auf einem der umgebenden Berge.

Unter der hohen Brücke, die ins Ortsinnere führt, befindet sich ein rauschender Wasserfall, an dessen tief unten gelegenem Ufer ein kleiner Pfad in einem lauschigen Restaurant endet – ein stark frequentierter Spazierweg im Sommer. In den Parkanlagen des Zentrums wurden künstliche Wasserfälle, ein See und viele Spazierwege angelegt. Dschermuk hat viele Hotels, die nicht alle einladend aussehen. Am schönsten sind die traditionellen, im armenischen Stil mit Tuff oder Basalt verkleideten Häuser in unmittelbarer Nähe der Therme. Oftmals ist das Äußere ansprechender als das Innere, altmodische Möbel, altkommunistische Hotelorganisation, wenig Luxus, aber sauber. Vorher reservieren sollte man schon, sonst könnte es zu unliebsamen Überraschungen kommen.!

Das Zentrum des Ortes ist die im römischen Stil gestaltete **Therme**. In der langen, mit Säulen geschmückten Vorhalle kann man direkt an den verschiedenen Wasserhähnen über großen Amphoren das Wasser versuchen. Sogar die Temperaturen der jeweiligen Quellen sind angegeben. Es beginnt bei 30 Grad Celsius, das wärmste Thermalwasser hat eine Temperatur von heißen 62 Grad Celsius. Sogar ein Großteil der Privathäuser kann mit Hilfe der heißen Quellen beheizt werden. Dschermuk ist ein geeigneter Ort, um einige Stunden bei mildem Klima in frischer Luft durchzuatmen, die Spazierwege durch die Wälder zu erkunden, vom sehr mineralhaltigen Wasser zu trinken oder sich sogar für einige Minuten im warmen Wasser zu entspannen.

Der Sessellift führt hinauf in das umgebende Bergland auf über 2000 Meter und bietet einen atemberaubenden Blick auf das menschenleere Vajots' Dzor (Preis 1000 Dram).

### Dschermuk

Dschermuk liegt etwa 173 Kilometer südöstlich von Jerevan und ist über die Schnellstraße M2 und die neu ausgebaute H42 gut erreichbar.

Die **Dschermuker Bergbahnen** bieten einen Doppelsessellift für Wanderungen in der warmen Jahreszeit und zum Schilaufen in der kälteren mit Fahrten auf ca. 2500 m Seehöhe. Weniger touristisch und überlaufen als Tsaghkadzor und auch billiger. Eine Fahrt kostet 1000 Dram.

Dschermuks Infrastruktur ist momentan etwas vernachlässigt und zieht nach wie vor eher nur Einheimische an. Traditionell bietet der Kurort sowohl Übernachtungsmöglichkeiten als auch Restaurants, beides liegt aber unter internationalen Ansprüchen.

**Armenia Health Spa** (P3), Miasnikjani ph. 2, Tel. +374/287/21290, www.jermuk armenia.com. Ein beeindruckendes Haus im Zentrum mit durchaus schöner Ausstattung mit traditionellem Kurangebot, das

*In der Therme von Dschermuk*

Behandlungen, Baden im Thermalwasser und Vollpension inkludiert. Suiten kosten bis zu 200 Euro.
**Olympia Hotel Sanatorium** (P2), Schahumjani ph. 16, Tel. +374/287/21243, www.jermukolympia.am. Preise inkl. Frühstück und Steuern.
Behandlungen sind in beiden Häusern jeweils extra zu bezahlen. Um eine Nächtigung oder einen kurzen Kuraufenthalt in diesem kleinen Kurort zu reservieren, sollte man sich aber doch besser mit einer der Jerevaner Agenturen in Verbindung setzen (→ S. 440).
**Verona Resort** (P1-2), Schahumjani ph. 9/1, Tel. +374/287/22050, www.jermukverona.am. Ein kleineres nettes Hotel, rechts vom kleinen See im Zentrum gelegen. Preis inkl. Steuern und Vollpension.
**Hyatt Place Jermuk** (P2-3), Schahumjani ph. 5,7, Tel. +374/60/741234, jermuk.place.hyatt.com, ist ein neues, sehr gepflegtes in bewährter Hyatt-Qualität eröffnetes Haus im Zentrum der Stadt.

## Karawanserei Selim

Eine extrem kurvige, gut ausgebaute Panoramastraße (M10) durch die Vardeniskette verbindet die Provinz Gegharkhunikh mit Vajots' Dzor. Sie steigt steil an und überquert den 2410 Meter hohen Selimpass. Wie haben sich hier früher die Reisenden auf einem Teil der alten Seidenstraße mühsam mit schwer beladenen Tieren über diesen Weg geschleppt? Sie waren entweder auf dem traditionellen Weg nach Persien oder ins Tal des Flusses Kura unterwegs. Welche Erholung muss die große Karawanserei etwas südlich des Passes, geboten haben. Noch heute ist es nach der ermüdenden Fahrt eine Erholung, die noch gut erhaltene Karawanserei zu betreten und einen Blick auf das Tal von Selim und auf die überwältigenden Bergketten von Vajots' Dzor zu werfen. Außerdem befindet sich unweit eine Quelle mit erfrischend kaltem Gebirgswasser.
39°57'0.31"N, 45°13'57.70"E
Die Karawanserei von Selim ist die bekannteste und am besten erhaltene in ganz Armenien und ist damit auch ein wesentliches Beispiel der frühen profanen Baukunst. Sie ist ein perfektes architektonisches Verbindungsstück zwischen den Kulturen. Die christliche armenische Tradition trifft hier auf eine islamisch dominierte Persiens. Beide Kulturen haben Gründungsinschriften hinterlassen, die erzählen, dass der Fürst Tsch'esar Orbeljan im Jahre 1332 diese Karawanserei errichten hat lassen. Die armenische Inschrift befindet sich an der rechten Seite der Mauer der Vorhalle, die persische mit arabischen Buchstaben im Tympanonfeld des Südportals der Vorhalle.
Die Selimer Karawanserei ist der Oststrichtung des Weges angepasst und besteht aus drei Teilen, der eigentlichen Halle, einer östlich davor gesetzten Vorhalle und einer daran angeschlossenen Kapelle.

### ■ Große Halle

Die riesige rechteckige Halle mit allein 26 Metern Länge ist durch sieben Säulenpaare in ihrer Mitte in drei Schiffe unterteilt, die auf einer Gesamtfläche von etwa 340 Quadratmetern Tier und Mensch genug Raum gegeben haben. Das Mittelschiff ist wesentlich breiter als die beiden Seitenschiffe, hier waren die Tiere untergebracht. In den durch Brüstungsmauern abgetrennten Seitenschiffen rasteten die Reisenden oder lagerten ihre kostbaren Waren. Alle Schiffe waren überwölbt, natürlich bildete das Tonnengewölbe des breiten Mittelschiffes auch den höchsten Punkt, über den dann das flache Satteldach gesetzt worden ist. Es gibt keine Fenster, am Dach befindet sich eine Reihe von schmalen Öffnungen, die innen stalaktitenförmig geschmückt waren. Ein

Winkel des Saales war allein dem Tränken der Tiere vorbehalten, er ist leicht an dem ganz aus Basalt bestehenden Trog zu erkennen.

### ■ Vorhalle

Weit auffälliger als die riesige Halle ist das kleine, einschiffige Gebäude an ihrer Ostseite. Relativ klein ist der Innenraum, der wiederum keine Fenster hat, aber eine Verbindung zur Halle auf seiner Westseite. Die kleine Vorhalle ist ebenfalls überwölbt und mit einem Satteldach mit Lichtritzen bedeckt. Die Jerdiks sind besonders schön mit Stalaktiten dekoriert. Das Lichles kommt vor allem durch das Südportal der Vorhalle, dem beeindruckendsten Element der Karawanserei. In eine Nische zurückversetzt liegt die eigentliche Eingangstür. Dieses Nischenportal ist rechteckig gerahmt und äußerst kunstvoll mit verschiedenen Stalaktitenreliefs bis hinauf zum Giebel versehen. Hier wird auch der Einfluss der islamischen Baukunst deutlich spürbar. Beiderseits des Nischenportals zieren Tiere die Hochreliefs, auf der rechten Seite ein Stier, auf der linken ein unbekanntes geflügeltes Wesen. Vom dritten Gebäude, das sich wiederum an die Ostseite der Vorhalle anschließt, ist kaum mehr etwas erkennbar.

### ■ Kleine Karawanserei

Schon vor der berühmten Selimer Karawanserei hatte hier in der Nähe, etwa neun Kilometer südlich, noch vor dem Dorf Aghnschadzor, eine kleinere Raststätte die Karawanen begrüßt. Sie ist eine der seltenen einschiffigen Karawansereien, die aber durch ihre exakt behauenen Basaltblöcke und ihre kleinen Abmessungen begeistern kann. Leider ist aber beinahe die Hälfte der Karawanserei von einem Bach verschluckt worden, so dass nur die Südostseite mit dem Portal ungehindert besichtigt werden kann. Auch die nur etwa 160 Quadratmeter Innenfläche waren durch ein Gewölbe überdeckt, das einst durch wunderschöne sternförmige Jerdiks Licht in die kleine Halle gelassen hat. Die Halle selbst ist architektonisch in sechs gleich große Räume geteilt.

Noch heute ist der alte Handelsweg trotz einwandfrei befahrbarer Panoramastraße wenig frequentiert. Noch immer herrscht in der großen Halle von Selim Stille. Nur manchmal verirrt sich ein einsamer Bus voll mit Touristen oder Schülern auf diesen Weg vom Süden zum Sevansee, die dann dieses hochgelegene Wunder mittelalterlicher profaner Architektur erstaunt und fröstelnd betrachten – denn kalt ist es immer am Selimpass.

*Die Karawanserei Selim ist gut erhalten*

## Lavasch, das Brot der Erde

Graue Rauchschwaden dringen aus dem Raum in der Mitte des Dorfes. Der warme Geruch frisch verbrannten Holzes und ein undefinierbarer Duft von frisch gebackenem Brot erfüllt die Luft. Aus dem Dickicht des Rauches hört man heitere Frauenstimmen, Lachen und ein undefinierbares Klatschen. Mehrere Frauen sitzen um ein Loch in der Mitte des Raumes, von dem eine unglaubliche Hitze und der hungrig machende Duft kommen. Ein Tonir – ein irdener Backofen, ein kreisrundes vertieftes Loch, das durch die Befeuerung mit Brennholz von unten an den Seiten schon richtig zu Keramik gebrannt scheint. Die Frauen sind geschäftig und erzählen sich den neuesten Dorftratsch.

Mehrere Generationen sitzen hier beisammen, die Großmutter mit dem zahnlosen lachenden Gesicht unter dem dunklen Kopftuch, aus dem sich so manche schlohweiße Strähne hervor drängt, ihre nicht weniger gut gelaunte Tochter, die rundliche Schwiegertochter, die sich beim Lachen immer die mehlige Hand vor den Mund hält und einige kleine Mädchen, die dem Treiben ganz gespannt am Rande folgen und ab und zu ein Stück vom harten, weißlich gelben Fladenbrot abbrechen.

Hier in diesem Dorf in Vajots' Dzor wird noch traditionell im Familien- oder Dorfkreis das armenische Fladenbrot, Lavasch, gebacken. Wie vor Jahrhunderten ist es allein die Sache von Frauen, diesen etwa einen Meter langen und einen halben Meter breiten Fladen zu backen.

Wie es auch Tradition ist, wird hier nicht nur für eine Familie, sondern für die ganze Verwandtschaft, manchmal für das ganze Dorf gebacken. Lavasch wird dann in seinem äußerst brüchigen, trockenen Zustand monatelang in den Lagerräumen der Häuser gelagert und bei Bedarf befeuchtet, damit es wieder frisch wird. Lavasch ist das Brot einer von Sonne geplagten Bevölkerung, ein dauerhaftes Brot, das bei richtiger Lagerung eigentlich nicht verderben kann. Lavasch ist das Brot der Erde. Seine Zutaten, Mehl, Wasser und Salz, werden dem mühsam bearbeiteten Boden genommen. In der Erde wird Lavasch auch gebacken.

*Dorfidylle in Vajots' Dzor*

# Lavasch, das Brot der Erde

*Bäuerinnen beim Lavasch backen*

Jede Frau hat ihre eigene Tätigkeit. Da gibt es eine, die den eigentlichen Teig mit kräftigen Händen knetet und zu kleinen Kugeln formt. Die Kugeln werden im Uhrzeigersinn an die nächste Frau weitergereicht, die sie mit einem nudelholzartigen Gegenstand platt walzt, bis sie die typische Lavaschform angenommen haben. Die nächste legt dann den hauchdünnen Teig über ein mit Stoff bespanntes, abgerundetes Holz und klatscht dieses an die Innenwand des Erdloches. Die letzte im Uhrzeigersinn, die Geübteste und daher oft die Älteste der Damenrunde, nimmt dann mit einer verblüffend geschickten Handbewegung das heiße Brot aus dem aufgeheizten Loch und wirft es zum Auskühlen auf den Boden. Und so wächst der Lavaschberg Schicht für Schicht an, bis die gewünschte Menge erreicht ist. Was für einen intensiven Geschmack dieses einfache Fladenbrot hat, erdig und ursprünglich.

Frisch gebackene Lavasch ist leicht zu brechen, die Kinder essen es, so wie hierzulande Kinder Kartoffelchips verdrücken. Im Haus der Großmutter wird vom frischen Brot gekostet und aufgeweichtes, älteres wird traditionell mit etwas Matsun und Kräutern genossen. Die Großmutter ist vergnügt, jede Lavasch schmeckt anders. Nicht immer ist das Feuer gleich, nicht immer sind die Fladen gleich dünn.

Doch hier, in dem Bergdorf Aghavnadzor, das etwa 18 Kilometer nordwestlich von Jeghegnadzor liegt, schmeckt es immer besonders gut. Denn das Brot ist nicht wie in den Großstädten in sterilen, metallenen Öfen von gestressten Fabrikarbeiterinnen gebacken, sondern in der armenischen Erde, von freundlichen Frauen, die diesen Boden schätzen und an der alten Tradition nicht nur des Brotes wegen festhalten. Sondern des ruhigen Zusammenlebens und Schaffens verschiedener Generationen und der Dorfgemeinschaft wegen.

# Die Provinz Sjunikh

Die größte und südlichste Provinz Armeniens ist auch seine ungezähmteste. Am ungebändigten Bergvolk zwischen den wilden Gipfeln der Zangezurkette im Westen und Norden, dem Hochland von Karabach im Osten und der Meghrikette im Süden sind viele Eindringlinge gescheitert. Das Königreich von Sjunikh war einst im 10. und 11. Jahrhundert ein Inbegriff armenischer Eigenständigkeit, die Universitäten und Klöster machten diesen Landstrich zu einem wichtigen Bewahrer der christlichen Tradition. Sjunikh ist das Land der hohen Berge, Wälder und Seen, der alten Höhlensiedlungen und prähistorischen Steinkreise, der in Talbecken eingepferchten Städte und des Kampfes um das benachbarte Berg Karabach. Hier wachsen viele Maulbeerbäume. Aus ihren weißen und schwarzen Beeren wird der hochprozentige, glasklare Saft gebrannt, für den Sjunikh auch berühmt ist: Ththi oghi, der Maulbeerschnaps. Gleich an der Grenze zwischen Vajots' Dzor und Sjunikh leitet der stürmische, auf 2344 Metern gelegene Vorotanpass in die Hochgebirgswelt Sjunikhs und an die Ufer des Flusses Vorotan über, der das nördliche Sjunikh bewässert. Vorbei am grünblau schimmernden Stausee führt die Hauptverkehrsverbindung M2 nach Süden an eine große Kreuzung bei dem Dorf Angeghakoth.

## Angeghakoth

Eine Kreuzung. Ein kleiner runder Bau auf der rechten Straßenseite. Verlassen und öd. Wer will schon in das Dorf fahren? Wahrscheinlich wieder nur eines der üblichen Dörfer, nichts Besonderes: eine breite, mit Schlaglöchern übersäte Hauptstraße, erdige Seitengassen mit kleinen, bunten Häusern. Nett. Beinah am Ende des Dorfes liegt ein kleiner Abhang mit Blick auf das grüne Flusstal des Vorotan. Lautes Froschquaken kommt vom kleinen Stausee unten im Tal.

### ■ Die Kirchen von Angeghakoth

Am südlichen Dorfrand steht eine breite Kirche mit einem begrünten Dach und einem unpassend winzigen Türmchen. Sie ist der Muttergottes geweiht und wird trotz ihrer schönen Lage oberhalb des Stausees kaum beachtet.
◉ *39°34'5.31"N, 45°56'12.13"E*
Die auf rechteckigem Grundriss erbaute Kirche hat eine Apsis mit zwei Eckräumen. Eine zentrale hohe Lichtöffnung, über der das lächerliche Türmchen sitzt. Das Nordportal ist bereits durch chaotisch aufgehäufte Steinblöcke zugemauert worden. Die Kirche stammt vermutlich aus dem 12. oder 13. Jahrhundert, doch keine Inschrift gibt Auskunft, keine Verzierung schmückt sie. Nur eine Sonne ganz verloren an der Ostfront unter dem Fenster. Auf einer kleinen Anhöhe über der Kirche locken besonders alt aussehende Chatsch'khare.
Unterhalb der Straße gelegen, kaum zu sehen, steht am Abhang noch eine Kirche, die der anderen sehr ähnlich ist. Man muss nur über einige Felsen hinunterklettern um zu sehen, dass diese Kirche bedeutender als die andere gewesen sein muss. In ihrem Hof stehen schöne alte Grabsteine, von hier aus sieht man auch auf die unbenannte Kirche. Irgendwann muss die Kirche auch von einer Mauer umfasst gewesen sein, hier sind noch viele Reste zu sehen. Die Inschrift über dem Portal weist auf den heiligen Stephan und das Baudatum hin: 1708. Wieder eine einschiffige, überwölbte Kirche ohne jegliche Zier. Doch der Wert und die Schönheit einer Kirche soll nicht

# Die Provinz Sjunikh 389

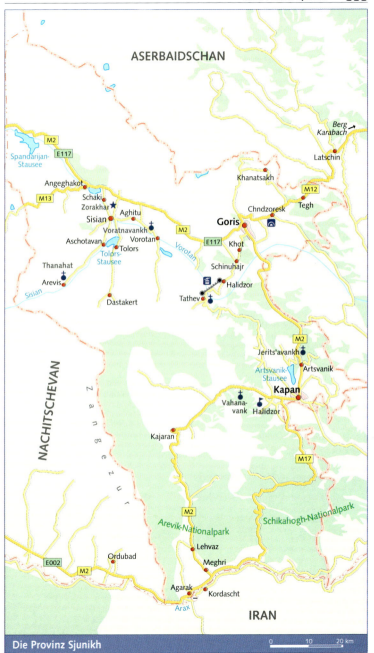

nur an ihrem bauplastischen Dekor gemessen werden. Manchmal sind es die einfachen, klaren Formen, die Strenge, die Sparsamkeit der Fassade. Manchmal ist es eine herrlich exponierte Lage. Manchmal ist es ihre Geschichte. Die schlichten Kirchen von Angeghakhot blicken von ihrer erhöhten Lage auf das weite Tal. Kaum etwas ist über ihre Geschichte bekannt oder über die Erbauer ihrer Mauern.

## Schakhi und Sisian

Der Vorotan fällt zischend und spritzend unweit des Dorfes Schakhi über einen einige Meter hohen Felsen. Dieser Wasserfall ist nicht so spektakulär wie jener in Dschermuk, aber der kurze Spaziergang von einigen Minuten vom Parkplatz aus lohnt sich auf jeden Fall, wenn der Reiseweg in die Stadt Sisian führt. Denn schon hier biegt man von der Schnellstraße M2 zum Dorf Schakhi ab. Zum Wasserfall geht es über eine alte Schotter-Erdstraße, die bei einer Adlerstatue rechts von der Straße nach Sisian abzweigt. ◉ *39°33'11.53"N, 45°59'45.37"E*

Sisian ist eines der wirtschaftlichen Zentren der Provinz, gleichzeitig aber auch eine der ältesten Siedlungen im breiten Tal des Vorotan. Sisian ist nicht unbedingt sehenswert, ein Besuch der einzigen Kirche, die auf einer Anhöhe im Nordwesten Sisians schon seit 13 Jahrhunderten auf die Stadt blickt, lohnt jedoch. Nur an der Straße zur Kirche sind einige ältere Gebäude im typisch armenischen Bürgerhausstil zu sehen, geduckt, mit zarten Holzbalkonen. ◉ *39°31'42.38"N, 46°1'4.43"E*

### ■ Johanneskirche von Sisian

Die dunklen Basaltblöcke der Johanneskirche haben ihr zum alten türkischen Namen Karakilisa, schwarze Kirche, verholfen. Leider ist die Gründerinschrift nicht mehr einfach zu entziffern und gibt daher wenig Aufschluss über die Baugeschichte. Bekannt ist aber, dass sie im Auftrag des Fürsten Kohazat zwischen 670 und 689 entstanden ist. Sie ist damit die älteste erhaltene Kirche von Sjunikh. Sie ist ganz im Stil der überkuppelten Vierkonchen mit vier Eckräumen gebaut. Der Architekt hat bei der Gestaltung dieser Eckräume etwas Phantasie walten lassen, denn diese sind zunächst als fast kreisrunde Nischen exakt zwischen den Kreuzarmen gestaltet, durch die dann der Zugang in die winzigen Räume mit Apsiden im Osten und Nischen im Westen führt.

▲ *Der Wasserfall des Vorotan*

Auch die Fenster sind ungewöhnlich, jede Konche hatte ursprünglich drei Fenster, wobei die seitlichen Fenster der Nord-, Ost- und Südkonche direkt in den Außennischen endeten. Bei der Restaurierung wurden sie allerdings zugemauert. Der hohe Mittelraum entstand durch einen kontinuierlichen Übergang vom zentralen Quadrat unten, über Trompen zu dem achteckigen Tambour bis zur Kuppel oben. Die mit zwölf Facetten gestaltete Kuppel zeigt Reliefs der Gründer: des Fürsten, des Bischofs und des Abtes. Im Inneren der schwarzen Kirche zieren Voluten die Pfeilerkapitelle und Muschelhälften die Trompen.

Das Äußere der Kirche spricht für einen wahren Meister der Kirchenbaukunst. Hier stehen sich Doppelbögen über den Nischen und Fenstern und rings um den Tambour, geometrische Motive an den Fassaden, eine Sonnenuhr am Tambour und reicher floraler Dekor der Fensterrahmungen gegenüber. Leicht zu übersehen sind die seltsamen Zeichen, vor allem in der Apsismauer: die Monogramme der Baumeister. Das alte Südportal wurde durch ein kunstvoll geschnitztes Holzportal ersetzt, was der schmucken Kirche des heiligen Hovhannes sozusagen den letzten Schliff gibt.

Die Kirche ist von einem Friedhof mit einigen interessanten Grabsteinen umgeben. Bedrückend ist die Gedenkstätte im Osten der Kirche. Hier wird mit über 40 schlichten, nackten Steinen der jungen Gefallenen des Karabach-Krieges gedacht. Alle haben das selbe Todesjahr 1994, viele der abgebildeten Gesichter sind noch kindlich.

### Sisian

Sisian liegt etwa 206 Kilometer südöstlich von Jerevan und ist direkt bis zur Kreuzung bei Schakhi über die Schnellstraße M2 zu erreichen.

Sisian hat bislang wenig touristische Infrastruktur. Beinahe im Zentrum der Stadt gibt es das kleine **Gästehaus Dina** (P1), Sisakan ph. 32, Tel. +374/2830/3333, www.dinahotel.am. Die neu renovierten Zimmer sind einfach und sauber, die teureren haben ein eigenes WC und Warmwasser, Duschen sind auf dem Gang. Für ein paar Nächte bietet dieses kleine, von netten Leuten geführte Hotel ausreichend Komfort. Das im Preis enthaltene Frühstück ist ausgezeichnet.

**Hotel Basen** (P1), A. Manukjani ph. 1–5, Tel./Fax +374/2830/4662 oder +374/93/434727. Dieses größere Hotel in Sisian bietet Zimmer mit Bad und WC. Der Preis mit Frühstück ist aktzeptabel, die Ausstattung lässt zu wünschen übrig, was aber durch gute Hausmannskost im Restaurant wettgemacht wird.

**Lalaner** (P1–2), Sisakan ph. 29, Tel. +374/2832/6600, www.lalahotel.am. Preis inkl. Frühstück und Steuern. Das neueste Hotel von Sisian bietet mehr Luxus als die beiden anderen, es gibt eine Bar, eine Sauna sowie auch ein gutes Restaurant. Es liegt direkt im Zentrum am Hauptplatz.

**Azoyan Hotel Resort** (P1), Schakhi, Tel. +374/94/999667, 5 km vor Sisian, an der H44 beim Dorf Schakhi bietet dieses Resort im Grünen einfache und funktionale Zimmer, gutes Landfrühstück zu vernünftigen Preisen.

Im Zentrum von Sisian liegt ein **archäologisch-ethnographisches Museum**, das überraschende Reichtümer in seinen unauffälligen Mauern birgt. Einen Besuch lohnen vor allem die frühgeschichtlichen Funde aus der näheren Umgebung sowie die schönen Kreuzsteine und Grabsteine im Hof. Adontsi ph. 41, Tel. +374/2832/3331, www.sisianmuseum.am. Mo-So 11–18 Uhr, Eintritt 500 Dram, Führung auf Englisch 2000 Dram.

## Thanahat

Auch dieses Kloster auf einem sanften Hügel über dem Fluss Sisian, etwa vier Kilometer vor dem Dorf **Arevis** gelegen, ist relativ einfach zu finden. Es liegt etwa 45 Minuten Fahrzeit südwestlich von Sisian. In der sanften, hügeligen Wiesenlandschaft fällt jedes Bauwerk sofort ins Auge. Etwas vor dem Kloster liegt am Flussufer ein armseliges Containerhäuschen, von dem ein Feldweg nach oben führt. Man stapft über die feuchten Wiesen bei dem Containerhäuschen querfeldein, hüpft über den Bach und geht immer bergauf. Das geht aber nur, wenn der Regen nicht den friedlich dahin plätschernden Sisian in ein reißendes Ungeheuer verwandelt hat. ◎ 39°25'22.26"N, 45°56'12.67"E

### ■ Klosterruinen

Nach nicht einmal einer Stunde schnaufend oben angekommen, bestätigt sich beim Anblick der Ruine, was man schon von unten vermutet hat. Beinahe nichts ist mehr erhalten von dem Kloster Thanahat außer einigen dürftigen Mauerresten einer einschiffigen Kirche, der eingefallen Apsis und einem unglaublich standhaften Triumphbogen.

Doch wenn man dem großen Historiker Orbeljan aus dem 13. Jahrhundert Glauben schenken mag, dann war dieses Thanahat eines der wichtigsten Klöster von Sjunikh. Auf denselben Geschichtsschreiber soll auch das eigentlich absurde Baudatum 151 zurückgehen. Da hat sich aber vermutlich nur ein müder Kopist bei den Zahlen geirrt. Aufgrund der Ausgrabungen und der architektonischen Struktur kann das Gebäude und somit die Klostergründung auf das fünfte Jahrhundert datiert werden. Das Kloster hatte innerhalb seiner Umfassungsmauern aus der Kirche des heiligen Stephan, einem Portikus und einem Mausoleum bestanden.

Davon sind heute nur noch ein Teil der Kirche und ein Stück der Umfassungsmauern zu sehen. Eigentlich war 1979 auch der Triumphbogen eingestürzt, er wurde aber wieder aufgerichtet.

Die Kirche ist eine lange einschiffige Kirche mit einer ausgeprägt hufeisenförmigen Apsis. Diese akzentuierte Hufeisenform wurde auf den Triumphbogen übertragen. Die Apsis war durch einen südöstlichen Eckraum nach außen nicht erkennbar. Wo sich Fensteröffnungen befunden haben, ist nicht eindeutig zu sagen. Auch streiten sich die Experten über die Art des Gewölbes, da die Ausgrabungen auch die Reste von Stützpfeilern zu Tage gebracht haben.

Über das Südportal gelangte man in die Galerie, die sich über die ganze Südfassade bis zum Eckraum erstreckte. Die Reste der Säulen weisen darauf hin, dass fünf Säulen einst die Arkaden auf der Südseite der Vorhalle gestützt hatten. Bei der Kirche bleibt vieles im Randbereich, und manches kann nur vermutet werden.

Wie kam es zum Beispiel, dass in diesem Kloster die Lotusblume ein beliebtes Dekormotiv an den Kämpfern des Triumphbogens und an den beiden übriggebliebenen Kapitellen der Galerie ist? Viel zeitgemäßer sind der Zahnschnittfries am Triumphbogen, die Kreuzblumen seiner Deckplatten und die Perlenbänder an den Deckplatten der Portikus-Pfeiler. Auch ein winziger Pfau hat sich auf den nördlichen Kämpfer des Triumphbogen verirrt.

Auch das Mausoleum im Westen der Kirche ist mysteriös. Genauso wie der legendäre unterirdische Gang, der vom Hügel oben zum Bach führen soll.

## Die Steine von Zorakhar

Stürmisch pfeift ein warmer Wind über eine weite, grasbewachsene Hochebene mit hohen, kahlen Bergen ringsum. Ein offenes Gebiet etwa vier Kilometer nördlich

# Die Steine von Zorakhar

*Mythische Zeugen der Vergangenheit: die Steine von Zorakhar*

von Sisian, das man von der östlichen Verbindung von der M2 nach Sisian (die alte Hauptstraße nach Aghitu) auf der rechten Seite sehen kann. ⓞ *39°33'3.59"N, 46°1'41.67"E*

Keine Bäume bieten hier dem Wind Widerstand, kein Haus, keine Kirche. Die Hochebene, wie eine Landzunge geformt, senkt sich nur allmählich und flach zur im Nordwesten gelegenen Schlucht. Auch im Süden wird die kleine Hochebene von einer Schlucht begrenzt. In der Mitte des Feldes widersetzt sich eine beinah kreisförmige Anordnung von großen, spitz zulaufenden Felsbrocken dem Wind. Einige von ihnen sind über zwei Meter hoch, andere sind klein, einige haben Löcher in ihren Spitzen. Doch alle sind mit ihrer breiten, massiven Seite in die Erde gegraben. Beinahe in der Mitte dieser wie durch eine überirdische Hand exakt in einem Kreis aufgestellten Steine steht ein in den Boden versenkter steinerner Tisch. Auf diesem Feld, das von den Bewohnern auch Ghoschundascht genannt wird, liegt eine der größten und ältesten prähistorischen Kultstätten Armeniens. Anscheinend handelt es sich um einen Kromlech, ein Steinkreis von etwa 30 Metern Durchmesser aus dem zweiten Jahrtausend vor Christus, der mittleren Bronzezeit. Beinahe in der Mitte ssteht ein Dolmen, eine tischähnliche Begräbnisstätte.

Die Archäologen vermuteten lange Zeit in der Anordnung dieser Menhire eine große Ähnlichkeit mit den Steinsäulen des berühmten Carnac in der Bretagne. Typisch armenisch ist jedoch hier die besondere Form der Dolmen. Ähnliche Grabbauten wurden auch unweit von Oschakan gefunden. Sie werden als Oghus-Häuser bezeichnet. Typisch sind die rechteckigen unterirdischen Grabkammern aus groben Steinblöcken, die nach oben hin enger wurden und mit einer Steinplatte bedeckt wurden. Manchmal hat man an die Westseite derartiger Grabkammern auch noch Grabeingänge gebaut. Ein Ort, an dem die Toten feierlich begraben werden und massive Steine den Weg der Sonne am Himmel aufzeigen, ist immer auch ein magischer Ort. Die Nähe des Flusses, die unzugängliche Lage, die Berge ringsum haben diese Ebene für Natur- und Sonnenkult nahezu prädestiniert.

Auch Menschen scheinen hier gelebt zu haben, wie die Gebäudereste im Süden und Norden des Steinkreises aus vermutlich dem 1. Jahrtausend nach Christus zeigen. All diese Steinhäuschen sind ähnlich groß: zwei bis drei Meter breit, drei bis vier Meter lang und zwei Meter hoch. Auf einigen der prähistorischen Häuser sind sogar noch die aus großen Felsblöcken angefertigten Dächer erhalten. Mit dem Interesse der Fremden und einer Erforschung des Geländes ist auch der Bekanntheitsgrad von Zorakhar gestiegen. Aber der verlassenen Kultstätte und den Toten auf dem kleinen Plateau wird zu viel angedichtet. Man ist dazu übergegangen, den richtigen Namen Zorakhar oder Zorats'kharer durch Kharahundsch, wörtlich Steinkreis, zu ersetzen. Das ist aber nicht korrekt. Die Menhire von Zorakhar sind kein wirklicher Steinkreis. Neuere Forschungen haben ergeben, dass es sich hier mit großer Wahrscheinlichkeit um die Überreste einer ehemaligen Mauerverstärkung aus vertikalen Felsblöcken handelt. Sie sind auch überhaupt nicht mit dem immer wieder zitierten Stonehenge in Südengland zu vergleichen. Die Anlage ist auch viel älter gemacht worden, als sie tatsächlich ist. Es wird behauptet, dass sie aus der Kupferzeit, aus dem fünften Jahrtausend oder gar aus der Steinzeit stamm. Auch mit Stonehenge hat sie sicher nichts zu tun. Die Historiker schütteln die Köpfe, sind hier nach dem Verfall der einstigen Befestigungsmauer eben diese Steine übriggeblieben – oder ist es vielleicht doch ein prähistorisches Sternenobservatorium? Und der Bürgermeister eines völlig unscheinbaren Dörfchens südwestlich von Goris reibt sich vergnügt die Hände. Das Dorf heißt schon seit vielen Jahren Kharahundsch, obwohl der Name auf eine natürliche Felsformation zurückgeht.

## Aghitu

Eines der landschaftlich reizvollsten Gebiete Sjunikhs ist die enge, basaltgeformte Schlucht des Vorotan zwischen Sisian und dem Dorf Vorotan. Sie ist gerade breit genug, um Platz für den Fluss und eine Landstraße zu bieten. Bevor auf der neuen Schnellstraße Autos und Lastkraftwagen an der Natur vorbei rasen konnten, mussten sie hier über den holprigen Asphalt einer alten Handelsstraße stottern. Jahrhunderte zuvor waren der Legende nach persische Soldaten auf ihren drahtigen Pferden durchgeritten, um den drei eigensinnigen Fürsten von Sjunikh eine Lektion zu erteilen. Diese hatte der persische Machthaber mit großen Versprechungen zu sich eingeladen, aber eigentlich wollte er sie nur gefangen nehmen. Doch die schlauen Fürsten erkannten den bösen Hintergedanken des Persers und erschienen nicht an seinem Hofe. Über diese Beleidigung war der Perser derart erbost, dass er sofort seine Soldaten aussandte. Aber die klugen Fürsten waren gewarnt, sie sandten den Feinden aus dem Süden ihr eigenes Heer entgegen. Bei einem Dorf namens Aghudi kam es zu einer blutigen, alles entscheidenden Schlacht. Die Armenier konnten die Perser vertreiben, aber der Sieg forderte das Leben der drei ungehorsamen Fürsten. Zu ihrem Andenken erbauten die Dorfbewohner eine Gruft, bestatteten die fürstlichen Leichname und stellten über dem Grab ein großes Denkmal auf.

### ■ Das Fürstengrabmal von Aghitu

Der imposante Gedenkkomplex ziert noch heute das Dorf und hat sogar ganz Armenien an den kleinen Ort sieben Kilometer östlich von Sisian denken las-

*Würdige Gedenkstätte: Aghitu*

sen: es war auf dem alten 10000-Dram-Schein abgebildet. ⊘ *39°30'60.00"N, 46°4'54.79"E*

Das Grabmal von Aghitu steht direkt im Zentrum, mit seinen hoch aufragenden Bögen kaum zu übersehen. Merkwürdig, dass die berühmten Chronisten Sjunikhs nichts über dieses große Grabmal zu berichten wussten. Die wahre Geschichte bleibt im Dunkeln, auch für wen die Gruft geschaffen worden war. Die Bauform lässt auf das 6. bis 7. Jahrhundert schließen. Es wurde erst bei einem Erdbeben 1931 zerstört, jedoch schnell wieder restauriert. Die eigentliche Grabstätte bildet den unteren, schon zwischen Gras und Disteln versteckten quadratischen Raum. Im Osten wird seine Funktion als Sockel der Arkaden durch eine achtstufige Treppe betont. Das Innere des kleinen Baus ist höher, aber wesentlich beengter, als es von außen zu erkennen ist. Der Raum ist überwölbt, die einzige Lichtöffnung ist das Westportal.

An der Nordseite des Quadrats liegt ein winziger Raum, eine Art Außengalerie. Ganz an der Nordwand wurde eine größere, rechteckige einschiffige Kapelle angebaut, die aber völlig zerstört ist. Auf diese sockelartige Gruft wurde zwischen zwei Pfeiler eine Doppelarkade gesetzt. Diese Bögen spannen sich von einer achteckigen Mittelsäule zu zwei an den breiten eckigen Pfeilern vorgesetzten Halbsäulen. Über diesen etwa zwei Meter hohen Bögen wurde bis zur oberen Spitze der Pfeiler noch eine niedrigere, dreifache Arkade gesetzt. Diese Säulen werden aber auch durch ihren bauplastischen Schmuck zusätzlich betont, große Voluten an den Kapitellen, Weintrauben, Palmetten, hufeisenförmige Schmuckbänder, gerankte Leisten, florale Umrahmungen der Bögen.

Eine Unzahl kleiner Kreuze überzieht das ganze Monument. Auch der Sockel ist mit Schmuckbögen über den Eingängen verziert.

## Vorotnavankh

Die Schlucht des Vorotan wird nach Osten hin enger und die Felsen schroffer und höher. Und dort, wo wo der Fluss eine Biegung macht, thront am linken Ufer (rechts oberhalb der Straße von Aghitu kommend) auf einem steil abfallenden Plateau ein Kloster. Die hohen Mauern geben einen schmalen Weg an ihrer Nordwestseite frei. Auf dem tieferen, abfallenden Gelände des breiten Felsvorsprungs liegt der sakrale Bereich, er klammert sich an die Befestigungsmauer im Norden und wendet sich der sicheren Seite der Schlucht zu. Die Hauptkirche des heiligen Stephan liegt am Ostrand. Die profanen Bauten, die Reste vieler Behausungen und Lagerräume liegen auf der Erhöhung und blicken, geschützt von der starken Mauer, in den Westen der Schlucht dem Vorotan zu, der sich an der gesamten Südseite der Klosteranlage vorbei schlängelt. Das Kloster war sicherlich auch eine Station vieler Reisender, vielleicht auch eine Art christlicher Karawanserei. Es wurde restauriert und erstrahlt in erhabener Schönheit über dem reißenden Vorotan. ⊘ *39°29'45.87"N, 46°7'15.40"E*

■ **Stephanskirche**

Das älteste Gebäude der spektakulären Anlage soll die gewölbte Kirche und ihr ebenfalls gewölbtes Gavith an der Nordostseite der Anlage sein. Als Baudatum der Hauptkirche werden zwei unterschiedliche Daten von Historikern angegeben, einerseits das Jahr 990, andererseits 1006. Leider ist an der Stephanskirche keine Bauinschrift mit genauer Datierung angebracht. Die Historiker sind sich jedoch einig, dass die Klostergründung und der Bau der Kirchen auf

# Vorotnavankh

*Vorotnavankh*

die Königin Schahanducht und ihren Sohn Sevada zurückgeht. Die Stephanskirche erhebt sich wie ein hoher Turm über den ansonsten niedrigen Bauwerken. Sofort fällt ihr etwas nach Süden verlängertes, schmales Gavith auf: eine kleine überwölbte Galerie, deren Westseite durch drei Arkaden und ein der Kirche zu steil aufsteigendes Dach freundlich gestaltet ist.

Durch diese betritt man die Stephanskirche, eine Dreikonchenkirche mit ausgeprägten Apsiden und vier Eckräumen. Der hohe zylindrische Tambour mit der Kuppel wird von vier Wandpfeilern emporgehoben. Die Fenster sind an dieser Kirche auffallend klein, fast wie Ritzen zwischen den exakt bearbeiteten Basaltblöcken. Einzig drei größere, schmucklose Fenster über der Apsis geben dem Innenraum die notwendige Helligkeit. Die Fassade ist nur durch zwei tiefe Nischen an der Ostfront akzentuiert, abgesehen von einigen kleinen Kreuzen ist der Dekor äußerst spärlich.

### ■ Zweite Kirche

Nördlich davon liegt der verwinkelte Komplex der zweiten Kirche, eines Gavith, einer Galerie und einer Seitenkapelle. Die einfache Bauweise der einschiffigen, überwölbten Kirche wird durch eine große hufeisenförmige Apsis mit Nischen, durch einen im zentralen Raum querenden Bogen und durch die an der Nordwand befindlichen labyrinthhaften Kapellen im Innern etwas belebt. Das Bema ist über einige Stufen an der Südseite zu erreichen. An der Nordseite der Apsis, direkt auf dem Bema, befindet sich der östliche Eingang zu dem Eckraum. Der rechteckige Eckraum hat zwei kleine Nischen, setzt sich durch einen Gang an seiner Westseite in einen weiteren gewölbten und einem dritten größeren, geteilten Raum fort, dessen Ausgang direkt im Portalbereich liegt. Diese drei Räume bilden die gesamte Nordfront der Kirche. Ein weiterer Durchgang im Südosten der Kirche, noch vor der Apsis, führt in eine überwölbte Kammer, die direkt an die

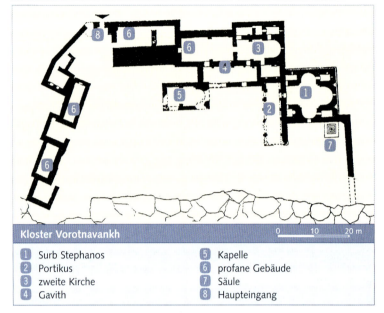

**Kloster Vorotnavankh**

1. Surb Stephanos
2. Portikus
3. zweite Kirche
4. Gavith
5. Kapelle
6. profane Gebäude
7. Säule
8. Haupteingang

Nordwestseite der Stephanskirche und die Nordseite ihres Gavith anschließt. Ein weiteres, größeres Portal an der Südseite verbindet die einschiffige Kirche mit der südlichen, langgezogenen Vorhalle mit zwei großen Arkaden. Diese südliche Vorhalle ist überwölbt, aber mit der Kirche und dem großen rechteckigen Raum im Westen der Kirche durch Blendarkaden verbunden. Sie geht an ihrer Südwestmauer in eine kleine einschiffige Kapelle über.

### ■ Profane Gebäude

Die beiden großen Räume, die sich im Westen an die zweite Kirche anschließen, haben eine unbekannte Funktion. Vielleicht wurden in dem ersten rechteckigen Gebäude, das durch einen Querbogen in zwei Hälften geteilt wird, Lebensmittel gelagert. Außerdem sind noch Reste einer unterirdischen Zisterne vorhanden. Das zweite Gebäude, das direkt an den Klostereingang grenzt, ist nach dem Erdbeben 1931 nicht mehr aufgebaut worden. Dasselbe ist mit den vielen Gebäuden geschehen, die an die Westmauer gebaut worden waren.

### ■ Das Dorf Vorotan

Der Vorotan lässt weiterhin nur sein munteres Plätschern von sich hören. Das Plätschern wird im Dorf Vorotan durch Reiben an den Basaltsäulen rauher und intensiver, wilder wird das Wasser. Eine **Bogenbrücke** aus schlampig bearbeiteten Basaltblöcken spannt sich seit 1855 südlich des Ortes über den Fluss und verbindet Vorotan mit der Straße. Oberhalb lassen sich die Reste einer Festung erahnen. Das Dorf ist still um die heiße Mittagszeit. Die Hirten lassen ihre Beine im frischen Wasser des Vorotan baumeln, die Schafe, Kühe und Pferde sind jetzt lieber im Schatten und grasen ruhig vor sich hin.

Die Dorfhäuser verbergen sich hinter hohen Metalltoren, so dass man gar nicht auf den ersten Blick erkennen kann, dass die Bauernhäuser nicht wie armenische Höfe aussehen. Langgezogene, zweigeschossige Häuser mit auffallenden hölzernen Galerien. Hier lebten einst aserische Familien, die durch die Auseinandersetzungen um Berg Karabach vertrieben worden sind. Jetzt leben hier armenische Flüchtlinge aus Aserbaidschan und Berg Karabach. Armenisch wird hier kaum gesprochen, eher Russisch. In einem Teich lärmen die jüngsten Dorfbewohner, daneben steht eine riesige Bauruine aus sowjetischer Zeit. Eine Art Sanatorium wollte man hier im Dorf bauen, doch dann ist das Geld ausgegangen. Das Wasser im Kinderplanschteich ist brühwarm, denn das Dorf Vorotan hat seine eigene **Thermalquelle** und ein überaus einladendes natürliches Thermalbad. ⊘ *39°29'13.28"N, 46°8'27.92"E*

## Goris

Von der M2 öffnet sich vom Hochplateau nordöstlich des Vorotan plötzlich die Sicht auf das von hohen Bergen wunderschön umrahmte Goris, eine Kleinstadt mit etwa 20 000 Einwohnern, 240 Kilometer südöstlich von Jerevan gelegen.

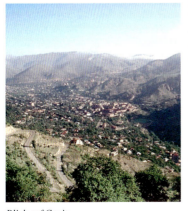

*Blick auf Goris*

*Weinrelief in Vorotnavankh*

Die Gebirge im Osten lassen die wilde Natur der Region Berg Karabach erahnen, über jene im Süden windet sich die Hauptstraße nach Kapan, ins Zentrum der Provinz Sjunikh.

Am Fuße der Berge im Osten fließt der Goris an eigentümlichen Sandsteinstelen vorbei. Bis ins 19. Jahrhundert hatten die Menschen hier in den Sandsteinstelen und verzweigten Höhlensystemen an der linken Uferseite des Goris gelebt, in den Stadtteilen, die heute altes Kjores oder Schen genannt werden. Die **Felsenwohnungen** werden in Goris auch oft kherdzer, ein altes armenisches Wort für Felsen, genannt. ⊘ *39°30'12.77"N, 46°21'18.94"E*

Das neue Goris wurde auf dem Reißbrett entworfen, daher sein ungewöhnlich korrekter, schachbrettähnlicher Grundriss. Beinahe ein armenisches Manhattan! Es nimmt das rechte Ufer bis hin zum Abhang des Jerankatar genannten Stadtberges ein. Grundsätzlich ist das Stadtbild durch sechs parallel von Nordwesten nach Südosten verlaufende, 24 Meter breite Straßen geprägt. Diese werden von weiteren sechs Hauptstraßen mit 17 Metern Breite gekreuzt. Einzig ein größerer Platz im Südosten durchbricht das Schachbrett. Mit dem Bau der neuen Wohnhäuser wurde dann gegen Mitte des 19. Jahrhunderts begonnen. Aber noch bis zur Mitte des 20. Jahrhunderts haben viele Menschen in ihren Stein- und Felsbehausungen gelebt, sie waren zu sehr an dieses Leben gewöhnt. Dann sind auch sie aus ihren Waben in die schmucken Stadthäuser mit elektrischem Strom, fließendem Wasser und Heizung umgezogen.

Seither ist Goris natürlich gewachsen, und das Stadtbild ist nicht ganz geometrisch. Aber hier kann man sich kaum verirren, alle Wege von Norden führen unweigerlich entlang des Flusses gerade aus nach Süden. Die Straße im Nordosten, die Jerevaner Schnellstraße M12 ‚führt weiter nach Karabach.

Das perfekt geplante Goris war jedoch ein Stiefkind der armenischen Wirtschaft. Schwer vom Karabachkrieg und der Wirtschaftskrise betroffen, hat sich die Stadt lange nicht erholen können. Goris wurde in den letzten Jahren merklich verschönert. Nette, saubere Gassen mit kleinen, oft mit Blumen geschmückten Häuschen, eine durchaus sehenswerte, neu restaurierte Kirche, die aber immer noch die Spuren des Karabach-Krieges an ihren Mauern zeigt. Und freundliche, offene Menschen. So bietet sich Goris als Ausgangsbasis für die Erkundung der Umgebung, natürlich auch von Tathev, an.

### Goris

Es gibt in der Stadt heute einige kleine Hotels mit sauberen Zimmern und netter Atmosphäre und teilweise sogar Internetanschluss.

**Hotel Mina Goris** (P2), Maschtots'i ph. 169, Tel. +374/284/30119, www.hotel-mina.am. Ein neues größeres Haus im nördlichen Teil von Goris, Preise inkl. Frühstück, Steuern und WLAN.

**Hotel Mana** (P1), Mana, Sjunikhi p. 197, Tel. +374/10/253141. Das 2011 eröffnete kleine Hotel an der Einfahrt zum Stadtzentrum bietet acht gemütliche, saubere Zimmer; Preise inkl. Frühstück und Steuern.

**Hotel Mirhav** (P1), Maschtots'i ph. 100, Tel. +374/284/24612, hotelmirhav@yahoo.com.

**Chatschik's Bed & Breakfast** (P1), Davith Beki ph. 13, Tel. +374/284/21098, www.khachikbb.com. Einfache und saubere Zimmer, gutes Frühstück

**Diana Hotel** (P1–2), Artsachjan 30 (M12), Tel. +374/96/999777, www.dianahotel.am. Ein durchschnittliches Hotel mit nettem Speisesaal, zentral und günstig.

## Chndzoresk

Einige Kilometer östlich von Goris liegt das seltsamste Dorf Armeniens. Wie zwei überdimensionale Nester auf einem hohen Baum hockt das Dorf Alt-Chndzoresk auf der linken und rechten Seite einer Erhöhung, die von einer Schlucht scharf durchschnitten wird. Oben auf der Hochebene haben die Bewohner in den letzten Jahren neue Häuser und damit ein neues Dorf gebaut und ihre unbequemen alten Behausungen verlassen. Von Neu-Chndzoresk aus sieht man hinab in das seltsame alte Dorf. *39°30'11.19"N, 46°25'53.46"E*

Es ist natürlich abenteuerlich, in das alte Höhlendorf bis zum kleinen Fluss und der **Kirche der heiligen Hriphsime** aus dem Jahre 1663 hinunterzuwandern. Oder gar die Felsenkirche des heiligen Thaddäus aus dem 17. Jahrhundert zwischen allen den Höhlenöffnungen ringsum zu entdecken. Man kann schon einiges gut erkennen, wenn man bis etwa in die Mitte des Hanges wandert, dort wo sich auch noch die kleine Saalkirche des heiligen Jakob gegen den Berg drückt. Man sollte vorsichtig sein, denn der Weg ist zum Teil geradezu abschüssig und geröllig, aber in die verschiedenen Höhlen hineinzugehen und seine Abenteuerlust zu stillen, macht die Anstrengungen von Abstieg und Aufstieg wett.

Keine ebenen Flächen gibt es, keine einladenden sanften Hügel, nur schroffe Felswände und eigenartige Felssäulen, die wie eine Gruppe versteinerter Riesen auf den Hängen hocken. Erst am Grunde der Schlucht, dort, wo ein wasserarmes Flüsschen dem Ufer etwas grüne Farbe zukommen lässt, wird das Gelände zugänglicher und weicher. Doch an den Hängen mussten die Menschen erst Terrassen aus dem Boden schlagen, damit sie Getreide und Gemüse anbauen und auch etwas Weideland für ihre Schafe schaffen konnten. Diese Terrassen haben sie auch gut befestigt, damit sie nicht mit der Zeit oder nach starkem Regen abrutschen können: Das Dach eines Gebäudes bildet immer den befestigten Untergrund des später begrünten Gartens des darüber gelegenen Hauses.

*Die Schlucht des Vorotan*

### ■ Die Höhlen von Chndzoresk

In den bizarren Sandsteinsäulen, die ungeahnte Dimensionen annehmen können, haben sich einst die Bewohner Unterkünfte für Mensch und Tier geschaffen. Und je genauer man hinsieht, um so mehr Fenster und Eingänge sind zu erkennen. Kaum eine Säule, die nicht genutzt worden ist. Die kleineren als Lagerraum, als Viehunterstand. Die größeren als Wohnungen, Arbeitsstätten, Kirchen oder sogar als durchaus komplexe Ölmühlen. Viele der Höhlen sind mit Brettern verschlossen oder haben mit Decken verhängte Eingänge. Aus einigen ragt Stroh heraus. In den Felsen der Abhänge sind weitere Höhlen zu sehen. Wege verbinden die einzelnen steinernen Behausungen miteinander und schaffen so sogar ein Straßensystem. Die Höhlen haben durch ihre exponierte Lage der Bevölkerung guten Schutz vor Eindringlingen geboten, das Dorf ist nie zerstört worden.

Die meisten Höhlen sind heute leer, jedoch kommen die Dorfbewohner oft in ihr altes Dorf, nicht nur um in den dunklen Nischen der Felskirchen zu beten und Kerzen anzuzünden, sondern um die Produkte ihrer Arbeit in den Höhlen zu lagern. In den Höhlen herrscht optimales Klima. Einige der Höhlen werden auch noch bewohnt von jenen älteren Menschen, die sich an das moderne Leben oben im neuen Dorf nicht gewöhnen können oder wollen, von den jungen Dörflern, die die Höhlen für ihre Feiern und ihre Rendezvous benutzen. Die alte Höhlensiedlung von Chndzoresk lässt sich auch vom neuen Dorf gut überblicken. Oder besser von der attraktiven Aussichtsterrasse gegenüber dem alten Höhlendorf, am Ende der kleinen Landstraße, in die man vor dem Ortseingang rechts abbiegt. Unweit von dieser Terrasse führt auch ein Weg zu einer Hängebrücke über die Schlucht, von der man dann auch nach Alt-Chndzoresk gelangen kann. (Wandervorschlag → S. 429)

## Choth, Schinuhajr und Halidzor

Auf dem Hochplateau über dem Vorotan, der in Richtung des Tathever Klosters rauscht, liegen nacheinander drei Dörfer, deren Einwohner einst die abfallende Schlucht in fruchtbare Terrassen verwandelt haben. ◉ *39°25'35.35"N, 46°18'29.78"E*

Nachdem die Bewohner ihre neuen Dörfer auf dem Hochplateau bezogen hatten, gerieten die alten Häuser zunehmend in Vergessenheit, die Gärten allerdings werden teilweise noch genutzt. Eine Wanderung von Neu-Schinuhajr, dem mittleren der Dörfer, hinab nach Alt-Schinuhajr wird auf → S. 430 beschrieben.

Dichte Walnusshaine und wilde Weinreben wachsen an beiden Seiten der furchteinflößenden Schlucht. Geröllige Wege, die wie kleine Rinnsaale aussehen, führen vom Rand des Hochplateaus hinab zu den kleinen Feldern und zum Vorotan. Auf dem Weg hinab kommt man an verlassenen Steinhäusern und Kirchenruinen vorbei. Wie kleine Höhlen mit Fenstern sind sie dicht an das Gestein gedrückt. Besonders das **alte Chot** erinnert stark an die Bilder indianischer Felsendörfer der amerikanischen Mesa Verde. Eng aneinander aus dem selben braungrauem Gestein gebaut, wie eine Reihe von Schwalbennestern an einem schmalen Mauervorsprung. Die einfache Kirche unten im leeren alten **Halidzor** ist noch nicht vergessen. Sie ist noch immer die Dorfkirche.

Das in der Mitte gelegene **Alt-Schinuhajr** gibt nicht nur den Blick auf die beiden Nachbardörfer frei. Inmitten seiner abgebröckelten Dorfmauern liegt die Einsiedelei der Jungfrauen. Um die Klosterkirche und die anderen verfallenen Gebäude herrscht Schweigen. Ein Chatsch'khar liegt verloren im klaren Dorfbächlein. Über seine steinernen Ranken fließt das Wasser, reibt allmählich die bearbeitete Oberfläche ab und trägt die feinen Reste mit sich.

Auf der anderen Seite des Vorotan inmitten der Walnüsse soll auch noch eine weitere Einsiedelei, geweiht den heiligen Vätern, versteckt sein. Mit etwas Hilfe kann man die Ruine sogar entdecken, etwas südwestlich vom Dorf. Die heiligen Väter waren die Mönche Sargis und Kirakos, die diese einschiffige Kirche Anfang des 17. Jahrhunderts errichtet hatten. Nach einem Erdbeben verließen sie einfach ihre etwas beschädigte Klosteranlage und wanderten weiter nach Tathev. Doch die Leitung des Tathever Klosters begann die Einsiedelei zu Beginn des 18. Jahrhunderts wieder aufzubauen und durch ein Gavith und nördliche Räume an der Kirche zu vergrößern. Auch der lange dreigeteilte Saal, der von der Südostseite der Kirche seltsam gewinkelt bis zu einer natürlichen Felswand im Süden reicht, stammt aus der zweiten Gründungszeit. Der Größe nach zu urteilen, war dieses Refektorium für eine nicht geringe Schar von Mönchen bestimmt.

*Alt-Chot liegt an den Hängen der Schlucht*

# Tathev

*»Weihrauch steigt in Rauchschwaden
vor dem Altar empor./
Des Rauchfäßchens Silber
schwingt sanft./
Das Zaudern des Rauches
umflackert das Kreuz,/
mit Nebel wird die Stirn
der Heiligen geölt./
Das Zittern der flehenden Bitten
unter langen Gewölben verlischt
allmählich./
Der Kerzen fahle Flammen,/
mit traurig blinzelnden Augen geht
ihnen der Reihe nach der Atem aus./*

*Nahe den heiligen Säulen
ein weißer Schleier,/
bebend bewegt sich
ein geheimer Seufzer./
Ein Herz, völlig umschlossen
von Dunkelheit/
wie Weihrauch
mit lautloser Flamme brennt./
Weihrauch verflüchtigt sich
aus des Rauchfäßchens Schoß/
und über dem Äther
steigt er ungestüm auf./
Materie war er,
Wohlgeruch wird er werden,
gierig von der Flamme
verschlungen./
Ihr Leben ausgespült
wie die Farbe des Lichtes./*

*Noch ein Herz einer bedauernswerten
Frau, das dort raucht/
von seiner harten Schale
wird es sich nicht befreien,/
bevor diese schmilzt,
sich auflöst und verschluckt wird./
Alle reinen Wünsche
gierig verschlungen von der Flamme./*

*Sibil, 19. Jahrhundert*

Tiefer und tiefer hat sich der Vorotan durch das weiche Gestein Sjunikhs gegraben, an seinen Seiten klaffen die felsigen Schluchten mit ihren dichten Wäldern. Auf einem großen, steilen Felsvorsprung, der nur im Norden in eine fruchtbare Hochebene übergeht, mit einem weiten Blick auf den tief unten rauschenden Fluss und sicher vor aus dem Osten oder Süden heranpreschenden feindlichen Horden, wurde bereits im 9. Jahrhundert mit dem Bau einer großen Kirche das Kloster von Tathev gegründet. Berühmt geworden ist diese riesige Klosteranlage später, als sich hier eine bedeutende Universität und das spirituelle und politische Zentrum von Sjunikh befunden haben. Es war sogar seit dem 8. Jahrhundert als Bischofssitz bekannt und blieb dann ein ganzes Jahrtausend hindurch das belebteste und aktivste Kloster Armeniens. Im 12. Jahrhundert wurde es von den Seldschuken zerstört, doch schon ein Jahrhundert später von der Fürstenfamilie Orbeljan neu aufgebaut. Im 17. und 18. Jahrhundert befanden sich am meisten Menschen innerhalb der Klostermauern, viele der Wirtschaftsgebäude stammen erst aus dieser Zeit.

Durch die Restaurierungsarbeiten der vergangenen 40 Jahre konnte das Tathever Kloster in seinen wesentlichen Bauwerken wieder hergestellt werden. Im Zuge der Restaurierungsarbeiten wurde das Kloster auch wieder bewohnbar gemacht, Wasser zugeleitet, und ein kleiner Kiosk eröffnet. Die Menschen des etwas entvölkerten Dorfes Thatev konnten so etwas hinzuverdienen.

Weitaus mehr Gäste verspricht man sich aber von der 2010 eröffneten **Seilbahn**, die im Rufe steht, mit 5,7 Kilometern die längste der Welt zu sein und die 13 Millionen Euro gekostet haben soll. Sie überspannt vom Dorf Neu-Halidzor aus die spektakuläre Schlucht des Vorotan.

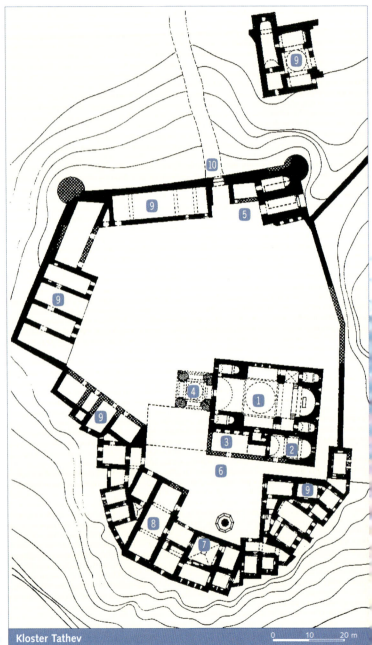

Kloster Tathev

Natürlich erleichtert dies die Anreise zum Kloster, aber die Seilbahn in diesem einst mehr oder weniger unberührten, menschenleeren Teil Armeniens erregt auch das Missfallen von Naturliebhabern und anderen, die sich um beschauliche Einsamkeit und Stille dieses wunderbaren Klosters Sorgen machen. Die etwa 15-minütige Reise in der 25 Personen fassenden Gondel kostet 3000 Dram. Wer es aber langsam mag und kurvig und dabei auf verschiedenen Aussichtsplätzen der wunderbaren Natur gerne näher kommt, der kann auf der nun auch wieder besser befahrbaren Straße nach Tathev fahren. 39°22'46.34"N, 46°15'0.85"E

Tathev ist ein felsiges, von der Natur geschütztes Refugium. Ein Ort höchster Spiritualität über einer halsbrecherischen Schlucht. Ein Ort, den die Mönche mit fleißigen, doch oft auch eigennützigen Händen bearbeitet haben, denn den Bauern haben sie nur die schlechtesten Felder übrig gelassen. Ein Kloster, das den Seldschuken im 12. Jahrhundert einigermaßen getrotzt hat, aber von einem schweren Erdbeben 1931 beinahe ganz zerstört worden ist. Es sollen einst sogar Feinde und Abtrünnige über die beinahe senkrechte Felswand gestoßen worden sein. Zum letzten Mal, so wird erzählt, während des Widerstandskampfes gegen die Machtübernahme durch die russischen Bolschewiken, als Tathev eines der Zentren armenisch-nationaler Bündnisse gewesen war. Tathev war einerseits ein Wohnort für die Geistlichen, die in Armut leben wollten. Aber es besaß im 13. Jahrhundert während seiner Blütezeit 680 Dörfer. Ein außerordentlich großer Baukomplex, in dem die sakralen Gebäude nicht einmal die Hälfte der ganzen Anlage einnehmen. Die große Befestigungsmauer umschließt das sakrale Zentrum mit der Peter- und Paulkirche, der Grigor- und der Muttergotteskirche sowie einen Glockenturm. Eine Vielzahl an profanen Gebäuden drängen sich an den Mauern, abgesehen von der Ostseite. An der Nordseite überragen zwei Rundtürme die Mauer, zwischen ihnen befindet sich auch der Eingang ins Kloster.

### ■ Die Universität von Tathev

Die Universität hatte Fakultäten für Theologie, Philosophie, Mathematik, Grammatik und andere mittelalterliche Wissenschaftsdisziplinen. Der Ruhm liegt aber in der Schule der Miniaturmalerei, der Handschriften und der Musik. Unzählige wertvolle Handschriften stammen aus dem Kloster Tathev. Die Lehrmeister der Universität von Tathev sind mittlerweile zu Heiligen geworden.

Keiner von ihnen ist jedoch derart bekannt wie Grigor Tathevats'i, der tieffromme Gelehrte, der nicht nur selbst die schönsten Miniaturen geschaffen, sondern auch bedeutende theologische Schriften verfasst hat. Gegen Mitte des 14. Jahrhunderts wurde Grigor als Sohn frommer, einfacher Eltern in Vajots' Dzor geboren. Schon dem siebenjährigen Knirps Grigor werden besonders tiefe Kenntnisse der Heiligen Schrift nachgesagt, so dass er schon bald ein fleißiger Schüler des gelehrten und heiligen Hovhannes Vorotnets'i in Tathev wurde. 1371

---

1. Surb Petros Poghos
2. Surb Grigor Lusavoritsch'
3. Galerie
4. Glockenturm
5. Surb-Astvatsatsin-Portalkirche
6. Dreifaltigkeitssäule
7. Küche
8. Refektorium
9. profane Gebäude
10. Haupteingang

*Tathev von oben*

wurde der gläubige, kluge junge Mann in Jerusalem zum Priester geweiht. Nach einem kurzen Lehraufenthalt am Kloster von Aparakunjats, zu dessen Vorsteher er auch ernannt worden war, kehrte er in sein Kloster nach Tathev zurück, wo er dann bis zu seinem Lebensende im Jahre 1409 blieb. Er war eine leuchtende Gestalt der armenischen Kirche, nicht nur durch seinen Glauben, sondern auch durch sein theologisches Verständnis und seine geschickten Finger. Das Volk sagt dem großen Mann auch Wunderheilungen und Austreibungen böser Dämonen nach. Aber nichts hat dem weisen Manne mehr Ruhm eingebracht als zwei gestochen genaue und mit leuchtenden Farben gemalte Miniaturen. Das Evangelium aus dem Jahre 1297, illuminiert von Grigor Tathevats'i im Jahre 1378, ist unter der Nummer Codex 7482 im Matenadaran ausgestellt. Ebenso die berühmte anonyme Handschrift der Deutung der Psalmen durch Grigor Tathevats'i, Codex 1203, mit dem beeindruckend dicht gemalten Porträt des heiligen Grigor Tathevats'i im Kreise seiner Schüler. Viele haben versucht, in seine Fußstapfen zu treten, geschaffen hat es auch sein Neffe, der Dichter und Bischof von Sjunikh Arakhel Sjunets'i, der zu Beginn des 15. Jahrhunderts die Paradiesgeschichte rund um Adam und Eva in dichterischer Form in seinem ›Adamagirkh‹, dem Adambuch, bearbeitet hat.

### ■ Peter-und-Paulkirche

Als größtes und ältestes Klostergebäude dominiert die Peter-und-Paulkirche. Sie wurde im Auftrag des Bischofs Hovhannes und mit der finanziellen Unterstützung der Könige von Sjunikh zwischen 895 und 906 erbaut. Die Kirche schafft einen fließenden Übergang zwischen den gelängten Kreuzkuppelbauten des 7. Jahrhunderts und den ummantelten Bauten mit selbständigen Eckräumen des 10. Jahrhunderts. Tatsächlich erscheint sie stark west-ostwärts verlängert, was besonders an den kurzen Nord- und Südarmen verdeutlicht wird. Die Kreuzform ist nach außen hin schlicht rechteckig ummantelt, nur die Rundung der Apsis ist durch Nischen auch außen gekennzeichnet. Die vier Eckräume sind perfekt symmetrisch. Über dem zentralen, quadratischen Mittelfeld ruht die Kuppel auf zwei freien Pfeilern an der Ostseite und den Ecken der beiden Räume im Westen. Das Mittelgeviert ist durch Bögen gebildet, zwischen denen Zwickel sitzen. Darüber wächst der zylindrische Tambour mit seinem eng gefalteten Schirmdach. Die Bauplastik im Inneren der Kirche scheint bewusst sparsam zu sein. Einzig einige Figuren an der Nordfassade, vermutlich die Stifter, und ein seltsames Feld an der Ostwand über einem Eingang zum Eckraum, das einen menschlichen Kopf zwischen zwei züngelnden Schlangen zeigt. Möglicherweise hat diese Bescheidenheit den späteren Bischof Hakob von Dvin dazu bewegt, im Jahre 930 die Kirche ausmalen zu lassen. Die bedeutenden Fresken sind stark beschädigt und kaum noch erkennbar. Die Apsis zeigt ein Bild des thronenden Christus mit seinen Propheten, Maria und dem Täufer, die Nordwand mit überdimensionalen Figuren die Szene Christi Geburt mit der Verkündigung an die Hirten und die Westwand Fragmente des Jüngsten Gerichts. Weniger bescheiden ist die Fassade dekoriert. Fensterbögen, mit Doppelkordeln in Kreuzform miteinander verbundene Blumen auf dem Tambour und ein mit Kordeln umfasstes Westportal. Das alte Holzportal aus dem Jahre 1235, das wie ein hölzerner Kreuzstein aussieht, ist heute im Historischen Museum von Jerevan zu bewundern.

### ■ Grigorkirche

Direkt an der Südostwand der Hauptkirche wurde im Jahre 1295 die bescheidene einschiffige Kirche errichtet, die dem heiligen Grigor, dem Erleuchter geweiht ist. Das Innere der Grigorkirche wird durch einen Querbogen in zwei Hälften geteilt, die beide überwölbt sind. Die größten Fenster befinden sich in der Apsis und sind außen in einer Kreuzform, die von einem augenähnlichen Motiv getragen wird, gestaltet. Das einzige Portal im Süden ist reich mit erlesenen Pflanzenranken hervorgehoben. Das Dach ist ein schlichtes Satteldach.

### ■ Galerie und Glockenturm

An der Südwestseite der Hauptkirche und somit auch an der Westseite der Grigorkirche stand einst eine dreigeschossige, üppig ornamentierte Galerie. Von ihr sind lediglich die Blendarkaden an der Südwand der Peter-und-Paulkirche und einige Pfeilerstücke zu sehen. Vor der Peter-und-Paulkirche wurde erst im 19. Jahrhundert ein hoher dreigeschossiger Glockenturm auf quadratischem Grundriss mit vier breiten Pfeilern erbaut. Er ist in allen Geschossen nach allen Seiten offen, wird aber nach oben hin zunehmend fragiler, bis er von einem sechssäuligen Türmchen mit wenig gefaltetem Schirmdach bedeckt wird.

*Die Muttergotteskirche*

## ■ Muttergotteskirche

Die Muttergotteskirche ist einzigartig in Armenien. Sie stellt die älteste und damit erste Vertreterin einer Portalkirche dar, denn sie wurde im Jahre 1087 direkt auf das Nordportal des Klosters gesetzt. Ihr Untergrund ist ein überwölbter Raum mit Apside, vermutlich eine Gruft. Die Muttergotteskirche selbst ist eine kleine einschiffige Kuppelkirche mit einem außerordentlich hohen achteckigen Tambour und Schirmdach. Ihr Äußeres wird durch die tiefen Dreiecksnischen bestimmt, aber auch durch die umrahmten Fensterbögen und die liebevolle Bauplastik des Tambour. Feine Bögen auf grazilen Doppelsäulen umrunden den Tambour.

## ■ Dreifaltigkeitssäule

Eines der ungewöhnlichsten Bauwerke des Klosters ist aber die ›gavazan‹ oder ›tschotschvogh sjun‹ im Osten, eingebettet zwischen Wirtschaftsgebäuden, eine sogenannte schaukelnde Säule auf einem Sockel aus einem einzigen Stein. Sie wurde vom Bischof Hovhannes im Jahre 906 als Symbol für die Dreifaltigkeit aufgestellt. Es handelt sich um eine achteckige, acht Meter hohe Säule mit einem Kapitell, auf dem scheinbar schwebend ein kleiner, nach oben abgerundeter Kreuzstein ruht. Durch die Gestaltung der Säule, als ob sie aus einem Stein wäre, verhält sie sich nicht nur ähnlich metallenen Konstruktionen, die sich unter Witterungseinfluss dehnen und längen, sondern sie wackelt auch. Das ganze ist angeblich einem klugen Kopf entsprungen, der wusste, dass es auf die präzise Neigung des unteren Säulenteils ankommt. Mit anderen Worten, die Säule liegt mit ihrem unteren Teil nicht mit der ganzen Fläche auf. Aber ob das wirklich Absicht war? Die meisten denken ja, dass der kleine Kreuzstein oben zu wackeln beginnt. Einige halten diese Säule sogar für eine Sonnenuhr.

## ■ Nebengebäude

Die vielen Nebengebäude außerhalb der Klostermauern, wie etwa die große Mühle, wurden in den letzten Jahren restauriert, sie dokumentieren das Alltagsleben armenischer Klöster. Innerhalb der

▲ *Restaurierte Mühle in Tathev*

Klostermauern werfen einige Gebäude noch immer Fragen auf, wie etwa das große Gebäude an der Westseite des Hauptportals mit seinen Holztüren. Die Holztür zeigt in einigen Feldern verschiedene bäuerliche Tätigkeiten wie Buttern oder Brot herstellen. Die Figuren sind Bauern in ihren traditionellen Gewändern. War das Gebäude ein Lagerraum, wurde hier gekocht? Doch die Küche ist jener Bau fast in der Mitte der Südmauer mit einem zeltartigen Dach. Und an ihrer linken Seite war gleich das große rechteckige Refektorium, das innen durch Querbögen in drei Raumeinheiten geteilt worden war. Die meisten Gebäude sehen nicht wie einfache Mönchszellen aus, zu geräumig und untypisch in ihrer Architektur, eher waren sie Lehrsäle und Skriptorien.

### ■ Satansbrücke

Beim Verlassen des Klosters fällt auf einem Hang unmittelbar nordöstlich des Weges noch die Ruine eines Gebäudes auf, das vor allem landwirtschaftlichen Zwecken gedient haben mag.

Zurück auf der Straße mit den furchterregende Kurven geht es Richtung Halidzor wieder hinab bis zur Quelle mit dem erfrischenden Mineralwasser und der engen Seitenschlucht mit dem kleinen Pfad, die sinnig ›Satani kamurdsch‹, Teufelsbrücke, genannt wird. Diese Teufelsbrücke ist ein durchaus sehenswertes Naturschauspiel – der Vorotan hat sich hier tosend in die Felsen geschnitten und verschwindet unterirdisch.

Am Ende des kleinen Pfades, der zur Satansbrücke führt, lädt ein kleines Becken mit Thermalwasser zum Planschen ein. Das kann man, so es nicht schon überfüllt ist, gerne genießen. Und am Zugang zur Satansbrücke öffnet sich eine Quelle mit dem wunderbar lauwarmen Mineralwasser. Was für eine schöne Natur – wenn nur nicht der Mensch überall seinen Unrat herumliegen ließe..
◎ *39°23'47.52"N, 46°15'27.65"E.*

### ■ Große Einsiedelei

Ein leicht zu übersehender Weg führt von der Kurve an der Satansbrücke hinab an das linke Flussufer des Vorotan. Und dann sieht man sich plötzlich der am besten erhaltenen klösterlichen Behausung Armeniens gegenüber.
◎ *39°23'15.57"N, 46°15'40.08"E*

Innerhalb der rechteckigen hohen Umfassungsmauern liegt ein wahres Gewirr von Mönchszellen entlang der Wehrmauer und L-förmig um die unscheinbare Basilika herum. Über 60 winzige, überwölbte Räume haben als Unterkünfte der einfachen Geistlichen gedient. Niedrig, dunkel, muffig. Die Küchen und das lange Refektorium liegen an der Südseite. Die Kirche selbst ist als dreischiffige Basilika mit Satteldach und kleiner Lukarne in der Mitte des 17. Jahrhunderts errichtet worden. Sie hat an ihrer Westseite eine schmale Vorhalle und in der Mitte der Nordwand einen kleinen Eckraum, vermutlich die Grabstätte des Aristakēs, des Klostergründers.

Das eigentliche Kloster, das oft als große Einsiedelei von Tathev bezeichnet wird, geht ebenfalls auf diese Zeit zurück. Ob es sich bei den Mönchszellen wirklich um eine Einsiedelei im eigentlichen Sinne handelt oder um ein dem großen Kloster zugehörigen Komplex, ist nicht eindeutig geklärt. Jedenfalls ist es mit Sicherheit nicht die Akademie von Tathev.

## Jerits'avankh

Diese Landschaft hat keine scharfen Ecken, keine rauhen Oberflächen, keinen kalten Wind, der über eine von der Sonne ausgedorrte Erde fegt. Der Staub, der sich über die Grashügel legt, ist nicht von Felsen abgeschliffen, sondern Blütenstaub. Hier zeigt sich Armenien nicht von seiner üblichen kargen Seite, sondern von einer eher unbekannten. Auch die armenischen Dichter haben weder die grünen hügeligen Landschaften beschrieben noch die rauschenden Wälder, die im Frühling vom süßen Geruch der blühenden Akazien überzogen sind. Das Hügelland unweit des Dorfes **Artsvanik** ist bezaubernd. Man muss einfach von der Hauptstraße aus Richtung Goris an der ersten Kreuzung nach links abbiegen und dann nach etwa sechs Kilometer am Ende einer grünen Ebene auf einen schönen Feldweg nach links fahren. ◉ *39°16'53.02"N, 46°28'58.21"E* Eindrucksvoll sind die Reste eines Klosters mit dem Namen Jerits'avankh aus dem 10. bis 11. Jahrhundert. Stark überwachsen zeigt sich die imposante Kirche mit ihren hohen Gewölbebögen. Die Länge der Kirche erscheint architektonisch durch drei Arkadenbögen an der Nord- und Südwand gekürzt. Durch diese mit ungleichmäßigen Steinblöcken geformten Seitenbögen dringt unmerklich die Natur sehr nahe. Entlang der mittleren und der westlichen Wand sind noch viele Mauern, die auf verschiedene Abänderungen der ursprünglichen Kirche hinweisen. So scheinen im Westen noch zwei kleine überwölbte Räume auf und ein gavithähnlicher Vorbau. Die Südmauer wird seltsam durch einen sehr schmalen, langen Raum mit einem winzigen nördlichen Eckraum ergänzt.

Das Kloster gibt viele Rätsel auf, es gibt keine erhaltene Bauplastik und auch keinen Hinweis auf die Gestaltung des Daches. Es wird sogar gemunkelt, dass es sich hier auch um eine riesige Basilika mit fünf Schiffen gehandelt haben könnte. Wie kann man sonst die vielen vermeintlichen Anbauten erklären?

Etwas abseits von der Hauptkirche liegen auch die Mauerreste einer kleinen Kapelle. Ein Pfad führt durch fast brusthohes Gras zu einer kleinen Höhle und einem Felsvorsprung. Hier werden auch die Mönche einst Ruhe gefunden haben.

## Kapan

Die Provinzhauptstadt von Sjunikh ist sicherlich nicht die bekannteste Stadt dieser Provinz, dieser Rang wird ihr vom charmanten Goris streitig gemacht. Überhaupt Kapan: allein die schlimmen Namenswechsel können einen verrückt machen. Kaum jemand weiß nun wirklich, wie der aktuelle Name der Hauptstadt geschrieben und ausgesprochen wird. In früher Zeit wurde Kaphan gesagt und geschrieben. Durch die Russifizierung wurde sogar das russische Kafan übernommen. Eine weitere historische Form, die vermutlich durch den Einfluss der aserischen Nachbarsprache gestanden hat, ist Ghaphan. Dabei ist es einfach, der Ortsname bedeutet nichts anderes als Pass. Und wie ein solcher enger Bergübergang ist die Stadt wirklich.

Eine schwindelerregende, etwa 62 Kilometer lange Straße (M2) führt von Goris aus übers Gebirge entlang der Grenze zu Aserbaidschan nach Kapan. Ein Halt lohnt sich etwa vier Kilometer hinter dem Dorf Karahundsch und vor dem Beginn der Serpentinen im Mischaji mot (P1), wo es ausgezeichnetes persisches Essen gibt. ◉ *39°27'5.24"N, 46°22'30.86"E* Im 19. Jahrhundert hatte Kapan bereits eine gewisse Bedeutung durch die Metalllagerstätten der Umgebung. Seine heutige Form hat es erst im 20. Jahrhundert erhalten: eine langgezogene, überaus grüne Stadt mit grauen Sowjetwohnblöcken. Viele der Gebäude liegen an den steil aufragenden Hängen. Das eher nüchterne Stadtbild ist von dem 3210 Meter hohen Chustup geprägt, der sich im Südwesten der Stadt, umkränzt von dichten Wäldern, erhebt.

# Kapan

Wirklich sehenswerte Gebäude gibt es kaum. Der Stadtkern ist aber ganz nett mit den zentralen Hotels, einigen kleiner Restaurants und Cafés und der neu errichteten Kirche des heiligen Mesrop Maschtots'.

## ■ Festung von Halidzor

Etwa fünf Kilometer westlich von Kapan liegt in dem alten Dorf Bech auf einem Waldhang einer der bekannten historischen Schauplätze der Region, die Festung von Halidzor, die zwischen 1723 und 1727 der Sitz des Prinzen von Kapan war. Von hier aus wurde den persischen und türkischen Eindringlingen unter der Führung des legendären Davith Bek erfolgreich getrotzt. ◉ *39°13'19.01"N, 46°20'16.20"E*

Die Festung mit der groben Wehrmauer und ihrer Festungskirche ist relativ gut erhalten und wird gerade noch fertig restauriert. Auch die Pforten an der Nord- und Südseite, der runde Festungsturm an der Südwestspitze sind noch gut erkennbar. Viele innerhalb der Mauer liegende Gebäude sind jedoch zerstört. Die Kirche hebt sich gar nicht wirklich von den übrigen Gebäuden ab. Die gleichen unförmigen Basaltblöcke, die gleichen von Gras überwachsenen Dächer, die selben kleinen Lichtritzen. Die Kirche ist auch äußerst schlicht in ihrem Inneren, eine Saalkirche mit zwei winzigen Eckräumen im Osten.

Diese Festung war nie gewaltig oder berühmt gewesen. Sie war auch nicht sehr lange bewohnt. Außerhalb der Festung steht eine gut erhaltene, etwas raffinierter gestaltete Saalkirche mit ähnlichen Dimensionen. Vermutlich diente sie als Dorfkirche.

 **Kapan**

Die Entfernung von Jerevan beträgt etwas über 300 Kilometer, für die man aufgrund der steilen Passstraßen rund sechs bis sieben Stunden braucht.

**Hotel Darist** (P1-2), Aram Manukjani ph. 1a, Tel. +374/285/62662, hotel_darist@yahoo.com 2. Dieses Hotel im Stadtzentrum ist eines der besten in der Stadt, einfach und sauber. Alle Zimmer haben eigenes WC und Dusche, Warmwasser ist immer vorhanden. Eine Übernachtung ist auch ohne vorgehende Reservierung möglich. Preis inkl. Frühstück.

Im selben Gebäude nur verteilt auf verschiedene Stockwerke, am zentralen Demirtsch'jan-Platz liegen das etwas angestaubte **Hotel Lernagorc** (P1-2), Demirtschjani Hr. 2, Tel. +374/285/28039, www.lernagortshotel.am, und im 8. und 9. Stockwerk das moderne **Mi & Max** (P1-2), Tel. +374/285/20300, mimaxhotel@rambler.ru.

## Vahanavankh

Das Kloster des Vahan liegt inmitten eines unübersichtlichen Waldgebietes im Süden Sjunikhs, nur zwölf Kilometer westlich von Kapan am Hang des Tigranasar. Es ist über die Straße nach Khadjaran, die M2, leicht zu erreichen. Die Abzweigung zur Waldstraße befindet sich bei der netten Bärenstatue links. Man kann sogar bis ans Kloster heranfahren. ◉ *39°13'4.82"N, 46°19'56.59"E*

Das schön restaurierte Kloster wurde laut Chronisten vom jüngeren Sohn des Fürsten Dzagik, Vahan, zu Beginn des 10. Jahrhunderts gegründet. Auch dieses Kloster war, ganz in der mittelalterlichen Tradition, eine kleine Akademie, an der über 100 Mönche gelebt, gelernt und gelehrt haben sollen. Kaum vorstellbar bei den kleinen Abmessungen der Anlage. In der Entwicklungsphase des Klosters in der Zeit des Königreichs von Sjunikh

*Vahanavankh*

liegt auch dessen Blütezeit. Besonders die Könige Smbat II., Grigor I. und die Königin Schahanducht sollen besondere Förderer gewesen sein. Doch selbst dieses versteckte Kloster wurde von den Seldschuken und Mongolen zerstört.

■ **Grigorkirche**

Die Hauptkirche, die Grigor dem Erleuchter geweiht ist, wurde im Jahre 911 von Vahan selbst beauftragt. Sie ist eine schlichte Vertreterin der Kreuzkuppelkirchen mit zwei freien Pfeilern im Westen und zwei Wandpfeilern am Rand der Apsis. Die beiden freien Pfeiler waren nicht durch volle Wände, sondern durch Bögen miteinander verbunden. Zwei kleine Eckkapellen flankieren die Apsis.

■ **Gavith und Galerie**

Die Grigorkirche kann über das Gavith im Westen oder durch das Südportal betreten werden. Dieses Gavith, das vom Nachfolger des Klostergründers, vom Erzbischof Vahan II. erbaut worden ist, ist bei weitem raffinierter als die Kirche. Das bezeugen nicht nur die besagten Rippen, sondern auch die geometrische und florale Dekoration der Nord- und Südfront sowie der Kapitelle. Die Historiker bezeugen auch, dass in diesem Gavith Angehörige der Bischöfe, aber auch der selige Vahan bestattet sind. Und die Statiker und Baumeister suchen den Grund für den Einsturz des prächtigen Gavith mit den drei riesigen Querbögen. Ein Erdbeben hat angeblich den mittleren Bogen schwer beschädigt, worauf dann die Gewölbekonstruktion eingebrochen ist. Eine nicht wieder herzustellende Ruine ist sicherlich die der gesamten Südseite des Gavith und der Kirche vorgesetzte Galerie aus dem Jahre 1086. Aufgrund der Mauer- und Pfeilerreste schließen die Experten auf 14 Pfeilerpaare mit symmetrischen Bögen. Auch im Boden unter der Galerie ruhen Sjunikher Fürsten und Könige.

### Grabkirche

Dagegen konnte die kleine Kirche südwestlich des Hauptkomplexes über dem gewölbten Eingangstor vollständig restauriert werden. Steinerne Stufen führen an der mit unregelmäßigen Steinen angefertigten Mauer und an einer Gruppe von alten Kreuzsteinen vorbei zur kleinen Grabkirche, einer Muttergotteskirche. Wieder ein merkwürdiges Bauwerk. Es stammt aus dem gleichen Jahr wie die Galerie und wurde von der Königin Schahanducht finanziert. In den Dimensionen eher eine Kapelle, einschiffig und überwölbt. Die Apsis hat einige Lichtöffnungen, die Basaltkirche hat auch einen West- und einen Nordeingang. Seltsame Löcher im Boden bei der Nordpforte geben tiefen Einblick in das Darunter. Eine Gruft? Ein Geheimraum? Jedenfalls ist diese Kirche wirklich auf den ersten Eindruck hin nicht als Kirche zu identifizieren. Sie schaut aus wie ein unscheinbares Pförtnerhäuschen.

### Profane Gebäude

Auch weitere Gebäudereste stehen im Umkreis der Kirchen. Selbst in den Felsen sind noch Häuser zu erkennen. Von einem kleinen überdachten Rastplatz, wohl von den Arbeitern für ihre Pausenmahlzeiten eingerichtet, hat man den ganzen Komplex im Auge. Dennoch – über 100 Mönche? Wo haben diese diese Männer gelebt? Die Ausgrabungsstätten weisen auf den gesamten Südostabhang des Berges hin, also eigentlich unter dem Kloster, in dem kleinen Waldstück. Ein Trampelpfad führt hinein in den Wald. Der Waldboden ist mit vielen Mauerstücken von Gebäuden und einer Umfassungsmauer, Kapitellfragmenten und abgebrochenen Bögen bedeckt. Sogar eine alte tönerne Wasserleitung aus dem 10. Jahrhundert kann man bergab verfolgen. Sie führt zur obligatorischen heiligen Quelle. Eine willkommene Erfrischung nach einem kleinen Waldspaziergang. Vahan hat für sein Kloster einen guten, schattigen Platz gewählt.

*Sanddorn, stachelig aber gut*

# Die Seidenstraße in Armenien

*»Der Freund eines Kameltreibers
sollte eine große Pforte
und einen großen Kessel besitzen.«*

*Armenisches Sprichwort*

Wenigen ist bewusst, dass die berühmte Seidenstraße quer über das Gebiet des armenischen Hochlandes von Norden nach Süden verlaufen ist. Meist wird nur von jenen Abschnitten dieser legendären Handelsstraße gesprochen, die in Mittelasien liegen. Als die Seidenstraße mehr oder weniger durch den chinesischen Kaiser in den 30er Jahren des 2. Jahrhunderts vor Christus offiziell eröffnet worden ist, regierte in Armenien gerade Tigran II., genannt der Große. Es war die bedeutendste Zeit Armeniens, die Epoche, in der seine Reichsgrenzen bis ans Mittelmeer im Westen und an das Kaspische Meer im Osten reichten und an die unwegsamen Gebirgsketten des Kaukasus im Norden und an die karge Steinwüste im Süden anstießen. So wurde Armenien damals schon zu einem wahren Brückenland.

Durch die vielen Kriege und Reichsteilungen geschah es aber, dass die Strecke der Seidenstraße auf das zentrale Gebiet des armenischen Hochlandes beschränkt war. Armenische Waren gelangten über diese Wege auch in das entfernte Europa. So staunte einst auch Marco Polo über die Schönheit und Farbkraft der arme-

*Ein geduldiger Zeitgenosse*

nischen Teppiche. Viele Ausgrabungsgegenstände wie Schmuckstücke, Keramik, Kleidungsstücke oder auch Münzen weisen auf den regen Handelsverkehr mit und über Armenien hin. So lagen unter anderem auch fünf Hauptstädte des historischen Armeniens direkt an der Seidenstraße, darunter auch Artaschat und Jerevan.

Diese alten Handelsrouten wurden viel später mit Asphalt bedeckt und in die heutigen holprigen Straßen Armeniens verwandelt. Kaum etwas erinnert noch an die Seidenstraße im armenischen Hochland, die von Norden aus, entweder über das heutige Georgien oder Aserbaidschan nach Süden, nach Persien geführt hat. Einer der Hauptwege durchquerte den Norden und führte durch die Provinz Schirak, und damit auch durch Gjumri, hinunter durch Aschtarak oder Armavir nach Jerevan und dann weiter entweder entlang des Arax im heutigen Nachitschevan oder durch Vajots' Dzor und Sjunikh nach Persien. Ein anderer Verlauf führte über Tavusch, Idschevan, vorbei am Sevansee, nach Jerevan und setzte sich in den bereits genannten Richtungen fort. Viele bedeutende armenische Siedlungen mussten einst von den Reisenden und den Händlern profitiert haben, viele sind erst dadurch zu wahren Städten gewachsen.

Die vielen Karawansereien, die damals überall in Armenien errichtet wurden, sind heute die einzigen, oft sehr von der Zeit gezeichneten Relikte der großen Zeit. Von den meisten ist wenig erhalten, aber man kann der Seidenstraße zu folgen versuchen. Eine andere Möglichkeit, Armenien zu entdecken. Nicht auf den Spuren des Christentums, sondern auf den Hufabdrücken von Kamelen, Eseln und Pferden. Ein schwieriges Unterfangen. Entweder sind die ehemaligen Karawansereien zerstört oder äußerst schwierig zu finden! Dörfer oder Städte, in die man sich auf die Spurensuche begeben kann, sind Krasar, Dschraphi und Haritsch in Schirak, Daschtadem, Arutsch und Araji in Aragatsotn, Hrazdan und Bdschni in Kotajkh, Aghndschadzor, Selim und Schatin in Vajots' Dzor sowie Harzhis in Sjunikh. Das sind alle mittelalterlichen Raststätten, die noch zu bewundern sind. Seltsamerweise ist in der Stadt der Karawanen, Idschevan, keine Karawanserei mehr erhalten. Einige der oben genannten sind weit abseits von allen touristischen Wegen und deshalb äußerst schwierig zu erreichen, wie etwa Krasar und Selim, andere sind so sehr zerstört, dass sie kaum mehr sehenswert sind, wie Hrazdan oder Araji. Andere wieder lassen sich in den Dörfern einfach nicht mehr finden, weil keiner mehr weiß, wo sich dieses Gebäude wohl befunden haben mag, wie in Bdschni, Haritsch oder Schatin. Selten bekommt man noch recht gute erhaltene Exemplare der Karawanserei-Architektur aus dem 13. und 14. Jahrhundert zu sehen. Auf der Suche nach den Stationen an der alten Seidenstraße lohnt es sich auf jeden Fall, von Dschraphi in Schirak, über Daschtadem und Arutsch in Aragatsotn dem Handelsweg zu folgen. Die wunderschöne Karawanserei von Selim und ihre kleine Nachbarin sind ebenfalls äußerst sehenswert. Und wer möchte, kann sich immer noch auf die Suche nach den alten Raststätten in Bdschni oder Haritsch begeben. Vielleicht ist ein Abstecher nach Harzhis, etwa 20 Kilometer südwestlich von Goris oder acht Kilometer südlich der Hauptstraße Sisian–Goris noch möglich. Aber die Rastsuchenden in Hrazdan und Schatin werden enttäuscht werden. Auf der Seidenstraße verkehren seit vielen Jahren schon andere Karawanen, und die sind nur auf der Suche nach neuen, modernen Karawansereien am Straßenrand, den Tankstellen mit ihren bunten kleinen Geschäften.

Armenien bietet beeindruckende Gebirgslandschaften und darin eingebettet sehenswerte Klöster und Dörfer. Einige dieser Kleinode lassen sich sehr gut zu Fuß erkunden – Trittsicherheit, Kondition und Orientierungsfähigkeit vorausgesetzt.

*Landschaft bei Garni*

# WANDERUNGEN IN ARMENIEN

# Abenteuer zu Fuß

Für wanderlustige Reisende mit guter Kondition werden hier einige lohnende Touren vorgestellt. Da es für Armenien keine Wanderkarten und selbstredend auch keine Wegweiser vor Ort gibt, sollte man auf jeden Fall einen Kompass oder ein GPS-Gerät dabeihaben. Zur Vorbereitung dieser Touren sind zu den wichtigsten Punkten der Touren die **Geokoordinaten** angegeben, mit deren Hilfe man die Wege auf Google Earth gut erkennen kann.

Armenien ist ein gebirgiges Land, und man sollte die Höhenmeter, die zurückgelegt werden, nicht unterschätzen. Höhenprofile und einen Rechner für die Umrechnung gängiger Koordinatensysteme findet man auf: www.deine-berge.de.

Was für alle Bergtouren gilt, ist auch hier zu beachten: nicht alleine gehen, entsprechendes Schuhwerk anhaben, Sonnen- und Regenschutz sowie genügend Getränke und Proviant mit sich führen.

**Einfache Touren\***: In den Walnusshainen von Garni (2 Std. → S. 418); Von Artaschavan nach Saghmosavankh (2 Std. → S. 422); Von Dilidschan nach Dschuchtakvankh (1–2 Std., → S. 424). **Mittelschwere Touren\*\***: Zu den Wandmalereien von Khobajr (2–3 Std. → S. 423); In den Schluchten des Arpha (3–4 Std. → S. 427), Zu den Höhlen von Chndzoresk (2 Std. → S. 429); Von Neu-Schinuhajr nach Alt-Schinuhajr (2 Std. → S. 430).
**Anspruchsvolle Touren\*\***: Von Garni nach Havuts' Thar (4 Std. → S. 424); Durch die Schlucht des Khasach (3 Std. → S. 422); Von Vernaschen zum Kloster Spitakavor Astvatsatsin (5–6 Std. → S. 425).

## In den Walnusshainen von Garni (Kotajkh)*

Der steile Abgrund unter dem Sonnentempel von Garni (→ S. 246) ist atemberaubend. Unzählige Basaltstelen verwandeln

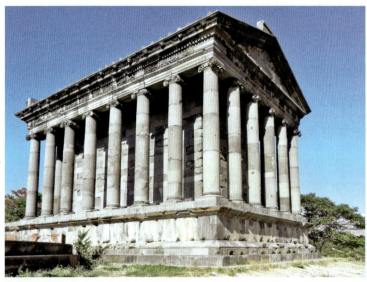

*Ausgangspunkt einer schönen kleinen Wanderung: der Sonnentempel von Garni*

## In den Walnusshainen von Garni

die Landschaft über dem Fluss Azat in eine überdimensionale Orgel. Kaum jemandem fällt beim Anblick des Tempels und der basaltenen Schlucht das Ufer des Azat auf. Sattes Grün, auch wenn die Sonne hoch oben das Gras schon lange braun und dürr hat werden lassen, Nuss- und Apfelbäume und viele Sträucher mit rot und orange leuchtenden Beeren. Der Fluss bildet auch die nordöstliche Grenze des Chosrov-Nationalparks, hier kann man auch noch ohne Genehmigung wandern. Einen besonderen Naturgenuss bietet das Ufer des Azat in Richtung Geghard. Von unten kann man auch die wahre Tiefe des Abgrundes hinter dem Tempel von Garni erst richtig einschätzen.

Es gibt zwei Möglichkeiten, die Schlucht des Azat mit ihren Naturwundern zu erwandern. Die **erste Variante** führt flussaufwärts in Richtung Geghard, die andere ein Stück flussabwärts. Am einfachsten ist der Abstieg unmittelbar auf der **linken Seite des Sonnentempels** zu finden. Das sieht gewagter aus, als es tatsächlich ist. Es zeichnen sich zunächst Trampelpfade der Dorfbewohner ab und man kann in Serpentinen schräg nach unten gehen. Man kommt dann bald in einige der nicht umzäunten **Dorfgärten mit großen Nussbäumen** und kann diese problemlos in Richtung Azat durchqueren. Hier wachsen Walnussbäume, die einen ganz eigenen Duft verströmen. Viele Armenier setzen die ätherischen Öle des Walnussbaumes auch gezielt ein, der Geruch von seinen Blättern vertreibt nämlich die lästigen Stechmücken. Die großen Nüsse werden zu allerlei Leckereien verarbeitet und schmecken auch frisch geknackt wunderbar. Die Dorfbewohner haben auch gar nichts dagegen, wenn man einige Nüsse einsammelt und nascht. Meist sind sie ohnehin beschämend gastfreundlich und laufen gleich mit Nüssen oder Obst herbei.

Nun kann man einfach nach Lust und Laune **am Ufer nach links flussaufwärts** gehen, da gibt es viele nette Bäume, die zu einem Nickerchen im Schatten einladen oder Beeren, die intensiv leuchten. Ob nun die kleinen von hellorange bis rot leuchtenden Perlen des Sanddorns, den man relativ einfach an seinen langen, schmalen Blättern mit extrem kurzen Stielen erkennen kann, oder die länglichen gelbroten Ölweidenbeeren. Der silbrige Glanz der Blätter dieser Bäume säumt viele Straßen in Armenien, und im Frühjahr verströmen seine zarten gelben Blüten einen durchdringenden süßen Duft. Phschat wird dieser Baum auf Armenisch genannt, der Vieldornige. Aber nicht, weil er Dornen hat, sondern weil seine Frucht innen seltsame stachelartige Härchen besitzt. Und natürlich die Hagebutten, die fast überall in Armenien zu finden sind.

Die ganze Schlucht ist gesäumt von **riesigen Basaltsäulen** und von so mancher Höhle. Leider kann man nicht am Ufer entlang gegen die Fließrichtung bis nach Geghard gelangen, da der Weg nämlich ab einem bestimmten Punkt ziemlich eng wird und mit dichtem Gestrüpp bewachsen ist. Der **Rückweg** kann dann entweder wieder über die gleiche Strecke zurückführen oder aber auch über die **Dorfstraße**, die vom Azat nach oben mitten ins Dorf Garni führt. Dort, wo sich der schmale Uferweg in eine breite, durchaus befahrbare Schotterstraße verwandelt, ist eine **Weggabelung**, in deren Mitte ein kleines Wärterhäuschen steht. *40°7'1.44"N, 44°44'36.10"E*

Die Straße führt dann einfach etwas holprig nach oben mitten ins Dorf. Man kann dann wieder zum Ausgangspunkt, dem Tempel von Garni, zurückkehren und auf dem Weg vielleicht einen Blick auf die nette Dorfkirche von Garni werfen. Die Streckenlänge hängt davon ab, wie

# Abenteuer zu Fuß

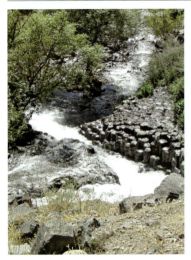

*Basaltstelen in der Azatschlucht*

weit man am Ufer flussaufwärts in Richtung Geghard wandert. Auf jeden Fall sollte man mit mindestens eineinhalb Stunden für einen gemütlichen Spaziergang rechnen.

Die **zweite Variante** ist eine kürzere und weitaus beliebtere, vor allem bei den Einheimischen. Sie führt auf der **Dorfstraße** mitten durch das Dorf Garni bis hinab an das **Wärterhäuschen**, wo sich der breite Dorfweg dann zweigt. Hier heißt es dann, dem **Fluss in seine Fließrichtung** durch die schmale hohe Schlucht zu folgen, die hier besonders **spektakuläre Basaltstelen** und -höhlen hat. Auch hier ist das Ufer malerisch, nur trifft man hier, besonders am Wochenende, viele Armenier, die picknicken oder auch einen kleinen Spaziergang machen. Auch diesmal bleibt es der individuellen Laune überlassen, wie weit man dem Fluss folgt oder ob man an ihm noch flussaufwärts in Richtung Geghard wandert.

Natürlich kann man die beiden Varianten auch miteinander verbinden und mehrere Stunden am Azat verbringen.

So manches kann dabei in der Basaltschlucht entdeckt werden. Der an einigen Stellen aufgestaute glasklare Azat lädt zum erfrischenden Planschen und Schwimmen ein. Und die Beeren schmecken wunderbar süß.

## Von Garni nach Havuts' Thar (Kotajkh)***

Der Chosrov-Nationalpark ist am Tempel von Garni (→ S. 246) so nah. Blickt man auf die Hochebene auf der anderen Uferseite, sieht man dunklere Flecken. Das sind die niedrigen Nadelbäume des Chosrovwaldes, der mit seinen Geheimnissen schon immer Menschen angelockt hat. Er tut es auch heute noch. Und so ist es nur angebracht, ihn zu betreten und für wenige Stunden die unberührte, menschenleere Natur zu genießen. Der Blick von der anderen Seite auf Garni, den Tempel und sogar weit nach Nordosten nach Geghard ist überwältigend. Hier kann man auch eines der verlassenen Klöster am Azat besuchen, das auf einer kleinen Anhöhe im Chosrovwald liegt. Man kann es kaum von unten oder von Garni aus sehen, außer, wenn man genau weiß, wo es liegt, und die braunen Mauern nicht für Felsblöcke oder Baumstämme hält.

Der Weg führt wiederum über die **Dorfstraße von Garni** nach unten zum Azat. Bis zum **Wärterhäuschen** kann man sogar fahren und sein Fahrzeug dann dort stehen lassen. Der umgängliche Wärter behält es gerne im Auge.
◉ *40°7'1.44"N, 44°44'36.10"E*

Nach wenigen Schritten **in Fließrichtung des Azat** überquert man eine schöne **mittelalterliche Brücke** und setzt dann zum recht anstrengenden **Aufstieg** über die felsige Wand an. Man muss hier schon seinen Weg zwischen den Felsen erklettern, bis man endlich oben ist. Ein Pfad ist durchaus erkennbar, die-

sem zu folgen, ist natürlich sehr ratsam. ⊙ *40°6'57.35"N, 44°44'33.49"E*
Oben angelangt, öffnet sich die Landschaft zu einer fruchtbaren **Hochebene**. Auch hier setzt sich der Weg fort, am besten immer links halten, bis man über einen kleinen Hügel geht und plötzlich einen **Schlagbaum** sieht. Ab hier befindet man sich auf geschütztem Boden, aber niemand bewacht diese Grenze, die auch nicht wirklich überschritten wird, denn die Wanderung führt weiter auf der linken Seite.

Der Weg wird wieder besser zu erkennen und deutlich breiter. Ein winziges Häuschen steht mutterseelenallein auf der Hochebene. Ein dürres Pferd grast friedlich, eine Ziege meckert vor sich hin, ein altes Mütterchen sitzt auf der schmalen Holzbank vor dem Haus, ein Großvater bearbeitet mit einer altertümlichen Harke den trockenen Boden. Sie winken und deuten, etwas Wasser von der Quelle unter dem schattigen Baum zu trinken. Herrlich diese kurze Rast.

Aber dann setzt sich der Weg gemütlich fort ⊙ *44°45'15.97"E, 44°45'15.97"E*, fast eben geht er geradeaus durch die niedrigen, trockenen **Nadelbaumhaine,** bis man es endlich sieht: das Kloster Havuts' Thar. Schon ein **Kreuzstein** am Wegesrand hat auf das Kloster hingewiesen. Und je näher man dem Kloster kommt, um so häufiger trifft man auf Chatsch'khare. Nach einer großen Kehre geht der Weg hinauf zum Hauptportal des Klosters. Und hier betritt man unter einem kleinen in der Umfassungsmauer eingesetzten Kreuzstein das berühmte Havuts' Thar, das angesichts der Lage wirklich verblüfft. ⊙ *40°7'22.73"N, 44°46'9.48"E*

Die Entfernung vom Dorf ins östlich gelegene Havuts' Thar beträgt etwa drei bis vier Kilometer. Die Wanderung ist eigentlich nur durch den steilen Aufstieg schwierig. Der Weg ist relativ einfach zu finden, außerdem bewegt man sich immer in Sichtweite der Schlucht und der hohen Gebirgszüge im Nordosten. Die

*Mittelalterliche Brücke über den Azat unterhalb von Garni*

Gehzeit beträgt für eine Richtung gute eineinhalb Stunden vom Wärterhäuschen aus gerechnet.

## Durch die Schlucht des Khasach (Aragatsotn)***

Tiefe Schluchten mit geheimnisvollen Höhlen, Tuff in allen Farbschattierungen zwischen Rosa und Blau, das muntere Rauschen eines Flusses, üppige Uferwiesen und eindrucksvolle Relikte der christlichen Kultur Armeniens. Ein Uferweg entlang des Khasach verbindet die Dörfer Saghmosavan (→ S. 200) und Hovhanavan (→ S. 196). Ein anderer, eigentlich nur ein Trampelpfad, führt nach Norden, nach Artaschavan (→ S. 203).

Eine Wanderung in dieser Schlucht ist besonders abenteuerlich und nur für **absolut trittfeste Wanderer** zu empfehlen, denn man muss erst nach unten gelangen. Das ist das schwierigste Unterfangen auf dieser Tour, die von Saghmosavankh nach Hovhanavankh führt, aber auch eines der unvergesslichsten. Es gibt keinen Steig, keine erkennbaren Orientierungshilfen oder gar Schuhabdrücke hinunter in die Schlucht. Der Blick von der **Ostseite des Klosters Saghmosavankh** nach unten lässt einen sogar tief durchatmen: ziemlich steil, ziemlich viel Geröll. ⓞ *40°22'50.27"N, 44°23'48.42"E*
Am besten beginnt man **unterhalb des Gartens den Abstieg** und geht etwas schräg zwischen den größeren Felsbrocken nach unten. Die bieten den besten Halt, denn der Hang ist ziemlich geröllig. Man sollte auch auf **Steinschlag** achten! Nach einer guten halben Stunde sollte man am **Weg unten am Fluss** angelangt sein und kann voller Stolz zum Kloster emporsehen. Aus dieser Perspektive wird es sicherlich nicht oft betrachtet.

Jetzt beginnt aber auch schon der gemütliche Teil der Wanderung. Der Weg birgt keine Tücken, nur ein paar unerhebliche Steigungen. Man folgt einfach der **Fließrichtung des Khasach**, der den ganzen Weg entlang mit schönen flachen Steinen als Rastplätzen lockt.

An klaren Tagen ist auch die schneebedeckte Spitze des Ararat ein steter Wegweiser nach Süden. Er hebt sich aus der Ferne sogar über diese Hochebene. Ab und zu sollte man sich zum Kloster umdrehen, denn von der Schlucht aus gesehen ist es beinahe noch eindrucksvoller. Bald aber wird das Kloster sehr klein. Auf der linken Seite soll in einer geräumigen Höhle eine alte Einsiedelei gewesen sein. Schade, dass der Fluss hier schon einiges an Wasser und Breite zugenommen hat.

Nach einer größeren Kurve geht es wieder leicht bergauf, der **Friedhof von Hovhanavan** ist schon in Sicht. Wenn man diesen erreicht, dann steht auf der Hochebene die Ruine vermutlich einer alten Friedhofskapelle. Bereits im Dorf angekommen, ist es nicht mehr schwierig, der **Dorfstraße** zum Kloster Hovhanavankh zu folgen. Es ist ohnehin so riesig, dass man es immer vor Augen hat und gar nicht verfehlen kann. ⓞ *40°20'22.08"N, 44°23'19.30"E*

Natürlich kann man die Wanderrichtung auch umkehren, allerdings steht dann der steile, nicht ungefährliche Aufstieg über die mit losen Steinbrocken bedeckte Schluchtwand hinauf zum Psalmenkloster am Ende der Wanderung.

Die Streckenlänge beträgt etwa fünf Kilometer. Wegen des schwierigen Abstiegs kann man mit gut zwei bis zweieinhalb Stunden reiner Gehzeit rechnen.

## Von Artaschavan nach Saghmosavankh (Aragatsotn)*

Eine weitere Möglichkeit, die Hochebene über dem Khasach zu erwandern, bietet das malerische Dorf Artaschavan (→ S. 203), in dessen Süden Saghmosavankh liegt. So kann eine Wanderung auch ein vergnüglicher Umweg von der Dorfmitte aus über das Erlöserkirchlein und einige Hügel hin nach Süden sein, also nach Saghmosavankh.

Am besten man beginnt an der **Abzweigung**, von der aus man schon die Höhlen von Artaschavan zu sehen bekommt.
◎ *40°23'11.10"N, 44°23'8.44"E*

Über den **Trampelpfad entlang des Baches** kommt man in etwa 20 Minuten zum Dorffriedhof und der **Erlöserkirche**. Von hier aus kann man weiter nördlich gehen und dann einen der Hügel erklimmen. ◎ *40°23'28.56"N, 44°23'13.27"E*
Von hier oben gibt es wieder verschiedene von den Dorfbewohnern und Hirten benutzte **Pfade**, die manchmal auch etwas ansteigend über die Grashügel führen. Immer wieder trifft man auch auf Höhlen, die nur darauf warten, erforscht zu werden.

Man geht in **nordöstliche Richtung** weiter, als Wegweiser kann hier sowohl der Khasach tief unten als auch der Berg des schlafenden Ara im Osten dienen.
◎ *40°23'38.83"N, 44°23'47.35"E*
Sobald man den Rand der Schlucht erreicht und den **Khasach** erblickt hat, kann man sich auch wieder nach Süden drehen und sich an den Umrissen der Klosterkirchen von Saghmosavankh und dem erhabenen Ararat orientieren. Man kann das Kloster dann gar nicht mehr verfehlen. ◎ *40°22'50.27"N, 44°23'48.42"E*
Die Strecke ist etwa **zwei bis drei Kilometer** lang, also etwa eineinhalb Stunden Gehzeit. Es wäre auch eine richtige Rundwanderung in der Gegend um die Hügel der Hochebene nordöstlich der Erlöserkirche denkbar.

Eine längere Wanderung, die von **Artaschavan bis nach Hovhanavankh** führt, würde etwa acht Kilometer betragen, reine Gehzeit daher etwa drei bis dreieinhalb Stunden.

## Zu den Wandmalereien von Khobajr (Lori)**

Um das die wunderbaren Wandmalereien der Klosteranlage von Khobajr (→ S. 294) zu besichtigen, muss man auf jeden Fall auf Schusters Rappen reisen. Und diese Rappen sollten auch stark sein, egal aus welcher Richtung man sich dem an die Felsen geklebten Kloster nähert. Man kann von Norden über Odzun gehen, was allerdings eine weitaus längere Wanderung ist und hier nicht beschrieben wird. Der Weg von Süden her verlangt wegen des Anstiegs ein wenig Puste-Puste und auf jeden Fall aufgrund des zumindest abschnittsweise etwas geröligen Weges – vor allem nach vorangehenden Regenfällen – gutes Schuhwerk und Trittfestigkeit.

Am besten beginnt man die Südroute nach Khobajr vom **Ort Thumanjan** aus. Dieser befindet sich direkt an der Hauptverbindungsstraße M6 (Vanadzor – Alaverdi), ca. 15,5 Kilometer südlich von Alaverdi, bzw. 25 Kilometer nördlich von Vanadzor. Direkt an der nördlichen Einfahrt zum Ort gibt es eine kleine Haltestelle, dort kann man parken. ◎ *41 0'10.72"N, 44°38'41.81"E*
Einige Meter südwestlich dieser Dorfeinfahrt zweigt ein **Waldweg bergauf** ab, das ist schon der Weg, der zwar zum Teil etwas steil aber relativ gerade nach Khobajr führt. ◎ *41°0'7.43"N, 44°38'41.02"E*
Er ist unschwer auszumachen, man geht anfangs an ein paar Häusern vorbei, stets bergauf, von unten ist dann auch bald die Ostfront der wunderbaren **Hauptkirche des Klosters** zu sehen. Ein Aufstieg, der wahrlich lohnt, und angesichts der Entfernung von der Straße auch nicht wirklich abschrecken soll, es dürfte sich um eine Strecke von einem Kilometer handeln. Das heißt die ›Erwanderung‹ dieses Klosters vom Süden her kann auch als nette Abwechslung auf der Fahrt zu

*In Dilidschan*

den großen Kirchen und Klöstern des Nordens betrachtet werden. Der Weg nach oben ist etwa zwei Kilometer lang, wegen des Anstiegs muss man mit eineinhalb Stunden Gehzeit für den einfachen Weg rechnen.

## Von Dilidschan nach Dschuchtakvankh (Tavusch)*

Das kleine im dichten Wald am westlichen Rande von Dilidschan gelegene Kloster (→ S. 320) ist auf jeden Fall die gemütliche Wanderung wert.
Von der großen Kreuzung in Dilidschan ⊙ *40°44'24.65"N, 44°51'56.71"E* muss man zunächst die Richtung Vanadzor einschlagen (Kalinini ph. = M8), dieser etwa 3,3 Kilometer folgen und dann nach rechts abzweigen. Dort gelangt man an einen kleinen Platz mit zwei Kiosken. ⊙ *40°44'26.75"N, 44°49'45.22"E*
Nun kann man von hier aus losgehen, oder mit einem kleinen Auto auch der holprigen Straße weiter folgen. Nach ca. 2,8 Kilometern kommt man unter einer Brücke vorbei und links an einem etwas desolat erscheinenden Sportsanatorium und einigen offensichtlich leerstehenden Erholungsheimen. Man folgt eigentlich dem Bächlein zur linken. Danach erscheint auf der rechten Seite eine Tafel mit Beschreibung von Wanderungen in dieser Region des Dilidschaner Naturschutzgebietes. Folgt man der Straße weiter, ist das nächste Gebäude die Mineralwasserfabrik Dilidschan Frolovo Balka. ⊙ *40°44'56.44"N, 44°48'30.27"E*
Von dieser Hinweistafel aus ist es nicht mehr weit bis zum kleinen Waldkloster, 15 bis 20 Minuten. Einfach hier nach rechts in den Wald abbiegen, zunächst mal etwas bergauf und dem Wald- und Wiesenweg folgen. Nach einigen Minuten schon öffnet sich der Blick auf eine schöne Waldlichtung mit dem Kloster. Die umliegende Wiesen und großen Laubbäume laden zu einem kurzen Nickerchen und zu gemütlichem Picknick ein. Hier ist man ziemlich ungestört. ⊙ *40°45'4.98"N, 44°48'52.10"E*
Man kann verschiedene Tourlängen wählen: vom Ortszentrum von Dilidschan aus zu Fuß gehen (geschätzte 6,8 bis 7 Kilometern), oder ab der Kreuzung von

der Hauptstraße in Richtung Dschuchtakvankh (ca. 3,5 bis 4 Kilometer) oder eben auch erst ab der Hinweistafel (ca. 1 Kilometer) – je nach Wanderlust und -laune.

## Von Vernaschen zum Kloster Spitakavor Astvatsatsin (Vajots' Dzor)***

Berühmt ist das sanfte Gesicht der Madonna im Tympanon des Westportals der kleinen Muttergotteskirche des gleichnamigen Klosters Spitakavor Astvatsatsin. Genau gesagt der weißen Muttergottes. Dieses Attribut geht, so sagen die phantasielosen Kunsthistoriker, auf den ungewöhnlich hellen Kalkstein der Kirchenfassade zurück. Das schöpferische, Sagen liebende Volk meint, die weiße Farbe kommt von dem weißen Umhang, den die Madonna auf einer Ikone in der Kirche getragen haben soll.

Die kleine Klosteranlage ragt völlig einsam zwischen den waldlosen Vardenisbergen am Südhang des Thekhsar mit ihrem spitzen Dach empor. Man kann sie nur zu Fuß mit einem längeren Marsch erreichen. Der Weg ist nicht schwer, aber wegen der **Länge von hin und zurück gut 15 Kilometern** nur guten Wanderern zu empfehlen.

Dort, wo die **Dorfkirche von Vernaschen** (→ S. 374) an die berühmte Universität von Gladzor erinnert, zweigt eine **Erdstraße nach links Richtung Norden** ab. Sie erweist sich schnell als Sackgasse, denn die Unebenheiten und die großen Steine machen jede weitere Fahrt unmöglich. Von hier aus sind es noch etwa sieben Kilometer bis zum weißen Kloster. ◉ *39°47'31.93"N, 45°21'51.52"E*

Die Erdstraße setzt sich auf der linken Seite eines Bächleins in einem Pfad fort, der in **Serpentinen** zunächst hinauf auf den Berg führt, dann noch weitere drei Anhöhen umkreist und dann weiter dem Bächlein hin zu seiner Quelle unterhalb des Frauenklosters folgt.

Der Weg ist trotz der Höhe nicht wirklich gefährlich, nirgends ist der Abgrund sehr nah. Wenn der **Anstieg auf den ersten Berg** geschafft ist, geht es relativ gemütlich rund um die **nächsten drei Berge** herum. Kaum mehr steile Anstiege, guter, fester Untergrund, aber doch immer ein wenig bergauf und bergab. Dieser Teil zieht sich schrecklich, sollte einen der Mut verlassen oder man im Glauben sein, auf dem falschen Weg zu sein, es ist einfach, man muss immer dem Bach folgen, der rechts unterhalb liegt. ◉ *39°48'28.75"N, 45°21'28.57"E*

Irgendwann kommt man von den vier Bergen herunter und muss einen **Bach überqueren**. Hier gibt es einige engere Stellen mit bequemen Steinen. ◉ *39°49'33.57"N, 45°21'24.90"E*

Ein schmaler Weg führt **durch Wiesen weiter am Fluss** entlang. Ein schönes weites Tal öffnet sich, doch immer noch kein Kloster! Ein **zweites Mal noch einen Bach überqueren** und dem Wiesenweg weiter folgen, bis auf der rechten Seite

*Das Minikloster Spitakavor Astvatsatsin*

auf einem flachen Hang über dem linken Ufer einige kleine Steinhäuser zu sehen sind. Kein verlassenes Dorf, sondern im wahrsten Sinn des Wortes **Sennhütten**. Hirten leben im Sommer hier mit ihren Schafen und Kühen und verarbeiten an Ort und Stelle die Milch. An diesen Sennhütten muss man vorbei, jedoch nicht in Richtung des Baches, sondern in **Richtung der Straße**, auf die man plötzlich trifft.

Dann muss man **links den Weg um eine Anhöhe herum**. Zum ersten Mal zeigt sich das Kloster. Doch noch immer hoch oben. Und hier hört auch leider der ausgetretene Pfad auf. Hier ist es der eigenen Intuition überlassen, sich einen möglichst angenehmen Weg über die Wiesen und quer durch den kleinen Wald zu bahnen. Das ist auch der anstrengendste Teil der Wanderung, denn der Südhang des Thekhsar ist ganz schön steil. ⊙ *39°49'48.78"N, 45°21'57.46"E* Aber die Quelle direkt unter dem Kloster hat köstlich kaltes Wasser. Noch wenige Schritte, dann steht man vor dem Gavith. Schon wieder kreuzt eine Erdstraße den Weg. Aber sie ist vermutlich wie die andere nur in wenigen Abschnitten befahrbar.

### ■ Das Kloster

Das Kloster ist wirklich klein. Die Kirche selbst ist viel höher als breit, das stark zerstörte Gavith ist nur ein wenig größer als das Gotteshaus ⊙ *39°49'47.46"N, 45°21'57.46"E*. Von der Umfassungsmauer ist nur ein Teil der Nordwand erhalten. Der Glockenturm und die Kirche sind eindrucksvoll restauriert worden. Die Kirche wurde laut Inschrift 1321 fertiggestellt. Das Gavith ist ebenfalls um diese Zeit entstanden, der Glockenturm ist in der Inschrift mit 1330 datiert. Außerhalb dieses sakralen Zentrums sind im Westen noch Reste der Wohn- und Unterrichtsräume zu sehen.

Ein kleines kompaktes Ensemble, das vermutlich nicht vielen Nonnen Platz geboten hat. Dennoch war hier im 15. Jahrhundert der Sitz einer bekannten Hochschule.

Die weiße Kirche ist eine einschiffige Kuppelkirche mit einem ungewöhnlichen hohen und schlanken zylindrischen Tambour und einem ebenso hohen Kegeldach. Das Innere der Kirche ist durch zwei Seitennischen an der Apsis und einer an der Nordwand etwas aufgelockert. Das architektonische Prinzip lautet auch im Innenraum betonte Höhe. Das

*Schafe auf herbstlichen Weiden*

Gesims setzt sich so auch in der Höhe der Türbögen und der Fenster fort. An der Frontseite des Bema ist ein Relief mit einer Deesis angebracht.

Während Innendekor mehr oder weniger fehlt, scheint die Fassade der kleinen Kirche mit üppigem plastischen Dekor überladen zu sein. Kordeln und Zierleisten formen große Kreuze an den Wänden, übergroße geometrische Motive sind über den Fenstern angebracht.

Die Westfront ist besonders schön. Nicht nur das Kreuz über einem achtstrahligen Stern, der den Fensterrahmen bildet; eine dekorative Variante, die selten in Armenien zu finden ist. Darunter liegt, mehrfach mit geometrischen Schmuckbändern, Stalaktiten und zierlichen Säulen gerahmt, das Westportal. Am beeindruckendsten ist das Tympanonfeld mit der schöngesichtigen Madonna, die sich besonders liebevoll dem Jesuskind zuneigt. Ein ungemein plastisches und realistisches Hochrelief. Die Madonna scheint sogar etwas zu lächeln.

Das Gavith hat vier Eingänge und zahlreiche Nischen. Die noch brüchig erhaltenen Mauern zeigen, dass Blendarkaden den ganzen Innenraum der Vorhalle geschmückt hatten. Der dreigeschossige Glockenturm gleich an der Westfassade des Gavith hat eine ungewöhnliche Form. Der untere Teil sieht mit seinen grob gehauenen Blöcken unfertig aus. Darüber stehen zwei Bögen. Der untere ist wesentlich niedriger und hat in seinem Inneren einen Kreuzstein. Der obere ist höher und noch mit einem Satteldach bedeckt. Dieser obere Bogen war für die Glocke bestimmt, deren Geläut vielleicht über die Berge hinweg bis nach Vernaschen zu hören war, wohin der Rückweg wieder auf der gleichen Strecke ohne erhebliche Schwierigkeiten zurückführt. Einzig der Abstieg vom letzten Berg ist etwas durch die geröllige Unterlage erschwert.

*Kloster Gndevankh*

Das Kloster liegt gut sieben Kilometer vom Dorf entfernt, die gesamte Wanderung beträgt daher etwa 15 Kilometer. Da sollte man schon mit fünf bis sechs Stunden Gehzeit rechnen.

## In den Schluchten des Arpha (Vajots' Dzor)**

Das kleine befestigte **Kloster Gndevankh** (→ S. 380) auf einem Felsen über dem rauschenden **Flüsschen Arpha** kann man von zwei Seiten auf Schusters Rappen erreichen. Beide Wege sind in etwa gleich lang, die **einfache Strecke je 15 Kilometer**, und ausgesprochen einfach. Man folgt eigentlich nur einer Straße oder einem Pfad bzw. Erdstraße. Beide Strecken bieten eine atemberaubende, nahezu unberührte Natur. Ringsum sanft bewachsene Felsen, enge fruchtbare Aulandschaften entlang des Flusses, kleine Schluchten mit basaltenen Orgelpfeifen. Im Frühjahr leuchten bunte Wiesen mit zarten Schlüsselblumen, rot leuchtendem Mohn und weiß glänzenden Margariten. Im Sommer und Herbst weht ein kühler Hauch vom nahen Fluss. Und Ruhe.

Menschenleer. Man trifft bisweilen Hirten mit ihren Tieren oder einsame Reiter auf Esel oder Pferd.

**Variante 1**: Der einfachere Weg führt entlang der alten Dschermuker Hauptstraße (H43), diese Straße nach Gndevankh zweigt von der Hauptverkehrsstraße aus Jerevan (M2) kurz vor der eigentlichen Abfahrt nach Dschermuk, ab. Wenn man tatsächlich von hier beginnt, hat man eine Wegstrecke von etwa 15 Kilometern ohne nennenswerte Steigungen vor sich. Natürlich kann man sich auch ein Stück weiter die alte Straße entlang Richtung Gndevankh bringen lassen, die Straße ist allerdings nur für PKW und kleinere Busse problemlos befahrbar. *39°41'33.79"N, 45°33'22.98"E*

Man geht einfach **der Straße entlang**, kommt zunächst rechts an leerstehenden Glashäusern vorbei, um dann dem Plätschern des **Flusses Arpha** zu folgen. Auf dem Weg nach Gndevankh trifft man rechter Hand auch auf zwei leider vertrocknete Brunnen und passiert eine kleine Schlucht, bevor man dann nach längerem Marsch nach rechts über **eine Brücke** hinauf zum Kloster geht. *39°45'35.25"N, 45°36'31.56"E*

Das Kloster ist aus der Ferne an seinen Befestigungsmauern zu erkennen. *39°45'31.51"N, 45°36'38.20"E*

**Variante 2**: Der zweite Weg führt von Nordosten, aus der Richtung **Dschermuk** zum südlich gelegenen Kloster. Start ist am Südrand von Dschermuk an einer **Schlucht**. *39°49'57.74"N, 45°39'55.11"E*

Entlang der Schlucht führt eine Asphaltstraße hinab zum **Ketschuter Stausee**. Aber Achtung, auch diese Straße ist nur für kleinere Autos zu bewältigen – also am besten vom Beginn der Schlucht an zu Fuß zu gehen, etwa 45 Minuten. Ist der Stausee in Sichtweite, sich weiter links halten und in Richtung des **Ende des Staudamms** gehen, ohne aber dabei den Damm zu überqueren. *39°47'21.52"N, 45°38'51.62"E*

Ab hier muss man dem Pfad entlang des Flusses Arpha folgen, bis man nun links **die Brücke** sieht, die zum Kloster hinaufführt. *39°45'35.25"N, 45°36'31.56"E*

Um diesen Weg wesentlich zu verkürzen, kann man sich direkt schon etwa zwei Kilometer bevor man Dschermuk auf der Hauptstraße erreicht, links in Richtung Staudamm absetzen lassen und die Wanderung von dort beginnen. Auch hier ist der Weg entlang des Flusses leicht zu finden, nicht schwierig, aber aufgrund eines leichten Gefälles beschwerlicher. Die Stille der armenischen Landschaft, das Wechselspiel der armenischen Farben zwischen sattem Erdbraun, sanftem Grün und tiefblauem Himmel, aber auch die Beschaulichkeit von Gndevankh mit seiner schmucken Kirche, den in die Befestigungsmauern wie Höhlen gebauten Wohnzellen und Wirtschaftsräume und den fein gearbeiteten Grabsteinen mit figürlichen Reliefs rings um die Kirche lassen alle Anstrengungen vergessen. Der große Baum vor der Kirche mit dem langen Tisch und den Bänken bietet ein willkommen schattiges Plätzchen nach langem Marsch.

**Variante 3**: Sehr nett, relativ kurz, aber doch etwas anstrengender ist es, wenn man vom **Dorf Gndevaz** aus nach Gndevankh herabsteigt. Nach Gndevaz gelangt indem man der H42 in Richtung Dschermuk folgt (von der Kreuzung H43/H42 in etwa 7 bis 8 Kilometer) und dann links nach Gndevaz einbiegt. Der weitere Weg im Dorf ist eigentlich einfach zu finden, man geht ins Dorfzentrum, immer in Richtung Schlucht, kommt an der Schule vorbei und geht weiter, bis man sozusagen an der Schlucht ansteht. *39°45'35.70"N, 45°37'1.03"E*

*Die Höhlensiedlung Chndzoresk mit der Kirche der heiligen Hriphsime*

Dann sieht man von oben einen Trampelpfad, der sich hinunter zum Kloster schlängelt. Wenn es die Tage zuvor geregnet hat, ist von dieser Variante allerdings abzuraten, weil es dann sehr matschig und schlammig ist. ⊙ *39°45'33.13"N, 45°36'54.71"E*

**Rundweg**: Man kann natürlich – wenn man die ganze Distanz bewältigen kann – einen Rundmarsch machen und die beiden genannten Wege miteinander verbinden. Das sind dann aber schon mal in der ganzen Länge knappe 30 Kilometer! Verkürzen kann man auch, indem man einfach vom Kloster aus nach oben in das Dorf Gndevaz in einer knappen Stunde geht, und sich dort abholen lässt. Aber der Aufstieg ist natürlich viel anstrengender als ein Stück der anderen Pfade zu gehen und sich eventuell am Staudamm oder entlang der alten Hauptstraße abholen zu lassen.

## Zu den Höhlen von Chndzoresk (Sjunikh)**

Das uralte Dorf Chndzoresk (→ S. 401) mit seinen bizarren Sandsteinhöhlen muss einfach erkundet werden. Gegenüber der Schlucht wurde eine **Aussichtsplattform** mit einer **abenteuerlichen Hängebrücke** über die Schlucht errichtet, von der man auch einen schönen Blick auf Chndzoresk hat. ⊙ *39°30'0.79"N, 46°25'49.84"E*

Der Blick von oben in die Schlucht ist zwar allein schon atemberaubend schön, aber um einen wahren Eindruck von den Höhlenwohnungen zu bekommen, muss man den Abstieg vom **oberen Dorf** aus über die staubige steile ›Hauptstraße‹ in Kauf nehmen, über die man bis hinunter an den Fluss und damit auch zu Chndzoresker Dorfkirche gelangt. Man kann aus verschiedenen Richtungen vom Dorf hinabsteigen, am einfachsten ist das allerdings in der Nähe des **alten Friedhofes**. Wenn man von oben in die Schlucht blickt, sind auch die **Wege hinab** sofort zu sehen, man kann sich gar nicht verlaufen. ⊙ *39°30'19.72"N, 46°26'17.01"E*

Folgt man einigermaßen den Wegen, dann kommt man auch endlich an den **Bach**. Am besten durch das seitliche, ausgetrocknete Bachbett weiter **Richtung Süden**, also der Fließrichtung folgend, stapfen. ⊙ *39°30'15.04"N, 46°25'49.33"E*

Bald ist dann auch die Umfassungsmauer und das Lukarentürmchen der **Dorfkirche von Alt-Chndzoresk** an der linken Seite auszumachen. Die Kirche der heiligen Hriphsime ist aber nur außen in annehmbarem Zustand. Möglicherweise ist der traurige Zustand des Innenraumes auf das jähe Verlassen des alten Dorfes zurückzuführen, oder aber auch auf die kommunistische Zeit, in der lieber versteckt in Felskapellen als in großen Gotteshäusern gebetet worden ist. Der Innenraum ist verkommen, mit hässlichen Graffiti bemalt. Die Fassaden der Kirche aus dem 13. Jahrhundert sind jedoch noch schön verziert. Blickfang ist das Südportal mit seiner Kordelumrahmung und der zweiten Umrahmung mit stalaktitenähnlichen Zacken und eingesetzten Perlen. In einem ähnlichen Dekor zeigt sich auch das Gesims. Pflanzen haben schon die alte Fassade eingenommen, Gras wächst auf dem Dach, Beerenranken und Hagebuttenzweige heben sich rot von der grauen Fassade ab. Ein großer Mirabellenbaum macht sich fast unmittelbar vor dem Eingang breit. ⊙ *39°30'9.26"N, 46°25'54.57"E*
Von Neu-Chndzoresk bis nach unten zur alten Dorfkirche und wieder zurück ist mit einem Fußmarsch von **gut zwei Stunden** zu rechnen. Man könnte natürlich auch den Weg über die Hängebrücke auf die andere Seite der Schlucht nehmen und sich dort abholen lassen.

## Von Neu-Schinuhajr nach Alt-Schinuhajr (Sjunikh)**

Vom Rande des Hochplateaus, auf dem die neuen Dörfer Choth, Schinuhajr und Halizdor liegen, erscheint das alte Schinuhajr (→ S. 430) Stunden entfernt.
⊙ *39°25'58.07"N, 46°19'6.83"E*
Der **Abhang ist steil** und der Weg, der oben breit und schön beginnt, wird zunehmend enger, geröllinger und staubiger. Irgendwo scheint er zwischen großen Felsbrocken, unüberwindbarem Gebüsch und den Mauerresten zu enden. Wasser rinnt den Hang herab und verwandelt einen Teil des Erdpfades in ein kleines Flussbett, in dem nur die größeren Steine einen festen Tritt aushalten können. Der Wind kühlt die von der Sonne erhitzten Felsen mit seinem Schneehauch ab. Die Berge in der Ferne sind meist das ganze Jahr über schneebedeckt. Das Gefälle des Weges ist relativ groß, zumindest die ersten paar Meter. Die Dorfbewohner kommen vorbei und scherzen. Und rufen sich ihr altes Dorf in Erinnerung und sind plötzlich wieder stolz darauf. Bald ist man den Ruinen des alten Dorfes näher, doch dann ist der Weg irgendwo nicht mehr so gut sichtbar. Aber am besten nur auf die Kirche zu, sie im Blick behalten. Eine Quelle quert den Weg und macht ihn ein ganz schönes Stück lang zu einer schlammigen, rutschigen Unterlage. Es heißt, geschickt einen Weg über die Steine zu hüpfen, aber auch die können ganz schön glatt sein.

Der Weg wird nach einer weiteren Kurve wieder flacher, die Mauern wieder höher. Die ersten alten Gebäude sind bereits aus der Nähe zu sehen. Manche haben noch ihre Dächer mit den kreisrunden Jerdiks, andere sind Gewölbe, in denen sich jetzt nicht mehr Mönche, sondern Schafe ausruhen. Einige Dörfler haben ihre alten Grundstücke noch immer bepflanzt. ⊙ *39°25'39.77"N, 46°19'13.98"E*

Der Marsch vom Rande Neu-Schinuhajrs am Plateau bis hinunter zur Muttergotteskirche nimmt, vorausgesetzt es hat nicht einige Tage davor geregnet, eine gute halbe Stunde in Anspruch. Der Aufstieg ist natürlich etwas anstrengender, da muss man schon mit 45 Minuten rechnen. Insgesamt daher gut **eineinhalb bis zwei Stunden**.

## ■ Kloster Schnherivankh

Dann ist wieder zwischen den hohen Laubbäumen die Kirche auf der rechten Seite zu sehen. Sie ist dem Weg mit ihrer breiten Nordseite zugewandt. Ein alter Friedhof mit vielen umgefallenen Grabsteinen umgibt die Klosterkirche von Kusanats, Anapat oder wie man ihm Dorf oft hört: Schnherivankh. Diese Einsiedelei ist genau genommen keine, denn sie wurde mehr oder weniger mitten im Dorf gebaut. Hier hatten sich einst Nonnen niedergelassen, um der großen Universität von Tathev nahe zu sein, die ihnen verwehrt war. ◎ *39°25'36.64"N, 46°19'14.07"E*

Aus Berichten geht hervor, dass das Kloster spätestens gegen Mitte des 17. Jahrhunderts entstanden sein muss, denn bereits im Jahr 1668 war das Dorf von mehr als 60 Nonnen bevölkert. Ein reicher Kaufmann aus Agulis mit dem klingenden Namen Mahtesi Azarjan spendete den Nonnen eine große Kirche und ließ auch einige Nebengebäude erbauen. Die ornamentierte Säule an der Südseite des Bemas ließen einige Jahre später Benjamin Goghtets'i und sein Sohn Azaria wieder erneuern. Im selben Jahr bemühte sich auch ein gewisser Hovhannes Ts'ghnets'i mit seinem Sohn Astvatsatur um den Bau eines Refektoriums südwestlich der Kirche. Noch im 19. Jahrhundert wurden an der langen Befestigungsmauer an der Nordostseite einige Wirtschaftsgebäude errichtet. Die hohen Schutzmauern sind durch Bäume und Sträuche nicht mehr gut erkennbar. Einige Stücke sind natürlich eingebrochen. Diese Mauer ist am westlichen Ende des alten Dorfes entlang des ganzen jäh abfallenden Abgrundes zum Schutz aufgestellt worden.

Die Muttergotteskirche wurde dann an der Südseite links von der Eingangspforte errichtet. Rechts der Pforte liegen zwei gleich große quadratische Räume, vermutlich die Schule. Diesen Unterrichtsräumen wurde dann ein relativ großer rechteckiger Hof von 30 Metern Länge und zwölf Meter Breite vorgesetzt.

Die Muttergotteskirche ist relativ groß, besonders im Gegensatz zu den winzigen Dorfhäusern. Doch sie ist aus dem-

*Blick vom Hochplateau bei Halizdor in die Schlucht des Vorotan*

selben Material wie diese unscheinbaren Behausungen erbaut. Die Südseite sieht beinahe so aus als ob sie einmal eine helle Farbe gehabt hätte. Vielleicht ist es aber nur die natürliche Bleichung des Steines. Ein massiger, breiter Bau mit einem flachen Satteldach und ohne überflüssiges Dekor. Das Innere der Muttergotteskirche ist ebenso geräumig, obgleich die Basilika durch zwei Pfeiler in der Mitte in drei Schiffe geteilt wird. Die Apsis ist hufeisenförmig und kann über die beiden Steintreppen an den Seiten erstiegen werden. Die zwei kleinen Eckräume sind durch den rechteckigen Grundriss nach außen nicht zu sehen. Ein bescheidenes Gotteshaus für eine fleißige Schar von Nonnen. Kein Schnörkel, keine Ranke, sogar die Pfeilerkapitelle sind erdenklich sparsam. An der Südwestecke weisen Mauerreste auf ein kleines Gavith hin, das leider mehr als zur Hälfte zerstört ist.

Die Erkundung des Nonnenklosters schreitet mit der Suche nach den übrigen Gebäuden weiter. Doch das ist nicht so einfach. Es gibt kaum Wege, über Stock und Stein ist hier wörtlich zu nehmen. Natürlich zischen auch wieder vergnügt ungiftige, grünbraune Klosterschlangen um die Wette, und vorbeikommende Dorfbewohner warnen vor dem gefährlichen Abgrund. Nur nicht zu nah an die Mauer herangehen, alles ist locker und brüchig.

Am schnellsten, jedoch nicht am einfachsten sind die **Reste des Refektoriums** südlich der Kirche über einen kleinen Hang hinunter zu finden. Da gehört schon eine kleine Portion Wagemut dazu, über den Felsen hinunter zu klettern, der die Nordwand des Refektoriums bildet. Ein rechteckiges überwölbtes Bauwerk, das durch zwei Querbögen in drei gleich große Räume geteilt wird. Das Gebäude ist recht gut erhalten, besonders der Eingangsbereich im Osten. Von den Schulräumen an der Nordostwand sind teilweise nur die Grundmauern erhalten. Es gibt auf dem ganzen Gelände auch noch halb aus der Erde ragende, umgefallene Grabsteine zu sehen.

Der Weg, der von Neu-Schinuhajr zum Kloster geführt hat, setzt sich nach Norden durch das alte Dorf fort. Und diese **alte Dorfstruktur** ist auch nicht uninteressant. Traditionelle in Stein gebaute Dorfhäuser mit Jerdik und womöglich auch Tonire sind in ihren Resten zu erkennen.

*Herbstblumen*

# Reisetipps von A bis Z

## Autofahren

Armenien ist ein kleines Land, was die leichte Erreichbarkeit aller Landesteile gewährleisten sollte. Doch ist das 7700 Kilometer lange Straßennetz unzureichend, einzig die Hauptverkehrswege von Norden nach Süden und von Osten nach Westen sind einigermaßen gut zu befahren. Ein Großteil der Straßen ist noch immer in relativ schlechtem Zustand, vor allem auf dem Land. Abseits der wichtigen Landstraßen begegnet man schnell Schotter- oder Erdstraßen. Immer wieder hindern sind die Gebirgsstraßen einem schnellen Vorwärtskommen hinderlich. Besonders bei nasser Witterung oder Schnee ist von Ausflügen aufs Land oder in gebirgige Höhen abzuraten. Schnee wird nicht geräumt und bei Regenfall erweisen sich mehr oder weniger große Pfützen oft als verhängnisvolle mit Regenwasser gefüllte Schlaglöcher. Man kann beispielsweise kaum die Strecke nach Goris und zurück nach Jerevan von etwa 500 Kilometern an einem Tag bewältigen und noch Zeit haben, etwas in Goris zu besichtigen.

## Autovermietung

In Armenien kann man Autos mieten, allerdings herrschen hier eine eher ›orientalische‹ Fahrweise und oft schlimme Straßenverhältnisse. Verkehrsregeln scheinen lediglich Empfehlungscharakter zu haben. Wer dieser Anstrengung entgehen möchte, sollte sich lieber bei einer der Jerevaner Agenturen ein Auto mit ortskundigem Fahrer mieten. Auch findet man sich im Land nur schwer zurecht, da es kaum Straßenschilder oder gute Karten gibt. Man muss sich oft den Weg erfragen, was häufig bei drei Befragten in drei verschiedenen Wegbeschreibungen endet. Autos mit geübten und ortskundigen Fahrern kann man bei allen zuverlässigen armenischen Tourismusagenturen sowie bei den Mietwagenfirmen buchen.

Ohne Probleme kann man die in der Umgebung von Jerevan gelegenen Sehenswürdigkeiten mit einem Mietwagen besichtigen. Bei folgenden Firmen kann man zuverlässige Autos mieten, beginnend mit kleinster Kategorie ab etwa 40 Euro am Tag, ohne Benzin und ohne die meist happige Kaution, die bis zu 200 US-Dollar betragen kann. Es wird je nach Anbieter ein Mindestalter von 23–25 Jahren und mindestens ein Jahr Führerscheinbesitz vorausgesetzt. Ein internationaler Führerschein ist nicht nötig.

Alle drei Firmen haben Stationen im Stadtzentrum:

**Hertz**
Abovjani ph. 3
Tel. +374/10/584818, mobil: +374/96/584818, www.hertz.am.

**AVIS Armenia**
Im Hotel Ani, Sayath Novayi ph. 19
Tel. +374/(0)10/516369, mobil +374/(0)91/345322, www.avis.am

**Sixt**
Im Hotel Northern Avenue, Hjusisajin ph. 10/1, Filiale am Flughafen Zvarthnots', Tel. +374/(0)96/660361, www.sixt.am

→ **Straßenverhältnisse S. 443**

*Tiertransport auf Armenisch*

## Bettler

Durch die Wirtschaftskrise ist leider die Armut sehr gestiegen. So gibt es besonders in Jerevan immer wieder Bettler, besonders alte Frauen und kleine Kinder. Sie werden

alte Frauen und kleine Kinder. Sie werden meist stillschweigend geduldet, der Durchschnittsarmenier gibt sogar gerne etwas Geld für die Ärmsten der Armen. Die Bettler sind normalerweise wenig aufdringlich und freuen sich auch über ein paar Dram.

## Botschaften
### Deutsche Botschaft in Jerevan
Tsch'arents'i ph. 29
Tel. +374/(0)10/523279
www.eriwan.diplo.de

Österreich hat keine Niederlassung in Armenien. Für etwaige Fragen oder in diversen Angelegenheiten ist die Deutsche Botschaft zuständig. Ansonsten wendet man sich an das Österreichische Bundesministerium für Auswärtige Angelegenheiten, 1014 Wien, Tel. +43/(0)1/53115.
Die **Schweiz** hat keine Niederlassung in Armenien. Die nächstzuständige Botschaft ist in Moskau, Ogorodjnaja Sloboda 2/5, Tel. +7/(0)495/2583830,, www.eda.admin.ch/moscow

### Botschaft der Republik Armenien in Deutschland
Nußbaumallee 4, 14050 Berlin
Tel. +48/(0)30/4050910
www.germany.mfa.am
Konsulat: Mo, Di und, Do 10 bis 13 Uhr; Di zusätzlich 14.30 bis 16 Uhr.

### Botschaft Armeniens in Österreich
Hadikgasse 28, 1140 Wien
Tel. +43/(0)1/527479
Konsulat: Mo, Mi, Fr 10 bis 13 Uhr
www.austria.mfa.am/en/

### Botschaft Armeniens in der Schweiz
28, Avenue du Mail, 1205 Genève
Tel. +41/(0)22/3201100
www.switzerland.mfa.am/en/
Konsulat: Di und Do 10 bis 12Uhr und 15 bis 17 Uhr.

## Einreise nach Berg Karabach
Es ist möglich, von Armenien aus das zwischen Armenien und Aserbaidschan umstrittene Gebiet der international nicht anerkannten Republik Berg Karabach (Nagorno Karabakh Republic) zu besuchen. Das deutsche Auswärtige Amt rät wegen immer mal wieder aufflammender militärischer Auseinandersetzungen allerdings davon ab (www.auswaertiges-amt.de).

Armenien hält einen Streifen aserbaidschanischen Gebietes zwischen Armenien und Berg Karabach besetzt, und so fahren täglich Busse von Jerevan nach Stepanakert. Um nach Berg Karabach zu reisen, benötigt man ein **Visum**, das in der Vertretung Berg Karabachs in Jerevan ausgestellt wird und 21 Tage gültig ist (Nairi Zarian Street 17a, Yerevan, RA 0051, Consular Department Tel.

*Dorfszene*

+374/(0)10/249705, ankr@arminco.com, www.nkrusa.org). Das Visum kostet 3000 Dram und wird innerhalb eines Tages ausgestellt. Alternativ kann man das Visum auch nach Ankunft in Stepanakert beantragen. Mit einem Visum für Berg Karabach im Pass kann man allerdings **nicht mehr nach Aserbaidschan einreisen.** → S. 64

## Entfernungen von Jerevan
Bei der nachfolgenden Liste der Entfernungen von Jerevan in Kilometern muss man für die tatsächliche Fahrtzeit immer die Straßen- und Witterungsverhältnisse berücksichtigen.
Eine ausführliche **Entfernungstabelle** steht auf → S. 13.

*Die Steine bitte nicht berühren*

Alaverdi 165
Armavir 44
Artaschat 30
Aschtarak 22
Berd 165
Dilidschan 100
Dschermuk 173
Gavar 92
Gjumri 120
Goris 237
Hrazdan 47
Idschevan 130
Jeghegnadzor 123
Kapan 300
Meghri 373
Sevan 63
Sisian 206
Vagharschapat 20
Vanadzor 118

## Feiertage
**Kirchliche Feiertage**:
Neujahrstage 1. und 2. Januar.
Weihnachtstag am 6. Januar.
Mariä Himmelfahrt an dem dem 15. August folgenden Sonntag.
Mariä Geburt am 8. September.
Mariä Empfängnis am 9. Dezember.
Der Tag der Kreuzerscheinung wird am vierten Sonntag nach dem Ostersonntag gefeiert.
Der Tag der Kreuzerhöhung wird an jenem Sonntag begangen, der dem 14. September am nächsten liegt.
**Arbeitsfreie kirchliche Feiertage**:
31. Dezember.

**Arbeitsfreie Staatsfeiertage**:
24. April, Gedenktag für die Opfer des Völkermordes an den Armeniern von 1915.
9. Mai, Siegestag, an dem man der Toten des Zweiten Weltkrieges gedenkt.
28. Mai, Tag der ersten Republik.
5. Juli, Tag der Verfassung.
21. September, Unabhängigkeitstag.

**Weitere arbeitsfreie Tage**:
7. April, Tag der Mütter und der Schönheit.
1. Oktober, Alphabettag.
7. Dezember, Gedenktag für die Opfer des Erdbebens 1988.

## Fluggesellschaften
Derzeit ist es möglich mit Austrian Airlines fünfmal wöchentlich direkt ab Wien nach Jerevan zu fliegen, mit Czech Airlines zweimal wöchentlich ab Prag und mit Lot Polish Airlines ab Warschau (tägliche Verbindung ab 2017 geplant).
Es gibt tägliche Umsteigeverbindungen mit Air France, Ukrainian Airlines und anderen

## Fluggesellschaften

Fluggesellschaften über Amsterdam, Paris, Brüssel etc.
Außerdem gibt es täglich Umsteige-Verbindungen von allen großen deutschen Flughäfen mit den russischen Fluggesellschaften Aeroflot und S7, allerdings mit mehrstündigen Zwischenstopps in Moskau. Man sollte sich vor der Buchung nach den jeweils für die Flugkombination erforderlichen Transitbestimmungen erkundigen, eventuell wird ein Transitvisum nötig.
Näheres im Internet zum Beispiel unter www.opodo.de. Die Preise beginnen bei rechtzeitiger Buchung bei ca. 300 Euro.

**Niederlassungen in Jerevan:**

**Austrian Airlines**
Alek Manukjani ph. 9, Tel. +374/60/612201, www.austrian.com.

**Czech Airlines**
Marschal Baghramjani ph. 2
Tel. +374/(0)10/563624, Fax 522162
www.czechairlines.com
reservation@czechairlines.am

**LOT Polish Airlines**
Argischtii ph. 7
Tel. +374(0)10/510286 oder 510284
www.lot.com

## Flughafen Zvarthnots'

Der internationale Flughafen (IATA-Code EVN) befindet sich in Zvarthnots', im Westen von Jerevan und etwa 12 Kilometer vom Stadtzentrum entfernt. Seit knapp zwei Jahren sind auch die neuen Ankunft- und Abflugterminals fertig und bieten Komfort und relativ zügige Abfertigung an den Schaltern. Es gibt Wechselstuben und Fahrzeugvermietung (www.aia-zvartnots.aero). Vom Flughafen bis ins Zentrum Jerevans verkehren regelmäßig **Flughafentaxis** mit Festpreisen (Grundpreis 400 AMD plus 250 AMD je Kilometer). Je nach Ziel in Jerevan sollte die einfache Fahrt nicht mehr als 3000 bis 5000 Dram kosten.
Andere Taxifahrer verlangen für die relativ kurze Fahrt manchmal an die 30 Dollar, was viel zu überhöht ist. Man sollte mit den Taxifahrern, die nicht zum Flughafen gehören, den Preis schon vor dem Einsteigen ins Taxi verabreden, damit man keine bösen Überraschungen erlebt.
Tagsüber verkehrt auch ein **Flughafenbus** sowie die **Minibuslinien N17 und N18** bis ins Zentrum Jerevans.
Bei der Rückreise sollte man wie überall auch sonst im internationalen Flugverkehr zwei Stunden vor dem Abflug am Flughafen sein. Natürlich kann man sein Gepäck bis zum tatsächlichen Zielflughafen durchchecken lassen.

*Aprikosenernte*

## Gastfreundschaft

Die Armenier sind ein überaus gastfreundliches Volk, auch wenn die Verständigung oftmals dadurch erschwert wird, dass nur in größeren Städten neben Armenisch und Russisch auch Englisch gesprochen wird. Besonders in den Dörfern wird man reich bewirtet und die Bauern geben den Touristen gerne die Früchte der Saison zu kosten. Das ist eine sehr nette Geste, die nicht durch das Anbieten oder Geben von Geld beeinträchtigt werden sollte, da man mit so einer Handlungsweise Armenier beleidigt. Die kleinen Kinder, die bald neugierig herbeigelaufen kommen, freuen sich aber immer über kleine Naschereien oder Spielzeug. Aber auch das werden sie meist erst annehmen, wenn sie die Erwachsenen um Erlaubnis gefragt haben.

## Geld

Im November 1993 wurde die armenische Währung eingeführt, sie heißt Dram, Geld. Es gibt Geldscheine zu 1000 und 5000, 10 000, 20 000, 50 000 sowie 100 000 Dram und Münzen im Wert von 10, 20, 50, 100 und 500 Dram.

## Geldwechsel

Der Dram orientiert sich am Kurs des amerikanischen Dollars und schwankte in den letzten beiden Jahren zwischen 500 und 570 Dram für einen Euro. Anfang 2017 bekam man 490 Dram für einen Euro. Geld kann man in den Hotels, in den Banken oder Wechselstuben jederzeit wechseln. Man muss nach Armenien keine Dollar mehr mitbringen, der Euro ist frei umzutauschen und wird überall auch als Zahlungsmittel anerkannt.

Man kann auch überall im Zentrum von Jerevan schon mit **Kreditkarten** und **Maestro- bzw. Girokarten** Geld von Bankomaten abheben, besonders praktisch ist jener Bankomat mitten im Zentrum, beim Astafyan-Hotel, Abovjani ph. 5, der 24 Stunden in Betrieb ist. Achtung: **Bargeldabhebung mit V Pay ist nicht möglich**. Man sollte sich vor der Reise bei seiner Bank erkundigen, welches der Kartensysteme, das die jeweilige Bank ausgibt, in Armenien akzeptiert wird. In vielen Geschäften und Hotels in Jerevan kann auch mit Kreditkarte bezahlt werden. Auf dem Land ist das seltener anzutreffen und funktioniert auch dann nicht immer. Preisniveau: → S. 440

## Gesundheit

Für Armenien sind keine Impfungen vorgeschrieben. Neben dem **gängigen Impfschutz** gegen Polio, Diphterie und Tetanus sind eventuell Impfungen gegen **Hepatitis** zu empfehlen. Wer bei Wanderungen länger auf dem Land unterwegs ist, sollte sich über eine etwaige **Tollwutimpfung** beraten lassen. Am besten lässt man sich in einem reisemedizinischen Zentrum beraten. Einige Krankenkassen übernehmen bereits die Kosten für Reiseimpfungen.

Außerdem sollte man mit einer kleinen **Reiseapotheke** gegen Magenverstimmungen, Durchfall oder Kreislaufschwächen gewappnet sein. Bei Arztbesuchen sollte man in den Hotels oder bei den Botschaften nachfragen.

Es gibt keine Abkommen mit Europa, die Arztrechnungen sind daher bar zu bezahlen. Der Abschluss einer **Reisekrankenversicherung**, die auch die Kosten für einen Rücktransport einschließt, ist ratsam und kann bei vielen großen Versicherungsunternehmen für wenig Geld getätigt werden. Eine Behandlung an den örtlichen Krankenhäusern ist aufgrund oftmals fehlender Hygiene nicht zu empfehlen.

## Grenzübergänge

Die Grenzen zur Türkei und nach Aserbaidschan (auch Nachitschevan) sind geschlossen.

Es sind nur die Grenzübergänge bei Meghri (Südarmenien–Iran) sowie die beiden Grenzübergänge im Norden nach Georgien geöffnet. Der wichtigste und übliche für Touristen ist Sadachlo. Für die Einreise von Armenien nach Georgien und umgekehrt benötigt man als EU-Bürger kein Visum und muss daher auch nichts bezahlen.

*Dorfkiosk*

Die Einreise nach Berg Karabach ist über den Latsch'iner Korridor im Süden Armeniens nordöstlich von Goris möglich (Visum erforderlich, → S. 434, S. 64).

## Individualreisen

Armenien kann man durchaus auch ohne organisierte Gruppe bereisen. Wer es sich nicht alleine zutraut, kontaktiert eine der angegebenen Jerevaner Agenturen, die von Unterkünften bis hin zu Autos, Übersetzern, Führern oder Bergtouren gerne alles vorbereiten und beratend zur Seite stehen. Auf jeden Fall sollte man sich zuvor noch bei der jeweiligen armenischen Botschaft über die aktuellen Einreisevorschriften und Zollbestimmungen erkundigen.

Man sollte nicht allzu geschäftstüchtigen Armeniern in die Hände fallen und Angebote bei mehreren Agenturen einholen. Außerdem sind Direktbuchungen bei den Hotels nicht immer zuverlässig, nicht selten schleicht sich der orientalische Schlendrian ein. Problemlos funktioniert allerdings die Vorausbuchung im Internet (z.B. www.booking.com).

Das Reisen ›aufs Geratewohl‹, also völlig ohne Vorbereitung, ist in Armenien nicht empfehlenswert, da die Infrastruktur in abgelegeneren Gebieten oft nicht vorhanden ist – außer man will mit Riesenrucksack und Zelt bepackt durch das armenische Bergland stapfen.

Generell gilt, dass die Armenier sehr hilfsbereit sind und man sich mit Hilfe der zahlreichen und häufigen Minibusverbindungen (→ S.439) recht einfach durchs ganze Land bewegen kann. Armenische bzw. russische Sprachkenntnisse sind allerdings von Vorteil.

## Klima

In Armenien herrscht trockenes, kontinentales Klima. Durch die Höhenunterschiede kann es jedoch zu großen Temperaturunterschieden kommen. Die meisten Niederschläge fallen im Frühjahr zwischen April und Mai und im November. Der Schnee kann sich auf über 2000 Metern sogar bis in den Mai halten. Die Sommermonate sind überall sehr heiß, besonders aber im Ararattal. Die besten Reisezeiten sind ab Mitte Mai bis Mitte Juni und Mitte September bis Mitte Oktober.

Der Herbst kann bis in den November angenehm warm sein; niedrige Temperaturen sind meist zwischen Dezember und Februar zu erwarten. Im Winter ist mit wenig Schnee und trockener Kälte zu rechnen.

## Kleidung

In Armenien gibt es nicht unbedingt Kleidungsvorschriften. Durch den Einfluss des Westens hat sich vor allem in den Großstädten die Kleidung der Bevölkerung geändert. Für den Durchschnittstouristen sind aber auf jeden Fall bequeme Kleidung, gutes Schuhwerk und wegen der rasch umschlagenden, oft kühlen Witterung im Hochland auch ein Pullover oder eine Jacke angebracht. Für den Besuch von Theater oder Oper ist Straßenkleidung durchaus geeignet, wer mag, kann sich auch besser kleiden.

Das einzig Verpönte und für Armenier ganz lächerlich sind kurze Hosen bei Männern. Beim Betreten einer Kirche sollte man sich bedecken, nackte Arme oder Beine sieht man hier nicht gerne.

## Lebensmittel

Es gibt besonders in Jerevan viele Lebensmittelgeschäfte, die sich am westlichen Standard orientieren. Dort kann man die ganze Woche über Produkte aus dem Westen und Getränke kaufen. Diese modernen Läden sind aber meist teurer als die normalen armenischen Geschäfte, wo man auch beruhigt Getränke, Brot, Käse oder Wurst einkaufen kann.

Das beste und frischeste Obst und Gemüse gibt es in den Märkten, wo man natürlich nach orientalischer Sitte den Preis geschickt verhandeln kann. Viele kleine Straßenhändler in ganz Armenien verkaufen auch Getränke, Brot, Obst und Gemüse. Das kann man bedenkenlos kaufen, es ist meist auch billiger als in den Geschäften oder den gro-

## Öffentliche Verkehrsmittel

ßen Märkten. Von Eierprodukten, Speiseeis oder von auf den Straßen verkauftem Fleisch ist in den heißen Sommer- und Herbstmonaten eher abzuraten, sie können Krankheitskeime enthalten.

### Notfälle
In Notfällen können folgende Nummern gewählt werden: Polizei 102. Erste Hilfe 103. Feuerwehr 101.

### Öffentliche Verkehrsmittel
Auskünfte über **Busse** erhält man am Zentralen Busbahnhof, Admiral Isahakovi ph.6, Tel. +374/(0)10/565370, 562931, oder am nördlich gelegenen Busbahnhof in der Thbilissi chtsch., Tel. 282471, 280666.
Auch **Züge** verkehren wieder. Sie fahren allerdings sehr selten, und man kann nur wenige Landesteile erreichen. Regelmäßige Verbindungen gibt es zwischen Jerevan und der georgischen Hauptstadt Tbilissi, im Sommer auch nach Batumi (Georgien). Auskünfte am Hauptbahnhof, Tel. 459686, Zugauskunft 004 (→ S. 158).
Das **Minibus- oder Sammeltaxi-System** hat sich in den vergangenen Jahren auch überregional bewährt. Der Vorteil: kleine Gruppen, schnelleres Vorankommen und geübte Fahrer. Das ist sicherlich die günstigste Art, sich durch Armenien zu bewegen – man muss aber oft überfüllte Fahrzeuge und eventuell Wartezeiten in Kauf nehmen. Die Abfahrtstellen sind über die ganze Stadt verteilt und können sich auch ändern.
Die nachfolgende Auflistung soll einen Überblick über die wichtigsten Abfahrtsstellen und Ziele geben. Die Preise entsprechen dem derzeitigen Stand und gelten für eine Fahrtrichtung. Die Rückfahrkarten erhält man vor Ort. Es empfiehlt sich, die Karten, vor allem für weitere Entfernungen schon einen Tag vorher zu kaufen. Die Fahrzeiten ändern sich ständig, deswegen wird hier nur die Frequenz angegeben.

▸ Vom **Zentralen Busbahnhof Kilikia** fahren Minibusse in folgende Richtung täglich ab (→ Karte S. 110/111).

**Alaverdi**: täglich fünmal zwischen 9 und 17 Uhr, 1500 Dram.
**Dschermuk**: zweimal täglich, 2000 Dram.
**Sisian**: zweimal täglich, 2000 Dram.
**Stephanakert** (Hauptstadt von Karabach, Visum erforderlich → S. 434), dreimal täglich, 5000 Dram.

▸ Vom sogenannten **Nördlichen Busbahnhof**, im Norden der Stadt, Sevani ph. 1:
**Dildschan/Idschevan**: täglich stündlich zwischen 9 und 18 Uhr, 1500 Dram.
**Gavar**: täglich alle 1–2 Stunden, 800 Dram.
**Vardenis**: viermal täglich in den Vormittagsstunden, 1500 Dram.

▸ Von der sogenannten **Agathangeghos-Chorenats'i Busstation** (an der Kreuzung der beiden Straßen, → Karte S. 110):
**Vanadzor**: Mehrmals täglich zwischen 8.45 und 19.50 Uhr, 1200 Dram.
**Goris**: täglich, 2500 Dram.
**Artaschat**: täglich alle 10 Minuten zwischen 9 und 23 Uhr, 250 Dram.
**Dvin**: täglich alle 60 Minuten, zwischen 9.20 und 20.20 Uhr, 250 Dram.
**Gjumri**: täglich, alle 20 Minuten, zwischen 7.30 und 20.30 Uhr, 1200 Dram
**Kapan**: täglich 7.30 und 12 Uhr, 3500 Dram.

▸ In die Jerevan näher gelegenen Orte gelangt man meist von Haltestellen im Zentrum.
**Edschmiatsin**: Ecke Saryani ph. und Maschtots'i ph. in der Nähe des Museums für Moderne Kunst, alle 10 Minuten zwischen 7.30 und 22 Uhr, 250 Dram. Hier fährt auch ein Bus nach **Zvarthnots'** vorbei, alle 10 Minuten zwischen 8 und 17 Uhr. (→ Karte S. 110)
**Garni**: Gai ph. 14/3, Nor Norkh, neben dem Autosalon von Mercedes Benz, täglich alle 50 Minuten zwischen 10 und 21.30 Uhr, 250 Dram. (→ Karte hint. Umschlagklappe)
**Chor Virap**: Hauptbahnhof Sasunts'i David, westlich des Bahnhofs an der Sevan ph. Täglich 9, 14, 17 Uhr, 400 Dram. (→ Karte hintere Umschlagklappe)
**Aschtarak**: Paronjani ph, gegenüber der Moschee, täglich stündlich zwischen 7.40 und 18.40 Uhr, 250 Dram. (→ Karte S.110)

**Hovhanavan**: ebenfalls Paronjani ph.; täglich 11.20, 15.20, 19.20 Uhr, 300 Dram.
**Sevan**: Isahakjani ph. 28, vor dem Drama-Theater; täglich alle 40 Minuten zwischen 8 und 18 Uhr, 600 Dram. (→ Karte S. 111)
**Jeghegnadzor**: von der Arschakunjat's-Straße, tägl. stündlich 8.30–19 Uhr, 1000 Dram. (→ Karte hintere Umschlagklappe)

## Öffnungszeiten
Die Geschäfte in Jerevan sind entweder von 9–19 Uhr oder von 10–22 Uhr – und das meist täglich – geöffnet.

## Post
Die armenische Post arbeitet relativ zuverlässig. Es gibt in der Hauptstadt Jerevan zahlreiche Postämter. Hier gibt es auch Briefmarken oder Kuverts zu kaufen. Es gibt sehr schöne armenische Marken, auch für Sammler.
Eine normale Postkarte kostet derzeit nach Europa und Übersee Luftpost 350 Dram. Pakete kann man durchaus auch aufgeben, sie werden häufig sogar in den Postämtern geschnürt.
Pakete ins Ausland werden natürlich im Zentralpostamt und am Republiksplatz sowie in den Postämtern Nummer 2, 6, 10, 14, 20, 56, 65 und 78 entgegengenommen.

Das zentrale Postamt in der Saryani ph.22 hat wochentags von 8–19 Uhr geöffnet, das Postamt am Republiksplatz von Mo bis Fr, von 9–17 Uhr. www.haypost.am

## Preisniveau
Lebensmittel, Bücher und Waren des täglichen Bedarfs erscheinen für Touristen recht billig, beispielsweise kostet Brot je nach Sorte zwischen 150 und 300 Dram (Halbes Kilo Weißbrot lt. Statistischem Zentralamt durchschnittlich 240 Dram), 1 Liter Milch durchschnittlich 409 Dram, ein Kilo Kartoffeln durchschnittlich 213 Dram, ein Kilo Äpfel durchschnittlich 404 Dram (Statistisches Zentralamt, Daten Anfang 2017), ein armenischer Kaffee in einem Restaurant 150 bis 300 Dram, eine große Flasche Mineralwasser etwa 250 bis 600 Dram, eine Flasche guten armenischen Rotweines zwischen 3000 und 6000 Dram. Hotelübernachtungen und andere touristische Dienstleistungen sind vergleichsweise teuer. → Geld S. 437

## Reiseagenturen in Armenien
Viele touristische Organisationen sind in den letzten Jahren entstanden, die geführte Ausflüge oder Tagestouren anbieten, Übersetzer, Reiseführer und Autos zur Verfügung stellen oder Hotels und Apartments vermitteln. Die meisten bieten auch mehrtägige Touren zu speziellen Themen an. Nicht alle arbeiten seriös, folgende in Jerevan ansässige Agenturen bewähren sich schon länger:
**Arcus Tours**
Arshakunjats 2
Tel. +374/60/522722,
+374/93/770027
www.arcustours.com
**Armenia Travel**
Vardanants'i ph. 16
Tel. +374/10/563667
Fax 526106
www.armeniatravel.am
**Levon Travel**
Sajath Novaji pogh. 10
Tel. +374/10/525210
www.levontravel.am

*Bäuerin beim Lavaschbacken*

**Avarayr Tour Company**
Phaustos Bjuzandi ph. 1
Tel. +374/10/524042, 563681
www.avarayr.am
avarayr@arminco.com.
**Fructus ARMENIAcus Travel Company**
Vagharschjani p. 12a/3
Tel. +374/10/264199
www.fructusarmeniacus.com
info@fructusarmeniacus.com.
**Hyur Service**
Nalbandjani ph. 96
Tel. +374/10/546040, 546080,
560495, 529808 (Hauptbüro)
www.hyurservice.com
contact@hyurservice.com

## Reiseveranstalter

Auch in Europa haben zahlreiche Reiseveranstalter Armenien in ihr Programm aufgenommen, manchmal in Kombination mit Georgien. Informationen kann man auch bei den Armenischen Botschaften oder sogar bei den armenischen Kirchenzentren in Köln, Berlin, Wien oder Genf einholen.

### Deutschland
**Biblische Reisen GmbH**
Silberburgstr. 121
70176 Stuttgart
Tel. 0711/619250
www.biblische-reisen.de
**Diamir Erlebnisreisen**
Berthold-Haupt-Str. 2
01257 Dresden
Tel. 0351/312077
www.diamir.de
**Eberhardt Travel**
Zschoner Ring 30
01723 Kesselsdorf
Tel. 035204/92112
www.eberhardt-travel.de
**Ex Oriente Lux**
Neue Grünstraße 38
10179 Berlin
Tel. 030/62908205
www.eol-reisen.de
**Erka-Reisen**
Robert-Stolz-Str.21
76646 Bruchsal
Tel. 07257/930390
www.erka-reisen.de
**Gebeco**
Holzkoppelweg 19
24118 Kiel
Tel. 0431/54460
www.gebeco.de
**German Travel Network**
Rothenburgerstr. 5
90443 Nürnberg
Tel. 0911/92899185
www.g-t-n.de
**Go East Reisen**
Bahrenfelder Chaussee 53
22761 Hamburg
Tel. 040/8969090
www.go-east.de
**Haase Touristik**
Dickhardtstr. 56
12159 Berlin
Tel. 030/84183226
www.haase-touristik.de
**Ikarus Tours Gmbh**
Am Kaltenborn 49–51
61462 Königstein/TS
Tel. 06174/29020
www.ikarus.com
**Kaukasus-Reisen**
Hans Heiner Buhr
Tel. +995/599/570554
www.kaukasus-reisen.de
**Kulturreisen Gordion**
Schillerstraße 13
71638 Ludwigsburg
Tel. 07141/4887230
www.kulturreisen-gordion.de
**Lernidee Reisen**
Kurfürstenstraße 112
10787 Berlin
Tel. 030/7860000
www.lernidee-reisen.de
**Ost & Fern**
An der Alster 40
20099 Hamburg
Tel. 040/28409570
www.ostundfern.de
**TSA-Travel Service Asia**
Riedäckerweg 4

90765 Fürth
Tel. 0911/9795990
www.tsa-reisen.de
**Ventus Reisen GmbH**
Krefelder Str. 8
10555 Berlin
Tel. 030/39100-332 und -333
www.ventus.com
**Via Verde**
Paul-Kemp-Str. 2a
53173 Bonn
Tel. 0228/92616390
www.via-verde-reisen.de

Österreich
**Biblische Reisen Österreich**
Stiftsplatz 8
3400 Klosterneuburg
Tel. 02243/353770
www.biblische-reisen.at
**Kneissl Touristik**
Linzerstraße 4–6
4650 Lambach
Tel. 07245/20700
www.kneissltouristik.at
**Kompass Reisen**
Mariahilfer Straße 133
1150 Wien
Tel. 01/8923443
**F.I.T. Sporturlaub GmbH**
Walzengasse 39
2380 Perchtoldsdorf
Tel. 0660/5079520
www.fit-sporturlaub.com

Schweiz
**Kira Reisen**
Badstr. 31
5400 Baden
Tel. 056/2001900
www.kirareisen.ch

## Sicherheit

Armenien ist ein relativ sicheres Land. Man kann ohne Probleme durch die Stadt spazieren. Abends sollten Frauen nicht unbedingt allein auf der Straße sein, weil man Gefahr läuft, angestarrt und belästigt zu werden. In Jerevan sollte man sich in größeren Menschenansammlungen vor Taschendieben hüten.

## Souvenirs

In vielen kleinen Läden Jerevans werden Kitsch und Kunst aller Art angeboten. Beliebte Souvenirs sind armenischer Kognak und Wein, kleine Keramikgegenstände oder Holzschnitzereien.

Ein schönes Kognakgeschäft findet man auf dem Maschtots'-Boulevard, nur einige Schritte vom Matenadaran entfernt. Hier gibt es auch nette kleine Fläschchen zu kaufen.

Empfehlenswerte Souvenirgeschäfte, in denen tatsächlich Kunsthandwerk, Gemälde, Teppiche und Originelles – nicht ganz billig – verkauft werden, sind die Geschäfte in der Abovjanstraße.

Oder man kann sich auch auf dem Floh- und Kunstmarkt ›Vernissage‹ durch ein Gewirr von Händlern kämpfen und einige Schnäppchen erstehen: jeden Samstag und Sonntag hinter dem Hanrapetuthjan-Platz, Metro Hanrapetuthjan.

Und wer Antiquitäten, natürlich mit offizieller Genehmigung, erstehen möchte, sollte ›Armenian Antiques‹ in der Chorhrdaranistraße 8 aufsuchen.

*Souvenirs*

## Sprache

Russisch ist natürlich eine weit verbreitete Sprache, die überall, selbst in den Dörfern, verstanden und gesprochen wird. In einigen größeren Geschäften Jerevans, vor allem aber in den Hotels und internationalen Banken und international geführten Restaurants kann man sich durchaus auch in englischer Sprache verständigen. In Jerevan sprechen schon viele junge Menschen Englisch, die sehr gerne bei Problemen behilflich sind. Viele ältere Armenier sprechen sehr gut Deutsch. In den ländlichen Gebieten ist man allerdings wirklich auf armenische oder russische Sprachkenntnisse angewiesen. Ein kleiner Sprachführer befindet sich auf → S. 446.

## Straßen

In Armenien werden Hauptverkehrsstraßen, die meist sehr gut ausgebaut sind, unter der Bezeichnung ›M‹ geführt, Bundesstraßen mit der Bezeichnung ›H‹. Letztere sind teilweise in schlechterem Zustand und dann vor allem bei schlechter Witterung nur unter großen Problemen befahrbar. Die wichtigsten touristischen Straßenverbindungen sind:

| | |
|---|---|
| **M1** | Jerevan–Gjumri–Georgien |
| **M2** | Jerevan–Goris–Aserbaidschan/Karabach |
| **M3** | Jerevan–Spitak–Vanadzor |
| **M4** | Jerevan–Sevan–Aserbaidschan |
| **M5** | Jerevan–Armavir–Türkei |
| **M6** | Vanadzor–Alaverdi–Georgien |
| **M10** | Sevan–Martuni–Getaph |
| **M15** | Balahovith–Masis (Jerevaner Ring) |
| **H3** | Jerevan–Garni–Geghard |
| **H4** | Jerevan–Jeghvard |
| **H9** | Berkanusch–Dvin |
| **H1** | Armavir–Isahakjan–Gjumri |
| **H20** | Agarak–Bjurakan–Tegher–Amberd–Saghmosavankh |
| **H28** | Hrazdan–Tsaghkadzor |
| **H35** | Sanahin–Odzun |
| **H42** | Gndevaz–Dschermuk |
| **H45** | Tathev–Kapan |
| **H50** | von **M4** abzweigend zum Kloster Haghartsin |

*Ein Gesicht Armeniens*

## Strom

Die übliche Stromspannung beträgt 220 Volt, jedoch sollte man Adapter für die Stecker mitnehmen, am besten mehrere gängige.

## Taxi

In Jerevan gibt es ein gut funktionierendes System von Taxis. Man erkennt sie an den schwarzweiß karierten Schildchen auf dem Dach. Standplätze sind überall in der Stadt zu finden, man kann sich auch ein Taxi herbeiwinken. Der Preis sollte vor der Fahrt vereinbart werden, um nicht vom schlauen Fahrer beschwindelt zu werden. Der durchschnittliche Fahrpreis liegt zwischen 100 und 250 Dram pro Kilometer, je nach Wagentyp. Ein Tipp: kleinere Autos und ältere Taxifahrer sind billiger.

Außerdem kann man einen Taxifahrer auch bitten, einen zu einer bestimmten Stunde wieder abzuholen. Das kostet nicht viel mehr als die normale Fahrt, und man kann sich wirklich darauf verlassen, dass das Taxi pünktlich am bestellten Ort wartet.

## Telefon

Innerhalb des Stadtgebietes von Jerevan waren lange Zeit alle Gespräche kostenlos. Dies gilt nur mehr für Gespräche aus einigen Hotels, der normale Privattarif liegt für ein Ortsgespräch bei 4 Dram pro Minute. Für die Telefonautomaten braucht man Telefonkarten, die man an vielen Kiosken kaufen kann.

Gespräche in andere Landesteile sind nur möglich, wenn man schon die Nummer des Teilnehmers kennt. Es gibt in Armenien keine Telefonbücher.

Die Ländervorwahlen sind für Deutschland +49, für Österreich +43, für die Schweiz +41. Die Vorwahl **von Europa nach Armenien ist +374**.

Die **Städtevorwahlen** der größeren armenischen Städte und Dörfer lauten wie folgt:
Aparan +374/(0)252
Ararat +374/(0)238
Armavir +374/(0)237
Aschtarak +374/(0)232
Berd +374/(0)267
Dilidschan +374/(0)2680
Dschermuk +374/(0)287
Vagharshapat +374/(0)231
Gavar +374/(0)264
Gjumri +374/(0)312
Goris +374/(0)284
Hrazdan +374/(0)223
Idschevan +374/(0)263
Jeghegnadzor +374/(0)281
Jerevan +374/(0)10
Kapan +374/(0)285
Sevan +374/(0)261
Sisian +374/(0)283
Tsaghkadzor +374/(0)223
Vanadzor +374/(0)322.

Die meisten Mobilfunkanbieter haben Roaming-Abkommen mit Armenien. Armenische SIM-Karten für Mobiltelefone sind relativ günstig, manchmal werden diese sogar bei der Einreise am Flughafen verschenkt. Die Wertkarten zum Aufladen bekommt man in fast allen Geschäften in Jerevan, sie kosten zwischen 1000 und 5000 Dram. Der Empfang ist eigentlich überall relativ gut. Dies gilt natürlich nicht für sehr abgelegene Gebiete.

## Teppiche

In den vergangenen Jahren ist der Teppichhandel wieder heftig angekurbelt worden. Im Zentrum von Jerevan gibt es eine ganze Reihe von Teppichhändlern. Für die Ausfuhr von Teppichen oder alten geknüpften Stücken, wie Satteldecken, benötigt man Lizenzen.

**Armenian Antiques**
Chorhrdarani ph. 8
Tel. +374/(0)10/58 41 86.

**Oriental Carpets**
Sajath Novaji pogh., Tel. +374/(0)10/56 27 54.

**Vernissage**
Floh- und Kunstmarkt, Hanrapetuthjan hraparak. Jedes Wochenende in der Nähe des Republiksplatzes.

## Trinkgeld

Man sagt den Armeniern nach, dass sie ein besonders stolzes Volk sind. Das stimmt. Was aber Trinkgeld für gewisse Dienstleistungen betrifft, ist es durchaus angebracht, den Rechnungsbetrag um 10 Prozent aufzurunden. Aber Achtung – manche Restau-

*Raufende Dorfburschen*

rants und Cafés inkludieren das Trinkgeld bereits in der Rechnung.

### Veranstaltungen
In Jerevan gibt es viele Konzerte und Veranstaltungen. Man kann sich vorab schon im Internet informieren: www.myyerevan.am/en/events.

### Visum
Für die Einreise und den Aufenthalt in Armenien benötigen Touristen aus der EU seit Januar 2013 kein Visum mehr. Für die Einreise benötigt man einen Reisepass, der nach der Ausreise noch mindestens sechs Monate gültig sein muss. Die Visumfreiheit gilt bis zu insgesamt 180 Tage im Jahr, unabhängig vom Zweck der Reise.
Für den Aufenthalt in Berg Karabach benötigt man ein Visum, das in der Vertretung des international nicht anerkannten Staates in Jerevan ausgestellt wird (→ S. 434).

### Wasser
Leitungswasser oder das Wasser an den zahlreichen Trinkstellen in Jerevan und anderen Städtensollte man besser nicht trinken, da die Leitungen in keinem guten Zustand sind. Es ist ratsam, sich gleich einen ausreichenden Vorrat des schmackhaften armenischen Mineralwassers anzulegen, das es in allen Packungsrößen überall zu kaufen gibt.

### Zeitunterschied
Der Zeitunterschied zur MEZ beträgt plus drei Stunden (Winterzeit) oder plus zwei Stunden (Sommerzeit).

### Zoll
Aus Armenien dürfen keine Wertgegenstände mit besonderer historischer Bedeutung ausgeführt werden, wie z.B. Handschriften, archäologische Fundstücke oder Gold. Bei der Ausfuhr armenischer Produkte wie Kognak, Wein oder ähnlichem gibt es vermutlich eher Beschränkungen von der Seite der eigenen Staaten. Das gilt auch für ausgeführte Gemälde oder Teppiche.

### EU-Zollbestimmungen

*Mit Dank an Christian Dettenhammer*

Bei der Rückreise nach Hause sollte man die folgenden Regeln beherzigen.
**Die wichtigsten Freigrenzen**: 200 St. Zigaretten oder 100 St. Zigarillos oder 50 St. Zigarren oder 250 g Rauchtabak (ab 17 Jahren); 1 Liter Spirituosen über 22 % (ab 17 Jahren), 4 Liter nicht schäumende Weine, 16 Liter Bier; andere Waren zur persönlichen Verwendung oder als Geschenk im Wert von 430 Euro pro Person. Reisende bis 15 Jahren: 175 Euro. Für die Schweiz: 300 SFr pro Person.
**Arzneimittel**: Erlaubt ist die Menge eines üblichen 3-Monatseigenbedarfs. Anabolika sind in jedem Fall verboten.
**Markengefälschte Produkte aller Art**: Für den eigenen Gebrauch und als Geschenk sind diese in geringer Stückzahl erlaubt.
**Drogen**: auch Kleinmengen sowie Hanfsamen, Kokatee und Kokablätter sind verboten. Ggf. auch im Ausland gekaufte starke Schmerz- u. Beruhigungsmittel.
**Feuerwerkskörper**: Einfuhr verboten.
**Lebensmittel**: Für Fleisch, Wurst, Käse, Milchprodukte u. Eier aus nicht EU/EWR Ländern gilt ein generelles Einfuhrverbot. Aufgrund des Washingtoner Artenschutzabkommens beschlagnahmen der deutsche, österreichische und der Schweizer Zoll Kaviar, dessen Menge mehr als 250 Gramm umfasst.
**Pflanzen**: mit Wurzeln oder Erde ohne Pflanzengesundheitszeugnis aus nichteuropäischen Ländern sind einfuhrverboten (aus Mittelmeeranrainerstaaten jedoch frei).
**Barmittel**: über 10 000 Euro (Schweiz: 10 000 SFr) sind dem Zoll bei Aus- u. Einreise schriftlich und ohne Aufforderung anzumelden.

Die **Zollbestimmungen für die Schweiz und Österreich** können davon etwas abweichen.

Weitere Infos unter: www.zoll.de, www.bmf.gv.at, www.ezv.admin.ch.

# Sprachführer

## Das armenische Alphabet

| Armenische Buchstaben | Transliteration wissenschaftlich | Transliteration deutsch | Aussprache (Ostarmenisch) | Buchstabennamen armenisch | Buchstabennamen deutsch |
|---|---|---|---|---|---|
| Ա ա | a | a | wie dt. a | այբ | ajb |
| Բ բ | b | b | wie dt. b | բեն | ben |
| Գ գ | g | g | wie dt. g | գիմ | gim |
| Դ դ | d | d | wie dt. d | դա | da |
| Ե ե | e/je | e | wie dt. e, anlautend je | ե | jetsch' |
| Զ զ | z | z | wie dt. stimmhaftes s in Hase | զա | za |
| Է է | ē | ē | wie dt. offenes e in Ende | է | ē |
| Ը ը | ə | ə | wie dt. e in leben, Vater | ըթ | əth |
| Թ թ | t' | th | wie dt. behauchtes t in Tante | թօ | tho |
| Ժ ժ | ž | zh | wie frz. Journal | ժէ | zhē |
| Ի ի | i | i | wie dt. i | ինի | ini |
| Լ լ | l | l | wie dt. l | լյուն | ljun |
| Խ խ | x | ch | wie dt. ch in Bach | խէ | chē |
| Ծ ծ | c | ts | wie dt. ts | ծա | tsa |
| Կ կ | k | k | wie dt. k | կեն | ken |
| Հ հ | h | h | wie dt. h | հօ | ho |
| Ձ ձ | j (dz) | dz | wie dt. dz | ձա | dza |

## Das armenische Alphabet

| | | | | | |
|---|---|---|---|---|---|
| Ղ ղ | ł/(gh) | gh | wie franz. r | ղատ | ghat |
| Ճ ճ | č | tsch | wie dt. tsch | ճէ | tschē |
| Մ մ | m | m | wie dt. m | մեն | men |
| Յ յ | y | j | wie dt. j, im Wortinnern i | յի | ji |
| Ն ն | n | n | wie dt. n | նու | nu |
| Շ շ | š | sch | wie dt. sch | շա | scha |
| Ո ո | o | o | wie dt. o, am Wortanfang vo | ո | vo |
| Չ չ | č' | tsch' | wie dt. behauchtes tsch | չա | tsch'a |
| Պ պ | p | p | wie dt. p | պէ | pē |
| Ջ ջ | ǰ | dsch | wie eng. stimmhaftes j in Jeans | ջէ | dschē |
| Ռ ռ | ṛ | ṛ | wie dt. gerolltes r | ռա | ṛa |
| Ս ս | s | s | wie dt. s | սէ | sē |
| Վ վ | v | v | wie dt. w | վեվ | vev |
| Տ տ | t | t | wie dt. t | տյուն | tjun |
| Ր ր | r | r | wie dt. r | րէ | rē |
| Ց ց | c' | ts' | wie dt. behauchtes ts in Zar | ցո | ts'o |
| Ու ու | u | u | wie dt. u | ու | u |
| Փ փ | p' | ph | wie dt. behauchtes p in Paul | փյուր | p'jur |
| Ք ք | k' | kh | wie dt. behauchtes k in Karl | քէ | k'ē |
| եվ և | yew | ev | jev | և | jev |
| Օ օ | ō | o | wie dt. o | օ | o |
| Ֆ ֆ | f | f | wie dt. f | ֆէ | fē |

## Begrüßung und allgemeine Wendungen

| deutsch | armenisch | deutsche Transliteration |
|---|---|---|
| Guten Tag! | Բարև, Բարև ձեզ։ | Barév, barev dzéz |
| Hallo! | Բարև, ողջույն։ | Barév, voghdschújn |
| Guten Morgen! | Բարի լույս։ | Bári lujs |
| Guten Abend! | Բարի երեկո։ | Bári jerekó |
| Gute Nacht! | Բարի գիշեր։ | Bári gischér |
| Auf Wiedersehen! | Ցտեսություն։ | Ts'ətesuthjún |
| Tschüs! Bis bald! | Առայժմ։ | Arájzhm |
| Wie geht es Ihnen? | Ո՞նց եք oder ինչպե՞ս եք։ | Vónts' ekh? oder Intsch'pés ekh? |
| Wie geht es dir? | Ո՞նց ես oder ինչպե՞ս ես։ | Vónts' es? oder Intsch'pés es? |
| Danke, gut. | Խնդրեմ, լավ եմ։ | Chəndrém, láv em |
| Es geht. | Ոչ ինչ։ | Vótsch' intsch' |
| schlecht | Վատ եմ։ | Vát em |
| ja | Այո։ | Ajó |
| nein | Ոչ։ | Votsch' |
| Darf ich? | Քարելի՞ է։ | Karelí ē? |
| Einen Moment! | Մի րոպե։ | Mi ropé |
| Entschuldigung! | Ներեցե՛ք։ | Nerets'ékh! |
| Danke! | Շնորհակալություն։ | Schnorhakaluthjún! |
| Keine Ursache!/ Nichts zu danken! | Չարժե։ | Tsch'arzhé |
| Gerne! | Սիրով։ | Siróv |
| Herzlich willkommen! | Բարի գալուստ։ | Bári galúst! |
| Gute Reise! | Բարի ճանապարհ։ | Bári tschanapárh! |
| Alles Gute! | ամենայն բարիք | amenajn barik' |
| Guten Appetit! | Բարի ախորժակ | Bari achorschak |
| Ich verstehe Sie nicht. | Ես ձեզ չեմ հասկանում | es dzez tsch'em haskanum |
| Sprechen Sie deutsch? | Գերմաներեն գիտե՞ք | Germanerén gitékh? |

# Unterwegs 449

| deutsch | armenisch | deutsche Transliteration |
|---|---|---|
| **Sich vorstellen** | | |
| Wie heißen Sie? | Ի՞նչ է ձեր անունը: | Íntsch' ē dzer anúnə? |
| Wie heißt du? | Ի՞նչ է քո անունը: | Íntsch ē kho anúnə? |
| Ich heiße ... | Իմ անունը ...է: | Im anúnə ...e |
| Woher kommen Sie? | Որտեղի՞ց եք: | Vorteghíts' ekh? |
| Woher kommst du? | Որտեղի՞ց ես: | Vorteghíts' es? |
| Deutschland | Գերմանիա | Germánia |
| Österreich | Ավստրիա | Ávstria |
| Schweiz | Շվեյցարիա | Schwejts' ária |
| Wie alt sind Sie? | Քանի՞ տարեկան եք: | Kháni tarekán ekh? |
| Wie alt bist du? | Քանի՞ տարեկան ես: | Kháni tarekán es? |
| Ich bin ... Jahre alt. | Ես 3 տարեկան եմ: | Jes ... tarekán em |
| **Unterwegs** | | |
| Straße | փողոց | phoghóts' |
| Boulevard | փողոտա | phoghota |
| Platz | հրապարակ | hraparák |
| Haus | տուն | tun |
| Bus | ավտոբուս | avtóbus |
| Trolleybus | տրոլեյբուս | troléjbus |
| Straßenbahn | տրամ, հանրակառք | tram, hanrakárk |
| Taxi | տաքսի | Táksi |
| U-Bahn | մետրո | metró |
| Haltestelle | կանգառ | kangár |
| Ticket, Fahrschein | տոմս | toms |
| Dorf | գյուղ | gjugh |
| Berg | լեռ, սար | ler, sar |
| See | լիճ | litsch |
| **In der Stadt** | | |
| Hotel | հյուրանոց | hjuranóts' |

# In der Stadt

| deutsch | armenisch | deutsche Transliteration |
|---|---|---|
| Botschaft | դեսպանատուն | despanatún |
| Postamt | փոստատուն | phostatún |
| Museum | թանգարան | thangarán |
| Geschäft | խանութ | chanúth |
| Bank | բանկ | bank |
| Apotheke | դեղատուն | deghatún |
| Krankenhaus | հիվանդանոց | hivandanóts' |
| Bahnhof | կայարան | kajarán |
| Restaurant | ռեստորան | restorán |
| Theater | թատրոն | thatrón |
| Kino | կինո | kino |
| Bibliothek | գրադարան | gradarán |
| Kirche | եկեղեցի | jekeghets'í |
| Kloster | վանք | vankh |
| Markt | շուկա | schuká |
| Toilette | զուգարան | zukarán |
| Telefon | հեռախոս | herachós |
| Eingang | մուտք | mutk' |
| Ausgang | ելք | jelk' |

## Einkaufen

| Geben Sie mir bitte …! | Ինձ տվե՛ք, խնդրում եմ…: | Indz təvék, chəndrúm em |
|---|---|---|
| Was kostet …? | Ի՞նչ արժե: | Íntsch arzhé? |
| Das ist sehr teuer. | Սա շատ թանկ է: | Sa schat thank é |
| Zeitung | թերթ | therth |
| Andenken, Souvenirs | հուշանվերներ | huschanənvernér |
| Buch | գիրք | girkh |
| Brief | նամակ | namák |
| Ansichtskarte | բացիկ | bats'ík |
| Briefmarke | նամականիշ | namakanísch |

| deutsch | armenisch | deutsche Transliteration |
| --- | --- | --- |
| Kuvert | ծրար | tsərar |

## Im Restaurant

| deutsch | armenisch | deutsche Transliteration |
| --- | --- | --- |
| Bringen Sie bitte die Speisekarte! | Բերէ՛ք ճաշացանկը, խնդրեմ։ | berékh tschaschats' ánkə, chəndrém |
| Bringen Sie bitte die Rechnung! | Բերէ՛ք հաշիվը, խնդրեմ։ | berékh haschívə, chəndrém |
| Brot | հաց | hats' |
| Käse | պանիր | panír |
| Butter | կարագ | karág |
| Ei | ձու | dzu |
| Joghurt | մածուն | matsún |
| Zucker | շաքար | schakhár |
| Salz | աղ | agh |
| Pfeffer | պղպեղ | pəghpégh |
| Wurst | երշիկ | jerschík |
| Tomate | լոլիկ | lolík |
| Gurke | վարունգ | varúng |
| Karotte | գազար | gazar |
| Salat | սալաթ | saláth |
| Aubergine | բադրիջան, սմբուկ | badridschán, səmbúk |
| Linsen | ոսպ | vosp |
| Bohne | լոբի | lobi |
| Suppe | սուպ, ապուր | sup, apúr |
| SchweineŖeisch | խոզի միս | chósi mis |
| SchafŖeisch | ոչխարի միս | votsch'chári mis |
| HühnerŖeisch | հավ | hav |
| RindŖeisch | տավարի միս | tavari mís |
| Fisch | ձուկ | dsuk |
| Schafskäse | ոչխարի պանիր | votsch'chari panír |
| Kartoffel | կարտոֆիլ | kartofíl |

# 452 Orientierung

| deutsch | armenisch | deutsche Transliteration |
| --- | --- | --- |
| Gegrilltes (Schaschlik) | խորոված | choronváts |
| gekochter Reis | բրինձ | brindz |
| Fruchtsaft | հյութ | hjuth |
| Wasser | ջուր | dschur |
| Mineralwasser | հանքային ջուր | hankhajín dschur |
| Milch | կաթ | kath |
| Kaffee | սուրճ | surtsch |
| Tee | թեյ | thej |
| Rotwein | կարմիր գինի | karmir giní |
| Weißwein | սպիտակ գինի | spitak giní |
| Bier | գարեջուր | garedschúr |
| Kognak | կոնյակ | konják |
| Eiscreme | պաղպաղակ | paghpaghák |
| Obst | միրգ | mirg |
| Gebäck, Kuchen | թխվածք | thəchvatskh |
| Apfel | խնձոր | chəndzor |
| Birne | տանձ | tandz |
| Weintraube | խաղող | chaghógh |
| Aprikose | ծիրան | tsirán |
| Granatapfel | նուռ | nuṛ |
| Pfirsich | դեղձ | deghdz |
| Kirschen | բալ | bal |

## Orientierung

| deutsch | armenisch | deutsche Transliteration |
| --- | --- | --- |
| Norden | հյուսիս | hjusís |
| Süden | հարավ | haráv |
| Osten | արևելք | arevélkh |
| Westen | արևմուտք | arevmútkh |
| links | ձախ | dzach |
| rechts | աջ | adsch |

| deutsch | armenisch | deutsche Transliteration |
|---|---|---|
| geradeaus | ուղիղ | ughígh |
| vor | առաջ, առջև | aṛadsch, aṛdschév |
| hinter | ետևէ, ետևում | jetevē, jetevúm |
| nah | մոտ | mot |
| weit | հեռու | heṛú |
| Wo ist …? | … որտե՞ղ է | vort'egh ē? |

## Zeitangaben

| Wie spät ist es? | Ժամը քանի՞սն է։ | zhámə khanísn ē? |
|---|---|---|
| heute | այսոր | ajsór |
| morgen | վաղը | vaghə |
| gestern | երեկ | jerék |
| Stunde | ժամ | zham |
| Minute | րոպե | ropé |
| Morgen | առավոտ | aṛavót |
| Abend | երեկո | jerekó |
| Nacht | գիշեր | gischér |
| Woche | շաբաթ | schabáth |
| Montag | երկուշաբթի | jerkuschabthí |
| Dienstag | երեքշաբթի | jerekhschabthí |
| Mittwoch | չորեքշաբթի | tsch'orekhschabthí |
| Donnerstag | հինգշաբթի | hingschabthí |
| Freitag | ուրբաթ | urbáth |
| Samstag, Sonnabend | շաբաթ | schabáth |
| Sonntag | կիրակի | kirakí |
| Januar | հունվար | hunvár |
| Februar | փետրվար | p'etrvár |
| März | մարտ | mart |
| April | ապրիլ | apríl |
| Mai | մայիս | majís |

# Zahlen

| deutsch | armenisch | deutsche Transliteration |
|---|---|---|
| Juni | հունիս | hunís |
| Juli | հուլիս | hulís |
| August | օգոստոս | ogostós |
| September | սեպտեմբեր | septembér |
| Oktober | հոկտեմբեր | hoktembér |
| November | նոյեմբեր | nojembér |
| Dezember | դեկտեմբեր | dektembér |
| Frühling | գարուն | garún |
| Sommer | ամառ | amár̦ |
| Herbst | աշուն | aschún |
| Winter | ձմեռ | dzmér̦ |

## Zahlen

| | | |
|---|---|---|
| 1 | մեկ | mek |
| 2 | երկու | jerkú |
| 3 | երեք | jerékh |
| 4 | չորս | tsch'ors |
| 5 | հինգ | hing |
| 6 | վեց | vets |
| 7 | յոթ | joth |
| 8 | ութ | uth |
| 9 | ինը | ínə |
| 10 | տաս | tas |
| 11 | տասնմեկ | tasnmék |
| 12 | տասներկու | tasnerkú |
| 13 | տասներեք | tasnerékh |
| 14 | տասնչորս | tasntsch'órs |
| 15 | տասնհինգ | tasnhíng |
| 16 | տասնվեց | tasnvéts |
| 17 | տասնյոթ | tasnjóth |
| 18 | տասնութ | tasnúth |

| deutsch | armenisch | deutsche Transliteration |
|---|---|---|
| 19 | տասնիննը | tasnínə |
| 20 | քսան | khsán |
| 30 | երեսուն | jeresún |
| 40 | քառասուն | kharasún |
| 50 | հիսուն | hisún |
| 60 | վաթսուն | vatsún |
| 70 | յոթանասուն | jothanasún |
| 80 | ութսուն | uthsún |
| 90 | իննսուն | inəsún |
| 100 | հարյուր | harjúr |
| 1000 | հազար | hazár |

## Die wichtigsten Städtenamen

| deutsch | armenisch |
|---|---|
| Jerevan | Երևան |
| Aschtarak | Աշտարակ |
| Artaschat | Արտաշատ |
| Armavir | Արմավիր |
| Hrazdan | Հրազդան |
| Bdschni | Բջնի |
| Edschmiatsin | Էջմիածին |
| Gavar | Գավառ |
| Vanadzor | Վանաձոր |
| Gjumri | Գյումրի |
| Sevan | Սևան |
| Jeghegnadzor | Եղեգնաձոր |
| Goris | Գորիս |
| Kapan | Քապան |
| Dilidschan | Դիլիջան |
| Idschevan | Իջևան |
| Dschermuk | Ջերմուկ |

# Literatur

**Abich, Hermann**: Aus kaukasischen Ländern. Reisebriefe. Zwei Bände. Elibron Classic 2001 (Nachdruck von 1896). Die Briefe aus dem Ende des 19. Jahrhunderts geben einen guten Eindruck des historischen Armeniens vor dem Genozid und der Sowjetära.

**Arslan, Antonia**: Das Haus der Lerchen. München 2007. Wahre Geschichte einer armenischen Familie aus der Sicht einer starken Frau, die für das Überleben ihrer Kinder auf den Todesmärschen in die syrische Wüste kämpft.

**Aznavour, Charles**: Der einzige Zufall im Leben bin ich. Autobiographie. Militzke Verlag 2005. Die Autobiographie des wahrschweinlich berühmtesten Auslandsarmeniers der Welt. Schwungvoll, humorvoll und interessant.

**Balakian, Peter**: Die Hunde vom Ararat. Eine armenische Kindheit in Amerika. Wien, 2000. Zsolnay Verlag. Die mitreißende Geschichte der Familie Balakian, ein empfehlenswerter Roman über den Genozid, der nichts beschönigt und der einen tiefen Einblick in die Wurzelsuche der amerikanisch-armenischen Generationen nach 1915 in den USA gibt.

**Bartholomäus, Lore**: In jedem Kreuz ein Lebensbaum. Aus Armeniens Erbe und Gegenwart. Köln, 1983. Etwas veraltet, aber ein schön geschriebenes Buch über armenische Kultur und Tradition.

**Bitow, Andrej**: Armenische Lektionen: Eine Reise aus Russland. Frankfurt 2002. Suhrkamp. Humorvolle Reiseimpressionen, die Armenien und Armenier lebendig und anschaulich darstellen.

**Brentjes, Burchard**: Kunst des Mittelalters in Armenien. Berlin: 1981. Wunderschöner Bildband (mit Kirchen und Klöstern vor Restaurierung). Der Klassiker über Armenische Kunst.

**Denscher, Barbara**: Reportage Armenien. Im Schatten des Ararat. Wien 2004, Picus Verlag. B. Denscher beleuchtet Probleme und Chancen dieses kleinen Landes mit seiner faszinierenden, alten Kultur und sucht nach Antworten auf die Fragen, die sich bei der Beobachtung des armenischen Alltags stellen.

**Gruber, Müller (Hrsg)**: Verschlossen mit silbernem Schlüssel. Literatur aus Armenien, Aserbaidschan, Georgien. München 2000. Kappa Verlag. Anthologie von Dichtung, Lyrik und Prosa aus den drei kaukasischen Staaten-

**Hoffmann, Tessa**: Die Armenier. Schicksal, Kultur und Geschichte. Nürnberg 1993. Sehr gute Einführung in Geschichte und Kultur der Armenier in klarem Stil.

**Hoffmann, Tessa**: Annäherung an Armenien. Geschichte und Gegenwart. Beck'sche Reihe. 2006. Gute Einführung in die Geschichte Armeniens bis heute.

**Lehner, Erich u.a.**: Die Baukunst Armeniens. Wien 2004. Populärwissenschaftliches Werk über Armenische Architektur, gut bebildert, gutes Einführungswerk.

**Mandelstam, Ossip**: Reise nach Armenien. Bibliothek Suhrkamp 1983. Klassiker der russischen Literatur. Mandelstam besuchte Armenien während der Sowjetzeit.

**Ramming-Leupold, Gisela**: Armenien – Land am Ararat, Geschichte, Religion und Tradition. Mitteldeutscher Verlag Halle (Saale) 2013. Erlebnisbericht und Entdeckungsreise in einem.

**Shafak, Elif**: Der Bastard von Istanbul. Eichborn Verlag 2008. Der wohl ungewöhnlichste Roman über den armenischen Genozid und dessen Aufarbeitung, meisterlich geschrieben aus türkischer Sicht.

**von Voss, Huberta (Hrsg)**: Porträt einer Hoffnung. Die Armenier. Lebensbilder aus aller Welt. Schiller Verlag 2005. Ein Mosaik verschiedener Lebensgeschichten, die alle eines gemeinsam haben: den Genozid 1915.

**Werfel, Franz**: Die 40 Tage des Musa Dagh. Fischer Taschenbuch. Der erste und bislang berühmteste Roman über den armenischen Genozid: Die Geschichte des Verteidigungskampfes der Armenier am Musa Dagh.

**Taner, Akcam**: Armenien und der Völkermord. Hamburg 1996. Sehr detaillierte wissenschaftliche Aufarbeitung der historischen Hintergründe und der Istanbuler Prozesse.
**Thierry, Jean-Michel**: Armenien im Mittelalter. Darmstadt 2002. Sehr schöner Bildband des großen französischen Kunsthistorikers über die reiche armenische Kunst des Mittelalters.
**Lothar, Heiser**: Das Glaubenszeugnis der Armenischen Kirche. Paulinusverlag 1983. Nicht mehr ganz so neues, aber wichtiges Standardwerk über die Armenische Kirche.

# Armenien im Internet

Armenien ist erstaunlich vielfältig im Internet repräsentiert, was sicher auch auf die äußerst aktiven Diaspora-Armenier in den Vereinigten Staaten und in Europa zurückgeht. Neben einer Mehrzahl englischsprachiger Seiten, vor allem von verschiedenen armenischen Organisationen in der Diaspora und einigen armenischen Agenturen, ist gute Information durchaus auch auf deutschsprachigen Seiten zu lesen:

**www.auswaertiges-amt.de** Regelmäßig aktualisierte Basisinformationen über politische und wirtschaftliche Entwicklung sowie die Zusammenarbeit zwischen der Bundesrepublik und den jeweiligen Ländern. Sicherheitshinweise und Gesundheitstipps sowie Kontakt zu den jeweiligen Deutschen Botschaften und Konsulaten.
**www.usa.mfa.am** Seite der Armenischen Botschaft in Washington, mit vielen Informationen zu Geschichte und Kultur.
**www.armenian-genocide.org** Eine wenig emotionelle doch umso gehaltvollere Darstellung des Völkermordes an den Armeniern.
**www.arminfo.am** Eine der umfassendsten englischsprachigen Internetseiten zu Armenien überhaupt
**www.armeniapedia.org** Das armenische Pendant zu wikipedia. In englischer Sprache wird hier viel an verschiedenster Information über Armenien geboten.
**www.cilicia.com** Armenische Blogs in englischer Sprache.
**www.nt.am** Bietet jeden Tag Nachrichten aus Armenien in englischer, armenischer und russischer Sprache.
**www.haias.net/armenien** Viele bunt gemischte Informationen über Land und Leute, Kunst und Kultur, Kochrezepte, Witze (auch über Radio Eriwan), gute Linksammlung.
**www.dag-online.de** Seiten der Deutsch-Armenischen Gesellschaft mit Publikationen zu Politik, Wissenschaft und Wirtschaft.
**www.armenien.de** Vielfältige Informationen über die armenische Minderheit in Deutschland, die deutsch-armenischen Beziehungen sowie über die armenische Kirche. Guter Veranstaltungskalender und nützliche Links.

# Die Autorin

Jasmine Dum-Tragut wurde 1965 in Voitsberg, einer Kleinstadt im österreichischen Bundesland Steiermark, geboren. Nach dem Abitur studierte sie an der Universität Graz Sprachwissenschaft und Russistik, von 1988 bis Ende 1989 an der Universität Jerevan Armenologie. Ab diesem Zeitpunkt spezialisierte sie ihre Forschungstätigkeit auf die armenische Sprache und eignete sich im Laufe der Zeit ein weitreichendes Wissen über armenische Geschichte, Literatur und Kultur an. Nach ihrer Promotion an der Universität Graz war sie dort mehrere Jahre als Assistentin am sprachwissenschaftlichen Institut tätig. Im Jahre 1998 übersiedelte sie nach Salzburg, wo sie an Forschungsprojekten zur armenischen Grammatik, an der Übersetzung armenischer veterinärmedizinischer Manuskripte und an verschiedenen kleinen Projekten zur Sprache und Literatur Armeniens arbeitet. Sie bereist Armenien regelmäßig, nicht nur in wissenschaftlichem, auch häufig in kulturellem oder politischem Auftrag. Sie lebt heute in Bergheim bei Salzburg, lehrt an den Universitäten in Salzburg und Innsbruck und war auch Vorsitzende der Deutsch-Armenischen Gesellschaft. Seit 2002 ist sie Universitätsdozentin für allgemeine Sprachwissenschaft und Armenologie und vertritt die Interessen und die Kultur Armeniens als ehrenamtliche Beraterin für kulturelle Angelegenheiten in der armenischen Botschaft in Österreich. 2009 wurde ihr das Ehrendoktorat der Armenischen Akademie der Wissenschaften verliehen, sie ist auch Mitglied der Philosophischen Akademie der Wissenschaften Armeniens.

Seit vielen Jahren leitet sie die Abteilung für Armenische Studien am Forschungsinstitut für den Christlichen Osten in Salzburg und hat im Jahr 2016 den goldenen Verdienstorden des armenischen Bildungsministeriums erhalten.

## Bildnachweis

Alle Fotos Jasmine Dum-Tragut, Josef Ranftl außer:
Konstantin Abert: 75, 122, 153, 164, 203
VahanAbrahamyan/shutterstock: 6m., 172, 212, 299
Artem Avetisyan/shutterstock: 15u.
Suren Babanyan/shutterstock: 22
Carsten Behlert: 5m., 18, 32, 34, 38, 41, 42, 61, 70, 72, 73, 76, 77, 88, 102, 131, 140, 155, 230, 343, 364, 372, 418, 435, 437
alionabirukova/shutterstock: 117
Elena Brony/shutterstock: 15m.
Chubykin Arkady/shutterstock: 156
eFesenko/shutterstock: 118
Emena/shutterstock: 120
Karen Faljyan/shutterstock: hintere Umschlagklappe
Zorik Galstyan/shutterstock: 214, 336
Jürgen Geiss: 312
Alexander Gonschior: 258, 260/261
Meri Hakobyan: 4u., 37, 188, 340, 434, 436
Alexander Ishchenko/shutterstock: 28
Limpopo/shutterstock: 427
Hayk Mamikonyan/shutterstock: 215
Maros Markovic/shutterstock: 16/17
nikidel/shutterstock: 199
MehmetO/shutterstock: Titel
M.V. Photography/shutterstock: 14m.
Magdalena Paluchowska/shutterstock: 14u.
Irina Papoyan/shutterstock: 137
Mikhail Pogosov/shutterstock: 14o., 106/107, 129
ruzanna/shutterstock: 431
saiko3p/shutterstock: 126
Stanislav Samoylik/shutterstock: 127
Tilman Schimmel: 30, 80, 112, 124, 161, 314, 342, 365
Gudrun Schmid: 407
Anna Tronova/shutterstock: 237
Marc Venema/shutterstock: 416/417
vvoe/shutterstock: 426

*Armenischer Kognak ist weltberühmt*

## A

Achämeniden 52, 53
Achthala 313
Aghadschanjan, Step'an 143
Aghavnatun 183
Aghitu 394
Aghts'kh 214
Aivasovsky, Ivan K. 92, 142
Aknalitsch 184
Alaverdi 301
Alexander der Große 53
Alltagsprobleme 71
Alphabet 103
Alt-Armavir 188
Amberd 217
Ananias von Schirak 87
Angeghakoth 388
Anipemza 269
Aparan 208
Aparaner Stausee 205
Aragats 20, 182
Aragatsotn (Provinz) 27, 189
Arakhelots'vankh (Atscharkut) 335
Arakhelots'vankh (Pemzaschen) 263
Ararat 20, 27, 28–30
Ararat (Provinz) 358
Arax 21
Arbeitslosigkeit 74
Architektur 93
Ardvi 300
Areni 368
Areni-Höhlen 48
Arevis 392
Argel (Lusakert) 233
Argischti I. (uratäischer König) 50
Arin-Berd 50
Armavir Blur 50, 187
Armavir (Provinz) 27, 170
Armavir (Stadt) 185
Armenian Navy Band 91
Armenier 32
armenisch-apostolische Kirche 79
armenische Pflaume 23
Arsakiden 79
Artaschat 361
Artaschater Aphrodite 362
Artaschavan 203
Artaxiden 53
Arthik 264
Artsvanik 410
Arutsch 223
Arutscher Kathedrale 224
Arzni 231
Aschtarak 190
Assyrer 233, 361
Astvatsenkal-Vankh (Aragatsotn) 204
Atsch'adschur 331
Atscharkut 334
Ausgrabung Artaxata 361
Ausgrabungsstätte Dvin 359
Autofahren 433
Autovermietung 433
Azatschlucht 251
Aznavour, Charles 91, 127

## B

Bäckereien und Konditoreien 165
Bagratiden 55
Bakunts', Aksel 89
Baschbeuk-Melikjan, Alexander 143
Baschindschagjan, Gevorg 143
Basilika von Jererukh 269
Basilika von Khasach 209

Baueepochen 96
Bdschni 233
Berd 337
Berg Karabach 36, 67, 434
Berliner Vertrag von 1878 56
Bettler 433
Bildungswesen 76
Bjurakan 215
Blütezeit des Kirchenbaus 95
Bodenschätze 25
Botschaften der Republik Armenien 434
Botschaften in Armenien 434
Bronzezeit 47
Buzhakan 244

## C

Chahine, Edgar 143
Chandschjan, Grigor 126
Chatsch'atrjan, Aram 127
Chatsch'atrjan, Rudolf 144
Chatsch'khare 97
Chndzoresk 400
Chorováts' (Schaschlik) 42
Chor Virap 363
Chosrov III. (König) 365
Chosrov-Nationalpark 365
Choth 402
Christentum 79

## D

Dareius I. (persischer König) 32, 53
Daschtadem 228
Davith von Sasun 125
Davthi Blur 50, 187
Debed 21, 298
Deportation 58

Deutsche Botschaft 434
Dialekte 102, 103
Diaphysitismus 79
Diaspora-Armenier 60
Dilidschan 319
Dschermuk 381
Dschraphi 268
Dschuchtakvankh 320
Durchschnittsgehalt 73
Dvin 359
Dzoragjugh 120, 353

## E

Edschmiatsin 80, 172, 174
Einreise 12
Einreise nach Berg Karabach 434
Einsiedelei Masruts' Anapat 353
Eisenzeit 49
Eltern und Großeltern 35
Emigration 37
Emin, Gevorg 89, 101
Entfernungen von Jerevan 435
Erdbebenregion 316
Erdbeben von 1988 71
Erebuni (→ Jerevan) 50
EU-Zollbestimmungen 445

## F

fahrende Sänger 88
Familie 33
Familienbräuche 35
Feiertage 435
Festung Amberd 218
Festung Argischtihinili 187
Festung Bdschni 234
Festung Garni 249
Festung Kosch 221
Festung Smbataberd 379
Festung von Halidzor 411
Fluggesellschaften 435
Flughafen Zvarthnots' 436
frühchristliche Baukunst 94
Frühstück 40
Fürstengrabmal von Aghitu 394

## G

Garni 246
Gastfreundschaft 36, 436
Gavar 352
Gebirge 19
Gedenkstätte Sardarapat 186
Geghard 252
Gegharkhunikh (Provinz) 26, 341
Geld 12, 437
Geldwechsel 437
Geokoordinaten 418
Georgier 56
Geschichte 46–61
Gesundheit 12, 437
Gesundheitsversorgung 74
Getränke 43
Gewässer 21
Gjumri 271
Gladzor-Museum 375
Glockentürme 96
Gndevankh 380
Gndevaz 380
Goris 399
Gosch 326
Gosch, Mechithar 87, 326
Gräberfeld von Rja Taza 212
Grenzübergänge 437
Grigor der Erleuchter 79, 84
Grigor Magistros 87
Grigor von Tathev 92

## H

Haghartsin 321
Haghpat 307
Hajassa 32
Hajravankh 349
Hakobjan, Hakob 93, 144
Halidzor 402
Handschriften 103
Harisá 42
Haritschavankh 266
Hauptgerichte 42
Havuts't'har 251
Hayrikjan, Paruyar 63
Historische Karten 466
Hnevankh 293
Höhlen von Chndzoresk 401
Hovannisian, Raffi 63
Hovhanavankh 196
Hrazdan 21, 120, 236
hypostatische Union 79

## I

Idschevan 330
Impfungen 12
Individualreisen 438
Insekten 24
Internet 457
Irind 225
Isahakjan, Avetikh 88, 89, 281, 292

## J

Jakulov, Georgi 143
Jazz 91
Jeghegis 377
Jeghegnadzor 367
Jeghipatrusch 207
Jeghvard 243
Jerevan 106–167
 *Abovjanstraße 112, 114*
 *Akademie der Wissenschaften 127*

*Amerikanische Botschaft* 127
*Amerikanische Universität* 127
*Anreise* 158
*Banken* 159
*Cafesjian-Kunstzentrum* 126, 153
*Cafés und Bars* 164
*Chatsch'atrjan-Museum* 127
*David-von-Sasun-Statue* 124
*Einkaufen* 166
*Erebuni* 132
*Erebuni-Museum* 134, 149
*Gedenkstätte Tsitsernakaberd* 128
*Geldwechsel* 159
*Gemäldegalerie* 142
*Geologisches Museum* 150
*Georgskirche in Noragavith* 157
*Geschichte* 108
*Geschichtsmuseum der Stadt Jerevan* 144
*Grigor-Lusavoritsch'-Straße* 118, 119
*Hauptbahnhof* 124
*Haus der Kammermusik* 123
*Haus des Komponisten Aram Chatsch'atrjan* 167
*Haus des Malers Martiros Sarjan* 167
*Haus des Schachspielers* 123
*Haus des Volksdichters Hovhannes Thumanjan* 167
*Historisches Museum* 113, 140

*Hotels und Pensionen* 161
*Informationen* 158
*Institut für armenische Handschriften* 117
*Jakobskirche in Khanakher* 155
*Jazz-Clubs* 166
*Karmir Blur* 134
*Kartenübersicht* 110
*Kaskade* 126
*Kathoghike* 136
*Kindergalerie* 151
*Kirche Petros und Poghos* 136
*Kognakfabrik* 120
*Konservatorium* 117
*Kunstmarkt* 116
*Lusavoritsch'-Kathedrale* 124
*Marschall-Baghramjan-Boulevard* 126
*Matenadaran* 117, 145–148
*Moschee* 119
*Museum der Geschichte Jerevans* 119
*Museum des Völkermordes* 129
*Museum des Völkermords* 150
*Museum des Zweiten Weltkrieges* 128
*Museum für Moderne Kunst* 151
*Museum Schangavith* 135
*Mutter Armeniens* 128
*Muttergotteskirche in Khanakher* 156
*Nationaltheater* 118
*Neue Sargis-Kirche* 154

*Öffentlicher Nahverkehr* 159
*Oper* 115
*Paradschanov-Museum* 152
*Park der 2750 Springbrunnen* 118
*Paronjanstraße* 121
*Philharmonie* 116
*Postamt* 113
*Puschkinstraße* 112
*Radio Jerevan* 123
*Rathaus* 119
*Republiksplatz* 113
*Restaurants* 163
*Russische Muttergotteskirche (Khanakher)* 157
*Sajath-Nova-Boulevard* 115
*Schengavith* 135
*Siegesbrücke* 120
*Siegespark* 128
*Sportstadion Hrazdan* 120
*Sport- und Konzertkomplex* 128
*Staatliche Kinderkunstgalerie* 115
*Stadtbild* 109
*Surb Anania* 137
*Surb Hovhannes* 137
*Surb Hovhannes in Avan* 154
*Surb Sargis* 120
*Theater und Konzerte* 166
*Tigran-Mets-Straße* 124
*Tsitsernakaberd* 128
*Universität* 123
*Water World* 167
*Weltkriegsmuseum* 150
*Zoo* 154, 167
Jerits'avankh 409
Jessiden 184, 211, 222

**Register** 463

Jüdischer Friedhof Jeghegis 378

**K**
Kaffee 44
K'anaker 352
Kapan 410
Kaputan 245
Kaputdschugh 20
Kaputikjan, Silva 89
Karabach 64
Karawanserei Arutsch 225
Karawanserei Daschtadem 228
Karawansereien 415
Karawanserei Selim 384
Karbi 194
Karekin II. Nersisjan (armenischer Katholikos) 80
Karmir Blur 134
Kathedrale von Edschmiatsin 174
Kathedrale von Odzun 298
Kent, Rockwell 356
Kernkraftwerk Metsamor 72
Khasach 193
Kherdian, David 58
Khobajr 294
Khristaphor-Kloster 229
Khutsch'akh, Nahapet 87
Kilikien 55
Kinder 35
Kirants'-Kloster 336
Kirchenfeste 81
Kirchenjahr 81
Kirchenkunst-Glossar 99
Kirchenrat 80
Kirchenschmuck 96
Kirche von Zvarthnots' 170
Klassische Musik 90
Kleidung 12, 438
Klerus 80
Klima 12, 438
Klöster am Kirants' 334
Kloster Astvatsenkal-Vankh (Aragatsotn) 204
Kloster Chor Virap 363
Kloster Dschuchtakvankh 320
Kloster Geghard 252
Kloster Haghartsin 321
Kloster Haghbat 307
Kloster Havuts'thar 251
Kloster Hnevankh 293
Kloster Hovhanavankh 196
Kloster Jerits'avankh 410
Kloster Kaptavankh 338
Kloster Ketsch'aris 239
Kloster Khobajr 294
Kloster Kothavankh 354
Kloster Lmbatavankh 265
Kloster Makharavankh (Hrazdan) 237
Kloster Makharavankh (Pemzaschen) 264
Kloster Makharavankh (Tavusch) 331
Kloster Makhenis 355
Kloster Noravankh 371
Kloster Saghmosavankh 200
Kloster Sanahin 301
Kloster Schoghakathavankh 353
Klösterstraße 292
Kloster Tathev 403
Kloster Tegher 218
Kloster Thanahati vankh 375
Kloster Ts'aghats' Khar 379
Kloster Vahanavankh 411
Kloster Varagavankh 338
Kloster Vorotnavankh 396
Kodschojan, Hakob 144
Kognak 122
Komitas 90, 178
Konzil von Chalzedon 79
Kosch 220
Kotajkh (Provinz) 27, 231
Kreuzsteine 97
Kreuzsteine von Noratus 350
Küche 38
Kunst 85
Kura 21
Kurden 211
Kurthan 293

**L**
Lagepläne 466
Landschafts- und Porträtmalerei 92
Landwirtschaft 75
Latsch'iner Korridor 67
Lavasch 386
Lebenserwartung 37
Lebenshaltungskosten 73
Lebensmittel 438
Lepsius, Johannes 58
Literatur 85, 456
Lmbatavankh 265
Löhne und Gehälter 73
Lori (Provinz) 26, 281
Ltschaschen 348

**M**
Makharavankh (Hrazdan) 236
Makharavankh (Pemzaschen) 264
Makharavankh (Tavusch) 331
Makhenis 354

Malerei 91
Mandelstam, Osip 71, 101
Marmaschen 278
Maschtots', Mesrop 79, 102, 213
Mastara 229
Matagh 83
Matenadaran 78
Matevosjan, Hrant 89
Medzarents, Missak 88
Menhire 222
Menhire von Zorakhar 393
Menua (uratäischer König) 49
Mesrop-Maschtots'-Kirche (Oschakan) 213
Messe 82
Metsamor 183
Miaphysiten 79
Miniaturmalerei 91
Minsker OSZE-Triumvirat 67
mittelalterliche Literatur 87
Movses von Chorene 30, 32, 85
Mughni 193
Musaler 181
Museum für Volksarchitektur und Stadtleben in Gjumri 275
Musik 89

**N**
Nachspeisen 43
Narekats'i, Grigor 317
nationale Symbole 64
Nazarjan, Jenovk' 143
Nerkhin 336
Nerkhin Getaschen 354
Nerkhin Voskepar 337
Nersisjan, Stephanos 142
Neu-Gjumri 277
Niederschlagsmenge 23

Noratus 350
Noravankh 370
Notfälle 439
Nova, Sajath 88, 90, 307

**O**
Observatorium Bjurakan 215
Odznets'i, Hovhannes 301
Odzun 298
Öffentliche Verkehrsmittel 439
Öffnungszeiten 440
Orbeli, Hovsep 239
Orbeli, Levon 239
Orbeli, Ruben 239
Orontiden 53
Oschakan 213
osmanisches Reich 56
Ostarmenisch 104

**P**
Parteien 63
Parther 55
Parz 21
Patkanjan, Raffael 88
Pemzaschen 263
Persisch-Ostarmenien 56
Phambak 292
Post 440
prähistorische Siedlung Metsamor 184
prähistorische Zeugnisse 46
Preisniveau 440
Provinzen 26
Ptghni 231
Puschkin, Alexander 358

**R**
Raffi 88
Regionalkarten 466

Reiseagenturen in Armenien 440
Reisekrankenversicherung 12
Reiseveranstalter 441
Reliefkunst 97
Reptilien 24
Rezepte 45
Rja Taza 211
Römer 55
Roslin, Thoros 92
Rubeniden 55
Rusa II. (urartäischer König) 51, 134
Rusa I. (urartäischer König) 50

**S**
Saghmosavankh 200
Sakramente 82
Sanahin 301
Sargsyan, Serzh 63
Sarjan, Martiros 93, 143
Schaginjan, Marietta 211
Schahumjan, Stephan 118
Schakhi 390
Schamiram 222
Schatin 377
Schatin vankh 377
Schengavith 135
Schinuhajr 402
Schirak 26, 262
Schlacht von Sardarapat 58
Schnorhali, Nerses 87
Schrift 102
Seidenstraße 414
Selimpass 384
Semjonovka 344
Sevak, Paruir 89, 106
Sevak, Ruben 260
Sevankloster 341
Sevansee 21, 347
Sicherheit 12

Sisian 390
Sjunikh (Provinz) 27, 388
Skulpturkunst 93
Smbataberd 379
Sonnentempel Garni 249
Souvenirs 442
Sowjetunion 59
Spitak 316
Spitak-Pass 211
Sprache 12, 101, 443
Sprachführer 446
Sprachstufen 103
Staat 62
Steinzeit 47
Stepanavan 286
Straßen 443
Surenjants, Vardges 143
System of a Down 91

## T

Tadevosjan, Jeghische 143
Tamanjan, Alexander 113
Taronik 184
Tathev 403
Tathevats'i, Grigor 406
Tavusch (Provinz) 26, 318
Tegher 218
Teischeba-Uru 51, 134
Telefon 444
Telefonieren 12
Teppiche 444
Ter-Petrosjan, Levon 63
Thalin 226
Thaliner Kathedrale 227
Thanahat 392
Thanahati vankh 375
Theghenjats'-Kloster 245
Therlemezjan, Phanos 143
Thumanjan, Hovhannes 88, 297

Tierwelt 24
Tigran der Große (Artaxiden-König) 55
Tigran II. 414
Tourismus 70
Trdat I. (armenischer König) 247
Trdat III. (armenischer König) 55, 84, 178
Trinkgeld 444
Ts'aghats' Khar 379
Tsaghkadzor 238
Tsarukjan, Gagik 63
Tsch'arents', Jeghische 31, 89, 105
Tsch'intsch'in 338

## U

UNESCO-Weltkulturerbe 170, 252, 301, 307
Universität von Thatev 405
urartäische Festung Haldi-Uru 352
Urartu 49
Urts'adzor 367

## V

Vagharschapat 172
 *Edschmiatsin* 172
 *Surb Gajane* 177
 *Surb Hriphsime* 178
 *Surb Schoghakath* 179
Vahanavankh 411
Vajots' Dzor (Provinz) 27, 367
Vanadzor 282
Varagavankh 338
Vardapet, Jeghische 86
Vardenisberge 20
Varuzhan, Daniel 88, 130
Vedi 366
Vegetation 23
Veranstaltungen 445

Vernaschen (Gladzor) 374
Vertrag von Sèvres 58
Vertrag von Turkmentschai 56
Vischaps 48
Visum 445
Voghdschaberd 246
Völkermord 58
Volksmusik 89
Vorotan 21, 396
Vorotan (Dorf) 398
Vorotanpass 388
Vorotnavankh 396
Vorspeisen 41
Vorwahl 12
Voskepar 336

## W

Wahlen 63
Wanderungen 416
Wasser 445
Wechselkurs 18
Wehrkloster Surb Sargis 195
Wehrkloster von Achthala 313
Weinbau 44
Werfel, Franz 143, 181
Westarmenisch 104
Wintersportzentrum Tsaghkadzor 238
Wirtschaft 72, 75

## Z

Zahlen und Fakten 18
Zangezur 20
Zeit 18
Zeitunterschied 445
Zhansem, Jean 144
Zierschriften 103
Zölibat 80
Zoll 445
Zorakhar 392
Zvarthnots' 170

## Kartenregister

**Historische Karten**
Das urartäische Reich im 8. Jhd. vor Christus  S. 51
Armenien zur Zeit Tigrans des Großen, ca. 80 v. Chr.  S. 53
Das osmanische Reich und die Teilung Armeniens nach 1639  S. 57

**Regionalkarten**
Die Provinzen Armeniens  S. 27
Aragatsotn, Provinz S. 189
Ararat, Provinz S. 358
Armavir, Provinz S. 171
Gegharkhunikh, Provinz  S. 341
Kotajkh, Provinz S. 232
Lori, Provinz S. 282
Schirak, Provinz S. 262
Sjunikh, Provinz S. 389
Tavusch, Provinz S. 318
Vajots' Dzor, Provinz S. 369

**Stadtpläne**
Aschtarak S. 190
Dilidschan S. 319
Gjumri S. 272
Jerevan, Vom Republiksplatz zur Lusavoritsch'-Straße S. 119
Jerevan, Am Hrazdan S. 121
Jerevan, Rund um den Republiksplatz S. 114
Jerevan, Rund um die Oper S. 116
Jerevan, Übersicht S. 110/111
Stepanavan S. 287
Vagharschapat S. 173
Vanadzor S. 284

**Lagepläne**
Edschmiatsin, Kirchenzentrum S. 175
Chor Virap, Kloster S. 363
Dvin, Ausgrabungsstätte S. 360
Garni, Festung S. 247
Geghard, Kloster S. 253
Gladzor, Kloster Thanahati vankh S. 375
Goschavankh, Kloster S. 327
Haghartsin, Kloster S. 322
Haghpat, Kloster S. 308
Haghartsin, Kloster S. 316
Haritschavankh, Kloster S. 265
Hovhanavankh, Kloster S. 198
Ketsch'aris, Kloster S. 240
Khasacher Basilika in Aparan S. 209
Khobajr, Kloster S. 294
Lori Berd, Festung S. 290
Marmaschen, Kloster S. 279
Noravankh, Kloster S. 371
Saghmosavankh, KLoster S. 200
Sanahin, Kloster S. 302
Tathev, Kloster S. 404
Varagavankh, Kloster S. 339
Vorotnavankh, Kloster S. 398

# ARMENIEN
*selbst erleben...*

## Kleingruppenreisen und individuelle Touren

**Armenien – Klöster, Kirchen, Kreuzsteinkult**
10 Tage Kultur- und Naturrundreise ab 1690 € inkl. Flug

**Armenien – Armenien zu Fuß entdecken**
14 Tage Natur- und Wanderrundreise ab 1890 € inkl. Flug

**Armenien • Iran – Eine Reise vom Okzident zum Orient**
18 Tage Kultur- und Naturrundreise ab 3850 € inkl. Flug

**Georgien • Armenien – Vom Großen in den Kleinen Kaukasus**
17 Tage Natur-, Wander- und Kulturreise ab 2390 € inkl. Flug

**Russland • Georgien • Armenien**
**Transkaukasus – Zwischen weißen Gipfeln und Schwarzem Meer**
19 Tage Natur-, Wander- und Kulturreise ab 2990 € inkl. Flug

**Armenien – Entdeckerreise mit Jürgen Gispert**
10 Tage Sonderreise ab 1990 € inkl. Flug

**Natur- und Kulturreisen, Trekking, Safaris, Fotoreisen, Familienreisen Kreuzfahrten und Expeditionen in mehr als 120 Länder weltweit**

Bestellen Sie unseren umfangreichen Hauptkatalog oder weitere Spezialkataloge kostenfrei im Internet oder in über 5000 Reisebüros.

**DIAMIR-Büros:**
**Dresden** · Berthold-Haupt-Str. 2
info@diamir.de
℅ 0351 31 20 77

**München** · Hohenzollernplatz 8
muenchen@diamir.de
℅ 089 32 20 88 11

**www.diamir.de**

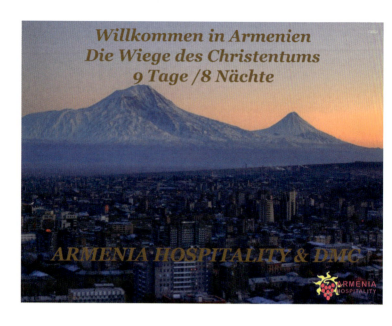

# Gemeinsam *Armenien* entdecken.

Ganz nah dran an Menschen und Kulturen: Freuen Sie sich auf überwältigende Momente und einzigartige Begegnungen weltweit auf Ihrer Studien- und Erlebnisreise mit Gebeco.

## Gebeco
LÄNDER ERLEBEN

Weitere Informationen unter **Telefon 0431 54460**, in Ihrem **Reisebüro** und unter **www.gebeco.de**

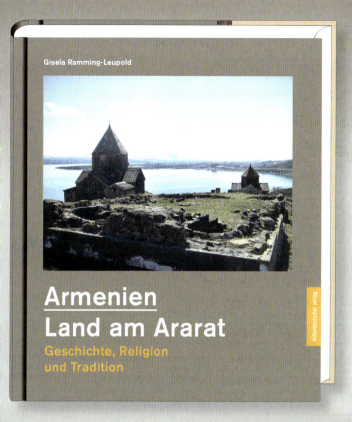

„Das Buch ist eine wahre Fundgrube, ein Schatz an Geschichten, Anekdoten, Gedichten, Informationen – schwergewichtig und gleichzeitig schön."

fachbuchjournal

**ARMENIEN – LAND AM ARARAT** | Gisela Ramming-Leupold
Geschichte, Religion und Tradition
280 Seiten, gebundene Ausgabe, 205 x 230 mm, zahlreiche Farbabbildungen
ISBN 978-3-95462-028-9 | 24,95 Euro | Erhältlich im Buchhandel und auf amazon.de

**ARMENIA – LAND AROUND ARARAT** | Gisela Ramming-Leupold
History, Religion and Tradition
Hardback, 280 pages, 205 x 230 mm, numerous colour illustrations
ISBN 978-3-95462-687-8 | 24,95 Euro | Available in bookstores and via amazon.com

www.mitteldeutscherverlag.de

# Kaukasus-Reisen

**Kultur- und Abenteuerreisen
in Georgien, Armenien und Aserbaidschan**

**www.kaukasus-reisen.de**

# Ventus Reisen

Spezialist für anspruchsvolle
Individual- und Gruppenreisen

# Armenien

Erleben Sie das Land der Berge und Klöster,
vielfältige Landschaften und das kontrastreiche Jerevan.

individuell | maßgeschneidert | reisen
Wir organisieren jede Reise nach Ihren Wünschen.

Kaukasus I Osteuropa I Russland I Orient I Zentralasien
Krefelder Straße 8, 10555 Berlin  I  Tel: 030 - 391 00 332

www.ventus.com
office@ventus.com

# Armenien – Georgien – Aserbaidschan
**Via Verde – Ihr Spezialist für nachhaltiges Reisen im südlichen Kaukasus**

- Natur- und Kulturerlebniss
- Kontakt zu Land und Leuten
- "Handverlesene" Unterkünfte
- Gruppen- und Individualreisen
- Wanderreisen & Studienreisen
- Länderkombinationen

**Via Verde – Entdecken & Reisen**
**Tel. +49 228 9261 6390**
**www.via-verde-reisen.de**

## Via Verde
Entdecken und Reisen

---

# GEORGIEN UND ARMENIEN
## 30 Jahre TSA-Reisen – Wir planen Ihr Abenteuer!

∗ Georgien und Armenien auf Rund- und Wanderreisen entdecken
∗ Unterbringung in Hotels und Gastfamilien
∗ Touren mit privatem Pkw, eigenem Fahrer und Reiseleiter

Individuelle Ausarbeitung Ihres Wunschprogramms
Seit 1987 – Profitieren Sie von 30 Jahren Erfahrung!

**Informationen & Katalog anfordern: www.tsa-reisen.de**
**Telefon: +49 (0)911 - 9795990**

# DIE SEIDENSTRASS
## REISEFÜHRER AUS DEM TRESCHER VERL

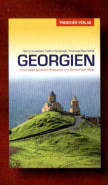
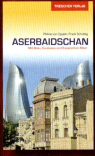
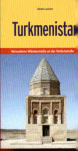

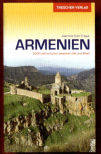
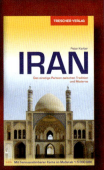

# TRESCHER VERLAG

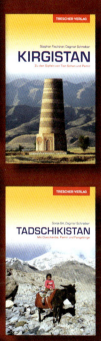
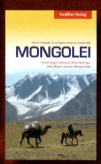

# trescher-verlag.de

# Kartenlegende

## STADTPLÄNE

- Aussichtspunkt
- Bahnhof
- Bank
- Bar
- Botschaft
- Busbahnhof
- Café
- Denkmal
- Kirche
- Flughafen
- Höhle
- Hotel
- Internetcafé
- Kino
- Markt
- Metrolinie
- Moschee
- Museum
- Oper
- Parken
- Post
- Restaurant
- Ruine/Ausgrabungsstätte
- Schwimmbad
- Sehenswürdigkeit
- Theater
- Tor
- Zoo

## ÜBERSICHTSKARTEN

- Ausgrabungsstätte
- Berggipfel
- Burg, Burgruine
- Kirche, Kirchenruine
- Kloster, Klosterruine
- Sehenswürdigkeit
- Seilbahn

- Autobahn
- Schnellstraße
- Hauptstraße
- sonstige Straßen
- E 65 Europastraße
- A 65 Autobahn
- 243 Bundesstraße
- Eisenbahn
- Grenzübergang
- Staatsgrenze
- Hauptstadt
- Stadt/Ortschaft

**Kartenregister → S. 466**

# Zeichenlegende

- Allgemeine Informationen
- Busbahnhof
- Informationen für Autofahrer
- Hotels, Gästehäuser
- Restaurants, Cafés
- Museen, Galerien, Ausstellungen
- Theater, Kino- und Konzerthäuser
- Einkaufen